Le Japon vu par Yamada Yôji

山田洋次が見てきた日本

クロード・ルブラン
Claude Leblanc
大野博人・大野朗子 訳

大月書店

Le Japon vu par Yamada Yôji,
by Claude Leblanc,
published in French by Editions Ilyfunet.

Japanese translation published by arrangement with Editions Ilyfunet.

日本語版への序文

「人の運命などというものはだれにもわからない。そこに人生の悩みがあります」

これは『男はつらいよ』シリーズの第2作『続 男はつらいよ』(1969年)で、寅さんが口にする言葉である。自分の存在に対して人間が抱く不安を表している。これは、山田洋次が書いた台詞の中で、私が同意できない数少ない例のひとつである。私たちには自分の運命がわからない。だとしても、私は自分の運命を受け入れ、それとともに生き抜くと決めている。運命を自分の人生の切り札にするためだ。私は心からそう思って書いている。というのも、私の場合、日本や山田洋次の映画と出会ううえで、「運命」が重要な役割を演じたからだ。この「運命」がなければ、あなたが今手にしているこの本は存在しなかった。

すべてのはじまりは40年前にさかのぼる。私は20歳になったばかりだった。大学で、中国語と日本語を学びはじめていた。世界のできごとに関心があった。とくに中国とソ連の関係に興味を引かれていた。そんなとき日本語の勉強にも取りかかった。自由な時間があったし、実用的な考えから、漢字をおぼえる助けになるだろうと思ったのだ。運命がそこで働き、私を日本発見への長い旅に連れ出すことになるとは思いも及ばなかった。その旅は今もなお続いている。

決定的だったのは、日本人の文通相手（ペンパル）からの誘いだった。彼は栃木県のある村に住んでいた。パリの若者が、ほんとうに数週間ホームステイにやってくるとは想像していなかったかもしれない。だが私のほうは、数か月働いて飛行機代を捻出した。飛行機はカイロ、ボンベイ（現在のムンバイ）、バンコクそしてマニラと、ありえないほど経由をくりかえして、私の人生でもっとも重要な出会いのひとつに導いていった。山田洋次の映画との出会いである。

その出会いも、運命と無縁ではなかった。栃木のホームステイ先の家族と映画を見ることになった。いっしょに見るなら米国映画を選ぶこともできたはずだが、家の人たちが選んだのは、『男はつらいよ　寅次郎真実一路』（第34作、１９８４年）であった。

なんという衝撃だったことか。そのころ、日本語は学校で教わっただけしか知らなかった。はっきり言って、台詞のやりとりなどほとんどわからなかった。それでも、この作品に深い人間味を感じ、強く心に残った。私は日本について、ちがう景色を見つけたと思った。それに、観客の反応にも驚いた。映画作品の観客がふつう示す反応を超えるものがあった。寅さんは、見ている人たちを幸せにできるようだった。私は面食らった。作品を見ていた人たちの輝くような表情、生き生きとした反応を忘れることができない。

運命は、それだけでは不十分だとでも言うかのように、フランスに帰国する前に最後の一撃をもたらす。東京で書店に立ち寄ったとき一冊の本を買った。私は、なにか比較的短くて読みやすいものを探していた。本棚の間をうろうろしていて、若い女性の顔をあしらったカラー表紙が目にとまった。タイトルが「こやがはねて」と平仮名になっていたので、買うことにした。講談社の新刊本だった。紙袋に入れたまま、私はほかの旅行荷物といっしょにした。その本を開いたのは帰国して数週間もしてからだった。著者は山田洋次という人だった。そして著者略歴を読んで、『男はつらいよ』シリーズのほとんどを手がけた映画監督であることを知った。そこで、この本が栃木で見たあの作品と一気に結びついた。その後何年も、私の愛読書となった。

大学を卒業すると、運命はまたしても私を日本に向かわせた。日本でジャーナリストとしての仕事をはじめることになったのだ。その長い滞在の機会を利用して、山田洋次の映画についての知識を深め、作品の舞台を訪ねて日本中を旅した。何年もかけて、ひとつの作品の舞台から次の作品の舞台へ。おかげで私は日本に、その日常に、その人々にうんと近づくことができた。日本人を（ヨーロッパ人の私にとって）異国の人々ではなく、ヨーロッパの私たちとそんなにかけ離れてはいない日々を生きる男や女たちとして見ることを学んだ。山田は「満州」（中国東北部の旧称。日本は1931年から軍事侵略を開始し、翌32年に「満州国」という傀儡（かいらい）政権をつくり45年まで支配した）で暮らしていた子ども時代、理解したいという思いと憧れを持って日本を見ていた。自分もそれと同じ視線を日本に注いでいるような気がした。私の心を揺さぶったのは、彼には見たことを伝える力があるからだろう。年月をかけて、私は日本のあちこちをまわった。そして、それぞれの土地に暮らす人々と出会い、その素朴さと人間味に惹かれた。

そのときから、「運命」とは別のことが私を動かすようになった。それは日本に触れて学んだことだ。

「使命」である。それが西洋での「ミッション」をはるかに超える次元のものだということを理解するのに何年も必要だった。その日本での意味を明らかにしてくれたのは、２０１１年3月11日の東日本大震災が引き起こした悲劇だ。友人である『石巻日々新聞』の編集長が、津波のために通常の新聞発行ができなくなると、人々に情報を届けるために壁新聞をつくることを決めたのだ。彼は私に言った。それが「使命」だから、なにがあろうと果たさなければいけないんだと。このシンプルな言葉は、東北地方に襲いかかった大地震と同じくらいはげしく私を揺さぶった。そして、私の中に埋もれていた「使命」を目覚めさせた。長い年月、山田洋次から多くのことを教わった私にとって、そのお返しをするときが来た、フランスとヨーロッパでもっと彼の仕事を伝えるときが来たと思ったのだ。

本書はひとりの映画監督の作品と長年かかわって紡いできたつながりの成果である。その作品群の深さは、日本においてさえしばしば見過ごされてきた。バルザックやチェーホフのような文豪の作品が今も私たちの想いを飛翔させるように、山田の作品はいつまでも人々の記憶に刻みつづけられることになるだろう。であれば、この芸術家が生きているうちに、そのことを示しておかなければならない。彼の価値が正当に評価されるためには、まだやるべきことはたくさんある。それはよくわかっている。しかし、山田の想像力から飛び出してきた、寅さんはじめとする登場人物たちが「幸せ」を追求しつづける姿にならって、私も強い決意で、彼の仕事に注がれる視線をもっと変えていきたいと思う。

私がこの「使命」をやり遂げるためには、日本語への翻訳は欠かせない。山田洋次本人が読めるようにするためだけではない。彼の作品の射程の長さを、必ずしも認識していない日本の人たちにも読んでいただきたいからだ。ここで、今度はふたたび「運命」がその役割を担ってくれた。本書の翻訳者の大野博人氏、朗子氏は昔からの友人である。私は二人に、山田洋次について耳にたこができるほど話しつづけた。752ページに及ぶ原著の翻訳に二人が取り組んでくれたことはなによりも大きい。翻訳作業を通して二人は、この監督の作品群に、今までとはちがった見方をするようになったと話してくれた。私にとってこれほどの賛辞はない。また、日本語版が大月書店から出るということにも「運命」を感じる。山田が1978年に最初に本（『映画をつくる』）を出した出版社なのだ。ある意味で、「運命」と「使命」とが本書で結びついたといえる。そして、この本の底に流れるテーマは「命」である。そして、山田先生とそのすばらしい作品との出会いの核心にあった二つの言葉には、どちらも「命」という漢字が入っている。

私は今、こう言うことができる。

「人の運命などというものはだれにもわからない。そこに人生の楽しみがあります」

リールにて、2024年3月

クロード・ルブラン

山田洋次が見てきた日本

目次

第5部（1991—2003）　484

第6部（2004—2019）　588

第7部（2020—）　700

まえがき

90歳を超え90作品を発表しながら、今なお現役。山田洋次は日本映画最後の巨匠である。その作品は、日本列島のあらゆる映画館へと数百万人の観客を引き寄せてきた。しかしヨーロッパでは、いまだ十分な評価を得るにいたっていない。

2018年、駐仏日本大使を囲む夕食会があった。大使はその席に、フランスのさまざまな文化機関の関係者たちを招いていた。私はたまたま、フランスで第七芸術と呼ばれる映画の保存や修復、配給をしている組織のトップと隣り合わせに座った。ついに運命が私に味方してくれたと感じた。

私はそれまですでに、その組織の責任者たちにいくつものメッセージを送っていた。山田洋次に関心を向けてもらうためだ。しかし、だれも返事さえくれない。私は、責任者たちが山田洋次のことをまったく知らないのだろうと考えた。だから、ご馳走を味わいながら、その組織のトップに直接語りかけることができるのを喜んだ。だが、驚いたことに、彼はすでに私がメッセージを送りつづけていたことを知っていた。それなら話は早い。ついに山田監督の価値を訴えるのに願ってもないチャンスが訪れたのだ。私はすぐに自分の考えを展開しようと構えた。しかし私の楽観的な見通しは、生まれたとたんにしぼんでしまうことになった。隣の席の彼は、いきなりこう言い放ったのだ。「山田か、あれはよくない」。反論しようとする私に、とどめを刺すようにこう付け加えた。「それに、彼は体制的な映画人だ」。とりつく島もない。それ以上、山田監督についての会話を続ける気が彼にはないことがはっきりした。強く言い返すこともできたかもしれない。しかし私はすっかり気勢をそがれてしまった。こんな展開は予想していなかった。最悪の場合は、山田監督についてよく知らないんだと言われるかもしれないとは思っていた。実際その作品はフランスでほとんど上映されていない。しかし、彼が監督について自分の意見を表明し断言する、その傲慢な口ぶりは、どんな異議にも耳を傾ける気がなさそうだった。とりわけ、その場ではじめて会った私のような者からは。

この悲しい経験で、私はこの映画の巨匠に対して、なにかほかの方法で賛辞を送ることが必要だと思った。そして、日本人がこんな場合に使う言葉で言うならば、それを自分の「使命」だと考えるようになった。私にとって、日本を発見し理解するうえで、山田洋次はきわめて重要な位置を占める存在だったからだ。彼がつくりあげた並外れた登場人物たち、また、大きく変容しつつある日本社会への透徹したまなざし、それがなければ私は、日本の心を把握することはけっしてできなかっただろう。そもそも、この監督は「よくない」などという見解を、そのまま見過ごすなんて考えられなかった。監督をあれやこれやの理由で評価しないというのは、とがめられるべきことではない。しかし、なにかほかの形で検討もしないまま、よくないと決めつけてしまったら、監督の作品の質や業績について、彼の作品を愛してきた数百万もの人々は、ただ思いちがいをしているのだということになってしまう。たしかに、山田洋次は黒澤明でもないし小津安二郎でもない。しかし彼もまた、彼だけが実現できる映画世界をつくりあげてきた。シリーズ作品『男はつらいよ』は、その作品数（50本）とその人気という点で、もっとも知られる。異色の俳優、渥美清演じる型破りな主人公、寅さんをめぐる物語シリーズは、日本人が愛着を示す時代のシンボルとなった。それは、今もなおフランスで多くのファンを持つルイ・ド・フュネスの例に少し似ている。寅さんというテキ屋が繰り広げる物語は、日本列島でもっとも広く上映されてきた。今もテレビで、そのシリーズ作品がひとつも放送されない週はないくらいだ。

全国をあっちこっちに渡り歩く、こんな人物に魅了され、人情と家族の物語に関心を寄せつづけるのは、日本人が愚かだからというわけではあるまい。だとすれば、長く愛されているということは質が高い証拠であろう。加えて、このシリーズ以外の40本の作品も人々を夢中にした。60年前から映画づくりで監督がこだわってきた人間的な手法に観衆が惹きつけられたからだ。だれでも彼の作品には心を動かされてしまう。それは、どの作品も普遍的なテーマを軽やかに描いているからだ。山田監督は、その軽やかさに秘密があることをわかっている。この喜劇の巨匠は、観客が不満を感じないようにすることをめざしている。この点で彼は、松竹の伝統につらなる最後の自社スタジオの監督である。彼が日本以外の映画界で遠ざけられるのは、そのことによっても説明がつくかもしれない。山田洋次は『青春残酷物語』（１９６０年）の監督となる大島渚と同期で松竹に入社した。しかし、松竹のシステムに反抗した大島と異なり、逆にその上に乗って、数々の優れた作品をつくってきた。その作品群によって彼は主要な賞を受賞してきた。オスカーで最優秀外国映画にノミネートされたこともある。ただ、ベルリン映画祭で何度か選ばれたことをのぞけば、山田作品は国際的な映画フェスティバルで賞を総なめするということはなかった。そのため知名度が高まらず、欧米であまり評価されないままになった。他方、アジアではよく知られ、かなりの評判を得ることにもなった。大衆が好むものだとなれば、深く考えもせずに軽蔑するというスノビズム、山田監督は結局のところその被害者なのではないか。「体制的な」、つまり会社や国家に従う映画人という見方について言えば、それこそが彼の仕事をよくわかっていないことの証拠にほかならない。もちろん、社長の城戸四郎によって整えられた松竹のシステムと闘ったわけではない。だからといって、個性的であり、しばしば社会派的でもある映画作品を生み出せなかったわけでもない。彼は、ほかの映画人のように衝突するという方法を選ばなかった。むしろもっと巧みなやり方を好んだ。

　際立っていて容赦のない意見ばかりが幅をきかせる時代に、この本で私がめざしているのは、人生の大半を映画に捧げた一人の人間を知ってもらいたいということに尽きる。彼が同じ時代を生きる人々に伝えようとしたのは、天才的な映画監督ビリー・ワイルダーが『アパートの鍵貸します』（1960年）で示したような意味において、「メンシュ」（Mensch、人間）であることの大切さなのだ。

1931 第1部 1968

1954年。大船撮影所での新人助監督時代(写真提供:松竹株式会社)

豊中から大連へ

山田洋次は、日本という自分のルーツから切り離された「満州」で子ども時代をずっと過ごした。日本の歴史の中でも特異な時代に刻まれたこの経験が、その後多くの考え方を彼にもたらすことになる。

古代ギリシャの哲学者ディオゲネスは、真っ昼間にランタンを手にして街中を歩きまわっていたという。通りがかった人が、いったいなにをしているのかと問うと、彼はすぐにこう答えた。「人間を探しているのだ」。山田洋次もまた、映画という魔法のランタンを頼りにこの探索に乗り出したようだ。60年を超えて映画を製作し、俳優たちを指揮しながら、彼は飽くことなく同時代に生きる人々の魂を探求しつづけ、そこから人生の哲学を引き出そうとした。だからこそ長期にわたって成功したのだし、また日本社会が大きく変貌しつづける時代だっただけに、終わることのない仕事となったのだ。彼が映画界に入ったのは、ほとんど偶然によってだった。彼は法学部の学生だったのだが、もし法曹界に進んでいたとしても、自分の中にある人間としてのもっとも優れた部分をきちんと活かす仕事をすることになっただろう。映画館では、彼の想像力から生み出された人物たちに、数百万人の観客が自分自身の姿を見いだしてきた。人々にそう思わせる彼の手法は、法廷でも存分に発揮されたことであろう。もちろん、彼以前にも同じテーマに取り組んだ映画監督はいた。しかし彼ほど懸命にその探求を続けた例はなかった。なぜこんなに懸命になるのか。彼はその探求をいつから、どこではじめたのか。

その答えは監督の過去に見つけることができる。そして監督自身の歴史と活動は、同時代の日本の鮮烈な肖像を描くことにもなる。

「満州」という夢

山田洋次は1931年9月13日、大阪府豊中市で産声をあげた。自身、くりかえし言及しているが、それは満州南部で起きる柳条湖事件の5日前であった。日本が1945年に敗北して終わる戦争へのはじまりとなるできごとである。彼はこの歴史的事実と自分の出生とをつなげて考えている。そうすることで、何百万人もの人々と同様、人生がその歴史的なできごとによって大きく影響されたのだということが浮き彫りになる。彼の場合、その生まれた時代がもたらしたのは、デラシネ（根無し草）ということであろう。つまり、出身地あるいは「ふるさと」の欠如だ。「ふるさと」は日本人のアイデンティティを形づくる要素である。だれもが自分が生まれ、家族が暮らす地方にとても強いつながりを感じている。ディオゲネスについての著作の中で、ジャン＝マニュエル・ルビノは「エウリピデスの言葉を借りるならば、先祖代々の地を自分の居所にできないということは、永遠にふさがれることのない傷、強い苦悩となる」と語っている。監督が誕生して2年後に、父親の正（ただし）が満州に異動になったのだが、このことはルーツの喪失感と無縁ではない。そもそも父親自身、「どちらかと言えば情緒的であることを嫌い、合理性を尊ぶ性格だったから、故郷への愛着を息子の前でめんめんと語る、というようなことはなかった」と監督は述懐している。「むしろ、少年の頃に耐えねばならなかった暑さや寒さ、貧しい食事の内容のことなどをなにかのひょうしに語ったり」していた。監督の祖父は柳川藩の武士の息子であった。であれば、輝かしくはないまでも、少なくとも興味深い家系の歴史を自分の出自の支えにできたはずだ。だが、その地域も熱い思いをつなぐ手がかりになってはいない。

それには遅すぎたのだ。日本は封建時代のページをめくり、明治天皇が体現した新しい時代（1868—1912年）へと踏み出そうとしていた。「時代遅れ」でしかないシステムを維持するのは論外だった。中央集権国家の必要性が明らかとなり、天皇は1871年、廃藩置県を発令する。かくして柳川藩は福岡県に統合された。明治政府は、新しい才能を開花させるために、古い職能的階層、とりわけ武士階級を解体し、国家組織を再編することが必要だと感じていた。武士という軍事的な階層に属していても、変化をいち早く察した者たちは、産業界のリーダーへと変身していった。三菱や住友、三井といった大企業は、そうやって創業された。洋次の祖父、酒造治（みきじ）も転身を考えた一人だった。「彼はまず、政府の治安維持部隊に加わり、1877年の旧薩摩藩士らの反乱軍と戦いました。封建時代の特権が奪われることへの最後の抵抗を鎮圧する戦争の中で、彼は足に傷を負い、結局、仕事もカネも失いました」。この時代、日本はまだ貧しく、九州地方では将来についての展望は開けていなかった。だから、祖父は結婚すると生まれ育った九州を離れ、中国東北部に移ることを選んだ。時あたかも日清戦争※（1894—1895年）に日本が勝利した数年後のことだ。この勝利のおかげで日本は中国から朝鮮の独立と遼東（リアオトン）半島、台湾、澎湖（ポンフー）諸島の割譲などを手にした。フランス、ロシア、ドイツからの圧力で、大陸での領土の獲得はあきらめざるをえなかった。しかし、まだ次があった。数年後、日本は満州を取り戻す。新たに日本の支配下に入ったこの領土を、好機到来と見る者たちがいた。そして政府は、野心あふれる者たちに、そこで冒険に乗り出すことを促した。酒造治も、朝鮮国境の安東（現在は丹東（タントン））への移住を決意。旅館経営をはじめた。

ここで思い出しておきたい。19世紀半ば、欧米列強が勢力を拡大しつつある中、日本は防衛手段としての自らの領土拡大を急いでいた。政府はそれとともに1884年、移民政策を立法化した。公式には、人口動態上の圧力、人口過剰への解決策ということだった。米国ミシガン州立大学で歴史を教えているシドニー・ルーは、領土的な征服の推進者たちが持ち出したこの理屈を「マルサス的拡張主義」と呼んでいる。しかし実際の動機は別のところにあった。それには、福沢諭吉を筆頭とする熱心な日本西洋化論者たちの主張の影響が大きかった。彼らは、日本が西洋化を急がなければ、中国の二の舞になると主張していた。中国は、貪欲な列強に対抗する力を持たなかったからそうなったのだというわけだ。かくして、欧米から拝借した植民地建設の理論は、日本の指導者の間で支持を広げることに成功した。日本の近代化をつくりあげた中心人物の一人である福沢は『唐人往来』の中でこう述べている。「此等を見て大国と思うは大間違い、実に国の大小強弱はその国住人の多少にあることにて、人数の割合をすれば日本は世界中にて上の段の大国なり」。そして巧妙な計算を示してみせる。「その故は世界の広さ一里坪（つぼ）にて八百四十万坪、人の数は十億人、その中にて日本の広さは同二万七千坪、人の数は三千万人あり。扨（さて）その世界の人数を平均して土地の広さに配り附（つい）て見るに、一里四方に百二十人の

※**日清戦争**（1894—1895年）
1894年、中国（清国）と日本は朝鮮半島支配権をめぐって対立する。西洋列強の仲介は失敗、7月23日、武力行使に発展。8月1日に日清両国が宣戦布告した。戦争への準備がより進んでいた日本は、地上から満州に進出、また制海権も握った。1895年はじめには、天津、北京を脅かすまでに迫った。清国は停戦に向けて動き、3月20日に両国の交渉がはじまり、4月17日に下関条約が締結された。条約は朝鮮の独立を認め、台湾、遼東半島、澎湖諸島を日本へ割譲することが盛り込まれた。

割合となり、日本国中の人数を日本国中の地面に配り附くれば、一里四方に千二百人程の割合となる。左れば地図でこそ日本は世界の三百分の一つ許りにて見る影もなき小国のよう思わるれども、その実は全世界を三十に割りてその一分を押領する姿なり」。少なくとも机上の計算では、日本は大国だ。そのことを自任し、欧米の植民地主義をその指針とすべきだというわけである。これが当時の日本の

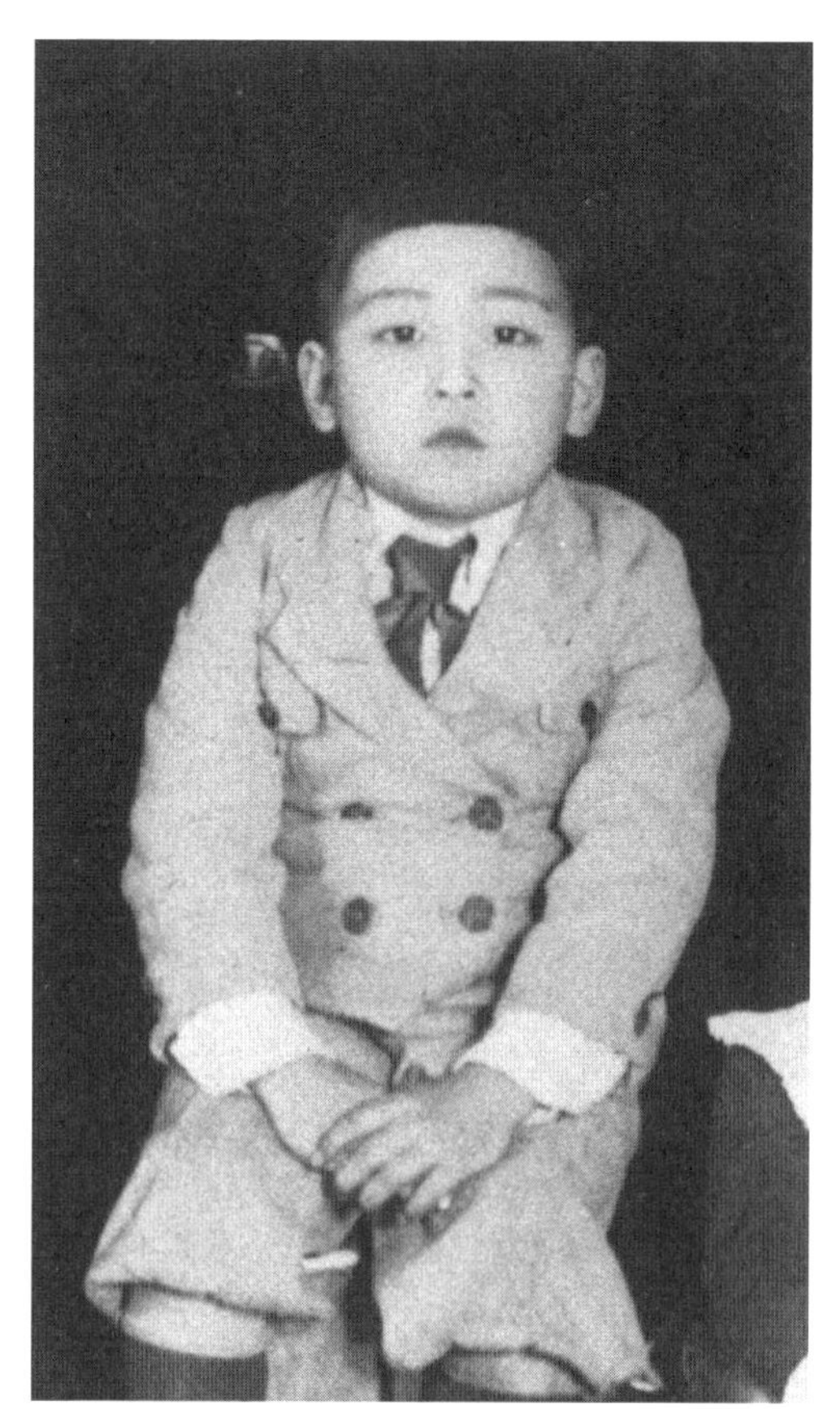

小学２年生ごろの山田洋次。新京（現・長春）にて（写真提供：松竹株式会社）

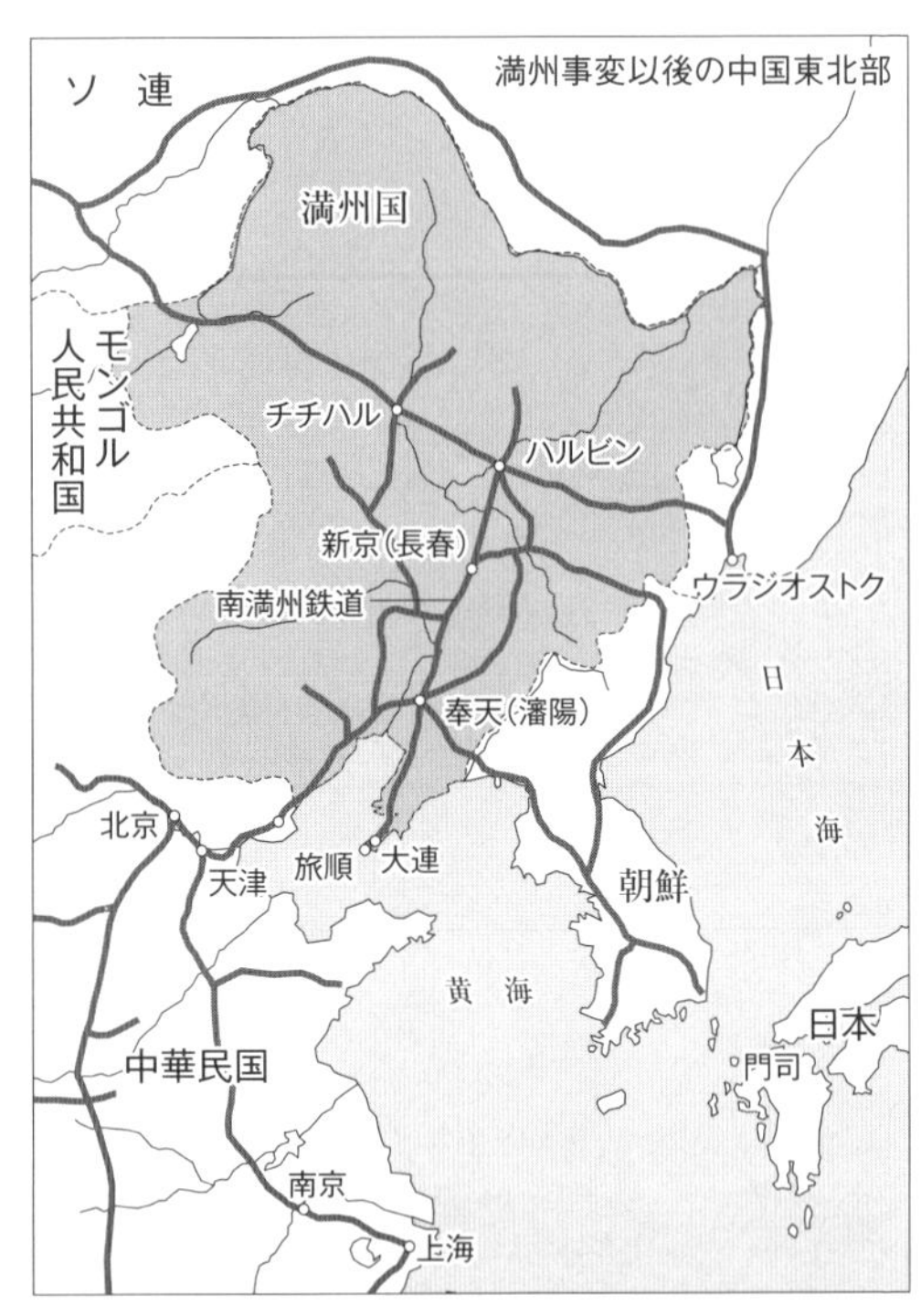

(出所)中学校社会科の歴史教科書などをもとに作成

政治や言論界のリーダーたちの気分だった。

　このころ、日本語に新しい言葉として「植民」が登場する。それは植民地政策も意味し、日本人を海外に送り出す組織でも使われた。たとえば「植民協会」や「信濃海外協会」である。その組織の出版物は、人々を旅立ちに誘う招待状であり、日本文明を海外に広めたいという権力側の意思に、熱狂的に応えるものでもあった。その先には北海道も含まれていた。この北の島は、1869年からの近代的植民地策が実施された最初の領土である。このことについては後に触れたい。しかし、この熱狂に同調しない者たちもいた。1901年に帝国主義についてはじめて出版された本となる『二十世紀の怪物　帝国主義』を書いた幸徳秋水は、その代表例だ。彼は、とりわけ「マルサス的拡張主義」に強く反対する。「かりに一歩ゆずって、移民は、人口の過剰と貧民の増加とに対する唯一の救済策であるとしよう。その場合でさえもほんとうに領土拡張の必要があり、大帝国建設の必要があるのだろうか。人民は、ほんとうに自国の領土、自国の国旗のはためく土地でなければ、生活ができないのだろうか。次の事実を見ていただきたい」。彼は統計の数字を挙げて、そんな議論が通らないこと、また、植民地がもっとも豊かな国々に暮らしたいと考える移民志願者を引きつけるような場所ではないことを示している。つまり、当時の日本の社会主義、無政府主義運動を代表する論客は、他国の民を犠牲にする政策を非難していたのである。今となってふり返れば、彼の主張はその後、事実によって証明されたけれど、明治期（１８６８―１９１２年）の日本社会では、ほとんど共感を集められなかった。１８９０年に創刊され、民主主義を掲げていた大衆紙『国民新聞』さえも、政府の主張を支持するにいたった。同紙はとりわけ政治学者・浮田和民の論説記事を何度も掲載したが、浮田はその中で「帝国主義は国の力を築き上げるうえで最善策と考えるべきだ」[*1]という主張をしていた。

　このころの日本にとって重要なのは、隣国中国の運命を見てたじろいだり、その轍を踏んだりしないための備えをすることであった。アジアでの欧州列強の進出に懸念を募らせていた井上馨外相は、こんな一文を著している。「われわれは、わが帝国とその人民を、欧州諸国の国家のように、また欧州の人民のように変えていかなければならない。換言するなら、われわれはアジアのはずれに欧州の

＊1　*The Japanese Colonial Empire, 1895-1945*, Edited by Ramon H. Myer, et al., Princeton University Press, 1984, p. 73.

ような新しい帝国を建設しなければならないのだ」[*2]。当時その見解が重視されていた福沢諭吉の「西洋がアジアを扱うのと同じ方法でやる政策しかありえない」という断言も、同じことを言っているにほかならない。この後、日本がそれに向かって駒を進めていったのは驚くべきことではない。そしてそれは結局、火種となっていく。この道を進めるうえで、いちばん深くかかわった一人は、後の1901年に外相となる外交官の小村寿太郎であった。それは幸徳秋水が、はげしい帝国主義批判論を発表した年でもある。小村は、米国への移民が、日本のイメージをそこなうことを確信し、一方で、清朝が統治する中国には事態が動いても対応する力はないと考えた。そのうえで、1895年に中国から得た権益を確実にし、さらに一気に日本の重みを示すために、ロシアと対決するべきだという姿勢を示した。そして1905年、日露戦争でロシアが敗北すると、ポーツマス条約の交渉に臨み、満州進出への国際社会の管理を退け、中国とは南満州の権益譲渡について交渉した。

山田酒造治が『国民新聞』を読んでいたかどうか、また、日本の領土拡張主義に影響を受けていたかどうかはわからない。とはいえ、彼は黄海を渡り、人々が満州と朝鮮を往来するとき必ず通過する重要な街に移り住むことを決めたのだ。おそらく、日本が統治する新しい領土は、裕福になるためのチャンスだという主張に心が動いたのであろう。出身地にいては、将来に向けてほとんど展望が開けなかった武士の息子にとって、重要なのは没落を避けることだった。後戻りはありえなかった。中央政府は、すでに地方の抵抗を抑えつけた。日本が新しい未来に向かって進みはじめることは決定的だった。そしてその未来は、国境の外でも形づくられることになる。そこで、家族によりよい暮らしをさせ、子どもたちに教育を受けさせるのに十分なカネを稼ぎたかった山田洋次の祖父も冒険に乗り出したのだ。それは彼の家族の人生に深い痕跡を残すことになる。彼は朝鮮に居場所を定めることもできたはずだ。ウィスコンシン・マディソン大学のルイーズ・ヤング教授（歴史学）が指摘するように、朝鮮は日本帝国が「より愛着を示した息子」であった。しかし、酒造治は安東（丹東）に大きな可能性があると考えた。朝鮮半島と中国との国境に流れる大河、鴨緑江が通っている、この街での旅館経営は儲かると踏んだのだろう。ほとんどの国境の街と同じように、安東もさまざまな人間やカネを引き寄せた。さらに、そこは重要な鉄道の分岐点となった。１９１１年に日本が鴨緑江断橋を建設したことで、朝鮮の鉄道網と連結されたからだ。１９３７年の満鉄の鉄道総局が発行した旅行リーフレットが強調しているように、「安東市は、わが滿洲にとつては、朝鮮鐵道の接續により、事實上の歐洲への關門の一として重要なる」。

19世紀末から日本が進めてきた領土拡張政策の中で、満州は次第に重要な位置を占めるようになっていく。台湾は植民地政策の重要な実験室にはなったけれど、朝鮮のように戦略的な意味を担うことはなかった。そんな台湾と異なり、満州の領土は決定的な意味を帯びるとみなされるようになる。なぜなら、日本の指導層が重大な脅威のひとつとみなしていたロシアから、貴重な領土である朝鮮を守るうえで、緩衝地帯として役に立つからだ。日本の近代的軍隊の父となった山県有朋も、この考え方を支持していた。彼は満州は、日本にとって生命線、つまり拡張主義というねらいに即応できる唯一の地域だとみなしていた。米国の歴史家、故マーク・R・ピーティによれば「１８９８年から

＊2　*The Japanese Colonial Empire, 1895-1945*, ibid, p. 63.

1904年にかけて、ロシア皇帝の諜報員たちが、満州から朝鮮半島にロシアの影響を広げようとさまざまな作戦を展開していた」だけに、山県は確信を強めていたという。1905年の日露戦争での勝利は、日本にとって転換点となった。1898年にロシアが手にした南満州の権益を取り戻したのだ。その中には遼東半島の25年に及ぶ借地権も含まれる。そこには大連の港もあったし、旅順の海軍基地、旅順と長春をつなぐためにロシアが建設した東中国鉄道網の南部、また鉄道がつなげた沿線に広がる主要都市の領域もあった。

その領域全体を統治するために、日本は関東総督府を置き、外務省の出先として領事館網をつくった。日露戦争前には領事館は営口にしかなかったが、1906年の5月と6月に、安東と奉天（今日の瀋陽（シェンヤン））にも設置した。けれどこうした仕組みも、ほどなく経済と軍事の進出の前衛としてつくられた別の二つの機関によって、後方に退くことになる。二つの機関とは、「満鉄※」という呼び名で知られる南満州鉄道株式会社と関東軍である。両者は、その後1945年の日本の敗戦にいたるまでの数十年間にわたり、満州情勢の進展に決定的な役割を演じることになる。

山田酒造治が家族を引き連れて冒険に打って出たときには、待ち受けている運命を予感するすべはなかった。それどころか、日本は順風満帆で、政府の言っていることを信じるならば、実り豊かな将来が約束されているように見えた。それに、まだ乗り出そうとする者は少なく、酒造治はパイオニアだった。ただ選んだのは、とくにリス

※満鉄
南満洲鉄道株式会社（満鉄）は、満州での日本の産業の開発と発展を支えるために鉄道網を広げていった。鉄道沿線で地域を統治し、徴税し公共サービスも行った。また工業、商業、農業にも投資し、鉱山の開発と促進も手がけた。日本が満州で軍事的、政治的、経済的影響力を広げていくうえで、強大な政府機関としての役割を担っていた。

クが高い業種ではなかった。実際、旅館業は、政府が強く促す農業などよりは労力という点できびしくはなかった。そもそも農業従事者はまだまだ多くはなかった。1931年の統計調査によると、日本が統治する領土で農業世帯は6万4662戸だったが、このうち日本人の世帯は308戸にすぎなかった。しかし、武士の息子である酒造治には、百姓になることなど想像できなかった。彼の望みは、自分の子どもたちにもっと恵まれた生活をさせることだった。それはとくに、満州に帯同した息子の正にしてやりたいことだった。正は、その後自身の息子である洋次がそうなるのと同様に、九州で生まれながら、そのルーツからは切り離されることになった。正は若い時代の大半を安東で過ごした。その町を臨む錦江山公園でも楽しんだことだろう。日本の本土で暮らしてはいなかったけれど、息子の洋次によると「謹厳実直な男」に育つための厳格な教育を受けたようだという。武士の末裔の家庭では一種のきびしさが支配し、彼への期待も大きかった。なにしろ、満州に移ったことの大きな動機は、息子たちがいずれ本土で恵まれた生活をするための手段を与えることだったのだから。その若者は、音楽にも写真にも興味を持った。建築や模型作りにも夢中になった。彼は自分の中に技術者の魂を感じた。旅館業の稼ぎのおかげで、父親は息子を九州帝国大学に入学させることができた。息子はそこに1911年に創設された工学部で、蒸気機関に関する技術を学んだ。この機械好きの傾向は、後年、山田洋次が映画監督という仕事を選ぶうえでも影響があったという。監督自身が1996年10月の『日本経済新聞』紙上で明かしている。蒸気機関という専門を選択することで、正に大きな可能性が開かれることになった。とくに鉄道業だ。鉄道は政府が国力発展の手段とみなしており、成長しつつある分野だった。

すてきな父母

学位を手にした正は、大阪で蒸気機関車を製造する企業に職を得る。そして、日本第二のこの大都市で8年近くを過ごすことになる。この間、彼は寛子と知り合い結婚した。満州の旅順で生まれた彼女は、正よりもっと現実の日本とは切り離されていた。というのも、彼女が本土の土をはじめて踏んだのは学校卒業後だったのだ。母親に対して常に強い愛情を感じていた洋次は、彼女の「大きく開かれた心」と「日本の習慣になびくことへの拒否」をよくおぼえている。彼女の両親はともに日本人だったから、完全な異邦人だったわけではない。それでも、彼女は自由意志を身につけ、けっして手放さなかった。それは洋次にも影響を残した。著書『映画館がはねて』（講談社、1984年）の中で彼が述懐しているところによれば、彼女は戦時中も、当局が女性の制服のようにして強要した作業着（モンペ）の着用を拒みつづけた。政府が「反愛国的」とみなしていた頭髪のパーマネントもかけつづけた。真面目一方だった正は、「楽天家で明るくて、どこか可愛いところのある」女性との恋に落ちたのだ、と洋次は語る。わずかに残る家族写真は、そんな二人の性格をよく示している。寛子は、当時のモガと呼ばれた若い女性の世代に属する。1868年の明治維新以来、社会の中で居場所を見失い、一種の解放を求めていた女性たちのことだ。女性解放運動家・平塚らいてうは1911年に発刊した雑誌『青鞜』の第1号で、当時の状況を的確に描いている。「元始、女性は実に太陽であった。真正の人であった。／今、女性は月である。他に依って生き、他の光によって輝く、病人のような蒼白い顔の月である」。寛子はおそらく、この主張に共感していたであろう。彼女は運動家ではなかった。

しかしその態度から見ると、妻としての人生の中でも、自分の自由を保っていたのだろう。この意味で寛子はほんとうのモガであった。息子の思い出によれば、学校の父兄会で「友人の母親は皆地味な恰好をしているのに、私の母だけ明るい色の洒落た着物を着たりして、とても恥ずかしかったことを憶えている。とにかく家に引っ込んでしみじみ料理をつくることに生きがいを感じるような女性でなかったことは確かだ」。西洋で日本人女性についての妄想をまき散らすことになったあの『蝶々夫人』のような、従順な女性の姿とは似ても似つかなかった。

後に映画人となる息子は、彼女が自分を縛りつけようとする周囲の社会からの圧力に抵抗できたのは、満州で生まれ育ったおかげだったのではないか、と見る。彼の作品に登場する主要な女性たちのほとんどがしっかりしていて、自分の自由を、とりわけ夫たちに対して持っているのは偶然ではないだろう。その例はいくつも挙げることができるが、すぐに頭に浮かぶのは『妻よ薔薇のように　家族はつらいよⅢ』（２０１８年）だ。この作品で、夏川結衣が演じる主婦の史枝は、夫の幸之助（西村まさ彦）に叱責されて家出してしまう。彼女が出ていって、家庭はてんやわんやとなる。しかし、彼女が自分も独立した人間であることを示そうとしたことで、ほかの家族が彼女にどれだけ依存していたかが明らかになる。山田洋次のほとんどの作品と同様、ここでもユーモアは期待どおりだ。それでも大事なことはちゃんと指摘されている。寛子は後に、とくに財産もない男性と再婚するために正との離婚を決意することになるのだけれど、作品の中の史枝はそのときの寛子とほぼ同じ年齢だ。「母は将来を考えて英語の教師の資格を取るべく大学に入った」と、監督は彼女について賛辞を込めて語っている。ただ「物事を明るいほうに考える、どんな逆境にあっても楽しいことを発見していく、とい

奉天（現・瀋陽）の写真館にて。山田洋次2歳ごろ。左から母・寛子、叔母、兄、父・正、洋次（写真提供：松竹株式会社）

う優れた能力を、母からあまり受継いでいないことを私はいつも口惜しく思っている」と言う。

　若い洋次の心に深い痕跡を残すことになる、そんな別離の何年も前、山田夫婦は現在の阪急宝塚線の岡町駅（豊中市）近くに買った土地に居を定めた。そこに土地を買い、正自身が設計した家を建てた。赤い瓦屋根の風変わりなその家のスタイルは、今も監督の記憶に深く残っている。彼の作品『小さいおうち』（２０１４年）はそこから発想を得ている。監督がそこに暮らしたのは生まれてから2年だけなのだけれど、この洋風の建物は強く心に残った。というのも、20年ほど前の対談で、彼は自分のもっとも古い記憶がつながっているのはその場所だと語っているからである。それは、ある酷暑の夏の日のできごとの思い出だ。兵士たちの姿とスイカと両親の声。後に母が洋次に語ったところによると、その日、照りつける太陽の下で行進していた兵士たちが、家の前で止まった。母は荷車いっぱい積まれたスイカを全部買うと、兵士たちにふるまった。そのせいで夫と言い争いになった。洋次にとってこれは、その家に結びついているだけではない。大勢順応的な夫に嫌がられても、ほかの主婦と同じようにはふるまわない、とても人間的な母親にもつながる最初の思い出なのだ。

当時、正は蒸気機関の設計に携わっていた。彼を雇用していた企業はあまり調子がよくなかった。ほかの多くの企業と同じように、1929年の大恐慌に打撃を被っていたのだ。仕事があるだけ幸せだと考えることもできたけれど、給料は減ったし、丈夫でもないこの男にとって仕事はきつかった。彼は満足していたわけではない。それは寛子も同じだった。彼女は彼女で、日本本土での生活を窮屈に感じ、なじめないでいた。夫と同じように、別のことを夢見ていた。それを実現するには、なにかを多少変えるだけではすまなかった。洋次の言葉を借りるならば、正は「堅物」だった。けれども、現状が進展して、二人の生活の新しいページがめくられるのはもう決まっているかのようだった。その変化は正の友人がもたらす。満鉄で働かないかと持ちかけてきたのだ。満鉄は当時、蒸気機関の専門家を必要としていた。彼はそこで取り組む課題にやりがいを感じた。使う水の量がもっと少なく、それでいて長距離を走れる新しい機関の設計に誘われたのだ。傀儡（かいらい）国家の満州国は、ソ連から東清鉄道の株を取得することになっていて、性能のよい蒸気機関車を必要としていた。機械工学に情熱を抱いていた正にとって、生活を変え、急成長している会社に入るというすばらしいきっかけだった。こんなに早くチャンスがめぐってくるとは。満州に移住するために、寛子を説得するという努力もいらなかった。そもそも彼女の生まれ故郷である。本土よりくつろげる場所なのだ。二人は赤い屋根の家を去り、本土を離れ、新しい生活をはじめることにした。

当時の山田洋次にとって意識するすべもないことだったが、このことは自分のルーツとの決定的な断絶を意味した。スイカと兵士のぼんやりとした思い出は残った。とはいえ、両親の出身地でもなかっただけに、豊中とのつながりはいっそう弱くなった。それでも、2016年10月15日、彼はこの町の名誉市民になった。「私の家族のもともとの舞台がたしかにそこに」あったからだ。自分の生まれた家が「奇跡的に原型をとどめて」いたのだ。この小さな町とのつながりは保たれることになった。父方の出身地である柳川とのつながりも絶たれはしなかった。満州に旅立つ前に、正が先祖家族を連れて先祖の墓参りに九州を訪れた。ルーツとのつながりを保つためだったのだろうか。そうかもしれない。しかし、そのときの滞在だけでは短すぎた。同時代の大半の日本人のように、自分のふるさととして語ることができるほど十分に強いつながりをつくることはできなかった。「私は大阪で生まれた。しかし、まだ幼いときに家族は満州に移住した。戦後、私は思春期を山口県で過ごした。中国で暮らし、日本に戻ってからも住むところを変え続けた。私には、ほんとうの生まれ故郷があるとは言えない。子どものころ、夏休みになると祖父母の家に行って過ごす友人たちがうらやましかった。今でも、戻る場所がある人たちに少し嫉妬を感じてしまう」。彼は自分のルーツについて、そう語るのが習いとなっている。その言葉の中に、彼の映画作品の核となるあの欠落を窺い知ることができる。また、日本の映画界で、日本列島のあらゆる場所で撮影をしたただ一人の監督であることに注目しておいたほうがいいだろう。この人が同じところにじっとしていられないのは、理想の「ふるさと」を体現しうる場所をずっと探しつづけているからだと、容易に想像がつく。ふるさとを奪われてしまった満たされない思いを、もっともよく表しているのは『男はつらいよ』シリーズであろう。彼と、シリーズを象徴する登場人物「寅さん」を生き生きと演じた渥美清という俳優を一躍有名にしたこの映画について、彼はこう吐露している。「日本中を放浪している寅さんでさえ、生まれ故郷である東京の柴又にいつでも帰ることができる。そこに戻れば彼を待っている人たちがいることもわかっている」。柳川といっても、残っているのは先祖の墓だけだ。満州に旅立つ前に父親に連れられて行ったとしても、彼の記憶に深く刻み込まれてはいない。

満州に出発したのは1933年の4月だ。大連と定期航路があった門司の港からであった。一家は大連から鉄道で旅順に向かった。寛子の両親を訪ねるためだった。満州の地に到着し、ルーツとしての日本と縁はたしかに切れた。だが、このことが幼い山田洋次にもたらしたのはそれだけではない。もうひとつ、彼の生涯にわたるこだわりも植え付けた。鉄道である。ロシアの海軍基地だった街への最初の鉄路の旅が記憶に残っているわけではない。しかし長じるにつれ、列車※は彼の暮らしに重要な位置を占めるようになっていく。そして、それは彼の映画作品の大事な構成要素となっていった。彼が鉄路に夢中になっていったことは、父親の仕事と無縁ではあるまい。彼が鉄道関係の仕事を選ばなかったのが不思議なくらいだ。強迫観念とまでは言わないまでも、彼の鉄道への愛着は、とりわけ蒸気機関車に対して非常に強い。「僕の少年時代、SLは子どもの憧れで機関士は

※電車、列車、汽車
日本人と鉄道の恋物語は1853年にはじまった。その年、ペリー提督が、米国の特使として日本に交易のための開港を求めてやってきた。米国から土産として持ってきた品々の中に、ミニ蒸気機関車があった。それが「日本人に最も強い印象を与えた」と米国の訪問団の一人が日誌に記している。日本人の愛着は、19世紀半ばから、鉄路がこの国の経済的な発展に重要な役割を果たしたことでもわかる。鉄道は各地の間の物流を促進しただけではない。人々が往来できるようにして、僻地をなくしていった。

英雄だった。吹雪の夜に真っ白な蒸気を吐き、孤独に走るイメージがあります。フウフウ言って重たい客車を引く姿に、自分も懸命に生きていかねばという思いを人は重ねるんじゃないかな」と、彼は『四国新聞』（2011年7月25日）のインタビューでふり返っている。彼の汽車への愛着はとても強く、その用語についての思い出も語っている。『男はつらいよ　望郷篇』（1970年）の中で、主人公に「カマ焚き」という言葉を使わせようとした。機関車のボイラーに石炭を入れる機関助手をさす。「寅さんが愛情と尊敬を込めて機関助手に『そうか、お前、カマ焚きをやってるのか』って言っている。ところが、当時の国鉄の関係者は、これは差別的な言い方だから、やめてほしいっていうんですよ。それで僕は非常に腹が立ちましてね。だって小学校のころから、おやじのところに出入りする大勢の若い人たちが汽車のことをカマと言ってね、『カマ焚き』という言葉を愛情を込めて言ってることを知ってたんですから。『あなたは機関車にかかわる人が機関車によせる愛情を知らないのか』なんて頑張ったりして」と、月刊誌『正論』（1992年11月号）のインタビューで述べている。「結局そのままでやらせてもらいました。撮影現場の小樽機関区の人たちが喜んで応援してくれましたよ」

満鉄に仕えて

2000年代になって、彼はドキュメント『復活〜山田洋次・SLを撮る〜』の製作に乗り出す。蒸気機関車C6120の修復が題材だ。作品は2011年の夏にNHKで放送された。この番組が1

年後にＤＶＤになったとき、とても興味深いボーナストラックが付いていた。そこに記録されているのは、幼少時の記憶に残る列車の痕跡をさがしに旧満州に戻った山田の姿だ。助手として同行した濱田雄一郎が映像に収めている。いくつかの汽車に再会したり、その汽車を見ていた場所を訪れたりして、強く心を動かされたようだ。鉄道の世界の近くにいたおかげで彼は重要な価値観を学んだという。仕事に打ち込むことの価値だ。「鉄道にかかわる大人の人たちが与えてくれたこと、技術の尊厳とか、責任感とか、労働とか誠実とか」と明かしている。彼はそうやって鉄道の世界から受け取ったプロとしての働き方を、その後ずっと続けていくことになる。彼の鉄道への思い入れを理解しようとすれば、思い起こしておかなければならないことがある。満州で暮らす13年間、たえず引っ越しをしていた。そして当時、そんな移動のためのいちばん有効な手段は鉄道だった。父親の最初の任地は奉天（現在の瀋陽）だったが、１９３５年にハルビンに転勤。続いて新京（現在の長春）で勤務し、3年後にふたたび奉天で数か月。さらに2年間の東京勤務をはさんで１９４４年に大連に戻った。一家はそこで１９４７年に帰国するまで暮らすことになる。

鉄道と深く結びついた一家の事情を考えなくとも、若き日の山田は、鉄道の魅力から逃れることはできなかっただろう。鉄道列車は、日本の治世下にあった満州の歴史と切っても切り離せない関係にあった。この点で満鉄は決定的な役割を演じてきた。そこに関心を向けないわけにはいかない。１９０６年に設立された南満州鉄道株式会社は、日本政府が土台をつくった半官半民の国策企業である。ロシアが築いたこの鉄道網は、1年前のポーツマス条約の締結で日本の管轄下に移った。満鉄が鉄道網の発展だけをめざしているのではないことは、早くからはっきりしていた。この地域で日本帝

奉天駅を発車する特急あじあ号。1935年ごろ（写真提供：朝日新聞社）

国主義の先兵になろうとしていたのだ。初代の総裁に任命されたのは、台湾の植民地行政で重要な役割を担っていた後藤新平であった。この任命は、満鉄に投下された2億円という資本（1920年に倍増）とともに、日本最大の企業に託した野望の大きさを物語る。「所謂鉄道事業の満州経営に於けるや、名は緒余の如くにして、実は主重の本務なるが故に、軍事行政一切の挙措も、形は鉄道行政を規制すべくして、実は鉄道事業の為に規制せられるべからず」[*3]とも明言している。この言葉の中に、あらゆる事態に対処できる構造を築き上げようという決意を読み取ることができる。

　実際に後藤新平は、1905年のロシアに対する勝利がすべてを解決したとは考えていなかった。次の紛争がいつ起きてもおかしくないと思っていたのだ。そこで敗北を喫しないためには、状況を見越して満州での存在感を高めておかなければならない。それを怠れば、日本は満州を掌握しつづけるのが難しくなる。思い出しておこう。満州は日本が1910年に併合した大韓帝国（韓国）の保護に不可欠の緩衝地帯なのだ。後藤から見て、存在感を決定づける要素のひとつは日本からの入植であった。彼は政府に提出した文書の中でこう述べている。「就中移民を以て其要務となさざるべからず。今日韓国宗主権を皮相するもの徒らに之を戦勝、若は外交の結果に帰すれども其の実は此の如き簡単急成の功に非ず。宗主権の獲得は旧来我国民韓地移入の上に於て、列国の優先を占め口舌を以て争う能はざるの事実を存したるに由れるなり、而も此は移して以て満州問題の解釈に供すべし……今鉄道の経営に因りて十年を出でざるに、五十万の国民を満州に移入することを得ば、露国倔強と雖も漫に我と戦端を啓くことを得ず、和戦緩急の制命は居然として我手中に落ちん、たとえ露国一戦して我を破るも、我猶捲土回復の素地を失はざるなり[*4]」。言わんとするところははっきりしている。満鉄は満州植民地化の推進役を担うべきだというわけだ。実際、満鉄は貨物や乗客の輸送にとどまらず、撫順や煙台での炭鉱開発に乗り出し、安東や営口での港湾建設の管理も手中にしていった。さらに、この地域全体でヤマトホテルというホテルチェーンを展開したが、これは巨大な満鉄ビジネスの氷山の一角にすぎない。医学を修め、ドイツにも留学して非常に合理主義的な考え方を持っていた後藤新平が、満鉄でとりわけ強く推進したのは調査部門の発展であった。そして、これは数年のうちに、日本が植民地政策を探るうえで主要な機関

＊3　伊藤武雄『満鉄に生きて』勁草書房、1982年、5ページ。
＊4　伊藤武雄『満鉄に生きて』、10ページ。

になっていった。満鉄は外すことのできない存在となり、関東軍とならんで国家の中の国家を体現するようになったと言っても過言ではない。その関東軍は、満鉄の鉄道網の安全を保障していたが、東京の意向にも耳を貸さないような組織だった。それが１９３１年に満州事変を起こす。それを引き金にして、日本は戦争に突入していく。それが致命的な結果に終わることは知るよしもなかった。

その前、開業から20年の間、満鉄はその立場をどんどん強くしていった。満州で最大の雇用者だったどころか、この地域での日本人定住化の中心的な担い手となった。満鉄がなければ、満州への移住を考える者はもっと少なかったであろう。当時は、後藤新平が想定した50万人の植民という目的は夢物語のようであった。政府が考えるように、満州で耕作に従事してみようかと思う日本人はきわめて少なかった。しかし他方で、人々は満鉄のような野心的な企業で働いてみることには魅力を感じていた。１９３０年、満州に渡った23万４０００人の日本人のうち、３分の1近くが満鉄の従業員とその家族だった。洋次の父、山田正も、満鉄が示す将来展望に魅力を感じずにはいられなかった。彼は、経済危機に苦しみ給料も下がってしまった企業から、限りなく野心的で、一家の豊かな生活も確保してくれる巨大な企業へと移った。生活の局面を根本的に変えたのだ。巨大な鉄道会社は、その従業員をどのように遇していたか。洋次は、雑誌『環』が満鉄を特集して出した別冊『満鉄とは何だったのか』（藤原書店、２００６年）の序文でこう語っている。「各都市には『満鉄消費組合』というのがあって、満鉄社員は日々の買い物をほとんどここで済ませていた。組合といういまの生協のようなものを連想しがちだろうが、満鉄のそれは繁華街の中心地に聳えるデパートのような建物で、品物は良質で廉価、社員の家族は通帳を提示して買い物を済ませ、支払いは月給で清算されるシステムになっていた。母親が勘定場に赤い表紙の通帳を差し出すと店員がレジスターのボタンを押し、慣れた手つきで数字を書き込む仕草をよく覚えている」。正は、満鉄に入社することで、新しいものの考案に没頭できる境遇を手に入れた。願ってもない好機である。彼は東京大学や京都大学といった名門大学卒ではなかった。けれども、仕事が技術という分野であり、鉄道にかかわっているかぎり、エリートに属していた。旅順にいる妻の家族のもとで数日過ごした後、彼は満州での満鉄の橋頭堡である奉天に向かった。そこには2万3700人が働いていた。だから、この街の近くで1931年9月18日に、満鉄の鉄路を破壊するという事件が起きたのも驚くべきことではなかったのだ。関東軍の日本人将兵らが企んだこの破壊工作は、地域全体での日本の支配の加速を狙っていた。関東軍は、中国側のさまざまな勢力が糾合して日本の存在を脅かすことを恐れていた。

家族が奉天にいる正に合流したときは、日本が満州の征服に乗り出し、1932年3月に「満州国」という傀儡国家の建設に着手してからすでに2年が経っていた。このころ起きたのは、軍に対する文民統制の最初の屈服であった。洋次はまだ子どもだったけれど、このときのできごとを深く心に刻むことになる。彼が同時代の人々にこの混迷の時代を思い出させようとするとき、焦点を当てたのは、さまざまなできごとのほうよりも、むしろそれらに対する人々の無関心であった。たとえば『小さいおうち』(2014年)は、まさに日本が最初の勝利を収めたころの物語だが、彼は勝利が当時の人々に呼び起こした熱狂ぶりを際立たせている。登場人物の女性が当時の人々の反応を日記に書くのだが、それを後に読む大甥は、人々のあまりの熱狂ぶりにショックを受ける。たとえば若者は、戦争での勝利を祝って百貨店がバーゲンセールをしたということが理解できない。本土の日本人と同様に、満州の人々も、戦時に暮らしているとはあまり感じていなかったようだ。奉天はいくらか東京の雰囲気をまとった街だった。山田一家が1934年に到着した駅は、建築家・太田毅によって設計された。太田は、美しい東京駅など数々の近代建築を設計した辰野金吾の弟子である。人々は異国にいる気がしなかった。街は首都のたたずまいに似ていた。おそらく正も寛子も、大阪郊外の町から100万近い人口を擁する大都市への移転として、理想的だと感じたのではないか。洋次はといえば、この街についてそんなに強い思い出はない。強いていえば、町にただよっていた悪臭と強烈な砂嵐くらいだ。この砂嵐は、吹き荒れた後に家の中にまでかなりの砂の山を残していったという。彼がはじめて特急あじあ号を知ったのは、おそらくこのころだろう。たぶん奉天に来るときもそれに乗ったはずだ。その数週間前に、この列車は大連―長春間で運行をはじめた。外国人利用者向けの大半のパンフレットで「流線型の超特急」と紹介された、当時のアジア最速のこの列車は、満鉄の新しい宝石であった。最高速度は時速140キロ。日本の国力を象徴していた。それが満州で運行されたという事実は、当時の日本の意図を物語って余すところがない。

技術面で業績を上げることに熱心だった正は、入社したばかりのこの企業に、さらに思い入れを強めることになった。当時のナショナリズムの高まりの中にいれば、そこから逃れるのは難しかった。しかも、その高まりをもっとも体現している企業で働いているとなれば、なおさらだった。日本政府は、東京―パリ間の鉄道敷設を促進するうえで、特急あじあ号を前面に押し出した。日本初の超高速列車を牽引した「メイド・イン・ジャパン」のパシナ型蒸気機関車によって、鉄道分野での日本の技術的な優位性を強調したかったのだ。このころ日本の技術者たちは弾丸列車計画に取り組みはじめるのだが、これは、やがて１９５０年代に「新幹線」の建設につながり、１９６４年10月にはじめて東京―大阪間で運用されることになる。当面の課題は機関車の能力向上であった。長距離をより速く、しかもより少ない水の消費量で走るようにすることだった。正が参加したのもこうした任務のひとつであった。彼はおそらく、これについて家でも話題にしただろう。そして、父親の仕事に興味津々だった洋次を連れ出して、このすばらしい機関車を見せたことだろう。「長春にいるころ、休みの日になるとおやじにせがんで、機関区に遊びに連れていってもらうんですね。そして『あじあ号』の運転席によじ登ったり、直径二メートルの動輪に触ったりなんかして」。彼は雑誌『正論』（１９９２年11月号）でそう語っている。80年以上後になって語るときの熱意からも、彼にとってこの出会いがどれほど強烈なものだったのか窺うことができる。１９３５年、山田一家はまた引っ越す。奉天を離れ、６００キロほど北方のハルビンに移った。洋次は4歳になろうとしていた。このころの記憶はもっと鮮明だ。奉天がそれほど印象に残っていないのとは裏腹に、ハルビンは彼に最初のカルチャーショックをもたらした。記憶が思い出として長く残る年齢になっていた。このころから徐々に、幼い少年は彼を取り囲む境遇を意識するようになる。そして、さまざまなできごとにも敏感になっていった。中国よりもロシアの街に似ているハルビンの独特なたたずまいからも、強い印象を受けたにちがいない。それもそのはず。ハルビンは、ロシアが中国東部鉄道の建設工事を開始した１８９８年から、ロシア人によって築かれていった街なのだから。

国際的な雰囲気

洋次にとって、この街の最初の印象は「異国情緒」であった。日本の支配下に移ったとはいえ、まだ多くのロシア人が暮らしていたし、その文化もまだ目に見える形で残っていた。「家で働いていたボーイや運転手さんもそうだったし、毎朝、牛乳を届けてくれる娘さんもロシア人だった」と思い出を語っている。アムール川の支流である松花江沿いに位置するハルビンは、地理的に見て遠い欧州とロシアの極東、中国を結ぶ要衝であった。だから、ますます国際的な性格を帯びることになっていった。暮らす人々の国籍も30ほどにのぼった。なかでも幼い洋次の心を捉えたのは、聖ソフィア・カテドラルだった。一家がやってきたころ、ネオ・ビザンチン様式の印象的なこの建物はできてやっと2年ほどであった。この街は「東洋のモスクワ」になるはずだったのだ。だから、建築物という点でも、ライフスタイルという点でもロシアの影響を深く残していた。将来の映画人は、ロシア人たちがとても音楽が好きだということに心を動かされた。「夏の土曜の夕方には、町中の人が公園の野外音楽堂に集まり、ハルビン交響楽団の演奏に耳をかたむけた」と語っている。彼はむしろ、欧州の街に住んでいるような気持ちになっていた。人を魅了し惹きつける多文化都市は、まだ幼かった少年に多くの思い出を残した。しかしハルビンでは、人間がどれほどいやな存在になりうるかということを思い知ることにもなる。とくに他者を支配するときには。1979年4月に『産経新聞』に掲載されたコラムで、当時目撃した光景を語っている。ある日、隣人で中国人と結婚した英国人のコウ夫人と散歩をしていたときのことだ。「満州国は一応独立国の形はとっていても実質的には日本の支配下にあったので、ハルビンの町も日本の軍人がわが物顔で歩いていたものだが、将校だったか下士官だったか、そのへんのことはよく覚えていない、とにかく三、四人連れの日本の軍人が向こうから歩いて来た。ミセス・コウは目立つ美人だったし、また白人だったせいもあったのだろう、その軍人たちがすれ違いざまなにやら乱暴な言葉で彼女をからかったのである」。この言葉の暴力で受けたショックは、若い洋次の心にずっと残ることになっただけではない。自分は支配層の側にいることへの恥の感覚も植えつけた。同じコラムのはじめのほうで、日本が満州を支配するきっかけとなった柳条湖事件に触れ、「日本人が支配者としてこの町に入り込み、ロシア人の家を接収して大威張りで暮らすようになった。実は私達の一家もそのようにしてロシア人の住んでいた大きな家に暮らしていたのである」と説明している。

　たしかに彼の両親は、なににおいてもそんな植民者のようにふるまっていたわけではない。とくに母親は、日本人ではない人々に何度も親切な対応を見せた。それでも洋次の中には、あらゆる形の差別への、ほんものの嫌悪の感情が育っていった。李香蘭の芸名でよく知られた満州生まれの大女優・山口淑子も、同じような状況について回想録『李香蘭　私の半生』（新潮社、１９８７年）の中で述べている。「満州の日本人は、日常生活のさまざまな面で中国人を差別していた。パーティーや宴会などで、同じ円卓を囲み、同じ料理をたべ、同じお酒を飲んでいるのに、日本人には白いご飯が、中国人にはコーリャンのご飯が出るのである」。山田洋次は映画の世界に入ってからも、この形の差別をくりかえし描いていく。そして彼なりのやり方で、日本社会が自分たちの基準に合わない人たちを排除し、その差別を黙認してきたことを批判している。逆に、彼の作品の主要な登場人物たちは、男でも女でもそんな偏見を乗り越える。逆説的だが、当時の日本政府が表だって主張していたのは、ある種の調和を軸とした理想社会の創造であった。「日本の先覚者、特に日本内地及び満州にあった日本青年が、民族協和する理想国家の建設を提唱し、共鳴し、その実現に馳せ参じて精魂を傾け、生命をさえ犠牲にして顧みず努力したその事蹟は、満州国の歴史に燦(さん)として光彩を放っているのである。そしてこのことは、日本民族、特に日本青年として世界に誇るに足るものとわたしたちは信じている」[*5]。満州の行政機構で高級官僚だった古海忠之はそう説明している。

しかし、現実はまったくちがった。まだ5歳の子どもにもそれはわかった。将来、映画人になるとは想像もしていなかったころである。しかし、そのルーツがどこであれ、地元の人たちに対する日本人のふるまいが適切でないことは理解していた。そして、そのことへの罪悪感をずっと持ちつづける。「私は支配する側の人間だった。あらゆる種類の差別があり、そのことが私の中に恥ずかしいという感覚の種をまいた」と、今日もそう語る。彼が満州を自分の「ふるさと」として見ることを拒みつづけているのはそのためであろう。そこで暮らした13年という年月を考えれば、満州を大半の日本人が大切にしている「ふるさと」にすることもできたはずだ。しかし、けっしてそれを望まなかった。それどころか、この地を再訪するまでに50年以上の時間を必要とした。幼少時をずっと過ごした地に立って、懐かしいという気持ちがたかぶると忘れてしまうかもしれない真実。それをしっかりとおぼえておくためだったかのようだ。蒸気機関車の修復をテーマにしたドキュメンタリーを撮影するために満州を再訪したとき、街はすっかり変わっていたけれど、洋次は喜びを隠そうとはしなかった、と濱田雄一郎も説明している。この「ふるさと」喪失を埋め合わせるように、彼が特別な関係を築いてきたのはもうひとつの植民地、北海道である。満州とちがい、日本と直接つながっているところではあるけれど。いくつかの作品を見れば、彼が必要としていたのは、たとえ人工的にではあっても、具体的なひとつの場所への愛着をあらためてつくることだったとわかる。たとえば、将来のよりよい生活を求めて九州の家族が北海道に渡る旅を描いた『家族』（1970年）は、フィクションではあるけれどドキュメンタリーの手法で撮影されている。倍賞千恵子や井川比佐志、笠智衆らが演じる登場人物がリアルな状況の中でぶつかりあう。それによって、この物語に監督が込めようとした個人的な思いがいっそう浮かび上がる。

父親が満州の中心的存在だった企業で働いていたので、洋次の一家の暮らしは比較的楽だった。たしかに、転勤のためにしばしば引っ越しを余儀なくされたが、農地を耕すために満州に渡った人たちのような苦労を味わうことはなかった。こうした開拓農民の植民は、日本政府の戦略の一部をなしていた。満州を永続的に日本帝国の領土とするための戦略である。大量の移民政策を押し進めようとした側がもくろんだほどの人数にはならなかったにせよ、監督は、開拓農民たちを当時の政策の犠牲者と見ている。彼らのあやうい境遇を直接知っていたわけではないだろう。しかし、いくつかの作品ではそれを描いている。『男はつらいよ』の第38作『知床慕情』（1987年）で、ふたたび物語は北海道が舞台になっている。この作品では日本映画の巨人二人が相まみえる。一人は三船敏郎。黒澤明監

＊5　片倉衷・古海忠之『挫折した理想国――満洲国興亡の真相』（現代ブック社、1967年）の中の古海忠之「満洲国の夢は消えない」（202ページ）。

督のお気に入りの俳優が、偏屈な獣医を演じている。もう一人は、主役の寅さんを演じる異能の俳優・渥美清。この作品で監督は、開拓者として苦しみながら、結局、国に打ち捨てられる男や女たちへの強い共感をにじませている。とても短い場面でそれがわかる。上野順吉獣医は、診察に向かう途中、ある一家が旅立とうとするところに出くわす。この土地を離れることを決めた一家だ。苦労を重ねた一家の父親は、何年も助けつづけてくれた獣医に感謝をする。それに獣医はただこう応える。「あんたもよく頑張ったな」。離農者となる男の心を揺さぶる率直で飾りのない言葉。そしてそれは、これまで同じ経験をしてきたすべての人たち、とりわけ満州に移住した人たちに対して、本来なら国家の責任者が言うべき言葉でもある。彼はこのテーマを非常に繊細な手法で扱う。思い出しておきたい。山田洋次は、その作品のほとんどすべてで台本や台詞を書いている。ちょっとした場面や台詞を通して、観客に考えるべきことはなにかを伝える。この手法も、日本人が山田監督に対して深い敬意を抱く理由のひとつなのだ。

もっと若いころから、洋次はきわめて感受性が強かった。長じるにつれ、それが思索や創造の糧となっていった。ハルビンへの移住についてこう回想している。「さまざまな人種や民族が暮らしていた満州で、人間のいわれのない差別についての奇妙な感覚は、心の中に刻み込まれている」。結局、キタイスカイア通りのような広々とした街路や、チューリン百貨店のような欧州の趣も、この街のよい思い出としては残らなかった。もう少し大きくなっていれば、たぶん市民の多様なルーツを反映した文化を鑑賞しただろう。この北方の街では、あちこちの劇場でロシアのバレエや中国の伝統音楽、米国の映画などが上演されていた。子どものころ旅順でピアノを習った寛子はクラシック音楽に親しんでいた。一家のハルビンの家で、彼女はよくレコードをかけていた。とくに彼女はフェオドール・シャリアピンが歌うモデスト・ムソルグスキーの曲が気に入っていた。正のほうは仕事に没頭していた。満鉄は鉄道網の拡大に巨額の投資をしていた。一家がハルビンに移った最初の1年の間に、延べ1000キロ近い路線が新たに建設された。それにあたって、彼は線路の幅を標準軌に改軌する仕事に力を注いだ。1936年4月1日、月刊誌『The Manchurian Month』(英字紙 The Manchurian Daily News=『英文満報』の別冊)は一面でこのことを言祝いでいる。その偉業によって、特急あじあ号は大連―ハルビン間の約900キロを、それまでの18時間半から5時間短縮した13時間半でつなぐことができた。さらに、満州国の首都である新京で、乗客が乗り換えたり荷物を積み替えたりする必要もなくなった。この首都には山田一家も2年後に移り住むことになる。

学校へ

新京での短い暮らしは、幼い洋次にとって転換点だった。なぜなら、その街で小学校に入学したし、母親以外の女性にはじめて胸をときめかせたからだ。1984年に出版された『映画館がはねて』(講談社)で、彼は「村上先生」について一章を割いて語っている。「黒眼がちの大きな眼」を「今でもくっきりと憶えている」。この最初のときめきは、『男はつらいよ』シリーズで美しい女性「マドンナ」を入れ代わり立ち代わり登場させるというアイデアの起源かもしれない。主人公の寅さんは、彼女たちにどうしようもなく恋心を抱くのだけれど、思いはいつも実らない。洋次の最初の恋の出会いも、

奉天（現・瀋陽）にて。散歩する母・寛子と子どもたち。左が山田洋次。撮影：父・正（写真提供：松竹株式会社）

報われないほろ苦い思い出として残ることになる。先生をひどくがっかりさせることになったできごとがあったからだ。彼が語るところによると、あるとき、仲のいい友だちの名前を挙げるという授業があった。そこで洋次は、ほんとうの気持ちを隠して、ほかの子どもたちのように、クラスの帝王のようにふるまっていた小林君の名前を挙げた。仕返しが怖かったからだ。「いくじなくも答えてしまったのである。がっかりしたような村上先生の表情を、私は今でも忘れることができない。いわばその時、私の初恋は音をたてて崩れてしまったのである」。物語を通してずっと寅さんは、女性に対して同じようなしくじりを重ねる。たいていの場合、きれいな彼女たちに臆病になってしまうからだ。当時、洋次は7歳。そろそろ分別がつくころだ。たしかにそうだろう。というのも、彼は最初の恋の悲しみを知ったあの日のできごとから、別の教訓も引き出しているのだ。そのことを、『新潟日報』（1972年4月25日付）の記事で語っている。自分がほかの級友にならって「小林君」と答えて先生を失望させた後、今度は一人だけ勇気ある答えをした級友に衝撃を受けることになったからだ。彼は、そのクラスの乱暴者のことを好きではないとはっきり言ったのだ。その梅沢君は医者の息子で、小林君が、自分の体格が大きいことを武器にして、いじめの標的にしている児童だった。しかし梅沢君はただ一人、自分の思っていることをそのとおり口にした。自分の名前を挙げなかったら承知しないぞと脅す小林君の怒りを恐れなかった。あの日、梅沢君の顔が光に包まれたようだった、と地方紙への寄稿の中で回想している。「まるで後光が差しているようだった」。ただ、洋次がこの学校に通ったのは数か月だけだった。父親がまた転勤になったのだ。しかし、ハルビンの建物が彼に刻んだ強い印象は、満州国の首都・新京に移っても消えることはなかった。

山田一家は、満州に移って二度目となる奉天暮らしをはじめた。現・遼寧(リアオニン)省の中心都市であるこの街について、最初に住んだときの洋次の記憶は悪臭くらいだ。戻ってきてみると、また別の相貌に出会うことになった。もっとずっと好ましく思える相貌だ。7歳の彼は、自分の境遇にもっと注意を向けるようになる。父親の会社が大企業であることも理解した。一家は衣服を詰めたトランクだけで新居に引っ越したのだけれど、必要な家具はみんな満鉄が貸してくれた。「新しい土地に着くと満鉄の貸家具倉庫というのがある。そこに一家で出かけてソファーからカーペット、机やシャンデリアに至るまで揃っている中から好きなのを選べた」と、雑誌『環』の別冊（2006年）で語っている。まだ幼かった彼は、奉天でさまざまな発見をすることになる。それが後の映画人生で決定的な役割を果たす。両親は彼を加茂小学校に入学させた。その学校は、父親が働いている満鉄に付属する建物に開設されていた。駅の周辺に築かれた近代的な街区にあった。当時の多くの建築物に特徴的だった赤いレンガの壁の中で行われた教育の目的は、できるだけ優れた生徒の育成だった。選りすぐって集められた先生たちは、実験的な教育法を採用した。大半の教科書も先生たちが自分で編集した。教育を近代化するという明確な目的を持った学校だったおかげで、洋次たちは、当時の大半の学校で行われていた軍隊式の朝礼をまぬがれた。「先生たちは音楽教育を重視したし、ほんとうにリベラルなアプローチを進めようとしていた」ことを監督は今もおぼえている。学校では級長を置くシステムをやめて、5、6人のグループで作業することを優先した。1930年に開設されたこの学校は、通学する児童に自ら開花する方法を伝授しようとしていた。たしかにそれは一部の親たちからは不評だった。いささか新しすぎるというわけだ。しかし、あまりに日本的な大勢順応主義は、加茂小学校では市民権を持たなかった。

その二階建ての校舎で、彼は読書の楽しみもおぼえることになった。それほどたくさんの本があったわけではないけれど。「同じ本を二度も三度もむさぼるように読んだ。ぼくは『ロビンソン漂流記』『クオレ物語』『家なき子』などといった子ども向きの古典を親から与えられていましたが、『少年講談全集』ものなど決して許されませんでした」と、後年『山田洋次・作品クロニクル』（ぴあ、2005年）の中で述べている。両親は、挿絵の質は高くても、忍者の話などに偏ったこのシリーズは、自分たちの息子にはふさわしくないと考えたのではないだろうか。しかし、息子のほうは聞き分けがよかったわけではない。級友の一人がシリーズの全巻を持っていて貸してくれたのだ。それをこっそり持ち帰って読んだ。この出版物についての注目すべき著書があり、収集家でもある新島広一郎によると、並外れて人を夢中にさせるシリーズだったという。「はじめて見た少年講談は真に驚きであった。装幀の美しさ、内容の面白さ、挿絵の素晴らしさなどなど、私が虜囚になったことは云うまでもない」と『講談博物志』(昭和資料館、１９９２年)で語っている。洋次もその虜となり、猿飛佐助や真田十勇士、田宮坊太郎の活劇物語を、正と寛子の目の届かないところでむさぼり読んだ。こうした物語が想像力を育み、知識もなく、おぼえてもいない日本へと彼を連れていった。

彼は5歳から満州で暮らしていた。その環境は、彼のまわりのなにもかもが、「日本なのだ」ということにはなっていたが、自分の生まれた国がほんとうはどんなところなのか、わかっていなかった。奉天では、少なくとも駅周辺の近代化された地区では、通りや街には日本風の名前がついていた。駅が始発となる三つの幹線は、浪速、千代田、平安と名付けられていた。加茂小学校に隣接する地域の通りは本土の商店街のようなたたずまいで、悠久の日本を思わせる「春日」という名前だった。けれども、洋次が学校の屋上に上がって周囲を眺めてみると、「そこが日本でないことがわかった。山がなかったのだ。平原が果てしなく広がっていて、水平線はどこまでも続いていた」という。だから、自分が知らないままである生まれた国への関心は抑えようもなかった。歴史の本に夢中になり、読書からふくらんでいった想像の中で日本をおとぎ話の国のように感じていたという。それが、映画を知るようになったときから変わっていった。それは子どもの人生にとってカギとなる瞬間でもある。なぜなら、そこでの経験がその後の人生に決定的なものになっていくからである。「映画館の完璧な闇が与えてくれるのは、スクリーン上の奇跡という、夢が投影されるニュートラルな世界だけではない。

近代的な冒険のいちばん心地よい形を差し出してくれるのだ」。1925年4月18日付の『文学的日記』の中で、ロベール・デスノスはそう記している。「想像で頭の中が混乱しながら映画館に入り、白黒の世界の主人公たちの冒険に飛び込んで、いっしょに体験する人たちは幸せなのだ。眠りの中の劇的な人生が、さめているときの人生を従え、まるでまだ夢から覚めきっていないように、重い目をこすりながら、混乱したようすで夜の世界から出てくる人は幸せなのだ」。将来、映画監督になる洋次も、この言葉を否定しないだろう。当時、日本社会で映画は大衆的な人気を博していた。奉天にはたくさんの映画館があったので、それだけ人気も高かった。中国人たちがよく通う映画館もあった。そこでは、上海のスタジオで製作された作品も見ることができた。ただし、それは政治的に問題をはらんだテーマを扱っていないかぎりにおいてである。忘れてはいけない。満州も含めて中国はそのころ戦争状態にあったのだ。満州国の当局は、人々を安心させるようなことを言ってはいたけれど。日本は1937年、7月7日の盧溝橋事件を口実に中国東部への侵略をはじめた。日本人に好まれた映画館では、やはり娯楽映画がとても受けた。雑誌『プール・ヴー(Pour Vous)』(第291号、1934年6月14日)で、一人の日本人女性がこう証言している。「私たちはとてもたくさんの映画を見ます。日本人はみんな映画に夢中なのです。映画館も非常に多く、東京では6000席を擁するデラックスな映画館が最近できました。どんなへんぴな街でも、満州にいたるまで、急ごしらえで設備を整えた映画館があります。だから、ひとつの作品が8日以上も上映されることはありません」。洋次もしばしば父親に連れられて映画館に行った。そして「心を奪われる夢の世界」に没頭することになる。彼がとりわけ好きだったのは、滑稽な喜劇ものだった。もちろん、その中にはバスター・キートンの作品があった。大画面での上映を楽しんだことをおぼえている。けれども、いちばん楽しいと感じたのは、エノケンの愛称で知られた喜劇役者・榎本健一と古川緑波の映画だった。彼が声をあげて面白がるものだから、いつも真面目な正は、あんまり大きな声で笑うならもう連れてこないぞと叱るくらいだった。「『うん、もう笑わないから』と言って連れてってもらうんだけど、どうしても笑ってしまうんです」。彼の喜劇好きはその後も変わらない。映画人としての彼は、1960年代半ばから喜劇というジャンルの代名詞にさえなっていく。

スクリーンと出会う

しかし、人生にあるのは喜劇だけではない。山田洋次は第七芸術の別の面を発見することになる。いくつかの映画※との出会いが心に刻み込まれた。たとえば彼は、レニ・リーフェンシュタールのベルリン五輪のドキュメンタリー映画『民族の祭典』(オリンピア第1部、1938年)を見た日のことをしっかりおぼえている。「私はそのとき、ドイツの監督がマラソンを描いたシーンの主観的なカメラワークに衝撃を受けた。見ている私たち自身が、優勝した朝鮮出身の日本選手、孫基禎であるかのようだった。私は落ち着かない気持ちになった。そんな撮影手法とそれを使うことの意味がよく理解できなかった」と語っている。やはり強く記憶に残った別の作品は『路傍の石』(1938年)だ。

※映画
当時の日本で上映されていた映画作品は二つのカテゴリーに分類できる。邦画と洋画だ。1937年まで、日本では毎年約130本の洋画が公開され、そのうち80%から90%が米国作品だった。そのほかは欧州からで、それらは芸術作品と見られていた。

山本有三の小説を原作に、田坂具隆が監督したこの作品は、吾一という青年の波乱に満ちた人生を描いた長編だ。裕福ではない家に生まれた吾一は、数々の試練（母親の自殺、父親の不在、仕事での搾取）にもめげず、全力で誠実に尊厳を保って生きていこうとする。そしてついに、人生を変えられるだけの条件を持っているのに、その開花を阻もうとする者に立ち向かう。このリアリズム作品の記憶は、両親が雇っていた若い女性のことと結びついている。長崎県沖にある五島列島出身の、ふみというこの女性は山田家では主に子どもたちのめんどうをみていた。母親に言われて彼女はときどき洋次を映画に連れていった。そして彼女と見に行ったのが『路傍の石』である。このときは、渡辺邦男監督で、当時の大スター李香蘭が主演した『白蘭の歌』（1939年）との二本立てだった。ずっと後に自身で証言しているように、彼にとって特別となったこの映画の鑑賞で、作品とともに心に強く残っているのは、この若い女性がすすり泣く姿だ。試練に耐える吾一に自分の人生を重ねて、心を揺さぶられていたのだ。こうした背景を考えれば、山田作品の中で、道徳的な誠実さが大きな位置を占めているのは驚くべきことではない。寅さんに代表される登場人物たちは、どんな状況でも人間としての尊厳を見失わない。たとえば『学校Ⅲ』（1998年）では、大竹しのぶがはまり役として演じている小島紗和子が、数々の障害（母子家庭、障害を持つ息子、男尊女卑の環境）に打ち勝つ。資格を取るために専門学校に通い、人生の再スタートを切る。彼の作品にあふれるヒューマニズムの源は、1938年のエピソードにまでさかのぼることができる。そして観客はそこに引きつけられ、しばしば涙する。洋次がけっして忘れなかった、若き日のふみさんと同じように。

映画館に通い、本を読み、ふみさんが語るふるさとの話に耳を傾けながら、若い洋次は次第に日本

について の認識をあらためていった。そして、年の瀬の祭事のために短い滞在を経験したとき、はじめて日本を「意識し」発見することになる。「私たちは船で下関港に向かった。近づく陸地を見て私が驚いたのは、海岸線の断崖であり緑におおわれた山々だった。直線的な風景が広がる満州とはまったくちがった。下船して乗った列車は、いくつものトンネルをくぐった。それもまた私には新鮮な体験だった。『これが日本なんだ』と思った。見るものすべてに興味津々だった。はじめての国を訪問した外国人のようだった。ある意味で、この最初の本土訪問が、その後映画の中でやり続けることの出発点を記したとも言える。このときから、私は日本と日本人について心底からの好奇心を抱くようになったのだ」。親戚が暮らす山口県という、大都会というより田舎の真ん中に来ることになったこの旅から83年後、彼はそうはっきり語っている。訪問の数か月前から、日本は戦争をはじめ、中国ではげしい軍事作戦を展開していた。しかし日本人たちは、少なくとも本土のこの地域で暮らしている人たちは、あまり気にかけているようには見えなかった。洋次はこの滞在で、それまで食べたことのなかった和食を味わうことができた。寿司や蕎麦で消化不良を起こした。でも、それがどうした。新しいものはなんでも試してみたかった。彼は興味津々で自分の周囲の社会を観察した。年齢を考えると無邪気な観察ではあった。しかし、それに飽きることはなかった。日本のことを知り尽くしたい。そんな望みが生まれたのも、たぶんこのときだ。実際、彼は映画人としての人生で、それをずっと続けてきた。北は北海道から南は沖縄まで、彼ほど全国各地で撮影をしてきた監督はほかにいない。四国にも行ったし、東京から東北の岩手県の松尾村（現在の八幡平市）まで足跡は及んでいる。どんな地方でも、彼は住んでいる人たちの大半が顧みることのなかった日本の現実を、深いところまで示そうとしてきた。それが彼の作品の人気の理由なのだろう。90歳を超えた今も、自分の国を知りたいという思いを持ちつづけている。彼は自分の国について、最初は外国から知ったのだという。「私は、アルジェリアに暮らしていたフランス人に似ています。彼らもフランスを地中海の対岸から見ていたのです」

しばしの東京暮らし

洋次は満州に戻った。そこでまた学校生活がはじまり、日本についての学習も続けた。このころ彼が発見したのが、ユーモラスな話術芸「落語」である。それにはまっていった。喜劇映画に夢中になったことからもわかるように、この少年は笑うことが大好きだった。落語という芸が彼を喜ばせないわけがない。けれども「落語」、文字どおり翻訳すると「落ちがある物語」は、締めくくりの言葉が面白いというだけではない。しばしば世の中を映し出す鏡でもある。さまざまな登場人物の間のもめごとがしょっちゅう出てくる。それを落語家が語り、いつも面白おかしい結末になる。土曜の夜、山田一家はラジオの前に集まって落語番組を生放送で聴いた。ネタはさまざまだが、ねらいは人を笑わせることにちがいない。けれどもそれを聴いていると、社会の変化、とくに飛躍的に発展しつつあった都市部の中流階級の日常生活について、いろいろなことがわかってきた。落語家はお互いに了解事項をつくりあげながら聞き手とつながる。そうでなければ根強い愛好者を得ることはできまい。強調しておきたいのだが、落語家は扇子と手ぬぐいという最低限の小道具だけを持ち、座ったままで演じるのだから。この毎週の番組で、幼い少年は知識を増やしていった。たとえば、庶民が暮らす「下町」についても落語を通して知った。「下町」は後に数々の長編作品で扱われることになる。また、同じようなことをくりかえしても観客をけっしてがっかりさせないよう、その期待をちゃんとつかむことが絶対に必要だということも理解した。

言うまでもないが、『男はつらいよ』シリーズの作品がいつも同じ登場人物、同じ俳優で製作されながら毎回成功してきたのは、観客に身近な話だという感覚をもたらすことができたからだ。これは、ほかの監督にはできなかったことである。「私はいつも落語の主要な登場人物のような人々についての映画を撮りたいと思っていた。そして50年前、私は渥美清という男に出会った。『この男なら古典落語に出てくるクマさん（熊五郎。抜け目がないけど、あまりものを知らず、いささか乱暴――著者による補足）を演じることができる。完璧だ』と思った。だからクマさんを下敷きにしてトラさんという人物をつくったんだ。けれども最終的には、彼はやっぱりクマよりトラだったな」と笑いながら回想する。「人は彼のことをからかい、バカにする。けれども、このバカはなによりも、ほかの人が喜ぶことを願っている。で、彼がいるとみんな幸せな気分になる。彼はおかしなことを言うし、愚かでもある。きれいな女性にすぐ恋をしてしまう。で、みんな彼をからかう。でも、ほかの人の人生を豊かにしている人物なんだ」と話す。フランスの喜劇役者であるルイ・ド・フュネスに例えたくなる。彼も、どんな作品に出てもその面白おかしい表情で幅広い世代の大衆の心をつかんだ。ただ、寅さんの場合、撮影されたシリーズの作品数を考えると、その力量がほんものだったと論じないわけにはいかない。とはいえ、監督は自信満々だったわけではない。「有名な落語家の五代目柳家小さん師匠がある日、私に言ったことが忘れられない。『肝心なのは、お客にはじめて聴く話だという印象を持たせることなんだ。古典でも新作でも、お客がそんな風に感じるようにしないといけない』と明言していた。この言葉を胸に、シリーズを続けた。毎回、観客と寅さんとの出会いが新しい出会いであるようにしようと作品を撮ってきたんだ」。監督の考えの中で、落語がこれほど重要なのだとすれば、それはかつて満州で育まれていた情熱に負うところが大きいにちがいあるまい。

山田洋次は、学校でも校外の環境でも、いろいろなことに注意を向ける少年だった。南方では戦争がはげしさを増していたが、奉天では比較的平和な日々が続いていた。日本が１９３７年の夏に中国と戦争をはじめてからも、日常の生活はそんなに変化がなかった。ただ、人々は戦況をとても注意深く見ていた。そして、軍事作戦に対して支持を表明していた。政府は、数年前の場合と同様、今回も作戦は長引くものではないと言っていた。人々はまだ不安を実感していなかった。もちろん、米国との関係は緊張を増していた。けれどもほとんどの人は、問題は外交で解決するだろうし、日本は前進を続けるだろうと思っていた。洋次は小学校3年を終えるとまた転校した。それは新たな冒険だった。というのも、正が辞令を受けた赴任先が南満州鉄道の本社、東京だったのだ。１９４１年の春、山田一家は首都に引っ越し、品川区の南、大森区雪ケ谷に居を構えた。9歳だった洋次はまもなく、満州、少なくとも自分が暮らしていた満州でふつうに感じていたのとはちがう雰囲気がただよっているのに気づく。中国人をはじめ、日本人ではない人たちが差別の標的とされていることにショックを受けたのだ。満州での日本の締めつけがどれほど暴力的だったのかということを彼が知るのは、大半の日本人と同様、ずっと後になってからだった。

「戦場に活かせ銃後の鉄と銅」ポスター。1942年ごろ（提供：昭和館）

山田一家が東京に移り住んだのは、日本の軍当局が、細菌学を研究するさまざまな部隊をつくったころだ。その中でいちばん知られているのが731部隊である。そんな空気の中、彼は新しい学校で、級友たちが戦争に熱狂するのに驚かないではいられなかった。それまで、なにかの価値観の教化よりも、生徒一人ひとりの個性の開花に重きを置く学校で学んだ経験がある幼い少年は、最初に出席した音楽の授業に驚くばかりだった。カーキ色が主調の教室の中で、ただ一人明るい色の服を着ていた新しい先生は、どんな歌を教えてほしいかと生徒たちに尋ねた。「生徒の一人が愛国的な歌の曲名を挙げた。僕はそのとき、先生が顔を引きつらせてため息をついたのに気づいた。それから彼は顔を上げると、その曲を生き生きとした調子で弾きはじめたんだ。そこにジャズっぽいアレンジをして。『軍歌は音楽ではない』と口では言えなかったので、そんなふうにフラストレーションを表現したのではないか。少なくとも、この印象的な経験から私の心に残ったのはそんな思いだ」と語っている。当時の彼には、たぶんそこまでわからなかっただろうけれど、この教師はリスクを冒した。というのも、１９３０年代の終わりごろから、当局はあの手この手で西欧の影響を極力、抑えにかかっていた。ジャズは明らかに表舞台から退けたほうがいい音楽であった。愛国心を脱線させるような使い方をするとなればなおさらである。このころ洋次の周囲に満ちていたのはナショナリズムの空気だった。それは１９４１年12月7日の真珠湾の米海軍基地への攻撃の後いっそう強まった。「学校で、来年あたりはサンフランシスコに上陸するとかワシントンを占領するとか（同級生と）話したね。荒唐無稽なことをみんな信じていた」と、『神戸新聞』（２０１５年2月8日付）で述べている。

東京にいる間は、首都をあちこち訪れる機会になったはずだ。しかし洋次は、実際にはそれほど東京めぐりをしなかった。後年そのことを悔やんでいる。とくに残念なのは落語の放送で聴いて夢見ていた「下町」に行けなかったことだ。たぶん母親の寛子は、愛国主義の雰囲気に息苦しい思いをしていたのではないか。それは人々に次から次へと大勢順応の姿勢を示せと迫る圧力になっていた。彼女はそんな雰囲気から子どもを遮断したかった。けれども、プロパガンダから逃れるのは難しかったし、とくに生活水準が下がるのを止めるのは無理だった。１９３９年から政府は、国民に主食を米以外にも広げるように促した。新聞には食べられる昆虫の紹介記事が掲載された。１９４１年、政府は米を配給制にした。また、果物や生野菜、塩、砂糖、味噌の流通も統制下に置いた。１９４２年2月、食糧管理法が施行された。この法律で、食料の流通は中央官庁が監督することになった。そして官庁は、各地の隣人組織「隣組」をあてにして、各戸への分配作業の権限を委譲した。しかし、それでも、そんな公式な仕組みとは別の仕組みとして闇市は広がっていった。

監督は、こうしたことをいくつかの作品に写しとっている。たとえば『母べえ』（2008年）は太平洋戦争の転換点に置かれた家族の話だ。知識人である父親が、まさに知識人であるがゆえに逮捕され、その家族の生活は劇的に変わってしまう。吉永小百合が演じる母親が、二人の娘を育てながら夫の釈放を求めて闘う毎日を作品は追っていく。洋次は、自分自身で見てきた当時の日常を緻密に描いている。いつものように誇張のない、抑制された描き方だ。この模範的な母親像は、自分自身の母親もモデルとなっているのだろうか。問いへの答えはまだ見つからない。ただ、おそらく平松恵美子とともに脚本をつくりながら、自身の母親のことも考えたのではないか。あるとき洋次は、子育てに一生懸命な母親に守られていたにもかかわらず、ジフテリアにかかってしまう。死にいたる場合もある深刻な病だ。入院して治療を受け、助かった。両親は大喜びした。息子が窮地を脱したことにほっとした父親は、なにかほしいものはないかと息子に訊いた。洋次は、古本屋で見つけていた落語全集3巻がほしいと答えた。「そんな時でなければ買って貰えなかったのですが、この落語全集は私の宝物でした」。1984年の自著の中でそう語っている。

戦争が終わる

時が経つほど、東京の状況は緊張していった。米軍は太平洋上で優勢となり、もはや本土も攻撃から逃れられなくなった。そんな状況下、山田一家は満州に戻ることを決めた。1944年5月のことである。首都での2年間の生活は幸せな年月ではなかった。黄海の対岸で一家を待っていたのも、米軍による空爆がなかったことをのぞけば、よりましとはほとんど言えない日々だった。米軍による最初の日本本土空襲は1942年4月だった。そのとき飛来したのは、空母から出撃したB25爆撃機だった。B29爆撃機による本格的な空襲は1944年11月にはじまる。当初は軍事拠点や工業地帯が標的だったものの、市街地も爆撃された。市街地への無差別爆撃はくりかえされるようになり、爆撃機から何トンもの焼夷弾がばらまかれた。3月10日には、300機あまりのB29が約1700トンの焼夷弾を投下。これによって9万人以上が亡くなった。その後も無差別爆撃はやむことなく、東京は大部分が破壊された。「東京大空襲は、おそらく歴史上もっとも多くの人を殺害した空爆のひとつだ。ドレスデンやハンブルク、長崎をしのぎ、広島に匹敵するレベルだ。そしてもっとも破壊的な爆撃であったのはたしかだ」と、米国の軍事史の専門家ケネス・P・ウェレルは強調している。この惨状が心に深く残す傷を、山田一家の場合はまぬがれた。洋次は、大連の港が遠くに見えてきたときに父が喜んだのをおぼえている。一家はそこで生活することになったが、それが満州で暮らす最後の街となった。この街は米軍の空爆にさらされることはなかったが、状況は日々緊張の度合いを増していった。家族を安全な場所に住まわせることを望んだ正も、戦争が拡大していて、海をはさんだこちら側にも恐るべきソ連がいるという事実に疑いの余地がないことを悟った。満州での空気も、東京よりましだとはもはやほとんど言えなかった。洋次は、俳優の三船敏郎も通った中学に入学したが、級友たちとともに防空壕を掘ったり、防衛のための準備をしたりといった仕事に徴用された。授業は苦役に寸断された。酷暑の中、まだひ弱な若者は、シャベルやツルハシを扱うのに四苦八苦だった。洋次は、ほかのことをする時間があれば、常盤という商業地区にあった映画館に行った。しかし、そこでも上映作品は心躍るものではなかった。彼がおぼえている愛国的映画の中に、山本嘉次郎監督の『ハワイ・マレー沖海戦』（1942年）がある。帝国海軍航空隊を称えるこの長編映画は、ドキュメンタリーに近い手法で撮られていた。観客にリアルな印象を与えるためだった。大半のシーンはミニチュアの模型で再構成されていたのだけれど、その特殊撮影を担当したのは才人・円谷英二だった。彼はその後、東宝で特撮の巨匠として存在感を示すことになる。とくに『ゴジラ』の製作に携わったことで知られる。ただ、2時間近くの野心的な大作『ハワイ・マレー沖海戦』がつくられたときのねらいは、映画のシーンで示されたような打撃を連合軍にもたらす手段を軍は持っているという印象を大衆に与えることにあった。

当時よく通った常盤館の、ほかの観客もたぶんそうだったように、洋次は日本の戦闘機の活躍に拍手した。そのころの『シネ・モンディアル（Ciné-Mondial）』誌記者レイモン・ヴァグナーのルポも、燃えさかる愛国主義についてよく伝えている。「庶民に人気の高い東京の映画館では、観客が文字どおり熱狂しているのを私は見た。中国大陸での戦争のニュース映画を上映すると、観客たちはまるで一人の人間のようにいっせいに立ち上がり、天井を突き破るような勢いで万歳を叫んだ。映写技師は、その場面をもう一度上映せざるをえなかった」と、この週刊誌の第75号（1943年2月5日付）で書いた。逆境に直面した日本人が自分たちの能力を信じようとしていたのだろう。洋次も当時は「ごくふつうの軍国少年だった」と、月刊誌『世界』（2016年1月号）で打ち明けている。「僕は兵学

中学時代に家族と暮らした大連の大連のかつての自宅前に立つ山田洋次監督（写真提供：共同通信社）

校を受験するつもりでいて、真っ白い服に金ボタンで短剣を吊って、かっこいい海軍士官になりたいと考えていました」。しかし大半の日本人たちも心の底では、もはや自分で自分の運命を決めることができなくなっていると感じていた。ちょうど同じころ、映画監督の小津安二郎がシンガポールに派遣されている。プロパガンダ映画を撮影するためだ。彼はその機会にたくさんの米国映画を見た。『風と共に去りぬ』（1939年）や『ファンタジア』（1940年）だ。それを見て悟った。「こんな映画をアメリカは作ってたのか、この戦争は負けだな」。後に松竹に入社した山田洋次は、小津ともよく言葉を交わしていて、そんな話をおぼえているのだ。ただ当時の洋次は、フィクションの作品であれ、その前に上映されていた「日本ニュース」の報道映画であれ、スクリーンに映し出されることを信じていたにちがいない。報道映画には必ず皇室が登場するシーンがあった。思い出しておきたい。天皇はまだ「神」であった。だから、その場面になると、帽子などを脱いで起立することを求める指示が画面に出た。その後、政治情勢や各地の作戦現場についての情報が続いた。すべてが帝国軍を称える内容だった。戦争が終わりに近づくにつれ、ニュースはますます国民一丸となった徹底抗戦を強調していった。ただ、映画作品はナチス・ドイツの場合とはちがった。そこで制作された最後の映画大作、ファイト・ハーラン監督の『コルベルク』（1945年）は、1813年のナポレオン軍と戦ったドイツ人たちの奮闘を描いて、総力戦を賛美している。けれども日本は、これに匹敵するスケールの作品をつくろうとはしなかった。心はもうそんなところにはなかったのだ。山本嘉次郎の戦時中の最後の作品となる『加藤隼戦闘隊』（1944年）と『雷撃隊出動』（1944年）が、愛国主義と国民の戦争協力をあおることがねらいであったのはまちがいない。しかし結局、どちらの作品も、戦闘員の最後は悲劇的である。前者は戦闘機パイロットの英雄を描いているが、最後は戦死する。後者では、はじめて米国の軍艦に体当たり攻撃をしたパイロットたちがテーマだ。監督は、もう取り返しがつかない死を映像にしているのだ。こうした陰鬱な時代、大連での洋次の生活は、防衛に備えるための苦しい労働作業で刻まれる日々だった。それが１９４５年8月15日に新しい局面を迎えた。「あの日、僕たちは作業場近くの小学校の校庭に上半身裸で」並ばされたと、『日本経済新聞』に１９９６年に掲載されたコラムで語っている。「空腹でフラフラしながら、音質の悪いラジオから雑音まじりの天皇陛下の言葉を聞いた。なんのことやらわからないまま、中学の上級生が『日本は負けたんだ』と泣いている。神国日本が負けたという事実に衝撃をうける前に、ぼくはとりあえず明日から働かなくていいんだ、という安心感でホッとしていた。同時にこういう時に泣き叫んだりしないぼくはなんという非国民なのか、と自分を責めてみたりもした」

この反応は、いずれにしても成長しつつある少年の自由意志の現れではなかっただろうか。彼は母親・寛子のもとで育った。大勢順応主義に抗う彼女の姿勢をよくおぼえている。奉天の加茂小学校では、お互いの意見を尊重し合うことを教えられた。彼はその考え方を掘り下げつづけた。彼の映画作品の中の多くの登場人物は、どちらかというと「出る杭は打たれる」傾向の強い社会の中で、しっかりと自分の個性を主張しようとする。その後、日本の降伏によって、大連での暮らしもがらがらと崩れていった。中学は閉鎖され、中国人たちは占領者への恨みをあらわにしていった。商店は略奪され、日本人が襲われることも増えていった。襲ったのは、日本人がしばしばひどい扱いをしてきた人たちだ。「日本人は、中国人がたんに下級労働者であることしか望んでいなかった」と１９８６年の『ロサンゼルス・タイムズ』の記事で指摘しているのは、兪志元（ユジーユアン）教授だ。中国人が標的となり、洋次が目撃者となった差別について簡潔に要約している。

そのときは、中国人たちの怒りのほかにも大きな懸念材料があった。ソビエト軍がやってくるという噂だ。モスクワは、8月9日に日本と戦争状態に入り、極東ソ連軍の満州進行が開始された。対応が遅れた関東軍は、一部の激戦地をのぞき、T−34戦車の増強で戦力を高めていたザバイカル方面軍を前に後退していく。ポツダム宣言受諾後も停戦にいたらず競り合いが続くなかで、8月16日「大陸命」（参謀総長から伝えられる天皇から陸軍への命令）により、関東軍は「即時戦闘行動を停止」するよう命じられた。これを受けて、ソ連も18日に停戦命令を発出する。一方溥儀（ふぎ）は、同日に退位を表明し、満州国は瓦解（がかい）するにいたった。そして翌19日、ロディオン・マリノフスキー元帥率いるザバイカル方面軍は新京に到達し、22日には、ソ連の空挺部隊が大連と旅順に進駐したのだった。洋次は、防衛のための作業、とりわけ自分たちも手伝って掘った対戦車壕が、ソ連軍の戦車の前では取るに足らない代物であることに気づいた。彼と赤軍との最初の出会いは、音楽によるものだった。ソ連兵がどんなふうなのか気になって、洋次は友だちと見に出かけた。すると「カチューシャ」を歌っている歩兵たちに出くわした。それから数週間、中学生たちはロシア語を学ばされることになった。授業は再開されたけれど、雰囲気はがらりと変わっていた。ロシア語が必修になった。けれども状況はまだ流動的だった。日本に対しては共闘していた中国共産党と中国国民党が、今度は中国の主導権をめぐって戦いはじめた。数週間で街は色を変えた。青と赤に太陽をあしらった国民党の旗に、共産党の鮮烈な赤い旗が取って代わった。洋次は、市役所そばの広場に赤旗が掲げられるとすぐに、蔣介石の像が消えたことに気づいた。赤旗は広い額の男の肖像を際立たせていた。毛沢東である。

満州からの脱出

この新たな局面で、山田一家の暮らしも根本から覆ることになった。中国共産党が大連を掌握して3日後、人民解放軍の将校がやってきた。京都大学で学んだ将校は、完璧な日本語で正に、家を接収すると告げた。退去までの猶予は3日間だという。新たな住所として学校の寄宿舎が指定された。5人の家族にあてがわれたのは1部屋だけだった。一家はそこで1年半を過ごした。山田家にとってすべてが変わってしまった。満州でもっとも重要で日本最強の企業・満鉄の人材育成担当者になっていたエンジニアは職を失った。日本に来た米国占領軍によって満鉄が解散させられたからだ。正の仕事場だった沙河口区の蒸気機関車製造工場はソ連の手にわたり、資材の一部も押収された。物価が高騰する一方、安定した収入がなくなった。同じ状況に直面した多くの日本出身者と同じように、一家も生活を切り詰めた。主食はコウリャンや雑穀になった。もうなりふり構わず、なんでもやって切り抜けるしかなかった。そうでなければ生き残れない。この状況から70年以上たっても、監督はあるできごとを忘れていない。その日彼は、飢えのために死にかけている4人の隣人を見つけたのだ。ずっと後になって劇作家の井上ひさしが、挿絵付きの『ひさしの大連』(小学館、2002年)という著書で、20世紀の日本の歴史の証人として、この港町を描いた。その中で語られているような「夢の都」ではもはやなくなっていた。

その後、映画監督となった山田洋次と出会った井上は、「これら若い日本人たちには、武力を背景によその国にノコノコ押しかけて行ったという責任はない。その責を負うべきは、その親たち、そして親たちを満洲へ誘い出した国家である」ことをあらためて指摘している。ただ、大連での生活が苦しかったとしても、満州の平野に農民として移住した多くの日本人よりはまだましだった。敗戦時の調査で満州にいた約150万人の日本人を帰還させる事業が18か月にわたって続いている間に、約18万人が命を落とすことになった。こうしたことは、洋次の頭の中にもその痕跡を残した。彼は当時、大半の時間をいろんなものを売ることに費やした。とくに本を売ったし、落花生も売った。家族だけでなく、ときには隣人の糊口をしのぐためでもあった。しかし、闇市の売り手になど簡単にはなれない。いろいろな経験をしたけれど、いつもうまくいったわけではない。

1984年に出版された回想録の中で、強く記憶に残ったあるできごとを報告している。隣人の一人に京都大学の教授がいた。特別講義のために大連に滞在していたのだが、日本が降伏して、妻とともに身動きができなくなってしまった。体が弱い人で、食べるものを手に入れることもできずにいた。洋次は、彼のために本を売ってなにがしかのカネに換えようと考え、元気のいい声で買い手の気を引いた。すると一人の男が足を止めて、ある本の売り値を尋ねた。買い手の登場に喜んで「十円です」と答えた。当時は貴重な食品だった落花生がいくらか買える額だ。すると彼がこう言った。「いいかい君、これは永井荷風の『墨東綺譚』の初版本といってね、大変値うちのある本なんだぜ、十円なんかで売っちゃいかんよ」。まだ中学1年生だった洋次は「初版本なんてよくわからないし、『墨東綺譚』もよくわからない。無知を指摘されたようでちょっと恥ずかしかったものです。で、そのおじさんが買ってくれるかと思ったら、溜息をひとつついてそのまま行ってしまいました」。後になって彼は、『男はつらいよ』シリーズを象徴する人物、寅さんをつくりあげる。ただ、この露天商は少年の洋次よりもっと商売上手で、巧みな口上でなんだって売ることができた。

大連で過ごしたこの数か月間、彼にとって残念だったのは、勉強をする機会が奪われ、思春期がはじまったこの時期に、もっといろんなことを学べなかったことだ。本を読んで育まれる教養ということで言えば、彼が悔しがるのも当然だ。学校の授業もきちんと行われてはいなかった。それに、優先しなければいけないこともちがった。ただ逆に、このとき彼はさまざまな人生経験を積むことになった。それ以前と比べると愉快ではない経験だったけれど、彼の考え方の糧になっていった。映画についても新しい地平が開ける経験をした。それをもたらしたのは、アレクサンドル・プトゥシコ監督のソ連映画『石の花』（1946年）だ。彼が見た最初のカラー作品だった。この幻想的な物語に強い印象を受け、第七芸術である映画の力を考えるようになった。1946年の秋から、本土への最初の帰還事業がはじまった。まず小さな子どもや病人のいる家族が対象となった。山田一家の帰国の順番は翌年の春になった。しかし、持ち帰ることができる物については、帰還者はすべて同じ扱いだった。現金は一人1000円、衣服は2着（夏用と冬用）、食料は1週間分。そのすべてを背中に負うリュックサックに詰めなければならなかった。リュックサックは引揚者の象徴となった。

監督はこのことに、『男はつらいよ』の第16作『葛飾立志篇』（1975年）でユーモラスなトーンでさりげなく触れている。おいちゃんとおばちゃんのやっている団子屋に客がやってくる。その身なりと背中のリュックサックを見て寅さんが言うのだ。「シベリアからの引揚者か？」。洋次は大連を離れるとき、3巻本の落語全集を持ち帰ることをあきらめなければならなかった。とてもつらいことだった。70年後、そのことに触れて彼は「ぼくはそれから何年も笑いとは無縁の生活を送ることになる」と語っている。映画人としての人生を歩むことになったとき、喜劇に力を注いだのは、この経験の埋め合わせをしようとしたからではなかったか？　これは考えてみる価値がありそうだ。これまで見てきたように、彼はもともと滑稽な話には目がなかった。それでも、満州で10年以上暮らした後、何十年も喜劇に背を向けてきたのもまた事実である。満州から持ち帰った「恥ずかしいという気持ち」に長く取り憑かれていたのだ。本土に帰っても晴れ晴れとした気持ちにはなれなかった。山田一家は、山口県宇部市の正の妹の家に居候することになった。たしかにそこは日本だ。だからといって、生活が楽になったわけではない。国は荒廃していた。再出発するためには自分たちでなんとかするしかなかった。そもそも、たどり着いた国も、一家にとってはほとんど外国のようなところだったのだ。洋次には、地元の社会に自分は帰属していないという感覚が強かった。方言も理解できないまま、他者の善意に頼るしかないだけになおさらだった。

しかし、地元の人たちが引揚者に注ぐ視線は、彼の心を和ませてくれるようなものではなかった。『「あんたはどこから来たの」とよく尋ねられたけれど、それはむしろ冷たい言い方だった」と回想する。身内だけで固まる共同体の中で、息が詰まる思いだったという。「日本の田舎の閉鎖性ってあるじゃないですか。よそ者を簡単には受け入れない。外地で少しは良い生活をしていたという妬みもあるわけですよ。僕は居づらくて、都会なら出自を問わないんじゃないかと、東京に出たんです」と『毎日新聞』（２０１８年４月27日付）で語っている。宇部ではみんなが知り合いだ。よそ者が来るとすぐに指さされる。それは満州ではまったく感じなかったことだ。満州では日本人はみんな新参者だった。そこに、彼が北海道を舞台にした作品を数多く撮っている理由のひとつがあるように見える。北海道は19世紀末から植民地化されていった国内の土地だ。「北海道の人たちは、満州で暮らしていた人たちとよく似ている。たとえば、けっして他の人に出身地を尋ねたりしない。この点、日本のほかの地方のとても閉鎖的な田舎と比べて、かなり近代的な社会なのです」と、はっきり述べている。

山口でそうした圧力にさらされて、彼はユーモアの心を失ってしまった。日常も複雑になった。正は少し借金をして小さな店を開いた。そこでなんでも売った。サツマイモからろうそく、石けんにいたるまで。洋次は地元の中学に通いながら、空いた時間があると働いた。少しでも家にカネを入れないといけなかった。爆撃された工場の清掃もしたし、米軍のキャンプの仕事もした。そんな力仕事を通して彼は、一人の在日韓国人と出会って驚くことになった。金さんという人で、日当の支払いを担当していた。洋次は、それまで日本人が見せてきたのとはまったくちがう関係を発見する。カネを渡しながら、「『ゴクロウサン、ヤマタコレ呑メ』というのである。ひと口すると目がクラクラするほど強い酒で、アルコールは苦手な私が顔をしかめて呑むのだが、余程それがおかしいのだろう。居合わせた仲間たちと金さんは大笑いするのだ。私は強い酒を呑むのはつらかったが、金さんの仲間のあらくれ男たちがあげる笑いの中に不思議な暖か味を感じてけっして嫌ではなかった」。彼はその後も似たような経験をいくつも重ねた。未来の映画監督は、そうした経験に基づいて作品の登場人物を造形していくことになる。たとえ酒に溺れることがあっても、素朴で、しばしば勇敢で、いつも思いやりがある。そんな人たちの中でもとりわけ胸を打つのは、『学校』(1993年)に登場するイノさんである。田中邦衛がみごとに演じているこの人物は、学がなくても誠実であれば、人から尊敬を集められるのだということを示している。だからといって洋次は、感傷的で安易な物語に仕立てたりもしない。登場人物たちが直面するのはバラ色にはほど遠い現実だ。彼は自分自身の経験から発想を得て独自のストーリーを組み立てている。それがしばしば観客の心に響くのは、強いリアリズムに支えられているからだ。

満州から山口に移り、彼は人間性の多様な面を見ることができた。自然主義文学の作家のような手法で、人間の力と弱さを捉える。だから、物語を練り上げて人間の最善の部分を前面に出してみせることができた。もちろん、それは容易な仕事ではない。監督は常にその心の深いところに、ひとつの問いを抱いている。自分と同時代の人々は幸せになる道を見つけることができるだろうか、という問いだ。『男はつらいよ』シリーズは、誕生から50年を刻む第50作でその幕を閉じたが、その映画の宣伝メッセージのひとつは、この問いからつくられている。「いま、幸せかい?」。先を急いでいるかのような群衆の真ん中で、寅さんがそう問いかけるポスターは、1年近くの間、街角に貼られていた。日本人はこの人物、あるいは日本人たちの現状を心配する山田洋次に、そう問われつづけたのだ。そもそも作品の中にも、国連難民高等弁務官事務所(UNHCR)の代表が、東京の銀座を通り過ぎるとき日本人の同僚に尋ねる場面がある。「みんな幸せなのかしら?」。同僚は「どうでしょう」と答えて、こう付け加える。「不満はないと思いますけど」。その答えに困惑した代表が重ねて言う。「不満がなければ幸せなのかしらね?」

監督は問いつづけることをやめていない。たぶん日本社会の変容にも、その運命を嫌がりもせず受

映画『男はつらいよ』50周年プロジェクトのポスター（©2019松竹株式会社）

け入れる日本人の姿勢にも、満足していない。ふり返れば、それは自らに投げかけた批判でもある。彼の人生にも、逆境にくじけずに立ち向かわなければならないはずの場面があったが、それができなかった。しかし映画のおかげで、自分自身を省みるとともに、観客に問いかける手法を見つけることになる。同じ世代のほかの監督、とくに日本のヌーベルバーグに属する監督たちが、観客とあえて衝突しようとしたのとはちがった。もちろん、戦争の苦しみを体験し、権力に服従し大勢順応に傾く社会の重圧を感じたのは洋次だけではなかった。しかし、観客一人ひとりが、見終わった後に社会の中での自分の役割を自問するような作品世界をつくりあげたのは、彼以外にいない。この監督の手法には、ある意味で教育に通じる面がある。何十年もの間、たくさんの人がそこで自分をふたたび見いだしてきた。

日本への帰国と、引揚者という立場は、山田青年の心に大きな痕跡を残した。彼の夢はただひとつ――東京。首都での生活、両親の離婚、映画への興味は、東京で働く道を切り開くきっかけとなった。

腹を空かせた男

1947年、洋次はまだ将来の道を思い描けずにいた。切り詰めた生活を送りながら、魅力的とは言いがたい仕事に追われる日々に意味を見いだそうと苦心していた。そんなとき、出会った人々のふるまいを見て、深く考えさせられることが多かった。たとえば、ある病院でいっしょに便所掃除の仕事をしていたやすさん。なんともみじめな状況のなか、やすさんが笑いをもって仕事に取り組む姿に洋次は感銘をおぼえた。笑いは苦労を乗り切るための手段なのだ。後に映画の脚本を執筆するとき、洋次はそのことを思い出した。2011年1月、地方紙の『河北新報』に掲載されたインタビューでこう語っている。「家族であれ近所であれ職場であれ、人と仲良くしていくには、非常に知的な努力が必要だと思うね。そこには、笑いが大事。ストレートに言えば角が立つことも笑い話にして、その奥に本音をそっと提出するようなことが、文化的な暮らしといえるんじゃないか。この一工夫が思いやりだね。本音を言っちゃうと身もふたもない。『男はつらいよ』の寅さんに言わせれば、『それを言っちゃあ、おしまいよ』となる」

もうひとつ、このころの思い出を通して、洋次は観客、とりわけ若者たちに、幸福を測る基準は物質的なものだけではない、と語りかけている。山口に引っ越した1年後、洋次は旧制中学校に入学した。それは旧教育制度下の学校で、やがては一新されることになる。旧制中学校とは、ある種の自由を謳歌するための場であり、少しでもよい大学をめざして受験勉強に明け暮れる今日の日本の高校生には、およそ考えられない時間を過ごせた。時代が1948年春に設定された『ダウンタウンヒーローズ』（1988年）では、ここでの日常が描かれている。洋次はこの作品を通して、思考や行動の自由を持ちつづけることの大切さを伝えたかった。それを忘れて、人々はぎりぎりの生活から物質的な欲望へと向かってしまったのだ。「あのころ、人生や社会について真剣に考え、筋道の立った話のできる人間が尊敬された。落第する人が人気を集めるような雰囲気があった」と、この作品が収められたDVDコレクションの発売時に説明している。また、この長編映画は、新しく生まれ変わろうとしている国の雰囲気が描かれている。もちろん、困難は真に迫っている。食糧はほとんどなく、なにもかもが足りない。しかし洋次を含め、若者たちは戦争のページをめくり、なにもかもが足りない今、すべてをつくり直すのだと考えていた。この時代で洋次の心に残っていて、作品にも映し出されているのは空腹と欲望である。欲望はずっと持ちつづけるべきで、そうでなければある種の無気力におちいってしまう。まさに今日の日本のように。「いつも腹を空かせている。暖かい服が着たい。思う存分本を読みたい。もっと映画が観たい。小銭を持っていたら、ラーメンをすするか映画を観るか、真剣に悩む。でもやはり映画を観る。いかに生きるべきかという智慧を得たり、人間について映画は教えてくれたからです」と、数十年後に語っている。新しい憲法を採択した日本が歴史的な転換期を迎えたように、後に映画監督となった洋次にとっても転換期だった。よその土地を知ることが不可欠だと考えた。それは東京だった。「行きたかった。自由と可能性が広がる街に思えた。出身など関係なく、だれをも受け入れてくれる街」。デラシネの洋次にとって、首都は飛躍を遂げるためのチャンスにほかならなかった。若い洋次には、バルザックの主人公、ラスティニャックのようなところがあった。「唸りをたてているこの蜜蜂の巣に向かって、彼が投げた眼差しは、前もってそこからもう蜜を吸い上げているかのようであった」。なにごとにも応じる用意ができていて、まさに「さあ、これからは東京とおれの一騎打ちだぞ！」と叫べるところまで来ていた。しかし、東京大学の入試に準備が整っていたわけではなかった。「東大しか受けるところがなかった。私立の早稲田や慶應の入学金は、僕には高すぎた。東大しかめざせなかったが、入試の二か月前まで、受験科目に数学があるとは知らなかった。だから落ちた」

でもあきらめなかった。1年間、アルバイトをしながら、夜はとくに数学に力を入れて受験勉強をし、名門・東京大学の翌年の入試に備えた。相当のエネルギーを費やして、最後は合格したのだ。おかげで首都に暮らすという第一の目的は果たすことができた。法学部を選んだのも理由があった。後に就いた職業から考えると意外な選択に思えるが、「いちばん卒業しやすい学部だったから」と言い訳をしている。「ちょっと混乱していた」とも認めている。実は、両親の離婚が重大なトラウマとなっていたのだ。寛子が家を出たことは、山口では「事件」とみなされ、いっそう正を苦しめた。母を深く愛し、家庭という枠組みを大切に思っていた洋次にとって、このできごとは破滅だった。家族があったからこそ、洋次は試練を乗り越えることができたのだ。東京で暮らしていても、家族は基本的な拠りどころだった。それが破壊されてしまい、見直しを余儀なくされた。洋次は動揺し、すべてに興味を失った。毎日ベッドに横たわったまま読書にふけった。同室の仲間と話すこともなくなり、授業にも出なくなった。

洋次がすべてに興味を失ったころ、日本は大きく動いていた。民主主義が戻ったことで、1930年代から徐々に黙らされてきた労働組合の活動が盛り返しをみせていた。新しい憲法が組合結成の自由を認めたことで、数々の組織が誕生し、加入者も急増した。組合組織率は50％を超えた。中でも、二つの労働組合が頭角を現した。共産党に近い「産別会議」と、社会党寄りの「総同盟」。二つの組合は数々のデモを計画し、何十万人もの組合員が参加した。こうした事態に占領アメリカ軍当局は不安を抱いた。労働運動が共産党に掌握されることを恐れたのだ。労働組合の影響力を弱めるために、1948年には公務員のストライキ権を禁じた。翌49年7月に国鉄総裁の下山定則が殺害され、その9日後に三鷹で、8月には松川で、相次いで列車脱線事故が起きた。三つの事件は共産党のシンパが起こしたとみなされ、1950年の「レッドパージ」につながった。急進的すぎると判断された労働運動をつぶすために、1万2000人の労働組合員が逮捕され、有罪となったり解雇されたりした。そして、共産党の影響を押しとどめる目的で、1950年7月、まったく新しい組合「総評」が結成された。当然ながら、学生はこうした状況に無関心ではいられず、東京大学のキャンパスは騒然とした雰囲気に包まれていた。沈黙の中に閉じこもる洋次を見て心配した仲間たちは、彼が後ろ向きで、なんの展望もなく悶々としているのを放っておけなかった。洋次を巧みに説得し、外に目を向けさせ、心を開かせた。わずか2年ほどで洋次は新たな転機を迎える。そして、映画監督という職業に近づくことになったのだ。

映画に目覚める

友人たちの後押しを受けて、洋次は東大自由映画研究会に入ることにした。この研究会は4年生の学生たちによって設立されたのだが、その中には、後にセゾングループを率いた堤清二や、映画監督となった富本宗吉、戦後もっとも有名な映画評論家の一人となった山田和夫などがいた。洋次になにか新しいものに取り組むように説得した仲間たちの理屈は、気持ちを変えること、そうしなければ袋小路にはまってしまう、というものだった。洋次は、幼少のころから映画、とりわけ喜劇が好きだった。映画研究会に入れば新しい道を探る糸口になるかもしれない、と考えた。法学部の成績が芳しくなかったので、それは必要だった。山口を離れるとき、大きな期待を寄せていた東京で暮らしつづけるには、新しい展望を切り開く必要があったのだ。自分の将来について、まだそれほど明確な考えを持っていなかったが、やりたくないことははっきりしていた。法学部を選んだとき、学位を手にしたら会社に入りサラリーマンとして安定した仕事をすればいいと考えていたが、今は、そのような人生には向いていないと確信していた。また、公務員になることにも嫌悪を抱いていた。「僕にとって、行政で働くなんて屈辱だった。友人からその可能性を指摘されたとき、僕の考え方をきっぱりと伝えました」。そこで出版か、報道か、映画業界への就職が、考えうる選択肢となった。とはいえ、そこでどんな役割を担いたいのか、まだ明確な考えは持っていなかった。映画研究会に出入りすることで、ほどなく、それもはっきりしてきた。メンバーは少なかったが、みな大きな野心を抱いていて、異常にはげしい競争心も持ちあわせていた。彼らは、あらゆる手段を講じて各大学の映画研究会と連携し、学生が演じる映画を製作しようとした。みなを駆り立てていたさまざまな夢を思い出しながら、「ドンキホーテのようなところがあった」と洋次は語る。「大学生の間では、フランス映画が圧倒的な人気を誇っていた。僕たちは、ジュリアン・デュヴィヴィエ、ルネ・クレール、ジャン・ルノワールの映画を全部観た。ものすごく人気があって、みんな映画の中の歌を口ずさむことさえできた」と説明する。「今でも、ルネ・クレールの作品、『パリ祭』（1933年）の歌を覚えている」。そして、続けて歌ってみせた。「アパリ、ダン　シャック　フォブール、ルソレイユ　ドゥ　シャック　ジュルネ……（A Paris, dans chaque faubourg, le soleil de chaque journée…）」。アメリカ映画はそれほど人気がなかった。両国の間に緊張関係が続き、ついには交戦したことによって、アメリカ映画は禁じられてきたからでもある。「インテリから見ると、アメリカ映画は娯楽だったが、フランスから入ってくるものは、芸術だった」と明言する。クロード＝ジャン・フィリップが、著作『映画の小説』[*6]の中で「思春期、つまり初恋をする年齢に観た映画は、不思議と他の映画に勝り、こうして映画への愛はできあがっていく」と心に響く記述をしているが、洋次は映画でイタリアのネオ・リアリズムと出会った。「平手打ちを食らったみたいだった。ヴィットリオ・デ・シーカやフェデリコ・フェリーニの作品に、仰天した。本気で映画をやりたいという気になった」。そして、こう付け加える。「まっさき

＊6　Philippe, Claude-Jean, *Le Roman du Cinéma, tome 2*, Fayard, 1986.

に彼らのようなネオ・リアリズムの映画を製作したかった」

山田洋次がはじめて自分の仕事について書いた『映画をつくる』（大月書店、1978年）の中で、自らのアプローチの仕方をいくつか明らかにしている。「日本の映画芸術は、もともと外国から輸入されたものです。私たちはアメリカやイタリア、ソ連などの映画を見て育ってきたし、いまでもアメリカ映画やヨーロッパ映画を見て感動したり刺激されたりしながら映画をつくっているわけです。私たちが外国のすぐれた映画のなかからいちばん学びとらなければいけないことがらは、自分たちの映画をつくる場合におきかえれば、やはり日本人の文化と日本人の生活と、日本人そのものを深く愛さなければいけないということです。私たちが感動したアメリカ映画やフランス映画、イタリア映画は、みんなきっとそういう態度でつくられたにちがいありません。デ・シーカはイタリア人に愛情をいだき、これはイタリア人にしかわからないことなんだと考えながら『自転車泥棒』をつくったはずだし、チャップリンは、アメリカの貧しい労働者だけのために『街の灯』をつくったのだろうと思います」。

ネオ・リアリズムから、そのドキュメンタリーにも似た側面を受け入れ、観客に現実を見せるために、可能なかぎり現場で撮影することを心がけた。また、作者の哲学、感情、世界観も反映させるべきだということも学んだ。『家族』（1970年）は、そうした意図が最大限に表現された作品のひとつである。以後、日常にできるだけ肉薄することを念頭に置いた。そのため洋次の作品は、戦後日本の生活のもっとも信頼できる情報源だとみなされている。映画が撮影された時期をたどると、日本の家庭において、どのモデルのテレビ、冷蔵庫、掃除機が使われていたか、はっきりと知ることができる。

『旅と鉄道』の編集長・真柄智充は、山田の映画では「今日、目にすることができなくなった列車を数多く見ることができるので貴重だ」と書いている。この点については、洋次はチャーリー・チャップリンから影響を受けたようだ。チャップリンは多くの時間を勉強に費やしたことで知られる。洋次は著書の中で、チャップリンについて何ページか割いているが、そこでチャップリンの映画製作に参加したことのある牛原虚彦から聞いた逸話を紹介している。「その書斎にこっそり忍びこんで書棚を見たところ、マルクス、エンゲルスの著書までがズラズラッと並んでいた」と言う。チャップリンの自伝を読むと「この人がどれほどの勉強をしたかよくわかる」と付け加えている。洋次もまた、自分への要求が非常にきびしく、綿密な準備作業に取り組むのを常としている。『学校』（１９９３年）はそれをよく示している。映画の題材を求めて、何度も夜間学校に行き、生徒に会っている。映画に取り組む方法は、『担へ銃』（１９１８年）で兵隊チャーリーを演じ、監督を務めたチャップリンを思い起こさせる。チャップリンは、１９２９年3月の『プール・ヴー（Pour vous）』誌第19号に掲載されたインタビューで、こう語っている。「私の脚本はとてもシンプルだ。人生そのものであり、人生とは喜劇と悲劇が混在してできている。どんな惨劇にも、滑稽な色合いが含まれている、とも言える……こうした人間の状況を目の前にしたときの胸が締め付けられるような感動を、画面に映し出そうとしているだけなのだ」。洋次の映画にも、同じ哲学が染みこんでいる。

学生だった洋次には、第七芸術が面白い就職先に思えた。しかし就職試験に合格せねばならず、狭い道であることはわかっていた。１９５０年代のはじめ、山本薩夫や今井正など、レッドパージで追放された映画人が、大手の映画会社から離れて独立プロの運動を掲げたことから可能性は広がり、洋次は辛抱強く自分の思いを貫いた。あるイベントで、はじめて二人の監督に会い、強い印象を持った。

「今井さんが吸っていたタバコの銘柄や山本さんの履いていたちょっと変わった靴の形まで、ぼくはまざまざと覚えている」と、50年後に『日本経済新聞』に話している。洋次が考えている映画のビジョンと同じアプローチをする監督たちを目の前にして、ただただ感激したのだった。とくに今井正は、同じようにイタリアのネオ・リアリズムに強い感銘を受けた監督だった。

今井が、新しい独立映画社のひとつ「新星映画社」で製作した作品『どっこい生きてる』（1951年）は、如実にそれを物語っている。終戦直後の困難な時代に、荒廃した東京近郊に暮らす日雇い労働者と庶民の世界が描かれている。製作資金はごくわずかで、スタッフの給料も生きていくだけでカツカツの水準だったが、この映画は、ある世代の日本の映画人が『自転車泥棒』からどれだけの影響を受けたかが窺える、優れた一例である。洋次もまた同じ世界に目を向けていた。時代はもう少し好転していたものの、新たな戦いが生まれていた。大学や社会において、1950年代前半といえば、できるだけ現実に迫りたいという願いが顕著な時代だった。たとえ製作意欲をそそるものとは限らなかったとしても。しかしそれは、だれもがよいと思うことではなかった。大手の映画会社は、確立された秩序、少なくとも当局が確立したがっている秩序を問題視するのをためらった。新藤兼人が、故郷の原爆犠牲者をテーマに『原爆の子』（1952年）を製作しようとしたとき、大映はアメリカの反応を恐れて支持を断った。当時、占領軍当局は映画でそのテーマが扱われることを嫌ったのだ。しかし、吉村公三郎と設立した近代映画協会が集めた資金のおかげで、新藤は映画を製作することができた。山田洋次は、この映画が自分の考えにぴったり合うと思い、第七芸術に身を投じるモチベーションとなった。その前に、東大での勉強を仕上げる、つまり学位を取得しなければならなかった。そして、映画界に入るためには避けて通れない入社試験を乗り越えなければならなかった。法学部に在籍した4年間、ほとんど講義に出席しなかったので、卒業試験を思うと不安がこみあげた。成績優秀だった仲間の一人が試験勉強を助けてくれたおかげで、卒業試験に臨む覚悟ができた。そして最終的には、貴重な卒業証書を手に入れたのだった。

松竹に入る

その間、洋次は就職先を探しはじめた。学生生活も終わりに近づき、やりくりしながらでも首都で暮らしつづけるには、仕事を見つけなければならなかった。当時は就職か失業かのいずれかしかなかった。パートタイムは存在しなかったし、アルバイトではまともな生活は望めなかった。将来が見えないことは、大きな不安となって洋次の心に重くのしかかった。片隅に追いやられる心配はあまりに大きく、60年経ってもなお、その悪夢にうなされるほどだ。1954年のはじめ、大手の映画会社である松竹に求人があることを知り、入社試験を受けることにした。映画界を夢見ていたのは彼一人ではなかった。第七芸術は有望な業界で、大きな発展が見込まれていたので、多くの求職者が惹かれて来た。五つの採用枠に対して応募者は2000人。競争ははげしかったが、洋次は二次予選まで通過することができた。あまり自信がなかったのだが、面接までは運の女神が微笑んでくれたようだ。面接には、監督の大庭秀雄、川島雄三、中村登、そして松竹の経営陣の代表一人が当たった。いろいろなテーマが取り上げられたが、会社の代表は洋次に、レッドパージに反対する学生デモに参加したかどうか尋ねた。当時の大手映画会社が、政治色の強い監督を迷わず解雇したことを思うと、会社側の懸念を如実に示す質問だった。大庭秀雄は会社の代表にはげしく抗議し、この混乱した時代に学生は行動せずにはいられない、と言ったが、デモに参加したと答えた洋次は落とされてしまう。

しかし偶然が重なり、運命は別の道をたどった。そうでなければ山田洋次は、別の会社、日活で働くことになっていただろう。第二次世界大戦中、映画製作をやめ、配給だけで発展してきた日活は、長編映画の製作を再開することに決めた。1951年、東京の西部近郊の調布にスタジオを建設した。製作を再開するにあたって、スタッフ陣を揃えるために、他の大手映画会社（松竹、大映、東宝、東映、新東宝）から、大がかりな人材の引き抜きをはじめた。競合五社は協定を結び、許可なく五社以外の会社と契約した者（俳優、監督、脚本家、技術者）は二度と協定五社で仕事ができなくなる、と決めた。この協定であからさまに標的にされた日活は、それでも鈴木清順、西河克己、今村昌平などの若い助監督たちに、早く監督の地位につけると約束し、引き抜きに成功した。若手だけでなく、川島雄三や久松静児といった、すでに評価が確立していた監督たちも、変革を求めて野心的な会社に移った。この椅子取りゲームは、松竹には有利に働かなかった。多くの人材を失ったため、1954年の新年度に向けて行った入社面接で不合格だった応募者の書類を再検討することになった。

山田洋次もその対象だった。ところが、西河克己の助言を受けた洋次は、すでに日活の試験を受け合格していた。数日前までは無職だったのに、確立された会社と、復活の真っただ中にいる会社、この二者択一を迫られたのだ。頭の痛い話だった。独立プロの監督で、その作品を尊敬していた山本薩夫に相談した。山本は『真空地帯』（1952年）で、戦争中の兵営内の暴力をリアルに描いた監督だった。山本は相談に誠実に応じてくれたが、洋次の迷いは解消されなかった。山本は、古巣だった松竹はよい経験を積むことのできる場だと言いつつ、新生の日活への入社にも反対しなかったのだ。洋次は、松竹の面接を思い起こして決断した。面接で、会社の代表が彼を試すために質問を投げたときの、大庭秀雄の態度を思い出したのだ。「あの人がいるなら、松竹を選ぶ価値があるだろう」。この考え方は、安心を得るためにはなんらかの拠りどころを必要とする山田青年の性癖をよく表している。後の仕事ぶりを見ると、安心させてくれる人々に囲まれたいと思う洋次の傾向が確認できる。考えればそれは当然である。洋次にとって、非常に混乱した環境の中で、家族という核こそが安心をもたらす拠りどころだったのだ。松竹に入社することで、両親の離婚というできごとによって直近の数年間失っていた安定を取り戻せた。その後、自分の家庭を築くことで平和の港を得たのである。

洋次が松竹を選んだために、別の監督が日活で活躍するきっかけになったことも記憶に残っている。いっしょに松竹を受けて、同じように落とされた浦山桐郎もまた日活を受験した。しかし洋次とちがって浦山は日活を不合格になった。松竹から繰り上げ合格にすると持ちかけられた洋次が松竹を選んだので、浦山は日活に繰り上げ合格するチャンスが与えられたのだ。「ぼくがあの時日活に行っていれば浦山桐郎はいなかった。『キューポラのある街』も誕生しなかったし、吉永小百合も生まれなかったかもしれない」と言う。事実、浦山が今村昌平と共同で脚本を執筆し、はじめて監督した作品はすばらしい出来栄えで、その年のブルーリボン作品賞を、吉永はブルーリボン賞主演女優賞を受賞した。洋次が松竹に入社する際のこうした混乱のエピソードから、運命の刻印を見ることができる。複雑な状況の中で登場人物がもがいている映画のように、終わりよければすべてよし。洋次にとっても、結果はまさに吉だった。松竹に入社することで、物質的に大変化がもたらされたのだ。1945年の敗戦以来、洋次は食べるためにずっと闘ってきた。もちろん、洋次だけがそうした状況に直面したわけではなかったが、いつもお腹が空いているという感覚は身に染みこんでいた。だから、お腹いっぱい食べられることで、どれだけ安堵したか理解できる。「これで食いはぐれることはなくなったとほっとして、とても幸福な気持になったことをよくおぼえています」。きちんとした食事がとれる社員食堂に入れることも幸せだった。初任給は6000円で、入社6か月で倍になる。さまざまな手当もついて、生活が一変した。苦しかった満州からの引揚げというページを、ようやくめくることができた。上京する前、山口で生活に苦労していたときに夢にまで見た、自由を手にするための収入を確保できたのだ。大井町や品川でしばらく暮らした後、東京の中心に位置する原宿に住まいを構えた。そのころの原宿は、まだ今のような金持ちのファッショナブルな地区ではなかった。当時、アメリカ駐留軍が専用の広大な居住区を保有していて、その名もワシントンハイツといった。秋尾沙戸子が著書『ワシントンハイツ――GHQが東京に刻んだ戦後』（新潮社、2009年）の中で、こう記している。「外から眺めることは出来ても、貧しさのどん底にあった日本人が入ることを許されなかった『禁断の世界』」。それでも、その周辺には外国人の存在を意識した環境が広がっていった。アメリカ人の客を当て込んだ店舗が数多く並ぶようになった。今でも残っている店がある。たとえばキデイランドは、アメリカ人の顧客に書籍や雑貨を提供していた。未来の監督である洋次にとって、原宿は新宿に近いという利点があった。新宿の映画館に足しげく通うようになった。「伊勢丹百貨店のそばにあった帝都座を覚えています。入場料が30円だったので、よく行きました。新宿駅の近くには地球座がありま

米軍住宅のワシントンハイツ。1955年（写真提供：朝日新聞社）

した。そこでウィリアム・ワイラーの『ローマの休日』（1953年）を観ました」。松竹に入社すると、たくさんの映画を見て映画を「研究する」ことが仕事の一部だった。

　イタリアのネオ・リアリズムに感銘をおぼえた山田洋次は、いつの日かこの種の映画を撮ることを考えていた。だが、まだ助監督という立場でしかなく、先輩の監督たちはアメリカ映画しか眼中になかった。「口にするのはワイラーやヒッチコックという名前ばかりで、僕にはどうしてそうなるのか、よくわからなかった。たしかに、彼らの映画は技術的に完璧ではあったけれど、それ以外のことがなにも伝わってこない。実を言うと、僕の先輩たちは、アメリカ映画を観ながら映画を学んだのです」と打ち明ける。新参者として、先輩のレベルに並ぶためには、もっとアメリカ映画に興味を持つ必要があった。実は、

松竹蒲田撮影所（© 松竹株式会社）

１９２０年に松竹が映画部門（松竹キネマ）を設立して以来、ハリウッドに目を向けるのが伝統となっていた。当時の松竹の目標は、８年前に設立された日活との競争に勝つことだった。指導者たちは、アメリカこそが最高のお手本になると考えていた。『日仏評論（Revue franco-nipponne）』編集長で、著名な詩人として知られた松尾邦之助が『シネモンド（Cinémonde）』誌（第52号、１９２９年10月17日）のコラムで認めている。「他の国同様、日本でもアメリカ映画が大人気だった。しかし、知識人たちは劇的な文学やしばしば表現主義絵画の考え方が詰め込まれたようなドイツ派の映画を好んだ。１８９６年に洋画としてはじめて日本に紹介されたフランス映画の愛好家もいたが、成功を収めたのはとくに戦後になってからだった。日本の映画技術（脚本、編集など）は、アメリカの映画製作から影響を受けたし、今後も受けつづけるだろう」。松竹は、ロサンゼルスにジャーナリストの田口桜村を派遣し、製作方法を研究し、機材を購入し、技術者を集めることを命じた。田口は、日系カメラマンのヘンリー・小谷と技師数人を連れて帰国した。彼らは東京の南郊外に位置する蒲田で、日本初の撮影所の建設に参加した。蒲田撮影所はやがて「日本映画の聖地」となった。もともと歌舞伎公演の製作会社である松竹は、映画の分野に乗り出すにあたって俳優の養成所を設立した。映画という新しい表現分野には、伝統芸能とはちがった特性が要求されると考えたのだ。日活は主に経験豊富な舞台俳優を招聘したが、松竹はその先例に倣わなかった。舞台俳優は、映画監督の要求を拒むからだ。蒲田では素人を養成し、すみやかに映画に慣らす、という方法がとられた。「ハリウッドや新劇界から演出家を招き、素人から俳優を養成したのである。だから監督は独裁者になることが必要だった。そして結果的にはそのほうが、ベテラン俳優の伝統的に形成された演技と違う」と佐藤忠男は『日本映画史』[*7]（1997年）に記している。後年、撮影所が蒲田から都心の南50キロほどの大船に移転して50周年を記念する映画の製作を、松竹は洋次に託した。それが『キネマの天地』（1986年）である。蒲田製作映画の功績を讃えるこの作品で、洋次は松竹の俳優養成の話を取り上げた。つつましい家庭出身の新人女優、田中小春（有森也実）が、きびしい監督の要求と指導を受けて、スター女優に育っていく姿を描いたのだ。脚本は劇作家の井上ひさしと脚本家の山田太一が洋次、朝間義隆とともに共同で執筆した。この長編映画は、

＊7　Sato, Tadao, *Le Cinéma japonais*, ed. du Centre George Pompidou, 1997.　原著は佐藤忠男『日本映画史』全4巻、岩波書店、1995年。同第1巻、176ページ。

日本映画の先駆者たちへのオマージュである。彼らがいなければ日本映画は黄金時代を迎えることはなかっただろう。映画には、小津安二郎や田中絹代といった監督や俳優を彷彿(ほうふつ)とさせる人物が多数登場する。

夢の世界

こうした近代的なアプローチのおかげで、松竹は主な競争相手である日活を早々に追い抜き、日本の第七芸術のスター女優を多く生み出していった。「女優王国」というあだ名がつけられたほどだ。栗島すみ子、高峰三枝子、田中絹代といった戦前の大女優も、淡島千景、岸惠子、有馬稲子ら戦後の大女優も、みなこの夢をつくり出す工場から誕生した。松竹は、自らが意図したわけではない要因によって、外国映画の影響を受けつづけた。1923年9月1日の関東大震災によって東京とその周辺は壊滅状態となり、蒲田撮影所も大きな損害を受けた。国内の映画製作能力が落ち込んだため、西欧の映画の輸入が盛んになった。それを糧とした若手監督たちが、後に日本映画の代表的な存在に育ったのである。小津安二郎は1927年に第1作『懺悔(ざんげ)の刃』を発表し、その3年後に成瀬巳喜男が『チャンバラ夫婦』（1932年）で松竹からデビューしている。彼らは徐々に腕を磨き、ますます完成度の高い作品を製作し、最高の名声を誇るまでになった。サイレント時代に小津は「ビジュアルな創造性と愉快な滑稽のセンス」で注目を集めていた。「同じ監督が、後に『東京物語』（1953年）など抑制の効いた古典的な作品を生み出したとは、想像しにくい」ほどだと、評論家マックス・テシエは『日本映画史』[*8]（１９９７年）の中で述べている。「彼はその頃、外国映画、主にアメリカ映画を観て育った映画好きの愉快で陽気な男だった」と言う。１９３６年、松竹は撮影所を大船に移す。大都会から遠く離れて、静かな環境でトーキー映画を製作しようとしたのだ。6年後、『シネ・モンディアル（Ciné-Mondial）』誌の特派員レイモン・ヴァグナーは、大船撮影所を訪れ、興味深いルポを残している。「大船は東京近郊にある、神奈川県のすてきな町だ。訪れる人をまず惹きつけるのは、高さ12メートルほどの一枚岩に彫られた観音像である。（中略）駅を出て、邸宅が建ち並ぶ田園風の大通りを数百メートルほど行った場所に、松竹会社の大規模でおしゃれな撮影所が広がっている。（中略）聖地の入り口を、2台の戦車が睨みをきかせて守っている……心配無用、これは張りぼての車両で、まったく無害。用済みになって、たまたま放置されているだけなのだ。とはいえ、こうした戦車の存在や、後に私が観察したことから、日本映画が戦争という脅迫から逃れられないでいることは確かだ。盧溝橋事件（１９３７年）のことを考えれば、この脅迫は数か月どころか、何年も日本に重くのしかかっている」と、このフランスの映画週刊誌の第73号（１９４３年1月22日）に記している。「この非常に近代的な撮影所の中で毎日動きまわっている軍団は、会社に所属する監督12名と俳優やエキストラ３８０名で構成されている。それに専門技師、作業員、労働者５００名が加わる」。蒲田は映画づくりに向かなくなっていた。近くに工場が建ち並び、有声の長編映画の製作が困難になっていたのだ。そのうえ、湿原の埋め立て地に建てられていたため、少しの雨ですぐに泥沼と化した。移

＊8　Tessier, Max, *Le Cinéma japonais : une introduction*, Nathan université, 1997, p. 21.

転が功を奏して会社は発展を遂げ、現代劇の分野で先頭に立った。多くの作品が製作されたが、大船撮影所は「都会的で、垢抜けていて、洗練を追求した映画」の製作で抜きん出ていた、と佐藤忠男はふり返っている。映画の主な観客は都会生活者だったので、なるべくその日常に近づこうとしていた。「小市民」、つまり中流の下に位置する市民層を取り上げる映画を製作することで、松竹は成功を築き上げていった。大きく飛躍しつつあった社会層の生活を描いたのである。それらは政治的な主張がない作品だったが、一方で当時は、徳永直や小林多喜二を代表とするプロレタリア文学の流れがあった。もっとも、徳永の代表作『太陽のない街』（1929年）と小林の『蟹工船』（1929年）が映画化されるには1950年代初頭まで待たねばならなかった。とはいえ、小市民映画においても、必ずしも楽しいとは言えない現実が描かれていた。

そしてこの分野でも、小津安二郎が頭角を現した。『東京の合唱』（1931年）の登場人物たちは当時の経済危機に直面していたし、『生れてはみたけれど』（1932年）で描かれている兄弟二人は、サラリーマンの父親が上司の権威に屈しご機嫌うかがいする姿を見て憤慨し、食事もとらず抗議する。家族、とくに親子関係は松竹作品の中で重要なテーマとなる。またしても小津はそのスペシャリストとなり、会社のイメージづくりに貢献する。小津の映画はきわめて日本的と言われているが、本人はずっとハリウッド映画に心酔していた。優れた日本映画史を著した佐藤忠男によると、小津は「アメリカの洗練を身にしみこませるために、アメリカから美容商品を取り寄せて使っていた」。しかし「ハリウッドの撮影所と同じ空気感を求めても無理だった。日本の映画はとても分別のある芸術で、国民に道徳心を教え、それを高めることが求められた」と、『シネ・モンディアル（Ciné-Mondial）』誌の記者は書いている。戦争中、映画産業は当局の直接支配下に入った。愛国的な作品制作を確保するために、当局は撮影所の数を二社、その後三社に限定した。三社とは、東宝、大日本映画（1942年に設立され戦後は大映となる）、そして松竹。松竹は、日活のように営業停止には追い込まれなかったのだ。この期間中、小津はわずかな作品しか発表せず、ついには派遣先のシンガポールから帰国できなくなった。代わりに、後に日本映画の大家となった監督が注目を集めた。1933年に蒲田撮影所に入社した木下恵介である。1943年のデビュー作『花咲く港』は、愛国的かつ風刺のきいた喜劇で、ペテン師らが百姓たちの愛国心あふれる好意につけ込もうとたくらむが、結果的には戦争に貢献する。戦時中、当局は映画産業から資金を集めてでも国庫を支えようとしたが、とても足りるわけがなく、日本は降伏する。シンガポールにとどまっていた小津は、アメリカは映画という強力な武器を持っているので、そんな国に抵抗するのは難しいと考えていた。

1946年2月、解放され日本に引き揚げてきた小津は松竹に戻り、映画製作に取り組んだ。最初の二作、『長屋紳士録』（1947年）と『風の中の牝鶏』（1948年）は、終戦直後の重苦しい空気を感じさせるが、その後は小市民路線を継承し、親子関係の探求に取り組むようになる。笠智衆と原節子を配した『晩春』（1949年）がそのよい表れで、大学教授とその娘のシンプルで静かな暮らしが描かれている。4年後『東京物語』（1953年）を発表する。これは彼を代表する傑作となり、2002年にはクエンティン・タランティーノ、ベルナルド・ベルトルッチ、マイケル・マンなどの監督の審査によって、映画史上最高傑作の第5位に選ばれている。一方、木下恵介は別の路線を歩みはじめた。ひとつは喜劇タッチを加えたもので、日本映画初のカラー作品となった『カルメン故郷に帰る』（1951年）では、都会のストリッパー二人（高峰秀子と小林トシ子）が生まれ故郷の村に戻り、波乱を巻き起こす。それとともに、ドキュメンタリーに近いリアリズムを追求した作品にも取り組んだ。『日本の悲劇』（1953年）では、酒場で働かざるをえない若い戦争未亡人（望月優子）が、自分を犠牲にしてまで育てた子どもたちに理解されず、自殺する。同じスタイルの映画としては、瀬戸内海の小さな島に赴任した高峰秀子演じる小学校教師と12人の生徒の、1928年から終戦までの交流を描いた『二十四の瞳』（1954年）が挙げられる。この長編作品（156分）が発表されたのは、ちょうど山田洋次が松竹に入社したときだった。それを記憶にとどめていた山田は、シリーズ第36作『男はつらいよ　柴又より愛をこめて』（1985年）の冒頭で取り上げている。寅さんは、伊豆諸島の式根島にとどまって暮らす小学校時代の先生（栗原小巻）を訪ねにいく11人の同級生に出会う。生徒たちは「二十二の瞳」だと言うと、寅さんは、自分も加えれば2個足すことができると言うが、「でもちょっと目が小さいから二十三半ってことかな」と言って、いつもながら全員の大笑いを誘う。

小津安二郎が君臨する大船撮影所で、修業をはじめたばかりの洋次は、師匠の考えに同意できない。「若い頃は、小津の映画はつまらないと思っていた」。『東京物語』の製作60周年と小津監督の没後50周年を記念してリメイクされた『東京家族』（2013年）が上映される際のインタビューで、そう語っている。その後、小津に対する評価は変わっていったが、若い助監督時代は、小津作品はプチブル的で自分の価値観とは相容れないと考えていた。貧しさを体験してきたことが深く心に根づいていたのだ。同期入社の新人11人の中で、自分がおそらくもっともカネがなかった。同僚らは親に頼ったり、給料を酒場で使ったりすることができた。そのうえ洋次は、数か月前に出会った日本女子大学の学生、よし恵と結婚するつもりだった。「食べるために働く、という考えが僕の根幹にあった」と後に語っている。思い出してみよう。映画製作において洋次は、滑稽な喜劇を好む一方、イタリアのネオ・リアリズムと戦前のフランス映画に感銘をおぼえていたのだ。当然ながら、大船の大家と呼ばれる監督の作品に共感できるはずがなかった。

野村芳太郎の助監督

同僚らが参考とするアメリカ映画に親しむ必要がある中で、助監督としてはじめての仕事を与えられた。長い助監督時代のはじまりである。この期間中、自分の監督作品をつくる日が来ることを期待して、周囲の人を観察しながら仕事をおぼえていった。１９９６年に『日本経済新聞』に書いた文の中で、監督という仕事の見習い期間のことがよくわかる逸話を紹介している。「同期の中でトップの成績で入ったのが大島渚君だ。全員が幹部候補生待遇だが、11人のうち監督になれるのは一人か二人だろう。そう先輩に言われて、入社後みんなで細谷辰雄・大船撮影所長の部屋に押しかけたことがあった。『監督にする基準は何なのですか』とたずねるぼくたちに細谷さんは困った表情で『監督になる奴はそういう顔をしているんだよ』と言う。『そんなわけのわからない基準はない』と大いに憤慨したものだが、それは一つの真理といえる」。要するに、新入社員らは辛抱強く、有名な監督のそばで熱心に観察することを受け入れるしかなかった。こうしたやり方は、特定の業種で、技能を引き継ぐために見られる師弟関係に似ている。知識を持った師匠のそばにいれば、その知識を学ぶだけでなく、消化し、新しい広がりをもたらすことができる。洋次はこうして、川島雄三の下で働くようになった。川島は、洋次が最初に松竹を受けて落とされたときの審査員の一人だった。この師弟関係が短いものになることはわかっていた。川島は日活への移籍を決めていたので、松竹で最後の映画を撮っていたのだ。『昨日と明日の間』（1954年）と題された長編作品は、洋次にとって、すでに23作もの映画を撮った監督を身近で見るチャンスとなった。監督は体が少し不自由だったので、洋次の役目は監督の椅子を運ぶことと、テイクのたびにカチンコを手渡すことだった。もちろん、ワクワクするような仕事ではなかったが、新入りの洋次は、助監督の序列の中では最下位だった。当時、助監督は4人いた。チーフ、セカンド、サード、フォース。それでも自分の役割を通して、監督が俳優やスタッフの仕事ぶりをどう見ているかを感じ取ることができた。幸い、川島はあらゆる意味において「紳士」だった。けっして怒鳴ることがなく、周囲の人々に敬意を払ううえに、俳優の演技はカメラのそばで見守るエレガントな人だった。この世界に入ったばかりの洋次は、監督として大切なのは、その場のバランスを保つために十分な力を示すことができるかどうかだと理解した。そうでなければ、現場にいる大勢の人間は仕事ができなくなり、製作している作品全体が危うくなるのだ。このとき、はたして自分は、撮影所の所長が言ったような「監督に向いた顔」をしているかどうか、疑問に思った。その疑問はずっと抱きつづけることになる。川島雄三の退所後、洋次は野村芳太郎のチームに加わり、『亡命記』（1955年）の製作に参加した。そこでは助監督のチーフに嫌われ、追い出されそうになった。だが、洋次がよく言う言葉を借りるなら、「まだ腹が空いて」いた。まだまだよくわからなくて、知りたいことでいっぱいだったこの世界を放り投げる気はなかった。

『亡命記』(©1955松竹株式会社)

春によし恵と結婚したことで、やる気はさらに上がっていた。新婚夫婦は新宿の北に隣接する豊島区内の閑静な住宅地、目白に落ち着いた。アパートは新聞の広告欄で見つけた。生計を立てるのに必死で、周囲からの目に気をとられないようにした。前述したように、助監督の間にははげしい競争があった。みな、次のステップに進んでチームを率いるようになりたかったのだ。影響力のある監督の下で仕事に励み、なんとか注目されて、監督というポジションを確保するための競争の中で後ろ盾になってもらいたかった。「助監督はB級C級のドタバタ喜劇やお粗末なアクション物は避けようとする」と洋次は語る。「ぼくはそんな、みんなが嫌がる仕事を引き受けることが多かった。それが自分の役割なんだと考えていた。もちろん残業代が稼げるという理由もあったのだが」。おかげで、なんとか家計を赤字にせずに済んだ。こうしたやり方は、仲間によく思われなかった。プロになれない学生みたいだと言う人もいた。そのうちやめるだろう、と。しかし幸いにも、洋次は野村芳太郎のチームに入ることができた。野村の父、芳亭は蒲田撮影所の所長を務めた人で、芳太郎はこの世界の生え抜きだった。この独特の環境の中で育ったため、映画がまさに血と肉となっていた。1941年、大学卒業後に当然のように松竹に入社し、黒澤明が松竹で撮った二つの作品、『醜聞』（1950年）と『白痴』（1951年）で助監督を務めた。

野村は1952年に監督に昇進したばかりだったが、川島雄三の下で短い修業時代を終えた洋次をチームに呼び込んだとき、すでに12本の映画を製作していた。洋次の新しい「ボス」は、この世界を熟知していて、若い助監督に向けられた非難を気にとめなかった。自身もこのような状況を経験したことがあったのかもしれない。後に洋次が明らかにしたのだが、野村は洋次をチームから追い出そうとする動きに反対したことがある。洋次をクビにしたがっている人たちに、こう言ったのだ。「人間はそんな簡単に変えられるものではない。新しいシステムに入っても、簡単に同化することはできず、自分自身のままでいつづける。そのほうが全体のためにはよい。この男をチームから外さない」

1971年1月の『キネマ旬報』誌（第540号）に掲載されたインタビューの中で、野村芳太郎は『亡命記』の撮影の際、洋次は最初、苦しい試練に直面していたと語った。助監督のチーフは、「山田洋次という新人は、ちっとも動かなくて困る」と非難してプレッシャーをかけていた。「彼はあまり現場的なタイプではないんですね。その頃から頭で仕事をするタイプでした。自分の体を動かすのではなく、演出の中へ入ってものを言うタイプでしたね」と言明した。この言葉は、この映画の撮影中に二人が交わした会話を反映している。洋次は、最初のプランを見ただけで、その作品が最後まできっちりできるか否かがわかるのは、どんな理由からか、と野村に説明を求めた記憶がある。監督は「君が作るわけじゃない。映画なんてスタッフに任せておけば出来ちゃうんだよ」と答えた。「当時は、その答えに少し不満だった。もっと他に理由がある、と思ったから。でも時間とともに、彼の言葉が正しいことが分かった」。同僚たちの冷淡な態度から、このチームでの初仕事には緊張した。しかし、自分の作品を撮影するようになったときの、よい教訓となった。周囲の人々の個性を尊重すると同時に、コンセンサスをつくりあげることに尽力すべきなのだ。そうしなければ満足のいく作品はほぼ期待できない。キャリアを通じて、山田洋次はひとつのハーモニーをつくることに成功した。それは作品に投影されている。そういう意味で、唯一無二の監督である。著書『映画をつくる』（大月書店、1978年）の中で、準備の作業について長々と述べている。よい脚本を手に入れること、よい俳優を見つけること、そして信頼できるチームを集めること。そうすれば映画を成功に導くチャンスは大きくなる、と言う。「事実私はそうしたことに一本の作品にそそぐエネルギーの八〇パーセントぐらいは使ってしまいます」

野村芳太郎は、かなり早い時期から洋次の可能性を見抜いていた。その後、親しげに「洋ちゃん」と呼ぶようになった。やがて二人は、いっしょにたくさんの仕事をすることになる。しかしそのころ、洋次は財政問題で頭がいっぱいだった。もちろん仕事の面ではたくさん働き、残業もしていたが、いつ次のステップに上がれるのかがわからなかった。子どもが生まれるかもしれないということも、金銭面での心配をさらに増幅した。「かといって給料の安い助監督のままでは食べていけません。それで僕は、脚本家になららなれるんじゃないか、よし、脚本家になろう、と決意します。まず、シナリオを書く勉強をしなくてはいけないと思いました。映画界ではよく、『この台本は芝居が書けている』と言いますが、その『芝居』ということがどういう意味なのか、全く分からなかった。そこで、学生時代の友人のつてをたどって、劇作家の木下順二さんに会い、相談しました。木下さんは困った顔をしていましたが、『芝居の現場に入るのがいいでしょう』と、新劇の演出家・土方与志さんが教えている舞台芸術学院を紹介してくれました。彼のおかげで、演劇のセンスを理解し、演技の中のリアリズムがわかったのです」

土方は1920年代に小山内薫らと新劇運動を牽引した人物である。小山内は当時、松竹で俳優の養成に携わったことでも知られる。山田は、土方の仕事ぶりを熱心に観察した。芸術学院は東京北部の池袋にあり、職場から遠かったため、長時間をかけて電車で通わなければならなかった。しかしその見返りは十分にあった。勉強を重ね、習ったことを活かして、脚本の仕事を請け負うことができるようになった。映画産業は発展の最盛期にあり、洋次にはよい後押しとなった。1953年に、最初のテレビ局――公共放送のNHKと民間の日本テレビ――が登場した。テレビの価格は平均給与の15か月分と高く、普及は限定的だったので、まだ映画の人気は高かった。それでも、日本のサラリーマンの生活レベルの上昇にともなって、テレビは急速に普及していった。その発展によってたくさんの脚本が必要になった。テレビ局がドラマを製作するようになると、洋次に好機が訪れた。

洋次が脚本家として働きはじめたとき、映画の観客動員数は12億という記録を樹立したが、それをピークに、次の10年間では容赦なく減っていった。そのころ松竹だけで年間50本もの映画が製作され、たくさんの脚本が必要とされていた。洋次は日本映画監督協会主催の最優秀脚本コンクールに応募した。その作品『蜂の子』は、映画化されなかったが、1957年に一等賞を獲得し、洋次は8万円の賞金を手にすることができた。この快挙を知った野村芳太郎は、共同で脚本を執筆しようと持ちかけた。『月給13000円』（1958年）は、平均月収が1万3000円だった当時のサラリーマンの悲喜こもごもを描いた映画だ。洋次の名前がはじめて正式に脚本家として松竹のスクリーンに表示された。その後、数多くの映画でクレジットされることになる。

このときから、旅館に閉じこもって脚本を書く習慣を身につけた。「松竹では旅館に泊まりこんで脚本を書くことが多かった。野村さんの場合は、学生時代の同窓生が経営する伊東の旅館でした。二人とも酒を飲みませんから、夜になると旅館にあったビリヤードをよくやりました。四つ球ですね。ある時野村さんが『脚本もこれに似ているなあ』とつぶやきました。四つ球というのは基本的に球を寄せていく。でも寄せ過ぎると当たらなくなる。そこで思い切ってパーンと散らす。それと同じで、人間関係も近くなりすぎると話が煮詰まる。ときどき事件を起こし、はじき飛ばして関係を崩してやり、もう1回修復する。そんな話をしながら夜が明けるということもありました」と『読売新聞』（2006年11月28日付）で語っている。洋次は野村の話に耳を傾け、そこから学び、自分の才能を披露した。野村は洋次の仕事の仕方に驚いた。「僕は気の早い方だから〝こういう話はどう〟とか〝あそこはこうしよう〟とか、せかせかといろいろ言うわけです。彼はだまって〝うんうん〟と聞いているだけ。最後まで聞き終ってから〝あれでいきましょう〟とポツリ一言」と、野村芳太郎は1971年の『キネマ旬報』誌のインタビューで思い出を語っている。洋次も、自分は頭脳の使い方が多くの同僚とちがっていると思った。「監督の仕事を観察すればするほど、自分がもしかしたらこの職業に向いていないかもしれないという思いがつのった。どちらかというと遠慮深くて、机を拳でたたいて怒鳴るタイプではありませんでした」と打ち明ける。しかし、映画界が彼を必要としていることは明らかで、それを受け入れるほかなかった。「僕の運命でした」

脚本の師匠、橋本忍

師匠の野村は、脚本の執筆以外でも洋次に信頼を寄せていた。松本清張の小説を映画化した『張込み』（1958年）の撮影に際して、野村芳太郎はこの白黒映画の演出の一部を洋次に任せた。「野村さんは撮影隊を三つのチームに分けていました。自身がとても忙しかったので、主役が関わらないシーンでは、時々助監督に任せたのです」。洋次はとてもうまく仕事をこなした。しかし、ポジションをのぼり、一本全部を監督するには時期尚早だった。そのため脚本の執筆を続け、家計の苦しい時期を乗り切った。1959年4月、娘の美穂を出産した妻が体調不良におちいった。よし恵の健康状態が好転しなければ、いずれ金銭面で不安が生じると心配した。首都西部の祖師ヶ谷にある二間の団地に引っ越した。

共同執筆者としてオリジナルの脚本を書くほか、リライトや脚色の仕事も任されるようになった。撮影途中で主役の俳優が事故死するという緊急事態に対処したこともあった。執筆をただ単に中断するのではなく、完成させるためには、構成を見直さねばならなかった。このように積み重ねた経験は、後の長いキャリアの中で活かされた。仕事熱心で、さまざまな企画にかかわっていった。もうなにが来ても準備はできている、と言えるほどまでになった。いや、なんでもというわけではなかった。戦争映画にだけはかかわりたくなかった。1957年、『雲の墓標より空ゆかば』の助監督になることを断った。これは阿川弘之の小説の映画化で、監督は堀内真直だった。「いろんな批判を受けましたが、特攻隊を描いた映画に関係したくなかったのです」と弁明している。自身の中に戦争の記憶はまだ生々しく、日本の政治状況の進展にも敏感だった。

1947年に制定された憲法が民主的だと洋次は喜び、多くの国民同様、とりわけ平和憲法であることに賛同した。同世代の日本人にとって、戦争とその重大な結果は、二度とくりかえしたくない経験である。憲法第9条は、日本が戦争を起こし、軍隊を持つことを禁じている。これは、日本が二度と戦乱に巻き込まれないための保証に思えた。しかし国際情勢、とりわけアメリカとソ連の対立によって、こうした現実は見直しを迫られていた。共産主義の脅威を前に、ワシントンにすれば、日本は極東における中心的な砦だった。前述のとおり、1950年に占領軍当局はレッドパージを行った。1年後、占領の終了を記すサンフランシスコ平和条約が締結される際、アメリカは日本政府と安全保障条約も結び、日本列島に数多くのアメリカ軍基地が置かれた。1954年7月1日には、憲法の解釈を変更し自衛隊が創設された。政府見解によると、日本はたしかに他国を攻撃することはできないが、自衛する権利は持っている。こうした展開に、若者世代は動揺した。洋次もその中に含まれていた。若者は、駐留アメリカ軍や一部の政治層、とくに政権を握っている政治層の軍事的な意図に反対して集結しはじめた。1955年に二つの主要な保守政党が合同して結成された自由民主党※は、憲法第9条を削除した憲法改正を主張し、日米安全保障条約締結も支持する立場だった。そのため、

1950年代の終わりごろから、アメリカとの同盟関係の更新に反対する、多くのデモが行われた。

洋次は本来の意味での活動家というわけではなかったが、日本に軍国主義が復活するようで心配だった。政治家たちにとっての問題にとどまらず、社会全体に重苦しい空気がただよっていた。1956年に、日本は公式に戦後復興の新たなページをめくり（「もはや戦後ではない」）、新しい工業化の段階に入っていた。こうして、日本人にある種の誇りが芽生え、軍国主義的な考えへの警戒心がなくなり、擁護するような見方さえ出てきていた。この傾向は1945年の敗戦後に生まれた若者の間に顕著だった。子ども向けの出版物、とりわけ50年代の終わりごろに現れた漫画雑誌には、戦争の絵が描かれ、読者（主に少年たち）に帝国軍を美化した見方を広めた。『少年サンデー』（小学館）など少年向けの週刊誌が、帝国海軍の象徴であり、1945年4月に沈没した戦艦大和の詳細な図面を掲載した。そして「今でも世界一つよい」と書いてはばからなかった。悪夢の再来を望まない人々の間に、不安が広がったことは理解できる。

「社会のこうした進展は僕の信念に反するもので、与することは

※自由民主党（自民党）
1945年の敗戦後、日本の保守勢力は分裂して、いくつもの政治グループが構成する形になっていた。そのうちの主要なリーダー、吉田茂と鳩山一郎は犬猿の仲だった。鳩山が公職追放となったため首相の座に吉田が就いた。1952年に米国の占領が終わると、米国に支えられていた吉田政権は弱体化し、1954年12月に政権の座を去る。経済界は、状況が不安定化して野党が勢力を伸ばすのを懸念し、保守勢力の接近を促した。1955年、自由党と日本民主党がいっしょになり自由民主党（自民党）が生まれた。この新しい政党は、議会での安定多数を確保し、その後38年間にわたり政権を維持する。55年体制と呼ばれたこの長い安定期に、日本は経済を成長させた。それよってだれも（政治家、産業界、そしてよりささやかな水準だが市民も）潤った。ただ、表面上は平穏だったが、党内のさまざまな派閥の争いは熾烈をきわめ、やがて弱体化につながる。権力の乱用とスキャンダルの続出で1993年に与党の座を失う。1996年に政権に復帰したあと、2009年にまた野に下ったが、2012年にはより支持を増やして返り咲いた。対抗できる野党がないこともあり、国民が不満を感じているにもかかわらず、自民党は第一党の地位を維持している。

できなかった」と洋次は言う。今日までに90本の映画を製作しているが、武器が登場する映画は1本しかない。ハナ肇主演の喜劇『馬鹿が戦車（タンク）でやって来る』（１９６４年）の中で、タンクが姿を消すようすは抒情的だ。村に恐怖を引き起こした後、操縦士はタンクに乗って海に向かう。海岸に残された轍から、すばらしい海底旅行に出かけたように見せて終わるのだ。ここで、松竹が小林正樹監督で『人間の條件』（１９５９―１９６１年）を製作したことを追記しておこう。軍国主義の嵐に巻き込まれ、混乱の生涯を送った平和主義者の梶青年を描いた、みごとな映画である。さてまだ助監督だった洋次は、将来、戦争映画は撮らないつもりだったので、野村芳太郎の下で監督業の修業に没頭することを第一に考えた。二人は脚本の共同執筆を続けた。「洋ちゃん」は、「先輩」の下で仕事のコツを学ぶのに余念がなかった。映画を一生の仕事にすることに迷いはなかった。脚本の執筆を含めて、野村は洋次のさまざまな取り組みを支援した。そしてなによりも力を入れて、監督になるための教えをたたき込んだ。前述したように、いくつかのカットの撮影を任せた。俳優の模範的な指導方法も伝授した。こうして身につけた知識を、土方与志の下でも発揮できるようにしてくれた。また、周囲の人々や、雇用主である撮影所に敬意を払うことを教えた。締切や予算を守るという野村のプロ意識に、洋次は感銘すらおぼえた。「現場で無駄遣いはせず、芸術を身勝手なふるまいの口実にしなかった」

洋次に深い信頼を置く野村は、次の脚本の執筆を、ベテランの橋本忍と共同で書くことを提案した。橋本は、主に黒澤と仕事をしてきた脚本家で、名作『羅生門』（１９５０年）や『七人の侍』（１９５４年）を執筆したほか、成瀬巳喜男の『鰯雲』（１９５８年）など、他の監督の作品のためにも、すばらしい脚本を書いていた。刑事ものの『張込み』（１９５８年）の脚本を手がけたのも橋本で、この映画で洋次ははじめて撮影を任されたのだった。ふたたび松本清張の小説『ゼロの焦点』の映画化に取り組むに当たって、野村芳太郎は橋本を起用することに決め、洋次に引き合わせた。洋次にとっては、日本映画を西洋に知らしめるのに貢献した人に近づき、そのふところでノウハウをおぼえる絶好のチャンスだった。芥川龍之介の二つの短編小説をもとにした『羅生門』は、国際的に認められた最初の日本映画で、1951年のヴェネツィア国際映画祭で金獅子賞を授与された。『張込み』の撮影で知り合った、この著名な脚本家と仕事をするのは、洋次にとって名誉なことだった。脚本の執筆に少しは経験を積んでいたので、橋本忍と組めば自分の仕事にも箔が付くと考えた。でも、それは大間違いだった。二人の間には、また新たな師弟関係が生まれた。洋次は「ひとつの仕事は何回でもやり直せ！」というニコラ・ボワローの教えに、辛抱強く耐えて従うことになったのだ。1984年に、洋次は思い出を綴ったエッセイ集『映画館（こや）がはねて』（講談社）を出版した。そこで、黒澤明のお抱え脚本家だった橋本に一章を割いている。共同執筆の期間中、二人の間で習慣となった仕事のやり方について、細かい記述がある。毎日午前10時から午後9時まで、食事の時間もとらず、「昼ご飯は仕事しながら丼ものを食べた」。二人はひたすら書きつづけた。「『これで置こう』と橋本さんがいうまで、私は鉛筆を置けない。これは職人の言葉ですね、大工さんなんかが道具を置く、という意味じゃないでしょうか」。ある意味で苦しみをともなう作業は、優れた脚本づくりの秘密でもあった。「私は、橋本さんは日本一のシナリオライターだから、脚本をどんなにかラクラクと書くかと思っていたけれど、実は、のたうち回るように苦しみ、ときとして絶望のあまり、『もう中止しよう』と怒鳴ったりしながら、ようやく書き上げるのだ、ということを知ったわけです」と洋次はふり返っている。

橋本の事務所が仕事場だった。ひと区切りごとに洋次はアイデアを記し、鉛筆を握りしめたまま「師匠」に丸ごと渡す。すると橋本はいくつかコメントし、書き直しを求める。このやりとりは橋本が満足するまで続いた。「そんなことが毎日毎日続くわけです」。夕食ではもう仕事の話はしなかった。洋次は橋本のこれまでの歩みや、東京の印象などを尋ねた。橋本は地方出身だったのだ。こうした付き合いは、「私にとって橋本さんは、まごうかたなき『師』なのです」と言うほどの強いきずなを育んだ。2か月近くして、二人の脚本は完成した。執筆者どうしが総括をするときが来たのだ。「ぼくが『脚本を書くという仕事は、なにか才気にまかせて書く、といった格好いい仕事のような気がしていたけれど、本当は油にまみれて働く労働者の仕事のようなものなんですね』（と言うと）そしたら橋本さんが笑いながら、『いや、お百姓に近いんじゃないか』と答えました。『タネをまいて、芽が出て、天気を心配したり、水の心配しながら作物を育てていく。まあ、そういう忍耐のいる、いや、忍耐だけが頼りの仕事だよ』」。橋本の教えの本質をつかむことができたからこそ、洋次は脚本家としても成功したのだ。

脚本の完成に時間がかかり、物語の舞台、とりわけ金沢の北に位置する能登半島の下見をしていなかったことから、ロケの撮影中にはいくつか不測の事態が起きた。しかし野村芳太郎にとっては、十分に満足できる出来栄えだった。松本清張のファンだった野村は、1978年に松本と霧プロというプロダクション会社を設立した。『ゼロの焦点』の脚本化を進める中で、橋本と山田の二人は、松本の名作『砂の器』の映画化を発案する。野村もこのアイデアを歓迎するが、実現には1974年まで待たねばならなかった。野村監督は良心的で倹約家だったが、この『砂の器』のためにだけは、あら

『ゼロの焦点』ポスター（©1961松竹株式会社）

ゆる手段を講じて松竹に莫大な予算の拠出を要求した。（会社側に紆余曲折があったものの）その努力は最後に報われた。この長編映画は大成功を収め、第29回毎日映画コンクールで脚本賞のほか、日本映画大賞、監督賞、音楽賞を獲得した。橋本忍との仕事は、洋次の監督修業を仕上げる経験となった。これこそ、洋次を監督に押し上げる手助けをしてきた野村が待ち望んでいた最終ステップだったにちがいない。7年前、大船撮影所の所長が言った「監督の顔」を、洋次はようやく持てたのだ。

　野村芳太郎の支持を得て、洋次は監督に昇進する。30歳近くになって、仕事のうえで山田洋次の人生は新たな門出を迎えた。入社以来、迷いや不安に悩まされた時期もあったが、それは洋次の経済状態と結びついていることが多かった。そんな中で、しっかりとした基盤をつくってきた。その基盤の上に洋次は、映画人としてのキャリアを築き上げていく。それは日本の映画界で、もっとも豊かなキャリアのひとつになったのだ。粘り強さ、深くコミットする姿勢、研ぎ澄まされた観察力、謙虚さ、こうした特性によって洋次は多くの人々の信頼を勝ち取った。監督になると、今度はカメラの後ろで、自分の力を証明していかねばならない。新たな責任を背負うことになるのだが、またしても洋次に有利に働く状況が生じた。そのおかげで次なる困難を乗り越えることができたのだ。２０２１年に封切られた作品のタイトルを借りると、『キネマの神様』は洋次に特別な運命を用意したとしか思えない。

　映画産業の最初の黄金期が終わろうとしていた。テレビの発売開始から数か月間は、あまりに高額だったこともあり、手強い競争相手になるとは思えなかった。だがテレビは徐々に存在感を高めていた。１９６４年に東京でオリンピックが開催され、テレビの普及が加速した。１９６５年には、テレビの世帯普及率は都市部で95％、地方でも89・2％にのぼった。映画館の入場者数は急減し、映画館に足を運びつづける観客を楽しませることが各映画会社の急務となった。新境地の開拓に苦労していた松竹は、一段と大事な局面を迎えた。東映はチャンバラ映画を、日活は金持ちの若者の放埒(ほうらつ)な生活を描いた映画を、それぞれ製作していた。メロドラマや人情話の大衆映画を中心に展開する松竹は、企画の見直しを迫られていたのだ。

『ゼロの焦点』撮影風景。助監督を務める山田洋次（©1961松竹株式会社）

当時の城戸四郎社長は、若い世代が後押しするような新企画を求めた。そこで洋次と同期入社の大島渚に目を向けた。大島はとても成績がよく、すぐに採用されていた。1959年、松竹の社長は、まだ助監督だった大島が書いた『鳩を売る少年』という脚本をもとに中編映画の監督を任せる。映画のタイトルは『愛と希望の街』。『日本映画史』（全4巻、岩波書店、1995年）で佐藤忠男が記したように、「城戸四郎はそこで、東映や日活の映画の若さに対抗して、気鋭の若い監督の起用を考えたのだが、しかし、彼としては、東映や日活の映画の無茶苦茶なまでに荒っぽい威勢の良さに追随する気はなかった」。映画は期待したほどの成功を収めなかった。しかし社長は、この試みを継続するべきだと考え、若い監督の新しい企画『青春残酷物語』（1960年）に賛成する。テーマは既成の倫理に反抗する若者たち。日活映画に似ていたが、それよりもっと辛辣だった。この作品は観客の支持を得て、社会に広く論争を巻き起こした。社長の賭けは吉と出たようだった。

社長はこの路線を継続するよう、大島を後押しした。『日本の夜と霧』（1960年）は、当時の日本人の関心の的となっていた政治問題を、一段と辛口で取り上げた作品である。それは日米安保条約だった。条約の改定を望む岸信介内閣は、1月19日にワシントンで署名した後、議会に承認を求めた。しかし国民、とりわけ若者は、反対のために結集した。映画ではこの一連のできごとが取り上げられ、政治に関心を持つ若者の間に生じた亀裂が描かれている。大島渚は、社会に呼びかけるような力強い長編映画を完成させた。既定路線を行く、どちらかといえば体制的な松竹の指導部の間に、政治色の強いこの作品は不快感を呼び起こした。10月12日、社会党の浅沼稲次郎が極右の青年に暗殺されたことを口実に、映画は封切り3日目に上映中止となる。その結果、松竹の救世主となったかもしれない監督は去っていった。1920年に映画部門が設立されたときは革新的だった会社だが、もはやその延長線上にはなかったのだ。

松竹は、大胆かつ独創的な映画の尖兵となるつもりはなかった。城戸四郎が率いる会社には、当初求めた変革を最後までやり通す覚悟がなかった。『青春残酷物語』の製作開始前に、大島は「貧しい日本の映画監督、映画人たちはそういかないのである」と予告していた。「職業としての仕事の永続性を考えないわけに行かない。そこには当然陥し穴がある。主体を喪失してしまった方が或る意味で楽な立場が待っている。それらに陥ち入らぬ（原文ママ）ために、作家は一つ一つの作品、一つ一つのカットの中に常に自己の主体の所在を検証しながら撮り続けて行く外はない。そしてそのことではじめて観客とにせでないつながりを持つことが出来るであろう」と『戦後映画・破壊と創造』（三一書房、

1963年）で書いている。松竹で働いていた、日本のヌーベルバーグとみなされていた監督たちも退社していった。今までとはちがう革新的なアプローチを会社は認めないだろうと考えたのだ。その一人、吉田喜重は『秋津温泉』（1962年）という名作をつくった後、1964年に大島渚と同じ道をたどった。この作品の主演女優・岡田茉莉子とは後に結婚している。大船流に堅苦しさを感じるのは若者だけではなかった。木下恵介や小林正樹といった確かな力を持つ人々も、ほぼ同じ時期に会社を去った。

最初の歩み

修業期間を終えた若者は、はじめて監督の仕事を任される。デビューはうまくいったわけではなかった。しかし、あきらめなかった。少しずつ自分のスタイルと自分のチームをつくっていった。

松竹に入社してからの最初の10年間、山田洋次は大島渚のような輝きを、社の上層部に感じてもらえてはいなかった。それどころか、いつまでも補欠入社という目で見る幹部もいた。それでも、監督の地位に就くと、1961年に中編映画を任されることになる。若き天才、大島はすでにその2年前にやっていた。任されたのは「シスター映画」と呼ばれるジャンルの作品だ。これで実際の現場での力量を試される。メインとなる作品といっしょに、2本立てで上映する作品だ。だから商業的なリスクは限られているが、観客や評論家の反応を見ることはできる。この方式は第二次大戦後、映画館に殺到するようになった日本の観客のニーズに応えるために編み出された。洋次は、監督としての初仕事をどんなジャンルでやってみたいかと問われて、家庭喜劇に取り組みたいと答えた。「『それでは、これでやってみないか』と持ってきてくれたのが多岐川恭さんの推理小説だったんです」。『二階の他人』という小説で、ローンで家を買った若い夫婦の物語だ。二人は返済の足しにしようと二階を貸すことにした。しかし、払いの悪い下宿人たちに苦労する。なにかと口実をつけては、部屋代も食費もなかなか払わないのだ。さんざん迷ったあげく、正巳（小坂一也）と明子（葵京子）の夫婦は、なん

『二階の他人』(©1961松竹株式会社)

とかこの下宿人たちを追い出す。その後別の夫婦が間借り人になった。新しい入居者は羽振りがよく、部屋代もちゃんと現金で払う。しかし、なにか隠している。間借り人たちとのいざこざに、正巳のお節介な母親が介入してくる。兄弟とも折り合いが悪くなる。部屋を貸した二人の生活も動揺してしまう。

洋次は、師匠である野村芳太郎とともに脚本を製作した。二人はお互いを評価していた。そして、次第に強まっていく友人としての結びつきは、新米監督のキャリアにとって大きな指標となっていく。後に彼が、自分のまわりに「新しい家族」山田組をつくりあげると、そこに野村も加わった。彼が山田組の最初のメンバーだ。洋次はそのことにずっと恩を感じていた。いずれにしろ作品を監督するときがついに来た。強いプレッシャーを感じていたのはまちがいない。このまま一生ずっと助監督を続けるわけにはいかないのはわかっていた。また、脚本書きは、毎月の家計の帳尻を合わせるのにはいい仕事だ。でもそれだけで満足できない。他方で、彼はテレビの脚本も書くようになった。テレビは映画館から大衆を引き離すだけでは満足しなかった。テレビ映画をつくりはじめたのだ。その製作の需要も高まった。洋次はその注文にも次々と応じていく。NHKや日本テレビにドラマの脚本を書きながら、自分の最初の監督作品にも取り組んだのだ。今日、自身で認めるように「長い間助監督をやってたからわかりそうなものなんだ」。自分のスタイルを見つけなければならない。「野村さんのようにはできないし、ましてや小津さんの真似なんかできるわけがない」。いよいよ正念場だ。ボサボサ頭にキャップをかぶった若者は、はじめて落下傘を背負って飛び降りるときのような気持ちで冒険に乗り出した。最初は気が遠くなりそうだった。しかし、すぐにしっかりと意識を取り戻し、うまく着地にもっていかないといけない。そのとき、野村芳太郎に言われたことを思い出した。「君がつくるわけじゃない。映画なんて俳優やスタッフに任せておけばできちゃうんだよ。君の仕事は、撮影現場にいてみんなが働くのを見ていることだ。君が気をもんでもしかたない」。洋次はこの助言に従った。数々の作品で実績をあげ、俳優たちをそのイメージに合わせて映像に収めてきた撮影監督の意見に耳を傾けたのだ。だが、「そうやっているうちに『なにかちがうな』と気づきはじめる。たとえば俳優の演技を見て、『こんなふうに演じてみたらどうでしょう』と提案する。カメラマンはアップで撮ろうと言うけれど、引いて全体の芝居を見せたらどうなるだろうと考える。スタッフの意見を聞き、提案を取捨選択していくなかで演出ができていく。『映画づくりとはこういうことか』と得心したころには、撮影が終わっていましたけどね」と、数年後に回想している。最初の作品の撮影は、熱に浮かされたようだった。

それは彼の特徴でもある。もっと自分の考えに自信をもって製作に臨んでいた大島渚とちがって、たぶん山田洋次は、完全に満足できる最終的な結果に至るまで、より時間を必要としたのだろう。それでも彼は、作品が監督の思索と感情が生み出すものであると理解した。

後でふり返ってみると、最初の監督作品が成功作とは言いがたいことは、彼もわかっている。彼がそこで見つけた自分の弱点は、技術的というよりも根本的な面についてだった。自分の目標に到達できたかどうか、まったく確信が持てなかったのだ。つまり、喜劇作品をつくるという目標。これは彼が当初、望んでいたことだ。当時、映画会社は新米の監督にはシリアスな作品より喜劇を担当させた。それは「このスタイルの映画は軽蔑の目で見られていたからです」と洋次は語る。「でも、喜劇はほかの作品を撮るよりもずっと難しい。私は先輩たちからこう教わった。観客は芸術作品や実験的な作品を理解できない。そんな観客でも泣かせるには、音楽や画面でもって観客を無理やり悲しい気分に誘い込むことがあればじゅうぶんだ。だけど、もし観客が喜劇を見て笑わなかったら、失敗は明白だ」。彼は、撮影を最後までやり遂げられたことはうれしかったけれど、その出来には全面的に満足したわけではなかった。考えたとおりに、サスペンス小説を喜劇に翻案できたとしても、56分の中編作品は大評判にはならなかった。社の上層部も、大島に対するほどには温かく見てはくれなかった。大島のシスター作品もそれほど観客には受けなかったけれど、批評家からはいい評価を得ていた。『二階の他人』はそうならなかった。

実際は、完全な失敗作ではなかった。若い監督が、人情味にあふれ、心温まる作品をものにしていた。そこには、後に彼のスタイルを構成するいくつかの要素をすでに見ることができる。駅のシーンではじまり、最初の場面に列車が登場する。彼の鉄道へのこだわりを、すでにはっきりと示しているのだ。これは、その後の彼の長いキャリアを通じて消えることがない。また、幸せと物質的な豊かさの関係についての問いが豊かに盛り込まれている。この後も問いつづけるテーマだが、この最初の作品でも、はっきり見てとれる。さらに、細かいところまで作品をよく見ている能登宏之が指摘するように、監督は自分のルーツをふたたび見いだしたいという願いを、映画のクレジットタイトルに込めている。能登は、山田のファンクラブ、とよなか山田会の元会長である。宮崎県の日向で1993年にできたクラブとともに、全国に二つだけあるファンクラブのひとつである。彼が指摘するのは、小さなブロック玩具の家だ。作中で正巳が暇なときにつくったのだが、それが山田の生家に似ている。豊中のファングループが2016年、市に対して山田監督に名誉市民の称号を贈るよう求めるきっかけになった家だ。また作品は、たとえ完璧ではないとしても、松竹が得意とする人間的な喜劇の伝統にストレートにつらなっている。ただ、松竹の幹部は、作品が完璧ではなかったこととは別に、そのことも問題と考えたようだ。当時の幹部は自社のイメージを刷新したいと思っていたのだ。少なくとも、人気を呼んでいる他社作品の後追いのように見られることは避けたがっていた。

だから、正巳と明子が抱えたやっかいごとの物語を撮った後、洋次は監督として次の現場に立つまで、1年半も我慢しなければならなかった。彼はまた野村芳太郎のチームに加わるように言われた。そこでは『あの橋の畔で』（1962―1963年）という4部からなる長編ドラマ脚本を、野村といっしょに書くことになった。耐え忍ぶしかなかっただろう。ひょっとしたら、日活ではなく松竹に入社したことを後悔したかもしれない。洋次が大船という場所（松竹）に入ったことで、日活に補欠で入社した浦山桐郎がその初監督作品『キューポラのある街』（1962年）で大成功を収めたのだから、なおさらだろう。この作品は批評家からも観客からも支持されて、有力映画雑誌『キネマ旬報』の年間ベスト作品の中で第2位となった。しかし、よく考えてみれば、次第にアクション映画に傾斜していった日活では、映画づくりに喜びを見いだせなかったのではないだろうか。実際に、このジャンルの長編作品を撮る山田洋次というのは想像しにくい。だいたい洋次は、ヌーベルバーグによって巻き起こされた旋風が静まるのを待つしかなかった。だいたい洋次は、大島が擁護するそうした映画に対して共感できないことを隠そうとはしなかったし、そのヌーベルバーグの旗の下に、松竹が社を挙げて結集することにも驚きを禁じえなかった。

天才的な女優

この運動の信奉者たちの映画製作のアプローチで、洋次がいちばん気に食わなかったのは、凝りすぎた感じだった。人為的だと思えた。彼はもっとシンプルなアプローチのほうがいいと考えていた。しかしそれは、もっとも批判的な人たちなら、日常に密着しすぎていると言うかもしれない手法だ。だが彼は、つつましい境遇の庶民や、彼らが紡ぎ出す物語が好きであることを否定しない。松竹社内が落ち着きを取り戻すと、製作部門の幹部たちは、ふたたびこの若い監督に機会を与えようと決めたようだ

太陽族
ヌーベルバーグ以前、1950年代の半ばに日本映画は「太陽族」という文学潮流に大きな影響を受けた。作家の石原慎太郎とその小説『太陽の季節』がきっかけとなった潮流だ。やることもなくうろつきまわっている若者たちを描いている。それが日本社会に衝撃を与えた。日活が、この種の映画作品製作の先陣を切った。洋次の映画づくりの姿勢は、このジャンルの映画とは何光年も離れている。

った。若い歌手、倍賞千恵子のデビュー曲から発想を得た作品『下町の太陽』（１９６３年）の監督を任された。彼女は作品の中でも主役を演じた。洋次はこの社命にいささか戸惑った。彼によると、「歌謡映画なのに歌があまり出てこない。内容も暗くて、会社の『明るく華やかに』という注文とは全く違った作品になりました」。彼は脚本を渋谷実に見てもらった。洋次が当時、師匠と仰いでいた一人だ。『本日休診』（１９５２年）で監督を務めた渋谷は、脚本がよくないと言った。「そう言うのも無理はなかったのですが、初めて長編映画に取り組もうとしている、若くて緊張した僕に向かって、それはないだろうと思いました」と、彼は『読売新聞』（２００６年11月29日付）で明かしている。「撮影初日を迎え、いよいよ始まるんだと思ってシナリオを読んでいるうちに、渋谷さんの言葉を思い出し、涙がポロポロとこぼれてきました。会社の評判は良くないし、師匠からは『だめ』と言われる。どうしたらよいのだろうと思ってセットの陰で涙をふく僕を、スタッフは皆、変な顔をして見ていました」

プレッシャーと疑問に押しつぶされそうになりながらも、彼には撮影する以外の選択肢はなかった。結果的に、それは最初のほんものの作品となった。そして、すべての作品の中でも、とくに彼を代表する一本ともなった。そこになにが盛り込まれていたか。庶民であり、列車であり、幸せについての考察であり、大都会の都心と下町の対比である。それに、若い倍賞の存在は、むしろ監督の意図を表現するのに役立った。彼は、倍賞千恵子が、庶民の世界を演じることで伸びていく女優だと見抜いた。そしてそれは、その後何十年にもわたって彼が擁護し、描きつづけることになる世界だった。彼女はつましい家庭の出身だった。父親は路面電車の運転手、母親はバスの車掌。だから地に足のついた感覚を持ち合わせていた。もっと裕福な家庭で育ったり暮らしたりしていた、当時の有名な女優の多く

『下町の太陽』撮影現場での山田洋次（©1963松竹株式会社）

とちがっていた。彼女は、大都会の都心で暮らす人たちとはちがう下のほうの日本、つまり大衆が暮らす地域を体現する女優だった。この地域のちがいは、かつて城下町で、城の近くに住む人たちと「下町」で暮らす人たちの間にあったちがいにつながる。封建社会だった日本は、19世紀末にそのページをめくったけれど、その後もこの二つの世界のちがいは歴然と残っていた。一人ひとりのふるまいや歩き方を見ても、日本人ならそれを感じとれる。「倍賞さんの歩き方は、ほんとうによくわかるんだ。彼女が地に足のついた人だということがわかった。彼女はきびしい生活も経験している。それは、身のこなしを見ればわかる」と洋次は言い切る。終戦後に強い感銘をおぼえたイタリアのネオ・リアリズム映画と響きあうものが、彼女にはあると感じたのだ。「ジュゼッペ・デ・サンティス監督『にがい米』（1949年）に主演したシルヴァーナ・マンガーノという女優は、水田で泥だらけになって田植えや草取りの労働をしながら汗だらけの顔でにっこり笑っていて、イタリアにはすごい女優がいるものだと感心していましたが、生活のリアリティが体からにじみ出るような女優は、日本には皆無でした」。だから彼にとって、倍賞千恵子との出会いはたいへんな発見となった。「真の天才女優じゃないかな。彼女の演技力は本当にすごくて芝居が下手な共演者の芝居をうまく見せてしまう、という力があった」。また「彼女はどんな難しい球も捕って返してくれる。それもけっして派手にならず確実に」とも言う。監督が彼女を高く評価したことは、その後の二人の協力がずっと長く続いていくことを見てもわかる。彼女のおかげで、ちゃらちゃらしているだけになりかねなかった作品が深みを帯びた。作品は、下町の広がりを映したカットからはじまる。そこを電車が通る。出演者などのクレジットの字幕が終わるころ、観客は電車とともに都心に入っていく。クレジットに寺島町子（倍賞千恵子）、その婚約者、毛利道男（早川保）とある。二人とも化粧品会社の工場で働いている。町子は石けんの包装作業に携わっている。道男は事務をしている。彼には野心があって、昇進しようと懸命だ。夢は、どこかほかのところに住まいを持ち、中流の暮らしをすることだ。二人の若者が、高級店をめぐってうっとりしている。二人を夢見心地にさせる品々には、１００万円もするようなものもある。今いるところから飛び出したくて仕方のない道男は、帰宅の列車が川を渡るときに、婚約者にこう話しかける。「ほら、隅田川越えると、ぐっと景色が変わってくるだろう。空まで暗くなる」。道男が、モダンなアパートで暮らしたいという夢をまた持ち出すのだけれど、町子はあまり夢中になれない。自分の生まれた街から急いで出たいとは、それほど思っていない。駅で彼と別れた後、一人で帰路を歩きながら、町子が映画のタイトルにもなっている歌を口ずさむ。「下町の空にかがやく太陽は／よろこびと悲しみ写すガラス窓／心のいたむその朝は／足音しみる橋の上／あゝ太陽に呼びかける……」。カメラは彼女に寄り添って街の路地に入っていく。その雰囲気は、東京都心の冷たい通りよりずっと温かい。そこで町子が出会うのは、ひなたぼっこをしながらおしゃべりを楽しむ近所の人たちだ。観客には、そこがどれほどつつましいところかわかる。同時に、生き生きとして喜びに満ちていることにも心を奪われる。しかし、そこの暮らしは楽ではない。町子は、父（藤原釜足）、祖母、弟二人と暮らしている。上の弟は、今の境遇から抜け出そうと一生懸命に勉強している。しかし末っ子は素行が悪い。父親は頼りない。妻を亡くした悲しみを紛らわせようと、酒に溺れている。

　作品を通じて、洋次は若い娘の日々を追い、地域のほかの人たちを描いていく。この人たちがみんなで、ひとつの大きな家族を織りなしていく。後年、彼はこの共同体のイメージを『男はつらいよ』シリーズでふたたび取り上げていくことになる。道男が夢を実現しようと昇進試験に取りつかれている一方で、町子は北良介（勝呂誉）と知り合う。彼は町子に惚れている。最初はむしろギクシャクした出会いだったけれど、その後町子は、良介が自分の末の弟と鉄道の車庫で過ごしていることを知る。弟は将来、汽車の機関手になることを夢に描いている。巨大な鉄の塊に囲まれた中でのこのシーンは、もちろん監督自身が父親に連れられて職場を訪れた経験が発想の源になっている。少しずつ町子と良介が近づいていく。未来の妻の役割について、道男の抱く考え方を受け入れられないでいるだけに、なおさらだ。道男が理想の妻について描いてみせるシーンは雄弁である。「いいもんだな、女の人がお茶をいれる姿って、なんとも言えないね。昔、おふくろが陽のあたる縁側でよく編み物をしてたっけ。女の人ってそういうときがいちばん美しいね」。そう語る彼のかたわらで、婚約者の町子の表情

『下町の太陽』(©1963松竹株式会社)

に失望の色がにじんでいくのが見てとれる。彼が望むような家庭の主婦に収まるということがピンとこない。道男のような会社員と最近結婚した友だちの一人が、幸せそうではないだけによけいそう思う。この友だちは、たしかに小ぎれいなアパートに住んでいる。しかし、その暮らしに満たされない思いを抱いている。「せっかくお化粧して(彼の帰りを)待ってても、疲れた、疲れたってすぐ寝ちゃうのよ」と打ち明ける。友だちが暮らす裕福な環境とはどのようなものか。それを細部の力で明らかにしてみせる。この興味深いシーンで、監督はすでに彼の得意技となっていくものを示しているのだ。つまり、会話に現実味を与えるために、ひとつひとつの物を適切に配置する力量だ。町子の家とちがって、友だちは「三種の神器」を持っている。つまり冷蔵庫、洗濯機、テレビ。当時の日本人が信仰に近い憧れを抱いていた電化製品だ。監督は、物を所有することにすぎない「幸せ」には、ほとんど意味がないということを示しているのだ。作品の中で、町子の友人たちが「幸せになるにはお金は必要」という考えをくりかえす。だが町子は「私は、貧乏しないですめばいいと思うわ。将来に不安さえなければ、それでいいわ」と、裕福な結婚相手を見つけたいと願う友人の一人に言う。つまり、この最初の長いシーンで洋次はすでに幸せ、幸福というテーマに触れている。その後の彼の映画作品で、大きな意味を持つ問いかけだ。当時、日本が経済発展を加速する段階に入っていただけにいっそう興味深い。それをとくに象徴していたのが、そのころの池田勇人首相（1960−1964年）が打ち出した所得倍増計画である。みんなが豊かになるというこの政策で、生活水準を上げることができるのではないかと、日本人は期待感をふくらませていた。「敗北主義はもうたくさんです。あなたたちの国は活力にあふれています。それどころか豊かに暮らすこともできます。経済的マルサス主義ももうたくさんです。自由な企業活動と貿易の拡大で、みなさんは生産を倍増させることができます。そして所得も繁栄も倍増できるのです[*9]」。この政治家はそう断言した。しかし洋次がめざしたのは、幸せは別のところにあるのだと示すことだった。町子にとって、それは良介が体現していた。彼は、彼女と同じような境遇に生まれた鉄工所の労働者である。社会の中でのちがう階層に自分の居場所を移すことばかり考えている道男とちがって、良介の夢は、町子と同じ地道な暮らしだ。町子は、道男とけんかをした後、はじめて良介と連れだって出かけた。二人が惹かれ合っていることがすぐにわかる。その後、町子にとって、良介と接近するのはもっと簡単になっていった。昇進試験に失敗した道男が、それを理由に彼女と会おうとしなくなったからだ。さまざまな状況が重なり合って、道男は念願のポストを手にするのだが、町子のほうでは、もう彼から気持ちが離れてしまう。そのことを彼女は父親に打ち明ける。それはとても感動的なやりとりだ。俯瞰的なアングルから入るこのシーンは、全編を通じてもっとも心を打つ場面のひとつだ。いつも夕飯の場所となる茶の間のちゃぶ台をはさんで座る町子と父。二人の間で交わされる対話は、この作品が問うていることだけでなく、ある意味で洋次がその後ずっと追求しつづけるテーマをも凝縮している。

「父ちゃん、貧乏ってやだね」

「なんだよ、決まってっじゃねえか。貧乏がいいなんていう奴はいやしねえ。ひとつ、金持ちんとこにでも嫁に行くか（笑い）。いや、ほんとうのことな、ま、結婚は相手を選ぶんだな。できればサラリーマンだな。『寄らば大樹の陰』と言ってな」

「母ちゃんは、父ちゃんと結婚するとき、ほんとうはサラリーマンがいいと思ってたけど、しかたなく父ちゃんを選んだの？」

「バカ、おれたちは……」

「父ちゃん、真面目に聞いてよ。恋愛結婚だったんでしょ」

「うん、でもおれといっしょになったおかげで、母ちゃんずいぶん苦労したもんな。あの病気も疲れからきたんだ」

「それで、私に苦労させたくないのね。そりゃ私だってお金がほしいわよ。ちょっとでもましな生

＊9　Le Monde diplomatique: Le plan Ikeda: les Japonais réussiront-ils à doubler leur revenu national en dix ans ?, janv. 1962, p. 15.

活がしたいわよ。でも、それだけのことで結婚するんだったら、なにか大切なものを忘れてるような気がするの」

「そんなことは、あとでわかるこったよ」

「あとで？　じゃあ、母ちゃんは父ちゃんを恨んでたかしら？」

「ん。そんなことを考えるやつじゃなかったな。死ぬ前におれに『ありがとう』なんて言ったからな」

「『ありがとう』？　ほんとにそんなこと言ったの？」

「ああ」

「……。母ちゃんもかわいそうだね」

町子が人生の選択を固めていくことになるこのやりとりの中で、倍賞千恵子と藤原釜足は、いずれも傑出した演技を見せている。翌日、彼女は道男に会う。彼はまた将来の計画を語り出したが、町子は冷めている。愛によって結ばれる結婚が彼の中にないからだ。心が大事だとは思わないのかと問いつめる彼女に、道男は「それは理想だよ。現実には食っていかれないし、将来の安定もない」と言う。「私だって、日当たりがいい団地に住みたいわ。でも、きれいな部屋の中で、いい服着て、お茶を入れたり編み物したりすることが、女の幸せとは思えないの」。町子ははっきりと自分の考えを口にする。「私つらいの。とってもつらいの。私と道男さんはどっかちがうわ。幾晩もかかって考えたの。道男さんは結局この街を出ていく人なのね。それがあなたの幸せなのよ。私はここにいるの。そりゃ、下町は煙だらけ。うちの中は昼でも暗い。空はかすんでる。でも太陽はその上に照ってるわ」。こう語って別れを告げる。町子がこよなく愛している街と、つましいけれどもぬくもりのあるそこでの暮らしの豊かさとはなにか。作品の最後の数分間で、それが明らかになる。それはまた、良介が町子への思いを告げるときでもある。そして作品は、働いている町子と良介のシーンで幕となる。

　輝くような作品ではない。だからといって、暗くて鬱々としているわけでもない。ある現実を描こうとしている。それは、松竹で１９３０年代からはじまった長い伝統にもつらなる。しかし、このスタイルの偉大な代表者である小津安二郎が、視線を次第に中流の上のほうの階層に向けていくようになったのに対して、山田洋次はもっと庶民的な次元を与えている。数年後、映画評論家の深沢哲也は、「ヌーベル・バーグ的作風に少しも毒されず、まして日本製のイミテーション・ヌーベル・バーグなどには目もくれず、義理人情の世界に生きる庶民の哀歓を、正攻法のタッチで格調正しく描く山田洋次監督の作品に、ぼくは忘れかけていた映画の美しさを見出した」と評している。だが問題は、これが松竹の社としての製作であり、結果が期待どおりではなかったということだった。「当時の製作本部長が試写を見た後、『こんな映画当たれば苦労しないよ』と吐き捨てるように言ったことをよく覚えています。結果はその言葉通り、全くだめでした。歌は大ヒットだったのに全然当たらない映画を作ってしまって、倍賞さんにもひどく申し訳ない、と思いましたね。それからしばらく、監督として映画を撮る声はかからなくなりました」と話す。だからといって、この最初の長編

核家族
核家族（夫婦と子ども）は、第二次大戦後の日本では徐々にふつうの形態になっていった。1945年は、若い夫婦の60％が夫の親と同居していたが、1970年には30％だけになる。作品で出てくるアパートの面積は数世代が同居できるような広さではない。そんな住宅の建設が進み、核家族化の傾向に拍車をかけた。

を恥じる必要はない。彼はまだ、視点の置き方について自分のスタイルを確立していなかったのだ。その後30年間にわたって彼といっしょに仕事をすることになる撮影監督の高羽哲夫とも、まだコンビを組んでいなかった。それでも、脇役には作品に一貫性と深みを与える俳優を選んでいる。この選択のうまさは後の作品でも示されることになる。『下町の太陽』に、藤原釜足のほか石川進や待田京介、青山ミチが出ていなければ、山田洋次、不破三雄、熊谷勲の3人が脚本を書いた物語は、もっと味気なくなっていたかもしれない。公開から60年近く経ってみるとこの作品の先進性が浮かび上がる。とくに女性の役割と結婚観の描き方に表れている。また、社会が押しつけてきた空気をはねのけて、ちがう夢を見ることが可能になった時代を示してみせてもいる。それによって、ほかにはない価値を持つ作品となっている。監督の作品の中でも、もっと高い評価を得てしかるべきであろう。

最初の笑いの時代

『二階の他人』(1961年)でデビューに失敗した洋次は、第2作でも会社の上層部からよりよい評価を得ることができなかった。『下町の太陽』公開から数か月後の1963年9月に次女の亜樹が生まれるのだが、その誕生が近づくにつれ不安が募った。またしても、家族の生計を支えることができるかどうかという心配が頭から離れなかった。鬱々とした気持ちがさらに強まって、洋次は監督としてのキャリアをあきらめ、脚本家としてやっていったほうがいいのではないかという思いに取りつかれた。それまでのところ、脚本家としてはむしろ成功していたのだ。しかし、ことわざにも言うとおり「二度あることは三度ある」。小津安二郎が、自身の60歳の誕生日である１９６３年12月12日に亡くなり、松竹に新たな打撃となった。というのも、松竹の中でのヌーベルバーグの試みが結局、失望を招く結果になりつつあったときに、大黒柱の一人を失うことになったからだ。この実験を支持していた社長の城戸四郎も失敗を認めた。「何でもかんでも否定し、ぶち壊そうとするあまり、過去にわれわれが苦労したようなことを、同じようにもう一度苦労を重ねてくりかえしているような感じがすることがある。これは徒労というもので、エネルギーの浪費である」と彼は総括した。そして、基本に立ち戻るべきときだということを理解した。「社会環境やモラルや男女間のフィーリングが変化しているのだから、ラブ・シーンなどにしても、肉体そのものを直接描かなければならぬ、という考え方がある。解りやすいストーリー性などは、もう映画には要らない、という見方もある。それぞれ、もっともな一面もある。だが、映画というものは、大衆の同感と感動の上に成立してこそ、はじめて力を発揮するものだ、ということを忘れてはならない」。この考え方の変化が、洋次の再浮上につながる。たしかに彼は、製作部門で必ずしも大きな評価を得ていたわけではない。しかし、もともとシンプルで正面切って描く映画づくりを主張していた。だからといって、それが保守的な価値観の表れだと考えるべきではないだろう。それは、作品と人々をつなぎたいと思うからなのだ。話の流れが秩序だっていなくてもよしとする作品を理解できない観客は、あまり知的ではない。そんなふうに考えるスノビズムを洋次は拒否していた。こうした背景があって、新しい作品を撮るチャンスがめぐってきた。どうやってその企画の監督に選ばれたのかと数年後に尋ねられたとき、彼は冗談めかして「『あいつにもう1回やらせてみるか』程度の話じゃないかな」と言っている。そのころ、たまたま松竹が人気作家、藤原審爾の小説を映画化する権利を手にした。作品が何度も映画になっている作家だ。その監督候補がたくさんいたわけではない。結局、洋次が担当することになった。この作品『馬鹿まるだし』（1964年）の主役はすでに決まっていた。コミックバンド、クレージーキャッツのリーダー、ハナ肇だ。この人気者たちのバンドは当時、テレビ局のスタジオや演芸ホールで引っ張りだこだった。監督はこの構想を、無条件でいいと思っていたわけではない。ただ、今と同じように、そのころも映画のポスターにテレビスターの姿が大きく載っていると、ある程度の客の入りは期待できた。そのテレビスターに才能があるかどうかはあまり問題ではなかった。ただ、監督は、この俳優に最初に会ったとき、意外にいいと思った。「ハナ肇という人物には『何かがある』と感じていました」と回想する。かといって、それだけでよい喜劇映画をつくるための保証にはならない。というのも、洋次が単刀直入に語るところによると、喜劇というのは日本の映画業界で冷遇されてきたジャンルだという。「ひとつはつくる側の態度、もうひとつは日本の映画界自体に喜劇を軽視する風潮があること。それゆえ喜劇映画は二流三流の監督の手でつくられている」。「当時の喜劇映画は、東宝の駅前シリーズでも社長シリーズでもそうですが、面白いコメディアンが勝手気ままに即興的に演じるのが一般的でした。僕はそうではなく、喜劇であってもふつうの映画と同じように撮りたかった。台本どおりに台詞を言わせ、僕のイメージどおりに動いてもらったのです」。これは、彼にとっては大事な賭けだった。もしこの3作目で失敗すれば、監督としてのキャリアを続ける可能性はほとんどゼロになるおそれがあった。映画の主人公は、シベリア抑留から瀬戸内海の静かな小島に帰ってきた松本安五郎。洋次は、ハナ肇にはこの人物になり切る資質が備わっていると考えた。ちょっと愚かだけれども人のいい文無

『馬鹿まるだし』(©1964松竹株式会社)

しのこの男が、おかしなことを正そうとする役を引き受ける。しかし彼はそれで報われることがほとんどない。洋次に与えられた時間と予算は限られていた。まだ新人扱いだったから、その代償だった。それでも洋次は、師匠から教わったように、自分に課された条件を尊重した。それまで2回の監督経験があったけれど、まだ自信はなかった。まず脚本づくりでつまずく。結局、新しい撮影監督となった高羽哲夫の助言に従うことにした。高羽は、まず主人公の価値を認め、彼を描くことに集中するよう勧めた。「思いきってこの男を愛し抜いて、この男に食いついていってみようじゃないかという気持になった。するとと今度は一週間ぐらいで本が書けた」。3年後の『キネマ旬報』誌(第440号、1967年6月)でそう語っている。社内での試写で彼は、全体のまとまりが悪いという印象を持った。渥美清や藤山寛美といった喜劇スターが登場するのに、どの場面でも腹の底から笑いたい気分にならなかった。また失敗となってキャリアが終わるのが目に見えるように感じた。

逆に、彼自身は思いもしていなかったこと、それは、二つの監督作品で強まっていたフラストレーションが昇華させた彼の才能だった。『馬鹿まるだし』は『二階の他人』や『下町の太陽』と同じ運命をたどるだろうと思い込んだ洋次は、公開初日に家から出ないことにした。いずれ悪い知らせを聞くことになるだろうと思っていると、電話が鳴った。プロデューサーだった。映画館は満員で、観客は作品を面白がっているというのだ。すぐに新宿の上映館に行ってみた。観客でいっぱいのホールから湧き起こる笑いに、舞い上がるような気分になった。「なんと、客が大笑いしながら私の映画を見ている、まったく予想もしなかったようなところでわいわい笑うのです。あの笑い声はぜったいに忘れないだろう」と後に語っている。ふり返ってみれば、この作品がたぶん彼のキャリアを通じてもっとも重要な長編であることがわかる。というのも、この作品は、映画の世界で洋次が一連の冒険に乗り出すことを決定づけることになったからだ。まず、自分でも疑いはじめていたけれども、山田洋次がれっきとした映画監督であることが確認された。さらに、とくにリスクの高いジャンル、喜劇で成功する能力があることが明らかになった。喜劇をうまくつくるというのはけっして簡単なことではない。加えて、その後数年、いや数十年にわたって彼は、松竹の救世主となる監督たちの長いリストの中でトップに位置することになる。ほんの数か月前までは、そんな役割を担う監督になるとはまったく考えられていなかったのに、である。会社も、映画の歴史を刻むような作品を彼の手に委ねるようになる。松竹映画部門の１００周年を記念する『キネマの神様』（２０２１年）は、その最新の例だ。『馬鹿まるだし』の成功で、洋次は映画作品のシリーズ化に積極的に取り組むようになった。

1964年秋には民放のTBSでテレビドラマ化もされたが、映画では『馬鹿』シリーズは3作まで続いた。その後『一発』シリーズも3作。そして『男はつらいよ』シリーズは長編50作を数え、世界的な記録となる。さらに『学校』（4作）、『家族はつらいよ』（3作）もシリーズ作となった。シリーズ化の経験から、いつも同じ俳優、同じスタッフと仕事をしたいと考えるようになった。人材を安定的に確保するという必要からも、仕事という次元での真の「家族」をつくっていった。洋次にとって、要として信頼できる俳優とスタッフたちが揃えば、物語の質を高めることに集中できる。俳優たちは、きっちり主役を演じるだけでなく、しっかりと脇を固める側にもまわった。それが作品に独特の味わいをもたらし、観客からも高く評価されることにつながった。たとえば、ハナ肇は『馬鹿』シリーズの3作のポスターでは真ん中に大きく登場したけれど、山田洋次のほかの長編作品である『家族』（1970年）、『遙かなる山の呼び声』（1980年）では脇役になった。また、『キネマの天地』（1986年）ではふたたび安五郎の役を演じた。技術陣についていうと、『馬鹿まるだし』で撮影を担当した高羽哲夫は、1995年に亡くなるまで洋次の片腕でありつづけた。山田洋次と高羽哲夫は日本の映画史に残るコンビとなり、ひとつのモデルにもなるほどだった。五社英雄監督の作品で撮影監督を務めた森田富士郎は、ロビン・ガト著『五社英雄　主なき映画人』[*10]で、こう語っている。「私と五社を結びつけた信頼関係のおかげで、私たちは13作品をいっしょにつくりあげることができた。山田洋次監督と彼の撮影監督だった高羽哲夫の作品数に比べればわずかだけれど」。ほかにも同じよ

＊10　Gatto, Robin, *Hideo Gosha, cinéaste sans maître*, éd. Lettmotif, 2014, p. 215.

うな例がたくさん生まれることになる。山田監督がその後、とくに俳優たちと組んでつくりあげてきた「コンビ」という仕組みは、彼の創作の特徴のひとつになるのだ。それがはじまった１９６４年は、日本にとっても歴史的な年になった。

その年は、この作品の思いがけない成功で、洋次にとって幸先よくはじまった。自信も取り戻した。軽そうな見かけとはほど遠い内容の喜劇のおかげで、多くの観客の心をつかめたようだった。発展しつつあった消費社会へのきびしい批判ではなかったにしても、この作品でも前年の『下町の太陽』で扱われた物質的な幸福がふたたびテーマになっていた。終わりのほうで、夫婦にとっての夢のような暮らしのことに話が及ぶ。ペットの犬がいて、アパートにはあらゆる電化製品が揃っているような暮らしだ。ほとんどの日本人は、そのゴールにたどり着く手段をすでに手にしていた。日本は当時、先進国クラブであるＯＥＣＤに加盟しようとしていた。その年の10月には、はじめてオリンピックの開催国になる。この大イベントで日本は、敗戦から20年足らずという短い間に、信じがたいほどの経済的な奇跡を実現したことを世界に示せた。ほとんど廃墟と化した国が技術大国となっていたのだ。オリンピック開催の数日前には、超特急の鉄道路線「新幹線」が首都と大阪を結んだ。こうしたことはすべて、社会を根底から変貌させていった。たとえば東京は、場合によっては地理さえすっかり変えてしまうほどの大規模な開発に乗り出した。第二次大戦でさえも変えることがなかったような改造である。「東京の興味深いところは、古い建物が新しい建物になって、全体の雰囲気が変わっても、街路計画はけっして変わらないことです。たとえば、この地域の現在の地図と１９３０年代の地図、あるいは１９２３年の東京大震災以前の地図を比べてみると、街並みはまったく同じです」。作家・永井荷風の専門家、壬生篤（みぶあつし）は首都の東部に位置する東向島を歩きまわって、そう語っている。しかし、ほかではどうだったか。たとえば洋次が暮らした原宿などは、あちこちを完全に改造し、日本人が大事にする風景もつくり変えてしまった。この風景の重要性は、哲学者の和辻哲郎が『風土』[*11]（岩波書店、1935年）で展開していることだ。和辻は、人間存在の構造的契機という概念に触れるときに、このことを述べている。社会をかき乱す要素としての変化は、監督の標的となっていく。彼はおそらく、幼少時に見いだした日本のイメージを守りつづけたかったのだろう。この大規模な日本の変化に異議を申し立てたのは、彼一人ではない。当時、作家の開高健はこう問うている。「いまの東京の日本橋をわたって心の解放をおぼえる人があるだろうか。ここには〝空〟も〝水〟もない。広大さもなければ流転もない。あるのは、よどんだまっ黒の廃液と、頭の上からのしかかってくる鉄骨むきだしの高速道路である」。山田洋次はこの疑問を共有しうるのではないか。彼もまた、猛スピードで変わっていく日本に自分の居場所を見いだせない、安五郎のような人物を作品の中で描いたのだから。洋次と同じように安五郎も（シベリアからの）帰還者である。そして帰国して、自分とはかけ離れてしまった新しい社会に出会う。だが、頭の中に、戦前には当たり前だった古い価値観を持ったまま生きている。そこからなかなか抜け出せない。芝居の『無法松の一生』を見て思いがこみ上げるのだが、そこで描かれているのは過ぎ去ってしまった世界だ。思い出しておきたいのだが、この芝居の稲垣浩監督による映画版（1943年）は、満州で子ども時代を過ごしていた洋次の心に深く残った作品のひと

＊11　Berque, Augustin, *Le milieu humain*, CNRS, 2011.

つだった。だから、『馬鹿まるだし』の主人公が社会の周縁で生き、そのふるまいにしばしば「馬鹿だなあ」という言葉が浴びせられるのも、この作品だけでたまたまそういう流れになっているというわけではないのだ。安五郎の中には、すでに彫り深く造形された将来の長いシリーズ映画の主人公「寅次郎」の姿が見てとれる。安五郎とちがい、寅次郎は社会の周辺で生きることを結局受け入れているが。

日常生活の急激な変化を体験した日本人たちは、洋次の映画に自分の姿を見つけ、ほっと息をつくことができた。混乱の渦に投げ込まれた人々は、変わっていないところもあるんだと、だれかが示してくれることを求めていた。物語の舞台として、日本でもっとも平穏な瀬戸内海沿岸の小さな街を選んだのは、明らかに考え抜かれた結果だ。この組み合わせは、観客の望んでいたこととぴったりと合った。観客は大喜びで、それによってこの若者は監督としてキャリアをたしかに踏み出すことができた。自分の方針を貫いても、上映館での観客動員数が少ないと問題にされることはなくなった。この特別な扱いを受けることができるようになったのは、城戸四郎が洋次に示した、変わることのない支えに負うところが大きい。「映画を売るのは営業の仕事なんだ。君は客の入りのことなんか心配するな」と、松竹の大社長は洋次に説明している。ライバル会社やテレビとの競争に直面せざるをえなくなっていた松竹にとって、必要な新しい息吹が洋次だった。城戸は、若き監督がめざしていることは、会社のねらいと一致していると考えた。「たまたま、山田洋次君のものの考えかたと私のそれとは、この点で一致する。何もことさら奇をてらった映画を作る必要はないではないか。かといって、旧套を墨守して、いたずらに過去の方法論にのみ、とらわれている必要もない。時流を見守りながら、今の世の中が果していいのか、悪いのかについては疑問をもちつづける」。城戸は7年後に『キネマ旬報』誌への寄稿でそう述べている。山田は城戸を父親のように思うようになるのだが、城戸がこの若いお気に入りの監督について評価していたのは、脚本の書きぶりの質の高さだった。彼らの最初の出会いは、この2年前にさかのぼる。「坂本九主演の喜劇『九ちゃん音頭』(62年、市村泰一監督)の脚本を書いた時、城戸さんから呼び出しを受けました。それまで城戸さんは遠くから見かけたことはあっても、話したことなんかない。華やかに活躍した大島渚君や吉田喜重君たちと違って、僕は目立たない助監督。呼ばれるなんて良いことであるはずがない。気軽に書き飛ばしたから、『粗雑な仕事をしやがって』としかられるのではないかと思いました。恐る恐る訪ねると、『君が山田君か。よくがんばって、いい本を書いてくれた』と現金で3万円を渡されました。当時の月給よりも多いくらいの金額です。そして『これでおでんでも食べてくれ』といきなり握手を求められました。うれしかったですねえ」。洋次は『読売新聞』(2006年12月16日付)でそう明かしている。城戸は松竹の大経営者だったけれど、社が製作する作品の脚本はすべて読んでいた。彼は脚本の質に強くこだわった。結局、よい脚本がなければ、大衆の心を捉える作品をつくるのは難しいと考えていたからだ。「山田洋次君は脚本を、一稿、二稿、三稿と入念にこしらえていく。だいたいシナリオライターというものは、そういうものなのだが、いいと思って最初から書いているだけに、一稿をよりよい方向に、なかなか推敲訂正しようとしない。が、山田君は一稿を削り、訂正し、よりよい方にもっていく改善を決していとわない人である」と城戸は語っている。城戸は山田をとても信頼していたので、映画についての自分の回想録『わが映画論』(松竹、1978年)の編集も彼に任せたほどだ。この回想録は1977

年に城戸が亡くなった翌年に出版された。この高い評価は、監督になるという見通しが不透明だったときに、脚本づくりに注いだ努力の成果でもある。橋本忍のもとに通い、脚本づくりのきびしさを学んだことも、この分野での成功につながった。『馬鹿まるだし』では、はじめてナレーションを採り入れたが、これも橋本という著名な脚本家の勧めであった。この手法によって物語を時系列で進めることができる。そして最後にナレーターを登場させて、観客を自分たちの時空間に連れ戻すことができた。洋次は、そこから自分のスタイルの特徴をつくりあげていくことになる。それは『男はつらいよ』で際立つ特徴である。とくに渥美清演じる主人公の寅さんが、家族に年賀状を送るところでよくわかる。

確認

1964年、渥美清はまだ洋次のお気に入りの俳優にはなっていなかった。しかし二人の信頼関係ははじまろうとしていた。洋次が、師匠の野村芳太郎が監督した『続・拝啓天皇陛下様』（1964年）の脚本づくりに参加したこともあって、それが進んでいく。この作品は皮肉に満ちていて、前年に上映された第1作は大成功だった。作品が描いているのは、軍隊に徴兵された、読み書きもろくにできない農民の若者である。この若者は仲間とちがって、軍隊をまだましな場所だと思っている。洋次は渥美清にほかの役も書いていくことになる。主にテレビ向けで、寅さんの物語を手がける前のことだ。二人がタッグを組むまでのこの間、洋次は最初のオリジナルの脚本づくりを手がけた。後に自分自身で監督して映画化する作品だ。それまで監督した三つの映画作品の原作者はほかの人だった。しかし今度は、直近の成功に自信を得て、自分自身のアイデアから物語をつくりあげた。このストーリーは『馬鹿』シリーズのひとつで、主役はハナ肇、その相手役は当時すでに大女優だった岩下志麻だ。鉄は熱いうちに打つべきだと考えた松竹の幹部たちは、洋次にその企画を早く進めるよう指示した。そこに乗り出す前に、洋次は自分への新しい評価をはずみに、松竹を退社し、あらためて「専属監督」としての契約を結んだ。これによって助監督としての仕事をするように求められることはなくなる。映画人としての職業人生の中で、まさにひとつのページがめくられたことになる。このポジションは彼に大きな自由をもたらすのだが、それは収入が安定しなくなることも意味した。作品が動員できる観客数次第ということになる。それから20年後、松竹は彼の作品が会社の年間収入の20％にのぼると認めることになる。他方、いつも家計の安定を気にしていた洋次だが、自分の収入についていくらか不確実な部分ができるにしても、それほど不安は感じなかったようだ。たしかに、監督した作品がいつも観客に受けるかどうかはわからない。けれども脚本づくりには自信があった。映画会社からの要請もあったし、自分自身でつくりたい脚本にも取り組んでいたが、それに加えてテレビ局からの注文もあった。家計のやりくりに苦労しなくなって安心した若い監督は、自分の想像力を自由に羽ばたかせることができるようになった。以前にもまして洋次らしい物語をさらにつくっていくことになる。『いいかげん馬鹿』（１９６４年）でも彼は、自分の体験をそれとなくほのめかすことを忘れてはいない。とくに撮影場所の選択に、それが表れている。第３作では伊豆半島南西部の小さな港町、堂ヶ島界隈を選び、登場人物たちが物語を紡ぎ出す場所に定めた。そのころの観客はまだ知るよしもないが、ミシェル・トゥルニエがオノレ・ド・バルザックのことを「地理的作家」とみなしたように、山田洋次はいわば「地理的映画監督」なのだ。4作目にしてすでに、新しい地域に乗り出すことを選んだ。この決定は根拠のない思いつきではない。どんどん都市部に集中していく日本人に、地方との結びつきを取り戻させたいという願いに根ざしている。彼の相棒である優れた撮影監督、高羽哲夫とともに自分の署名を記すように、各地の風景を大きなカットで作品に収めている。それは、しばしば作品の意味を際立たせる役割を果たしている。大切なことがあるのは、たぶんここなのだと示すかのようだ。今一度思い出しておこう。彼が幼少期と思春期の大半を過ごしたのは満州である。そこはあまり起伏のない地方だった。少なくとも彼が暮らしたところはそうだった。彼が日本列島について、地理的な面で意識するようになるのは、もっと後になってからだ。だからこそ、山や海への強い憧れに応えてくれる場所をさがすのに、いつも力を入れる。山も海も、中国大陸で暮らしていたときには接する機会がほとんどなかった。幸いなことに、日本は信じられないほどの多様な地域があり、彼の長い映画人生でも尽きることがない。

堂ヶ島は彼のねらいにぴったりの場所だった。彼が考えていたのは新しい喜劇で、それは、急激な経済成長とともに目立ちはじめた観光開発が、行き過ぎてはいないかと日本人に問いかける作品である。後の作品でも示していくのだが、洋次は時代の空気に敏感だ。予見さえしている。というのも、そのころの日本人は、まだ観光旅行にそれほど熱狂していたわけではない。そうなっていくのは、それから10年ほどの間である。洋次は、野村芳太郎の作品のロケハンで堂ヶ島を訪れたことがあった。それを思い出した。「当時は道路が整備されていなかったので、車で行けるのは途中まで。あとは徒歩です」と回想している。この孤立した感じは『いいかげん馬鹿』という作品のねらいにも合う。この作品では、しばらく離れていた生まれ故郷に戻ってきたハナ肇演じる安吉という男が、幼いころ憧れていた由美子の心をつかもうとする話を描いている。彼は観光の仕事でカネを稼ぐという。彼は「馬鹿」だから、若い女性はそんな幸せを求めてはいないことが理解できない。『下町の太陽』のヒロイン町子は、自分の生まれた地域を愛し、首都の「裕福な側」である川向こうのアパートに住むために離れようとは思わない、とはっきり宣言した。それと同じように由美子は、お金になるからという理由で、地元の美しさをたたき売るようなことはいやだという。その結果、安吉は故郷から去る。行き先はブラジルということになっている。前作の安五郎と同じように、安吉もまた現実感覚を失ってしまったのだろう。地に足のついた感覚があれば、自分の生まれた土地、あの「ふるさと」とふたたび結びつきを取り戻せただろうに。この「ふるさと」こそ、山田洋次に大きな喪失感をもたらしているものだ。このシリーズの前の二つの長編にも込められているこのテーマは、監督の作品群の中にずっと据えられつづける。『いいかげん馬鹿』でも、シリーズ前作と同様に監督がこだわるのは、ハナ肇演じる人物が、いったん出ていった故郷に戻ったときに、自分が暮らしていた印をふたたび見いだすことの難しさだ。最初の作品では、主人公は戦争のせいで、2作目では自分の荒れた少年時代のせいで、故郷を離れた。

「ふるさと」を持たないことを自認する洋次だが、この人物たちのような問題を抱えていたわけではない。しかし結局、この二人の置かれた境遇を通して、「ふるさと」を奪われた彼自身の満たされない思いを表現している。後の『男はつらいよ』シリーズでは、この思いを異なった扱い方で描くことになったように見える。寅さんは、安五郎や安吉と同じように、自分の生まれ故郷、東京・柴又に戻ってくる。そして帰郷することで騒ぎを引き起こしてしまい、ふたたびそそくさと出ていってしまう。けれども寅さんは、必要だと感じれば故郷に帰ることをけっしてあきらめたりはしない。寅さんが断絶の気分でいるのは、しばらくの間だけだ。一方、安吉の野心は挫折してしまう。愚かだから（「バカッタレが」）だ。今、この作品を見直してみると、たしかに俳優の演技という点で時代遅れの部分はある。しかし基本的なところでは、驚くほど今日的である。コロナ禍の間は、ほかの国々と同じように、日本にやってくる観光客の数も激減したとはいえ、この作品は、地方の日常に混乱をもたらし、風景をゆがめてしまうオーバーツーリズムを予見していた。ただ作品が上映された1964年4月ごろ、大きく変貌しつつあったのは地方よりむしろ首都の顔だった。この作品が前作の『馬鹿まるだし』ほどには観客の人気を呼ばなかったのは、そのせいだろうか。断言するのは難しい。それでも洋次は第5作に取りかかることになる。作品の公開は1964年の12月に予定された。つまり、年末年始のお祭り気分の時期である。それは映画会社にとっては大事なかき入れ時でもある。

作品は『馬鹿』シリーズの第3作である。主人公役はまたハナ肇だ。これは当初、このシリーズに入らない作品として構想された。しかし『馬鹿』シリーズの前2作の興行収入がよかったため、制作部門の責任者たちはこのシリーズのラベルを貼りたがった。同じくらいいい成果を期待できると考えた。洋次は、前作とちがって今度は自分一人で脚本を書いた。アイデアは、作曲家であり随筆家でもあった團伊玖磨の小説から得た。音楽づくりも團に任せた。この作品『馬鹿が戦車(タンク)でやって来る』（1964年）の舞台は日向地方の小さな街である。戦車兵だったサブは、軍を除隊するときに戦車を持ち帰り、数年間隠していた。サブは村外れで、耳の聞こえない母とみ、知的障害のある弟の兵六の3人で貧しい生活を送っていた。一家は村人から馬鹿にされている。そんな態度をとらないのは紀子（岩下志麻）だけ。とみの耳が不自由なのをいいことに、村会議員の一人が彼女を騙す。それでサブの堪忍袋の緒が切れる。怒り狂ったサブは、隠していた戦車を動かし村中をパニックに陥れる。その混乱の中で兵六が転落事故に遭い、命を落とした。サブは戦車に乗り込み立ち去る。後になって海岸に戦車の走行の跡が見つかる。戦車は海に呑み込まれてしまったようだった。この奇想天外な物語の滑稽さは、とくに日本の田舎に戦車が現れるという設定によってよく出ている。けれども洋次は、村人たちが、自分たちとはちがう人に対して示す差別的なふるまいを、はっきりと指摘している。

満州から家族で引き揚げ、山口県で暮らしたとき、洋次自身もある種の差別を感じた。だからこの問題には敏感なのだ。差別を受けたことで、彼が暴力的なふるまいに出ることはなかった。むしろ逃げて、大衆の中に溶け込むことができそうな東京で生きたいという願いにつながった。いつもボサボサ髪の頭に帽子をかぶりながら、洋次は次第に映画監督としての役割に自信を深めていた。だから、製作から数年後に「ちょっとおかしな」と自身でも言うことになる、こんな作品をつくるリスクも取ったのだ。「おかしな」とはいえ、この笑劇もまた彼の流儀に沿っている。つまり、どんなテーマも必ず真面目な要素を入れて扱うという流儀だ。その要素が作品の前面に出ることはまれだけれども、観客は十分にそれを感じる。だから、同じような状況に置かれたらどんなふるまいをしただろうと自問を促されることになる。

この作品で監督が取り上げた要素の中に、民主主義にかかわる部分もあるが、そこにも深い意味が

『馬鹿が戦車でやって来る』（©1964松竹株式会社）

込められている。というのも、その数年前、日本政府は強引に議会をねじ伏せて、新しい日米安保条約の批准に持ち込んでいた。映画を見たすべての人が、そのこととの関連に気づいたわけではない。しかし洋次は、自分がつくっているものに関心を抱きはじめた知識人たちがいたことを知って喜んだ。というのも、1994年にノーベル文学賞を受賞することになる大江健三郎が『馬鹿が戦車でやって来る』を見たのだが、それは、著名な作家の安部公房に「非常に面白いから観るように」勧められたからだ、と洋次に明かしたのだ。

　洋次の作品への大衆の支持は確実になったようだった。しかし批評家たちの心は、まだつかめていなかった。当時の批評家たちの関心は、ヌーベルバーグの推進者たちに傾いていた。もっと「解き放たれた」作品、たとえば鈴木清順監督の『肉体の門』（1964年）について、映画評論の中心的な存在だった佐藤忠男は「かつてはどす黒い不気味なものとして描かれた敗戦直後の東京の街娼たちの風俗が、鈴木清順と美術監督の木村威夫によって、原色鮮やかに性の解放を謳歌する活気のある風俗に変っており、登場人物たちは嬉々として喜劇的に演出されていた」と高く評した。それでも「馬鹿」シリーズの最終作は、監督自身が好む作品のひとつとなる。たとえそれが、自分の役割をさらに確認する機会となったから、というだけだとしても。

サスペンス映画を撮る

　だから洋次は、その後の仕事について落ち着いて見通すことができるようになった。今までとはちがった企画を考えることもできた。『馬鹿が戦車（タンク）でやって来る』の撮影が終わって考えた作品もそのひとつだ。さらに自信を深めたことの表

平和運動

戦争によって人々が心にさまざまな形の傷を負ったことから、日本では広範な平和主義の動きが知識人層と一般国民の中に根付いた。1950年代末には、それが日米安保条約改定に反対する大規模な運動となって表れた。そのあと、平和主義のオピニオンリーダーたちは、あらたな課題に取り組む。ベトナム戦争である。米国の介入に対して、日本国内の米軍基地前でデモを繰り広げたり、米国紙に反戦広告を出したりした。また、米国の脱走兵が自国での裁判から逃れるのを支援する活動もした。作家の小田実らが率いた「ベトナムに平和を！市民連合」（ベ平連）は、もっとも活発な団体のひとつだった。

れでもあるのだが、彼が映画化しようと奮闘したのは、推理小説の大作家、松本清張の小説『霧の旗』（1965年）だ。洋次は清張の作品をよく知っていた。すでに、その小説のひとつを野村芳太郎監督が映画化したときに、橋本忍とともに脚本を担当している。今回の作品も、洋次の師である橋本が脚本を書き、東宝で映画化が想定されていた。しかし、その脚本を読んだ洋次は、直接、城戸四郎に交渉する。城戸はこのジャンルの映画はむしろ嫌いだった。しかし山田は城戸と話し、説き伏せ、製作に取りかかる。この作品は、山田自身が脚本を1行も書いていない唯一の監督作品となる。また、サスペンス作品に取り組むのもはじめてだった。このジャンルにはまだ踏み込んではいなかった。たしかに『二階の他人』は推理小説を原作としているが、喜劇としてつくられた。また結果もぱっとしなかった。

今度は、無理やり喜劇に仕立てるのは論外だった。扱われているテーマがきわめてシリアスだったからだ。九州に暮らす若い女性・桐子は、殺人罪で起訴された兄のために東京の有名な弁護士・大塚欽三に弁護を依頼する。しかし弁護士は依頼を断る。彼女に弁護料を払えるだけのカネがないからだ。兄は有罪とされ、獄中で死んでしまう。桐子は生まれ故郷を離れ、東京でバーのホステスとして働く。彼女は弁護士への復讐を画策する。ねらいは彼の信用を失墜させること。豊かではない境遇に生まれた桐子役として、洋次は『下町の太陽』での演技を評価していた倍賞千恵子にふたたび声をかけた。『キネマ旬報』誌に掲載されたインタビュー（第1791号、2018年10月）で、彼女の起用を言い出したのは橋本忍だと説明している。「『松竹の映画として作るのだったら倍賞千恵子を主役にしてほしい。彼女を悪女役に使うという大胆さをみせてほしい』と言われたんだ」。弁護士役には滝沢修を当てた。仕事での成功を鼻にかけ、後になって良心の呵責から動き出しても手遅れ。なんの助けにもならない。そんな男をみごとに演じている。この映画では、もうひとつ新しい試みがあった。カラー作品だった直近の3作とちがって、白黒で撮ることを選択したのだ。暗いトーンの作品であること、非常に多くのシーンが夜であることから白黒を選んだ。撮影監督とも考えは一致した。サスペンスストーリーとしての効果をさらに高めることができた。これは、彼のキャリアを通じて唯一のサスペンス作品となる。洋次はまた、桐子と兄の政雄が育ったほとんど陰鬱な世界と、光に満ちた弁護士の暮らす世界のコントラストも描きたかったのだ。

労働者の町、上熊本で撮影されたこの映画では、冒頭の場面から光の演出で表現される。大塚弁護士への依頼のために東京に旅立つ桐子が現れる駅のホームは、ほとんどの部分が闇に包まれている。そして桐子の顔だけが、小さなネオンの明かりに照らされている。映画の最後で、復讐を果たし九州に戻った桐子は光に包まれている。しかし、このときの表情は暗く苦しげだ。なぜなら彼女は、これから重い罪悪感を背負いながら生きていかなければならないからだ。山田洋次の作品リストの中で『霧の旗』は、括弧に入れられるような例外的作品である。それでも興味深いものとなっている。これを見ることで、1960年代の日本の社会階層がどのようであったのかがわかるからだ。九州の産炭地域のきびしい暮らしの重苦しさと東京の軽やかさ。熊本では労働者たちが生活費のために高利貸しに頼らざるをえないのに、東京ではホステスたちのいるバーでサラリーマンたちがいい気分になっている。政府が信じがたいような経済成長の数字を挙げて消し去ろうとする現実を、監督は突きつける。日本が世界第3位の経済大国になろうとしているころではあった。しかしこの時期には、まだ収

『霧の旗』（©1965松竹株式会社）

入に大きな格差があった。光にあふれ近代的な首都での生活と、薄暗い中に沈んだままの木造の粗末な家での生活水準はかけ離れていた。直近の二つの作品でヒロインを演じた岩下志麻ではなく、むしろ倍賞千恵子を主役に起用することで、洋次は明確なメッセージを伝えようとした。思い出しておきたいのだが、倍賞は豊かではない階層の出身で、日本人の目には素朴なイメージの女優だ。他方、岩下は典型的なスターと見られていた。だれがこの映画での役にぴったりか、監督はしっかりと把握していた。

どの場面でも、観客は倍賞が役を演じているという印象を持たないだろう。彼女はみごとに桐子になり切っていた。また、この作品でも監督は、細部へのこだわりを見せている。細部をていねいに描くことは、作品にさまざまな意味をもたらすことにつながるし、それによって観客は作品を身近に感じ、いっそう映画の中に入り込んでいける。彼はそう考えているのだ。それは歌の選択についても言える。この作品では、アダモがフランス語で歌う『夜』が使われている。※このベルギー出身の歌手は『雪が降る』(1963年)が大ヒットし日本語でも歌われたのでよく知られていたし、1965年春に出た新曲『夜』のテーマは、この映画作品の雰囲気にもよく合っていた。洋次は、この歌の歌詞をだれかに訳してもらったのだろうか。映画のストーリーが歌の内容とぴったり一致するわけではない。しかしその歌詞には、映画作品に込められた意味が余すことなく表現されている。「おまえのことを昼間

※シャンソン
1960年代になり、フランス語で歌って日本で人気を得ることができたのはサルヴァトール・アダモだけではない。日本市場に向けて、フランスのプロデューサーたちは力を注いだ。新人歌手たちを日本ツアーに送り込み、日本語で歌ったレコードも録音させた。エンリコ・マシアス、ダリダ、ジョニー・アリディ、フランス・ギャル、さらにシルヴィ・ヴァルタンも当時は日本でかなりの人気を博した。

は忘れていても、夜は呪って過ごす。月が沈めば、僕の魂は空っぽになり、心は重くなる」。このフレーズだけでも、物語の進行とともに浮き上がってくる劇的な展開が際立つ。洋次がフランス語文化に無関心ではないことを窺わせる。そう思わせる例は、その後いくつも出てくる。この意味でも、アングロサクソンの影響をもっと受けていたほかの監督たちとはちがう。そうやって少しずつ彼は自分の畑を耕していく。加えて、当時のインテリ層に評価が高かった文化についての視点も身に付けていることを示したのだ。しかしインテリたちはというと、まだ彼の監督作品には反感を持っていた。インテリたちはそれを、いささか拙速に、レベルの低いものだと判断してしまった。『霧の旗』に取り組もうとしたとき、彼はおそらくインテリたちの支持を得たいという希望も持っていたのではないか。それは、そのとおりにはならなかった。しかし、だからといって負けを認めたりはしなかった。

ついに報われる

ただ、その次の作品『運が良けりゃ』（１９６６年）でも批評家たちの好評を得ることはできなかった。自分でも出来が良くなかったと認めている作品だ。監督になって7作目。だが、若い監督の習作とも言える。というのも、彼としてははじめて取り組んだ時代劇だったからだ。そして、ほとんどの部分がスタジオで撮影された。また、彼にとってはなによりも愛してやまない芸術、落語へのオマージュという意味があった。ふり返ると、彼がこの滑稽な表現形式を大好きになったのは満州に暮らしていたときだった。落語のおかげで、まだ異国のようだった日本に親しみを抱くことができるようになった。父親を説得して買ってもらった3巻の落語選集は、残念ながら一家が満州から引き揚げるときに手放さなければならなかった。けれども落語に対する思いは、けっして消えることはなかった。

洋次は、落語の精神をよく表した代表的映画作品として『幕末太陽傳』（1957年）を高く評価していた。その監督である川島雄三が亡くなった後、山内久から声をかけられた。川島、今村昌平とともにこの映画の仕事をした脚本家だ。川島と今村は、洋次が入社した年に松竹を去って日活に移ったのだが、洋次は入社して最初、川島のもとで働いた。川島が松竹で最後に撮った作品での助監督の仕事だった。それを思い出して、山内が持ってきたアイデアをもとに作品を撮ろうと決意したようだった。そして、彼といっしょに、古典落語から想を得た物語を書くことを決めた。舞台は江戸の庶民が暮らす界隈に設定した。そして当然ながら、それまで貧しい階層の人たちを演じてもらうために起用してきた二人の役者に声をかけた。熊五郎役にはハナ肇、おせいの役には倍賞千恵子。コミカルな演技の才能が大受けで、大衆にも人気の高かったハナを男性の主役に選んだのは適切だった。また倍賞は、またしても自然な演技のセンスを見せた。長屋から立ち退かされそうになった住人たちの日々を、四季を追いながら描くドタバタの物語の中に、すっと入り込んでいる。熊五郎の指図で、住人たちは部屋から追い出されないようにあの手この手を尽くす。けちん坊だった金貸しばあさんの死体を動かすわ、それを火葬して、ばあさんが呑み込んだカネを取り戻そうとするわ……。

けれどもこれもまた、例によって、仲間どうしの連帯感の発露の物語なのだ。住人たちがこんなことに乗り出すのは、おせいのためだ。おせいは、もっと金持ちのだれかよりも、肥汲みの男と夫婦になりたいと願っている。そんなおせいにカネを持たせてやりたいのだ。この作品のあちこちで、『下町の太陽』（1963年）に込められたのと同じテーマを見いだすことができる。ただ、作品のトーンはコミカルだ。やがて山田洋次の名を知らしめるひとつのスタイルに、この作品の後、少しずつ近づいていくことになる。人々がともに暮らす社会と、そこで受けつがれてきているものへの称賛、ものごとの最良の部分を引き出す手法の追求、自己卑下につながらないユーモア、そして喜劇にヒューマニズムの次元を加えること。どれもその後、彼が発展させていく要素なのだ。作品が撮影されたのは、日本の若者たちが大学やほかの場所でベトナム戦争反対デモを繰り広げていた時代だ。作品は、権力を持つ者たちに対する抵抗運動への賛歌と見ることもできる。しかしそこで洋次は、シリアスなトーンよりも笑いを選んだ。それこそ彼のトレードマークである。それは、この作品の音楽についても窺える。2年前の『馬鹿まるだし』で起用した山本直純にまた作曲を依頼したのだ。山本はとりわけ鈴木清順監督の『肉体の門』の音楽で知られていたが、洋次の喜劇作品には最初から最後まで続くあわただしさを際立たせるためにジャズ的な曲を書いた。その3年後、二人はシリーズ映画『男はつらいよ』でふたたび組む。そこで山本が作曲した歌は、その後日本人の集団的な記憶に長く残ることになる。それを見ても、若かった監督が自分の映画のために少しずつ「家族」をつくっていったようすが窺える。『運が良けりゃ』では将来の寅さん、渥美清も登場している。

こうした将来につながるたくさんの要素や質が見られるにもかかわらず、この作品はやや荒い。洋次はこの作品に満足していない。自分のスタイル確立までの過渡期の作品と考えている。それでも、この作品で洋次は、ハナ肇とともにブルーリボン賞を獲得する。1950年からはじまったこの賞は日本映画を対象としている。当初は参加していた一般紙の映画担当記者たちが抜け、スポーツ紙や夕ブロイド紙の記者だけになって、いくらか権威が落ちていたとはいえ、それでも監督にとっては最初の受賞であった。「その授賞式で、ハナちゃんが大粒の涙をこぼして泣いていたことが、昨日のことのように思い出されます」と、洋次は40年後に『読売新聞』で語っている。洋次は、落語を書くということに身を入れて取り組んでもいいのではないかと考えた。実際、テレビのプロデューサーから、落語界の大御所の一人である柳家小さん師匠に新作を書かないかという提案を受けた。１９９５年には人間国宝に指定されるような第一人者である。この仕事はたいへん気に入ったのだけれど、映画への思いはもっと強かった。『なつかしい風来坊』（１９６６年）が好評を博して、人々が彼を監督として認めはじめていただけに、なおさらだった。この作品もまた、同じ俳優を起用して撮影された。

それでも、受賞を手放しで喜んでいたわけではない。というのも、受賞には大スター、ハナの「影での働き」に負うところが大きかったと思ったからだ。ハナは自宅に映画の上映室をつくり、記者たちを招き、酒をふるまいながら自分が出ている作品を見せていたのだ。結局、監督と主演男優のダブル受賞は、この作品の収支に満足していなかった松竹の製作部門の幹部たちをも黙らせた。それに、洋次には城戸四郎の後ろ盾があった。城戸は洋次と同じように、観客を惹きつけるにはユーモアとヒューマニズムが決め手になると考えていた。城戸がいなければ、洋次はたぶん会社の注文に屈せざるをえなかっただろう。「経営者としてふさわしい人なのかどうかはわからないが、少なくとも映画をつくる人間にとっては、限りなく頼もしい味方だった」と洋次は述べている。彼のおかげで、洋次は収支をそれほど気にせず、自分が信じるテーマで作品を撮りつづけることができた。そんな気持ちで『なつかしい風来坊』にも取り組んだ。その柱にしたのは当時の彼のお気に入りの俳優二人、ハナ肇と倍賞千恵子、さらに東宝専属だった喜劇役者の有島一郎だ。友情が大事な要素となるこの軽妙な喜劇で、有島の風貌と演技は光っている。洋次は、この後も何度も仕事することになる森崎東(もりさきあずま)といっしょに脚本をつくった。国家公務員の良吉(有島一郎)と、粗野な建設労働者である源五郎(ハナ肇)の間の、ちょっとありそうにない友情の物語である。二人が出会うのは電車の中。酔っぱらった源五郎が車内で騒ぎを起こす。そこに乗り合わせていたのが良吉だ。数日後の夕方、二人はまた出くわす。酔っていた良吉は源五郎を自宅に連れて帰る。それ以降、源五郎はたびたび良吉一家にやってくるようになる。そんなある日、源五郎は自殺をはかって溺れかけていた愛子(倍賞千恵子)を助けて、良吉の家に担ぎ込んだ。源五郎は愛子を好きになるのだが、不器用なふるまいのために警察に捕まる羽目になる。愛子も良吉の家を去ってしまう。1年後、転勤先の東北へ向かう列車の中で、良吉はばったりと愛子と源五郎に出会う。二人は結婚していて、子どもまでできていた。二人の幸せを願っていた良吉はこの再会に大喜びする。

この作品には、やがて『男はつらいよ』シリーズを成功に導くことになった要素がほとんど入っている。まず、ぱっとしない容姿の男と美しい女性の間の愛の物語であること。たしかに、『なつかしい風来坊』で監督は、なんだかんだあっても二人は結ばれるという結末を選んでいるのに対し、渥美清が演じる寅さんは、いつも失恋の憂き目にあうというちがいはあるが。また監督はここでも、ふたたび二人の主要人物の社会階層のちがいを際立たせている。ただ、この作品では、ちがう二人でも近づけるということ、それぞれの階層の体面や作法など脱ぎ捨てた瞬間から、それは可能なのだということを示している。後の作品で見せているように、ここでも洋次が強調するのは、低い階層の人たちが身に付けている「良識」である。この人たちにとって、幸せは物質的な成功という物差しでは測れない。最後の場面で良吉は、愛子と源五郎を結びつけている素朴だけれど深い幸福を知ってさめざめと泣く。監督が後の作品を通じて発展させつづけることになるねらいが、ここに余すことなく示されている。

以前のほかの監督たち、とくに小津安二郎と同じように、彼も自分の勝利の方程式を見つけるまで時間がかかった。「そこに流として流れているのが、松竹小市民映画の伝統で、蒲田撮影所時代の昔から大船撮影所へと伝えてきたものであることも、感じとっていただきたい。私たちが作ってきた蒲田以来の松竹映画の根本にあるものは、プロレタリア・イデオロギーである」と、城戸ははっきりと述べている。そしてこう付け加えている。洋次の判断の正しさを信頼している、彼に希望を感じる、と。松竹のトップである城戸は、洋次がその社の精神を身に付けていることを理解していた。このことに『日本映画伝——映画製作者の記録』（文芸春秋新社、1956年）で言及している。「いろいろの面を努めてあたたかい明るい気持で見るのと、暗い気持で見る見方とがある。暗いものをそのまま見る考え方の中には、救いを求める宗教とか、革命とかがあるけれども、松竹としては人生をあたたかく希望を持った明るさで見ようとする。結論を云うと、映画の基本は救いでなければならない。見た人間に失望を与えるようなことをしてはいけない」。若い監督だった洋次は、この哲学に共鳴した。それを映画作品に込めるために力を注いだ。

松竹が正月映画を1本、大急ぎでつくってもらいたいと求めてきたとき、洋次はすぐに会社との契約に応じる姿勢を見せた。この作品『九ちゃんのでっかい夢』を撮るための時間は12日間。1967

『九ちゃんのでっかい夢』撮影現場での山田洋次（©1967松竹株式会社）

年の1月2日から全国で一斉公開される。「歴史に残るようなドタバタ喜劇ではないことは確かだった」と彼自身も認めている。野心的な作品ではない。けれど、撮影のための制約ということを考えると、求められた役割をきちんと果たしている。つまり、観客を楽しませる内容になっているのだ。それには、坂本九という若い喜劇俳優の才能も大きかった。彼は90分近くの作品の中で歌手、ダンサー、ものまねタレントとしての幅広い能力をたっぷり見せている。洋次が脚本も担当したこの滑稽な物語は、小説家・小林信彦のアイデアに基づいている。主人公の若い俳優がガンに冒されていると知る。ショックを受けて、人に自分を殺してくれと頼むのだが、他方、エドワード・アラン・ポーという男も殺し屋を雇って彼の命をねらう。俳優は自分でも知らないうちにスイスの富豪の遺産相続人になっていたのだが、ポーはその財産を横取りしようとしていた。俳優が心を寄せる喫茶店ファニー（洋次は、この名前でマルセル・パニョルをちょっと匂わせている）のウェイトレス、愛子だけは、彼の病気には忌まわしい結末が待っているとは思っていない。そして、彼がやろうとすることを支える。結局、彼女が結婚する相手は彼ではないのだけれど。師匠の野村芳太郎の助言に従って、洋次は映画を一種のショーとしてつくっていく。ひとつの場面から別の場面へと、さっと移ることが容易になり、場面を変えるのに想像力を総動員する必要もなくなる。時間が限られていたので、グズグズ言わずにすぐに引き受けたのだが、それは、彼自身が幼いころからあれだけ憧れていたドタバタ喜劇の世界に没頭できるチャンスでもあったからだ。その点では、戦前の代表的な喜劇役者で才能豊かな佐山俊二がとりわけ支えになった。この冒険的な作品に、たがが外れた感じを与えてくれた。この映画で洋次は会社側に、どんな条件でも注文はちゃんとこなすということを証明をしてみせた。この作品もまた、彼のもうひとつの習作と見るべきであろう。また、彼が仕事のうえで何人かの俳優たちと関係を長く続けるように気をつけていることを確認できる作品でもある。この作品では、すでに起用したことがある犬塚弘をふたたび出演させている。

パニョル氏

『九ちゃんのでっかい夢』の大急ぎの撮影が終わる前に、洋次はすでに早くも新しい企画を温めていた。『愛の讃歌』（１９６７年）である。マルセル・パニョルの作品『ファニー』の翻案だ。ヒロインのフランス人女性の名前を、前作では港町の喫茶店の店名に選んで、すでに新作のことをほのめか

『愛の讃歌』（©1967松竹株式会社）

していた。脚本については、森崎東と相談した。そのうえで、物語の舞台を地中海ではなく瀬戸内海の沿岸に決めた。瀬戸内の温暖な気候とおだやかな雰囲気はヨーロッパを思わせる。映画では、ファニーは春子（倍賞千恵子）という名に変わった。しかし、原作のフランス人女性と同じ運命に出逢う。つまり、原作ではマリウスにあたる竜太（中山仁）が彼女のもとを去ったとき、彼女は彼の子を身ごもっていた。彼女は今後の暮らしを考えて、年上だが彼女に幸福な生活を保証してくれる医師の伊作と家族として同居する。けれども竜太が戻ってくると、伊作は春子の幸せを考えて身を引く。春子は、いったんは自分を捨て南米に向かった男をまだ愛していた。１９６７年末に公開されたこの作品で、35歳になっていた監督は、やがて『男はつらいよ』シリーズの発想につながる設定を追求している。この映画のもとになったのは、マルセル・パニョルの戯曲3部作のうちの2番目だが、監督にとってこの3部作は「ひとつのモデル」だったという。「パニョルの世界は、日本の落語と共通しています。大学生の時、友人が翻訳したのを読んで、『これはまるで落語だ』とびっくりしたものです」と話す。それでパニョルの作品を映画化してみたいと思ったという。「寅さんの中でも、パニョルのユーモアは、あちこちで真似ています」。洋次は、フランス学士院のメンバーにもなったこの作家が構成する会話の場面の味わいを高く評価している。洋次がキャリアを通じて心がけてきたのは、さまざまな登場人物たちが交わす変化に富んだ会話のやりとりがリズムを刻む作品づくりだ。その会話は、古い港でセザールやパニス、エスカルトフィーグ、またブルン氏が交わす会話を彷彿とさせる。「この物語の人物たちはいつも言い争ったり、罵り合ったりしている。けれども、みんな平和な暮らしを心から望んでいる。心温かく愛すべき人たちなんだ。だから、連中のけんかも楽しむことができる」と彼は言う。

『ファニー』の映画化から50年後の2017年春に、彼が劇場で『マリウス』の演出を手がけたことも付記しておこう。これもまた、自分の世界をつくるうえで大きな助けになった作家に、なんとしてでもオマージュを捧げたいという気持ちの表れである。このプロヴァンスの作家への関心について、アンドレ・バザンが有名な著作『映画とはなにか』[*12]で書いていることを思い出しておきたい。彼は、パニョルの作品を「映画ではない」とみなす「辛口評論家たちの愚かさ」について述べている。「映画とは、なにかの抽象、本質ではない。フィルムを通して描かれ芸術の域に達していることのすべて

＊12　Bazin, André, *Qu'est-ce que le cinéma ?*, Les éditions du Cerf, 1985, p. 184.

である。もし、パニョルの作品で良いのは数本だけだとみなされるとすれば、それは作者に問題があるからではなく、むしろ評論家たちが見分けられなかった質の高さがそこにあるからだ」とはっきり言っている。このさらに数行先で、バザンはさらに評論家たちの愚かさに追い撃ちをかけ、その何人かの辛辣な批評によって、パニョルのような作者のほんとうの価値が認識されなくなっているとみなす。ある意味で、山田洋次についても同様だろう。残念なことに、何人かの、とくに西欧の評論家が、作品をじっくりと鑑賞しないまま、いささか拙速に「良くない」と判断してしまった。アンドレ・バザンがパニョルについて語ったことを、われらが監督についても当てはめてみることができるのではないか。「山田がもっとも偉大な映画作家ではないとしても、彼には天賦の才能としてのなにかがある」。そう言えるほど、彼は時を経るにつれ自在さを身に付け、それを発揮して、日本の映画史に残るほどの作品をつくってきた。

『愛の讃歌』は熱狂的な人気を博したわけではなかった。それでも、その年の3作目にあたる作品の製作にすぐに取りかかる妨げにはならなかった。その『喜劇　一発勝負』(1967年)が観客の気に入る作品になるよう、またハナ肇と倍賞千恵子を起用した。親子のつながり、家庭内の騒動、怪しげなビジネス、出自などの問題が盛り込まれた喜劇だ。ハナ肇をこの作品の主役にすることで、洋次は『馬鹿』シリーズとつなげようとした。ハナはこの分野でのスペシャリストと評価されるべき役者であった。ただ今回は、そこに興味深い要素を新たに加えた。つまり、孝吉(ハナ肇)と妹の信子(倍賞千恵子)、マリ子(瞳ひかる)の関係だ。孝吉はマリ子を自分の妹だと思っていたが、実は娘である。脚本のもとになったのは古典落語の「山崎屋」だ。笑いという手法を使えば、ある種の価値観を尊重するということについて、観客に考えさせるテーマを扱うこともできると思ったからだ。私たちのだれもが、心に闇を抱えているのだということを思い出させることもねらいだった。

ハナ肇の演技で、笑わせながらこのテーマをうまく表現することができた。翌年は、『ハナ肇の一発大冒険』(1968年)を撮影し、さらにこのテーマを掘り下げ、この俳優へ敬意を表した。東京の下町で小さな肉屋を営む男と、彼がレストランで出会った謎の女、そしてその二人を日本アルプスまで追いかける二人の殺し屋。その追いつ追われつの物語だ。ストーリーが展開する舞台として、洋次は海ではなく山を選んでいるが、ロベール・アンリコ監督の『冒険者たち』(1967年)の影響ははっきりしている。1969年、彼の映画人生で大きな転換点が訪れる直前、「一発」シリーズを『一発大必勝』で締めくくる。脚本は森崎東との共作だ。その間、二人は『吹けば飛ぶよな男だが』(1968年)でもいっしょに仕事をした。この珠玉の小品は、山田洋次のキャリアの中で『男はつらいよ』シリーズよりもシリアスな一連の作品群の嚆矢となった。洋次は『男はつらいよ』の撮影の合間を縫って深く呼吸をするかのように、こうした作品をつくるのが習慣になっていく。『男はつらいよ』はシリーズ映画として、松竹の金の卵を産む鶏になっていくのだが、最初、台本は1968年にテレビ、とくにフジテレビのために書かれた。

この連続ドラマの映画化を構想するより前、彼は大阪・神戸界隈のチンピラたちの世界を描いた『吹けば飛ぶよな男だが』の撮影を企画した。当時彼は、リアリズムに基づいた物語を紡ぎ出すには現場に近づく必要があると考えた。森崎東も同じ考えだった。実際、現場に入り、ヤクザとも接触した。とくにその中の一人とは知り合いになる。支障なく撮影が進むようにするためだった。ヤクザは強い影響力を持ち、妨害する力は大きかった。

別の映画監督、伊丹十三は25年後、ヤクザに苦い経験を強いられている。作品での描かれ方が気に食わないチンピラたちによって、上映を中断させられたのだ。『タンポポ』（1985年）で知られるこの監督は、後藤組の3人の組員に襲われる目にさえ遭った。この監督の死は、しばしば原因は自殺として言及されるが、実際は暴力団の仕業とも言われている。洋次は、神戸を本拠地にしていた暴力団「山口組」の幹部と話をしたことがある。「『あんた、ほんまもんの映画つくってください』と言いました。僕が『親分、ほんまもんの映画とは、どんな映画でしょうね』と尋ねると、親分は『決まってます。ジャン・ギャバンのペペ・ル・モコです』と答えました。僕は驚きました。ジュリアン・デュヴィヴィエのこの映画は遠いアジアの東の端の日本という国のインテリだけでなく、ギャングの親分まで感動させたのだということに、僕は感動したものです」と、彼は回想している。現場での取材がもとになってできたのは、心を打つ作品だ。チンピラの三郎（なべおさみ）と彼が惚れた花子（緑魔子）をめぐる物語である。若い花子は九州出身で、身を持ち崩してしまった。三郎は、彼女がポルノの世界に墜ちていくのを自分の親分に逆らってまで阻む。流産がもとで彼女が死ぬと、約束を果たすために九州の家族のもとに遺灰を届けに行く。

洋次が長編作品で死を扱うのは、これが最初でも最後でもない。けれども、血が流れるシーンがあるのはこれだけである。しかも、たくさんの血が流れる。このめずらしさは、リアリズムを追求した結果であり、彼の作品の観客にはなじみの薄かった悲劇的な側面を与えることになった。推理作家の結城昌治は『吹けば飛ぶよな男だが』を高く評価し、黒澤明がこのテーマでつくったどの作品よりも

『吹けば飛ぶような男だが』（©1968松竹株式会社）

優れているとまで言った。洋次はこの言葉に、ほっとしないではいられなかった。１９６８年に公開されたこの作品は、ほとんど関心を集めることがなかったのだ。というのも、松竹にしっかり宣伝してもらうことができなかったためだ。松竹は、洋次がやっかいなテーマ、つまりヤクザ、少なくともその周辺を取り上げることに不安を感じていた。時あたかも、当局がしばらくのさばらせていた組織犯罪の取り締まりに、真正面から乗り出すことを決めたころだった。ヤクザの世界を描いているとしても、他社作品のように義侠心に富んだ登場人物の個人を前面に出しているわけではない。それだけに、十分に注目されなかったのは残念である。洋次は、自分が望むとおり、強者ではなく下っ端に目を向ける。それは、なんとか雨露をしのぐだけの木造のあばら屋に暮らしているような人々である。三郎は、犬塚弘が演じる隣人と同じように、そんな人々の典型例だ。彼らは不良だが、ある種の尊厳をもってその境遇に生きている。彼らには社会の境界の外側で生きる以外の選択肢がなかったからだ。

けれども、なにかをきっかけに、登場人物たちはちがう顔を見せる。彼らが現実から抜け出すには、なにかを犠牲にしないでは難しい。花子の死がそれを示している。フランス映画を心から愛する洋次は、花子の悲劇的な死の場面について、アンリ・ヴェルヌイユ監督の『ヘッドライト』（1956年）のあるシーンからヒントを得ている。ジャン・ギャバンがトラックを運転して病院へと急ぐ途中で、フランソワーズ・アルヌルが死んでしまう場面だ。花子は、たたきつけるような雨の中、車に拾われるが、やはり人の胸を突くようなまなざしを残して後部座席で死んでいく。『吹けば飛ぶよな男だが』は、彼の芸術の新しい面を見せている。現実に根を下ろした映画という面だ。彼はこの後、それを少しずつ洗練させていく。脚本の共同執筆者である森崎東は、その対談をまとめた本『森崎東党宣言！』（インスクリプト、2013年）で、洋次が次のようなことを言ったと述べている。「現実が砂漠ならば、おれはオアシスを作るのだ」。あまり愉快ではない日々の中に埋没していても、人間性を前面に出したいという洋次の願いが際立つ言葉だ。

変化の兆し

この作品で洋次は、世界経済の中でトップ3に入ろうとしている日本が、政府の公式な見解とは裏腹に、まだ復興のページをめくれてはいないことを示した。まだあばら屋に暮らし、生きるために必死の人たちがいる。彼は1960年代の終わりに、日本の二つの顔が共存していることを描いてみせた。60年代は社会がはげしく動揺した時代だった。とくに若者たちの間で顕著だった。大島渚は、矛盾をはっきりと示し、社会の硬直を浮き彫りにするために、異議申し立ての動きを題材に取り上げた。洋次は逆に、大きく変貌をとげつつあり、外国にもどんどんと開かれていく国の片隅で生きる人たちにカメラを向ける。国の発展の果実をまだ享受できていない人たちだ。それでは突っ込みが浅いとか、批判が徹底していないという声はあった。とくに森崎東がそうだった。森崎は『男はつらいよ』について、主人公の寅さんがヤクザの祖先のようなテキ屋であるのに、華やかさとはほど遠いその世界を描き切っていないと考えた。もし洋次がそれをすれば、つくりたい「オアシス」を汚してしまうからだろうというわけだ。そこで森崎は、『男はつらいよ』の第3作『フーテンの寅』の監督を任されたとき、ほんとうのテキ屋に会い、話してみることにしたと回想録で述べている。「ひじょうに面白い話で、これを必ず映画に生かしたい、テキ屋という、いわば差別された人たちが持ってる、誰にもいわない屈辱感みたいなものを、どうしてもモチーフにしたいとぼくは思ったわけですね。結局それはうまくいきませんでしたけども」。実際それは、この映画シリーズの核にあったわけではない。洋次は、テレビ向けに脚本を書いた1年後の1969年に映画版の第1作を監督するのだが、もし最初から映画向けに構想していたら、物語の土台はもっとちがったものにしたのではないだろうか。

それでも、『男はつらいよ』は彼と松竹、そして日本にとって大きな転換点となった。洋次にしても、1969年から2019年まで、50年にわたって50作という、映画としては世界でもっとも長いシリーズになるとはまだ知るよしもなかった。この作品がなくても、彼はおそらく松竹専属の監督として、実直に仕事をこなしていっただろう。けれども、この運命のひと押しが、彼にはあずかり知らない流れでもたらされたわけでもない。もし彼が、監督業と並行して、とくにテレビ向けに脚本を書くことを続けていなかったとしたら、テレビ局のプロデューサーたちの目に止まることもなかっただろう。とくに、このシリーズの生みの親とも言えるフジテレビの小林俊一の注意を引いたことは大きかった。この人の名前は、その後つくられたシリーズの全作品のクレジットに「企画」として記されることになる。小林は当時、局内でいくつかの番組の製作を管轄していて、ちょうど俳優の渥美清を起用した新しい企画を考えているところだった。好評だったいくつかのテレビのシリーズに出演していたのが渥美だった。とくにTBSで放映された『泣いてたまるか』（1966—1968年）で人気を博した。その新しい企画の脚本を山田洋次に頼んだ。テレビ界では、彼の脚本家としての評価はどんどん高まりつつあったのだ。60年代のはじめから、彼はテレビ向けにいくつもの脚本を書いていた。『泣いてたまるか』シリーズでも2回書いた。この最後のタイトルは「男はつらい」。その後を予言していた。

小林俊一は、新しいシリーズの構想を洋次に委ねた。主演は渥美清。洋次に課せられた条件はそれだけだった。筋書きはなにも決まっていなかった。この俳優を洋次はすでに知っていた。ゲストスターとして、彼の作品2本に出演していたし、脚本家として彼の台詞もすでに書いたことがあった。それでもプロデューサーの小林は、この俳優を脚本家が滞在している旅館に連れて行った。執筆のときはそうするのが習慣になっていた。東京・赤坂の「近源」という宿だ。洋次はこの宿を、1985年の閉館まで定宿にしていた。そして、この場にいた者たちが後に語るように、これは歴史的な出会いになった。その夜ずっと、渥美清は自分の人生をテキ屋の口上で語ってみた。それを聞いて洋次は、東京の庶民が暮らす界隈で繰り広げられる人間的な喜劇をつくるというアイデアを得た。主人公は学のない男。父親の折檻から逃れるために家を飛び出したが、20年後、家族と再会を果たす。叔父と叔母、そして二人に育てられた妹のさくらである。「寅さん」と親しみを込めて呼ばれるようになる車寅次郎は、たいへんに妹思いで、さくらにめっぽう弱い。トラブルメーカーで、おかしな騒ぎを起こすのだが、それが彼を魅力的な人物にしていく。洋次はこの物語の舞台を柴又にした。首都の北東部に位置する葛飾区にある庶民の街である。「江戸時代の都市文化（「町人文化」）が生まれたのは、上町ではなく、そのような界隈でだった。そこでは、社会関係も建物の形も、非常に違っていたし、今でも違っている」と、オギュスタン・ベルクは著書『都市の日本――所作から共同体へ[*13]』で述べている。なお、葛飾柴又は2018年に、東京で最初の重要文化的景観に指定されたことを付記しておきたい。

評論家の四方田犬彦は『日本映画史110年』（集英社新書、2014年）で、寅さんの姓について、車善七の家系と結びつけている。江戸時代（1603―1868年）に非人たち、とくに乞胸と呼ばれる大道芸人たちを統括し、まとめていた非人頭の名前だ。つまり、登場人物は政治的な意図もなく造形されたわけではないということだろう。そのころの異議申し立て運動の主舞台は、下町からは離れている新宿のような都心であった。さくらが、とらやという商店を営む叔父の竜造、叔母のつねと暮

＊13　Berque, Augustin, *Du geste à la cite, formes urbaines et lien social au Japon*, Gallimard.1993. 邦訳は、オギュスタン・ベルク『都市の日本――所作から共同体へ』宮原信訳、筑摩書房、1996年、103ページ。

らしているのは柴又である。帝釈天の参道に並んでいる店のひとつで、餅米の粉を材料に、甘く味付けした団子を串刺しにして売っている。ここを映画の舞台にすることは、寅さんの人物造形と同じくらい重要なことである。実際、彼が脚本を書けたのも、それに負うところは大きい。脇役たちがこの共同体に暮らしているからこそ、その雰囲気を余すことなく伝えてくれるし、主役たちが観客の心に入り込むこともできる。洋次は、急速な経済成長がこの国の日常を一変させようとしているときに、この街の暮らしにもう一度、意味を与えようとしたのだ。「家族の次には地域社会が崩壊します。かつては外に出れば近所の怖いおじさんや、豆腐屋のおばさんらに声をかけられ、いろんなことを教えてもらった。でも、そうしたつながりは面倒くさいものとして避けられるようになってしまった」と『読売新聞』でのインタビュー（2015年1月6日付）で残念そうに語っている。当時はとにかく、テレビ※向けのシリーズ26話分の脚本をつくらなければならなかった。1968年10月3日に初回が放映されたそのシリーズが、自分と製作に携わったほとんどの人たちの人生を変えることになるとは、知るよしもない。そもそも初回の反応はぱっとしなかった。フジテレビは批判さえ受けた。洋次は、

※テレビ
1953年2月1日、NHKによる最初の放送とともに、日本はテレビ時代に入った。これは人々のライフスタイルを大きく変えていく。1953年8月には、この公共放送局のほか、最初の民放、日本テレビ（NTV）も参入。この新しいメディアを人々の間に広めるために、あちこちの街角にテレビ受像機を据え付けるという戦略を展開した。当時はまだテレビはとても高価だった。しかし、いくつかの大きなイベントが続き、また徐々に価格が下がったこともあり、人々は購入を促されていった。1959年、皇太子明仁の結婚があった。後の平成天皇（1989―2019年）である。この結婚から5年後には、東京五輪があった。これでテレビの販売が一気に伸びた。テレビを持つ世帯は1965年には、都市部で95%、農村部で89.2%に達した。テレビは日本人の日常生活に欠かせないものとなる。その点、日本人はドラマなどフィクションが大好きだということも大きかった。そうした番組はどんどん増えていった。1960年代末には、そのうちいくつかは、熱心なファンを持つシリーズ番組になった。1966年7月から放送が民放のTBSではじまった『ウルトラマン』はそのひとつだ。視聴率が平均で20%くらいだったときに、しばしば40%超を記録した。テレビの前に数百万人を釘付けにした番組だった。

つくり出したこの人物が自分に不運をもたらすことにならないかと思いはじめた。ところが、少しずつ視聴率が上向き出した。シリーズは大衆の心をつかめたようだった。「古風で役立たずなのに、寅さんは観客を安心させる。彼には人間の感情がある」と監督は回想する。とうとう視聴者たちは、寅さんをすっかり気に入ってしまった。だから最終回で寅さんが死んでしまうと、テレビ局に失望の声が殺到する事態にまでなったのだ。

1969 第2部 1976

第14作『男はつらいよ 寅次郎子守唄』撮影風景（©1974松竹株式会社）

伝説のはじまり

経営陣の一部から反対はあったものの、洋次は『男はつらいよ』映画版の製作にこぎつける。第1作は成功を収め、続編がつくられた。その一方でシリアスな作品も発表していった。

「寅さんを愛する人たちがいると知ったとき、僕は考え込んでしまった」と洋次は言う。松竹に映画化を提案しようと思った。渥美清に主役を演じさせたいと思ったことも後押しとなった。だが企画の責任者たちは反対した。一度テレビで放送されたストーリーを見るために、わざわざ映画館まで足を運ぶ人はいないだろうと言うのだ。洋次はここでも時代を先取りしていた。50年経った今、テレビシリーズの映画化は当たり前になっている。彼はあきらめなかった。臆病なプロデューサーが提示する理由に納得できなかったのだ。心の底から自分は正しいと信じていたので、強情な彼らの反対意見を押し切ってほしいと城戸四郎に頼みこんだ。会議の席で自分の考えを力強く主張し、失敗に終わったら監督の地位も捨てる覚悟だと言い切った。「城戸四郎さんが苦笑いしながら『そこまで山田が言うんだから、やらせてやれよ』と、反対する人間を説得するという感じだったですね。ぼくが頑張るのを可愛いと思ったんじゃないですか、息子みたいな世代ですからね。でもそういう城戸さんだって当たるかどうかは分からなかったんです」と、山田洋次は2005年に『キネマ旬報』誌の元編集長、植草信和の長いインタビューで述懐している。企画が成功するかどうかは不確かだったが、手ひどい失敗にはならないだろうと思わせる要素はいくつかあった。

映画評論家の佐藤忠男は、1995年に岩波書店から出版した『日本映画史』の中で次のように述べている。「じっさい『男はつらいよ』は、昭和一〇年前後の松竹蒲田映画の名作である小津安二郎監督の『喜八もの』シリーズと多くの共通点を持っている。気のいい中年のちょっと滑稽な男が主人公で、彼の、善意だが愚かな言動がひきおこすトラブルを、下町の仲間たちが情味ゆたかにかばってやる」。大いに荒れた60年代が終わりに近づいたころ、国民はなにか軽いものを求めていた。社会は度重なる緊張に襲われていた。1969年のはじめ、警察は東京大学安田講堂に突入。かなりの混乱をともないながらも、立てこもっていた数百人の学生を排除し、構内で何か月にもわたって繰り広げられていた抗議活動に終止符が打たれた。世論の大半は秩序の回復に安堵したものの、学生の一部が過激化するのではないかと案じ、実際その後の数年間はさらなる恐怖を経験することになった。だが当面、人々はユーモアを排除しなかった。一方で、生活のリズムはますます加速していった。

同年、Seuil（スイユ）社から出版されたロベール・ギランの著作のタイトルどおり、正式に「第三の大国」[*1]になった日本は猛スピードで経済的、社会的発展を遂げていた。外に向けて広く門戸を開く一方、伝統や価値観には背を向けた。数か月後、日本航空がボーイング社に発注した最初のジャンボジェット機が就航し、何百万もの日本人を世界各地に運ぶようになった。19世紀中ごろに次ぐ第二の開国は、国内のバランスを脅かし、社会機能の見直しを迫った。そうした変化に国民は反対だったわけではないが、それぞれの地方に残る伝統的な価値観への愛着を心の隅で持ちつづけた。それは東京のような大都会で顕著に見られた。というのも、住民の大半が「デラシネ」、つまり15年ほど前から経済発展に加わるために地方から上京してきた人たちだったからだ。産業の大半は主に地方出身者が担っていたのである。

『男はつらいよ』は、社会の渦に巻き込まれた彼ら彼女らにとって、まさしく「オアシス」のような存在となった。第1作は、ATG（日本アート・シアター・ギルト）から配給された大島渚監督の『新宿泥棒日記』の6か月後に公開された。ATGは反体制的な映画をつくる独立系の代表的な会社で、日本社会を逆の視点から見る方法を提示していた。『青春残酷物語』の大島監督は、ヨーロッパを中心に爆発的な人気を博した。ヨーロッパの映画界の大半が彼の挑発的なアプローチを手放しに評価した。一方で洋次は後ろ指をさされ、10年後にマックス・テシエが『今日のシネマ』誌（第15号、1979―1980冬）で書いたように、「日本の家族制度とその哀れな行き過ぎ」の手先とみなされた。フランスの批評家テシエは、ことのほか洋次に対してきびしい見方をしている。「山田洋次は比較的器用な監督で、適度に大衆迎合的要素を盛り込みながら、喜劇と悲劇のバランスをうまく維持している。シリーズの最初の2～3本にはある種の誠実さが窺えると思えたとしても、20作も続くと、そうとは思えなくなる」と言う。「実際、同情的で前向きなキャラクターである寅さんの『周縁性』は幻想に過ぎず、彼の存在は、伝統的な家族を支持する人々の良心のアリバイに過ぎない」。テシエが見るところ、「山田は日本の現代社会を拒否し、代わりに時代遅れのノスタルジーと楽天主義を映

＊1　Guillain, Robert, *Japon, troisième grand*, Éditions du Seuil, 1969. 邦訳はロベール・ギラン『第三の大国・日本』井上勇訳、朝日新聞社、1969年。

し出しているだけだ」。

このような根拠のない先入観によって、批評家たちが洋次の作品を見ようとしなくなったのは残念だ。というのも、洋次こそが日本社会の奥深い変容を捉えた監督と言えるかもしれないからだ。ほかの監督たちは、暴力や不満の表明を前面に出すことで、その変容をたしかにうまく描いたかもしれない。しかし洋次は、日本の田舎や下町とのつながりにこだわりながら、大都会という中心部と、今日言われている「周辺の日本」との格差をあぶり出した。主役の渥美清の死をもって1996年にシリーズが終了したとき、日本は伝統ではなく、国民を束ねていた一人のメッセンジャーを失ったのである。

「シネ間(マ)」の創出

シリーズ終了はまだ先のこととして、佐藤忠男はこう記している。「彼らが緊密なチームワークでつくりあげているとらやの近辺は、気心の知れた、みんながまるで家族同然という人々だけが住む町であり、人情美わしき下町というイメージの、殆んど理想化されたあり方を見せている。彼らが互いに心を開けっぴろげにして嬉々としてつきあう姿は、隣人同士たがいによそよそしくふるまうことを当然とする現代の日本人に、失なわれたかつての日本人の町内づきあいの人なつっこさを思い出させずにはおかない。昔は東京の郊外の小さな町だった葛飾柴又は、もしかしたらそこにはそうした古風な人情風俗がまだ残っているかもしれないという幻想を見る人々にかきたてるという点で巧みな場所の設定であった」。山田洋次は『男はつらいよ』で「シネ間（マ）」と呼べるものを創出したのかもしれない。「間」とは「空間と時間の両方に生まれる。しばしば、無限の中にある、ひじょうに微妙な間隔と考えられる」。これは1978年秋、パリ装飾芸術美術館で開催された「日本の間――空間と時間」展の主催者たちが示した、ややあいまいな定義である。この概念は後にオーギュスタン・ベルクが、参照するべき優れた著作『空間の日本文化』[＊2]の中で、もっと明確に捉えている。「事実、『間』とは、意味をになった間隔の設置に他ならない。それに『間』の機能は、象徴の機能に似ている。語源的に象徴symboleが、まず分離を次いで再結合を想定するように『間』も結びつけつつ分離するのである」

この意味から、監督が映画で創造しているのは、まさに時間的空間（放映時間）で、そこに観客たちは入り込み、毎日の生活の中では難しくなった「休息」をとり、力を取り戻すのである。地理学者でもあるベルクは、『岩波古語辞典』の定義を適切に提示している。つまり「間」とは「連続して存在する物と物との間に当然存在する間隔の意。そこから休止の観念も出て来る」。一方、建築家の磯崎新は、パリのフェスティバル・ドートンヌで開催された展覧会のカタログの中で、「今日まで、これは環境、日常生活、芸術のあらゆる分野を理解する基本概念として使われてきた。そこから、建築、美術、音楽、演劇、造園にいたるまで、すべてが『間の芸術』と呼ばれるようになった」と記している。そこに映画、とりわけ『男はつらいよ』を加えることができるだろう。まさにこの映画は、二つ

＊2　Berque, Augustin, *Vivre l'espace au Japon*, Presses universitaires de France, Paris, 1982. 邦訳は、オーギュスタン・ベルク『空間の日本文化』宮原信訳、ちくま学芸文庫、1994年、72ページ。

第８作『男はつらいよ 寅次郎恋歌』（©1971松竹株式会社）

のパラレルワールドが交差する場をつくりあげているからだ。ひとつはもう暮らすことがかなわなくなった世界、もうひとつは生きづらい今の世界。

１９６０年代の日本社会は多くの緊張に揺さぶられたが、大都市を中心に環境汚染に直面したことも思い出さねばならない。60年代も終わりのころになって、市民運動の圧力のもと、ようやく公害対策の法律が制定された。洋次は寅さん映画の舞台を、首都の主要河川である荒川と江戸川の近くに位置する地区に定めた。映画では、東京の周辺部に位置するその地区の緑豊かな自然を見せるだけで、観客を寅さんの遍歴に付き合わせて、さまざまな地方へと誘う。こうすることで洋次は、やがて人気シリーズとなるこの映画がこのような間を埋めるようにしたいとの思いを強く持っていた。それはオーギュスタン・ベルクが記すところの「受信者はそこに己の好みに応じた意味を悠々と書き込むことができる」空間に当たる。そしてベルクはこうも付け加えている。「したがって『間』の中に作られるものは、可能な視点の拡散ではなく、結びつきである」。なるほど、監督は、各自が好きにできる間をつくることに満足せず、「間」の概念を突きつめて、ベルクが定義するところの「十全なコミュニケーションの場」を構築した。『男はつらいよ』のシナリオを練り上げていくにつれ、洋次は観客を自分たちの矛盾に向き合わせ、観客相手に対話を試みるようになる。常に「幸せ」を求める観客が、否応なしにぶつかってしまう現実を指摘してみせるのだ。

洋次の「シネ間(マ)」が提示する要素は、別の見方を可能にする。徹底して批判的な人々にすれば、それはなんの役にも立たない。しかし脚本家の山田太一はこう述べている。「当然ながら役に立たない古い物は、その背景がなければ意味をなさないようなメッセージを、より明確なメッセージとして際立たせているのだ。伝統的な絵画における『間』の使い方に似ている」。これは正真正銘の呼吸であり、企画が永続した理由を説明するものである。松竹上層部のゴーサインを獲得するまでこの企画を押しつづけたことは、洋次の功績である。太一は1986年に、洋次と『キネマの天地』(1986年)の脚本を共同執筆することになる。

洋次がこの映画に導入した登場人物は、完璧なまでに計算されている。そうでなければ2、3本の「続編」だけで終わり、その先はつくられなかっただろう。彼らはこのシリーズを支える力となっている。洋次は監督としてデビューしたときから、喜劇を製作したいという野心を持っていた。最初の

10年間では、いろんな運もあって喜劇を撮る試みができた。一方、かかわった長編映画の一本一本から製作の経験を積み、だれにも真似できない独自のスタイルをつくりあげていた。若いころ夢中になった落語に、変わらぬ情熱を傾けていた。当然ながら、『男はつらいよ』には落語の影響がたっぷり見受けられる。何人かの登場人物は落語をもとにつくられている。寅さんの叔父・竜造は、第8作までは森川信が演じ、その死後松村達雄（第9作から第13作まで）が引き継ぎ、その後松村の健康上の理由から下條正巳が務めた。この竜造は、落語の八っつぁんや熊さんを彷彿（ほうふつ）とさせ、観客になじみのある世界で話が展開する印象を与える。脇役のキャスティングは非常に大事で、脇役こそが映画の屋台骨だ。彼らがいなければ、渥美清の才能をもってしてもシリーズが異例の長期にわたることは難しかっただろう。シリーズは主役の俳優が1996年に亡くなったことで終了した。脇役のほとんどが柴又の住人で、寅さんが東京から遠く離れているときは、柴又で大切な役割を演じる。彼らこそが作品に真実味をもたらしたのである。洋次はこの企画に参加する俳優たちを的確に選んだ。第1作の撮影を開始するとき、成功するかどうか確信はなかったが、俳優を含めてあらゆる切り札は持っておきたかったのだ。

テレビ版でも叔父を演じていた森川信と、映画製作の動機となった渥美清に加えて、洋次は『吹けば飛ぶよな男だが』（1968年）ですでに使ったことのある佐藤蛾次郎を迎えた。ほかの役にも信頼している俳優を集めた。たとえば、寅の妹さくら役には倍賞千恵子、叔母には三崎千恵子、団子屋に隣接する印刷工場の若い従業員で、後にさくらの夫となる博に前田吟といった具合である。中小企業の印刷工場のタコ社長をみごとに演じた太宰久雄を忘れてはなるまい。さらに洋次は、日本映画の

「大物」二人を招き入れた。まず小津安二郎のお気に入りの笠智衆で、帝釈天の御前様役で僧侶の袈裟を着せた。この配役は、笠が本来就くべきだった職業に配慮した結果である。笠智衆は生まれ故郷である熊本県玉名市の来照寺で住職を継ぐはずだった。それが偶然映画界に入り、大船の巨匠の作品で見せた演技によって大スターになったのだ。『男はつらいよ』では完璧に役にはまり、予期されていなかったユーモラスなタッチも付け加えた。次に洋次は、主に黒澤明の作品に出ていた志村喬に声をかけた。志村といえば『羅生門』（1950年）や『生きる』（1952年）などでのすばらしい演技を思い出す。洋次は博の父親役を当てた。「ゲスト」とはいえ、とても重要な役柄である。彼は寅さんと真逆だからだ。内向的な知識人で、生まれ故郷の岡山県に居を構え、そこにしっかりと根付いた人物なのだ。

寅の帰郷

こうしてすべてが整い、車寅次郎、またの名をフーテンの寅さんが映画館のスクリーンによみがえった。テレビシリーズ同様、第1作は乱暴な父から逃れて露天商となった男が、20年ぶりに生まれた街に帰ってくる場面からはじまる。家族は腹違いの妹さくらと、さくらの面倒をみている叔父と叔母だけだ。さくらは実母の死後、ほかに身寄りがなくなっていたのだ。寅さんが登場するのは柴又の祭りの日。日本の伝統文化の基本要素である祭りを前面に出すことで、監督は最初の数分で観客を自分の「シネ間（マ）」に引きこんだ。上着を脱いだ寅さんは竿（まとい）を持ち、帝釈天への参道を練り歩く一行の先頭を行進する。家族が営む店は参道に面している。街の住人たちが、この闖入者は何者だと不思議がっていると、寅さんは帝釈天の御前様に気づいて近づく。しばらくやりとりするうちに、笠智衆はかつてのいたずらっ子を思い出す。「公式」に認知されたことで、寅さんの復帰は認められ、すぐに叔父夫婦にも迎えられる。

店に戻って隣人への紹介も終わると、次に注目されるのはさくらの反応である。電機会社に勤めるさくらはまだ独身である。帰ってきたさくらを寅さんが急ぎ迎えると、さくらはちょっと怖がるような反応をした後「お兄ちゃん」と口にする。倍賞千恵子は渥美清が亡くなった翌年の1997年に、思い出を綴った美しい本を著したが、タイトルは『お兄ちゃん』（廣済堂出版）。この短くも大切な言葉によって、車一家が復元される。家族というテーマを、洋次がどれだけ重視しているかがわかる。次に映画で持ち上がるテーマはさくらの結婚である。さくらにはお見合いが予定されていた。60年代の終わりのころ、お見合いはまだよく行われていた。さくらの場合、条件（美貌以外）がよくないので、なおさら見合いは大事だ。当時の東京では最高級のホテルオークラで設定されていた会食に寅さんが付き添うことになる。見合いの席の雰囲気は堅苦しく、相手の家族は上から目線に終始した。粗暴な寅さんは、こうした席でまともなふるまいができない。酒を飲んだこともあり、下品な言動に出ては、相手家族のいちばん年下の少女を笑わすばかり。結果、見合いは失敗に終わる。寅さんと叔父ははげしく言い争い、寅さんは旅立つことになる。映画『陽気なドン・カミロ』（1951年）ではドン・カミロ役のフェルナンデルとペポネ役のジーノ・チェルビのけんかが物語のアクセントとなっているように、『男はつらいよ』では寅さんと周囲のけんかがひとつの狂言まわしになっている。けんかをして寅さんは地方へと旅立ち、改悛し、美人に出会う。いつも恋に落ちるが成就することはない。寅さんの失恋はシリーズの定石のひとつで、毎回「マドンナ」と呼ばれる美しい女性が登場する。日本映画の主だった女優が次々と寅さんの心を揺さぶるマドンナ役を演じ、それがまた多くの観客を映画館へと向かわせた。

さくらのお見合いを失敗させた寅さんが叔父とけんかして家を飛び出したとき、2作目を想定していなかった監督は、日本人がよく知っている場所へと観客を誘うことにした。作品の第二場は奈良である。寅さんはそこで偶然にも御前様と再会する。お供は若く美しい娘、冬子（光本幸子）である。ひと目惚れした寅さんは柴又に戻ってくる。御前様の娘の気を引こうとするかたわらで、ふたたびさくらの結婚※を世話することになる。相手は一家の店の裏にあるあさひ印刷工場で働く博で、心の内を告白されたさくらはしばらく考えた後、承諾する。寅さんは結婚式の準備に奔走し、これを機に博は父親と和解する。自分の父との再会を果たせなかった寅さんは感動する。だが、冬子が別の男と結婚すると知り、寅さんの希望はしぼんでしまう。失恋を忘れるために寅はまた旅に出る。1年が経ち、寅さんは露天商の仕事を続けている。そしてさくらと博に息子の満男が生まれた。こうして第1作は終わる。

『読売新聞』（2006年12月7日付）で、洋次ははじめて完成した映画を見

※結婚
結婚して家庭を築くという考えはこの数十年の間に大きく変わってしまった。1970年代の中ごろまでは、結婚はなくてはならない段階とみなされていた。とくに専業主婦以外の生き方を考えるのが難しかった女性にとっては重要だった。当時、専業主婦の割合は日本の歴史上もっとも高かった。思い出せば流行していた歌のタイトルも『結婚しようよ』（1971年）や『花嫁』（1971年）だった。女性が高学歴になるにつれ事態は変わっていった。1955年に女性の大学進学率は5％で、男性は15％だったが、1989年には女性が36.8％、男性が35.8％だった。企業で働く女性が増えるにつれ、結婚年齢は上がった。1920年、初めての結婚での平均年齢は男性が25歳、女性が21.2歳だった。2020年では男性31.2歳、女性29.6歳だった。結婚が遅くなった結果、出生率が下がり、日本の高齢化は加速した。

たときの印象をふり返っている。「ところが、完成してすぐ試写を見て、『だめだ、失敗した』と頭を抱えてしまいました。僕は寅のことを、『おまえ駄目じゃないか』と、しかりつけるような気持ちで見ていた。それじゃあ映画も笑えるようにできている訳がない。『責任をとる』なんて大見えを切って作ったのに、全然笑えない」。自分のキャリアは終わったと確信した。『日刊スポーツ』の元批評家、石坂正三は『巨匠たちの伝説――映画、汽車、現場、日記』（三一書房、1988年）の中で、撮影の合間に食事をしたとき、洋次が暗い声でこう打ち明けたと述べている。「これが当たらなかったら寅さんのように風来（フリー）です」

会社の首脳部の一部が反対する中で製作されたこの作品は、封切りの際に大きく宣伝されなかった。それでも観客には温かく受け入れられた。洋次は賭けに勝ったのだ。テレビで「消えた」人物にふたたび命を吹き込み、面白くて感動的な映画をつくることに成功した。日本人がほっとひと息する必要を感じていたときに、さわやかな風を吹かせたのだ。松竹が製作する映画の観客は、どちらかというと女性が多かったが、洋次は寅さんが意外と男性に人気があることを知って驚いた。このアンチヒーローは男性に評価されたのだ。時代遅れの服装も、寅さんがほんものであることの印となった。長い間、思想を振りかざして結集していた学生たちは疲れていたのだ。寅さんにポストモダンのタッチを見て取り、受け入れたのである。

寅さんという人物像は、たしかに流れに逆行している。当時の日本のスクリーンには、東映のヤクザ映画のスター高倉健のような、強くて闘争的なヒーローが花盛りだった。『男はつらいよ』第1作の成功に驚いた松竹首脳部はそこに可能性を見た。すぐに続編の製作が決まった。タイトル『続　男はつらいよ』（１９６９年）からも、シリーズ化の構想がまだなかったことがわかる。ペンキ塗りを例にすると2層目の上塗りである。作品の細部にまで配慮がなされ、「シネ間（マ）」としての一貫性を持たせるようにした。洋次はまず寅さんの衣装を確定させた。1作目では千鳥格子の上着を着せていたが、それでは流行外れの男というよりセールスマンのようだった。第2作から上着はややだぶだぶで茶色の格子柄と決めた。それが国民の集団記憶にとどめられるようになったのである。フランスの清涼飲料水オランジーナのブランドを獲得したサントリーは、２０１２年にリチャード・ギアを起用して、フランス各地であの有名なオレンジジュースのコマーシャルを製作した。例の上着を着せて「ムッシュはつらいよ」というキャッチコピーをつけるだけで、何百万もの日本人の心をつかむことに成功した。このアメリカ人俳優は、寅さんが日本中を旅するときに持つ茶色のトランクも持っていた。ほかに帽子、指輪、懐中時計、首から下げるお守り、テキ屋のだぼシャツ、腹巻き、雪駄（せった）などの小道具は、寅さんという人物のトレードマークである。彼が自分の時代を生きていないこと、経済成長を実現させテクノロジーを追求する今日の日本に属していないことの証しである。観客はこのズレを気に入った。１９６９年11月に封切られた第2作で、洋次は寅さんの性格をさらに練り上げた。寅さんに教養はないが、自分よりいい教育を受けた人に敬意を表する一方で、彼らもまた寅さんという人物に興味を持つのである。報せもよこさずに1年後に柴又に戻ってきた寅さんは、甥の満男の誕生を知る。再会の場もすぐさま叱責の場となり、寅さんはまたも旅立つことになる。生まれ故郷を離れようというとき、かつての恩師、坪内散歩先生の家に行き当たる。第1作では御前様に認知されたいと思ったが、今度は退職した先生にきちんと認めてもらいたい、そうすれば自分のルーツとふたたび縁が結べると考える。ベテランの東野英治郎が演じる恩師には、娘の夏子（佐藤オリエ）がいる。この美人音楽家にひと目惚れした寅さん。坪内家で夕食をいっしょにと誘われる。母親との再会が果たせないままだなどと話しているうちに、寅さんは気分が悪くなる。連れて行かれた病院で医師（山崎努）は、不調の原因は寅さんが「良質な食べ物」に慣れていないからだと夏子に説明する。居心地が悪くなって病院を抜け出した寅さんは、入った食堂でいさかいを起こし交番に連行される。夏子だけでなく、警察に呼び出されたさくらにも迷惑をかけた寅さんは急遽柴又を離れる。1か月後、夏子とその父は偶然にも京都で占いをしている寅に出会う。第1作の奈良に続いて、洋次は無難に寅さんを古都へと向かわせたのだ。

京都には寅さんの母親が暮らしているので都合がいい。夏子といっしょに母親探しをはじめる。母親のお菊役にぴったりはまったのがミヤコ蝶々だ。冷淡さとユーモアを適度に合わせ持つお菊と、親子の和解を実現させるのは難しかった。柴又に戻った寅さんは、先生と娘が住む家に足繁く通う。やがて先生が亡くなり、寅さんは死と向かい合うことになる。最初は実の父親が死んだかのような反応を見せる。自分の父親の死に目に会っていないので、親しい人の死を抽象的にしか捉えることができないのだ。先生の椅子にしがみついて大声で泣きわめき、大げさに悲しんでみせる寅さんに御前様（笠智衆）が説教する。男はそんなふるまいをするものではない、と。このひとことで寅さんは生まれ変わったようになり、葬式の準備を一手に引き受ける。これには周囲のみんなが驚いたが、夏子のためにしたことだった。しかし彼女は、寅が世話になった医師を愛していることがわかり、寅は失意の底に沈む。その結果、またまた東京に背を向けるのだった。新婚旅行先の京都で、亡くなった父に向かって話しかける夏子の声が流れる。京都に戻った寅さんが「お母さんに会っていたのよ」と親子の姿を目撃したことを報告する……。

カメラから退いて

寅さんの苦難を描いた第2作をもって、洋次は物語の基礎固めをした。あとは広がりを持たせればよかった。寅さんという人物に心理的な厚みを加え、いくつか新しい要素を組み入れたので、後は別の作品で展開させればよいだけだった。続編の製作は既定路線となった。しかも洋次は、前作に続いて二度目の毎日映画コンクール監督賞を受賞した。渥美清も男優主演賞を受賞した。第1作とともに『続 男はつらいよ』はキネマ旬報ベスト・テン入りを果たした。松竹の上層部、つまり城戸四郎たちにとって、『男はつらいよ』は1970年代はじめに会社が直面した危機を乗り越えるための成功作となった。カラーテレビが普及したことで、日本人の第七芸術である映画離れが一気に進んだ。次々と現れた新しい娯楽がその動きを加速させた。寅さんの最初の2作が成功したことは肯定的なサインとみなされた。そのため、洋次の喜劇に触発されたコメディが次々と撮影されるようになった。たとえば、森﨑東が監督した『女』3作（1969―1971年）。森﨑は前述のとおり寅さんの第1作の脚本の共同執筆者である。洋次、小林俊一、宮崎晃が共同で脚本を書いた第3作『男はつらいよ フーテンの寅』（1970年）の監督も務めた。「女」シリーズでしたように、寅さんの性格を深く掘り下げようとして、鋭く切り込んでいった。生みの親である洋次とは、かなりちがったアプローチである。両監督は映画製作において似た経験や文化を持っていたが、森﨑は緻密さに欠けていた。その後、森﨑は松竹を離れ、自分の独立プロダクションを立ち上げ『生きてるうちが花なのよ死んだらそれまでよ党宣言』（1985年）を発表する。劣等生や原発で働く作業員たちの反体制的な生き方を描いた喜劇である。森﨑は寅さんの心理にもっと力を入れようとしたが、それは洋次の軽やかなアプローチと相容れなかった。洋次は、主人公の長所や弱みを見せつつ、観客の道案内人という役まわりが失われないように心がけた。どこにでもいるような人物だと観客を惹きつけられない。寅さんは、観客に懐かしいという思いを抱かせる世界への案内人、そんな世界との仲介者なのだ。

おそらくこうした理由から、第4作『新 男はつらいよ』（1970年）は、フジテレビのプロデューサーで、もともと洋次にテレビシリーズの製作を依頼した小林俊一が監督を務めることになった。宮崎晃と共同で脚本を執筆した山田洋次は、自身の「シネ間」を構築するうえで決定的となる新要素を加えた。そのときの日本社会とのつながりである。観客は実社会との接点を見いだし、主人公が面白おかしくそれを受け入れたり、読み解いたりするようすを楽しむのである。ここで洋次が取り上げたのは、70年代初頭の日本人が大いに関心を寄せていた海外旅行である。名古屋の競馬で大もうけをした寅さんはタクシーで柴又まで帰り（250キロ）、家族にハワイ旅行をプレゼントする。当時、海外への団体旅行ははじまったばかりである。1964年4月に海外への渡航は自由化されたが、海外旅行が一般に普及するには6年後のボーイング747就航を待たねばならなかった。そのころいちばん人気の渡航先はハワイ。さほど遠くないが、十分異国情緒が楽しめるところが長期休暇の取れない日本人に魅力だった。余談だが、1960年代中ごろから、日本では休暇を指すのにフランス語の

「バカンス」が使われるようになった。何週間もの有給休暇が保証されているフランスとは、比べようもなかったのだが。さて、寅さんは旅行代理店を通して、気前よくアメリカの第50番目の州ハワイへの小旅行を計画する。だが、思うように事が運ばないのが寅さんである。出発当日になって悪徳店長がなんの予約もせずに代金を持ち逃げしたことが発覚する。寅は叔父、叔母、さくらと博を空港まで来させてから事実を知らせる。柴又にはこっそり戻って、騙されたことが近隣の住人にばれないように、店に閉じこもって暮らすように言い含める。だが住人たちが絡む事件が次々に生じ、またしても彼の思惑は失敗に終わる。柴又を離れた寅さんが1か月後に戻ってくると、自分の部屋を美しい女教師、春子（栗原小巻）が借りたことを知らされる。彼は春子に恋をする。これまでの作品同様、この恋はコミカルな場面で盛り上がるものの、寅の失恋で終わる。小林俊一は森﨑東ほど渥美清が演じる人物を掘り下げることはせず、山田洋次が定めたことをきちんと踏襲した。だが洋次は、この作品も森﨑のもの同様にあまり評価しなかった。「違いは明らかだった。日本料理と中華料理では基本は同じでも違いがあるのと同じだ。二人の監督の寅さんという人物に対する愛が十分ではなかった。単に滑稽な、あるいは馬鹿な人物にしか描かれなかった」と、1988年に『バラエティ』誌に書いている。「物語がこんな風に終わるなんて考えられなかった。だから終止符を打つつもりで第5作を撮ることにした」

『男はつらいよ　望郷篇』（1970年）は最終作となる予定だったが、観客動員数が70万人にものぼったため、シリーズが終結することはなかった。まだまだつくりつづけられた。2年足らずで、自作のシリーズによって洋次の運命は変わった。このシリーズを通して洋次は自分の個性を十分に発揮し、日本でもっとも重要な監督の一人となっていった。その名声はなかなか国外に届かなかったが、国内ではまさしく大監督になった。名声を背景に、洋次は豊かで優れた業績を残していった。『男はつらいよ』が成功し、多くの文献に取り上げられたことからも、彼の業績が及ぼした影響を計り知ることができる。洋次は、シリーズの成功は主役である渥美清の突出した才能に負うところが大きいと認識していた。1957年にジャン・ルノワールがジャック・リヴェットとフランソワ・トリュフォーについて語ったのと同じである。「偉大な俳優とは何か。偉大な俳優とは、我々が心に持っているが、まだ口にしていない夢を白日の下に引き出してくれる存在だ」

信じがたい存在、渥美清

第1作が世に出るまで、洋次はハナ肇をよく起用していた。1969年からは渥美清を重用し、彼が1996年に死去するまで起用しつづけた。シリーズ以外の映画すべてにも出演させている。渥美がいなければ、洋次はこれほど観客の心をつかむことはできなかっただろう。あまりにも彼に負うところが大きかったので、1996年8月4日に渥美が亡くなったときこう述べている。「僕が人生の最後を迎えるとき、彼との思い出は家族のそれよりもさらに強いものになるだろう」と。これだけ強い愛着を持っていたのも、渥美がまさに「寅さん」そのものだったからだ。渥美は東京の上野生まれ。父親は小さな新聞社の政治記者、母親は代理教員で、家計を助けるために内職で裁縫をしていた。

本名は田所康雄。芸名を持ったとき、母親は反対して「まともな人間は名前を二つも持たないよ」

と言った。板橋に引っ越して、清は地元の小学校に入学した。寅さんと同じで、けっして優秀な生徒ではなかった。第二次世界大戦がはじまると、軍用機のラジエーターを作る工場で働いた。チンピラ一味を率いて、当時恐れられていた憲兵隊の世話になることもあった。戦後、上野駅とその周辺を縄張りとする。主に仙台産の米のヤミ取引をした。なにもかもが不足し、とくに食糧がなかった当時、ヤミ市は日常生活の場だった。このころの知り合いの多くが後に出世している。テレビや映画で演じた人物に似て、彼に商才はあまりなかった。たまたま旅一座に加わったことで、人生が大きく変わる。最初は緞帳（どんちょう）の上げ下げなどをする雑用係だった。1951年6月、浅草の百万弗（ひゃくまんドル）劇場でコメディアンの仕事をはじめた。「フランス座」という有名なストリップ劇場でも認められるようになったが、この劇場は、出演していたコメディアンの多くが後に頭角を現したことで知られる。

後に大作家となった井上ひさしが書いた劇で、はじめて役をもらった。だが、結核を患い片方の肺を切除。サナトリウムでの療養を余儀なくされた。1956年にフランス座に戻ると、フジテレビのスカウトの目にとまり娯楽番組への出演を持ちかけられる。1962年に連続ドラマ『大番』に出演し、ずうずうしくて元気がよく、出世欲が強いがたまらなく滑稽で魅力ある田舎者を好演した。翌年、松竹と契約し、もっぱら洋次の師匠である野村芳太郎の作品に出演した。また羽仁進監督の『ブワナ・トシの歌』（1965年）に出演することで、アフリカにまで足を伸ばす。渥美清が演じたのは、アフリカ大陸の奥地へ、たった一人でプレハブ小屋の建設に行く日本人。そこでみごとな感性を表現した。その感性は、1968年にテレビで、翌年に映画で、日本一有名なテキ屋を演じる際に遺憾なく発揮されたのである。

第5作『男はつらいよ 望郷篇』（©1970松竹株式会社）

エチエンヌ・バラールの著作『123456789日本人！』[*3]の中で、渥美清自ら寅さんをこう定義している。「彼は社会に適合できない若者に似ている。直感で反応し、思いつきで行き先を決める。自由にできて働かなくてもいいところへ行く。人に役立つこと、人を楽しませることが直感的にわかり、嫌がらずに独特の軽いノリでやってのける。百年前の庶民のように人生を楽しもうとする一都会人なのだ」。この説明には、渥美本人が反映されているようだ。そのため多くの日本人が、役と俳優の見分けがつかなくなったのだろう。渥美が亡くなったとき、多くのメディアは見出しに「さようなら寅さん」と書いた。映画史の中でも、チャップリンとチャーリーという有名な例をのぞけば、役と俳優がこれほど一体化したことはない。山田洋次によると、この一体感のおかげで、寅さんという人物を介して、社会や時には政府の政策を批判し、観客に直接訴えることができたという。ほかの俳優ではそうはいかなかったろう。

渥美清は自分自身の生い立ちから、寅さんの語り口を身につけていた。商品を売るときや、遠慮なしに人に話しかけるときの熱い口上である。寅さんの相手は元華族から労働者、管理職から大学教授にいたるまで実にさまざまで、だれにでも気さくに話しかける。ただ例外が二つある。御前様を含めた宗教関係者と女性だ。「女性との関係を見ると、愛する女性のまなざしが自分に向けられることをなによりも恐れる。だから女性たちにはとても優しく接する」と渥美清は説明する。寅さんと同じく、渥美もまた毅然とした価値観と道徳観を持っていた。おかげで洋次のつくるストーリーがあまり強引に見えずに済んだ。かつてチンピラのリーダーだった渥美は、掟を守ることがなにより大事という世界で生きてきた。その経験は、寅さんが「よき親分」としてのふるまいを求められる場面で役立った。つまり、権威を押しつけるのではなく、「親分」として「子分」の理解を得ようとするのだ。役目が果たせないときは大いに悔やむ。『男はつらいよ』第1作の終わりで、上野駅近くのラーメン屋で、若い手下の登（津坂匡章）を追い返す感動的なシーンがそれだ。

シリーズの最終作になる予定だった『男はつらいよ　望郷篇』（1970年）の脚本を書きはじめたとき、洋次はこうしたことをすべて考えていた。最高潮の中でシリーズを締めくくるつもりだった。「寅さんについて、ずっと知りたいと思っていたけれど聞けなかったことのすべて」というタイトルがつけられるような作品を観客に差し出したいと思った。アンチヒーローのあらゆる面を見せたかっ

＊3　Barral, Etienne, *123456789 Japonais!*, Editions Ilyfunet, 1991, p.172.

た。とくに人間、地理、そして愛情の「つながり」がいかに大切かを強調したかったのだ。監督も務めた第5作には、全編を通じて彼が言いたいことのすべてが凝縮されている。まるで映画に託した遺言のようだ。脚本は宮崎晃との共同執筆。タイトル名は当時の彼がどんな気持ちだったかをよく表している。「望郷」という言葉から、生まれ故郷へのノスタルジーが思い起こされる。これは監督自身が持たない「ふるさと」を指す。広島大学名誉教授の荒木博之が言ったように、ふるさととは、自分の存在が頼みとする母胎のようなものだ。オーギュスタン・ベルクも『空間の日本文化』[*4]の中でこう述べている。「現代の都市化による大量の根無し草的人間の出現は、日本社会全体をある種の郷愁の思いに駆り立てているように思われる」。映画のクレジットタイトルから、洋次は徹底的にこのカードを使うことにした。商店街でカメラをまわして、そこに並ぶ店の映像を流した。それは当然ながら観客に記憶や幻影を呼びさました。日本人と寅さんシリーズについて話すと、最初の反応はたいてい「懐かしい」。

物語の中で洋次は、幾度となく「故郷」とのつながりの大切さを語っている。たとえばタコ社長(太宰久雄)が入社志望の若者に会社説明をしているのを寅さんが遮る場面。若者が青森県八戸市から上京してきたと知った寅さんは、なぜ「こんな薄汚いところに来た」と怒り出し、「肺病にならないうちに」帰ったほうがいいのではないかと言って採用の邪魔をしそうになる。印刷会社は新しい従業員の確保に苦労しているのに。その後、寅さんは弟分の登に、生まれ故郷に戻って両親と連絡をとるように諭し、自分との「つながり」を切ってもよいとすら言う。テキ屋として二人は、ヤクザのように酒を酌み交わし、契りを結んでいるのに。そんな結びつきは、血縁や先祖の土地とのつながりほど重要ではないと考える寅さんは象徴的に杯を割り、登を追い払う。胸を打つシーンである。この世界をよく知る渥美清は、滑稽な仕草を念入りに混ぜ込んで、作品が俗悪なヤクザ映画のようにならないように気を配った。この映画はコメディなのだ。洋次は演出や脚本を通してそれをきちんと強調している。とはいえ日本では、笑いと涙の間を楽に行き来する。それが観客を引き寄せるコツである。洋次が考案した手法は、作品の前置きに現れている。すでに第2作で使ったその手法とは、寅さんの「夢」。これで作品のテーマを示すのだ。洋次はシリーズ50本のうち34本でこの手法を使っている（第2作、第5作、第9作から第37作まで、第39作、第43作、第45作）。このシークエンスが終わると、寅は小さな駅や列車の中、神社の階段や寺の境内で目覚めるのだ。

この第5作で、寅は死の際にいる「おいちゃん」が自分に一家の跡継ぎを任せようとしている夢を見る。この短いシーンは、みすぼらしい宿（寅さんは金持ちではない）の古びた客室で終わる。そして、電話をかけてきた「おばちゃん」が、ふざけた調子で夫が死にそうだと告げると、寅は過剰な反応をするが、その理由がこの夢なのだ。上野駅から柴又に向かう途中も、おいちゃんの葬儀をあれこれ考え

パターン

シリーズ『男はつらいよ』はいくつかのパターンのくりかえしで構成されている。渥美清が主演した全48作のうち、34作が寅さんの「夢」ではじまる。この寸劇の次にタイトルが流れ、バックにはたいてい寅さんが江戸川沿いの道を歩いていて、滑稽なシーンが展開される。寅がおいちゃんとおばちゃんの団子屋とらやに帰ってくると、たいていは温かく迎えられ、寅さんは話に花を咲かせる。それが終わると、おいちゃんか裏の印刷会社のタコ社長、あるいはさくらの夫の博との間にけんかが勃発する。寅さんは柴又を離れ、地方におもむき、そこで「マドンナ」と知り合う。困ったことがあれば柴又のとらやに行けばいいよ、と声をかける。そのとおりに女性が訪ねてくると、戻ってきた寅さんと偶然再会する。寅はその若い女性が抱える問題の解決に奔走する。家族は、寅が女性と恋に落ち、もしフラれでもしたらどんなにがっかりするだろうと心配する。いろんな理由から、いつも結果はそうなってしまう。女性にほかに好きな人がいたり、寅さんがあと一歩踏み出せなかったり。寅さんはまた旅に出てしまう。どこかのお祭りで商売をしていると、柴又では家族を「マドンナ」が訪ねてくる。あるいは近況を知らせる葉書か手紙がナレーションで読み上げられる。

伝説のはじまり

て準備する寅さん。地区の住人を集め、御前様にも声をかけ、みんなを心配させるが、結局おばちゃんに騙されたことを知る。そこからけんかがはじまり、ふつうならまた旅に出るのだが、洋次はこれを最後の作品にする考えだったので、けんかを決裂の動機にしなかった。別れはこの後に訪れる。寅さんの若い舎弟の登が訪ねてきて、札幌にいる政吉親分の容態が悪くなったと知らせる。死ぬ前に会いたがっているのだ。親分の名前を聞いて、寅さんは15年前に戻り、テキ屋だったこと、そしてテキ屋としての務めを思い出す。ここで洋次は、日本人が大切にしている社会的なつながりを前面に出す。

相変わらずカネのない寅さんは旅費を捻出することができない。おいちゃんやタコ社長に頼むが逃げられてしまう。御前様にまで頼み込みに行く。「渡世上欠かせぬ仁義のため」に使うカネだと聞いて、「そういう種類のカネは貸さんほうが本人のため」と思って断った、と御前様は説明する。その後さくらは兄に会い、過去を捨て、きちんとした仕事に就くべきだと諭そうとする。だが結局、北海道行きの資金を渡してしまう。寅さんにはどうしてもそれが大事だったのだ。親分を見舞うと、彼の息子を連れてきてほしいと頼まれる。息子に会いに行ったとき、さくらの言葉の意味をしっかり噛みしめることになる。息子は病院に行くことを断ったのだ。かつて父親が女性を殴るのを見たことがあり、そんな男が自分の父親とは思えないと言うのだ。寅さんは混乱するが、血のつながりこそがなによりも大事だとの結論にいたる。そうして登と口論となり決別したのである。

柴又に戻った寅はすっかり心を入れ替えていた。これからは「汗水垂らし油にまみれて」、つまり「きびしく」真面目に働きたいと宣言する。周囲のみんなは驚くが、彼の決意は固い。寅さんに向いた仕事はなにか、面白い議論がたたかわれ、最後に義弟の博が勤めるタコ社長の印刷所が候補に挙がる。だが、あまり歓迎されない寅さんはすぐにやめてしまう。どこの店で働いてみても同じである。こうした騒ぎの末、江戸川に浮かんだ舟の中で一服していると、舟は岸を離れ流されてしまう。数日後、さくらは油揚げがいっぱい入った小包を受け取り、兄が浦安の豆腐店で働いていることを知る。訪ねていったさくらは、懸命に働いている理由をすぐに察知する。店主の娘、節子（長山藍子）の存在が、その熱意と無関係ではなかったのだ。ここで洋次が『男はつらいよ』のテレビシリーズでさくらを演じていた女優をマドンナ役に起用したことは興味深い。当然ながら節子は別の男性を愛していて、失望した寅さんは突然やめてしまうのだった。柴又まで妹に会いに来た寅さんは、結局自分はふつうの仕事に向いていないと言う。自分のような社会身分の人間には、ある種の決まりのようなものがあり、それを受け入れるほかないと考えたのだ。

登と北海道の海辺で再会した寅さんが、テキ屋らしい短い口上を述べて映画は終わる。「わたくし、生まれも育ちも東京葛飾柴又です。姓は車、名は寅次郎。人呼んでフーテンの寅と発します」。こうして映画は振り出しに戻る。監督はまたも、ふるさとというこだわりの概念を中心に自分の「シネ間（マ）」をつくっていくことになった。

＊4　Berque, Augustin, *Vivre l'espace au Japon*, Presses universitaires de France, Paris, 1982. 邦訳は、オーギュスタン・ベルク『空間の日本文化』宮原信訳、ちくま学芸文庫、１９９４年、２３０ページ。

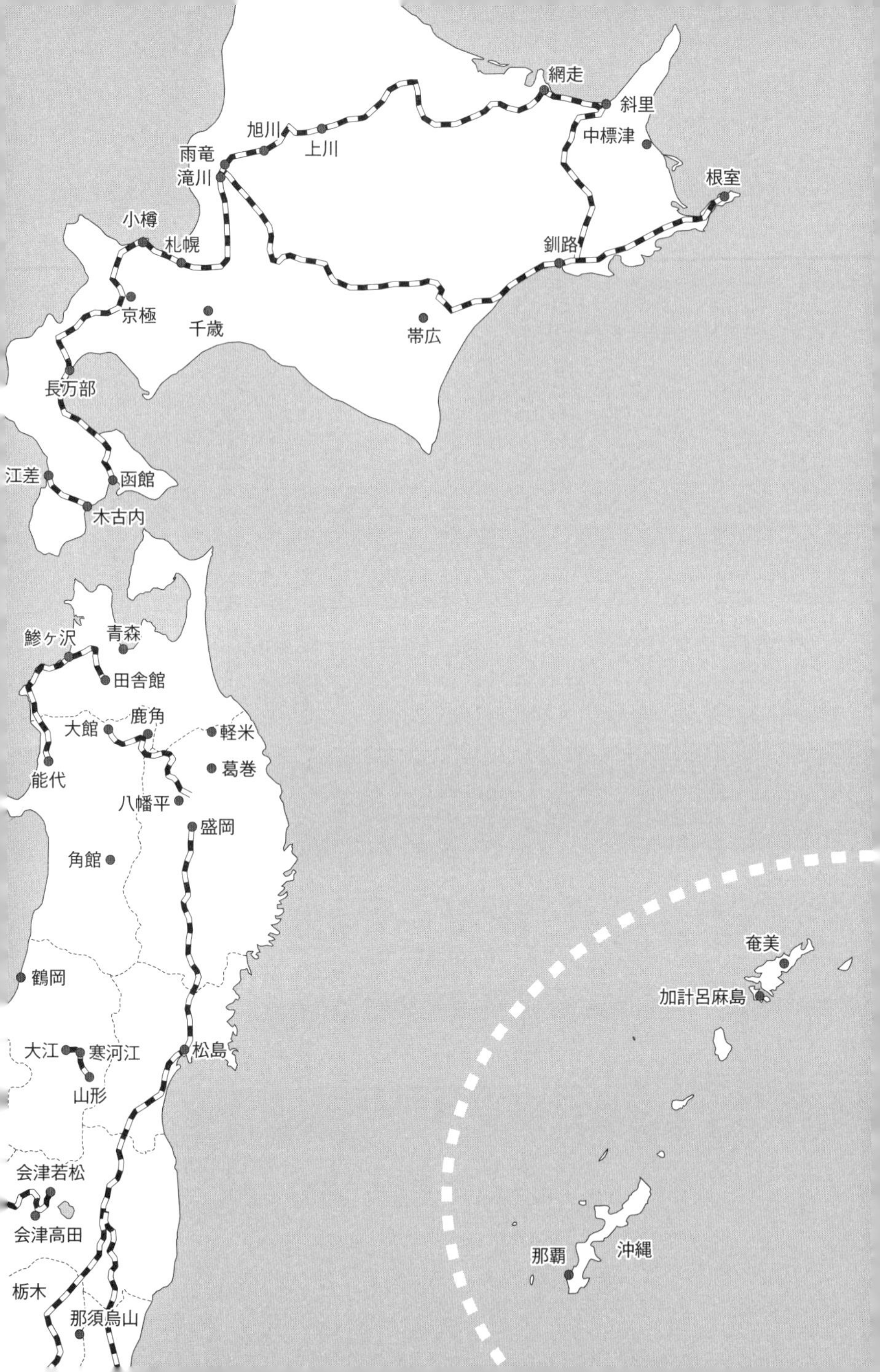
網走
斜里
中標津
根室
旭川
上川
雨竜
滝川
小樽
札幌
釧路
京極
千歳
帯広
長万部
江差
函館
木古内
鯵ヶ沢
青森
田舎館
大館
鹿角
軽米
葛巻
能代
八幡平
盛岡
角館
奄美
加計呂麻島
鶴岡
大江
寒河江
松島
山形
会津若松
会津高田
那覇
沖縄
栃木
那須烏山

山田洋次監督
映画ロケ地①

● 映画ロケ地

▬ ▬ ▬ 映画に登場した路線

奥尻

100km

山田洋次監督
映画ロケ地②

● 映画ロケ地

━━━ 映画に登場した路線

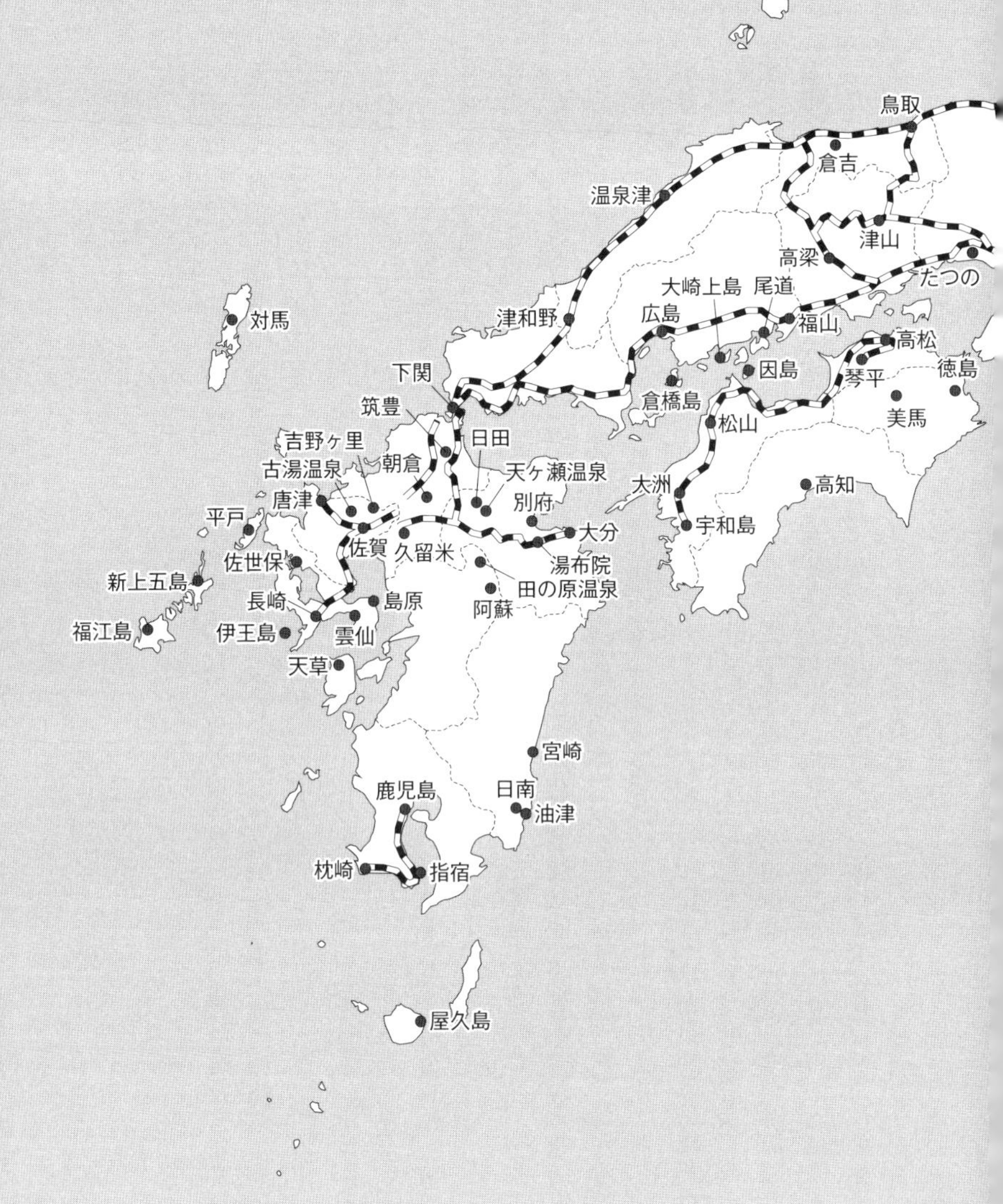
鳥取
倉吉
温泉津
津山
高梁
たつの
大崎上島
尾道
津和野
広島
福山
対馬
高松
下関
因島
琴平
徳島
倉橋島
筑豊
松山
美馬
日田
吉野ヶ里
朝倉
古湯温泉
天ヶ瀬温泉
大洲
高知
唐津
別府
平戸
宇和島
大分
佐賀
久留米
佐世保
湯布院
新上五島
田の原温泉
長崎
島原
阿蘇
福江島
伊王島
雲仙
天草
宮崎
鹿児島
日南
油津
枕崎
指宿
屋久島

地理的監督

『男はつらいよ　望郷篇』（1970年）に洋次は、自分の体験や個人的な趣味をたくさん取り入れた。まず鉄道。とりわけ蒸気機関車に重きを置いたが、それは蒸気機関車が専門の鉄道エンジニアだった父の思い出につながる。それまで他の映画でも鉄道を取り上げることはあった。この作品では寅さんと登が、親分が会いたがっている息子の運転する列車をタクシーで追いかけるシーンがあるが、これほど長いシークエンスははじめてだ。「そのカットバックに憧れのSLをたっぷり写したんですが、SLの本格的なファンが『なかなかよく撮ってる』と褒めてくれました。つまりね、この監督はSLを含めて列車というものが好きだなということが分かるというんですね。これはね、とても微妙なことなんですね。例えば犬を好きな監督が犬を写す、山を好きな監督が山を写すと、関心のないやつが写すのとは全然違う愛情のある写し方をするわけですね。それは同じ関心を持つ人間同士にはよく分かるわけで、だから僕は本格派のファンに褒められて、シテヤッタリと思ったりしたんです」と、洋次はうれしそうに『正論』（1992年11月号）のコラムで書いている。この作品ではまた、鉄道員の仕事に対する愛着も表現している。節子の夫となる木村剛（井川比佐志）が長年蒸気機関車で機関士をしていたと言うと、洋次は寅さんに機関士はたいへんな仕事だと言わせ、敬意を示した。また、節子が有名なロシア民謡「カリンカ」の調べを口ずさむシーンがある。これは日本が降伏してソ連が満州に侵入したとき、大連に駐留してきたロシア兵がこの歌を歌っていたのを監督がおぼえていたからだ。最後に舞台の一部を北海道に設定したのも偶然ではない。前作までは奈良や京都で撮影した。

しかし北海道は、監督に満州を思い起こさせるのだ。北海道もかつては日本の植民地だった。このことには直接触れていないが、監督は満州で過ごした青春時代を思っていたと考えざるをえない。列車の役割を重視したことからも明らかである。親分の息子が運転するのは旅客車両ではなく貨車である。満州の鉄道はもっぱら貨車だった。新しい領土の経済発展に、鉄道がいかに大事だったかがわかる。

「望郷」というタイトルは、この第5作にふさわしい。そしてシリーズ最終作とはならなかった。大きな観客動員数を獲得し、松竹としても、金の卵を産む雌鶏となりそうなこのシリーズを手放したくなかった。批評家たちも質の高いストーリーに敬服した。洋次は宮崎晃とともに第25回毎日映画コンクールで脚本賞を受け、同じくシナリオ作家協会からもシナリオ賞を得た。洋次が一度も裏切ることのなかった映画会社、デビューしたころはヌーベルバーグにしか目を向けていなかった批評家、そして観客、そのすべてから洋次は才能を認められたのである。おかげで大きな駆け引きをするチャンスを手中に収めた。以後、洋次の企画はあまり反対されなくなり、製作のゴーサインを得るにも、それほど闘う必要がなくなった。野心的な企画にも同様で、洋次は新しい領域にも向かっていったのだ。

バルザックは読者にフランスの地方を発見させたが、山田洋次は映画監督として、日本の地理を駆使したと言える。作品を撮りはじめたころから、観客を列島各地に旅させる傾向はあった。しかし駆け出しの身分では予算が限られていたため、大部分のロケ地は首都圏を出ることはなかった。『男はつらいよ』で成功を手にしてからは、全国を網羅できるようになった。自分に欠けていたものを取り返すかのように。日本海の向こうで幼少期を過ごしたため、外から日本列島を発見した経験は、この願望とは無縁ではないだろう。今や洋次は日本を肌で感じて生きている。国の地理を習得し、生理的に愛着を持つようになった。そこから発展して、あらゆる要素がインスピレーションのもとになった。国内をくまなく旅し、ありのままの日本で生きるうちに、日本は自らの存在の本質的な基盤となったのだ。だから、洋次の地理的な視野を理解しなければ、彼の作品を完全に理解することはできない。寅さんの遍歴とともに、彼は「シネ間(マ)」を発展させ、磨きをかけていくのだが、ここで彼の地理的な視野が大事となる。洋次自身は「ふるさと」を持っていないので、ほかの日本人の「ふるさと」を探検しようと決めたのだ。「ほんとうの生まれ故郷を持っている人がうらやましい。撮影監督の高羽哲夫といっしょにロケハンに出かけて、ある風景を眺めながら『なんか懐かしい景色だなあ』と言ったことがありました。すると高羽は『あなたの懐かしい風景は満州でしょう。ここじゃあない。ここは日本です。あなたにとって懐かしいものはないはずです』。たしかに言うとおりだと思いました。そこで、彼にとっての懐かしい景色はなにかと尋ねました。福島県出身で、湖や山のそばで育った高羽は磐梯山だと答えました。私が落ち込むのを見て、こうつけ加えました。『あなたのふるさとは、あなたの内なる想像で、いろんなイメージや物語からつくら

名所

「昔の日本の紀行文の詩学は、数世紀を通じて用いられ続けたさまざまな文章の技巧が、著名な景色（名所）地理のレベルから想像界のレベルへと移行させ、それがいつの間にかその場の状況的なものから抜け出て、共通の言葉――神話を見出すことになったその過程を、私たちに証言してくれる。ここで働いたのは、まさに、地上の場所を神話の世界へと切り替えるメカニズムに他ならず、今日に至る名所旧蹟の歴史は、その力が実に広い範囲にまで及んだことを示している」とオーギュスタン・ベルクは『都市の日本――所作から共同体へ（*Du geste à la cité: Formes urbaines et lien social au Japon*, Gallimard, 1993）』（宮原信・荒木亨訳、筑摩書房、1996年、165―166ページ）で書いている。山田洋次は自分のやり方でこの技法を受け継ぎ、映画の世界という広がりを持たせた。寅さんシリーズによく見られる。洋次は国内に新しい名所をつくった。寅さんが訪れた土地のいくつかは、神話のようなものを求める人々が訪れる場所になった。その意味で、洋次の映画は観客と特別なつながりを持つようになったと言える。1969年にシリーズがはじまって以来、何百万人もが作品を見たのだから、その中に映画の余韻を楽しみたいとあちこちのロケ地を訪ねる人がいても不思議ではない。彼らはシリーズから感じ取られる呼吸や力を求めているのだ。

れたものでしょう。それがあなたの文化です』と。その言葉に慰められました」と彼は説明している。

監督はあらゆる方面で探求を惜しまなかった。たとえば伝統的な「祭り」は数多くの作品に登場する。フィリップ・ポンスはその優れた著作『裏社会の日本史』[*5]の中で、祭りは「故郷の心」だと書いている。「建造物によってというより、界隈や村、神社の祭りの共同性の鏡に照らすことによってである。祭りは『道の文化』の表れであり、それは、市場と教会と政治機関の集まる西欧の広場が象徴する『中心性』に対置されるもので、日本の都市空間における営みの特色となっている」。『男はつらいよ』第1作の冒頭に柴又の祭りを持ってくることで、洋次は観客を自分の探求の道づれにするつもりであることを示した。その後もその探求はさまざまな方向に向けられるようになった。なかでも重要だったのが、日常生活の音や騒音である。夏を表すセミの鳴き声や風鈴の音から、寺の鐘や列車が走る音にいたるまで、監督はスクリーンに映し出されないものまでオーディオテープを介して聞かせようとした。画面に現れないものすべてを大事にしていた小津安二郎のように、洋次も音声を表したかった。シリーズの最初からすでにその志向が見られる。製作を重ねるにつれ、その存在は増していった。「こうした音声には懐かしさを呼び出す役割があります。というのも現在ではほとんどが消えつつあるからです。たとえば、まだ場所によっては出会うことのできる行商の呼び声など」と話している。

＊5　Pons, Philippe, *Misère et crime au Japon du XVIIe siècle à nos jours*, Gallimard, 1999. 邦訳は、フィリップ・ポンス『裏社会の日本史』安永愛訳、筑摩書房、２０１８年、４５５―４６１ページ。

『男はつらいよ　望郷篇』の中で寅さんは、豆腐屋のラッパを吹き鳴らしながら豆腐を売っていた。その後の作品のほとんどに、彼が言うところの「懐かしい音声」が詰まっている。しかし2019年に公開されたシリーズ第50作では、そうした音声がまったく聞こえない。都会ではほぼ消えてしまったからだ。また洋次は、建築でも同じような試みをしている。観客に懐かしいという感情を持ってほしいとの望みから、古い建物の内部をていねいに撮影している。先輩の小津も、畳すれすれのカメラアングルで撮影した。洋次はこの手法を使わなかったが、とらやの店の奥で繰り広げられるシーンではとくに注意を払った。そこは食事の場、マドンナとの出会いの場であり、寅さんと近親者との間でたくさんのけんかが繰り広げられる場でもあった。ふすまで部屋を仕切る建物は、現代の家とはまったくちがう。さくらと博は、何百万もの日本人のように近代的な住宅を手に入れている。作品を追うごとに監督は地方発見に力を入れていったが、多様な建築をていねいに見せるようにした。最近のものより伝統的な建築物に注視した。

今では過去のレガシーとのつながりは消し去られ、少なくとも忘れ去られようとしているが、以上のことはすべて、そのつながりを保ちたいという監督の願望にほかならない。最近の人口動態の変化を見ると、複数の県で人口流出が顕著になっているが、それは古い家が放置されることを意味する。洋次の映画を見た人、あるいは見つづける人たちが、なぜ彼の世界に運ばれていきたいと願うのかがわかるだろう。彼の世界の特徴は、今日なくなってしまった大きな連帯感を表していることだ。「孤独死」は国内でますます増えている。民間のシンクタンクのニッセイ基礎研究所によると年間3万件にのぼるという。犠牲者は主に50歳以上の男性。家族のつながりがなくなり、経済不安が重なり、地方の過疎化が進み、人口の高齢化と貧困化が加速したことで、この現象は増える一方だ。山田洋次が『男はつらいよ』を撮りはじめたころ、こんなことは想像できなかった。当時、社会にはまだ他人を思いやる価値観があったからだ。今日そうした価値観はなくなりつつあるが、監督は完全に消えたとは考えたくない。『東京家族』（2013年）や『家族はつらいよ』の3作（2016—2018年）で、若い世代が目覚めてくれるだろうと希望的な見方を示している。

人々の間で寅さん映画の人気がどんどん高まっていっても、監督が易きに流れることはなかった。もっとシリアスで深い作品をつくりたいと思っていた。リアリズムを土台にした作品を生み出したいという夢が具体化していく。

目の奥の日本

寅さんによって、日本を理念化してみせた（1989年、第42作『男はつらいよ　ぼくの伯父さん』が公開されたとき、ポスターには「寅さんは日本の『顔』です」とあった）一方で、洋次はもっとリアリズムに基づいた映画をつくりたいという望みも忘れてはいなかった。学生のときに大きな衝撃を受けたイタリア映画に近い作品だ。寅さんシリーズでも、常に社会の現実に近く寄り添うことにこだわってきたけれど、えてして軽いトーンは、シリーズを象徴する主人公の輪郭をぼやけさせることにもなった。寅さんからも、ろくでなしのような側面が消された。テキ屋であるなら、多くの場面で不良として描かれるべきではあっただろう。しかし洋次は、寅さんのとくに経済的な弱者としての面を強調することにこだわった。『ル・モンド』紙の東京特派員であるフィリップ・ポンスがいみじくも指摘するように、テキ屋は「商業のプロレタリア」である。寅さんは、しょっちゅうカネに困っているくせに、少し手元にあると、とたんに気前のよいところを見せようとする。1970年代のはじめから急速に広がった繁栄の中の日本。しかし、そこからの「トリクルダウン」の恩恵にあずかることのない日本。少なくとも、その二つがともに存在しているということ、あるいは貧しさということは、この監督がもっと深くシリアスな手法で描きたいテーマになっていた。

それまでに手がけてきたやり方の選択を否定することなく、彼は『家族』（1970年）の撮影にのめり込む。今度はもっとドキュメンタリーに近いスタイルを採った。彼の歩みは、フリッツ・ラングが『プール・ヴー（Pour vous）』誌の記者に言い切っていることを想起させる。この言葉は、クロード＝ジャン・フィリップ著『映画のロマン』[*6]に引用されている。「もし演出をしたいのなら、車を買うな。地下鉄かバスに乗れ。あるいは歩け。自分のまわりにいる人たちをよく観察しろ。監督は人々の習慣、自分が画面に登場させようとする人たちが慣れ親しんでいるふるまいを知っておかなければならない」。また、洋次とともに多くの作品の脚本を書いた朝間義隆は、映画誌『シネ・フロント』誌（第39号、1979年8月）掲載のインタビューで、映画のアイデアについて「山田さんの作品というのは、ぼくの知ってる範囲でだいたいそうですけれども、生（なま）の話といいますか、山田さんの知りあいの人から聞いた話とか」に基づいていると述べている。『家族』の場合でいうと、洋次は1968年の正月、町田の駅で5人の家族と出くわした。40代のカップルとその子ども二人、それにもっと年配の女性がいっしょだった。観光客でもなければ、仕事に出かける人たちでもなさそうだった。「通勤客でも観光客でもない。帰郷する雰囲気でもない。ダム工事などの巨大な土木工事現場の宿舎に家族ぐるみで1年も2年も暮らし、工事が終わると次の現場に移る。おそらくそんな家族では

＊6 Philippe, Claude-Jean, *Le Roman du Cinéma, tome 1*, Fayard, 1984, p. 140.

『家族』（©1970松竹株式会社）

ないかと思いました。すぐ頭に浮かんだのは、家族が南イタリアからミラノに出てくるところから始まるビスコンティ監督『若者のすべて』。家族が移動する話ではジョン・フォード監督『怒りの葡萄』。高度成長まっただ中のこの国を、つらい思いをして家族で旅をする。そんな映画にできないだろうか、と考えました」と『読売新聞』（2006年12月13日付）で福永聖二記者に語っている。2年後、彼がついに映画にしたのは、カトリック教徒の貧しい家族の物語だ。一家は長崎県の小さな離島、伊王島を去って北海道に向かう。そこで酪農をして豊かになりたかった。各地で炭鉱が閉山されつつあった。自分が生まれた、そんな地域で未来をなくした人々にとって、北の大地、北海道はまだ「約束の地」であるように見えた。植民を呼びかけるプロパガンダはすでに影響力を失いつつあったが、それでも一家はその誘惑に負けた。これは、20世紀はじめに人々を満州への移民に誘うために喧伝された言説を思い出させずにはおかない。洋次は、後の作品ではこの点についてもっと関心を示している。しかしこの作品では、民子（倍賞千恵子）、精一（井川比佐志）、二人の子ども、そして精一の老父（笠智衆）という風見一家5人の旅を描くことに力を集中している。

最初の列車で検札にまわってきた車掌が、一家の切符を見て驚く。北海道の中標津。まわりの乗客の問いかけに、老父が「開拓村」と口にしたのを聞いた乗客の一人（太宰久雄）はあきれ顔だ。出発前、民子は「開拓、開拓言うても、父ちゃんが夢のごとはいかんよ。今ん仕事より何倍もきつかっとげなよ。あんましきつかっていうて逃げ出した人もおるって言うけんね」と不安そうだった。そのときカメラは、中標津のきれいなパンフレットに向けられていた。放牧された牛が草をはむ姿が写っている。一家が九州から北海道まで横断しようとしている日本は、まるで外国のようだった。乗車したたくさんの列車の窓や、乗り継ぎのための宿泊地で一家が目にするのは、経済的飛躍の真っ最中にある国の姿だった。工業施設はフル稼働している。1970年3月に開幕した大阪の万国博覧会には、何百万人もの人たちが押し寄せていた。183日間にわたって開かれたこの万博は、延べ6400万人の見物客を迎えることになる。日本人が、自分たちの未来を信じていることを象徴するイベントとなった。もう止めようもなくなったような日本を前に、開拓者の夢を見ている風見夫婦はいささか時代遅れである。そんなことに気がつく暇さえなく、一家はたいへんな鉄道旅行の間もずっと、さまざまな困難に直面する。予定とは裏腹に、老父も結局、最後まで旅に同行することになった。当初は、福山に暮らす次男の力（前田吟）のところに身を寄せるはずだった。ただ力は、伊王島より大きな職場である鉄工所で勤務しているとはいえ、老父を受け入れるだけの場所もカネもない。このシーンで笠智衆は、老父の気持ちを伝えるみごとな演技を見せている。横たわりながら、自分が福山に残ることを力が望んでいないと悟る。小津監督の『東京物語』（1953年）での彼の演技は、もっとずっと抑制的だった。風間一家が東京にたどり着くと、今度は、まだ赤ん坊の娘・早苗が死んでしまう。この試練の場面で、倍賞千恵子は演技力を全開にしてみせる。感情を押し殺して前に進もうとする決意を固めた男を演じる井川比佐志も同様だ。二人の気丈さはよく伝わるが、観客はこの夫婦に同情するのが難しい。

それでも、リアリズムに基づいたまなざしは、観客を深く考えさせる。眼の前の光景が、この国が進みつつある道について問いかけているからだ。この作品にドキュメンタリー的価値があるのは明らかだ。50年後に見直してみる。すると、距離を置くことで、当時の日本人たちが直面していた社会の変化の暴力性を捉えることができる。「いいマンション、いい車、いい電化製品をどんどん買おうと欲望が限りなく刺激されている時代だったからね。日本人は、こんなことをしていていいのかという不安は日本人の中に確かにあったんですよ、不安ながらも一生懸命走っていた時代だけど誰もそのことについて発言はしない。そんなことを思いながら撮影すれば、画面の向こうにそういう日本が写るんだ、何かを写そうと考えなくていい、必ず写ると信じようじゃないか、とキャメラマンの高羽さんと話し合いながら作ったのが『家族』です。手法的には一種のセミ・ドキュメンタリーということを考えました」。監督は数年後にそう解説している。プロの俳優と、それぞれの境遇の中にいるふつうの人々とがお互いに触れ合うようにすることで、彼はより現実に近い次元を作品にもたらす。そうやって、さらにイタリア映画のリアリズムの手法に近づいていく。映画で精一が、東京の役所に子どもの死亡届を出しに行った場面で、対応したのはほんとうの公務員だ。また、大阪の場面で登場するのもほんとうのヤクザだ。作品の味わいの決め手になる脇役には、自分の映画で常連となった俳優たちを起用した。『男はつらいよ』では、印刷工場の社長を演じる太宰久雄、監督の初期の作品でスターだったハナ肇、そしてもちろん、寅さんとして有名になった渥美清。彼らの存在は、洋次が映画づくりのうえでの家族をすでに築き上げていたことを示している。この作品で彼の名前は、それまでだれも予想していなかった分野でも知られるようになった。その才能の新たな面を示してみせた。それによって、知名度は日本の内でも外でもさらに広がっていった。8月に公開されて好評を博した『男はつらいよ　望郷篇』と、それに続く『家族』によって、彼の名はその年のあらゆる優秀作品リストの上位に挙げられた。毎日映画コンクールで『家族』は、日本映画大賞、男優主演賞（井川比佐志）、女優主演賞（倍賞千恵子）、男優助演賞（笠智衆）、宮崎晃とともに脚本賞を受賞。さらに、映画作品の評価という点で基準とみなされるキネマ旬報ベスト・テンで1位という満足できる結果も得ることができた。しかし特筆すべきは、彼の名が海外で、とくに米国とブラジルで知られるようになったという点にある。この傑作は、両国ではまさに熱狂的に受け入れられた。彼ははじめてロサンゼルスとニューヨークに招待された。監督デビューから10年を経て、自分のキャリアが転機を迎えたと感じることができた。将来の展望がちがって見え出し、もっと自由に活動できると感じた。

彼が日本社会の変容について感じていることは、大衆の共感も得たようだった。だから、『男はつらいよ』シリーズのような軽いタッチの作品でもそれを梃子(てこ)にした。1971年の正月公開をめざして6作目の撮影に取りかかったのだ。しかしまた、つくりあげたばかりの『家族』のように、よりシリアスな企画を手がけることもできるとわかった。彼の頭の中にはすでに、民子という人間を、もっと深く描くことができるような作品のアイデアが芽生えていた。それまで大半の作品では、弱者とされる女性が男性に大きく依存している面を強調してきたのだけれど、女性が担う役割にもっと大きな意味を持たせたい、少なくとも女性たちをもっと前面に出したいと思うようになった。また、裁量の幅が広がり、彼が重要視してきた二つのテーマについても、ちがったやり方でさらに深く追求することができるようになった。幸せの追求と家族という二つのテーマだ。それまでの作品ですでに扱っていたテーマだが、もっとたくさんの手法を使えるようになった。そうやって、日本の核心にまでカメラで迫ろうとした。「子どものころから、私はいつも日本と日本人について知りたいという思いを抱き続けてきた」と彼は回想する。だから、観客に自分の姿を見るための鏡を提供したいという思いがあった。仏ジャーナリストのマルセル・ジュグラリスが名著『日本へのビザ』[*7]で「彼らについて語ること」を自らの使命としたように、山田洋次も新たに決意を固めて、同じ時代を生きている同胞たちに、そのライフスタイルの変容ぶりについて考えてもらう材料を提供しようとしたのだ。ただ彼は、ほかの監督たちよりもずっとソフトな方法でやろうとした。そのころ活躍していた田中登、新藤兼人、今村昌平、黒澤明、あるいはドキュメンタリー部門の小川紳介は、日本社会のもっとも暗い部分をフィルターなしで際立たせて描いていた。他方、洋次は告発する者というスタンスを採らなかった。むしろ、もっと微妙なアプローチで迫り、変化する社会について、どうして変えたいのかと人々に動機を問いかけた。70年代のはじめ、経済的な繁栄が勝利を収めようとしていた。しかし、その大きなうねりの裏で、多くの日本人にとって貧困がまだ現実として居座っていた。

小さき人たちとともに

『男はつらいよ　純情篇』（1971年）では、この現実をダイレクトに扱っている。それには、お気に入りの俳優、渥美清に支えられたところが大きい。ほかの役者が言ったのでは観客が反発するようなきつい台詞も、渥美清には任せられた。彼自身の経歴、演じてきた役柄のおかげだ。1996年に『日本経済新聞』で披露した思い出話の中で、洋次は『純情篇』でゲストスターだった森繁久彌の感想を伝えている。この作品には、寅さんがタコ社長の経営する小さな印刷工場の工員に向かって

＊7　Giuglaris, Marcel, *Visa pour le Japon*, Gallimard 1958, p. 7.

「労働者諸君、君たちは貧しい」と言う場面がある。「観客の大半は労働者であるのに、ここでドッと大笑いだ。この作品に出演した森繁久彌さんは『渥美さんはにくい役者だね。私が同じセリフを言っても、観客はしらけきってしまいますよ』と感心していたものである。高いギャランティーを受け取るスターの渥美さんがそんな悪口を言っても、だれ一人怒らない。渥美さんが労働者諸君と同じ方向に並んで歩いている人であることを観客は本能的にかぎわけるのだ」。テキ屋の男を主人公にしたこの映画シリーズはまだ6作目だった。だが人々は、もう登場人物と演じる俳優を切り離して考えなくなっていた。20年後になって、国全体が経済的に豊かになる中での寅さんとお金の関係について、仏ジャーナリストのエチエンヌ・バラールに問われた渥美はこう答えている。「大きくちがってきていると感じていないんじゃないかな。ただ、20年前に寅さんがなにかのお礼に500円札を出したら、もらったほうは喜んで受け取ったけど、今ではケチだと思われる。だいたい500円も小銭になってしまった。寅さんはその変化をわかっていない。そして彼自身の懐具合はさびしくて、お礼にそんな500円を出すことさえ難しくなっている。近代的で金持ちの日本で、寅さんがやりくりするのは物乞いよりもきびしくなっている」。洋次は、この人物を社会経済の変化の外に置くことにこだわった。それによって彼を、地に足のついた人間にすることができた。だから彼は、自分の言っていることをよくわかっているし、みじめな状況に出会っても、それを見通す高みに身を置くことができた。それは第6作の冒頭部分で見ることができる。寅さんは長崎にいる。絹代（宮本信子）という若い女性と知り合う。赤ん坊をおんぶしている彼女は、父親（森繁久彌）のもとに行くための船が出るのを待つ一晩の宿代も持ち合わせていない。その窮状を見かねた寅さんは、宿をあてがってやる。そして、五島列島の福江島まで彼女について行く。彼女は、恋人が東京に立ち去ってしまい、生まれたところ（ふるさと）に帰るしかなくなったのだという。しかし父親との再会は苦いものだった。父親は、泥棒みたいにこっそり出ていったと娘を責める。ここでまた寅さんが割って入って、父親を諭そうとする。というのも、若い女性の身に降りかかっていることが、自分自身の過去を思い起こさせずにはおかないからだ。そのとき彼は、自分も柴又の家族のもとに戻りたいと思う。『家族』（１９７０年）の延長線にあるかのように、監督はこの物語も九州からはじめる。風景という点ではすばらしいけれども、どちらかというと貧しい地域だ。大半が都会の市民である観客に、楽園が存在することを、しかしそこでの暮らしは苦しいことを忘れさせない。それがねらいだ。また、作品冒頭の数分間を使って「ふるさと」の重要性に気づかせる。これは「くに」と呼ばれることもあるが、寅さんの話の要となる言葉だ。このテキ屋の物語はすでにファンを獲得していたが、新たな観客にもこの人物をもっとよく知ってもらうために、洋次はこの新作で観客にいくつかのカギを差し出している。そのねらいは外れなかった。作品は、その前の『男はつらいよ　望郷篇』よりも18万人も多い85万人の観客を惹きつけた。彼はさまざまな仕掛けをしている。まずは寅さんの話していることに耳を傾けてみよう。列車の中で、彼は自分の人生を総括してみせる。

「どうせ気ままな旅がらす渡世と粋がってはおりますものの、わびしい一人旅の夜汽車の中のうたた寝に、ふと夢に見るのはふるさとのこと。お笑いくださいまし。四十に手のとどくこの寅次郎は、行きずりの旅の女の面影に、故郷に残した妹を思い出しては涙をこぼす意気地なしでございます」

そう心中で語りながら、缶ビールを開けた拍子に、隣の席の乗客にビールをかけてしまう。洋次の

「シネ間（マ）」の中では、重々しい言葉にもギャグがひそんでいる。2番目のカギは、柴又とそこに住む人々に直接触れていることだ。寅さんが食堂でテレビを見ながら食事をしている。放送されていた短いドキュメント番組の中で、家族の姿が映るのだ。3番目のカギは、絹代がやっかいな状況の中で父親のもとに帰る場面にある。寅は、自分自身も20年も離れていた柴又に戻るのが難しかったことを思い出す。「生まれた土地との関係は必ずしも楽しい思いにつながらない。作家の室生犀星が有名な詩で『ふるさとは遠きにありて思ふもの』と強調しているとおりだ」と監督は認めている。「それでも、人はある種の郷愁という形で、ふるさとのことを思わずにはいられない」と寅さんの心情を説明している。さらに、この第6作では、クレジット字幕の背景になっているのも江戸川と柴又の空撮映像である。寅さんが戻る場所だ。

洋次はこの作品で、小さな目新しい演出を打ち出した。それは、このシリーズで寅さんが旅から戻ってくるたびにくりかえされるようになる。「お土産」である。旅行先から、ふるさとに残っていた同僚や友人、身近な人に持ち帰る思い出の品だ。これは、仲のいい日本人ならだれでもするふるまいで、寅さんもふつうの日本人のように「自宅」に帰るのだというイメージを、必要な場合には際立たせる。ただし、彼はふつうの人と同じではない。いつものことだけれど、ふらりと帰ってくると騒動を巻き起こす。この作品では、寅さんが帰ってくるとは思っていなかったおいちゃん、おばちゃんが、彼の部屋を賃貸しすることを決めてしまっていた。それがわかると、彼はあきらめ顔で言う。「どうせおれは、このうちの人間じゃあねえもんな」。そして、もう帰ってこないというそぶりを見せながら出ていこうとする。そこに夕子（若尾文子）という美しい女性が現れる。自宅に戻ったときに言う

「ただいま」という言葉とともにやってくる。この簡単なひとことで、寅さんは店先ですれちがったばかりの女性が新しい間借り人だということを知る。その瞬間から、決別の悲しい場面が喜劇の場面に一変する。おいちゃんは、呆然とする寅さんのようすを見て、「マドンナ」にひと目惚れしたことを悟る。そこにさくらが帰ってきて、話がさらにこんがらかる。彼女の帰宅に、寅さんは自分も着いたばかりのように、あらためて「ただいま」と言うのだ。これに、おいちゃんもおばちゃんも、そうするしかないので「おかえり」と言ってしまう。「帰ってきたんだね。うれしいよ」というような意味だ。

さっきまで行きずりの旅人に過ぎなかった寅さんが、わずかな言葉のやりとりで、一気にその家の人間になる。夕子がちょっと体調を崩すと、彼は心配でたまらず、なんとかしなければと家じゅうを巻き込んでいく。そしておかしなシーンが次々と続く。テキ屋の寅さんが恋に夢中で、ほかのことはどうでもよくても、ほかの人物はさまざまな困難に直面している。渥美清は喜劇役者として優れた才能を発揮するが、洋次は常に現実を忘れないようにという配慮も欠かさない。だからこそシリーズは息切れしなかったのだけれど、この第6作で、彼は零細印刷工場の経営者タコ社長、その従業員でさくらの夫である博を前面に出している。自分の会社のトップに立ち、まわりの人から「社長」と呼ばれるタコは、常になにか問題を抱えている典型的な日本の中小企業経営者である。彼にとって常に頭痛の種になっているのは税金だ。シリーズのどの作品でも、彼は税務署のことを話題にしている。呼び出しや話し合い、懸念。だがこの作品では、事態はより深刻だ。印刷工場が続けられるかどうかが懸かっているのだ。というのも、柱となっている社員の博が自立を考えはじめたからだ。「独立して小さくてもいいから自分の工場を持ちたいってのが結婚したころからの博さんの夢」だったと、さくらは寅さんに説明する。この町工場という小さな会社が織りなす構造のおかげで、日本は工業国の名に値する国であることができたし、今もそうだ。作品が撮影された当時の調査では、日本には約7万の「町工場」があった。50年後、その数はほぼ半分になっている。この歴史の帰結を知らないまま、寅さんは、退職して自分の夢を実現させたらいいと博の背中を押す。ただ、さくらはもっと慎重だ。そんな夫の選択が引き起こす道徳的な問題を気にしている。だが、テキ屋の寅さんは「今どき、人情とかさハチの頭だとかさ、アリのおちんちんなんてのは古いんだよ」と言い放ち、タコに博の気持ちを伝える役を買って出る。ところがタコから、中小企業の経営者として、博に退社されたら首をくくるしかないんだと言うのを聞かされて、寅さんは博の考えを変えさせると約束してしまう。とはいっても、結局なにもしないのだが、それでタコと博の間に誤解が生まれる。二人とも、相手が自分の気持ちをわかってくれたと思い込んでしまうのだ。タコ社長は、博が工場に残る選択をしてくれたことを喜んで宴会まで開く。まもなく二人はそれぞれの思いちがいに気づいて、宴会はいささかいの場に転じる。さくらから、町工場を持つために必要なだけの資金は得られないと聞かされた博が、結局、工場に残ると言って、タコ社長をはじめみんなはほっとする。

このシーンをつくりあげることで洋次が示しているのは、ものごとが最後にはなんとか治まるにしても、人生はおだやかな大河というわけにはいかないということだ。心の面でも、寅さんは夕子との関係で、たかぶりと落ち込みを知ることになる。実際のところはともかく、この若い女性が自分のことをどう思っているかというところで揺れるのだ。しかし、思いが通いあったと彼が感じたそのときに、経済的な理由から別れて暮らしていた夫が夕子を迎えにやってくる。恋は終わり、寅さんはふたたび旅立つ。シリーズで土台となる素材がすべて巧みに盛り込まれているが、山田洋次は新しい素材も付け加えている。柴又駅[※]での旅立ちと呼ばれるようになる場面だ。これはシリーズに欠かせないお約束の場面となっていく。さくらが兄を駅まで見送りに来る。それは決定的な別れではない。シンプルな「またね」である。さくらは「あのね、お兄ちゃん、つらいことがあったらいつでも帰っておいでね」と兄に言う。作品をシリーズとして、うまく軌道に乗せた瞬間だ。つまり、第6作をきちんと完結させながら、監督は別の要素をそこに据えている。上映中の物語に終止符を打つと同時に、観客には、あなたたちの友人はまたそのうち戻ってくるよ、と告げているのだ。正月や真夏のお盆のころに上映されるこのシリーズは、そのたびに登場人物たちの近況を知らせる機会になっていった。『男はつらいよ　純情篇』の最後、絹代が柴又にやってくる。寅さんがいると思ったからだ。子どもも恋人もいっしょだ。さくらに促されて絹代は、五島列島に残してきた父親に電話をかける。父親には寅さんから年賀状が届いていた。その寅さんは、参拝客でごった返す神社の境内で、雑多なものを売ろうと口上をまくし立てている。見ている人たちは、彼は元気で、また戻ってくるのだと知ることになる。

※柴又駅
京成金町線の柴又駅は寅さんシリーズの中で重要な場所である。家族とけんかしたり、失恋したりすると、寅さんはこの駅から旅に出る。重要なシンボルとなっていることから、洋次はほかの映画の撮影にも利用している。2021年に駅前の再開発がはじまり、洋次は懸念を表明した。多くの日本人が親しみをおぼえている景観を変えてしまうことになるからだ。それに、国内でもっとも人気の高い監督の映画作品の中でこの場所は重要な役割を担ってきたのだ。駅前には寅さんと妹さくらの銅像がそれぞれ1999年と2017年に建てられている。

第7作『男はつらいよ 奮闘篇』のロケ地、越後広瀬にて（『キネマ旬報増刊　山田洋次と渥美清』1971年5月10日号より）

きずなを結ぶ

洋次はずっと飛びつづけているような状態だった。第6作の観客動員数は新記録となり、またしても監督賞（第26回毎日映画コンクール）を受けた。渥美清も文化庁の第22回芸術選奨文部大臣賞を受賞。とはいえ、栄誉に包まれてひと休みというわけにはいかなかった。撮影が続いていただけでなく、ほかの監督の映画の脚本執筆も続けていた。たとえば仲間の森﨑東の『女は男のふるさと』（1971年）やテレビ番組のための脚本も手がけた。そのころ、TBSやフジテレビ、HBC北海道放送、日本テレビで、彼が構想した物語をベースにしたドラマを放映していた。洋次は、自分の感じていることが同時代の人々の共感を得ていると思った。『男はつらいよ』シリーズを含め、彼はしだいに時代に呼応する物語をつくっていった。彼は日本語で言う「空気が読める人」だった。別の言い方をすれば、彼は、声なき人々の気持ちをすくい取ることができた。それは、寅さんがスクリーンで存在感を増すにつれて、寅さんと共有していく資質でもあった。

1971年4月末に公開されたシリーズ第7作『男はつらいよ　奮闘篇』では、冒頭から監督と主人公が共有するこの資質の重要性を見いだすことができる。新潟県の中央に位置する越後広瀬の質素な駅。余暇社会の到来を告げるスキーヤーたちの姿もある。寅さんは数十人の若者と、それを見送りに来た親たちの中で列車を待っている。この冬の終わりに、駅で唯一の暖房である小さなストーブのまわりに集まっているのは集団就職で上京する若者たちだ。『家族』（1970年）と同じように、母たち（父親たちはいない）と子どもたちの会話にレンズを向け、フィルムに収めていく。交わされるシンプルだけれど情感がこもった言葉は、直接観客たちに話しかけているようだ。いったいどれくらいの観客が、同じシーンを自身で経験したことだろう。当時の日本では、年間に50万人の若者が故郷を離れた。とくに、新潟を含め東北地方でその流れは著しかった。この地方離れの問題にとりわけ敏感だったのは、新潟県出身である与党・自民党の大物政治家、田中角栄だ。彼は1年後に首相になるのだが、「出稼ぎをしなくても雪国で暮らせるようにしよう」と訴えて、日本列島改造論を打ち出す[*8]。彼は、この大規模な国内移民が引き起こす日本社会の不安定化と闘おうとしていた。

＊8　田中角栄『日本列島改造論』（日本工業新聞社、1972年）。フランス語版もある。Tanaka, Kakuei, *Le Pari japonais*, trad. de l'anglais par André Manardo et Jean-Louis Olivier, Presses de la Cité, 1973.

雪に埋もれた駅の中で、寅さんがそんな問題をちゃんと意識しているわけではない。しかし、なにが起きているのかはわかる。若者の集団に声をかけて、どこへ行くのかと尋ねる。一人の若い女性が、東京のおもちゃ工場に就職すると答える。寅さんは柴又を思い出す。たくさんのおもちゃ工場がひしめきあっている地区だからだ。みんなの顔、とくに母親や祖母たちの顔を見ていて、こう声をかけたのだという。「親を恨むんじゃねえよ。親だってなにも好き好んで貧乏してるわけじゃねえんだよ」。そして、汽車がいよいよ発車というときになると、ホームに立つ寅さんは窓越しに車中の若者たちに告げる。「君たち、東京へ出て故郷が恋しくなってたまらなくなったら、葛飾・柴又、帝釈様のお参道にとらやっていう古くせえ団子屋があるから、そこへまっすぐ訪ねていきな。そこにはおれのおじさんとおばさんにあたる老夫婦と、それからたった一人の妹がいるからよ。どいつもみんな涙もろい情け深いやつばっかりで、君たちが故郷に帰ったみたいにきっと親身になって迎えてくれるよ。もし、妹がなあ、おれのことを訊いたら、車寅次郎は……、あっおれだけど、車寅次郎は、たとえこの身は遠い他国の空にいようとも、心は柴又のみなさんといっしょにいるよと、そう伝えてくんな」。シンプルな言葉が心を大きく揺さぶる。撮影のときの『キネマ旬報』誌のインタビューで洋次は、この駅の場面をうまく捉えることができた満足感を隠していない。そして、脚本には書き込まれていない人物たちが登場する場面でも、適応できる俳優の力量を称えている。とはいえ、作品はやはり喜劇である。涙は笑いに変わる。若者たちの集団の出発に感慨にふけっているとき、寅さんは気づくのだ。速度を上げて走っていく汽車に、自分も乗るはずだったということに。

最初の数分で、監督の細部にまで行き届いた巧みさがわかる。彼はこの作品以降、朝間義隆と脚本を執筆する。二人はいっしょに寅さんの物語を、日本と世界の映画の歴史に刻んでいく。洋次は、観客がすぐに作品に引き込まれるような仕掛けを考えている。それによって彼は、一気にファンとなる人たちを獲得していった。彼の作品では、その世界にすぐに入り込めず、気持ちが集中できないことはめったにない。それくらい、物語の展開の素となる新しい状況を設定することにかけて、彼の才能は偉大である。寅さんの母親であるお菊（ミヤコ蝶々）が、思いがけず柴又にやってくる展開などはその好例だ。彼女は、寅さんと彼の嫁に会うために、おいちゃんとおばちゃんのところに現れる。寅さんは母親への手紙で、近々結婚すると書いていたのだ。面食らったとらやの主人夫婦がうまく対応できないでいるところへ、さくらが息子の満男を連れて店に来た。寅さんの妹を知らないお菊は、二人を寅の嫁と孫だと勘違いする。混乱はまもなく治まり、お菊は息子がまだ独り者だと知る。その息子であるテキ屋の寅さんも柴又に戻ってくるのだけれど、母親に会うことに強いためらいを見せる。自分の身内として受け入れようとしない。自分の家族は、とらやの人たちだと思っている。監督はこの数分の場面で、家族のつながりというテーマを打ち出してみせる。寅さんと母親のやっかいな関係を通して、血のつながりがあるということが、どれほどの意味を持つのか問うているのだ。そこには洋次自身の経験が表現されていると見るべきか。思い出しておこう。彼は、戦争が終わった後、母親が家を出てしまったことに深く苦しんだ。だから、そこに彼自身の経験の投影を見ることはできるかもしれない。いずれにしても洋次は、人の感情の割り切ることができない部分を強調して描いている。人の感情について、方向はこうだと決めつけることはできないと考えている。母親に対してはよそよそしく、関心がないようにふるまう寅さんだが、沼津のうらぶれたラーメン屋で出会った若い娘には心からの同情を示す。

そのとき寅さんは、妹（さくら）とともに母親（お菊）と会ったけれど、ギクシャクしてしまい東京を離れたばかりだった。北国から来た花子（榊原るみ）は、作品の冒頭で彼が駅で出会った若者たちに似ていた。ただ、少し知的障害がある彼女には、よからぬ大人たちの手に落ちそうな危うさがある。落語家の名人の一人、五代目柳家小さん（洋次はこの話術の名人のファンたちも喜ばせた）演じるラーメン屋の主人から、そんな話を聞いた寅さんは、父親のようにこの若い娘の面倒をみようとする。彼女を青森の親元に帰したかったが、連れていくためのカネがない。心配で仕方がない寅さんは、万一のときはと言って、とらやの住所を教える。この第7作では、彼女が「マドンナ」ではあっても、寅さんが恋に落ちるわけではない。二人の間には特別なつながりができる。そのつながりがどれほど強いか、もう少しあとで二人が柴又で再会したときにわかる。実は彼女は、実家には帰らず、アドバイスに従っておいちゃんとおばちゃんに会いに来た。満開の桜の下で、二人が再会する場面は感動的である。観客が涙を流すのが目に浮かぶようだ。

彼女を描く洋次の頭の中にあったのはおそらく、ふみさんのことだろう。洋次の一家が満州に暮らしていたときの若いお手伝いさんだ。彼女は映画『路傍の石』（1938年）を見て、主人公と自分を重ねて涙していた。そのとき彼にはわかった。映画の観客は、監督がその力量を発揮できれば、作品を自分のこととして受けとめることができるのだ、と。彼は学んだことを忘れなかった。ほかにもたくさんあるけれど、このシーンもそのことをよく表している例だ。寅さんは彼女の保護者を自任し、一生面倒をみると約束する。しかし、芽生えた幸福感は長くは続かない。おいちゃんやおばちゃん、さくらは心配する。彼女が本来いるべき場所ではないと思う。3人から連絡を受け、彼女の先生だった人（田中邦衛）が青森から迎えにやってきた。それが寅さんにはショックだった。柴又を出ていき、自殺をほのめかすような葉書を書いてよこす。「花子も元気にしていたし、おれはもう用のない人間だ。おれのことは忘れて達者に暮らしてくれよな。さよなら」。葉書は青森から届いた。さくらが青森に向かうことになり、先生と花子に会った。やはり兄がやってきて、一晩過ごしたと聞かされる。けれども今の消息がわからない。さくらは最悪の事態まで想像してしまうのだが、結局、駅に戻るバスに寅さんが乗り込んでくる。終わりよければすべてよし。おまけに、彼は死ぬつもりなんて全然なかった、と言う。見ている人たちもほっとする。またスクリーンで会うことができるのだから。監督はまたしても、観客をはらはらさせながら、結末までうまくもっていった。監督が観客に語りかけているのは、生まれたところとのつながりこそがいちばん大切だという物語だ。ほかのつながりはそれほどではない。1971年の日本人に、このメッセージはうまく響いた。作品はまっすぐ人々の心に届いた。彼はまたしても入場者数の記録を打ち立てた。洋次自身も、この作品と第6作（『純情篇』）、第8作（『寅次郎恋歌』）の3作で第26回毎日映画コンクール監督賞を受賞した。

なんという家族！

一連の作品がとても好評なので、松竹の幹部たちはもっと反響を呼び起こすような仕組みにしなければと考えた。そして、このシリーズで年に2作品を製作することが決まった。1本目は正月、2本

第8作『男はつらいよ 寅次郎恋歌』（©1971松竹株式会社）

目は8月のお盆休みの時期。いずれも映画にとってのかき入れ時だ。ライバル会社と同様、松竹もそのシーズンに作品が必要だった。日本人が映画のスクリーンよりテレビ画面を好むようになって、映画会社の経営はとても難しくなっていた。人員を削減し、施設や設備の一部を売却し、製作本数を減らさざるをえなくなっていた。こうした流れの中で、松竹が洋次の作品に向ける期待の強さはますますはっきりとしてきた。ほんとうに別格扱いになっていった。だがそれは同時に、きわめて重要な責任を担うことも意味した。彼はますます救世主のようになっていく。

　彼は、寅さんの苦労物語の第8作『男はつらいよ　寅次郎恋歌』（1971年）の準備と撮影に取りかかった。公開は12月29日に予定された。会社にとって、観客動員数や収入という点でのねらいの大きさを考えれば、第8作はシリーズの新たな出発と見ることができる。それは、創造者である洋次の意図をあらためて確かなものにする意味も込められていた。だから最初に、テキ屋である寅さんの生き方を再確認しておく必要があった。暮らしていくために、あるかないかのわずかなお金でしのぐという生き方だ。同じような生き方をしている旅人はほかにもいる。たとえば冒頭、彼がはげしい雨の中で出会う旅まわり劇団の一座だ。次に、寅さんが東京、詳しく言えば柴又地区の出身であることを思い起こしてもらったり、まだ知らない人たちには説明したりすることも必要となる。そこで洋次は、寅さんとこの地域をつなげる手法を、最初のクレジットタイトルのバックにはじめて導入した。つまり、手にカバンを持ち、江戸川沿いの堤防に登場する寅さんの姿だ。どこからやってきたのかはわからない（そもそも、実際の柴又駅は彼が歩いてきた方向には位置しない）。しかし、この場所に彼がいることが、帝釈天の映像とともにすべてを結びつける。3番目のポイントとして、この作品がやはり喜劇であることをあらためて思い出してもらったほうがいい。それについてもクレジットタイトルが活用される。寅さんは、川沿いを歩くだけではおさまらず、そこにいるほかの人たちともめごとを起こす。監督はそこで、彼が不器用でドジな人間であることをはっきり見せる。過去からの訪問者さながらに、彼は今の時代の人々の中で、いささか迷子のようである。だから、そのふるまいは珍妙な事態を引き起こす。冒頭7分も経たないうちに、観客は大事な三つの情報を得る。そうやって物語が動きはじめる。彼が柴又に帰るのに、決まりごとはなにもない。前もって知らせることもめったにない。だから身近な人たちも、どうやって迎えればいいかわからない。たいていのことが彼しだいなのだが、習慣や作法を気にするおいちゃんとおばちゃんは、いざ彼に向きあうと自然に接するのに苦労する。やりすぎたり、不十分だったり。それでいつも、けんかになる。たいていの場合、ギクシャクしないで迎えられるのは、さくらと夫の博だけだ。とはいえ、二人も騒動に巻き込まれる。しばしばさくらは、どちらに味方するべきか選択を迫られるからだ。

この第8作で寅さんは、帰ったときに迎える人たちの態度が気に食わなくて飲みに出かける。ぐでんぐでんになったうえに、二人の酔っぱらいまで引き連れて戻ってくると、妹に横柄にふるまう。あとでそのことに気がついて、すぐにまた旅に出ることを決める。こういう別れ方を設定することで洋次は、物語に別の次元を導入し、ほかの登場人物たちに観客の注目が向くようにしている。この場合は博だ。彼はさくらとともに、岡山県の高梁市に向かう。母親が亡くなり、その葬儀に列席するためだ。ここで博の父親役として、志村喬を起用している。志村はすでに第1作で登場している。この状況を設定することで、家族、とりわけ表面的にはふつうに見える家族のきずなのもろさを際立たせようとしているのだ。寅さんの家族と比べると、博の家族の形は、父親と長男が中心となっている。それによって服喪の期間のさまざまな手順も決められる。この一体となっているようなうわべとは裏腹に、家族の亀裂が次々と明らかになっていく。小津安二郎がいくつかの作品で触れていたのと同じように、洋次も、伝統的な家族のつながりがすっかりそこなわれてしまっていることを示す。たとえば、博が自分の兄弟に対して怒る場面がそれを表している。兄弟たちが、亡くなった母親について、まったく「当たり障りのない」次元でばかり語るからだ。博は、依然として子どもの視線で母親を見ている。「理想の家族とは、それぞれがお互いを尊重し合う家族だと思う。それぞれの生き方にお互いに敬意を払う。家族一人ひとりがその中で自分の役割をしっかり自覚することが欠かせないと思う」と監督は語った。博の家族はその理想からほど遠い。監督は、家族の矛盾をあらわにしてみせる。

監督はさらに、「寅さんの家族は、それぞれが自分の場所をしっかりと持ち、それにだれもが家族を守ろうと努力している。その意味で完全な家族に近い」とも述べる。となると、葬儀の日にテキ屋の寅さんが登場するのは偶然ではあるまい。彼は、ほかの参列者とはまったく異なる装いで、場違いな雰囲気を持ち込むのだけれど、葬儀の間、人々を結びつける役割を果たそうとする。彼はまた、参列者がみんないなくなった後も、博の父親のもとにとどまる。志村喬が演じる父親は、長男のもとに身を寄せるよりも、生まれた町に残ることを決めていた。二人だけの場面で、寅さんが博の父親に「言っちゃあなんだけどさ、先生の息子さんたちてぇのは、すこし冷てえんじゃないか。おれ、今度東京行ったらね、博のやつにバシッと言ってやるわ」と言う。けれども、父親が語る思い出話にいきなり動揺させられる。信州・安曇野を旅行したときに見かけた農家の家族の夕飯の光景だ。「私はそのとき、それがほんとうの人間の生活ってもんじゃないかと、ふとそう思ったら、急に涙が出てきちゃってね」と寅さんに明かす。「人は絶対にひとりじゃ生きていけない。逆らっちゃいかん。人間は人間の運命に逆らっちゃいかん。そこに早く気がつかないと、不幸な一生を送ることになる。わかるね、寅次郎君わかるね」と、ほんとうの父親のように寅さんに語りかける。このとき、家の中にいる寅さんに対して、志村喬が座っているのは「縁側」である。オーギュスタン・ベルクが『日本の空間感覚』[*9]で読み解いているように、内側でも外側でもない場所だ。この縁側という「緩衝空間」は、観

＊9　Berque, Augustin, *Le Sens de l'espace au Japon*, éditions Arguments, 2004.

客をノスタルジックな気分に誘うだけではない。この場面を縁側に設定することで、なにもかもがう二人が、最後には近づいていく対話の構図の全体像を浮き上がらせてみせる。博の父親は学識者である。対するテキ屋の寅さんにはまったく学がない。しかし知識人であっても、人生の中でさまざまな経験は重ねてきている。そのことに寅さんはとても驚く。いわば、外に開かれている場所で、博の父親は寅さんに自分自身をふり返らせたのだ。父親の話が寅さんに促したのは、いつものように風まかせの旅に出ることではない。はっきりとした行き先に向かうことだ。この場合それは、柴又の家族のもとにである。シーンの最後、志村喬は立ち上がって縁側から家の中に入っていく。彼の人生には、もう結論が出ているとでも言うかのようだ。この場面は、洋次の才能の特徴をよく表している。入念に選ばれた場所で交わされるシンプルな言葉によって、ある雰囲気をつくりあげる。観客はすぐにそこに引き込まれていく。

観客に、自分も作品の中で生きているように感じてもらいたいというだけではない。実際に現場の地元に住む人たちにも撮影に加わってもらおうとする。だから山田洋次の作品には、人々にとって身近で人間的なアプローチがとても深く刻まれるのだ。『男はつらいよ』シリーズのほかの作品と同じように、『寅次郎恋歌』でもロケ現場の住人たちに登場してもらっている。それによって作品を地域としっかり結びつけることも、監督がとりわけこだわるリアリズムのタッチをもたらすこともできる。しかし彼は、地元の人が出てくる場面だからといって手加減はしなかった。自分が納得するまで、必要なら何度でもやり直した。たとえば高梁市での撮影では、博の父親が寅さんといっしょに橋を渡るシーン。ここで、父親にあいさつをする演技を求められた地元の女性は、監督がＯＫを出すまで何度も何度もやり直したことを、その後もずっと忘れていない。どんな演技を採用するか、その場にはまるのはどんな表情か。そうしたことへの細かい気づかいがあるからこそ、観客の気を散らさずに画面に注意を向けさせることができる。監督はまた、観客とのつながりを強め、登場人物をよりいっそう魅力的にするうえで、渥美清のような俳優の自発性も大いに頼りにしている。

柴又に帰った寅さんは、博の父親から聞いた言葉を強く意識している。それまでのふるまいを反省し、おいちゃんとおばちゃんのところに姿を見せる。これまでのことを悔いているようで、当然二人は面食らう。けれども、二人の心配の種になりそうなこともある。新しく近所に来た貴子（池内淳子）の存在だ。彼女は、ほかに身寄りがなく一人で子どもを育てていて、帝釈天のすぐ横に喫茶店を開店したばかり。おいちゃんとおばちゃんは、これまでの経験から、寅さんがこの若くて美しい女性と出会えばまた恋に落ちてしまうことがわかっているのだ。二人の予想は正しかった。高梁で過ごして、寅さんは、自分も家族を持つべきだと考えるようになっていただけではない。その結婚相手として描いてみせる女性像が、まだ会ってもいない貴子とすっかり重なるのだからなおさらだ。だが、運命には逆らえない。寅さんはお寺の境内で、彼女の息子の学が一人でいるのに気づいたことから彼女を知ることになる。雷に打たれたようなひと目惚れ。お寺の鐘が二つ鳴って、その瞬間が強調される。

寅さんは舞い上がり、もう貴子の同居人であるかのように想像する。学にも、自分自身が父親に望んでいたけれど得られなかった愛情を注いで面倒をみる。この関係は、彼の身近な人たちとの間で、ややこしいことになっていく。とくにおいちゃんとは、またしてもけんかになる。寅さんは、当面ほとぼりがさめるまで、とらやを出ていかざるをえなくなる。ところが、思いがけず博の父親がやってきたおかげで、寅さんが店に戻る。すると、博の父親とどうやって言葉を交わせばいいかわからない居心地の悪さを感じていた博やおいちゃんも救われる。洋次はいくつかの作品で、おいちゃんのようなふつうの庶民と、この元大学教授のようなインテリとの間の文化的な亀裂をはっきりと示す。けれど、寅さんだけはインテリの存在に頓着しない。そして素直に、思ったとおりの言葉をかける。ここでも、あらゆる登場人物を同じ地平に置くために、社会的なコードを壊しているのだ。

観客たちは細かく階層化された社会に暮らしている。家族関係の中にもないわけではない。それに慣れっこになっていた人々に、テキ屋の寅さんの姿勢は、自由のひとつの形を示している。憧れてはいても、日頃の生活の中では表明できない自由だ。これもまた、寛大さとともに、このシリーズが大きな人気を博している理由のひとつだ。寅さんは、自分にカネの余裕がないのをわかっていながら、借金取りに苦しんでいる貴子を助けようと奮闘する。けれども東京では、もぐりで商売ができないことがわかる。寅さんは限界を悟る。貴子と最後に話す場面は、博の父との対話を思い出させる。今度は、貴子の家の縁側にいるのが寅さんである。旅から旅への人生について彼女に語る。志村喬が話した物語も持ち出す。そして同じように、引き下がることを選ぶ。けれども、彼がいるのは自分の家ではない。だから予告もなく去って行く。しばらく後になって、さくらに説明する。「このまま柴又にいても、おれはますますつらくなる一方だし、おめえたちに迷惑かけることは目に見えているし、いずれそのうち筋書きどおりになるのがオチだよ」。新たな旅立ちの場面である。映画はここで終わることもできた。けれども、洋次にとって、柴又であれ、そのとき寅さんがいる場所であれ、作品にはもっと軽いタッチの終わりの場面が欠かせない。この作品では、寅さんが貴子に送った葉書で物語はつながっていく。貴子はおいちゃんとおばちゃんのところでお茶を飲んでいる。さくらもいっしょだ。みんな縁側にいる。季節は晩秋。他方、寅さんは山梨県の北杜市にいる。八ヶ岳のふもとだ。冬が近づき、寅さんは南のほうに向かおうとしている。それで観客は、数か月後になればまた新しい物語で、寅さんに再会できるのだとわかる。150万人近くの観客を動員したこの第8作で、シリーズの人気が上昇していることが確かめられた。松竹が大いに満足した理由はそれだけではない。松竹のこの救世主の仕事は、またしても監督賞、脚本賞として報われたし、撮影監督の高羽哲夫も賞を受けた。さらに、キネマ旬報ベスト・テン入りも果たした。洋次にとって、3本の映画を撮影し、テレビ向けにいくつもの脚本を書いたこの年は、華々しい成果とともに暮れる。

立ち止まるか、まだまだか

翌年もまた、この人気シリーズの新作を2本撮らなければならないというだけで、とても忙しい年になりそうだった。にもかかわらず洋次は、ほかの企画に取り組むのをあきらめたりしたくなかった。とくにこだわりを持って構想していたのは、『家族』（1970年）につらなる長編作品だ。その『故郷』（1972年）は、10月に公開が予定されたが、その前に『男はつらいよ』の第9作『柴又慕情』（1972年）の撮影に取りかかった。こちらはお盆休みに向けて8月5日公開と決まっていた。最初の作品から4年で、早くもこんな人気シリーズになったことには洋次も驚くのだが、なによりも「同じ仲間たちでこのシリーズの仕事を続けてきたという、そのやり方が強く心に残った」と言う。しかし、寅さんのおいちゃん役を演じてきた森川信が亡くなる。まだこれからというときの、早すぎる死だった。洋次はシリーズを終えることも考える。「すごい名優でしたから、代わる人はなかなかいない。これはやめる良い切っ掛けだな、と思いました。同じ設定で10本以上続くなんて映画界の常識にはありません。どこかでやめなくてはいけないだろう、とも思っていました」と『読売新聞』（２００６年12月12日付）で語っている。

シリーズが収益面でも重要だということを知らないわけではなかった。彼は東京のあるホテルに招かれ、松竹と提携している映画館の館主たちと会った。館主たちは、森川信がいなくなったことを悔やみつつ、とはいえ、映画業界の退潮という流れの中で、その崩壊を押しとどめる力があるのは寅さんだけだ、と口々に訴えた。「そんなに頼りにされていたのか」と驚いたと言う。助けを求めるこの呼びかけに応えて、彼はおいちゃんの役を松村達雄に託すことを決めた。『なつかしい風来坊』（１９６６年）でいっしょに仕事をした俳優だ。そして、朝間義隆とともに脚本を練り上げた。それまでと同じように、時代がその上を滑り通り過ぎていくような寅さんと、そのときの日本とのつながりをつくっていく。11年後の第31作（『旅と女と寅次郎』）で、登場人物の一人が寅さんについて「時代遅れよ」と言う。つまり、過ぎた時代に属しているというわけだ。そのときの日本と、時代遅れの寅さんという二つの時空間の表現によって示された、この対比の構図がなければシリーズは観客たちの支持を得ることはなかっただろう。観客たちは、寅さんという人物への傾斜をますます強めていった。毎年の大晦日に民放が共同で流す番組『ゆく年くる年』では、柴又からも中継があった。３０００万の視聴者が、寅さんがどんなところから登場してきたのか知ることができた。これが高まる一方だった知名度をさらに根付かせることになった。「私たちが観客に喜んでもらうには、自分たちも楽しんで映画をつくるしかないのです」と山田洋次はインタビューで言い添えている。同時代を生きる人々が、自分たちを取り巻く世界の破廉恥な言動から逃れる必要がある。彼はそのことがよくわかった。

１９６０年代という動揺の時代のページをめくるとき、その決意の原動力となったのは若い女性たちだった。１９７２年になっても、60年代からの動揺がまだ完全に治まってはいなかった。２月19日には、連合赤軍のメンバーがあさま山荘に人質を取って立てこもり、９日後に警察が人質を解放するという事件が起きた。そんな中でも、日本人が新しい地平を開く夢を見ていたのはまちがいない。70年に『an・an（アンアン）』（平凡出版。現・マガジンハウス）、71年に『non-no（ノンノ）』（集英社）が発刊されたのはその象徴である。女性誌は新しい時代を迎え、「アンノン族」が登場する。これは、それまでとはちがう新しい理想を求める若い女性たちを指した。この動きは、とくに自分たちの国の新たな発見へとつながる。70年秋、国鉄は国内旅行を促すキャンペーンに打って出た。キャンペーンは「ディスカバー・ジャパン」と命名された。スローガンが英語でも、ターゲットは日本人だった。この機会を大いに利用したのも日本人である。１９７２年２月に『an・an』は国内旅行についての別冊を出した。それが洋次の発想を刺激したかどうかわか

『an・an（アンアン）』1972年２月20日号（平凡出版、現・マガジンハウス）。「日本の旅特集」が組まれた

らないが、『男はつらいよ』の第9作『柴又慕情』の脚本では、この旅行ブームを使って、寅さんとこの作品のマドンナ、歌子（吉永小百合）の出会いの場面をつくっている。

寅さんが、東京から遠く離れたところでこの若い女性と知り合う前に、話は柴又からはじまるという設定を洋次は考えた。寅さんが柴又に帰ってみると、おいちゃんとおばちゃんが彼の部屋を貸間にすることを決めていた。さくらと博が家を買うための資金の足しになれば、という立派な理由があった。これは当時、同じように家を持つことを夢見ていた多くの日本人の気持ちに響く話だ。店先の「貸間あり」という札を見て、寅さんは自分が邪魔者扱いされていると感じ、出ていくことを決心する。どこかに部屋を借りようと、不動産屋に頼みに行ったら貸間に案内してくれたのだが、これがやっぱりおいちゃんとおばちゃんのところである。やってきた「間借り人」をめぐるドタバタは、双方の勘違いが重なっていくからとくに面白おかしい。寅さんは別の場所を見つけたかったのだし、おいちゃんたちは公務員などが借りてくれることを期待していたのだ。お約束どおりのユーモアたっぷりの場面に続く釈明のシーンで、事態は混乱するばかり。結局、寅さんはまた旅に出る。これは洋次がこのシリーズに組み込むことにしている、お決まりの流れである。今回、テキ屋の寅さんは金沢に姿を見せる。「ディスカバー・ジャパン」のキャンペーンの恩恵にもっとも浴した街のひとつである。監督は、それをからかう描き方を選んだ。カメラは街の中のさまざまな観光地を（長町の武家屋敷、みごとな公園である兼六園）を次々と見せていく。けれども、歌子といっしょに観光に来ていた友人の一人にこう言わせる。「ディスカバー・ジャパンか。どこに行っても同じじゃね。うちに帰りたくなっちゃった」。歌子は、友人の一人が結婚するのでその前にと、ほかの友人と3人で旅行に来ているのだ。だが、旅行推進策の結果、押し寄せてきた観光客の群れの中で、歌子は居心地が悪いと感じる。

　この3人はまさに「アンノン族」を体現しているとはいえ、歌子はもっと素朴な旅を夢見ている。思い出すのは家族旅行だ。彼女たちは、観光客の群れから遠ざかるため、福井に移ろうと決める。歌子は生き生きとしてきたようだ。そこで寅さんと出会った3人は、寅さんといっしょに、福井県でもっとも知られた名所をめぐる。この県は田舎で、金沢ほどには観光開発されていない。数日経って寅さんは柴又に戻る。そこで歌子ら3人と再会することになる。この中で、歌子はいささか気の毒な状況に置かれている。両親が離婚し、作家の父親と暮らしている。そのことが歌子に重荷となっている。それだけで寅さんは彼女にのぼせあがる。寅さんは困っている若い女性に出会うと、自分の将来が開けてきたような気になる。けれど、それはどう転んでも当てにならない展望だ。歌子が父親と離れて暮らすことを決意するのも、ある男との結婚を望んでいるからだ。博とさくらは、歌子と夕食をともにし、その席で歌子から悩みを打ち明けられる。それを聞いて博は「またひとつ失恋話が増えるんだなあ」と言う。歌子は寅さんにも、ある陶工と結婚するつもりだと告げる。「もし私が幸せになれたら、寅さんのおかげよ」と言うのだけれど、寅さんはがっかりしてしまう。

　だから寅さんは、幸せになった一人の女性をあとに、また旅に出る。シリーズが回を重ねるたびに、それが寅さんの宿命になっていく。観客はこの惚れっぽい男に友情をいだく。吉岡範明は、著書『渥美清　役者もつらいよ』（双葉社、1977年、201ページ）の中で、ある女性観客の言葉を紹介している。「寅ちゃんて、すてきな男性なのに、なぜもてないのかなァ？　寅ちゃんて、いつもふられっぱなしで、ホントにかわいそう！」。この人物を好きになる日本人は、どんどん増えていった。こ

第９作『男はつらいよ 柴又慕情』（©1972松竹株式会社）

の第9作では、上映館に出かけて喝采したのは１９０万人近くにのぼった。配役では、渥美清のほかに客演俳優の選択も高い評価を受けていた。この作品では、歌子の父親役の宮口精二だ。彼は、とくに黒澤明監督の『七人の侍』（１９５４年）で注目された。もちろん、まだ若かった吉永小百合も挙げなければならない。彼女はこの後、第13作でも登場する。１９５９年に14歳でデビューしたこの女優は、撮影の後こう明かしている。「『男はつらいよ』は私にとって久しぶりの映画らしい映画、〝手づくり〟のよさを味わえる映画だった。私のなかで諦めかけていた映画への夢が再びふくらみ、微かな光がだんだんに拡がっていくように思える」。こんな言葉は洋次の心に直接届く。彼の仕事は、撮影に参加する俳優たちからも称賛されているのだ。

消えていく世界

この作品はキネマ旬報ベスト・テンの6位になった。読者が選ぶベスト10でも同じだった。けれども洋次は、この成功で十分満足したわけではない。彼は、別の企画でも映画監督としての評価を得たいと思っていた。寅さん作品が松竹の大きな収益源となり、洋次の重みも増していたから、『故郷』（1972年）の製作にもゴーサインを得ることができた。ふたたびドキュメンタリーの手法でテーマを扱いたいと考えた。今度はそのアプローチをはっきりと打ち出しはしていないが、同じ二人の俳優を起用した。民子役の倍賞千恵子と精一役の井川比佐志だ。二人が演じる夫婦は、瀬戸内海の倉橋という島で暮らしている。仕事は粗末な船での砂利の運搬。地域の工業化とともに成り立ってきた仕事のひとつだ。しかし二人のやり方は、だんだんと需要に応じられなくなってきた。この作品のアイデアは、洋次がこの地域に滞在しているときに浮かんだ。そのころ、思いがけずチームの一部のメンバーといっしょにそこで数日間、仕事を休むことになった。そのとき、砂利を積んでいる船が通るのを見て、地元の人になにをしている船か尋ね、さらに少し調べてみた。そんな船の船主の一人とも知り合ったが、彼は廃業しようとしていた。もっと大きくて近代化された企業が進出してきたからだという。洋次が後に語っているところによると、そこに物語の素材を見いだし、撮影の前夜だったか当日だったかに、台詞を書き上げた。ドキュメンタリーの雰囲気で描くためのアプローチのひとつだ。『家族』（1970年）と同じように、一家は生まれた土地を離れることを考えている。資本主義と合理主義は、やはりこの静かな日本を打ちのめし、人々に自分の世界を捨てることを迫っていた。物質的により豊かな生活を実現させるためだ。しかしそれは、物質面以外では、たぶんよりよい世界ではない。

　撮影監督の高羽哲夫のおかげで洋次は、高度経済成長に脅かされている暮らしへの映像による賛歌をつくりあげることができた。貨物船やタンカーの間に浮かぶ、夫婦の小さな砂利運搬船。それは、うなぎのぼりに経済成長を続ける日本列島の、避けることのできない変貌をみごとに描いてみせる。前作とちがい、この作品で民子と精一は、生活を変えるためにはるか遠くへと旅立ちはしない。瀬戸内海を渡るだけだ。そこで精一は、造船所での仕事を見つける。当時の日本ではもっとも実入りのいい業界のひとつだ。しかし監督はこの宿命に抗おうとする。魚の行商人として渥美清が登場することで、別離に行きつくこのドラマに温かみが加わる。朝鮮半島で生まれ、戦後に引き揚げてきた彼は、この島で求めてきた静かな暮らしを得ることができた。彼には、人々がどうしてこの天国のような島を離れようとするのか理解できない。「町へ出たほうが給金がええけんのぅ」と、祖父（笠智衆）がそう説明する。だが、彼自身は、夫婦の旅立ちについて行かない。とても美しいシーンで、この祖父は景色を眺めながら、かたわらにいる孫の千秋（伊藤千秋）に言う。「千秋、よう見ておけ。これがおまえの生まれた島じゃ。おまえの父ちゃんやこのじいちゃんや、じいちゃんのそのまたじいちゃんの生まれた島じゃ。尾道行ったら、もうたびたびは帰れんけえのお。忘れんようによう見ておけ。これがわしらの島じゃ」。いちばんつらいのは、家族どうしが別々になることよりも、かけがえのない土地から離れることなのだ。

　夫婦と子どもたちが旅立つ最後のシーンで、生まれた地から離れないために、千秋は必死でじいちゃんにしがみつく。そうやって作品は、日本社会の新しい現象を明らかにしてみせる。人々が根無し草になってしまうという、洋次にとっても切実な現象と、田舎からの人口流出という現象だ。これについて高い問題意識を持つ彼は、この後に作る多くの長編作品の中でも少しずつ触れている。これからの日本を待ち受けている重要な課題を把握し、ひたすら経済成長に依存する行き過ぎが、どんな問題をもたらすことになるのか、同時代の日本人に示してみせる。洋次にそうした能力があることが、『故郷』(1972年)でよくわかる。公開されたとき、この作品は時事問題の核心を突いていた。その3か月前、田中角栄が首相に指名された。彼が優先的に取り組もうとしていた中に、地方に重心を置くことによって、列島全体の発展に偏りをなくす政策があった。だからといって監督が政治的な映画をつくろうとしたというわけではない。しかし、「私は伝統的な風景の消滅を目撃することになるのではないか、と不安だった」と話している。この作品のタイトルは、まさに生まれた土地を意味する言葉である。日本の社会と経済の変容が、どんな結果をもたらすことになるか、人々に思い起こしてもらおうという製作動機をタイトルは余すところなく表している。精一が参加する地方の労働組合の会合の場面などでのドキュメンタリー的アプローチは、作品をこれ以上ないほど巧みに現実に根付いたものにしている。井川比佐志と倍賞千恵子の演技も、この長編映画の大きな力となっている。主演男優賞を受賞した井川と倍賞は、身を粉にして働きながらも報われることの少ない夫婦をみごとに演じている。

洋次は、二人から最高の演技を引き出すことに成功している。スクリーンに登場しているのが、ほんとうの島の住民夫婦だと観客に思わせてしまうくらいだ。『家族』ほどは劇的ではなく、人々を同じくらい強く惹きつけたわけではない。それでも洋次は、シリアスな作品をつくっていく決意を固めることができた。そうした作品が手がけられれば、日本列島で起きている変容がどのようなものであるのかという、彼自身の見方をもっと直接的に表現できる。そこで彼は、新年の公開に向けて寅さんの新作に取りかかることができた。その年ですでに3本目の長編撮影だ。またゼロからスタートするという気がしなかった。撮影を重ねることで、技術スタッフは仕事の仕方がわかり出した。１９６７年、彼は『キネマ旬報』誌（第４４０号、１９６７年）で、こんな心情を吐露していた。「僕のことをわかってくれるスタッフの存在というのは、僕にとっては貴重なんですね。七年なり八年いっしょに苦労してきた人たちと僕のもっているコミュニケーション。これを抜きにして僕の作品はとうてい考えられないと思っている。僕はそういう意味では、たいへん求心的に、映画というものは作っていくもんじゃないかしらと思っているわけです」

彼は、俳優たちの起用についても同じように考えている。主要な役は、シリーズの第1作から同じ俳優が演じている。第9作からおいちゃん役で参加している松村達雄も前任者の演技に近づき、全体のトーンに合わせていった。『男はつらいよ　寅次郎夢枕』（１９７２年）も好調にスタートする。これまでの作品と同様、話は柴又からはじまる。寅さんが帰ってくると、自分の部屋が人に貸されている。借りているのはお寺の御前様の甥。東京大学助教授の岡倉（米倉斉加年）で、インテリである。となれば、学歴が中卒の寅さんを面白がらせ、物語をややこしくしないわけがない。寅さんは、自分の部屋が人に貸されたというのでまた旅に出ようとするのだが、そのとき小学校で同級生だった千代（八千草薫）に出くわす。近所で美容院をやっているという。寅さんは出発するのをやめて、彼女の面倒をみると決める。しかし助教授も彼女にひと目惚れ、病気になるほど思い焦がれる。そして寅さんに、彼女の心を射止めるために助けてほしいと頼む。寅さんのほうでは、相変わらず助教授をからかいつづけている。

だが、なんだかんだ言っても、寅さんは寅さんである。いい人なのだ。千代を呼び出して話をすることになる。助教授の想いを伝えるためだ。しかし、はっきりと話そうとしないものだから、幼なじみのほうでは、てっきり寅さんが告白しようとしていると勘違いする。結局、あの「インテリ」のことだと言うと、彼女はびっくりして、寅さんのことだと思っていたと言う。「私ね、寅ちゃんといっしょにいるとなんだか気持ちがほっとするの。寅ちゃんと話してると、ああ私は生きてるんだなあって、そんな楽しい気持ちになるの。寅ちゃんとならいっしょに暮らしてもいいって、今ふっとそう思ったんだけど」と彼女は告げる。動転した寅さんは、冗談だろうと言う。寅さんの動揺するようすを見て、彼女は確信もないまま「うそよ、冗談よ」と答えてしまう。それに応じることができない悲しみを感じながらも、寅さんはほっとする。そしてまた、旅に出ることを決める。この作品で洋次は、またちがったやり方で、寅さんの女性に対する弱さを示してみせる。それが寅さんの人気をさらに高めることになった。どんな境遇の人であれ、日本人は、寅さんをこれ以上ないほど人間的な存在だと感じていた。アンチヒーローとしてのキャラクターの魅力が全開である。独り身という設定だから、さまざまな物語や女性との出会いを経験することもできる。なによりも、それこそ人々が求めていることなのだ。210万人もの観客を集め、この作品は大成功を収めた。観客動員数でその年の第1位となる。競合相手の中には、フランシス・フォード・コッポラ監督の『ゴッドファーザー』(1972年)や、ジェームズ・ボンド役で故ショーン・コネリーが出演した『007/ダイヤモンドは永遠に』

（1971年）などがあったが、それらも大きく引き離した。この成功は、洋次の時代に対する嗅覚の鋭さによるところが大きい。絶妙のタイミングを捉えて、日本社会がどう変化しているかを示してみせる。千代は離婚した女性だが、子どもといっしょに暮らせていない。当時、映画作品ではほとんど登場しなかった人物像である。八千草薫は、この人物に劇的な深みと、自分の望みをけっしてあきらめない意志の強さを与えている。それが観客を魅了する。作品の終わり近く、千代は寅さんの一家に新年のあいさつをしに訪れる。みんなが、寅さんと結婚したらと、からかうつもりで話を向けると、彼女はこう答える。「どうしておかしいの。私、寅ちゃんとなら（結婚しても）いいわ。でもダメね。ふられちゃったから」。彼女は自分の望みをはっきりと口にするのだけれど、このときまわりにいた人が、寅さんよりずっとましな岡倉助教授と結婚したらどうだと話を向けても、それははぐらかす。

この1970年代のはじめに、日本の女性は自立しはじめる。洋次はそこをうまく捉えた。1972年に撮影された『男はつらいよ』の2作品で、彼はそんな女性の肖像を描いてみせたのだ。20代の女性は歌子で、40代に入った女性は千代だ。二人とも、世間の期待に背を向けても、自分でいいと考える方向を選んで舵を切った。そして、その二人の選択で、寅さんはカギとなる役割を担う。千代の場合には、自分の意に反してということになるのだが。彼は別の時代の人間なのだ。その役割が美しいものであるためには、そうでありつづけなければならない。第10作の最後の数分の部分で、彼が同行の仲間に告白のシーンを語っているのだが、そこでは自分をかっこよく見せようとしている。「おれは言ったのよ。お千代坊、おめえのその気持ちはわかるが、どうかおれのことはあきらめてくれ、そこが渡世人のつれえところよってなあ。（千代は）泣いてたよ」

第10作『男はつらいよ 寅次郎夢枕』(©1972松竹株式会社)

たとえ彼が、とくに女性との関係で顕著なように、たくさんの欠点を抱えているにしても、とにかく彼は日本の男性の代表でなければならない。この作品は、シリーズのタイトル『男はつらいよ』の意味を余すところなく示している。自分で自分の人生の方向を決め、それを自ら引き受けていく。女性にはそれができるということを浮き上がらせている。これは、社会学者の田中俊之が2015年に、著書『男がつらいよ――絶望の時代の希望の男性学』（KADOKAWA）で確認している。そこでは、自分を幸せだと思っている人の割合は、女性より男性のほうが低いと報告されている。幸せだと思っているのは、男性が28・1％なのに対して、女性は34・8％である（同書「第2章　仕事がつらい」。データは「平成26年版男女共同参画白書」）。寅さんはというと、その間にいるのだろう。だから、その生き方をまっとうしようとし、それが人々の共感を呼ぶ。

監督として第1作目の映画を撮ってから10年。すっかり有名になった寅さんシリーズでも、自分の内面を表現した作品でも、洋次は成功を重ねていった。時間とともに洋次は自分のスタイルを確立し、認められていった。

高みに向かって

1972年はすばらしい一年だった。3本の監督作品を発表したほか、テレビや映画の脚本を何本も書いた。次々と仕事の依頼が舞い込んだのも、彼が手がけたとなれば、それだけで成功が保証されたようなものだったからだ。同僚にも批評家にも認められるようになっていた。『男はつらいよ』第10作で、第28回毎日映画コンクール監督賞を受賞。洋次の映画は第1回文化庁優秀映画にも選ばれた。特筆すべきは、菊池寛賞を受賞し副賞の腕時計と賞金100万円を獲得したことだ。はじめての監督作品から11年、自分の能力を疑ったことさえあったが、ようやくこれまでの道のりをふり返り、精力的に自分の映画観、とりわけ喜劇への思いを主張できるようになった。「よく分からなくても素晴らしい芸術作品というのはあるかもしれない。でも、観客が笑わないけれども素晴らしい喜劇というのはない。喜劇映画が成功したかどうかは、映画館での反応ですぐ分かる。笑ったか、笑わないか。これほど確かなことはありません」と語った。「悲しい出来事を涙ながらに訴えるのは易しい。また、悲しい事を生真面目な顔で物語るのもそう難しいことではない。しかし、悲しい事を笑いながら語るのはとても困難なことである。だが、この間違った世の中にあっては、笑い話の形を借りてしか伝えられない事実というものがある」と付け加えた。

1960年代半ば以降の作品は、ほとんどがこの哲学にのっとっている。こうして監督は、日本の観客の求めに応じるスタイルを確立し、観客もくりかえし監督の作品を望むようになった。充実した一年を過ごした後、1973年はシリーズ『男はつらいよ』のお盆と正月の新作2本を撮る契約にとどめた。第11作の脚本は、朝間義隆とシリーズ初期の相棒だった宮崎晃と共同執筆した。洋次は自信たっぷりに、自分の考えを反映させた物語をつくりあげ、それは生前の渥美清と撮った全48作の中でもっとも愛される作品となった。『男はつらいよ　寅次郎忘れな草』（1973年）は、『キネマ旬報』誌が2006年1月に映画批評家や作家40人に実施したアンケートで第4位に選ばれた。高評価を得た要因はいくつかある。

第一に、リリー役の浅丘ルリ子の存在である。浅丘はマドンナ役としてシリーズ最多の5回登場している。第二に、浅丘演じる役が寅さんの女性版とも言えること。流しの歌手という職業から、フーテンに似た生活を送っていて、同等の立場から寅と接することができる。第三に、生活が似通っていることでお互い惹かれあう。寅さんが女性と連れ添う人生を望むなら、リリーこそ最大のチャンスであることは明白だ。シリーズの何百万人ものファンは、ここにはじまる恋愛が、寅さんの人生で大いに興奮するできごとであることを知る。そして最後に、洋次のますます冴えた手腕が、渥美清の偉大な才能を存分に引き出し、寅さんは国民にますます愛されるようになった。日本人は自分を投影できる人物を必要としていたのだ。そのうち、そんな人物は寅さんだけになる。『あしたのジョー』（高森朝男作、ちばてつや画）の最終話が同年の『少年マガジン』（講談社）5月13日号に掲載された。庶民出のボクサーに自分を重ねていた何百万もの読者（大人も子どもも）にとって、それは大ショックだった。ジョーの死にみんなが泣き、同じように寅さんが亡くなったときも涙に暮れた。だが、1973年の時点で寅さんはまだ元気で、平民代表のボクサーの死を悼む多くの日本人の心の埋め合わせとなった。

リリーの登場

『男はつらいよ』には、まさに日本の庶民が描かれている。シリーズ第11作は寅さんの「夢」にはじまる。自分の家族の貧しさと、その境遇に救いの手を伸ばす慈善家としての自分が描かれる。夢の舞台は20世紀ではなく、身分のちがいがはっきりしていた時代である。作品が、夢の内容とまるで無関係に展開していくわけではない。柴又に戻った寅さんは、博がさくらの昔からの夢をかなえられないと知って動揺する。息子にピアノが買えないのだ。博は労働者の経済事情を説明しようとするが、寅に「お前の話は難しいんだよ」と一蹴されてしまう。実は寅さんには経済観念がまったくなく、お金は実存的な意味を持たない。お金といえば、最小限の生活必需品がまかなえればそれでよかった。つまり安く飲み食いできる宿さえあれば十分なのだ。食堂で支払いを済ませ、気前よくお釣りはいらないと言ったものの、もともと足りないと店主に文句を言われる、なんてことがしょっちゅう起きる。

寅は博に代わってピアノを買うことにする。さくらがほんものの楽器をほしがっていることがわからず、おもちゃのピアノを買って帰ってくる。兄を悲しませたくないさくらは、プレゼントを喜んで受け取り、寅さんに感謝するよう家族に言い含める。だがタコ社長の登場で雰囲気は暗転する。社長こそ経済の実態を体現している人物だ。生き抜くためには闘いつづけなければならない中小企業の代表だ。寅さんは、タコ社長の払う給料が十分ではないから博はピアノが買えず、代わりに自分が買うはめになったと文句を言う。タコ社長はおもちゃを指して笑い出す。勘違いがわかった寅さんは、妹と義弟をはげしくののしり、ついにおいちゃんから「出ていけ」と言われる。寅さんはまた旅に出る。行き先は北海道。オホーツク海に面する網走に向かう列車の中で、リリーを見かける。その後、彼女のほうから声をかけてくる。お互い似通った生い立ちを持つことがわかり、すぐに親しくなる。東京生まれのリリーが、若いころに家を出たと話すと、寅さんはこう応じる。「おれとおんなじ、渡り鳥だな」。「私たちみたいな生活はふつうの人とはちがう。それもいいほうにちがうんじゃなくて、あってもなくてもどうでもいいみたいな。つまりさ、あぶくみたいなもんだね」と彼女は説明する。「うん、あぶくだよ。それも上等なあぶくじゃねえや。風呂ん中でこいた屁じゃないけど、背中のほうへまわってパチンだ」と言って、彼女の笑いを誘う。

軽薄なように見えて、寅さんは実はとても繊細な男である。自分の人生をあぶくに例えられたことが深く心に刺さる。二人がそれぞれの行き先に向かった後、寅さんは生活を変える決意をする。網走の農家から手紙が届き、さくらはそれを知る。「自分の人生があぶくみたいなものだとわかった」と言って寅さんが訪ねてきたという。「こちら（農家）の生活こそ、まともな暮らしだと思」い、熱い気持ちに動かされ、農作業の手伝いを志願してきた。だが体調を崩してしまったので寅さんを迎えに来てほしい、と手紙の結びに書いてあった。洋次はまたしても北海道をロケ地に選んだ。『家族』（1970年）と同じように大都会の札幌を離れ、田舎に向かった。1970年の作品よりも幅広い層の観客を相手に、洋次は、きびしい生活を送る社会層が今なお存在することを思い出してほしかった。寅さんの農民一家に対する態度は、監督本人が彼らに抱いている敬意の表れにほかならない。彼らの置かれている状況は、国の発展のため満州に移住した何千人もの農民の状況を思い起こさせる。歴史的文脈は異なるが、北海道の農民の心意気は満州のそれに似たところがあり、彼らの境遇は知られるべきだと考えた。だが、悲惨さを前面に出すことは避けた。都会人に、日本には別の姿も存在することを認識してほしかったのだ。「貧しい牛飼いに過ぎませんが、心だけは豊かに生きてゆきたいと念じております」と農家の主人がさくらに宛てた手紙に書かれていた。

一朝一夕で農民になれるわけではないことを寅さんは思い知った。柴又に帰ると、自分の境遇や周囲の環境をありがたく認めようとする。自分は中流に属すると考えるが、周囲は同意しない。タコ社長によれば「カラーテレビとかステレオとか、そういうの持ってないといけないんじゃないの？」。ところが寅さんも、周囲のだれも持っていないのだ。これは興味深いコメントである。作品が公開された1973年、日本のカラーテレビの普及率は全世帯の75・8％にのぼり、はじめて白黒テレビの普及率65・4％を上まわった。日本が激変の真っただ中にあることを寅も感じていた。しかし、彼の認識と現実との間にはズレがあるようで、さくらは言う。「お兄ちゃんはカラーテレビもステレオも持っていないけど、その代わりだれにもないすばらしいもの持ってるもんね。人を愛する気持ちよ」。みごとに的を射た言葉である。網走での出会いの後、行方がわからなくなっていたリリーが突如現れ、寅さんはすっかり動転してしまう。リリーは家族といっしょに食事をする。さくらが初恋はどんな人だったのかと尋ねると、「私の初恋の人、寅さんじゃないかしらね」とリリーは答え、寅さんは困り果てるのだった。

この宣言こそリリーが何度もシリーズに登場した理由だろう。寅さんと同じように複雑な過去を抱えるため、同じように生活が安定しないリリーだが、彼よりはっきりと自分の感情を表に出す。だが寅さんに宣言を信じてもらえず、ほかにも面倒な事情に直面し、再会したときのように突然姿を消す。そして寅はまた旅に出るのだった。北海道の農家に戻り、また手伝いとして働く。一方、さくらはリリーに会いに行く。リリーは放浪生活と決別していた。寿司職人と結婚し、いっしょに小さな店を切り盛りしていた。冗談めかした口調で「ほんとうは主人より寅さんのほうが好きだった」とさくらに言うのだった。似た者どうしの、成就しそうにないこの恋愛物語は、観客を大いに楽しませた。240万人近くがこの長編作品を観て笑い、泣いたのだ。それはシリーズ2番目の観客動員数である。あまりの人気に、渥美清は自分が演じる役の重要性を評価し、洋次にこう打ち明けた。「この仕事を始めたころ、街で寅さんと声をかけられると実はあまり嬉しくなかった。私は寅ほどバカじゃない、あれは私が演じている役なのだ、と思っていたが、そのうち、寅は自分よりひょっとしたら偉いのじゃないかと思うようになった。渥美清は寅さんに追い抜かれてしまった気がする」。こうした意識の変化から、監督が創造したアンチヒーローが徐々に日本人の心に刻み込まれていったことがわかる。人を愛し、自由を愛する寅さんの信条が、日本人の心をわしづかみにしたのだ。唯一無二の人物を創造した洋次の才能は認められ、寅さんの遍歴は人々の注目を浴びつづけることになった。

社会的上昇

その年の2作目となる正月映画に、監督はふたたび経済問題を取り上げた。まさにこの瞬間に日本社会に起きている変化について、考察を続けたいと思ったのだ。第12作『男はつらいよ　私の寅さん』（1973年）の前置きの「夢」で、観客を前世紀初頭へと誘う。当時、柴又のような街に暮らす庶民は餓死寸前だった。庶民を食いものにして私腹を肥やす悪徳商人のひどい扱いのせいだ。寅さんは生まれた村の救世主、いわば革命家となって、悪どい商人らに対して人民の蜂起を宣言する。実生活では、いつも冴えない役まわりの寅さんは、夢の中で雪辱を果たしているようだ。洋次は夢を利用してその後の展開を予告し、観客にサインを送る。今回は、貪欲な人間はしばしば他人を不幸にするということを伝えたかった。17世紀フランスの詩人ラフォンテーヌは寓話の終わりに教訓をもってきたが、洋次はちょっとしたメッセージを映画のはじめに置いて、観客に考えるよう促した。

今回のメッセージは時宜を得ていた。日本では工業化が進み、その成果が目に見える形で国全体を潤す段階に入っていた。前作でも同じテーマが取り上げられ、寅さんは周囲と社会階層について議論した。自分たちは中流か否か。答えは否だった。今回の作品には、日本社会の急激な変化が反映されている。映画は柴又にはじまるが、すぐに寅さん一家に変化があったことがわかる。さくらが三越デパートの袋をいっぱい下げて登場するのだ。これまで一家には、都心の大手デパートに行く財力などなかった。富裕層が通っていたデパートは、高級な輸入商品を揃え、将来性が見込まれる中流という新顧客層を惹きつける方針を取った。本作公開の2年前、三越パリ支店がオープンしている。この傾向は顕著になり、１９７７年の政府調査によると、国民の90％以上が中流階級に属すると自認していた。洋次はこれを取り上げた。新作の冒頭には、こうした社会経済的な変化を表すできごとをいくつか並べている。最大のイベントは、さくらと博が、おいちゃんとおばちゃんを九州旅行に連れていくことだ。一家にとってははじめてのできごと。第４作では、寅さんが競馬で儲けたカネで一家はハワイ※旅行に出かけようとしたが、いかさま代理店のせいで実現しなかった。それはシリーズの中で、洋次が監督しなかった２本のうちの１本である。今回の九州旅行は、一発の儲けを当て込んだわけではない。労働の成果と生活水準の向上のおかげにほかならない。洋次は、一家の生活水準が向上するようすを細部にまでこだわってみせる。もっぱらサントリーの国産ウイスキーを愛飲していた酒好きのおいちゃんは、この第12作目でジョニー・ウォーカーの赤ラベルを飲んでいることがわかる。一家の旅行中留守をあずかる寅さんは、一滴も残さず、その価値を気にかけることなく、ボトルを飲み干した。

　旅行に出る前夜、前ぶれなしに寅さんが帰ってくる。二番目のできごとである。一家は九州旅行に出ることがなかなか言えない。なんとか言い出そうとしたところで、笠智衆演じる御前様が旅の安全祈願の

※海外旅行
団体で移動し、目にするものをなんでも写真に撮る。日本人観光客にはそんなイメージがあり、そんな場面に出くわして、面白がったりいらだったりする西洋人がしばしばからかいのネタにした。けれども、戦後、日本人は外国旅行への夢を叶えるのに何年も待たなければならなかった。政府が渡航禁止をやっと解除したのは、1964年の４月である。たしかにビジネスマンは商用で外国を飛びまわることができたし、航空便の国際線は1950年代半ばから運航していた。しかし、外国への団体旅行の誕生を記したのは、1964年４月８日に出発した観光客のグループだ。行き先はハワイだった。翌年には、日本航空がJALパックという企画を打ち出し、人々を欧州旅行に誘った。ただ費用はまだ高かった。当時、ハワイでの滞在費は、若いサラリーマンの収入１年半分に相当した。1970年代はじめになってようやく価格が下がっていき、人々がそれにどんどん引きつけられるようになったので、政府は国内旅行の振興に向けた対策を立てるほどだった。当時、はじまった「ディスカバー・ジャパン」は、その最初の例である。

お守りを届けに来る。一家の旅行中、しっかり留守番をするように指示された寅さんは、不意をつかれてうなずいてしまう。御前様が帰った後、ようやく事情を知った寅は、またしても傷ついていた。「嫌なときに嫌なやつが帰ってきたと思ったんだろう」と言い放ち、もっと正直に話してほしかったと付け加える。少し涙が流れ、声を荒げる一幕の後、結局寅は留守番を引き受ける。続くシーンで洋次は、中流階級の日本人が旅行を楽しむようすをたっぷりと見せる。けっしてあざ笑うのではない。見せたのは、やっとくつろぐ時間を手に入れ、野生のサルで有名な高崎山自然動物園や熊本城を訪れて喜ぶ一家の姿である。1970年代の日本へようこそ、と語りかけるようだ。

寅さんも、この家族旅行がそれなりに大きな出費であることはわかっていた。だが、時にはものごとの値段に無頓着としか思えない行動をとるのが寅さん。貧乏について、ある程度理解はしているが、それ以上は複雑すぎるから考えない。九州旅行中の家族に延々と長距離電話をするが、これは相当の出費である。同級生の柳文彦、通称「デベソ」に出くわしたおかげで、寅さんは「社会経済」について学ぶことになる。「ゲストスター」前田武彦が演じるデベソは医者の息子で、子どものころ寅さんに金持ちと思われ、いじめられていた。しかし気前のよすぎた父は破産し、デベソは放送作家になった。妹のりつ子（岸惠子）は画家になって実家に住んでいる。この再会、とりわけ寅さんとりつ子の再会は、作品第三の見どころである。二人の出会いはあまりうまくいかなかった。今回は、画家というインテリを相手にして、寅さんは粗暴なふるまいに終始する。傷ついたりつ子は、まちがえて熊さんと呼んでしまう。当然、寅さんは腹を立てる。洋次はここで、落語によく登場する熊五郎という無教養な人物を思い起こさせたのだ。悪いと思ったりつ子が寅さんを訪ねて謝り、二人の関係は少し修復される。金持ちの家に生まれ、インテリで経済的にも恵まれていると思っていたりつ子が、実はそうではないと寅さんは知る。普段はパンにお砂糖をふりかけてインスタントコーヒーで流し込むといった生活なのだ。そして、りつ子は今、そのパンを買うカネすらない。りつ子役に洋次が選んだ岸惠子はフランスと縁が深い。ここで洋次は、自分のフランス贔屓も披露したのだ。岸はフランスのイヴ・シャンピ監督『忘れえぬ慕情』（1957年）と『スパイ・ゾルゲ／真珠湾前夜』（1961年）に出演し、1957年にシャンピと結婚している。この作品では、洋次が創造した役をみごとに演じ、コメディもできることを証明した。出演の打診を受けたとき、自分のイメージが壊れるのではないかと心配し大いに迷ったという。川本三郎によると、この点について岸は、『暮しの手帖』の創刊者で影響力の強い花森安治に相談した。そのとき花森はこう答えた。「寅さん映画に出ないバカがいるか」。このひとことで岸は引き受ける決心をした。フランスやフランス製品を取り上げたのは、単に洋次の趣味だったからではない。日本社会の変化を見せる好例なのだ。フランスパンにまつわる有名なシーンは、1888年に創業された関口フランスパンの店舗で撮影された。監督は、パンが平均的な日本人の日常食になってきたことを見せたかった。1960年代末からこの傾向が見られたが、それは1965年に来日したフランスのパン職人フィリップ・ビゴの活躍がきっかけである。そして70年代になると、その傾向はどんどん広がっていった。2020年になると、日本人のパンの購入費は米のそれを上まわった。米の消費量は減る一方だ。1962年、国民一人当たりの米の年間消費量は118・3kgだったが、2016年には54・4kgにまで減った。多くの家庭で、朝食はご飯からパンになった。『男はつらいよ　私の寅さん』が撮影されたころは、まだそれほどではなかったが、洋次は予測していたようだ。

食習慣の変化に触れられるほか、パン屋のシーンでは、りつ子と寅さんの関係が新しい局面を迎える。りつ子は、自分の財政状況がきびしく、収入がないとこぼす。パン代を払った寅さんに「寅さんは私のパトロンね」と、フランス語を日本語風に発音して応じる。パトロンとは昔、「低い身分の人間を庇護する者」を意味した。もちろん寅は言葉の意味を知らない。しかし、りつ子の窮状を聞いて、愛情とも同情とも言えない複雑な感情を抱いたのだった。彼女を助けたいが、どうすればよいのかわからない。そのうえ失恋して落ち込んでいると打ち明けられて動揺し、相手が自分ではないことを知って落ち込む。またまた恋に失敗した寅さんだが、それが彼女との最後の会話となる。隣の家からショパンの「別れの曲」が聞こえてきて、寅さんは「旅人の唄でござんしょうかね」と言う。りつ子は、まずは画家でありたい、そして拘束されたくないと自分の心情を吐露する。

寅さんに出発のときが近づいていた。フーテンの生活に戻るのだ。柴又を去る前に、さくらにりつ子を気にかけてやってほしいと頼む。「芸術家」で「貧乏」だから。せめて正月までと引きとめるさくらに、「正月に向けて、おれたち（渡世人）のかきいれだ」と投げ返して去って行く。そして阿蘇山の火口付近で売るのは、虎の絵。1974年は寅年なのだ。冒頭で家族が旅した九州で、映画は締めくくられる。このユーモアあるひねりのおかげもあって映画は大成功を収める。観客動員数240万人超はシリーズ最高記録である。松竹にとっても、映画産業が不振に苦しむ中で朗報となった。国内で映画の集客数は減る一方だった。映画会社はほかに収入源がなかった。テレビ配給がもたらす収入はわずかなものだ。数年後にビデオデッキが登場すると、山田洋次監督作品は新しい生命を授かり、さらなる利益をもたらすことになる。寅さんという人物が愛されつづけ、その遍歴を通して日本探検を続ける、それこそが洋次最大の関心事だった。

こうした心構えで、『男はつらいよ』の新作2作の執筆に当たった。1作目で取り上げたテーマのひとつは、経済成長真っただ中の日本で顕著になった風景の変化である。ずっと考えてきたことだった。『シネ・フロント』誌（第39号、1979年8月）のインタビューで、国内が均一化されることについて苦言を呈している。「町という町はもう日本中がおんなじようになってきてますからね。たとえば道なんて探すのにとても苦労するんですね。どういうのかな、古い道ってのは、ほら、百年も二百年もたった道ってのは、ながいあいだ多勢の人が踏みかためてきた歴史のようなものがあって、実にたくさんのことを物語ってくれるんですけれどもね。そういう道はもうなくなってしまって、寅さんをはじめたころはまだいろいろあったんだけれども、もう全部アスファルトに切り換えられてしまって、いまでは、町のなかで土の道を探すってことは、ほとんど絶望的な状態ですよね」と残念がる。進歩に反対というわけではないが、地方の多様性の中にこそ存在する日本の魂を守りたいと考える。渥美清演じる人物も、昔から変わらないという意味で、同じ線上にあると納得させられる。だから柴又はずっと同じで、その中心は1629年の開基以来ほとんど変わることのない柴又帝釈天である。2019年のシリーズ第50番目の最終作において、はじめて目に見える変化が現れた。印刷所がなくなり、アパートが建ったのである。

第13作『男はつらいよ　寅次郎恋やつれ』（1974年）の撮影がはじまったとき、当然ながらまだそんなことは頭になかった。洋次は観客を、見知らぬ土地に案内しようと考えた。新しいマドンナは呼ばず、ふたたび歌子役の吉永小百合を迎えた。彼女との再会を果たす前に、寅さんは長く連絡を取っていなかった柴又に戻ってきて、ある温泉街で知り合った絹代という女性との関係をみんなに打ち明ける。やっと寅さんに結婚相手が見つかったと思ったさくらと仲人役のタコ社長が、いっしょに日本海に面する島根県温泉津(ゆのつ)温泉に向かう。この有名な温泉町は、近くの石見(いわみ)銀山への中継地として栄えたが、1923年に鉱山が閉山されると忘れ去られてしまった。この町の独特の雰囲気を監督は気に入ったのだ。さて、一行が温泉津にたどりつくと、予想外の展開が待っていた。絹代の家には3年前から行方不明になっていた夫が戻っていたのだ。絹代との結婚という思惑は外れてしまう。いつもとちがって、寅の失恋が映画のはじめに描かれる。恋の結末が最後に訪れることに慣れていた観客は、新しい手法によって映画後半への展開に期待を寄せた。

心が折れた寅さんは、同じ島根県内にある津和野町に向かう。山間の盆地に広がる魅力あふれるこの町は、豊かな歴史の跡をとどめていたが、今やそれも消えつつあった。残されている独特の建物を、高羽哲夫のカメラがうまく捉え、スクリーン上で昇華させた。13番目の作品で、洋次は「地理的監督」の本領を発揮している。おかげで、歴史に埋もれていた多くの名所旧跡がふたたび脚光を浴びるようになった。寅さんは津和野で偶然、歌子と遭遇する（第9作『柴又慕情』1972年）。2年前に寅さんが恋したこの女性は陶芸家と結婚し、反対する小説家の父の家を飛び出していた。今、夫は亡くなったと歌子は打ち明ける。寅さんは、困ったことがあれば柴又のとらやを訪ねるように勧める。歌子との再会に動揺した寅さんは東京に戻るが、歌子も上京してくる。父のもとに戻ることをためらう歌子は、おいちゃんとおばちゃんの家に住むことになる。その夜、自分の父は「父親らしい愛情が欠けているの」とさくらに打ち明ける。寅さんはそんな歌子を元気づけようとする。一方さくらは、父と娘の間に生じた溝に心を痛め、修復しようと奮闘するがうまくいかない。ついに寅さんが乗り込むことになる。周知のとおり、寅さんは「インテリ」は傲慢だと思っていて、そりが合わない。しかし、いつもシンプルに率直に話しかけ、きちんと自分の考えを伝えるのだ。博の父ともそうだった（第8作『寅次郎恋歌』1971年）。またしても、父と娘を和解させるのに成功する。感動的なこの場面に、寅さんも、200万の観客も、涙する。寅が柴又を旅立つと決めた場面も感動を呼んだ。島根に戻ってきた寅さんは、偶然にも絹代が夫と子どもたちと幸せそうにしているところに出くわす。周囲の幸せが結局、寅さんの幸せでもある。映画は前向きで幸せな調子で終わる。

子どもを腕に抱く

歌子は障害児教育に携わることで「ほんとうの幸せ」を手に入れた。洋次が深く関心を寄せるテーマである。洋次自身、仕事の面での「ほんとうの幸せ」を、1974年にほぼ手中に収めた。橋本忍と共同で脚本を執筆した松本清張原作『砂の器』（1974年）が、10年近くの年月を経てようやく10月19日に公開されたのである。師匠である野村芳太郎監督のこの作品は大成功を収め、「大アンケートによる日本映画ベスト150」では13位を獲得している。洋次が日本の第七芸術の世界で認知されるようになったときに、名前が大物監督とベテラン脚本家の二人と並べて発表されたことは、彼のキャリアの中で重要なステップとなった。その作品が多くの賞を獲得したのでなおさらである。

これで安心して寅さん第14作に取り組むことができた。『男はつらいよ　寅次郎子守唄』（1974年）に捨て子が出てくるのは、『砂の器』とのつながりを感じるが、もちろん単なる偶然だ。ここでは寅の軽さ、単純さをもってこの問題が扱われている。作品づくりの演出ノートの中で、洋次は大切な点を述べている。「そそっかしくて、おっちょこちょいで、愚かな寅次郎が、たったひとつだけ人一倍、敏感なことがある。それは他人の不幸せについてである。どんなに頭が良くても、不幸せを知らない人間には、しょせん、他人の不幸せを理解することは出来ない。両親に見捨てられた哀れなみなし児を中心に、この第14作の物語は展開する」。映画のはじまりから、子どもの問題が取り上げられることが予告される。導入の「夢」の中で、寅さんは子どものできない夫婦に赤ん坊を授ける子宝の神様となって登場する。この部分はいつもとても面白く、寅さんはたいてい絶望的な状況を打破してくれる人物として描かれる。作品中、真のヒーローとなれる唯一の場である。というのも、本編においてほとんどの場合、寅はじっくり考えるより衝動で行動するからだ。もっとも、非難されるほどの事態にはならないけれども。だから、不正をただす人物になる機会を得た寅は、観客に近い存在になる。だれだって、不公平な状況をただす人間になりたいと夢見るからだ。これはなかなかうまい手だ。そして、寅さんが目覚めると——列車の中、ベンチの上、神社の境内——観客も現実に連れ戻される。さて、本作では、クレジットタイトルの後、洋次はいきなり劇的な展開を用意した。夫の博が仕事中に事故に遭い、病院に運ばれたとさくらに知らされるのだ。最悪の事態をまぬがれたことがすぐにわかる。博は指を失わなかったし、治療を受けて数日間休養すれば仕事に復帰できるというのだ。この部分で「マドンナ」は看護師の京子（十朱幸代）であることがわかる。同時に、日本経済が世界

第14作『男はつらいよ 寅次郎子守唄』(©1974松竹株式会社)

に向けて発展していく時代に、中小企業が置かれた状況を知ることになる。依然として産業界の中心にある中小企業は、労働条件が過酷であるにもかかわらず、どちらかというと肯定的なイメージを持たれていた。1972年に政府が発表した中小企業白書によると、大企業を好む若者はわずか7%だったのに対して、35%が、中小企業のほうが働きがいがあると考えていた。その理由として、大方の中小企業に見られる家族的な職場と、上下のコミュニケーションのよさを挙げている。一方で、白書には「大企業に比べて労働災害の発生は相変わらず多い」と記されている。そして中小企業経営者の25%が、主に「労働力の定着をはかるため」に安全管理費が増えていると答えている。この白書から見えてくる中小企業の、家父長的な社長の代表のようなタコ社長は、博の事故に心を痛めている。「狭いところに無理して機械を置くとこういうことになっちまって。おれが悪いんだ」と博の家族に詫びる。一家も、社長には鷹揚に接する。寅さんにもわきまえた言動を期待するが、なかなかそうはいかない。さくらに「博の医者代」として貯金通帳を残して、寅さんはまた旅に出る。こうした急展開に慣れている観客を引きつれて、物語は新たな展開へと向かう。

佐賀県唐津市の祭りにテキ屋としてやってきた寅さんは、赤ん坊を置いて妻が逃げたという男と旅館で知り合う。一夜明けると男は、赤ん坊を残して姿を消していた。途方に暮れた寅さんは子連れで柴又に帰るが、周囲が大いに困惑する。あらゆる噂が飛び交うなか、赤ん坊が熱を出し、一家は寅さんが美人の看護師と顔を合わせてしまうのではないかと気を揉む。心配は的中し、寅さんはひと目惚れする。いつものように、女性の注意を引こうとしながらも、自分の気持ちを伝えられない。やがて、京子が所属するコーラスのリーダーである弥太郎も、彼女に惹かれていると知る。恋愛に不器用な弥太郎から打ち明けられたのだ。寅さんは（自分はできないのに）弥太郎には告白しろと助言する。そうこうしている間に、赤ん坊は無事両親の手に戻った。肩の荷が下りた寅さんだが、それも周囲が助けてくれたおかげだ。柴又にとどまる理由がなくなり、新たな失恋を忘れるために旅立つ。とらやを離れる前に、タコ社長に声をかける。「社長のカネの苦労に比べりゃおれの色恋沙汰の苦労なんて、屁みたいなもんだよ」。このひとことで、身を引いたことがわかる。当然ながら行き先は佐賀。赤ん坊とその両親と再会する。１９７４年の暮れ、２２０万人が映画館に足を運んだ。テレビと映画にいくつも脚本執筆の契約を結んでいた洋次は、その後しばらく忙しくなるのだった。

寅さんシリーズを2年間撮りつづけた洋次は、年2本の寅さん作品の間に、もう1本を製作することにした。まず、寅さん第15作のために、松竹はなにか特別なものを求めた。6年目に入ったこのシリーズは、多くの国民の間で大事な年中行事となっていた。野心的な作品でその期待に応える必要があったのだ。今や松竹に「日本映画の至宝」と称されるようになった洋次は、大がかりな仕掛けをすることもできたが、とてつもない野望を持っていたわけではない。シリーズの継続だけが望みだった。「僕と渥美チャンが寅さんをつくるのにあきてきたらその時にやめればいいのです。何年かたってまた思い出したようにつくってもいいし、できることならば時々思い出したようにつくって渥美チャンと僕がとしをとってつくれなくなるまで続けられれば夢みたいに幸せだと思うぐらいで、どこそこでどんなふうにエンドマークをつけようとは全く考えていないわけです。笑わせる手で苦労するでしょうといわれますが笑わせようとは考えない。いい話、どこか淋しい話、やさしい話、そういう物語をいつもしようと思います。寅さんがからんでくると何となくおかしくなるのに違いないわけでして、おかしくするとはあまり考えない。僕はそんなに笑わないでください、ここは真面目にみてくださいといいたくなることがある。そういうもんだろう、このシリーズをつくるかぎり仕方ないと思っています。お客さんは笑いすぎると僕は思っているんです。僕たちは、それほどおかしい映画をつくっているつもりではない。それでもお客は笑ってしまう、それはそれでいいんだろうと、これからもあまりおかしくない話を考えていけばいいんだろう」と、1973年9月の会見で述べている。この会見は1か月後に、群馬県教職員組合の機関紙『文化労働』に掲載された。

その意味で『男はつらいよ　寅次郎相合い傘』（１９７５年）は、この延長線上に位置する作品である。シリーズ第15作は寅さんの「夢」にはじまる。軽いノリである。映画館で寝込んでしまった寅さんは、夢の中で海賊となって妹を悪い海賊たちの毒牙から救うのだ。タイトルの後、寅さんの女性版とも言えるリリー（浅丘ルリ子）がとらやに現れ、話はぐっと個人的な展開を見せる。二人の波乱に満ちた関係が繰り広げられる予感がする。流しの歌手だったリリーは、第11作の終わりに小さな寿司屋の主人と結婚したが、今回、亭主とは別れたと言い、寅さんに会いたいとさくらに打ち明ける。観客の期待が高まる。リリーは二人が出会った北海道に行く予定だと告げる。いちばんの人気を誇る「マドンナ」を演じる浅丘ルリ子は、完璧にその役にはまっている。思い切りのよさともろさを併せ持つ女性。寅さんという人物像と重なる。その寅は、そのころ東北の祭りで占いの本を売っていた。宿には連れの男がいるが、何者かわからず困っていた。

それは「蒸発男」だった。はっきりとした理由もなしに突然姿を消す男。１９６７年に今村昌平が『人間蒸発』というドキュメンタリーで取り上げたが、１９７０年前後にかつてないほど増えた。危機感を持った警察は、１９７４年の警察白書で蒸発者は年９０００人にのぼると記している。その後も数は爆発的に増えつづけ、レナ・モジェとステファヌ・レマエルは共著『日本の蒸発者』[*10]（２０１４

*10　Mauger, Léna et Rémael, Stéphane, *Les Evaporés du Japon*, Les Arènes, 2014.

年）で10万人という数を示している。常に物語に加える材料を探している洋次は、この説明のつかない自発的な蒸発に興味を抱いたにちがいない。ゲスト俳優の船越英二が演じる兵藤謙次郎は会社の重役で、突然姿を消した理由を家族に説明できずにいる。寅さんに同行した兵藤は、「人の情」が人生になくてはならないものだとわかった、と言う。国の発展は栄光と利益をもたらした。しかし前進あるのみの競争は、人間的な面で大きな代償を強いる。とくに大都市では、人間関係が希薄になってしまった。洋次はこの問題に大きな関心を向けた。経済成長にともなって、大都会近郊の町が発達するにつれ、続く作品の中で何度もこのテーマを取り上げていった。多くの世論調査から、社会的なつながりが徐々に崩壊していることが確認できる。たとえば『読売新聞』の２０００年7月の調査によると、回答者の73％が「最近、社会全体をみて、人付き合いや人間関係が希薄になりつつある」と思っている。

寅さんや柴又の住人は、人々のきずなが秩序を構成する社会の名残である。重苦しい風潮が支配しはじめたのを見て、洋次はこうした基本的な価値観を提示したかった。寅さんを見に来る観客には、このメッセージは通りやすい。日常生活では現代社会の狂ったリズムに巻き込まれていても、ちがった声に耳を傾け、謙次郎の分裂気味な態度を理解しようとする。難しい問題ではある。寅さんも、なぜ「蒸発」しなくてはならないのかがわからない。男が自殺しないかと心配する。だが、彼は「死ぬためにではなくて自由を求めて旅に出たんです」と言う。二人が函館に着くと、偶然リリーと遭遇する。当然リリーは二人に合流する。三人で自由気ままに旅をしながら札幌に向かう。旅費を稼ぐために、謙次郎が寅さんの指導のもと、テキ屋になりすまして万年筆を売るシーンは、社会的束縛から解放されたいという彼の願いをよく表している。札幌から30キロほど離れた小樽に到着すると、謙次郎は初恋の人の「幸せな姿をちょっと垣間見たい」ので探そうとする。やがて、リリーと二人の男の間ではげしい議論が起きる。リリーは、女の幸せは男しだいだと考えるのは男の思い上がりだと主張する。物語の進行に不可欠な仲違いが生じる（とらやの人々とのけんかのように）。このシーンは、70年代半ばに起きた女性解放運動に触れている点から興味深い。恋愛関係も含めて、女性の服従を拒絶するリリーに寅さんと謙次郎はついていけない。40～50代の彼らは、社会に変化が求められていることがまったくわかっていない。「そんなふうだから年がら年中、女に振られてばっかりいるんだよ」とリリーは寅さんに投げかける。二人は別れる。洋次は、日本で生じていた男女関係の変化をみごとに捉えている。だが、日本社会に鋭い観察眼を向ける社会学者ミュリエル・ジョリヴェが指摘しているような、恋愛は「めんどくさい」と日本人が考える日が来るとまでは思っていなかっただろう。

小樽でのいざこざで、三人は現実に戻る。自由にも限度がある。謙次郎は家族のもとに戻り、寅さんは柴又に帰る。二度とリリーには会えないと落胆していると、本人がとらやに現れる。観客には二人がほんとうにお似合いに見える。若者のように仲睦まじくふるまう二人は、隣近所で話題になる。ここは日本だ。若者がいちゃつくのは大目に見られても、大人だとおよそ認められない。見かねた御前様がとらやに来て注意を促す。「昼日中に女人と腕を組んで歩くなんて、困ったもんだ！　青少年に及ぼす影響も大きい」。いろんなところで自由が叫ばれていても、柴又の人たちはまだ受け入れられないのだ。

当時はまだまだ結婚へのプレッシャーが強かった。ごくふつうの日本人女性を代表するさくらは、

第15作『男はつらいよ 寅次郎相合い傘』(©1975松竹株式会社)

さんざん迷ったあげくリリーに言う。寅さんの奥さんになってくれたら、どんなに素敵だろうな、と。驚いたことにリリーは、いいわよと答える。「私みたいな女でよかったら」。だが寅さんは踏み切れない。寅さんをよく理解しているリリーは、冗談だったと笑う。それが嘘なのは明白だが、二人の別れは避けられない。44年後、シリーズ50作目にして最終作である『男はつらいよ お帰り 寅さん』でこのシーンが取り上げられると、何百万人もの観客が涙した。観客を否応なしに笑いから涙へと引きずり込むのは監督の才がなせるわざである。このシーンの数分前には、メロンを切り分けるという忘れがたい名場面が登場していて、観客は大爆笑していたのだ。観客も、寅さんは恋愛を「成就」させるのが苦手だと知っている。フランス映画『レ・ブロンゼ』の有名な登場人物ジャン=クロード・デュスと共通点はないが、積み重ねた失恋の数では引けを取らない。

第15作の「マドンナ」がリリーなのに、またしても寅さんは失恋する。「おれみたいなバカとくっついて、幸せになれるわけがないだろう」と、旅立つ前にさくらに打ち明ける。観客は心の奥でそうは思っていない。だが、洋次が用意した結末はちがったのだ。1973年9月に前橋で行った講演でこう語っている。「とくにこれで終わりとかまえて、寅さんが死ぬとか結婚してしあわせになるとかそういう終り方をどこかでしようとはまったく考えていない」。第15作を見た200万人にのぼる観客は、しぶしぶあきらめた。年末にはまた、お気に入りのテキ屋に会いたいのだから。それでも、いつかリリーと再会し家庭を築いてほしいと思いつづける。大好評だった『男はつらいよ　寅次郎相合い傘』は、『キネマ旬報』※誌の2006年の読者人気ランキングでもシリーズ中で第1位に輝くことになる。批評家の間でも大きな評価を得た。浅丘ルリ子の存在によるところが大きいのは明らかだ。この作品で浅丘は数多くの賞を受けたが、ひとつは東京映画記者会が主催するブルーリボン賞の主演女優賞である。倍賞千恵子が助演女優賞、山田洋次が特別賞を受けた。この賞は8年間の中断を経て復活したのだが、洋次は『運が良けりゃ』(1966年)で同賞の監督賞を受けており、およそ10年ぶりの授賞となった。評論家の石塚昌三は、1988年に出版した『巨匠たちの伝説——映画記者現場日記』(三一書房)の中で日本映画の巨匠の伝記を著したが、山田洋次を小津と黒澤の間に入れた。洋次が成功した理由を、次のように説明している。「そこにヒットの秘密はあると思うのだが、山田は、笑いの効果や観客の

※『キネマ旬報』
1919年に創刊されたこの雑誌は、日本で映画を知るうえで基準となる出版物だ。月に2回発行され、邦画であれ、外国映画であれ、そのときそのときの情報をもれなく伝えている。この雑誌が毎年2月に発表する年間の優秀作品についてのランキングを、業界人たちは固唾をのんで待つ。それは、日本で映画ファンや批評家たちの好みを幅広く反映している。

生理、リズムに無理がある、妨げになると思うとどんなに苦労して撮ったカットでも、惜し気もなく切り捨ててしまうことの出来る人なのである」

きずなを再確認する

3月にはその年の2本目の作品に取りかかり、ゆったりとした気分で雪のシーンの撮影をはじめた。松竹創立80年を記念する作品は、コメディではなく『家族』（1970年）や『故郷』（1972年）の延長線上にある個人的な作品となった。ドキュメンタリーのようなアプローチは採用しなかったものの、『同胞（はらから）』（1975年）には教育的な意味合いがある。「この映画を観た若者が、ふるさとに暮らす父や母や、兄や妹達について、深い想いを抱いてくれればと願う。そして、この映画を観た大人は失われた青春に強い懐しさとあこがれを抱いてくれればと思う」と、演出の言葉に記している。舞台は岩手県の小さな松尾村。残念ながらこの村は2005年に八幡平市に合併された。洋次は、地方の青年会が総動員してミュージカル劇団の公演を実現させた過程を描こうとした。劇のタイトル『ふるさと』は十分に示唆的である。また、統一劇場（2002年に現代座に改名）の仕事も紹介したいと考えた。1965年に創立されたこの劇団は、日本の奥地にまで公演を届けることを目的とした。そして俳優と観客の交流もめざしていた。劇団の取り組みは、洋次の映画づくりと重なった。3年後、編集を依頼された城戸四郎の選集『わが映画論』（松竹、1978年）に添えた一文で、次のように記している。「渥美清氏が舞台で活躍していた浅草時代のことをふり返りながらこんなことを云っていた。

『同胞』（©1975松竹株式会社）

『お客は両手を舞台に向って差出しているんですよ、役者はその手をギュッと握ればよい、お互いの肌のぬくもりそうやって通い合えばあとはもう、何をやってもいいんです。その握手が実は難しいんですけどね』。城戸さんは本当に観客を感動させる映画を例えて、『いわばスクリーンの中から手を出して、大衆をスクリーンの中にひきずりこむような』と表現している。（中略）城戸さんが映画について語らんとするすべてがあると云って過言ではないだろう」。このように、映画人としてのキャリアの中でもっとも大切に思う人物二人の言葉を紹介したのだ。

『同胞（はらから）』はこのアプローチに即している。「山田組」に支えられ、洋次は苦労することなく実現させた。出演俳優やスタッフのほとんどが、すでにいっしょに働いたことのある面々だった――倍賞千恵子、渥美清、井川比佐志、撮影の高羽哲夫。高羽は、住民が出演するシーンもごく自然に撮影した。寅さんシリーズ以外では『家族』と『故郷』でやったように、リアルなタッチを出すために洋次は素人を起用した。ジャン・ルノワールも同じ考えを持っていた。１９３２年に週刊誌『プール・ヴー(Pour Vous)』で次のように述べている。「ある映画を非常に気に入っているとき、大事になるのは即興だ。先入観を持って映画をつくってはいけない。むしろハプニングを望むべきなのだ。テクニックやわざとらしさが感じられるために失敗に終わる映画が多い。堅すぎるのだ。テクニック、それは芸術において恐るべき言葉だ。必要ではあるが、うまく隠せるほどに持っていなければならない。いちばん大事なのは、恩寵に身を任せることだ」。山田監督は成功したように思う。

映画を準備するに際して洋次は、統一劇場の公演を実現させたことのある青年会のメンバーを集めた。メンバーたちと劇団代表の秀子（倍賞千恵子）が公演に向けて話しあうシーンには、実際のメンバーが出演し非常に盛り上がった。寺尾聰が演じる青年会会長の高志が進行役を務め、みごとに民主的な議論が繰り広げられた。1945年の敗戦から30年。監督は民主主義の力が、とりわけ若者の間に存在することを示したかった。それまでの「真面目な」2作品よりも楽観的なようだ。若者が一丸となって、企画の実現に不可欠な世代間のつながりをつくりあげたからだろう。こうして『同胞(はらから)』というタイトルの意味が浮かび上がってくる。つまり、共同体の全構成員の間に強いつながりがあることを指しているのだ。高羽のカメラが、公演を見に来た客の顔を映し出すと、それが感じ取られる。10月末に本作が公開されると、そのヒューマニズムが高い評価を受け、観客に温かく迎え入れられた。国内の大型映画館でプレミア上映された後、他の多くの映画館でも上映されたので、二度生を受けたようだった。おかげで追加の収益だけでなく、多くの観客を獲得した。感動を呼んだ『同胞(はらから)』は、1975年のキネマ旬報ベスト・テン入りを果たした。テーマを完璧にわがものにした洋次の感性は、日本人の琴線に触れることがあらためて証明された。故郷を持たないために苦しんだ洋次は、今やそれがなにかを理解したうえで観客に伝えられるようになった。オーギュスタン・ベルクが『空間の日本文化』[*11]で引用している心理学者の早坂泰次郎によれば、日本の観客は「『違い』の主張よりも『共通性』の主張を、『距り』よりも『つながり』を優遇し」「他人を、自分と同じ環境に属すると考えがちである」

＊11　Berque, Augustin, *Vivre l'espace au Japon*, Presses universitaires de France, Paris, 1982. 邦訳は、オーギュスタン・ベルク『空間の日本文化』宮原信訳、ちくま学芸文庫、１９９４年、62ページ。

寅さんのコンプレックス

2か月後にお正月映画の第16作が公開された。1975年は、日本人が戦後はほんとうに終わったことを確認した年である。電話加入者が3000万人を超え、蒸気機関車の運行が終了した。『同胞（はらから）』の最後のシーンが北海道の炭鉱の町夕張で撮影されたのは、洋次が閉山の決まった町の姿を見せようとしたからだ。そこで、主演の倍賞千恵子は町の坂道を下っていく。眼下で石炭を積んだ貨車を引っ張る蒸気機関車が通っていくのに一瞥（いちべつ）を投げる。「もうすぐ日本からこの姿が消えるかと思うと、ちょっと胸が熱くなったりしてね」と、監督は打ち明ける。ほかにも変化が起きていた。三木武夫が総理大臣としてはじめて、戦没兵士と戦犯を合祀している靖国神社を参拝した。政界の一部に思考の変化が生じていることがわかる。日本はもう改悛の情を示す必要はない、というのだ。当然ながら洋次は反対だ。その後、多くの映画で意見を表明していくことになる。

当面は、『男はつらいよ　葛飾立志篇』（1975年）で笑いをとることにした。父親を探す女子高生、最上順子（桜田淳子）による人違いという一件で映画ははじまる。寅さんに会うため、山形県からとらやを訪ねてきた順子は母親を亡くしたばかりで、父親がだれか知らないと言う。毎年お正月に寅さんが手紙に500円札を添えて送ってきたので、寅さんが実父ではないかと考えたのだ。店に帰ってきた寅は、順子の父親なのか知りたがっている家族の集中砲火を浴びる。隠し子を持っているのではないかと疑われるのは、はじめてではない（第14作『寅次郎子守唄』）。寅さんが女子高生の母親と出会ったときの話をすると、父親でないことがはっきりする。「バカだけど嘘はつかない男だから」と、おいちゃんが保証する。またしても寅さんは、他人の不幸に敏感で、できる範囲でなんとか助けたいと思う人物であることが明らかになる。当然ながら順子の母が死んだことに心を痛める。彼女が去った後、寅さんと家族の間で言い争いになる。寅は、みんながこの話を冗談に結びつけて大笑いするのが気に入らなかったのだ。

東京を離れ、山形に向かう。順子の母、雪の墓参りが目的である。寅さんにとって、人生で出会った人との記憶を持ちつづけることがとても大事なのだ。自分の「ふるさと」と断絶していた長い年月の間、訪れた土地で人とのつながりを築いたからこそ、完全に孤立しないで済んだのだ。だから旅のついでに亡き友人の墓参りをしたり、故人の家を訪ねて仏壇に手を合わせたりするのだ。寅さんのこうしたふるまいが人気の原因でもある。彼の謙虚さもまたそうだ。「学問がないから、今までつらいことや悲しい思いをどれだけしたかわかりません。ほんとうに、私のようなバカな男はどうしようもないですよ」と、雪の墓のそばで出会った僧侶に打ち明ける。「いや、それはちがう」と僧侶は応える。「己を知る、これがなによりも大事なことです。己を知ってこそ他人も知り、世界を知ることができる（中略）学問をはじめるのに早い遅いはない。『朝に道を聞かば夕べに死すとも可なり』」と、孔子の言葉を教える。これを聞いた寅は、柴又に戻ることにする。そこで思いがけないことが待っていた。おいちゃんとおばちゃんが、御前様の親戚にあたる礼子（樫山文枝）を下宿させていたのだ。礼子は大学の考古学研究室の助手。すこぶる美人だ。

第16作の「マドンナ」はインテリだ。洋次が言うように、寅さんはインテリを軽蔑してきた。しかし今回は向学心に燃え、礼子の気を引くためにも自分なりに勉強をはじめる。旅先で会った僧侶の言葉も記憶に新しい。勉強をはじめるにあたって、インテリに見えるように気を配り、それらしい行動をとろうと思う。伊達めがねをかけ、街を歩きながら「考えごとをしておりました」とくりかえす寅さんの姿は、コメディとして非常に成功したシーンだ。しかし周囲は懐疑的だ。いつか嫌気がさして、やめてしまうだろうと思っている。作品の「ゲストスター」小林桂樹が演じる田所教授が登場すると、観客には答えがわかってくる。自分はインテリだと思ったことがない渥美清の本名が田所康雄ということで、監督は作品とのつながりを匂わせる。田所教授を、シリーズ当初からの紋切り型のインテリのイメージとはかけ離れた学者として洋次は描いた。寅さんは最初、田所を植木屋と勘違いする。薄汚く、ヘビースモーカーで独身。寅さんが考える教授像とは真逆だ。「大学教授だったらね、立派な服着て来ると思っているから」と言い訳する。田所は礼子が好きで、結婚を申し込むが礼子は困ってしまう。研究に一生を捧げるつもりだったのに、凡俗な現実に引き戻されたのだ。相談を持ちかけられた寅さんは、自分が邪魔者であることに気づく。

そこでテキ屋稼業に出かけることにする。結果としては急ぎすぎだった。礼子は結婚しないことに決めたのだ。寅さんがいくつか学んだことがあったとしても、どうしても進歩の見られない分野が女性である。礼子は結婚より仕事を選ぶ、新しい日本女性だ。当時、結婚はキャリアの断念を意味した。洋次はこの作品であらためて日本社会の変化を見せ、その代表が礼子なのだ。当然ながら洋次はまだ1975年の統計を知らなかったが、その年、日本の婚姻数が減少に転じている。前年までは年平均100万件だったのが、1975年以降減りつづけ、2019年には60万件を下まわった。

監督は女性の頭の中で起きている変化を理解していたが、寅さんや田所教授には思いもよらないことだった。結局、彼らは古くて保守的な一派に属しているのだ。第16作の終わりに、当然のように二人の男は再会する。心に傷を負った二人は、旧知の友のようにつまらぬ口げんかをし、バックには永遠なる富士山がそびえ立つ。観客動員数は210万人にのぼり、映画は大成功だった。

芸術家の人生

第16作の成功も、そこから洋次が得た喜びも、父の正が1月3日に逝去したことで一気にしぼんだ。父の急死は非常につらかった。1984年に出版された著作（『映画館がはねて』）で、宇部市に近い老人ホームに入居していた父のベッドの脇に、北原白秋の詩の抜粋が掛けてあったのを見て心を打たれたと書いている。洋次の母である寛子と別れた後、正は一人暮らしを続け再婚しなかった。再婚相手より先に死んでしまい、子どもたちが義母の世話をするようになってはならない、と言っていた。白秋と同じ柳川出身の正は、故郷とのつながりを想い起こさせる三節を選んでいた。生前はふるさとについてめったに語らず、むしろ距離を置いているように見えていたのに。『山門は我が産土／雲勝る南風のまほら／飛ばまし今一度』。その美しい言葉を、横になって眺め続けていた父の気持ちを想い、涙が出た」と書いている。正の墓は柳川の崇久寺にあると書き加えている。つらいできごとがあったが、『男はつらいよ　寅次郎夕焼け小焼け』（1976年）の執筆をはじめる。第17作では、導入部分に工夫を加えて、映画から着想を得ることにした。1975年12月に日本で公開され、莫大な興行収入を記録した『ジョーズ』である。さらに、「夢」としては異例なことに、寅さんはさくらを助

第17作『男はつらいよ 寅次郎夕焼け小焼け』（©1976松竹株式会社）

けることができず、自分の身にも危険が迫る。とはいえ全体はコメディ調である。寅は完全に世の流れから外れて生きているわけではないことを、洋次は言いたいのだろうか？　そんな問いが投げかけられる。いずれにせよ、周囲が思うほど彼は、自分の家族の生活に無関心ではない。甥の満男が小学校に入学するのに合わせて、柴又に戻ってくる。しかし和やかな雰囲気はすぐに暗転する。入学式で、先生が満男に向かって「君、寅さんの甥御さんね」と言ったらみんながどっと笑った、とさくらが報告したのだ。それを聞いた家族の反応に傷ついた寅さんは、一杯飲みに出かけてしまう。飲み屋で池ノ内青観（宇野重吉）に出会う。見るからにカネがなく、飲み代も払えない老人だ。店員が警察を呼ぼうとするところを寅さんがなだめる。「お互いに貧乏人どうしじゃないか。もうちょっといたわりあったらどうなんだ」。またしても寅さんの道徳観が物質主義と衝突する。

寅さんは人情味あふれる理屈を並べて若い女性店員を説得し、非難がましいことは言わない。二人分の飲み代を精算すると、池ノ内をとらやに連れて帰る。実は彼は日本画の大家なのだが、寅さんは気づかない。おいちゃんとおばちゃんに、変わった人だけど泊めてやってくれと頼み込む。説得するために、家から逃げざるをえなくなったこの男の生活について、突拍子もない話をはじめるのだった。このシーンでは、洋次が子どものころに出会った落語への愛着が窺える。落語を下敷きにしたシーンははじめてではないが、今回はとくにすばらしい。こうしたシーンを撮れたのも、うってつけの俳優がいたからだ。元舞台俳優の渥美清は、こうした演技はとくにみごとで、話に微妙な味付けを加え、さまざまなニュアンスを持たせ、どんなにつれない人でも説得できるような要素を放り込むのだった。こうした場面が落語も好む観客をシリーズの主役に強く惹きつけるのである。老人は寅の前で絵を描き、神保町※にある古本屋で売ってくれと送り出す。そこで寅は、老人の正体を知ることになる。絵に7万円という自分にとっても、家族にとっても高額な値段がついたのだ。寅さんが明るい未来を思い描いて帰宅すると、老人はすでに去った後だった。家族と言い争いになった寅さんは、またもや柴又を後にした。

映画のマジックは、なんでも可能になることだ。寅さんは画家と再会する。洋次の作品では、たびたび偶然が起きる。青観は文化人の代表として再登場する。市長の招

※神保町
都心にあるこの界隈は、古書店街として有名だ。古い本やめずらしい本の愛好者たちは、しばしばお宝を見つけ出すことができる。多くの店の中のひとつ、矢口書店は映画と演劇に関する本を専門としていて、常にさまざまな本を入荷しているので、どんなコレクターの求めにも応じられる。そのショーケースで、めずらしい出版物をよく見かける。

待を受けて兵庫県龍野市に向かう道中で、青観は寅さんとばったり出会い、いっしょに行こうと誘う。社会的ステータスの高い青観は、立派な料亭でもてなしを受ける。酒がふんだんにふるまわれ、芸者も呼ばれる。そうして寅さんは、芸者ぼたん（太地喜和子）と知り合う。ぼたんは浅丘ルリ子演じるリリーを彷彿とさせる。しゃきしゃきとしてきっぷのよいぼたんは人気を集め、第17作は観客がとくに好んだ作品のひとつとなった。2006年に『キネマ旬報』誌が読者に行った人気アンケートでは、『男はつらいよ　寅次郎相合い傘』に次いで第2位に選ばれた。溝口健二監督の『祇園囃子』（1953年）や『赤線地帯』（1956年）で、芸者や娼婦の実像が赤裸々に描かれているが、洋次は芸者という職業をただ淡々と描いている。

「（芸者は）歌で旅人を誘惑し、色鮮やかな衣装と巧妙な手口で魅了した。宮廷女官のような身だしなみをしていたと言われている。芸者通いは不名誉ではなく、自然な行いとみなされていた。唯一の決まりはしきたりを守るということ。芸者は価値を認められ、差別も受けず、同時代の男女からは同情の混じった、道徳的評価を排除した共感を受けていた」と、フィリップ・ポンスとピエール＝フランソワ・スイリが述べている。[*12] 寅さんとぼたんの関係は、監督の考えをそのまま反映したものである。太地喜和子の演技はそれを巧みに表現することに成功し、数々の賞の対象となった。そのひとつが1976年の第1回報知映画賞助演女優賞である。さて、しばらくして、ぼたんはとらやを訪ねてくる。はじめは寅さんの家族は冷ややかだ。さくらから芸者の話を聞いた御前様も、「いかん、それはいかん」と反応する。しかし、ぼたんがペテン師に200万円を騙し取られたことを知ると、態度を一変させる。正義感の強いとらやの人々は、そのカネを取り戻す手助けをしようとする。そのためにタコ社長を送り込むが、うまくいかない。ぼたんのような身分の人を道徳的に糾弾するのはたやすいが、その一方で、ふつうの人は権力に対して無力であることを洋次は示したかったのだ。

寅さんはテキ屋の世界に生きている。テキ屋はヤクザの元祖で、独特の仁義にのっとった行動を重んじる。その寅でも、詐欺師をこらしめるとまくし立てても、なんの力にもなれない。しかし、落ち込んだままで映画を終わらせるわけにいかない。カネは取り戻せなかったが、ぼたんは寅があらゆる手を尽くして助けようとしてくれたことを喜ぶ。「私、とっても幸せよ」と、タコ社長にくってかかった兄の態度を詫びるさくらに言う。「お金はいらん。私、生まれて初めてや。男の人のあんな気持ち知ったん。うれしい」。そして東京を去って龍野に戻る。一方、救いの手が差し伸べられなかった寅さんは、親しくなっていた画家に、絵を描いてくれと頼みに行く。

また旅に出た寅は、ぼたんのようすを見るために龍野を訪れる。そこで青観が、みごとなぼたんの花の絵を彼女にプレゼントしたことを知る。たとえ２００万円で買い取ると言われても、彼女は断ると言う。「一生宝もんにするんや」。どうして注文を受けて絵を描くことができないのか、画家が説明した言葉を思い出し、寅さんは自分を恥じるのだった。ぼたんを助けるために絵を描いてほしいと頼んだが、「そいつはできないよ。絵描きが絵を描くってことは真剣勝負なんだよ……」と画家は断ったのだった。最後のシーンは、感動的であると同時にユーモアたっぷりだ。寅は樽にのぼって東京の方向に向かって、青観に詫びと感謝を述べるのだ。最後は龍野市の美しい景観が映される。

＊12　Souyri, Pierre-François et Pons, Philippe, *L'Esprit de plaisir*, Payot, 2020, p. 143.

広々とした景観の中に寅さんがいる図で映画を締めくくるのは、このシリーズの決まりごととなった。洋次は撮影監督といっしょに、最適な場所を選ぶのに多くの時間を割いている。監督が、物語の舞台となる土地を重視していることがわかる。「マドンナ」を入念に選んでいるが、地理的監督としてロケ地も綿密に調べ上げている。女優の魅力を最大限に引き出すように、景色についても同じ心構えである。「完」の文字のバックになる絵に大きな注意を傾けている。それはロケ地のプロモーションに貢献することにもなる。観客にも、批評家にも、この作品の活気と滑稽なシーンが好評だった。その年の毎日映画コンクールで日本映画優秀賞を受け、キネマ旬報ベスト・テンの第2位を獲得した。また新たに創刊された映画誌『シネ・フロント』（1976年）の表紙を飾った。発刊を記念して新たな映画賞が創設され、第1回の式典ではこの作品が選ばれた。以後『シネ・フロント』誌は、監督の作品を取り上げつづけている。

日本人論

日本人よ、あなた方は何者か？　多くの外国人が投げかける問いである。寅さんのような人物を知って、日本人とは「われわれとはちがう人たちだ」と、つい思いたくなる人もいそうだ。往年のフランスのユーモリスト、ピエール・デプロージュならそう言ったかもしれない。だが、安心してほしい。日本人自身も、ほかの人たちとは明らかに「ちがう」自分たちの本質をめぐって同じような問いを立てている。2世紀以上にわたる鎖国の後の開国と明治維新以来、日本人は、自分たちの社会的、文化的な特殊性を強調して答えようとする出版物が大好きだ。ひとくくりに「日本人論」と呼ばれるのだが、本や記事、テレビやラジオの番組にも登場する。毎年、そうした論考は100本から200本も世に出ている。日本人の国民性を探るというのがねらいで、読む人に与えるのは、しばしば敵対的でもある外の世界に対して、完璧な同質性を持っているかのようなイメージだ。だが、人類学者のベフ・ハルミが『同質性の支配（*Hegemony of homogeneity*, éd. Trans Pacific Press, 2001）』で指摘しているように、日本人たちがそんな理論に完全にはまっているわけではない。言っていることに限界があることは、日常の中で気づいている。それに今はグローバル化の時代だけになおさらだ。山田洋次の作品は、こうした日本人論的な視点には立っていない。実際、監督はこうした日本人の同質性を高めようとしているわけではない。逆に、お気に入りの登場人物、寅さんこそ、日本人はみんな同じという考え方を反証している。

プレッシャーは続く

映画でいつも高い評価を受け、定期的に脚本を書きつづけていたテレビでも好評を博した。『男はつらいよ』第17作が公開されて間もなく、12月25日に上映が予定されていた次の作品に取りかかった。いつものように朝間義隆との共作は、寅さんの新たな「夢」ではじまる。またしても映画からヒントを得た洋次は、寅さんを『望郷』（1937年）の舞台となった北アフリカへと連れて行く。いきなり（完璧な）フランス語のナレーションが流れて観客は驚く。渥美清と倍賞千恵子がフランス語を操るのにまたびっくりする。渥美は苦戦しているが、倍賞は真面目すぎるほど真面目だ。監督は1930〜1940年の映画への愛着を示したのだ。寅さんの装いは、ジュリアン・デュヴィヴィエ監督作品のジャン・ギャバンより、むしろハンフリー・ボガードに似ているが、シーンの最後はフランス映画に近い。寅は死ぬのだ。

ということで、『男はつらいよ　寅次郎純情詩集』（1976年）のテーマは死ということになる。だが映画は、むしろ上機嫌にはじまる。満男の担任となった産休代理教員の柳生雅子（檀ふみ）が家庭訪問に来る。その日はちょうど柴又に寅さんが戻ってくる日である。「寅さんが惚れたら大問題だ」と、寅の度重なる失恋がずっと気になっているタコ社長が心配する。図星だった。若い女教師の前で寅さんがとった態度を見ていた博は、その夜、満男のことより先生の前でいい格好したかっただけだろうとなじる。寅はまた旅に出ることになる。その間、教師の母、綾が長期にわたる入院から帰宅する。第18作の「マドンナ」となるのは、『羅生門』（1950年）や溝口健二の『雨月物語』（1953年）

第18作『男はつらいよ 寅次郎純情詩集』(©1976松竹株式会社)

などで知られる往年の大女優、京マチ子である。柴又に戻ってきた寅さんが夢中になる相手である。上流階級の生まれだが、その後、没落したこの病弱な女性に寅さんは愛情を抱く。京マチ子はみごとに綾の役にはまり、その気品に寅は惹かれてしまう。

寅は綾を訪ねては楽しませ、気持ちをほぐしてやる。不治の病にかかっている綾を元気づける。本作はシリーズはじめて、そして唯一「マドンナ」が死ぬ作品である。綾は自分の運命がわかっている。ついにこんな問いかけをする、かなり気が滅入るシーンがある。「寅さん、人間はなぜ死ぬんでしょうね?」寅はこう応じて笑わせる。「人間? なんて言うかなあ(中略)人間がいつまでも生きてると、陸の上が人間ばっかりになっちゃう。面積が決まってるから。で、みんなで押しくらまんじゅうしているうちに、足を置く場所もなくなって、隅っこにいる奴が、おまえどけよ、なんてやると、海の中にボチャンと落ちて、アップアップして(中略)で、死んじゃうんだ」。貴婦人を楽しませる役まわりの道化師のようだ。

綾が死んだ後、雅子は、母親が寅さんのこと愛していたと言う。息を引き取る前に、寅さんにまた会いに行きましょうと言ったら、うれしそうな表情を見せたのだ。「だれにも愛されたことのない、さびしい生涯だった」と打ち明ける。「でもその最後に、たとえひと月でも、寅さんがそばにいてくれて、お母様どんなに幸せだったか」。しかし作品は、悲しいままでは終わらない。新年の祭りで商売をするために、寅は新潟県の六日町に出向く。雅子の新しい赴任先である。元気いっぱいの若者と子どもたちに囲まれた寅さんという、明るい雰囲気の中で映画は締めくくられる。

城戸四郎の死

第17作と同様、この作品の観客動員数は減って180万人を下まわった。だが入場料を1200円から1300円に値上げしたので、興行収入は減らなかった。松竹は寅さんのおかげで収益が上がり満足した。だが完璧主義者の洋次は不満だった。寅さん映画を年3作から2作に減らすことに、会社から合意を取りつけていた。『家族』（1970年）、『故郷』（1972年）、『同胞』（1975年）のような、ほかの作品の製作をするためだ。吉岡範明が渥美清について書いた書物で引用されたインタビューによると、洋次はこう述べている。「寅さん映画を期待してもらえるのは嬉しいけど、正直言って、年二本というのは過重です。せめて一本にしてもらって、その合間に、寅さん映画を少しずつ作りたいんです。企画もたまって来ていますから……」。しかし年2回のペースを維持するように、会社は強くプレッシャーをかけてきた。監督はくじけずに仕事をこなし、ほかの長編映画はその合間になんとか製作していくようにした。

この年、洋次は大きな期待を寄せている物語の映画化を考えていた。それに取りかかる前に、『男はつらいよ　寅次郎と殿様』（第9作、1977年）の執筆と製作に当たった。かつて四国の大洲を統治していた藤堂家の当主と、平民である寅さんの出会いと友情の物語である。およそありえないような設定も、二人がいわば過去の名残だからこそ実現してしまう。だが、殿様の話す言葉は、寅のそれとは何光年もの隔たりがあるので、ときには意味がつかめず苦労する。それぞれが時代錯誤的な行動をとるが、それがかえって両者を近づけるきずなとなる。渥美清の役づくりの才能を信頼している洋次は、殿様役の俳優選びに注意を傾ける。1930年代の大スターで、出演した300本以上の映画のほぼ全部がチャンバラ劇だった嵐寛壽郎に白羽の矢を立てる。洋次は、寛壽郎の作品を「時代劇の真髄だ」と思っていた。

第19作のはじまりで、寅さんは剣の達人で正義の人である鞍馬天狗になった夢を見る。こうして嵐寛壽郎の代表作『鞍馬天狗』を取り上げてみせる。1928年にはじまったこの人気シリーズは、戦争中の中断を経て1950年代はじめに再開された。強いだけでなく心の優しい鞍馬天狗は、子どもに大人気だった。嵐寛壽郎の登場は、鞍馬天狗のチャンバラを観ながら大きくなった観客を大いに喜ばせた。

藤堂久宗役の寛壽郎は、身のこなしやしゃべり方だけでなく、古めかしい世界観の持ち主としても完璧である。現代社会の発展から取り残されたような地域を舞台にすることで、お膳立てはすべて揃った。四国は、遅れているとまでは言わないまでも、国内のほかの地域で起きていた激変からはやや外れていた。瀬戸内海を一望できる下灘駅で寅さんが「夢」から目覚めること自体、日本が進歩する速度には何通りもあるという事実を示している。

いつものことだが、柴又で家族とけんかした寅さんは四国に旅だった。やがて明らかになるが、四国には年に一回は訪れているので土地勘がある。伊予大洲に来たところで、またしても、どことなく悲しそうな若い女性（真野響子）と知り合う。地元の名物料理を食べさせ、元気づけようとする。その翌日、年老いた殿様と出会い、すばらしい屋敷に招かれる。寅さんが東京生まれだと知った殿様は、亡き息子が自分の同意を得ずに結婚した嫁の鞠子を見つけてほしいと頼み込む。寅は軽い調子で、連れてくると約束する。

老人は本気だった。調査の進み具合を聞きに柴又までやってくる。寅さんはこの不可能に近い任務を放り出そうとするが、幸運が訪れる。伊予大洲で知り合った女性が、とらやを訪れる。夫の墓参りに行った大洲での短い滞在中、自分を励ましてくれたお礼を言うためだった。彼女の名前が鞠子と判明し、寅の依頼された任務とつながる。殿様との約束を守ることができた。寅は鞠子の虜になってしまう。藤堂久宗と鞠子の顔合わせは柴又で行われ、二人はつながった。

四国に戻った殿様は寅さん宛に手紙を書いた。その中で、鞠子には大洲で暮らしてほしいこと、そして自分の友人である寅さんと再婚してほしいことをしたためていた。だが鞠子には、すでに愛する人がいた。寅さんに打ち明けたうえで、伊予大洲には行けないと説明する。またしても寅さんは失恋。「殿様の夢も寅さんの夢も、一瞬にしてパーになった」とタコ社長は残念がる。第19作は秀作とは言いがたいが、3年後に亡くなった嵐寛壽郎や助演俳優らの演技はすばらしい。殿様にこびへつらう、自惚れ屋の執事役の三木のり平は、いくつか滑稽なシーンを演じてみせた。不評というわけではないが、来場者数は少なかった。観客動員数は１４０万人にのぼったが、口コミはあまりよくなかったようだ。

松竹の社長、城戸四郎が4月に亡くなった。そのショックが作品の準備に影響したのかもしれない。城戸は、洋次のキャリアで決定的な役割を果たした人物だ。会社上層部が洋次の企画に反対したとき、城戸だけは何度も支持してくれた。「ずっとぼくをかわいがってくれた父親のような人だ」と数年後、『日本経済新聞』のインタビューで語っている。実父が亡くなって1年ほど過ぎたころの城戸の死は、二度目の打撃だった。「すこし疲れて、ぐっすり眠っているような老人の城戸さんの顔を見ながら、私はただひたすら悲しく、涙がとめどなくこぼれ落ちた」

城戸には深い敬意を払っていた。「陽気で、親切で、あけっぴろげで、正直で、そして正直だからこそいつも照れたような顔で冗談ばっかり云っている、という典型的な江戸っ子ぶりを、私は城戸さんの中にいつも見ていたものである」と、城戸の遺作『わが映画論』（山田洋次編、松竹）のあとがきに書いている。城戸は洋次にその編集を任せ、1978年に出版された。洋次がとくに城戸を評価していたのは、映画へのアプローチである。「貧乏人のために、庶民のために映画を作ろうじゃないかという城戸さんの気持にまったく嘘はなかった。映画の主人公は庶民でなければならない、という考えは城戸さんの骨肉から出たものであり、それは城戸四郎という人格そのものだった、そしてそれ故に城戸さんは偉かった、と私は考える」と記している。

1977 第3部 1983

第18作『男はつらいよ 寅次郎純情詩集』撮影風景（©1976松竹株式会社）

成熟

1970年代の終わりごろ、日本映画界に決定的な刻印を記すきっかけがもたらされた。俳優、高倉健との出会いである。渥美清とともに『男はつらいよ』シリーズを成功へと導いたように、この出会いが彼の名声をさらに高めることになる。

城戸四郎の哲学に触発されて、洋次は『幸福（しあわせ）の黄色いハンカチ』（1977年）の撮影に乗り出す。『男はつらいよ』シリーズ以外では、彼の代表作となる作品だ。20年近く後に、この長編について『日本経済新聞』の中でふり返っている。「たった一つの印象的な映像が一本の映画を生むことがある」。この場合の映像とは、風にはためく、たくさんの黄色いリボンだ。米国のポピュラーソング「幸せの黄色いリボン」[*1]が呼び起こすイメージだ。寅さんを撮影していたある日、倍賞千恵子が歌ってくれた。この歌はもともと、1971年に『ニューヨーク・ポスト』紙に掲載されたピート・ハミルの連載からヒントを得て作曲された。刑期を終え出所した男が帰郷する話だ。家では、妻が樫の木に100個ものリボンを結んで男の帰りを待っている。「私はリボンをハンカチに替え、舞台を日本にしてみて、すぐに脚本の構成を思いついた。出所して帰宅するのだけれど、期待と不安に心が揺れる男が主人公

＊1　原題は「Tie a Yellow Ribbon Round the Ole Oak Tree」（古い樫の木に黄色いリボンを結んで）。

だ。最終的に、作品は愛と善意と希望の大切さについての物語になった。それを中年の男と元妻、若いカップルを通して描いた」と監督は語っている。作品は日本で希望を象徴する物語になった。2011年3月の東日本大震災で、日本の東北地方に甚大な被害を与えた津波の後、被災地である岩手県の港町、陸前高田市で一人の住民が支柱を立て、ロープを張ってそこに黄色いハンカチを結びつけた。壊滅的な打撃を被ったけれど、きっともっと良い日が来ると信じていることを示すためだった。

作品の主題をつかめたと確信した洋次は、それをどうすれば日本の現実に当てはめられるか考えた。元受刑者の帰還は、長い道のりをたどるようにしたい。その途上で彼は、ふつうの生活をやり直すという決意を自ら問いつづけることになる。米国が舞台の歌では、広大なアメリカ大陸を車で旅しながら、主人公は自問することができた。「別の国みたいに事情がかわっていくという、そういう距離感がでないというのが、やりにくいところでしたけれどもね。でも多少強引にでも北海道にもってってつくれば、できるんじゃないかとおもってね……」。彼は、この作品を特集した映画誌『シネ・フロント』の別冊でそう明かしている。ロードムービーであることは、この作品の本質的な部分だ。監督は、人々が日々の暮らしでゆっくりと時間をかけるということをあきらめてしまい、そのため人生に不可欠な基本的な感情の多くが排除されてしまっていると考える。「どうして、こういう話がぼくたちの胸をうつかというと、やっぱりこういまの時代というのは、すべてが散文的になっちゃってね」と彼は残念がる。「たとえば、はやい話が駅で別れて旅に出るったって、汽車の窓はしまっちゃってるし、汽笛はポウッと鳴らない。窓から手をのばして、手を握りあって、ポウッと汽笛が鳴れば、別れの悲しみにひたれるんだけれどもね。そういうことを許さない世の中ってことがあるわけですね。

そういうものに触れてみたいというあこがれみたいなものが、いまの日本人とおもうんですけれどもね」と述べて、作品のねらいを説明している。多くの日本人は、北海道についてアメリカ開拓時代の西部のようなイメージを抱いている。だから監督の目には、登場人物の運命が交錯する物語の舞台にぴったりだった。また、この北方の島は一般大衆にはまだよく知られていなかった。それもあって舞台に選んだ。北海道にはまだ自然のままに残されている面もあり、新しい世界に誘うこの作品をしっかり支えてくれた。

天才、高倉健

最後に残った問題は、キャスティングをどうするかだった。この企画を完成させるうえでいちばん重要な部分だ。いつものように洋次は、自分の「家族」に頼ろうと思った。いつもいっしょに仕事をし、自分のことをよくわかってくれている俳優たちで作品の骨格をつくりあげる。倍賞千恵子や渥美清たちだ。倍賞は元受刑者の帰りを待つ女性の役、渥美は元受刑者に温かいまなざしを向ける警察官の役。けれども、3人の主要な登場人物、つまり元受刑者と若いカップルについて、監督はこれまで作品に起用したことのない俳優たちに目を向けた。主役に選んだのは高倉健だ。「僕は主人公の俳優を決めてからシナリオを書きます。主人公のキャスティングで、健さんの案が出たときは驚くほど意外でね。当時、高倉健といえば『任侠映画の大スター』というイメージで、ふつうの映画に出演することは考えられなかったからです。任侠映画のストーリーは荒唐無稽なものが多いけれど、健さんが出演する映画だけは別でね、僕はよく見ていたんです。よし、思い切って健さんに出演を依頼しようと思いました」。洋次は40年後にそう語った。『男はつらいよ』シリーズをつくるのに懸命だったとき、渥美清にしたのと同じように、彼は、脚本の構想を練るために滞在していた赤坂の宿「近源」に高倉健を招いた。「構想を話した時、彼のあの魅力的な目がキラリと光った。帰りがけ、玄関で靴をはきおえたあと、軽やかな身のこなしでふとぼくを振り返り『今日はとてもうれしい日です』と言って、白い歯を見せてニコッと笑った表情が忘れられない。まったく言葉には言い表せない素敵な人だった」。その後、洋次が「健さん」と呼ぶようになった高倉健は、島勇作の役で並外れた演技を見せることになる。この人物の複雑な思いは、目的の場所までついてきた二人の若者との触れあいから明らかになるのだが、それを余すところなく表現してみせた。また、桃井かおりと武田鉄矢の起用も、この作品に奥行きをもたらすうえで決定的だった。どう生きていけばいいのかわからなくなり、一人ではじめて北海道にやってきた若い女性、朱美を演じるうえで、実際にも捉えどころのないキャラクターをまとった桃井は、余人をもって代えがたい選択だった。武田は俳優としての経験はまったくなかった。歌手として知られていたが、当時は壁にぶつかっていた。だから、失恋に打ちひしがれて、悲しみを忘れるために遠くに旅に出ようとした欽也を演じるにはぴったりだった。さらに洋次は、自動車にも思いがけない役割を与えた。欽也が旅に出るために買ったマツダの赤いファミリアだ。ほかの作品では、監督がひとつのモノにこれほど重要な意味を持たせることはなかった。本作では、この車はいくつかの場面で、登場人物たちの状況の危うさを象徴する役割を演じている。

「俳優は、自信を失いかけたときのほうがいいんですよ」と山田洋次は思っている。「『おれの演技

『幸福の黄色いハンカチ』(©1977松竹株式会社)

はうまい』と自信満々の俳優の演技は、たいていよくありません。大切なのはその俳優の人間性です」。『幸福（しあわせ）の黄色いハンカチ』で中心的な役割を演じた三人はちょうど、それぞれキャリアの道なかばにいて、その次の方向について疑問を抱いていた。三人とも、この作品に出演する機が熟していたのだ。そして、北海道での700キロ近い旅は、それぞれが自分の道を見つけるきっかけになる。欽也がしようとしていたのは、失恋の痛手から立ち直るために、すべてを捨てて東京を去ることだった。フェリーで北海道の南東に位置する釧路に入った後、北をめざした。旅の道連れを見つけたくて、いったん網走に入る。駅で朱美に目をつけ、いっしょに行かないかと誘う。もちろん下心がなかったわけではない。ちょうどそのころ勇作は、網走刑務所から出所する。観客は、彼がなぜ刑務所に入っていたのかまだ知らない。彼が、娑婆に出て最初のビールを飲む。その飲み方で、彼の刑期は長かったのだとわかる。欽也と朱美に出会い、いっしょに車に乗らないかと誘われる。旅が続くうちに、勇作の事情が見えてくる。彼はいつも一人の女性のことを考えている。彼の妻だった女性だと想像がつく。かつて彼は幸せだった。でも今はそうではなさそうだ。いくつもの回想シーンで、妻との愛が描かれる。

他方、欽也は朱美とうまくいかない。二人が宿で同室になった最初の夜、欽也は朱美を無理やり抱こうとする。彼の不器用さの表れだった。「この国の男たちにはロマンティックな心情がまったく欠けている。それを身に付けることは、緊急を要する！」と、ミュリエル・ジョリベが著書『日本　規範の危機』[*2]で指摘している。このフランス人の社会学者と同じように、洋次も若者たちが恋愛に向きあう姿勢に心を痛めていた。「男は懸命に女の子を口説き、女の子は必死で拒絶する。だいたい恋なんて『みっともないものなんだ』。僕は欽也という青年を通して、そんなことを言いたかったのかもしれません」と説明する。さらに「一度しかない人生なのだから大事にするのは当然だし、また何万年という長い年月をかけて先祖が築きあげてきた人類社会を、少しでもよくして、次の世代に伝えることは人間の使命でもある。青年が、このシラケの時という中で、人生をゴミくずのように乱暴に、無感動に過してゆくとすれば、それは彼自身と社会にとって不幸だといわざるをえない」と話す。

彼は作品を通して、その壁を乗り越えるには、ほかの人の経験、とくに年上の人たちの経験が欠かせないことを示し、警鐘を鳴らそうとしていた。この場合、それは勇作の経験だ。会話の中で、彼がかつて炭鉱で働いていたことがわかる。彼は自分より若い欽也に、女性との接し方を教え諭す。それをきっかけに、二人の若者の関係が変わっていく。さらに、たまたま警察官と出会ったことで、二人は勇作が殺人の罪を犯して刑務所に入っていたことも知る。そこから三人の間にきずなが生まれ、いっしょに夕張へと向かわせることになる。勇作は、ためらいと不安を抱きながらも、そこに帰りたいのだ。そこには光枝（倍賞千恵子）がまだ暮らしている。刑務所に入った後、別れた元妻だ。出所したとき彼は、彼女に葉書を出した。そこにこう書いた。「もし、まだ独り暮らしで、おれを待っててくれるんだったら、鯉のぼりの竿に黄色いハンカチをぶら下げておいてくれ」。彼はぐずぐずしていて踏み切れない。望まないことが現実になっていないかと恐れている。欽也と朱美は彼に、夕張までついて行くと言い張る。最後のシーンは、とりわけ感動的だ。車から降りた若い二人が黄色いハンカチを探す。だが、光枝がぶら下げたハンカチは一枚ではなかった。おびただしい数のハンカチ。勇作

＊2　Jolivet, Muriel, *Japon, la crise des modèles*, éd. Philippe Picquier, Arles, 2010, p. 212.

が彼女のもとに向かう。二人の若者も抱き合う。

作品は大成功だった。映画評論家の小藤田千栄子は「最も幸運な出あいをした作品であり、おそらくは同監督の頂点をいくものではないかと思えるのである」と評している。それは、作品が獲得した数々の賞が示している。たとえば、米国のアカデミー賞やフランスのセザール賞に相当する第1回日本アカデミー賞では、最優秀作品賞、最優秀監督賞、最優秀脚本賞、最優秀主演男優賞、最優秀助演男優賞、最優秀助演女優賞を受賞した。その年は、ほかの賞も総なめとなった。いわば、洋次が映画芸術の頂点に立っていることが確認されたのだ。小藤田千栄子にとって、とくに印象深かったのは、洋次が観客の心を捉えてそれを最後まで引っ張っていく巧みさであった。「わかっていながらも山田洋次監督の演出の妙にまんまとはめられていく作品である。あまりのうまさに、地団駄をさえ踏む思い。ラストの、黄色いハンカチが、まるで運動会の万国旗のように、風にそよぐさまは、わかっていながらも〝ああやっぱり（奥さんは）待っていてくれたのだあ！〟と、どうしても熱いものがこみあげてきてしまうのである」と書いている。作品の成功は、とくに高倉健の起用に見られるような優れたキャスティングのおかげでもある。また、ここでも北海道の風景をうまく活かしたことが大きかった。この地方は物語の舞台にぴったりで、作品に不可欠な要素にまでなっている。

『幸福（しあわせ）の黄色いハンカチ』がきっかけで、数百万人の日本人がこの地方、中でも夕張をあらためて知ることになった。この産炭地は、特産品の高価なメロンが有名だったが、作品で描かれているのは産炭地としての暗い側面である。かつて町の繁栄の原動力だった石炭業は、撮影当時すでに斜陽の中にあった。１９９０年に最後の炭鉱が閉山となり、町はかつてない危機におちいり、全国ではじめて財政再建団体に転落した。閉山以来、波乱や過疎化が止まらなかったが、夕張市は洋次に対して大きな感謝の気持ちを持ちつづけている。有名な「キネマ街道」を歩くと、映画のポスターをたくさん見ることができる。かつての炭鉱住宅に設けられた映画の博物館「幸福(しあわせ)の黄色いハンカチ想い出ひろば」には欽也のあの赤いマツダや写真が展示してある。また、壁いっぱいに貼られた黄色い付箋には、訪れた人たちが願いごとやこの作品への賛辞を綴っている。もちろん、黄色いハンカチをはためかせている竿も忘れてはならない。希望で心を満タンにしたいと願うたくさんの訪問者を待ち受けている。小藤田千栄子が強調しているように、これは「『男はつらいよ』シリーズで培われた信頼と技量」がもたらした成果である。この作品への熱い反応は、洋次が必要としていたエネルギーを与えてくれた。洋次は、この2作品のほかに、3番目の作品の準備にとりかかり、テレビとの仕事も進めた。加えて、オペラの演出にも乗り出した。ジョルジュ・ビゼーの『カルメン』である。10月半ばから11月末にわたって、神戸、東京、川崎、前橋で上演された。

山田、それは推進力だ

そんなこともあって、『男はつらいよ』の20作目のタイトルを『寅次郎頑張れ！』としたのだろうか。「頑張れ」という言葉は、人を励ましたり、自分をふるい立たせたりするときに使う。海外上映での英語タイトルは『To-ra-san Plays Cupid（寅さん、キューピッドになる）』であり、原題の意味とは関係ない。しかし、洋次はその年の3本目にあたるこの作品で、前作がパッとしない結果だったこのシリーズを、いくらか再活性化させたいという思いを込めたのではないか。前作の興行収入は8億2000万円で、寅さんの物語がはじまって以来もっとも低かったのだ。第20作の冒頭、寅さんは夢を見ている。身近な人たちが途方もない金持ちになっていて、もうずいぶん前に、とらやの店は壊されている。寅さんも、古くさい服や帽子、カバンを捨てろと言われる。まさに悪夢。目が覚めると、ほんとうにカバンと帽子が盗まれたところなのだ。シリーズのそれまでとは、いささか趣のちがう夢である。以前の夢では、寅さんはもっと居心地のいい役まわりだった。今回、洋次が思い起こさせてくれるのは、人はカネの力を前にすると、それに抵抗するのが難しいということだ。たとえカネを持っているのが家族だったとしても同じだ。寅さんはカネにものを言わせることはできない。けれども、人々を動かすためのほかの手段を持ち合わせている。この物語は、それを示していくことになる。

寅さんはその能力を発揮する前に、柴又に戻ってきたとたん、おかしな騒動を起こす。島田良介（中村雅俊）という若者とけんかになるのだ。彼は、とらやの入り口に「押売りお断り」の札を貼り付けていた。そこへ帰ってきた寅さんを、押売りと勘違いしてしまう。良介は電気工事作業員で、とらやの2階に間借りしていた。しかし寅さんのことをまだ知らなかったのだ。さくらの兄である寅さんとひと悶着を起こしたことを反省し、部屋を出ていく。一方、寅さんは家族の面々に、真面目くさって怒ったわけを説明する。怒りを収めるためにパチンコに行く。パチンコというのは、一種の電気仕掛けのビリヤードで、垂直に置かれたボードに金属製の小さな球を投げ入れる。うまくいくと、たくさんの球を得ることができる。シリーズで、パチンコ屋にいる寅さんと出会うのははじめてだ。彼が出入りするのはたいてい日本のバー、居酒屋である。彼はそこで憂さ晴らしに酔っぱらうのだ。パチンコがうまくいかず、浮かないようすでいると良介が近寄ってアドバイスをする。彼も同じパチンコ屋にいたのだ。おかげで寅さんも勝てた。それをきっかけに、二人の間に友情が生まれた。二人で飲んだ後、寅さんは若者を、とらやに連れて帰る。「おまえずっとここにいろ」と言う。そこから洋次は、話を新たな方向に進めていく。さくらと博が「ワットくん」と愛称を付けたこの電気工事作業員が悩む恋の物語だ。彼は幸子（大竹しのぶ）というラーメン屋の店員が好きになっていた。でも、どうすればいいかわからない。そこに寅さんがかかわってくる。恋愛のコーチ役になってやろうというのだ。ナイーブな地方出身の若者の典型みたいな二人の間を取り持ってやれるのは、もちろん寅さん自身が恋愛に長けているからというわけではない。年長者の特権みたいなものだ。

ワットくんは九州の平戸出身である。幸子のほうは東北からやってきた。当時の多くの若者と同じように、二人とも東京で仕事を見つけるために故郷を離れた。けれども二人はまだ純朴さを失っていない。これは洋次が作品の中で何度も取り上げている題材だ。自分自身が思春期の終わりに、山口県からはるばる東京にやってきたときの経験を思い起こしているのではないだろうか。とはいえ、後の作品、たとえば『息子』（1991年）などでは、若者の恋愛関係が変化したことを示している。先入観や偏見がなくなっているのだ。しかしこの第20作では、そうなる前の恋が描かれている。寅さんは仲介役となって、二人がお互いの気持ちを通じ合わせる手助けをする。人と人を取り持つのが得意なのはご存じのとおり。けれども恋愛のアドバイスとなると、彼には望むべくもない。二人の最初のデートに向けて、彼は良介に映画に連れて行けとアドバイスするが、「ただし洋画はだめだぞ」と言う。なぜですかと問う良介に寅さんは、かっこのいい俳優が次々出てくる映画のあとに、デートの相手の顔を見たらがっかりするだろう、と説明する。見るなら日本映画だ、と。ただ、ヤクザものや悲恋ものはいけない。ではなにを見ればいいのか。「決まってるじゃねえか。おかしい映画！」と寅さんは断言する。山田洋次はこうやって、それとなく自分の領分を擁護している。常に喜劇をつくりたいと願ってきた彼は、主役の人物、寅さんにこう言わせている。「二人で腹抱えて転げまわって笑ってさ、ああ、おかしかった、あんまり笑ったんで、私お腹すいちゃったわ」となる。つまりデートはこのあと、食事、そして散歩へとつながるというわけだ。しかし、理屈と実際の間には大きな溝がある。なにごとも予想どおりには進まない。良介は、彼女に熱い思いを告白することができない。仕切り直して会いに行くが、幸子に追い返される。彼女は、母親が入院したという知らせを受けたところだったのだ。落ち込んだワットくんは、おいちゃんとおばちゃんから借りている部屋でガス自殺をはかる。失敗するけれど、部屋をひどく壊してしまう。彼は平戸の実家に戻り、この顛末に責任を感じた寅さんも柴又を去る。そして良介に会いに行く。良介は姉の藤子（藤村志保）と暮らしている。彼女は独り身で美しい。だれもが予想するとおり、寅さんは彼女に恋をする。良介と藤子の家に転がり込んで、まるで家族の一員のように生活する。一方、幸子は東京に戻ると、さくらに良介のことが好きだと話す。良介は藤子とともにまた柴又に向かう。寅さんも結局、二人の後を追う。すべてがうまく収まりワットくんは姉に、寅さんとどうするつもりかと尋ねる。彼女だけが、寅さんの恋心をわかっていなかったことがはっきりする。その会話と藤子の反応に驚いた寅さんは、またしても心破れて立ち去る。良介は、幸子に自分の故郷を見せようと平戸に連れて行く。そのころ寅さんは、九州・佐世保の近くの田舎町に現れる。そこで旧知の旅まわり芝居の一座と出くわす。一座は興業の宣伝をしているところだった。演目はヴィクトル・ユゴー原作の『レ・ミゼラブル（ああ無情）』。音楽は『カルメン』（洋次が演出をしたばかり）である。寅さんにとって、いつもの生活がまたはじまった。

『男はつらいよ　寅次郎頑張れ！』で監督は、観客を惹きつける推進力を取り戻した。１９７７年の年末に、この映画を見たのは１９０万人近く。物語がうまく組み上げられているというだけでなく、以前の作品と比べて際立っているのは、祭りと地方のさまざまな場所をていねいに見せようとしていることである。これまでも寅さんは、各地の伝統祭事の場でものを売っていた。けれどもこの作品から、高羽哲夫のカメラは、祭りそのものを十分な時間をとって見せるようになった。寅さんが現れる場所についても同様だ。今までよりたっぷりと紹介の時間をかけている。そうした手法に、平戸はちょうどいい場所であった。こうやって日本人は、実際はあまり知らなかった自分の国をより理解することができた。こうした改革によって、シリーズへの人々の関心はふたたび勢いを得ることになった。１９６９年の最初の作品から合計すると、３５００万人が寅さんの物語を見たことになる。日本人の３人に１人だ。松竹は有頂天だった。登場人物たちは、その創造主である山田洋次と同じように、今や文化財となった。映画評論家の佐藤忠男に言わせれば、「このシリーズは芸術作品だと言ってもかまわない。それだけ監督は洗練された技法を使い、観た人たちに深い感銘を残している。だがなによりもまず娯楽作品である」。これは洋次も反論しない視点だろう。彼自身も、寅さんのような人物は現実には存在しないと認めているのだから。

米国映画との競争

ただ、娯楽作品だとしても、観客は寅さんの物語に気晴らしだけを求めているわけではない。そんな期待にも応える。人々がいいと思うのは、この男の冗談や、設定された状況の滑稽さよりも、むしろその自由さや人生哲学なのだ。監督も作品に、日本人へのさまざまなメッセージを込めている。あからさまに主張することなく、むしろ笑いで包み込んで伝えている。『男はつらいよ』の第21作の場合もそうだ。『寅次郎わが道をゆく』（1978年）は、また寅さんの「夢」で幕が開く。この夢は、スティーブン・スピルバーグ監督の『未知との遭遇』（1977年）から想を得ている。この作品が日本で公開されたのは1978年2月。同じ監督の2年前の作品『ジョーズ』（1975年）と同じくらいの大成功を収めた。この長編映画は、日本の映画市場でハリウッド映画が圧倒的優位にあることを象徴していた。ハリウッド映画がどれほど日本市場を席巻していたかを知るには興行収入を比較してみれば十分だろう。1976年に巨大なサメが日本でたたき出した収益は50億円だったのに対し、その年の日本映画の最優秀作品は16億円にすぎなかった。それに、洋次がこの作品で米国映画をほのめかしたのは、まさに日本の映画産業が前例のない危機に突き進んでいるときでもあった。観客動員数は減りつづけるばかりだった。1977年は、前年の1億7100万人から1億6210万人に落ちこんだ。11億人が映画館に入った1958年の記録とは比べるべくもない。

映画館自体も減りつづけており、映画離れの傾向への懸念が強まっていた。たしかに、映画ジャーナリスト、斉藤守彦の著書『映画館の入場料金は、なぜ1800円なのか？』（ダイヤモンド社、

2009年）が指摘するとおり、入場料金の値上げによって収入は増えていた。しかし懸念材料にはこと欠かない。洋次も彼なりに心を痛めていた。後に『虹をつかむ男』（1996年）と『キネマの神様』（2021年）で、小規模な映画館の行方について関心を示している。この第21作でも、当時の日本経済の一部を苦しめていた危機について少し触れている。柴又に戻った寅さんが、身近な人たちと再会する。その中の一人、タコ社長は浮かない顔をしている。「その分じゃ、経営は楽じゃないな」と寅さんがからかうと、「首くくりてえよ」と言い返す。社長が経営する印刷工場は、とらやの裏にあるのだが、そのとらやだっていつも経営は苦しい。博は、不景気のあおりでとらやもたいへんなのだと言う。そのせいで、おいちゃんも体の具合が悪い。寅さんは「そりゃあ、わかってるよ。おれだって商売人のはしくれだからな」と答えて、必要なら自分がとらやを継ぐことも考えていると付け加える。そして、とらや再建のための構想を開陳する。例によって大真面目だ。渥美清の話術の才に引き込まれて、みんな大企業の誕生を目の当たりにするかのような気分になる。ところが、寅さんがいい気になって、家族でやっている店舗をぶっ壊すと言ったものだから、聞いていた人たちはすっかりしらけて不機嫌になる。とうとうタコ社長が、寅さんには経営のことなんてわからないと言ったものだから、殴りあいになってしまう。このシーンを見ても、監督がこの国の状況にどれほど注意を払っているかがわかる。とくに、作品の主要な観客である庶民が、この時期をどんなふうに生きているかよく見ている。それでも、この数か月前にフランスで当時のレイモン・バール首相が口にして流行語になった「全般的悲観論（sinistrose）」におちいったりはしない。きびしい現実を否定しない。けれど、それに寅さん流のアプローチで対抗する。困難を相対化してみせるアプローチだ。

ここで彼が出した答えはシンプルだ。そんな状況からは距離を置けばよい。そこで、今度は九州の真ん中にある熊本県にやってくる。日本列島の中でもとりわけ美しい地方のひとつだ。豊かな自然に囲まれた町でのストレスの少ない暮らしに、寅さんは居心地がよさそうだ。撮影監督の高羽哲夫がみごとに切り取って見せた、この日本の田舎の風景を見てほっとした気分になれる。洋次は、前作でもやってみたように、田舎ののどかな暮らしや伝統的な祭りを捉えたカットを次々と繰り出す。同時代の大半の日本人が放棄していた田舎暮らしという生き方を、30年ほども前に見直すよう促していたのだ。というのも、興味深いことに、２０１１年の福島第一原発の大事故の後、たくさんの家族が、暮らしを一新しようと熊本県に移住しているのだ。それは、この地方の出身でもある正木高志の呼びかけに同調することでもあるだろう。彼は著書『木を植えましょう』（南方新社、２００２年）で、消費社会を問い直すことを訴えている。そんな場所で、寅さんが変わっていくのを見ながら、観客たちも日頃の気がかりをしばらく脇に置くことができる。

　作品は、まったく異なる二つの世界を行き来する空間となる。洋次が考える「シネ間（マ）」である。彼は、物語の舞台の選択と同じように、俳優も入念に選ぶ。彼が留吉役として目を付けたのが、『幸福（しあわせ）の黄色いハンカチ』で注目された武田鉄矢だ。寅さんが、女性との付き合い方はどうあるべきかと教え諭そうとする若者の役である。武田はこの田舎者の役を完璧に演じている。町の人たちは、寅さんを一種の「賢人」と見るようになる。だが一文無しになった彼は、さくらに迎えに来てほしいと手紙を送る。戻ってきた自分がすっかり変わったところを見せたいと思う。店で働き、「惚れたはれたの年頃じゃあなくなった」と言う。けれども、またしてもいつもの弱みをさらけ出すのに、きれいな女性が一人現れれば十分である。この作品のマドンナとなる奈々子（木の実ナナ）の登場で、それがはっきりわかる。さくらの同級生で、今はレビューのダンサーとなった彼女がとらやの店先に立ち寄っただけで、彼はぼーっとなってしまい、彼女の舞台を見に行かずにはおれなくなる。もちろん恋に落ちたのである。これは洋次にとって、今でいう「愛社精神」を示す機会ともなった。松竹歌劇団（SKD）の舞台裏を観客に紹介したのだ。1920年代に創設された、女性だけでミュージカルやダンスを上演するこの劇団は、監督も所属する松竹という会社の知名度を大きく高めた。さらに作品は、浅草※国際劇場というSKDの伝説的なホールにも光を当てている。この劇場は1982年に取り壊され、跡にはホテルが建設された。ひとつの時代が終わったことを示すできごとだった。レビューの後は、やがてAKB48のような女性グループによる舞台が登場するにいたった。彼がこの脚本を書いていたとき、1970年代に生まれた「アイドル現象」が、その全盛期に向かいはじめていた。その年（1978年）の4月、キャンディーズが解散すると、その座をすぐに取って替わったのはピンク・レディーだ。彼女たちのシングル盤『ジパング』は売り上げのトップを占めた。洋次はこのテーマにも関心を見せている。それを作品の中心

※浅草
「『浅草は、東京の心臓……。』『浅草は、人間の市場……。』添田唖蝉坊さんのお言葉である。『浅草は萬人の浅草である。浅草には、あらゆるものが生のままはふりだされてゐる。人間のいろんな欲望が、裸のまま踊ってゐる。あらゆる階級、人種をごった混ぜにした大きな流れ。明けても暮れても果しのない、底の知れない流れである。浅草は生きてゐる――大衆は刻々に歩む。その大衆の浅草は常に一切のものの古い型を溶かしては、新しい型に変える鋳物場だ』」。川端康成の小説『浅草紅団』で浅草はこのように描かれている。浅草は長い間東京でいちばんにぎやかな盛り場だった。手頃な値段でたくさんの娯楽が提供されていた。20世紀初頭には映画館が立ち並び、にぎわいは一段と増した。だが終戦後、ようすは一変した。焼け残ったのは全体の3分の1、大きな建物が10棟ほどだった。1950年代に一部が再建されたが、以前ほどの群衆は戻らなかった。衰退の原因は、銀座のようなしゃれた街に変容しようとしたためだと言う人もいる。1982年に浅草国際劇場が取り壊されたことは、浅草の歴史、そして東京の歴史の上で大きな転換点となった。

成　熟

には据えないものの、「農村の未来を考える」というシンポジウムに参加するために上京した留吉の言動を通して触れている。

　レビューの舞台を見た後、寅さんは柴又にとどまり、理想の女性になったダンサーに合わせて生活をしようと決意する。ＳＫＤの選択は監督の目配りでもある。彼は数か月前にオペラ『カルメン』の演出をしたのだけれど、浅草国際劇場からも舞台向け翻案の演出を頼まれていた。彼にはリサイクルのセンスがある。ひとつひとつの経験を想像力の糧としている。常にそこから引き出した要素を活用して、新しい企画を創造する。この作品の場合、寅さんと留吉のダンサーへの恋のなりゆきに観客の興味を誘う。二人とも失恋することになる。奈々子にはほかに好きな男性がいるし、留吉の「ドルシネア姫」は恋よりダンスを選ぶと言う。彼はそれを受け入れようと心を決める。二人とも柴又を去る。二人の「敗者」がしばらくして再会するのは、留吉の暮らす村だ。そこでは、ものごとは東京ほど悲壮な色を帯びない。木の実ナナと武田鉄矢の生き生きとした演技のおかげで、作品からは明るい雰囲気がにじみ出ている。それがシリーズの人気回復をたしかなものにした。

　11億円の興行収入は、その年の日本映画では第4位だった。しかし、外国映画の売り上げトップで44億円を稼いだ『スターウォーズ』（１９７７年）、32億円で第2位だった『未知との遭遇』には、はるかに及ばなかった。１９７８年は洋次にとって、本の出版にもかかわる年となった。城戸四郎の原稿を集めた『わが映画論』（城戸四郎著、山田洋次編、松竹、１９７８年）の編集を担当したほか、ほぼ同じころに自身の著書『映画をつくる』（大月書店、１９７８年）を出した。そこで自分のキャリアや映画へのアプローチ、仕事の流儀などを語っている。「映画は嘘です。シナリオというものがあり、俳優がそこに書かれているセリフを読み、カメラがそれを撮影し、フィルムに焼きつけられたものを観客はスクリーンの上で見るわけです。文学にしろ演劇にしろ、すべてがつくりものであることに間違いありません。いうなればわれわれの仕事は人をだますことである。芸術家とペテン師は紙一重、などという言葉もあります。ただしわれわれがペテン師と違うのは、観客のほうでもだまされたがっている、という点です。うけとり手はお金を出してまでだまされたい、と願い、こちらも誠心誠意、だますことに情熱をそそいで、うまく騙したときに観客が拍手喝采をおくるのです」と書いている。彼が映画監督をどのような仕事だと考えていたのか窺うことができる。ただ彼は、俳優たちを指揮する監督である前に、同じくらい才能に恵まれた脚本家である。そのことを思い出しておこう。

彼は毎年、自分自身あるいは他の人の監督作品のために原作となる物語をつくり、書いていた。そのため、日本ではもっとも影響力がある映画人の一人となっていた。「脚本をつくるとき、私はいつも三人ぐらいの仲間と相談しながら書きます。毎晩毎晩、夜更けまで、ときとしては朝がたまでいろいろな話を考えたり、芝居を工夫したり、セリフを考えたりするわけですが、とてもおもしろい話、おかしいセリフを思いついたときにはみんなで大笑いすることがよくあります。夜中に、いい大人がとるに足らぬような馬鹿話で大声をあげて笑っている、という光景は、傍から見るとかなり不可思議なものかもしれません。油汗を流し、食欲を失い、ときにはノイローゼ気味になって苦しみながら考えだす笑い話が、作品となったときにはそのおかしさだけが伝わり、生みだすまでの苦しさ、つらさは消えてしまっている、というふうでなければなりません。この映画の作者たちは、冗談半分に、いとも気易く、かるがるとつくっているのではないか、と思わせるようでなければならない、そのためには、どうしてもつくりだすプロセスのなかで作者が楽しんでいなければならないのです。もちろん、つくり手だけがおかしがって観客にはちっともおかしくない、といった作品もあります。ですから三人なら三人集まった作者たちの顔ぶれが問題です。つまり彼等はどういうことにたいして笑うか、すなわち、彼等の教養、感性、人格によってその作品の質が決定されるのは当然のことでしょう」。彼は著書の中でそう触れている。この本では、自分のお気に入りの人たちについて多くを語っている。

ほんものの映画作家

寅さんの仕事はほんとうに忙しかった。かなりの時間を割いていた。近づいてくる年末に向けて、シリーズの次の作品に取り組み出さなければならなかった。12月27日公開が予定されたのは『男はつらいよ　噂の寅次郎』（1978年）だ。前2作と同様、ひとつの地方を深く知るということを土台に構成されている。今回は木曽路だ。長野県に位置し、かつて江戸と京都間の約540キロを結んでいた、中山道あるいは木曽街道の一部である。69の宿場町があり、途中9か所の峠を越えなければならなかった。この場所の選択が面白いのは、寅さんがそこで偶然、博の父親（志村喬）と再会するからでもある。彼が登場すると、人生のはかなさや無情について、多くの問いが扱われることになる。注意深い人ならば、たんに風景が美しいからというだけで木曽路が舞台に選ばれたのではないことに思い及ぶだろう。それは「木曽路」の中の「路」という文字の意味にも基づいている。実際、それは旅人にとって、歩く場所を意味すると同時に、神々に寄り添ってくれるように加護を願う場所でもある。

「路」にはいくぶん神秘的な雰囲気がある。老教授が寅さんと訪れるところは、どこも宗教性が色濃い。この回の話が繰り広げられるのが秋であることも、自然のはかなさを強く印象づける。

寅さんは最初のうちこそ、旅の道連れになった老教授が訪れる先などをつまらないと感じていたようだ。けれど、平安時代（794―1185年）の説話集である『今昔物語集』の中の恋の話を聞かされると、その奥の深さに引き込まれていく。それは、とても美しい女といっしょになった若い男の話だ。しかし彼女は結婚してまもなく病で亡くなってしまう。妻の面影を忘れられない男は、彼女にふたたび会いたいと、とうとうある日、墓場で棺を掘り返した。けれど遺体は腐り果てていた。彼女の美はすっかり失われていた。彼はこの世の無常を感じて、頭を丸めて仏門に入り、一生仏に仕えて暮らした。「まあ、こんな話を読んでると、僕も人の一生についていろいろ考えさせられたりするんだけどね……」。博の父がそう言うと、寅さんはますます混乱して考え込んでしまう。翌日、彼は柴又に帰ろうと決める。「お教えありがとうございます。寅次郎深く反省いたします」と、謝意を書いた手紙を残していった。いつもそうなのだけれど、彼が急いで出発するときは、たいてい自分のふるまいや人生についてふり返るときである。後で自分でもそう説明している。しかし、ほとんどの場合、内省と前向きな決意の時期は短く、彼本来の性格が優勢になっていく。

この第22作でも、その性格からは逃れられない。東京の身内のもとに戻ると、はじめのうちは老教授との話なども持ち出し、神妙なようすだ。しかし、早苗（大原麗子）と出くわしただけで、彼はふたたび地上の世界に降りてくる。彼女は最近、おいちゃんとおばちゃんを手伝うために雇われたところだ。結局は離婚することになる夫と別居していて、新しい生き方を見つけなければならない。彼女が、寅さんとの出会いが自分にとって大きなチャンスになったと告げたとき、彼の思いは強まっていく。ただ、今回もまた彼は、別の男の前に引き下がらざるをえなくなる。そして年末が近づくなか、ふたたび旅に出る。シリーズの全作品の中で『男はつらいよ　噂の寅次郎』は、もっとも深みがあるとは言いがたい。それでも、観客は自分の人生について考えさせられる。たぶんいちばん自問を促されるのは、とても身近な人とでさえも、心を通じ合わせるのは難しいということについてであろう。洋次はこの点、何度もこだわりを見せている。とくに博の父が、息子に会うために柴又にやってくる場面などがそうだ。しかし、だからといって、それをこわばったような印象を与える場面にはしていない。彼の映画づくりには重々しさはまったくない。これほど深刻なテーマを扱っても、観客が頭痛をおぼえるようなことにはしない。この作品には190万人が映画館に足を運び、俳優たち、とりわけ志村喬のすばらしい演技を称えた。この作品は彼の最後の出演作のひとつになる。生涯で440作以上の映画に出演した彼は、1982年に亡くなった。

監督は、よく知っている人たちと仕事をすることを重視している。それは俳優についても、技術スタッフについても同じだ。彼のチームにはそんな人たちが集まっているのだけれど、それはまるで、彼の子ども時代に父親といっしょに働いていた人たちのことを思い起こさせる。「ある小道具さんは毎朝、ほかの人より早くセットに来て掃除をしていた。ある日、私が早めにスタジオに入ると、彼が一人で掃除をしているところだった。いつも畳をきれいにしてくれていることを感謝すると、彼は怪訝そうにこう言った。『畳がきれいでなかったら、女優は衣装を汚さないかと心配するでしょう』」と語っている。また彼は、監督は俳優とも製作スタッフとも、愛情と敬意によって結ばれていなければならないと確信している。洋次は、強権をふるうタイプの監督たちとはちがって、チームのメンバーと和気あいあいと働くことができた。彼の作品はチームの知恵を結集した結果だ。独自の社会派リアリズム映画の美学を進化させることができたのも、スタッフみんなの支えがあったからこそなのだ。社内監督という立場のおかげで彼は、自分の映画に専念してくれる製作チームを管理・運営する自立性を得ることができた。だから彼は、１９５０年代半ば以降フランソワ・トリュフォーやその他の映画理論家たちが提唱していたような、作家という地位にあるのだと言ってもいいだろう。たしかに、ドナルド・リチーのような批評家たちは、作家としての権限は商業映画では通用しない、とくに日本ではそうだと指摘している。「商業映画は、集団の力の結集から生まれる。そこでは一人ひとりの責任範囲を特定するのは簡単ではない。作家の理論でいうと、映画では監督がすべての責任を担うということになる。いわば、船の航行の全責任は船長が負うという、だれもが認めるようなイメージにならってそう考えるのだが、映画の完成まで貢献する人は大勢だし、担当分野も多岐にわたる。おそらく、日本ではとくにそうだ。というのも、日本では調和的な協力が推奨される一方、一人の個人で決めるというやり方はあまり推奨されないから」と、リチーは著書『日本映画』[*3]の中で言い切っている。

しかし、ジョセフ・L・アンダーソンとの共著『日本映画　芸術と産業』[*4]の中では次のようにも記している。「監督がいったん製作権限を手にすることができると、ほかの国の監督とちがって、なか

＊3　Richie, Donald, *Le Cinéma japonais*, traduit de l'anglais par Romain Slocombe, Editions du Rocher, 2005, pp. 18–19.

なかプロデューサーに譲歩しようとはしなくなる。こうした状況の結果、今日の日本の監督は最終権限という点では世界でもっとも強い力を持っている」。さらに、通常プロデューサーが最大の権限を握る米国とちがい、監督に突出した地位を与えている日本のシステムについても紙幅を割いている。「この日本のシステムでは、プロデューサーはメッセンジャー・ボーイに毛が生えた程度の存在だ。監督と映画会社のトップという二人の権力者が、すべての責任を担っているからである。つまり、日本の映画監督の義務と責任は、ほかの国の場合より重いということを意味する。なぜなら、他国であればプロデューサーに委ねられる任務も引き受けなければならないからである」。洋次は社のトップから常に支持を得ていたわけだから、あらゆる裁量権を手にし、作品を望みどおりの方向に進め、自分個人の作品をつくることができた。自分の協力者たちとともに、望ましい仕事環境を整えることもできただけに、いっそう容易だった。チームのメンバーどうしは家族であるかのように接し、お互いの仕事に気を配り、先を予想して働いた。

　サトイモが渥美清の好物だと聞いたスタッフの一人が、妻に頼んでチームのためにそれを調理してもらったことがあったという。『映画をつくる』の中でそんな話も紹介している。撮影スタジオが、緊張やイライラした雰囲気になることはめったにないと言う。洋次は仕事の準備段階にとくに気をつかう。自分がそのほとんどを書いている脚本に不備や不足があって、すでにできあがっているチームの調和が乱れることは極力避けようとした。またチームのメンバーも、何度もいっしょに仕事をしてきているので、洋次がなにを求めてくるか予想できる。このことはとくに、監督の関心が強い小道具や美術などについて言えることだ。

絶妙のコンビ

自分たちの仕事に全霊を注いでくれる信頼のおける人たちがまわりにいることを、彼は心強く思っていた。そんな一人に朝間義隆を挙げることができる。彼とは『男はつらいよ』シリーズの第7作以来、ほとんどの脚本をいっしょに書いてきた。朝間は洋次との共著『シナリオをつくる』(筑摩書房、1994年)で、「例えてみれば、私は彼にとってヴァイオリンや、例の嫌な匂いのするきざみ煙草や、古く黒ずんだパイプ、索引帳、その他それ以下のろくでもないものどもと、同列に位置するのだ。……私の役割はおのずと明らかである」と、シャーロック・ホームズの忠実なパートナー、ワトソン博士が『這う男』で語る言葉を引用しながら説明している。また同じ文章で、「彼の知性を研ぐ砥石の役をする。いわば刺激剤だ」とも付け加えている。洋次自身もフランスの日本文化情報誌『ズーム・ジャポン(ZOOM JAPON)』(第49号、2015年4月)でこう述べている。「私たちはお互いに補完的だった。そんな関係では、視点を共有することが大切だ。アイデアでいちいち対立が避けられないとなると、いつまでたってもゴールにたどり着けない。同じアプローチ、仕事と責任をともに担いたいという気持ちが必要だ。つながれた馬みたいに一頭一頭がほかの馬と歩調を合わせて、同じ力を出さないといけない。もちろん映画作品では、一人の人間が最終的な決定をしなければいけない。

＊4　Anderson, Joseph L. and Richie, Donald, *The Japanese Film: Art and Industry*, Princeton University Press, 1982, pp. 346-347.

それは監督だ。それでも、チームプレイと協力はとても大切だ。フランソワ・トリュフォーはそれを『アメリカの夜』という作品でよく示している」

洋次は、映画誌『シネ・フロント』(第39号、1979年8月)でのインタビューで、大枠をほとんど変えようとしなかったことを認めている。「十年間まずほとんど変えてませんね。とらやの向いに江戸屋って店があって、その店でいつも店番しているおばさんまで、いつもいっしょなんですね」と笑いながら明かしている。また、冗談めかしながらこうも言っている。「寅さんについて誇るに足るというか、いままでの世界の映画の歴史のなかで、この映画だけがやってるってことがあるとすれば(笑い)、それはね、この十年間、おなじセットをつかい、おなじカバンをつかい、ほとんどおなじ衣装を着てるということですね」。外面だけ見ていると、ほとんど新味を見せようとしない映画というイメージを持ってしまう。それは、たとえばアメリカの映画評論家、ジェームズ・ベイリーが1983年、『バラエティ』誌のコラムで指摘していることだ。彼は「このシリーズは、どれか作品をひとつ見れば全作を見たことになる」と断言している。評価はきびしく、返す刀で作品が浅いとも切り捨てている。しかし、だとしたら、どうして日本人はわざわざ年に2回も、同じ映画を見るために映画館に足を運ぶのだろうか。どれも同じようなものだという批判は、日本の観客がバカだとみなすことになるだろう。それになによりも、その時代が抱える問題と響きあうテーマを扱おうとしている監督の努力を忘れてしまうことになる。もちろん洋次にも、ねらいが外れ、観客をちゃんと納得させることができないことはあった。しかし彼には、長く続けるうちにわかってきたことがある。シリーズは、人々の暮らしを映し出す鏡になっているということだ。そして、そこに寅さんがいるおかげで、人々は日々の自分の暮らしから抜け出してみることができる。「大事件はいらない。日常生活の中で誰もが体験するさまざまな感情に主眼を置き、挿話をたくさん集め、そのひとつひとつを吟味して、物語の大きな流れに乗せ、登場人物たちを魅力的に飾っていくことこそ、山田さんのシナリオ作業の本領である」。朝間義隆はそう記している。彼はまさにそのレベルの仕事をした。

「どうして毎回寅が旅先から柴又に帰って来なければいけないのか、どうして夕方になると題経寺の鐘がゴーンと鳴って、ダンゴ屋の茶の間で寅と社長がケンカしなければいけないのか、理解できなかったのである。もっと自由に、奇想天外な体験を寅さんにしてもらいたい、そのためには柴又なんか出てこない作品があったってかまわないのにと、不満を口にしたことさえある。山田さんは、『ふん』と返事もしなかったが。要するに、『語り口』などについて、何もわかっちゃいない洟垂れ小僧だったのだ」と朝間は回想している。脚本づくりで二人が一心同体になるには2、3年が必要だった、とこの洋次の共同執筆者は語っている。「最初はいやでいやでね（笑い）。とにかく、山田さんてのは朝から晩まで仕事のことしか考えてない人でしょ。生活のペースが全然ちがうんですよ。ぼくはどちらかというと相当怠け者で、助監督でブラブラしてるのが好きなほうだったから、旅館の一室に閉じこもって、顔つきあわせて、というのはこれはもう地獄でしたね（笑い）」。あるとき記者が、監督との協力関係について尋ねたとき彼はそう話した。いずれにしろ洋次は、黒澤明の作品で脚本担当の中心だった橋本忍のかたわらで学んだ規律や教えを忘れなかった。

報われない恋

映画に寅さんが登場して10周年を記念するのは第23作となった。『男はつらいよ　翔んでる寅次郎』（1979年）と題された新作は、70年代の終わりという時期に、とても微妙なテーマを扱った。結婚である。このシリーズでは第1作で博が、寅さんの妹のさくらへの思いを遂げて結婚した。それからの総括をしようとしているかのように、この作品ではタコ社長のところの工員の結婚を祝うシーンからはじめている。そこへ寅さんが柴又に帰ってくる。「結婚か。くだらねえなあ」と、とらやに入るなり言い放つ。それにカチンときた義理の弟の博が、二人は恋愛結婚だと反発する。寅が「すごい、すごい、すごいねえ、へえ、愛しあって結ばれる、か」とあざ笑うものだから、おいちゃんが怒ってしまう。おなじみの争いごとの火種がここで出てくる。それが爆発するのは夕飯どきだ。その席で寅さんは甥っ子、満男の作文を読み上げたのだが、そこには結婚について書かれていた。そして、今も独り身の伯父さんのこともいろいろと触れられていた。

大いにむくれた寅さんは、東京を離れ北海道に行く。そこで東京から来た若い女性のひとみと知り合う。彼女は結婚を控えていたのだけれど、危うく女たらしの毒牙にかかりそうになるところを寅さんに助けられた。映画づくりは、顔がよく知られた役者の出演で支えてもらう必要もある。その例でもあるのだが、監督はこの作品で、ひとみ役に桃井かおりを使っている。この女優をはじめて起用したのはこの2年前、『幸福（しあわせ）の黄色いハンカチ』（1977年）でだった。前の出演作と同様、彼女はやはり自分の人生の選択、とくに間近に迫る結婚に確信がもてない女性を演じている。「ほんとはもっとうれしくなきゃいけないんだろうけどね、どうしてもそういう気になれないのよねえ」と寅さんに打ち明ける。さらに彼女は、結婚式の当日、会場から逃げ出すことを決意。柴又に行って、戻ってきた寅さんと再会する。彼女が結婚をためらったのは、家族からのプレッシャーも理由だった。家族は彼女の結婚を社会的な損得の視点で考えていた。自由に生きる先輩である寅さんは、ひとみの立場を支持する。しかし、それも彼女の婚約者、邦男（布施明）がとらやに現れる日までのこと。この若い男は、彼女をほんとうに愛していて、結婚したいと願っていることを知る。彼は、彼女を説得して考え直してもらいたいと思っているのだ。テキ屋の寅さんはその仲介役を演じ、自分の立場をもう一度考えてみるように促す。自分の思いをわかってもらおうと、邦男は自分の家族とさえも距離を置く。そして、シリーズ第1作と同じように、寅さんは二人の結婚式の仲人役になる。式はとてもシンプルで、さくらと博のときに似ている。そのときの式に結局、博の父親が出席したように、ひとみの母親も、自分たちの準備した枠の外で邦男との結婚式が行われるのを受け入れる。

10年の年月をおいて、観客を刺激して思い出してほしかったようだ。ただ、彼の意図は悪くないとしても、結果はそれほど説得的ではない。若い女性の結婚へのためらいは理解できるが、式場から急に逃げ出すというドラマの展開にはやや無理があり、観客をこの場面とそれに続くできごとに、すっかり夢中にさせてしまうというわけにはいかない。この作品の問題は、監督の結婚観がはっきりしていないことだ。これは第1作や『下町の太陽』（1963年）などの作品と異なる点だ。そうした作品では、愛しあう二人の間のほんとうの緊張感を描き出すことに成功していた。見ている側としては、ひとみと邦男にもっと決然とした姿勢を示してほしかった。そうであれば、もっと力強い物語になっ

第23作『男はつらいよ 翔んでる寅次郎』（©1979松竹株式会社）

ただろう。ただ、観客は多くを求めすぎる。結婚についての考えは、ここ数年で変わってきた。第23作での若者の優柔不断は、当時の現実を表してもいる。観客の入りも170万人強にとどまったが、この年、桃井かおりは女優として二つの賞を受けた。とりわけこの作品での演技が評価された。技術チームも、第34回毎日映画コンクールで特別賞を授与された。10年に及ぶ洋次とシリーズの苦労に報いる表彰だった。しかし彼について際立っているのは、「終身」監督のようになっていることだった。それは山田監督を特集した1978年8月の『スターランド・デラックス』誌が強調している点でもある。この一体となったチームがあったからこそ、自分が満足できるスタイル、観客を飽きさせない美学を貫くことができたのだろう。評論家の荻昌弘は「山田洋次監督の作品が、つねにあまりに平明自然に語られているため却って気付きにくいのだが、じつは今、この人の映画くらい、カメラが、奇もなくあるべき位置に置かれ、奇もなく、切換えられるべき瞬間にショットが切りかえられ、つまり的確な構図の自然さが快適な生理テンポで映像のリズム感を生みだしてゆく演出を見ることは、少ないのである」と指摘している。撮影監督の高羽哲夫との協力関係がこの結果を可能にした。だから彼の映像美や感性は大半の観客に支持されてきた。彼はその点で妥協することはなかった。弱者に対する視線はとても温かく寛容だったが、自分自身は、映画の登場人物のようになりゆきに流されることはけっしてなかった。

第24作『男はつらいよ　寅次郎春の夢』（1979年）でも、その姿勢を崩していない。もちろん、寅さんの失恋が物語の中心だが、洋次はそこで新しい試みに挑む。話に外国人が登場するのだ。アメリカ人、マイケル・ジョーダン（ハーブ・エルデマン）だ。彼はセールスマンである。いわば近代的な寅さん。ビタミン剤を扱う企業で働いている。日本で売り込みをするのだけれど、うまくいかない。たまたま柴又に来た彼は、安く泊まれる宿はないだろうかと帝釈天の御前様（笠智衆）に声をかける。男は日本語を話さない。御前様もシェイクスピアの言語（英語）はほとんどわからない。仕方がないので、英語の塾に通っている満男をあてにして、とらやに連れてきた。そこに居合わせた満男の先生の母親のおかげで、話が通じた。寅さんの家族は、とらやの部屋に泊まるようマイケルに勧める。

ソフィア・コッポラ監督の『ロスト・イン・トランスレーション』（2003年）より四半世紀も前に、山田洋次は異文化間のコミュニケーションの難しさについて掘り下げている。そのころ日本は、一段と外国に目を向けるようになっていた。次第に外国人を引き寄せていた。働くためにという人もいたが、多くは文化に興味を持ってやってきた。1977年以降、日本を訪れる外国人は100万人を超えていた。作品が公開された年は111万2606人が日本に入国した。ほかの国のケースと比べると、それほど目立つ数字ではないが、東京で五輪が開催された１９６４年の35万２８３２人という数字と比べれば、かなりの伸びであることがわかる。洋次の作品に外国人が登場するのははじめてではない。『男はつらいよ』の第1作（１９６９年）では、寅さんが奈良で西洋人のカップルにガイドをしている。しかし、日本人ではない人物が作品で中心的な役割を担ったことはなかった。登場させたのが米国人というのは意外ではない。戦後、日本は米国と特別な関係を維持していたが、米国への感情には好奇心と不信感とが混じり合っている。監督はそれを、とくにタコ社長の反応を通してうまく描いている。社長は、マイケルがとんかつや味噌汁をおいしいと言って食べたと聞いて驚くのだ。「ちゃんと食べた?」と尋ね、前の回のエピソードに触れる。「ほら、たばこ屋で飼ってたチンパンジー、あれ1週間で死んじゃったろう。あれ、食い物のせいだってさ」。彼をチンパンジーになぞらえているところが問題というのではない。ただ、この言葉は、日本人の外国人観に刻み込まれた、ある考え方の根深さを示している。つまり、日本人でなければ日本の文化（料理文化も含め）にほんとうに適応することはできない、という考えだ。

日本、とりわけその料理に人気が高い今日から見ると驚いてしまうかもしれない。しかし１９８０年前後は、それが現実だった。カルチャーショックは実際によく見られたのだ。寅さんの場合さらにそれが大きかった。映画の冒頭で、例によって何回目かのすったもんだを起こして柴又を離れていた寅さんが帰ってくる。今度はちょっと長めにいるから部屋を使うという。ところがその部屋はマイケルが使っている。寅さんの反応を探ろうと、おいちゃんが「アメリカは好きか」と尋ねる。寅さんは即答する。「大っ嫌い。おれ、なにが嫌いってね、アメリカほど嫌いなもんはない」。取りつく島もないような答えに驚いたおばちゃんが口をはさむ。「でもさ、日本とアメリカは仲良くしなきゃいけないんだろう」。それに寅が言い返す。「だれがそんなこと決めたんだよ。どうして日本とアメリカが仲良くしないといけないんだ。いいか、あの黒船が浦賀の沖へ来て、徳川三百年天下太平の夢が破られて以来、日本人はずーっと不幸せなんだぞ。こっちが頼み込んだんじゃないんだ。向こうからいきなり来たんだ、勝手に。大きな大砲でズドーンと脅かして、無理やり仲良くしよ、ってんだよ。そんなバカな話あるか」。敵国だったアメリカへの、日本人の感情を十分に言い表している反応だ。さらに「今まであいつらに日本人がどれほどひどい目にあったか」とたたみかける。この場面では、寅さんのアメリカへの恨みの感情をじっくりと描いている。そこへ、ちょうど仕事に出かけるために部屋から降りてきたマイケルとぶつかる。寅さんは彼を「怪獣」（ゴジラなどのような異様な生き物という意味）と呼んではばからない。

マイケルを演じたハーブ・エデルマンは、たしかに背が高い。1メートル96センチだ。寅さん役の渥美清は1メートル69センチ。それもあって選ばれたのだが、もともとコメディに何度も出演している俳優だ。とくにニール・サイモンが脚本を書いた『おかしな二人』（1968年）で知られる。ソフィア・コッポラ監督が25年近く後に、ビル・マーレイを起用して『ロスト・イン・トランスレーション』でやったように、洋次もここで、アメリカ人の背の高さを使って、日本が外国の基準にうまく合わせられないことや、米国に対しては劣等感がまだ支配的であることを示している。マイケルは家の中で何度も梁などに頭をぶつけるし、足は布団からはみ出す。まわりにいるほとんどの人を、頭ひとつ以上高くから見下ろしている。そうした場面が、日本人が感じている引け目を強調している。海外で成功する日本の俳優が少ないのは、背丈も関係しているのではないか。うまくいった数少ない例は、高倉健（1メートル80センチ）や渡辺謙（1メートル84センチ）だ。とはいえ、長身だからといってなんでもうまくいくわけではない。タコ社長が、正しく発音できないからマイコ（舞子）と呼んでからかうマイケルも、そのことを痛感している。彼はなかなか商品を売りさばけないでいる。ここで洋次は、1980年代に大きくなる問題を数年先取りしている。そのころの日本市場の外国製品に対する閉鎖性が、欧米とくに米国との深刻な貿易摩擦を引き起こそうとしていたのだ。

今、中国が外国の商品に十分門戸を開いていないと批判されているが、80年代はアメリカの上院議員たちが、メイド・イン・ジャパンのトランジスタラジオなどをハンマーでたたきつぶすパフォーマンスを繰り広げていた。『男はつらいよ　寅次郎春の夢』では、事態はそこまで進んでいない。しかし監督はすでに、問題が起きることを懸念していたようだ。いずれにせよ、結局マイケルと寅さんは似たものどうしだということを浮き彫りにするのが監督のねらいだ。同じようなカバンを持っているというだけではない。二人とも、商品を売るのにたいへんな努力をしている。ただ、たたき売りの口上という伝説的な芸当を身に付けているテキ屋の寅さんに比べれば、日本語も不自由な米国人のマイケルのほうが苦労している。監督は、とくに女性に対して募った思いを伝える難しさは同じだということを描こうとする。お約束どおり、寅さんは恋に落ちる。相手は満男の英語塾の先生の母親である圭子（香川京子）だ。一方、マイケルが惚れたのはさくらである。結局そうやって二人は接近する。寅さんはマイケルへの敵意を捨てる。米国で暮らしたことがある圭子は、アメリカ人は日本人とちがって自分の思ったことをすぐに口にすると説明する。ただ、恋心を伝える言葉を見つけるのは簡単ではないとも指摘する。それでも、彼女の娘のほうは、アメリカ人とは率直に話せるし、必要ならためらわずに「無理だ」と断れるのがいいと言う。だから、さくらはマイケルから告白されたときに、この教えを忘れず「イッツ・インポッシブル」と言うことになる。

寅さんのほうもまた失恋する。圭子はほかの男を愛していることがわかったのだ。二人とも柴又を離れることを決める。そうやってページがめくられる。寅さんはまた旅に出る。マイケルは太平洋の向こう側に戻る。寅さんはマイケルにお守りを渡す。作品の冒頭では、とても無理に見えた友情の印だ。この作品はアリゾナで撮られたシーンで幕を閉じる。相変わらずセールスマンをしているマイケルは、いつもさくらの写真を持ち歩いている。一方、寅さんは正月のにぎわいで物を売っている。第24作に魅力がなかったわけではないが、観客をすっかり夢中にさせはしなかった（観客数は180万人）。興行収入は、この年に公開された日本映画の中で32位にとどまった。おそらく観客は、アメリカ人の脇役に大きな役割を与えて新味を出そうとした監督のねらいを評価しなかったのだろう。とくにマイケルがさくらに告白するシーンは、監督自身も信じていないかのように、妙に嘘くさく聞こえ説得力がない。ただそれでも、西洋と日本との文化のちがいをうまく描いているという点で大事なシーンである。

この作品で洋次は、この文化のちがいを乗り越えることをめざし、それに成功している。また、根強い偏見とは裏腹に、彼の作品は日本人だけに向けてつくられているわけではないことも示した。彼自身、著書『映画をつくる』で認めているが、寅さんシリーズは「国際的な作品とはどうしても思えない、いや、これこそ日本人にしかわからない映画なんだ」と長く考えていた。しかし、やがてそうではないと気づく。『ロサンゼルス・タイムズ』紙で批評を書いているケビン・トーマスが、正反対のことを彼に話したのだ。「彼の言葉では、『寅さん』はハートでつくられている作品で、ハートがあるということは本来インタナショナルなことなのだというわけです」。この作品の場合、まだ外に目を向けはじめたばかりの日本の観客には、「インタナショナル」すぎると受けとめられたのだろうか。それでも話題となった作品ではある。なぜなら、彼がはじめていくつかの場面を海外で撮影したからだ。映画に登場するのは、ハーブ・エデルマンだけではあるけれど。寅さん自身が日本を離れるまでには、まだ10年待たなければならない。そのとき、日本はまったくちがう時代に入っている。

ひと息つく

第24作は完全な失敗作ではないけれど、シリーズの中でもっとも成功した部類には入らない。これは、洋次がシリーズを刷新するため、今までとはちがう方向を探りつづけた段階に区切りをつける作品になったようだ。シリーズは洋次のトレードマークになっていたが、直近の3作品では迷いのようなものが感じられた。大きな理由は、作品をつくりすぎているのではないかという懸念だろう。さらに、『幸福(しあわせ)の黄色いハンカチ』という傑作を出したことも大きかった。彼には、その成果を消化吸収し、シリーズを続けるための新しいエネルギーを見つける時間が必要だった。松竹にとってシリーズは依然として大きな収益源だった。寅さん映画は、第24作以外は全作品が、興行収入で日本映画のトップ10に入っていた。洋次が与えられた予算の枠をちゃんと守っていただけに、松竹としてはいっそうありがたかっただろう。

「私はとても尊重されていました」と、彼は今日認めている。「もうだれも、私が提案する企画に反対しませんでした。しかし私も、『七人の侍』（１９５４年）や『市民ケーン』（１９４１年）のような会社を危うくするかもしれないリスクをはらんだ野心作に思い切って取り組もうとはしなかった。けれども心の奥には、そんな作品を撮ってこなかったこと、つくらなかったこと、そして、松竹がそれで満足していることにフラストレーションを抱えていました」

黒澤明やオーソン・ウェルズのような監督になったつもりで、並外れた思想を打ち出すと意気込んでいたわけではないにしても、胸の中に温めていた新作に取り組んだ。倍賞千恵子が主人公の民子を演じた『家族』（１９７０年）と『故郷』（１９７２年）の到達点としての作品だ。その『遙かなる山の呼び声』（１９８０年）を、洋次はできればもっと前につくりたかった。しかし「１９７０年代は、ずっと忙しすぎました」と言う。この作品のアイデアが浮かんだのは、『幸福の黄色いハンカチ』の撮影を終えようとしていたときだ。「この作品のアイデアは、『幸福の黄色いハンカチ』の撮影中に生まれました。ハンカチがはためくラストシーンを撮るため、強い風が吹くのを数日間待ちました。高倉健さん、倍賞千恵子さんらとストーブを抱くようにして炭鉱住宅の小さな家にこもっていました。彼らを目の前にしていると、いろんな物語が浮かんでくるのです。実は今だから言えることですけれど、『遙かなる山の呼び声』ともうひとつ、山本周五郎の小説『人情裏長屋』が原作の時代劇の企画も用意していました。長屋暮らしをしている浪人が、他人の幼児を預かって育てることになるという物語です。健さんにその二つの企画を持ちかけてみましたが、健さんがさんざん考えたうえで、『おれに

『遙かなる山の呼び声』(©1980松竹株式会社)

は髷が似合わないですよ』と言ったので、『遙かなる山の呼び声』を撮ることに決めた、そんな経緯がありましたね」と洋次は語る。

この作品は、ジョージ・スティーブンス監督の西部劇映画『シェーン』(1953年)から着想を得て、朝間義隆とともに物語を練り上げていった。孤独な男シェーン(アラン・ラッド)と、彼に感化される少年ジョーイ(ブランドン・デ・ワイルド)との出会いのアイデアを借りて、舞台を北海道に移した。田島耕作(高倉健)が、風見民子(倍賞千恵子)の農場に現れる。彼女は農場を一人で営み、息子の武志(吉岡秀隆)と暮らしている。ほどなく、少年と素性の知れない男の心が通いはじめる。男は残って農場を手伝う。民子も男に恋心をいだく。二人がお互いの気持ちを伝え合おうとした矢先、耕作は警察に殺人容疑で逮捕される。彼は、借金に苦しんでいた妻を自殺に追い込んだ金貸しを殺害していたのだ。民子は彼に寄り添うために、開拓した農地の売却を決める。そして自分も武志も、耕作の出所を待つとまで告げる。物語は、耕作と民子がお互いの気持ちを伝えあうことの難しさに沿って展開する。その難しさは、仕事にからんでなにを優先しなければならないかということにも起因している。ただこの作品は、この地方の農民の生活の苦しさを示そうとしていることも見逃すべきではない。

北海道東部に位置する中標津を舞台に選んだのも理由があってのことだ。北海道で開発がもっとも遅くなった地域なのだ。戦後、政府はここに酪農を発展させようと移住を促進した。『家族』で主人公一家が、日本列島を縦断する長い旅でめざした移住先もそこだった。出来の良くない政府の計画のせいで、酪農に挑戦した多くの人が挫折している。あきらめなかったのは、もっとも粘り強い人だけだ。洋次は作品で、そうした人々の生活を、なにも付け加えずそのとおりに描くことで、彼なりに感動的な賛辞を贈っている。また、この地域を自然なセットにすることも決めた。この地域が子どものころに暮らした満州を思い出させたからだ。

作品が中標津のみごとな風景のシーンからはじまることも、それを裏付けている。このシーンは、嵐が近づく中で、自然は人に優しくはなく、それがもたらす試練に立ち向かうには強い意志が必要だということを思い出させる。「新しい地域社会をゼロから作っていこう、そんな心意気を持つ人たちの集まりなわけです。そんな気風が僕はとても好きでしたね。おおらかで、力強くて、大地にどんどん根を下ろした生き方とでもいうのでしょうか」とも洋次は語った。だからこの長編は、多くの脇役たちがいてこそ価値のある作品となったのだ。それがなければ、リアリズムに根ざした特徴を持てなかっただろう。ドキュメンタリーのタッチで描かれた民子をめぐる前2作とは逆に、『遙かなる山の呼び声』は、渥美清やハナ肇、あるいはドラマ全体に厚みをもたらすことになった畑正憲の存在で説得力を得ている。山田作品の常連である渥美とハナが出ていることで、観客は自分たちのことを描いた作品だと思う。二人とも、人間が不完全であることをみごとに演じてみせているからだ。耕作が、どこかにもろさを抱えながらカウボーイのような男をうまく体現しているとすれば、二人もふつうの人間をちゃんと描いてみせる。そこに監督は、作品を通じて積極的に関心を示しつづけている。二人はまるで、ふつうの人たちが言葉をかけあっているかのように演じている。結局この二人は、作品の真の主人公でもあるのだ。なぜなら、お互いの気持ちをたしかめられないままでいる耕作と民子を救うのは二人なのだから。虻田太郎役のハナ肇の演技は、そのことを余すところなく表している。虻田という男は、最初は民子に言い寄るのだけれど、その後は耕作に民子の気持ちを伝える人物となる。そしてついに、それまではしっかりと自制心を保っていた耕作に涙を流させる。洋次の映画になくてはならない味わいをもたらしているのがなにか。そのことを、ほかのどの作品よりはっきりと気づかされる。それは俳優の演技の中から真実をつかみだす能力だ。それがあるから、あの味わいが可能になる。「山田さんはなんとか本物に迫ろうとして、いろんなやりかたで、そういうものが出来るようにがんばるということだとおもいますね。それはテクニックというようなものではなくて、これが本物で、これは偽物だと感じてしまう能力だという気がしますね」。彼の撮影監督である高羽哲夫は、この作品が公開された1980年3月の『シネ・フロント』誌でのインタビューでそう説明している。「なにかができあがるのを待つというか、できあがったという手応えがあるまでOKしない。だから、時間がかかるんですね。撮っていて『これじゃだめだ』とおもうんでしょうね。この監督は『これじゃとてもだめだ』とおもう度合いが他の監督よりも非常につよいんじゃないでしょうか（笑い）。その傾向ははじめから非常に濃厚でしたね」と面白がっている。カメラの位置を決めるという仕事に加え、俳優たちから最良の部分を引き出すという仕事を、彼はとても大事だと考えている。

彼は、うまくいきそうだと思ったら、「本番、用意」あるいは「用意」と大きな声で言い放つ。それを力を込めてくりかえすものだから、チームの仲間から「山田ヨーイ」という愛称までもらうことになった。この愛称は、この2年前に『男はつらいよ』の撮影に参加していたアメリカ人研修生が最初に言い出したらしい。高羽哲夫との長い協力関係で、仕事はスムーズに進むようになった。「キャメラマンというのは、監督のやりたいものをそのかわりにやるわけで、勝手にいい絵を撮るってことはありえないんですよね。山田さんの場合はそういうことはあんまりない。それに、あんまりかわったことはやりませんから、監督はいまなにをやりたいか、どうやりたいかがわかれば、そんなに話をしなくてもそれでいいということになるし、どっちが決めるかということではちょっと答えられないですね」と、この撮影監督は断言している。

『遥かなる山の呼び声』は、技術面で完成度の高い作品のひとつであり、この二人の緊密な協力関係を示す好例だ。洋次がはじめて国際的なコンペティションで賞を獲得したのも、それがあってのことかもしれない。授与されたのはモントリオール世界映画祭での審査員特別賞だ。『キネマ旬報』誌では映画評論家たちによる年間ベスト・テンにも入ったし、読者の評価でも黒澤明監督の『影武者』（1980年）に次いで3位となった。ああ、それにしても、『影武者』がどれほど野心作だったことか。ジョージ・ルーカスとフランシス・フォード・コッポラからの資金援助がなければ、つくれなかった作品なのだ。他方、洋次は松竹からのもっと少ない予算にも、なにも文句を言わなかった。それでもきわめて質の高い作品をつくり出せる偉大な監督であることをあらためて示した。これは、アウディ・ボックが著書『日本の映画監督』[*5]で書いていることとは異なっている。その本ではこう書かれていたのだ。「寅さんシリーズは１９６９年以来20作以上になっていて、会社はもうやれることはやり尽くしたと見るようになり、彼が手を変え品を変えて表現する機会はなくなってしまった」。彼のこの新作は、こうした見方への反証となった。さらに彼は、テキ屋の男の物語で得た経験から、さらに作品を進化させることができるということも示してみせた。

＊5　Audie Bock, *Japanese Film Directors*, Kodansha International, 1978, p. 267.

ずっと好調

寅さんシリーズ第25作に取りかかるにあたって、監督は登場人物がすり減っていくのを避けたかった。社会の変化に寄り添うことを念頭に置きつつ、寅さんという人物をさらに掘り下げていった。

松竹の首脳部から、シリーズに年2本の新作を製作するよう強く圧力をかけられていたのも事実である。洋次は従った。80年代になり、シリーズも20年目に入った。再度活性化させたいと考えた洋次は、観客にいちばん人気が高い「マドンナ」で、寅さんにもっとも近い女性であるリリー（浅丘ルリ子）を呼び込んだ。ご記憶のとおり、彼女は旅まわりの歌手で、性格は寅さんにかなり近く、同じように笑いと感情を絶妙に混ぜあわせることができた。第25作『男はつらいよ　寅次郎ハイビスカスの花』（1980年）で、監督は二人の関係を描いた脚本を練り上げた。理屈のうえではとてもお似合いなのに、まだ結婚にいたっていない二人。映画は、これまで同様「夢」ではじまる。正義の味方である寅さんは、お上の追跡をうまくくぐり抜ける。その続きで柴又に戻ってくるが、家族とまた言い争いになり、旅に出ようとする。そのとき、さくらがリリーから速達が届いていたことに気づく。体調を崩したリリーは沖縄で入院していて、寅さんに来てほしいと頼んできたのだ。なんとしてもリリーに再会したい寅は、沖縄までの交通手段をあれこれ検討した末、飛行機に乗る覚悟を決めた。昔かたぎの寅さんにスピードという概念は意味をなさない。そもそも、新幹線ではなく普通列車やローカル線ばかりに乗っている（実は一回だけ新幹線に乗ったことがある）。だから飛行機なんてとんでもない！長い間迷ったが、リリーのためならばと英断を下す。美人のエアホステスに出会ったこともあり、ついに機上の人となる。そして問題なく沖縄の中心都市、那覇に降り立つ。

沖縄県を舞台に選んだのは、洋次の思いつきではない。前作でとらやに下宿していたセールスマンのマイケルを通してアメリカと縁ができたので、その延長と見ることができる。前作で日米関係は文化的な視点から捉えられていた。今回、監督はもっとシリアスなアプローチを取っている。だが寅さん自身は、日米問題に興味を持っていない。どのみち寅さんは時事問題とまるで関連のない世界に生きていて、とくに政治問題には無関心だ。ところが、沖縄の政治問題といえば、取り扱いに慎重さが要求される。撮影がはじまったとき、沖縄諸島の本土復帰から8年が過ぎていた。第二次世界大戦後、沖縄はアメリカの統治下に入り、米軍にとって戦略上非常に重要な軍用基地となった。ベトナム戦争では中心的な役割を果たした。戦争に反対だった多くの日本人にとって、沖縄は反米運動のシンボルとなった。本土復帰後も、沖縄県の米軍基地への依存度は非常に高いままだ。日本にある米軍基地全体のおよそ71%が沖縄に集中している。復帰当時、米軍基地は地元の経済所得の15・5%を占めていた。こうしたアメリカの強い存在はさまざまな反応を引き起こしている。とくに地元の住民は、狭い領土の上を低空で飛ぶ軍用機の騒音にずっとさらされてきた。東京の住人の大半はこうした問題に興味を示さないが、左派に近い洋次は大きな関心を寄せていた。映画の中で、ずっと飛行機や基地にカメラが向けられていたとしても驚きではない。耳をつんざくようなエンジン音がしょっちゅう聞こえてくる。

柴又のシーンでは、日常生活に結びついた心地よい音を洋次は好んで加えているが、ここではアメリカの軍用機の爆音を鳴らしつづけることで、その威圧的な存在を強調する。監督はこの爆音をなかったことにはできない。彼の映画はいつも弱者の側に寄り添うものだから、なおさらである。沖縄の住民は、国内の他の地域に比べて米軍基地が大規模に配置されているのは差別だと思っている。これは心に深く根付いた感情で、1980年に『琉球新報』が行ったアンケートによると住民の70％がそう思っている。沖縄以外の日本人では、そう思っているのは33％だけだ。寅さんは、そんなことにはまるで無頓着だ。空港からリリーが入院する病院に向かうバスに乗り込むなり眠りこけてしまう。市の中心部にある普天間基地の前を通っても目を覚まさない。沖縄に滞在中、アメリカの存在を感じることはない。リリーのためだけに来たのだ。ここで際立つのは、不都合な現実と、それに対する寅さんの無頓着ぶりの対比である。深刻な問題とアンチヒーローの軽さが絶妙に入り混ざった映画をつくりあげることこそ、監督の才能である。洋次は大衆に重要なテーマを数多く知らしめると同時に、楽しい娯楽も提供する。みごとな手腕を持つアーティストだと言える。

第25作はそれが如実に現れた作品である。寅さんはリリーとの再会がうれしくてたまらない。リリーが退院すると二人は同棲をはじめる。彼女はいかにも新妻らしくふるまうが、寅のほうは行き当たりばったりのままで、どことなく歯がゆい感じの生活である。これは洋次の映画づくりに特徴的な手法でもある。歌手のリリーは、経済的なことも含めて生活の心配から仕事を再開しようとする。だが寅さんはまともに取り合わない。唯一、彼が心配するのは沖縄の暑さである。ここで生まれた名場面は、きびしい日差しを避けようとして、道路の真ん中で電柱の細長い日陰に入ろうとする姿である！

こんな生活がずっと続くはずがない。ある晩リリーは嫉妬心をあらわにする。寅さんがしたように、夫がきれいな女性と楽しんでいると知ったら妻として当然の反応である。もうお金がないので、また歌いはじめるつもりだと寅さんに告げると、なんとかしてやると寅さんが応じる。「男に食わしてもらうなんて私、まっぴら」とリリー。「水くさいこと言うなあ。おまえとおれの仲じゃないか」と言う寅さんに、リリーは「でも夫婦じゃないだろう（中略）夫婦だったら別よ」と言う。ここまでストレートな要求を、寅さんはまたしても蹴飛ばしてしまう。「お互い所帯なんか持つ柄かよ。真面目なこと言うなよ」。「あんた、女の気持ちなんかわかんないのね」とリリーはつぶやく。いさかいは避けられるはずもなく、必然的にリリーも寅さんも沖縄を離れる。話の結末は、やっぱり柴又で迎えるしかない。ここでこそシリーズの重要な転換点が示されるのだ。「ふるさと」に戻った寅さんは、リリーの深い気持ちに気づいたようだ。やがてリリーがとらやを訪れる。軽い雰囲気の中で再会した二人は、家族の前で次々と沖縄の楽しい思い出を語るのだった。「私、幸せだった、あのとき」とリリー。そして寅さんは、「いっしょに所帯持つか」と口にする。スクリーンの中のみんなが、もちろん全国の映画館の観客が、大仰天する！　このプロポーズに、さくらと同じくらい驚いた観客たちの「えー！」という声が聞こえてくるようだ。洋次は絶好調だ。だが、これも一瞬のこと。寅さん本人が口から出た言葉にびっくりする。「おれ、今なんか言ったかな」とつぶやき、リリーが大笑いで応じて、冗談にしてしまう。「私たち、夢見てたのよ、きっと。あんまり暑いからさ」と締めくくる。家族の前でとりつくろうために同意した寅だが、心の奥底では動揺している。「夢か？」と自問する。でもだれも騙されてはいない。リリーだって、彼が本気であることはわかっている。「でも、ああしか答えようなくて」と別れる前にさくらに打ち明ける。

この第25作で監督はシリーズの魔法を取り戻した。２００万人もの観客が映画館に足を運び、だれもが自分の姿を見いだせるこの作品を鑑賞し、笑って泣いた。いくつもの映画賞に輝いたのもうなずける。洋次と朝間義隆は第4回日本アカデミー賞最優秀脚本賞、渥美清は特別賞、倍賞千恵子は最優秀主演女優賞を獲得した。倍賞は、さくらのすばらしい演技によって報知映画賞も受賞した。寅さんシリーズが勢いを取り戻すのに大いに貢献した浅丘ルリ子も、なんらかの賞を受けてもよかっただろう。

警鐘を鳴らす

映画製作の面で自分の才能を証明することができ、洋次にとって実り豊かな年だった。その締めくくりとして、『男はつらいよ　寅次郎かもめ歌』（第26作、１９８０年）の準備をはじめた。公開予定日は12月27日。入場料はさらに値上がりして１５００円になった。松竹にとっては幸運なことで、第26作では十分の収入が見込まれた。この作品で洋次は、ずっと心に抱きつづけてきたテーマを探求することにした。教育である。安易な型にはまることを避けるために、山田洋次は寅さんの身のまわりのできごとを利用しながら、観客の関心を社会問題に向けさせた。映画の中心に持ってくると観客をうんざりさせるおそれがあるので、お気に入りの寅さんを通してライトを当てることにした。こうしたやり方を心得ている倍賞千恵子は、２００６年の『サライ』誌のインタビューで次のように述べている。「ある意味では、長い長い一本の記録映画を撮ってきたのかも知れない」。まったくそのとおりで、観客はさまざまな作品の中で、登場人物たちが自分たちと同じように人生の浮き沈みを経験しながら、変わっていくのを見てきた。そして、まるで意識していなかった国の姿を知ることにもなったのだ。

この点からすると、今回は倍賞の言葉どおりの作品である。映画は寅さんが柴又に帰ってきたところではじまる。そこで、さくらと博が小さな一戸建てを購入したことを知る。「月賦だけど」とさくらは付け加える。当然これは事件だ。諏訪家がはっきり中流になったのだ。今までは、中流をわずかにかすめる程度だったのに。ご多分にもれず一家は念願のマイホームを手に入れられたのだ。しかし、庭付きの一軒家という夢にもいろんな不便がある。第一、敷地が狭い。さくらが寅さんに家を案内するシーンで、洋次はそれをからかう。庭はとても狭いし、お隣は……手が届く距離。窓を開けた寅さんは、着替え中のお隣さんと鉢合わせになる。「お隣近くていいじゃないか。手が届いて」。こうした不都合など気にかけるどころか、人生の階段を一段のぼったさくらは、誇らしく思っていることが伝わってくる。ヨーロッパから見ると日本の住環境は、西洋の標準からほど遠い。１９７９年に出版された欧州共同体の公式レポートには、「日本は、西欧人ならばウサギ小屋としか思えないようなところに住む仕事中毒者の国である」と書かれている。しかし国民は、幸福に向かって進んでいるという感覚を持っていた。この場合の幸福の尺度は物質的な面である。ここで寅さんと、変化のシンボルとも言える（さくらの）家族とのちがいがあらわになる。さくらが新しい家に自分の部屋を用意してくれたと知って感激した寅さんは、なにがいちばんほしいかと尋ねる。「やっぱりお金かな。ローンの支払いがたいへんだから」とさくらは答える。「カネか」とため息をつく寅。このシーンは、彼と家族の間に刻まれた社会的な溝をよく表している。それがもとでけんかが起きて、彼はまた旅に出ることになるのだ。家を訪ねた後、寅さんは自分にとって大金である2万円をかき集め、さくらと博に差し出す。困惑した二人は受け取りを拒んだため、「おれがテキ屋風情だと思ってバカにしてるんだろう」と怒る。「人の誇りに変わりはないんだ」と付け加えると、カバンを持って急いでとらやを去る。

物質的なものより精神的なもののほうが勝ることを伝えたくて、洋次は観客に警鐘を鳴らした。寅さんは北海道にやってきた。本人が登場する前に、海の上を一羽のカモメが自由に飛びまわるシーンではじまる。多くの作品で監督は、空を飛ぶ鳥の映像を使い、社会の重苦しさから解放される必要性を表現している。しかし解放されるためには、ある種の不便という代償を払わねばならない。テキ屋稼業の生活はきびしい。北海道の南西部に位置する江差町は寒く、自分や同業者の日常はけっして楽しいものではない。監督は正直だ。シリーズのはじめから、寅さんの生活が都会人に比べてちっとも改善されないことを見せてきた。物質的に豊かになった都会人に、他者が直面している困難を忘れ、魂を堕落させてしまったのではないかと自問を迫る。

都会人と寅さん、両者が置かれている状況のパラドックスを洋次は示す。かつての仲間が亡くなったことを知った寅は、北方に浮かぶ奥尻島まで墓参りに行くと決めるのだ。映画館にいる観客のいったい何人が、そこまで出かけようとするだろうか。洋次は言葉に出さないが、明らかに問いかけているのだ。漁師が暮らすこの島の家は、ほとんどが木造のバラックのようで、東京の一軒家とはまるでちがう。寅はそこで、死んだ友人の娘すみれ（伊藤蘭）に会う。東京に行きたいと言われて、思い直させようとする。「気持ちはわかるが、東京なんていいとこじゃあないよ」。だが、すみれは働きながら学校に行きたいと言う。定時制高校を卒業し、今働いているイカの加工工場より良い就職先を見つけたいのだ。それを知って寅は説得をあきらめる。

話を聞いているうちに彼は共感をおぼえた。自分もあまり学校に通わなかったのだ。心配がつのって、結局すみれを柴又へ連れて帰り、みんなに協力を求めた。タコ社長は昼間のパート仕事を世話し、すみれは無事、定時制高校に入学する。映画の前半では寅さんのきびしい日常がたっぷり描かれ、後半はもう少し希望のあるテーマが取り上げられる。それは教育、とりわけ恵まれていない者への教育である。洋次はこのテーマを、4本からなる『学校』シリーズ（1993－2000年）でもっと深く掘り下げていくことになる。興味を持ったきっかけは、夜間中学の特徴だ。入学資格にいっさいの規制や禁止がないのだ。1982年に出版された『寅さんの教育論』（岩波ブックレット）で、洋次はこう記している。「日本語をしゃべれない人だって入学できるし、住所のはっきりしない人（中略）でも差支えない。（中略）この学校に入りたい、という意志があれば入学できるのです。（中略）夜間中学の授業を見ていると、学びたいという生徒がいて、教えようという先生がいればそこに学校が成り立つ（中略）。今日の日本の学校はその当たり前で単純な原則から、どんなに離れてしまっていることでしょうか。学ぶということは喜びであるはずだし、教えるということもまた喜びでなければならないのです」

幸せを手に入れるためには教育がきわめて重要なポイントになると寅さんは思っている。すみれが入学できるように、あれだけ一生懸命になる理由はそこにある。そのためにはなんだってやる。教師を買収することだっていとわない。松村達雄（第9作から第13作まで寅さんの叔父役で出演）が、林先生の役をみごとに演じている。先生は授業で、もちろん生徒に知識を授けるのだが、生徒があらゆる身のまわりのものから学べるように心を開かせるのもねらいだ。国鉄の駅の便所掃除をする労働者が書いた詩を生徒に読み聞かせ、その人の気持ちになるように促す。「駅の汚い便所のことを思い出しながら聞いてみろ」

松村の林先生は完璧だった。あまりにみごとなので、彼の演技に感銘を受けた黒澤明が数年後に、遺作となった名作『まあだだよ』の「教授」役に起用したのではないかと思うほどだ。二人の監督が共有していたヒューマニズムを、松村達雄の演技がみごとに表現している。松村もこの役が気に入ったようで、後の作品で何度も先生役で洋次に起用されている。本作品では、社会の片隅に埋もれてしまいそうな人たちに、新しいチャンスを与える先生である。先のブックレットで洋次はこうも述べている。「恐ろしいことに、教育は管理することだ、という考え方を持つ教師がいたり、学校全体として生徒を管理することを目標にしている学校が増え出したりしているそうです」。しかしすみれの学校は、競争、入試、校内暴力とは無縁だ。つまり理想の学校なのだ。寅さんもこっそり入学願書を提出する。しかし、懸命に生きているにもかかわらず、ものごとは必ずしも彼の望みどおりにはならない。北海道からすみれの恋人、貞男がやってきたことで状況は一変する。寅さんはひどく動揺する。すみれが学校をさぼって朝帰りをし、結婚する相手がいると告げる。寅さんだって必ずしも褒められた行動を取っているわけではないけれど、これにはさすがにがっかりしてしまう。あんまりだ。また旅に出ることにする。心の奥では、人生をやり直す気分だった。すみれが泣きながら「怒らないで」

と言うと、こう答える。「幸せになれなかったら承知しないぞ」。すみれは寅さんの言わんとするところを理解し、行動につなげた。映画の最後で寅は、家族に宛てた新年の手紙の中で、さくらにもう一度自分の思いを伝える。「幸せ薄いあの娘を、なんとか幸福にしてやりたい。それが父親代わりのおれのいちばんの願いだ」。第26作は、時代と社会に深く根を下ろそうとしながらも、一定の距離を保っていくという洋次の考えに沿った作品だ。寅さんはそれを実現するために、状況に合わせて役割を自在に変える調整役を果たし、おかげで観客はひとつひとつのシーンに自分がかかわっているように感じるのだ。

年末に公開されたこの作品の観客動員数は190万人にのぼった。当時、日本はますます経済に重きを置くようになっていた。公開前年には、エズラ・ヴォーゲルが『ジャパンアズナンバーワン――アメリカへの教訓』[*6]を出版し、世界一になろうとしているこの国の長所を分析した。監督にとって、経済の成功は、留保つきで受けとめるべきものだった。それを映画で示そうと尽力した。豊かになり、生活を良くしたいという日本人の望みはもっともである。だが、そのために目がくらんではいけない。洋次は日本人の良識の代表だった。寅さんのように、幸福になれと国民を励ましてきたが、なりふり構わずではいけないと説いてきた。洋次自身の幸福といえば、映画の脚本執筆と演出であり、気心の知れたチームに囲まれて製作することだ。「映画をつくるという仕事は、気の合った者どうしで旅行をするようなものだというような意味のことを木下恵介監督が言った」とふり返る。

幸福はまた家族の中にもあった。とりわけ妻のよし恵は、結婚以来ずっと仕事を支えてくれた。ジャーナリストの斉藤希史子によると、夫婦は「互いを尊重し合っていた」。よし恵は仕事をやめて家庭に入った。しかし夫婦は、昔ながらの「夫唱婦随」の関係ではなかった。1984年に出版した、思い出を記した本（『映画館がはねて』）の中で、日本海に面した鳥取県出身の妻と結婚したことは「ことばに表せぬ」ほどの喜びだったと、洋次は率直に述べている。そこで家族と休暇を過ごすのを常とした。ふるさとを持たない洋次は、妻のふるさとを自分のものにした。土地のやさしい方言も気に入っていた。「全体にまろやかで、テンポがゆっくりしていて、独特のイントネーションが、まるで歌うように聞こえるのである。（敬語を）他人同士でなく肉親の親子、姉妹の間で使うのである」と言う。方言は多くのニュアンスを伝えるので興味を引かれるという。標準語は意味を伝えるだけなのだ。仕事に多くの時間を取られていても、家庭には仕事をするうえで必要な平穏があった。贅沢におぼれることもなかった。50年前に購入したタンスを今でも使いつづけている。よし恵は、なんの疑問も抱くことなく、洋次がキャリアを積むのを支えた。自分を完全に消してしまったのではない。洋次も、自分のほうが偉くて、すべては自分のおかげだというようなふるまいをしなかった。子育てが終わり、よし恵がなにかに取り組もうとしたとき、洋次もかかわりを持ちサポートした。その一例は、自宅で運営していた「子ども文庫」や「親子読書会」である。「私の両親は離婚して家族がバラバラになりました。家族を当てにせず青春時代を過ごしたし、べたべたした家族関係は好きじゃない」と『朝日

＊6　Vogel, Ezra F., *Japan as number one: lessons for America*, Harvard University Press, 1979. 邦訳はエズラ・F・ヴォーゲル『ジャパンアズナンバーワン――アメリカへの教訓』広中和歌子・木本彰子訳、TBSブリタニカ、1979年。

新聞』のインタビューで答えている。自分の家族を大切にする理由はこれなのだ。家庭は「突発的に無秩序が起きて、独特の匂いがする、そして一日の不愉快な出来事から立ち直らせてくれる場なのです」。エネルギーの源だった。それがなければ、10年以上も要求されてきた仕事のリズムをこなすのは難しかっただろう。とはいえ、妻との関係については謙虚さを忘れない。「ある程度の努力はしていたつもりだけれど、支えてくれた妻を随分傷つけたこともあったんじゃないか。言葉が足りなかったんじゃないか、謝らないといけないことがたくさんあったんじゃないか、と今も思うことはありますよ」と『報知新聞』（2016年3月4日付）で、内野小百美のインタビューに答えている。

はまり役のタコ

3本もの作品を製作するという特別に忙しい一年が終わり、年に2本の寅さん映画をつくるリズムに戻った。お盆に公開する『男はつらいよ　浪花の恋の寅次郎』（1981年）は、日本一の人気を誇るフーテンの寅さんの物語第27作である。柴又に寅が帰ってくると、博が働く印刷会社のタコ社長が、またしてもおいちゃんとおばちゃんに経営の困難を嘆いているところだった。社長役の太宰久雄は、世界中の悲惨を背負いこんだような顔をしている。だから洋次は、重要な脇役に抜擢したのだ。浅草生まれの太宰は戦争の恐ろしさを体験している。両親の店は空襲で灰となったため、別の生活の糧を見つけなければならなくなった。NHKのラジオで役者としてデビューし、やがて映画に出るようになった。ジャーナリストの小泉信一が記しているように、当初は苦労した。自分の特徴をうまく見つ

第27作『男はつらいよ　浪花の恋の寅次郎』（©1981松竹株式会社）

けられず、ときには何度も撮り直しをするはめにおちいった。きちんと規律を守り、仕事には真面目に取り組む人だった。息子が亡くなった翌日でも、大笑いするシーンの撮影に応じるほどだった。洋次にとってタコ社長は、シリーズの中でも重要な人物である。寅さんがほぼ現実味に欠けた人物であるのに対して、社長は実際の日本を体現している。いつも経済的な問題を口にし、寅とはまさに対照的な立ち位置にある。寅さんにすれば、社長とは金持ちであることなのだ。だから、いつも従業員を搾取していると非難し、そこから、ちょっとやそっとでは仲直りができないようなはげしいけんかが起きるのだ。

とはいえ、血縁関係のないタコ社長を、寅さんも含めてみんなが家族の一員とみなしている。社長が夕方になっても「あてにしている最後の一件」という商談から戻ってこない。寅さんが真っ先に心配し、最悪の事態さえ想像する。「社長」

には死んでほしくないのだ。だから、社長が新規契約を祝って飲み明かして帰ってくると、寅さんははげしく怒る。当然ながら、家を飛び出すことになる。行った先は瀬戸内海。島々をまわりながら商売するつもりなのだ。そうした島のひとつで、浜田ふみ（松坂慶子）という若い女性と知り合う。小さいときに両親と別れた後、自分を育ててくれた祖母の墓参りに来ていたのだ。前作で恋をしなかった寅は、名前と大阪に住んでいるとしか知らないこの美しい娘の魅力の虜になる。だからこの関西一の大都会に足を運んだとしても驚きではない。シリーズがはじまってから、大阪に来るのははじめてだ。洋次は商店がひしめく石切劔箭神社（いしきりつるぎせんじんじゃ）周辺を撮影場所に決めた。大衆的なこの地区は、多くの点で柴又を思い起こさせる。ここで寅は、ふみとその芸者仲間らに出くわす。これほど広い都会で偶然に再会するなど想像しにくいが、映画のマジックのおかげで実現する。監督は、観客を驚かすことなく自分のねらった方向に進むために、このマジックをよく利用するようになっていた。そもそも、柴又駅に到着したはずの寅さんは、必ず江戸川の土手を歩いてとらやに帰ってくる。だれも不思議に思わないが、実は駅と江戸川は、とらやをはさんで反対側に位置しているのだ。だから寅さんが、当時人口265万人を数える大都会でふみと再会したって構わない。ふみは仲間に、自分の望みがかなったと言って大喜びするが、もっぱら洋次と共同執筆者の朝間義隆のよき計らいがあって、二人は再会したのである。また、第17作（『寅次郎夕焼け小焼け』1976年）で寅さんは、ぼたんという芸者に出会っているが、今回も脚本家の二人は芸者を登場させた。地方都市の芸者だったぼたんも、大阪のふみも寅さんから貴重な助けを授かる。いつも親切な寅さんは、人助けのためならなんでもする用意がある。ぼたんのときは、詐欺師に騙し取られたお金を取り戻すために必死に動きまわった。たしかにうまくいかなかったけれど、その懸命な姿にぼたんは感激したのだった。

　ふみとの関係はまたちがったレベルのものだ。ぼたんよりも、ふみのほうがずっと自信を持っている。それがわかるのは、寅さんがタクシー代を渡そうとして、あわやふみの機嫌をそこねそうになったときだ。だが、母に連れていかれて以来一度も会っていない弟をふみが訪ねようとしたとき、寅はしっかり寄り添って励ました。弟が大阪で働いているとわかっていても、これまでは芸者という身分に引け目をおぼえ、なかなか会いに行く勇気がなかった。「嫌な顔をされるのがオチよ」と寅さんに打ち明ける。寅はぜひ会うべきだと強く説得し、いっしょに行くと申し出る。だが残念なことに、弟はすでに他界していた。寅さんはふみの悲しみを慰めようとする。しかし、ふみに「今夜泊めてほしい」と頼まれると、すげない行動をとる。東京に帰ろうとする寅に、宿の主人はなぜ逃げるようにして帰るのかと聞く。寅はこう答える。「男ってものは引き際が肝心よ」。女性の弱みに付け入るような男ではないのだ。実際、寅は成長した。相変わらず恋愛はうまくいかないが、失恋という不運に対しては悟りを開いたようだ。

　柴又に戻った寅は、かわいそうなふみの話を家族にする。力になってあげたのでしょうと尋ねる博に、こう答える。「気持ちだけはあるんだ。でも（中略）なにしてやりゃあいいんだか、わからねえんだよ。（中略）頭でもよけりゃあ、気のきいた言葉のひとつでもかけてやれるものを。それもできやしねえ。そんなおいらに愛想つかして、あの娘は行っちまったのさ」。作品を重ねるなかで洋次は、寅さんという人物が変わっていくようすを描いた。相変わらず恋に落ちるが、失敗を甘んじて受け入れるようになった。ふみは結婚の報告をしにとらやに来る。寅にとって苦しみは倍になり、機嫌を損ねてしまう。「わざわざ来ることはなかったんだよ」とさくらにこぼし、また旅に出る。だが気持ちを切り替えて対馬にやってくる。ここに、ふみが寿司屋を開いた夫と暮らしているのだ。

この注目すべき変化は、コメディの部分を犠牲にして描かれた。シリアスなドラマのシーンが増えることで喜劇的なシーンが減ったのだ。いずれにおいても渥美清は実にすばらしい演技を見せている。松坂慶子もみごとで、芸者の役も、安定を求める若い女性の役も的確に表現し、数々の賞を受けた。この作品は松坂のキャリアでも重要な転換点となった。「自然に演じることがどれだけ難しいのかを学びました」と、数年後にふり返っている。この成功には当然ながら、洋次の演出手腕も無関係ではない。監督自身も主役に新たな深みを持たせて変化させた。１８０万人ほどの観客は、寅さんの新しい側面を発見することになった。この作品には演劇的な場面が多かったので、少し戸惑った観客もいたかもしれない。しかし大多数は、寅さんが家族のつながりについて語った言葉に心を打たれたはずだ。「おふみちゃん、おれだってガキの時分に家を出て、長い間フーテン暮らししてたよ。だけど片時だって肉親のことは忘れなかった。会ってやれよ。こんな広い世の中に、たった二人きりの姉弟じゃないか。会いたくないわけがねえよ」。弟に会いに行かせるための言葉だ。観客にすれば、こんなことを率直に言えるのは寅さんしかいない。この言葉を聞くためだけにも、観客は映画館に足を運ぶのだ。たとえその数が減ってしまったとしても。

第27作『男はつらいよ 浪花の恋の寅次郎』(©1981松竹株式会社)

ずっと好調

テキ屋の約束

12月29日に公開された第28作は、同じ流れに沿った作品だ。もっとも『男はつらいよ　寅次郎紙風船』(1981年)は、滑稽きわまりない「夢」ではじまる。寅さんがノーベル医学賞を受賞するのだ。ちょうど福井謙一の業績を称えてノーベル化学賞が授与されたことを受け、監督は、寅が子どもに緊急手術を行っていると夢想する。すぐに手術は滑稽な展開をみせる。執刀はナイフとフォークで行われ、施術するのはトンカツなのだ。寅さんは、日本人の大好物であるこの料理を前に眠りこんでいた。高級料理に対するB級グルメの象徴ともいえるこの一品は、ラーメンとともに、寅の生活スタイルに適した料理だ。もちろん値段も手頃である。だからといって、けっして洗練されていないわけではない。今日では、権威あるミシュランのレストランガイドに掲載される店も出てきている。優れた料理であるこのトンカツは、品質が重要となる豚肉の揚げ加減、選び抜かれた主食の米、そして千切りキャベツの絶妙なバランスで成り立っている。店によっては、味を引き立てるために提供する塩にも細心の気配りをしている。専門家が厳格につけたランキングによって、この料理は絶対に食べるべき品になった。ランキング表に入賞するだけで、その店の前には味の秘密を知ろうと長い列ができるのだ。

寅さんはこうした見方とは無縁だ。大事なのは、値段が安くてお腹がふくれること。日本社会が少しずつ新しい姿に変わろうとしていても、寅はまったくちがう世界に生きていることを思い出そう。彼はいつもずれているのだ。今回、柴又に帰ってきたときもそうだ。甥の満男を喜ばそうと、紙風船を土産に渡す。満男役は前作から吉岡秀隆が演じている。紙風船は、昔の子どもがよく遊んでいた日本のおもちゃだ。「なにこれ?」と、タコ社長からもらったビデオゲームで遊んでいた少年は聞く。1980年のはじめに「コンピューターゲーム」が登場し、おもちゃ業界は一変した。寅さんの家族が暮らす地区は、国内のおもちゃメーカーの大部分が集まっていることで知られる。コンピューターゲームの勢いが増すことで、そのうちの何社もの経営が難しくなるおそれがある。監督は、過去と未来のおもちゃを対比させることで、そのことに言及した。未来のおもちゃは一人で、部屋の隅っこで遊ぶものだ。

がっかりした寅さんは、また旅に出ようとする。だが、小学校の同窓会への誘いを受けて思いとどまる。日本人の特徴として、人生の各段階において所属する団体とその中の結びつきを大事にする。寅はテキ屋仲間以外に属する団体がないので、学校の同窓会は大切にしている。だが、酔って帰ってきた寅によると、自分たちの社会に属さないという理由で同窓生たちにのけ者にされた。一人だけ相手をしてくれ、家まで連れて帰ってきてくれた同窓生も、最後に寅のひねくれた態度に腹を立ててしまう。寅さんが土間に寝そべり、そばを紙風船が転がっていくシーンは、彼が置かれた状況をよく表している。大変化の真っただ中にある社会の外に生きている人間なのだ。

目を覚ました寅は旅に出る。九州に来て光枝(音無美紀子)と出会う。昔からのテキ屋仲間、常三郎の妻だ。彼女から、夫は重い病気だと知らされる。シリーズのほかの作品でも山田洋次は、テキ屋仲間の連帯感と強いつながりを見せてきた。北園忠治が著作『テキヤはつらいよ』(葦書房、1990年)で説明しているように、テキ屋どうしの「友愛互譲の精神」は「一般社会ではとおの昔、過去の遺物として葬り去られた」。北園によると、それがいちばんよく表れるのは祭りの屋台の並べ方だ。

きれいに整列している。「少しでも前に出て他店より少しでも多く売り上げようなどと考える者はいない」。差をつくるのは啖呵の切り方だ。

この世界で寅さんはチャンピオンだ。自分と同じ世界にいる人には、どんなことがあっても連帯感を表明する。だが、クリーニング屋になったかつての同級生で、酔っぱらったときにバカにするような奴とは、そうはならない。友人が病気だと知った寅は見舞いに行く。常三郎を演じるのは、今村昌平作品への出演などで知られる大物俳優、小沢昭一。常三郎は、自分が死んだら光枝と結婚してほしいと寅に頼む。見る人の胸を打つ場面だが、なんとも大時代的である。撮影場所に秋月が選ばれたことで、その世界観は増幅されている。福岡県の秋月といえば、古風なたたずまいが魅力の町である。映画が重苦しくなるのを避けるために、洋次は若い娘を寅さんに絡ませることにした。家出娘の愛子（岸本加世子）は、どこまでも寅さんに付いてくるのだ。少し頭がのんびりした愛子は、映画の中で一筋の光のような役まわりで、光枝の話をするために柴又に戻る寅の後を追ってくる。たしかに、愛子の存在があってこの第28作は暗い陰惨な話にならずに済んだ。

愛子が物語から退場する場面も、とても面白く描かれている。遠洋漁業の漁師である兄が、とらやで働いている妹を連れ戻しに来る。寅さん一家にお礼として、巨大な冷凍マグロを一匹持ってくる。これで、映画の後半にうまくつなぐことができた。常三郎が亡くなり、光枝が出身地の東京に戻っていることがわかる。面倒をみるように言われている寅さんはどうするのだろうか。光枝は旅館で働いている。寅は約束を守りたい（テキ屋の約束は神聖だ）が、話をどのように持っていけばよいのか、まるで見当がつかない。家族会議を招集して相談するも、光枝ととらやの2階で暮らすことを、あれこれ細かく想像してはみんなをあきれさせる。

　就職活動もする。数少ないネクタイ姿の寅が見られる。しかし、肝心の相手の気持ちを勘定に入れることを忘れていた。光枝は感謝するが、約束だからと負担になるのは嫌だった。柴又で一日を過ごした後、寅が駅まで送っていく。光枝は、本気で結婚の約束をしたのかと尋ねる。困惑した寅は、病人の言うことだから適当に相づちを打っただけだと答える。「よかった。寅さんが本気でそんな約束するはずないよね。（中略）私も腹が立ったけどね。まるで犬か猫でも人にくれてやるような口をきいてさ」と光枝が応じる。

　今回は失恋ではなかった。意識の持ち方がまちがっていたのだ。寅は、考えているより女性は強いものだと気づかされる。このシーンは、洋次の優れた演出もあって、二人の俳優がみごとに演じている。監督がこのシリーズをどういう方向に持っていきたいのかということがわかる。鋭い観察眼を持つ批評家の佐藤忠男は、「マドンナ」といえば大体が明るくてニコニコしているが、光枝は「日陰で暮らし、辛い人生を送った女性だ」と記している。

　ということで、第28作は、洋次が望んだいくつかの変化の到達点が見えたことで興味深い。まず主役の変化、そして彼が愛する女性たちの変化。しかし観客にはあまり熱狂的に受け入れられず、観客動員数は１４０万人を少し上まわっただけだ。とはいえ、フーテンの寅への愛着を表明する人も多かった。一人のファンからもらった手紙を洋次は今でもおぼえている。「寅さんを観なければ、お正月を迎えた気がしない」。たとえ観客数が減少しても、シリーズの映画はいつもその年のトップ10に入った。一般的に、新しい娯楽が登場したため国民はどんどん映画館から遠ざかり、映画業界は苦境にあった。

　とはいえ、アニメーション映画の刷新によって、事態は少しずつ変わっていった。宮崎駿や高畑勲がどんどん力をつけ、1985年には有名なスタジオジブリを創立する。控え目ながら、洋次もこの分野に参入し、はじめての日中共同製作によるアニメーション映画の脚本を書いた。『シュンマオ物語タオタオ』である。この作品は『男はつらいよ　寅次郎紙風船』と同時上映された。このアニメは後にテレビシリーズに翻案され、1983年から放送された。ヨーロッパでも、主にドイツ語圏で『タオタオ絵本館』のタイトルで放送された。

興業収入で圧倒的な優位に立つアメリカ映画と競争を強いられていたが、監督はシリーズを進化させるための材料を見つけていく。それを手に、さまざまな実験を試しながら、観客に自分たちの国のなにが変化しているのかを考える手がかりを提供していった。

最初の転換

山田洋次は、自分は漫画やアニメの熱心な愛好家ではないと言いつつも、興味は持っている。その証拠に、近代漫画の父、手塚治虫による絵を自宅に飾ったくらいだ。そして、その数か月後には早くも『男はつらいよ　寅次郎あじさいの恋』（1982年）でアニメを使っている。このシリーズ第29作の冒頭部分、寅次郎が見る夢の中に、アニメのシーンを少し入れたのだ。またこの作品では、いしだあゆみの出演も特筆すべきことである。たしかに、彼女の魅力に抗うのは難しい。大ヒット曲「ブルーライトヨコハマ」（150万枚の売り上げ）で日本中を魅了した歌手だが、作品でもその謎めいた美しさで観客を虜にした。この反響の大きさは、監督の演出によるところも大きい。シリーズではじめて性的な欲望に触れたのだ。それまでの作品でも恋愛はたくさん取り上げられたが、セックスをほのめかすことはほとんどなかった。寅さんはしょっちゅう女性に恋するが、行為に及ぼうとするそぶりは見せたことがなかった。それどころか、可能な状況になってもなにもしない。たとえば第27作（『浪花の恋の寅次郎』1981年）では、ふみが慰めてもらいたくて彼の宿の部屋にまで来るのに、である。

ほかの作品でも、行為に及ぶほうがもっと自然に見える状況はあった。しかし洋次は、ぎりぎりで流れを押し返し、コミカルな面を描くほうに傾斜していった。たとえば第15作（『寅次郎相合い傘』1975年）で、リリーが寅さんと並んで寝転んでいるときに、彼女が足をあっためてほしいと言う場面もそうだ。それらを考えても、8月7日に封切られたこの長編作に表れた性的な緊張感は、注目すべき新しさである。シリーズは松竹にとって切り札ではあったが、監督はルーティンワークのような映画づくりにおちいって沈滞させたくはなかった。そのために、登場人物をさらに進化させようとする過程にあった。この作品はその中で位置づけられる。とはいえ洋次は、家族連れで見に来ることの多い観客を、ぎょっとさせたくもなかった。そこで、緻密で微妙な演出の力を示してみせる。ある意味で、谷崎潤一郎の『瘋癲老人日記』、『富美子の足』あるいは『刺青』の微妙さに通じるところがある。谷崎が文章で表してみせた足のエロティシズムを、洋次は自分なりに取り込んでいるのだ。寅さんと、いしだあゆみ演じるかがりとの間の性的な気分の高まりを示すのに、このエロティシズムが明暗のコントラストをともなって描かれる。若き谷崎は、1910年に発表した『刺青』でこう書いている。「丁度四年目の夏のとあるゆうべ、深川の料理屋平清の前を通りかゝった時、彼はふと門口に待って居る駕籠の簾のかげから、真っ白な女の素足のこぼれて居るのに気がついた。鋭い彼の眼には、人間の足はその顔と同じように複雑な表情を持って映った。その女の足は、彼に取っては貴き肉の宝石であった」。それから70年あまり後、高羽哲夫のカメラが、襖の間に覗くかがりの足と、釘付けになる寅さんの視線を捉えた。ただ、作家（谷崎）が描いた主人公が欲望を果たそうとするのとはちがい、寅さんは逃げてしまう。洋次はこの第29作で、シリーズの主人公に性欲がないことをはっき

第29作『男はつらいよ　寅次郎あじさいの恋』(©1982松竹株式会社)

り示した。

それまでの作品では、寅さんのこうした姿勢は、騎士道的な側面から見ることもできた。女性を救うときに、その弱みにつけ込むようなことはしないというわけだ。しかし、この作品では事情はまったくちがう。かがりは寅さんに惹かれていることをはっきりさせている。足のシーンに続く場面は、この点でとても興味深い。寅さんが横になっていると、その部屋にかがりが、なにか物を取りにくるように装って入る。が、寅さんは寝たふりを決め込む。明暗の雰囲気の中で、このシーンは強い印象を残す。なによりもカメラワークが巧みなのだ。見逃せない一瞬一瞬の二人の表情をしっかり捉えながら、この若い女性の足を追いつづける。このシーンの終わり近く、横になったままの寅さんが襖のほうに顔を向けると、かがりの足が明かりに浮かび上がる。そして彼女は襖を閉じて出ていく。みごとだ。このとき寅さんは、カメラに背を向けている。目を開けていたかどうかはわからない。しかし、この数秒間は、抑えられていた感情が解き放たれるシーンだ。ここで、かがりの深い失望と、とりわけ寅さんの臆病さがあらわになる。彼も自分でそのことがわかっている。彼女が出ていった後、布団から起き上がり、ため息をつくのだ。翌朝、彼女は寅さんにむしろよそよそしくふるまう。彼のほうも口数が少ないまま。これは、女性といっしょにいるときのいつもの彼の態度からはほど遠い。撮影監督がみごとに描き出したこの数分のシーンに、洋次の才能がよく表れている。

　とはいえ、作品はコミカルなトーンもしっかり保っている。それがなければ観客はたぶんがっかりする。それは、寅さんが京都の三大祭りのひとつ、葵祭のかたわらで老人（片岡仁左衛門）と出会う最初のほうで繰り広げられる。老人は下駄の鼻緒が切れて困っている。それを通りがかった寅さんが直してやる。すると老人から、お礼のしるしにと立派な酒席に招かれたのだ。酔って寝込み、翌朝目を覚ました寅さんは、自分が寝ていたのはどこかの旅館だと思っていた。かがりともそこで知り合うのだが、旅館と思ったのは寅さんが助けた老人の家で、彼女はそこの女中だった。老人は実は、有名な陶芸家で人間国宝※の加能作次郎だとわかる。だれもがこの陶芸家にペコペコしている。だが、もちろん寅さんはちがう。たいへんな知識人に対しても、まったく物怖じせず自然にふるまう。これは学者である博の父と接するときにも見せたとおりである。この姿勢のせいで、陶芸家の弟子、近藤（柄本明）と面白おかしいやりとりをすることになる。寅さ

※人間国宝
人間国宝とは、1950年に制定された文化財保護法に基づいて「重要無形文化財の保持者」と認定された人を指す。日本では希少な技能を保持する人に大きな価値が認められ、「人間国宝」に認定されればその技能を保存し、次の世代に継承することができる。

んは最初、彼を旅館の番頭と勘違いしていた。寅さんは、人々がこの陶芸家に認める価値があまり理解できない。こんな豪邸に暮らしているからには、陶芸以外に人に言えない商売をしているのだろうと思っている。だから、ほかの人がなぜ敬意を払うのかもわからない。むしろ女性の美しさ、もちろんかがりの美しさのほうに惹かれている。夫を亡くしていたかがりは、加納の元弟子と再婚の約束をしていた。しかし、しばらくして婚約を解消して京都を去る。男が、自分の将来にもっと有利な相手と結婚することを決めたからだ。そうすると寅さんは、かがりのことがいっそう気になる。

彼女に会うために丹後に行こうと決める。彼女の生まれ故郷だ。そこで彼女は娘と二人で暮らしている。丹後は、古都である京都の北に位置する。日本海に面した美しいところだ。その風景からは詩情がただよい、恋の物語を紡ぐ舞台にぴったりだ。しかし上述したように、寅さんはこの若い女性にすっかり惚れたのにチャンスを逃す。戻った柴又ですっかり落ち込んでしまう。みんなが心配するなか、御前様（笠智衆）はとうとう寅さんの悩みの原因に思い当たる。洋次はそれを歌でほのめかす。寅さんのようすを聞きにきた御前様がとらやを出たところを、自転車で通りがかった男が口ずさむ歌（草津節）だ。「お医者様でも、草津の湯でも（中略）惚れた病は、こりゃ、治りゃせぬよ」。御前様も、困ったような顔で歌う。寅さんの恋の悲しみはそれなりに深刻だけれど、監督は、まわりの人たちがその訳を探るようすを通して軽やかに描く。それがお約束どおりのひと悶着を引き起こし、いつものように寅さんは出ていくという。ところが、もう二度と戻らないと言って出ていこうとした瞬間、足を止める。かがりが目の前に現れたのだ。女友だちといっしょに彼女はとらやにやってきた。寅さんもかがりも、しゃちほこばってしまう。けれども彼女は、なんとか寅さんにメモ紙をそっと手渡す。

そこに鎌倉で会いましょうと書いてあった。そこでもまた洋次は、寅さんの反応をドタバタのシーンで見せる。寅さんは、東京の南に位置するこの町がどっちの方角にあるのか知ろうと焦るのだが、問い詰められるまわりの人は訳がわからない。ここは洋次が子どものときに大好きだったアメリカの喜劇王バスター・キートン流のシーンになっている。場面は早まわしになり、いっそうコミカルなトーンになる。集まってきた人たちがつまずいたり、ひっくり返ったり。彼が若いころに見た無声映画のようだ。そこからこの第29作のクライマックスへと移る。どうやら、かがりは寅さんへの気持ちをあきらめてはいなかったようだ。境内に咲きほこるあじさいの寺として知られる成就院でのデートの誘いに、寅さんは散々思い悩む。だから当日、甥っ子を「盾」のようなつもりで連れていくのだ。洋次がこの甥っ子の満男に大事な役割を持たせるのは、この作品からである。

この役を託した吉岡秀隆は、洋次が見いだし、『遙かなる山の呼び声』（1980年）でその演技を高く評価した俳優だ。洋次は、新しい世代の俳優の発掘にも取り組み、新たな展望を開いてきた。こうして、この若い俳優も山田「ファミリー」に入った。この後『男はつらいよ』シリーズ以外でも、監督のいくつかの作品で起用されるようになる。山田監督、そしてもちろん本人自身の才能によって、吉岡秀隆は次第に、日本の映画界でなくてはならない俳優になっていく。この俳優が1950年代から60年代のノスタルジーがただよう作品に多く出演するようになったのは、洋次の起用も影響しているのではないだろうか。いずれにしろ、『ALWAYS　三丁目の夕日』（2005年）では、日本アカデミー賞で最優秀主演男優賞を獲得する。この第29作では、彼のおかげで、かがりと寅さんのデートでどんなことがあったのか、どんな気詰まりな空気が二人の間にあったのか知ることができる。心はすれちがうばかり。最後にかがりは、目に涙を浮かべて、寅さんにこう言う。「私が会いたいなあと思った寅さんは、もっとやさしくて、楽しくて、風に吹かれるタンポポの種みたいに自由で気ままで。そやけど、あれは旅先の寅さんやったんやね」。すべてが終わった。もう次はない。かがりは帰郷する。とらやの人たちは、満男から「お姉さんと別れた後、伯父さん電車の中で涙こぼしてた」と聞かされる。寅さんもまた旅に出る。

出ていく寅さんに、さくらが「ほんとうは、かがりさん、お兄ちゃんを好きだったんじゃないの」と尋ねる。しかし彼はこう答える。「バカやろう。あんな美人で、しかも賢い人が、おれみてえなやくざの能なしの男をどうこう思うわけねえじゃねえか」。わかり切ったことだとでも言うかのように。しかし、この作品もまた、暗い雰囲気のまま終わるわけにはいかない。洋次はその役を陶芸家の弟子に担わせる。寅さんが陶芸家からもらった茶碗を、展示会に出すため取りに来るのだ。観客は涙を忘れて、登場人物の真面目な行動が引き起こす滑稽な場面に笑い転げる。一方、テキ屋の寅さんは、滋賀県の彦根に来ていた陶芸家と偶然出くわす。

原点に戻る

涙と笑い。この二つの要素は、今度もお約束どおりに盛り込まれている。けれど、それまでの作品と比べると、手法はそんなにストレートではない。洋次は、シリアスなドラマをつくろうとしているのではないかと思わせる場面さえ随所にある。ドタバタのシーンを使うのも、この作品ににじむ重い雰囲気を打ち消すためではと考えると説明がつきそうだ。いずれにしろ、『男はつらいよ　寅次郎あじさいの恋』は、シリーズが単なる滑稽話の連作にとどまるものではないことを明らかにした。これは技術面でも構成面でも、立派な映画作品なのだ。『キネマ旬報』誌のアンケートで、この作品が寅さんのファンの好きな映画ベスト10に入ったのも当然だろう。ただ、1982年8月7日封切りのこの作品の観客動員数は140万人に届かなかった。シリーズではもっとも少なかった作品のひとつだ。しかし評価は高かった。渥美清と柄本明は第25回ブルーリボン賞で、それぞれ主演男優賞と助演男優賞を受賞。シリーズの中でもっとも興味深いマドンナの一人を演じたいしだあゆみも、日本アカデミー賞で優秀主演女優賞を受賞した。

松竹はその先に目を向けていた。つまり第30作である。12月28日の封切りが予定された。シリーズの歴史の節目になる作品としてのプロモーションに乗り出し、それに見合う資金も出す構えだった。思い返せば、第1作のときは、製作部門の責任者たちは乗り気ではなく、実現にこぎ着けられたのは、洋次が粘り強く説得したからだった。その後、年に2作を製作するというリズムを続けるようにこだわったのは、むしろその幹部たちだ。「このシリーズとほかの作品のちがいは、私たちには決められた締め切りがあるという点でした」と監督はふり返る。年に2本つくるという責任とプレッシャーがどれほどか、想像できるだろう。彼はすぐに、朝間義隆といっしょに『男はつらいよ　花も嵐も寅次郎』（1982年）の脚本にとりかかった。この作品では、寅さんの物語は直近のいくつかの作品ほど深刻ではない。この作品では寅さんの内面を描くよりも、観客がこよなく愛するその人間的なキャラクターを前面に出している。また洋次は、映画でおなじみの要素を再活用しようとしている。たとえば、寅さんが周囲の人と巻き起こすけんか騒ぎ。今回はそれを使って、物語をいささか騒々しいけれど心温まる人間味で包み込むことになる。物語は、テキ屋の寅さんが柴又に戻って動き出す。とらやの前で幼なじみの女性と出会う。おいちゃんは、そのときの寅さんの馴れ馴れしいふるまいにカチンとくる。おいちゃんは「出る杭」、つまり世間の和を乱す行為が嫌いなのだ。「出る杭は打たれる」のことわざどおり、おいちゃんはハンマーよろしく寅さんを叱る。しかし寅さんは、その生き方も暮らしぶりも、ふつうの世間の枠には収まらない。一般に日本人は、日頃の生活では、甥の態度に眉をひそめたおいちゃんと同じような反応をするにしても、映画の中の登場人物にはそんなにうるさいことは言わない。たぶん心の底では、ときどきは寅さんのように自由でありたいと夢見ているのだ。

けれども、二人が書いたシナリオでは、おいちゃんは怒りを爆発させる。寅さんが食卓で、聞きわけの悪い子どものようなふるまいをしたからだ。夕食時、とらやの店の裏にある居間にみんなが集まっているときに、寅さんが、自分の分が少ないという。文句を言っているのは松茸についてである。これは日本人にとって、フランスでのトリュフのようなキノコである。世界中でいちばん高い食材のひとつだ。満男が松茸ってそんなにおいしいのと尋ねると、インスタントラーメンについて「今食ったのうまかったよ」と話したばかりのタコ社長がこう答える。「うまくなんかないよ。高いからありがたいだけさ」。ここに、食べ物についての洋次の基本的な考え方が要約されている。戦後きびしい生活を経験し、松竹に入社したのも、社員食堂で食べることができるというのが理由のひとつだった。だから、食事については俗物趣味を嫌っていた。仕事で成功し、ご馳走を楽しめる境遇になっても、監督の好みはシンプルである。メニューの中身よりもむしろ、どんな人たちと食卓を囲むかということを大事に考えた。彼の作品のほとんどすべてで、登場する料理はきわめて平凡なものだ。いちばん高いメニューは、ちょっとしたお祝いのときなどに食べるウナギの蒲焼きだろう。この作品では、帝釈天の御前様から頂いたという松茸が出てきたことで、言い争ったあげく、おいちゃんは寅さんに出ていけと言う。

出ていった寅さんが現れるのは九州である。まわりにいるのは当時流行っていたハンググライダーの愛好者たち。洋次は以前、自由を象徴するのに空を飛ぶカモメを映していた。今度は人間である。空に飛び出すときに解放される人間たち。テキ屋である寅さんは、旅の途上にいて、各地の伝統の祭りで他者と出会うとき自由を感じている。だから洋次は、こうした場所に寅さんを置くことに、以前の作品以上にこだわりを見せる。それまでは、テキ屋という仕事について触れることがほとんどなかった。高羽哲夫のカメラは、大分県臼杵（うすき）の福良天神境内でのお祭りをじっくりと見せる。おかげで、その祭りの特徴が伝わるし、地方ではこうしたイベントがまだ大切にされていることもわかる。そして、当然のように寅さんは、一日の終わりには小さな旅館にいる。今回の湯平温泉の宿で彼は常連のようだ。監督はこの第30作で、登場人物たちが動き出す枠組みをもう一度示し直そうとしている。彼が紡ぎ出してきたほとんどの物語の枠組みだ。ある意味でこの回は、時計の針を正しい時刻に合わせるための時報のようである。かくして、寅さんが三郎（沢田研二）と螢子（田中裕子）と知り合うのも湯平である。三郎の母親は最近亡くなったのだけれど、昔その宿で働いていた。彼は母の出身地に遺骨を納めにきたのだ。母親に対する息子の気持ちにほだされた寅さんは、宿の主人にちゃんと供養してやろうと言う。その宿に同僚の友だちと泊まりに来ていた螢子も、その席に誘われる。

第30作『男はつらいよ　花も嵐も寅次郎』（©1982松竹株式会社）

洋次は、このしめやかな供養の席にも、ちょっとしたドタバタのシーンを挿入する。寅さんがお坊さんをやけどさせる騒ぎを起こすのだ。その翌日、彼は若い女性二人に付き合ってその地方を観光していて、ばったり三郎と出くわす。その日はみんなで三郎の車に乗って、いちばん人気の高い観光地を訪れて過ごす。二人の女性が東京に帰る直前に、三郎は螢子に唐突に付き合ってほしいと言い出す。螢子は答えないまま去る。それを寅さんはからかうのだが、上野の動物園でチンパンジーの飼育係をしている三郎には、女性とつきあった経験がない。それで、彼は寅さんのちょっとした恋愛指南に引きつけられる。寅さんがその方面でうまくいった試しがないことなど、三郎には知るよしもない。第20作『男はつらいよ　寅次郎頑張れ！』（1977年）のときのように、監督は寅さんを恋愛の相談役にする。三郎に車を運転させて柴又に帰った寅さんは、家族の助けも得ながら彼を教え諭そうとする。この場面は、人々が食事をする茶の間で繰り広げられる。そこは、寅さんの世界ではとても重要な場所である。洋次が作品で掘り下げようとする家族の心を象徴する空間だ。この場所で、家族生活の味わいともなるお互いの心の通い合いや反発が表現される。そこへの監督のこだわりは大きく、それが消えていくことを嘆いている。『読売新聞』のインタビュー記事（2015年1月6日付）でも、「茶の間はリビングルームになり、ちゃぶ台はテーブルとイスになった」と指摘している。三郎は誘われて、寅さんの家族たちといっしょに晩ご飯を食べる。それがうれしい。「いいなあ。生まれてはじめてなんですよ。こんなふうに大勢でいっしょにご飯食べるのは」と言う。どこか残念そうな口ぶりだ。この食事の場面がさらに示すように、これは人々が笑って楽しむときでもあるけれど、もっと大事な、たとえば恋愛について話をする機会にもなる。

彼は寅さんに、螢子と付き合えるように助けてほしいと頼む。寅さんのやり方はストレートだ。「(三郎は) 惚れてんだよ、あんたに」と告げる。だが螢子はそれを拒む。なぜなら、三郎が「あんまり二枚目なんだもん」と言うのだ。しかし寅さんは、この失敗で引き下がらない。まわりの人といっしょになって、若い二人が「たまたま」会うように一計を案じる。螢子が現れたらどんな態度をとるべきか、三郎に細かく指示する。寅さんは、シナリオを組み立てて乗り出すような状況が好きだ。しかし、たいていの場合、予測どおりにことは進まない。もちろんこの日も同じで、観客は大喜び。二人の出会いの「偶然」を、事細かに想像している寅さんを見るのが楽しいのだ。螢子は三郎を嫌いではないが、どうすればいいのか決められなくて困っている。彼女には恋愛経験があまりない。それを知りたくて、寅さんの家族たちのいるところにやってくる。折しも、また茶の間で議論をしている最中だった。若い女性を理解し助言するのに、いちばんふさわしいのはさくらだ。このシリーズがはじまったときから考えると、彼女の役割はずいぶん進化した。守られるべき妹から、兄と、彼がとらやに引き寄せてくる女性たちを守る妹へと。結局、三郎にチャンスをあげようと螢子が心を決めたのも、さくらの思いやりのある言葉によるものだ。だが寅さんのほうは、使命を果たしそこねたと思い込んでいて旅に出ようとする。だから二人が婚約したと聞いたときは、すっかり驚いてしまう。それでも、谷津バラ園でのデートで観覧車に乗ってキスをした二人（このシリーズでははじめてのキスシーン）が戻ってくるのを待たずに旅立つ。

正月公開向けに撮影されたこの作品は元旦の場面で終わる。寅さんは九州にいる。別府の鉄輪温泉で、こまごました縁起物を売っている。三郎と螢子がうまくいっていると聞いて満足している。明るい見通しに満ちて新年が明ける。この第30作は実り豊かな成果を上げた。２２０万人以上が映画館に足を運んだ。１９６９年にこのシリーズがはじまって以来、３番目に多かった。おそらく観客は、寅さんの人となりをふたたびそこに見いだせてよかったと思ったのだろう。それに、この作品に示された家族のあり方も歓迎した。また、監督にすれば、年月の経過とともに登場人物たちの人生を前に進める必要があったのだが、それを示す作品にもなった。作品はゴールデングロス賞で評価を得た。全国興行生活衛生同業組合連合会が創設した賞で、１９８３年の12月１日に発表された、その最初の受賞作に選ばれた。映画作品へのほかの賞と同様、洋次はその後この賞でも受賞を重ねることになる。松竹は大満足だった。予測にたがわず、たくさんの人が見に来たからというだけではない。１９８３年は『男はつらいよ』シリーズにとって歴史的な年にもなったからだ。というのも、同じ登場人物による映画の連作として、公式に世界でもっとも長く続いているシリーズになったのである。

ローマの休日の雰囲気で

世界記録樹立を祝う前に、洋次は第31作の脚本づくりに取りかかる。そこで、寅さんとスターを結びつけるという新たな試みに挑んだ。演出ノートで説明しているように、それまでのマドンナはみんな、地味な仕事に携わる市井の女性たちだった。たとえば前作の螢子はデパートの店員だった。しかし、今度の作品『男はつらいよ　旅と女と寅次郎』（１９８３年）でテキ屋の心をときめかせるのは、有名な歌手、京はるみ（都はるみ）だ。それまでの作品で、伝統芸やインテリの世界に入り込んだ寅さんが、今度はショービジネスの世界に向き合う。その選択に加え、演歌を前面に出すという監督のアプローチには興味をそそられる。当時はポップスがとても流行していたのに、そちらを選ばなかった。しかし演歌という音楽のスタイルは、シリーズにもぴったり合う。なぜなら、このジャンルの歌が扱うテーマも大半が失恋とふるさとに関係しているのだ。「演歌」という言葉が広まったのは第二次大戦が終わった直後からだが、このジャンルは19世紀末から発展していった。荒木博之が著書『日本人の行動様式――他律と集団の論理』（講談社現代新書、１９７３年）で掘り下げているのだが、「日本の歌謡曲の七―八割は泣いているか涙を流しているかのどちらかであるといっていい」という。別離のイメージがしばしば盛り込まれていて、このジャンルの歌に悲しい調子を与えている。またこれらの歌は、ブルースと似たり、外国の歌から影響を受けたりした旋律を持っていることも特徴だ。著者によると、このタイプの最初の歌「故郷の空」がつくられたのは1888年にまでさかのぼる。明治初期の詩人・作詞家である大和田建樹が「おもえば遠し　故郷のそら　ああ　わが父母　いかにおわす」という詞を乗せたのはスコットランド民謡の旋律であった。荒木は「近代化、工業化という社会構造の変革によって日本人がはじめて故郷を離脱しはじめた時期なのである」と説明する。また1907年には、もうひとつの歌「旅愁」がとても人気を得たが、こちらは米国の歌「ふるさとと母を夢に見て（Dreaming of Home and Mother）」のメロディを使っている。ちょうど日本がさらに飛躍をはじめるころに当たるという。「旅愁」の歌詞は、そのことをはっきり示している。「更け行く秋の夜　旅の空のわびしき思いに　一人悩む　恋しや故郷　懐かし父母　夢路にたどるは　故郷の家路　更け行く秋の夜　旅の空のわびしき思いに　一人悩む」。1945年、日本が敗戦し戦後復興がはじまると、このスタイルの歌に人々は酔った。たくさんの人々が国内で暮らす場所を変えた。太平洋沿岸の大工業地帯が、地方の人手を吸収していったからだ。当時、人々の郷愁の気持ちは頂点に達していた。洋次にとっても、自分の心に響くテーマだった。であれば、遅かれ早かれ彼が演歌に関心を向けるのは当然のなりゆきだったろう。また、舞台の一部を新潟県と佐渡島にしたのも偶然ではあるまい。新潟は大量の人が都会に流出していった県である。また、佐渡は長い間、権力者から嫌われた政治家や宗教者、文化人たちの流刑地であった。要するに、この二つの場所は、郷愁の色が濃厚な歌に触れるのにぴったりだったのだ。

都はるみという演歌の大スターの一人をマドンナ役に起用する選択をして、洋次は作品がいくらかシリアスになるというリスクを取った。おそらくそのためだろう、作品のはじまりのほうは、観客の印象に残るコミカルな場面に決めた。柴又に戻った寅さんは、博が息子の満男に約束していた学校の運動会に参加できなくなったことを知る。運動会は子どもの家族にとって大事なイベントだ。しかし満男の父親はすでに3回、行けないままだった。寅さんは、博の代わりをしてやると言い出した。そして、その日の午後はずっと、隣の印刷工場の工員たちが面白がって見ている中で、競技に備えていろいろと練習をした。夕方、満男が、父親の代わりに伯父さんがやってくると知って、最高におかしな場面が繰り広げられる。ここで若い吉岡秀隆は、驚きと失望と居心地の悪さをいっしょに感じている瞬間の満男を、完璧に演じている。彼は伯父さんを来させないための方便を見つけようとする。「伯父さん、明日忙しいんじゃないの」と言うと、寅さんは「安心しな。ほかの人になくってね、伯父さんにあり余るもの、それは暇だよ」と答える。満男はほかの口実を探す。この場面での二人の俳優のやりとりはみごとである。寅さんは、甥っ子をどう応援するかやってみせる。この場面の頂点だ。ホイッスルや扇子を持ち出して大声でがなる。満男がいたたまれないようすになっているのを見かねて、博が割って入る。そして運動会には、家族はだれも行かないことになる。それで寅さんがむくれて、また大騒ぎのけんかになる。そして、寅さんはまた東京を離れる。山田スタイルの真骨頂である、この滑稽きわまりないシーンで、カメラは二人の表情だけを追っているわけではない。このやりとりを聞いている、ほかの家族の表情や動きも捉えている。周囲に広がる気まずさを強調することで、この状況のおかしさがますます際立つ。

甥っ子を困らせないために出ていった寅さんが、やってきたのは新潟。そこの小さな波止場で一人の女性と出会い、佐渡島まで連れていく。彼はまだ気づいていないが、彼女は演歌歌手の京はるみである。プレッシャーの大きさに疲れ果てて、コンサート会場からの逃避を決め込んだのだ。この出会いの場面には、ウィリアム・ワイラー監督の『ローマの休日』（1953年）への視線がある。洋次が松竹の新入社員だったころお手本とされていた作品で、見ないわけにはいかなかっただろう。当時は映画と言えばハリウッドの喜劇だった。グレゴリー・ペックは、オードリー・ヘプバーンと知り合ったとき、彼女が某国の王女で、滞在先の大使館から逃げ出してきたことをまだ知らない。それがわかるのは後のことだ。寅さんも同じ状況だ。旅の道連れがだれなのかに気づくのは、出会ったときよりもう少し後。夜を過ごしている旅館でのことだ。グレゴリー・ペックと同じように寅さんも、なんでもないかのようにふるまい、彼女が日常を忘れることができる、かけがえのない時間を持てるようにする。寅さんは社会的な立場で人を見ない。彼にとって大切なのは、落ち込んでいる女性を精神的に支えることだ。しかし現実が追いかけてくる。二人は離れるしかない。寅さんは柴又に帰ってくるが、ようすがいつもとちがう。彼女を忘れられないのだ。まわりの人は心配するが、タコ社長だけは、恋に落ちたんだろうと察する。そんな状況から、この作品の二番目の見どころに移っていく。町の電機屋に寄った寅さんは、支払うのも忘れたままウォークマン※を手に出てくる。それで京はるみの歌を夢中になって聴いている。この場面によって、全国で売れはじめたこの製品への熱狂ぶりを知ることができる。それとともに、日本製品が世界中を席巻しようとしつつあったこと

※ウォークマン
1970年代の中ごろまで、何十年もの間、海外において日本製品の評価は低かった。だがいくつかの日本企業が革新をもたらした。そのうちの一社がソニーだ。1946年に創業し、まずトランジスターラジオで世に知られた。その後も開発努力を重ね、1979年７月に発売したウォークマンは世界中で何百万人という人々を魅了した。この小さな機器は日本産業の力を示す製品となり、1980年代から日本産業は世界で頭角を現していった。

もよく示している。寅さんは歌に夢中でなにも目に入らない。帝釈天の御前様が話しかけても上の空。これが地元でちょっとした騒ぎになる。寅さんは仕方なく、なにがあったかを話す。なにもかもコミカルな調子で進むのだけれど、それでも渥美清の語り口からは情感がにじみ出る。彼は演歌のスターとの出会いと別れの物語を語るのだが、その名前はけっして明かさない。この役者はここでもまた、観客を思いどおりのところに引っ張っていく才能を見せつけている。

しばらくして、はるみがとらやにやってきたので大騒ぎになる。寅さん以外のだれもがスター扱いする。彼女はとうとう、集まった街の人々に向かって歌うことになる。けれど、彼女の目の前に寅さんの姿はない。彼女はもう、寅さんだけの人ではないのだ。彼が二人のことを自分の中に秘めているかぎり、二人の間には特別なきずながある。けれども、彼女が表舞台に戻り、スターとしての姿勢を取ったことで、二人だけの関係は消えた。彼女が披露した歌にはこんな一節がある。「惚れちゃならない　都の人に」。高羽のカメラは、この曲「アンコ椿は恋の花」を聴く寅さんのつらそうな視線をしっかり捉えている。これは1964年に、実際に都はるみの最初の大ヒットとなった歌である。寅さんは区切りをつけて、はるみに招待されたコンサートにも行かずに旅立つことを決める。この第31作は、少し特別な味わいを残した。たしかに、このシリーズ中でもとりわけおかしな二つの場面がある。けれども、満たされない思いもただよう。寅さんとは住んでいる世界がちがう人の場合は、恋の障害を乗り越えるのがいっそう難しくなるからだ。

第31作『男はつらいよ　旅と女と寅次郎』（©1983松竹株式会社）

いい言葉

観客の入りは１５０万人強。前作と比べるとずっと少ない。作品は十分に人々を満足させられなかったようだ。１９７５年以来、シリーズ作品は毎年2本とも邦画興行収入のベスト10に入っていたのが、１９８３年は1本だけになった。それでも、これは立派な作品である。『男はつらいよ』は、日本中で広がりはじめたビデオのおかげで人気を高めていく。東京の南に位置する神奈川県で１９７５年に生まれたレンタル・レコード店が全国各地で成功した後、次に日本はビデオ・カセットのレンタル時代に入っていった。１９８３年、蔦屋書店（ＴＳＵＴＡＹＡ）が大阪市の近郊にある枚方（ひらかた）で最初の店を開いた。そこでビデオも扱った。まださささやかなコーナーだったが、3日間で１０００円というレンタル料が大人気につながっていく。というのも当時、映画作品はビデオ商品にして売られていたが、1本1万円から2万円だったのだ。ただ、このころ日本でのビデオ再生機器の世帯普及率はまだ高くなかった（7・5％）。だが1980年代後半には50％の境界を超え、ビデオ市場は本格的に離陸していく。長期的に見ると、このレンタルの発展がシリーズの知名度をさらに増すことに貢献した。

洋次が『男はつらいよ　口笛を吹く寅次郎』（1983年）の撮影に取りかかったとき、彼はこうしたことには関心を向けていなかったようだ。彼がめざしていたのはシリーズとしての構築ということだった。一作ごとに、シリーズ全体が大きな作品としての形をなしていった。彼は、それを仕上げていくにはチームの力が欠かせないとわかっていた。その顔ぶれは、最初の作品からほとんど変わっていない。「現在、私といっしょに仕事をするスタッフのおもな人たちは、もう一〇年以上のつき合いです。メインスタッフ以外の助手さんたちにしても、その大部分が同じ撮影所で育ってきた、仲間といっていい人たちです。こういうことは現在の日本映画界ではきわめて稀なことです」。この5年前に出版された著書『映画をつくる』（大月書店、1978年）でもそう書いていた。「ですから私が演出をする現場では、こまかいことをいちいち口だししなくてもスタッフの判断だけでスムーズに仕事が進んでいくような具合になっているわけです。私の場合、自分があるシーンについて脚本のうえでいだいているイメージはきわめて漠としたものであって、具体的に、たとえばこんなライティングにしてみたいとか、こういうカメラワークでいこうとか、こんな風景の場所でロケーションをしたい、というようなことを明確にうちだしていく、ということはあまりないのです。いいだしたくてもイメージがモヤモヤしているからいいようもない、ということもある。それを、それぞれの担当の、たとえばカメラマンが、あるいは美術監督が、こうやったらどうだろう、とか、ここにいってみようじゃないか、とか具体的に提案してくれる、それにたいして私は、ああ、それがいいな、とか、それはちょっと違うんじゃないか、とかいう判断をくだす、という形で仕事がすすんでゆくわけです。ですからいいスタッフがいてさえくれれば、監督はＹＥＳとＮＯ、あるいはＯＫかＮＧ、このふたつの言葉をもっていればいい。そして数かぎりないＯＫあるいはＮＧをくりかえしながら、終局的にはその監督の個性的な表現としての作品ができあがってゆく、ということになるのです」

助監督の一人、濱田雄一郎は撮影の進め方をだいたい次のようだったと説明する。「通しのリハーサルで撮影の目処が立てば、最初に撮影するカットのキャメラポジションにキャメラを据え、ライティングがはじまります。これからカットごとの撮影となります。基本的に順番どおりの撮影が多いですが、時間がかかりそうなときには中抜きして撮影することもあります。撮影は、【テスト】→【本番テスト】→【本番】の流れです。俳優の演技だけではなく、場合によっては照明変化、エキストラの動き、風の動かし方、落葉の降らせるタイミング等を合わせます。本番撮影ができる態勢になるまでテストをくりかえします。短いときで3回、多いときは1時間以上テストをくりかえしたことも」。

監督はチームの仕事をとても頼りにしている。そのおかげでシリーズが映画界で存在感を確立できた。それに敬意を表するために、チームを岡山県の瀬戸内海沿岸に位置する高梁市に連れていく。観客動員という点で、シリーズで最初に大成功した第8作の撮影場所だから、一種のお守りのような町だ。訪れることで、ご利益の効き目が弱まらないようにするためかもしれない。それに、原点に戻ろうという意味もあったのだろう。

そもそも、この第32作では、導入部の夢がそんなことを思わせる。そこで寅さんは自分の出自を思い返している。そして、柴又で暮らしている家族に思いをはせる。「ああ、その名を口にするだけで、私の目は涙でうるむのでございます」と話しながら、身内の人たちが自分を思いやる会話をしているようすを想像する。寅さんの結婚（これはくりかえし出てくるテーマだが）の話さえしている。しかし、家族たちが口々に褒めそやし、結婚式まで準備している寅さんは別人なのだ。夢は悪夢となり、結局、彼のような人物は彼以外にいないことを思い出させることになる。似て非なる人物が出てきても、失望を招くだけだ。寅さんが目を覚ますと列車の中。彼はそこで、男と娘の二人連れと知り合う。男は、妻が出ていってからずっと独り身だ。寅さんは、このときのタイトルバックが示すように、人を助ける役割を演じることもできる。この回のタイトルバックは、めずらしく東京・江戸川の河川敷ではない。しかし最初のシーンは柴又ではじまる。そこでは博がタコ社長と言い争いになった。というのも、タコ社長が儲けの少ない契約しか取ってこられないからだ。洋次はこれまでも、この印刷工場に触れて、このタイプの中小企業が直面している経営の苦しさを描いてきた。しかし今回はもっと興味深い。というのも、こうした企業の中での従業員と経営者の独特の関係を鮮やかに描き出しているからだ。それはアンドレ・レノレが著書『出る杭は打たれる――フランス人労働司祭の日本人論』[*7]で報告しているとおりだ。同書によると、映画監督の新藤兼人は、『週刊ポスト』誌上での作品解説でこう述べているという。「日本の小規模な企業は、親子関係をモデルにして構成されている。日本人は、企業の労使関係を対立とは考えない。人生の喜びと苦しみをともにする関係、共通の運命を引き受ける関係と見ている」。これこそ、冒頭のシーンが描いていることだ。先に触れたフランス人が著書で、日本の中小企業には「大企業よりも、大きな自由と自立の精神がある」と語っているとおりである。もちろん、だからといって中小企業のきびしさも隠してはいないが。印刷工場の内部を見せるシーンでも、そのことは窺える。しかし、ここで大事なのは、従業員とその家族、企業の経営者の間に、理屈抜きのつながりがあることをきちんと見せているということだ。

だれでも自分の考えをほかの人に言うことができる。おいちゃんも遠慮せず、タコ社長に「経営者として失格だ」と言う。さくらが、寅さんが揉めごとを起こしたときと同じように、仲裁役として登場する。博が仕事に戻るときに「仲直りしてね、社長さんと」と言う。結局のところ、印刷工場の経営者であるタコ社長も、広い意味でとらや一家の一員なのだ。たとえそこに寅さんがいなくても、揉めることはある。どんな家族にもあることだ。一方、そのころ寅さんは高梁にいる。博の父親の墓参りに来たのだ。そこを立ち去ろうとしたとき、寺の住職と出くわす。その娘の朋子（竹下景子）が、寺につながる急な石段で、父親をなんとか上がらせようとしている。寅さんが手助けする。そのお礼に、お茶をどうぞと誘われる。結局そこで一晩を過ごすことになる。翌朝、出発しようとするところへタクシーの運転手がやってくる。供養の席に住職を連れていくためだ。ところが住職は二日酔いで起き上がれない。

＊7　L'Hénoret, André, *Le Clou qui dépasse, récit d'un prêtre-ouvrier au Japon*, La Découverte, 1997. 邦訳は、アンドレ・レノレ『出る杭は打たれる――フランス人労働司祭の日本人論』花田昌宣・斉藤悦則訳、岩波書店、２００２年。

寅さんは、自分が住職の代わりをしましょうかと申し出る。寺の近くで暮らしていたから、お経を唱えることはできるからという。ほかにいい方法がないまま、寅さんが町の商店主の七回忌の供養をすることになる。日本の仏教の伝統では、故人の家族は7日ごとにお経をあげ、お供えをして法要の儀式をする。49日目に墓に納められるまで、遺骨は仏壇のそばに置かれている。原則として100日目にも故人を偲ぶ法要がある。しかし、納骨の後、51日後もみんなで集まるのが難しいので、この供養は四十九日法要に続いて行われるようにもなった。他方、亡くなって2年後に三回忌、6年後に七回忌の法要が行われる。故人を偲ぶこの集まりに、お坊さんが来てお経をあげる。お坊さんは説教の中で家族に語りかける。いくらか話し好きで、お経を多少知っていれば、この役割を果たすのはそれほど難しくない。寅さんは、自分はその任に堪えうると考えた。そして、みごとにそれをやってのけた。

たぶん寅さんも、ふつうならそんな危うい役割を引き受けなかっただろう。けれど、その数分前に彼は、朋子が出戻りだと知ってしまった。その魅力にすっかり参っていた寅さんは、例によって、彼女が困っているならなんとしても助けようと乗り出したのだ。もし、この寺の長男である一道（中井貴一）が父親の跡を継いでいれば、寅さんが僧侶になり代わることもなかった。一道は跡継ぎになりたくなかった。それよりカメラマンの仕事に打ち込みたかった。そのために、父と息子が対立することになった。そこへ寅さんが登場し、寺の仕事をやると言ったものだから、住職はほっとして、寺を継がせる準備をはじめたいと願う。寅さんも喜んだ。そうなれば朋子のそばにいることができる。ここでの渥美清の演技はみごとである。喜劇役者としての才能と話術が冴えわたっている。寅さんが僧侶として登場するこの長い場面での頂点は、博の父親の三回忌法要のところだ。さくらと満男も含め家族全員が高梁に集まる。寅さんは、はじまる前から面白がっている。

しかし、父親の家での諏訪家の集まりは、ぎくしゃくした空気に包まれる。柴又の人たちの間でのつまらない口げんかとはまったくちがう。この場面では、遺産相続をめぐって家族がバラバラになろうとしているのだ。第8作で、博の母が亡くなったときにもすでに、洋次は兄弟の間の亀裂を深く掘り下げて描いていた。さらに、後の作品である『東京家族』（2013年）でも、葬儀が終わるか終わらないかのうちに起こる、子どもたちの間での財産分配の話し合いの場面を撮っている。これは個人的な経験にかかわっているのかもしれない。いずれにしろ、このことに洋次は関心を示している。しかしこの緊張した空気は、その次の場面で消えてしまう。僧侶が寅さんであることに、さくらと博が気づいてしまうのだ。バカバカしさがほかのことを圧倒してしまう。この忘れがたい場面に、観客は爆笑したことだろう。しかし、地に足のついた考え方をするさくらにとって、兄が僧侶になるという話にしても、朋子との関係にしても、笑っている場合ではない。柴又に帰るとさくらは、おいちゃん、おばちゃん、それにタコ社長にも懸念を打ち明ける。朋子が知的な美人だと聞いたおいちゃんは、「ダメだ、そりゃ」と言い切る。朋子とうまくいったら、このシリーズはそれで打ち切りになる。実際この第32作では、ぎりぎりまで寅さんと「マドンナ」が結ばれることを期待してもおかしくはない展開になるが、まだそうはならない。

しかし、それが物語の柱である。一道が東京に去ってから、跡継ぎのことを考えていた朋子の父は、彼女に寅さんと結婚してはどうかと口にする。それに二人は困惑してしまう。このシーンを撮るにあたって高羽哲夫は、その場をそそくさと立ち去る女性の足と、呆然としている寅さんに焦点をあてる。それによって、この場の空気を際立たせている。長編映画の撮影を重ねながら、この撮影監督は、洋次が脚本を書いたときに頭に描いていたことを表現するために、自分自身のスタイルを打ち出し、新たなアイデアも見つけていったのだ。このシーンはまさに味わい深い。寅さんは柴又に戻る。そこからは二つの愛の物語が展開していく。ひとつは寅さんと朋子、もうひとつは一道と恋人のひろみ（杉田かおる）の物語だ。一道は、写真のために上京する際、彼女を高梁に残してきた。寅さんはとらやに現れると、これからは残りの人生を仏の道に捧げると告げる。身内の人たちは最初は驚くものの、彼がなぜ宗教などにのめり込んだのか、すぐに気がつく。朋子である。寅さんにしても、ほんとうに僧侶になろうとすれば最低限の努力は必要だ。手っ取り早く済ませるのに、だれかを雇えないかという。博が、仏教の奥義をきわめるには何十年もかかるんだからと諭すと、もう寝ると言って御前様（笠智衆）に話しに行く。同じころ、ひろみが一道と会うため上京する。とらやで会う約束だったが、一道は仕事が忙しくて、嵐の雨の中、遅れてやってくる。恋人（ひろみ）のほうは店の2階で寝てしまっていた。彼女に会いに、上がってもいいよと言われる。一瞬の稲光りに二人が抱き合うシルエットが浮かび上がる。この愛の物語は前に進み実を結ぶ。しかし寅さんのほうは、もっとややこしい。

御前様は寅さんの家族に、こう伝えたところだった。「仏教における修行とは、煩悩を断ち切るための命がけの闘いです。寅のごとき、煩悩が背広を着て歩いているような男がどうして修行ができますか。本人のたっての願いゆえ、修行の真似ごとをさせてはみましたが、3日で音を上げる始末。当分、寺への出入りを差し止める。そう申し伝えなさい」。寅さんのふるまいに、明らかにご立腹である。

笠智衆が演じるのはもとより、寅さんに対して、僧侶として、また父親のようにふるまうべき僧侶の役だ。その彼が、このシーンのおしまいのほうで、朋子が登場したときに見せた演技がみごとだ。御前様が彼女と通りで出くわす。彼女に見とれてしまう。我に返って、こう言うのだ。「いかん、修行が足りん」。そこまでの物語の乗りは軽い。音楽も、僧侶になるという寅さんの決意が深い考えから出てきたわけではないことをよく表している。寅さん自身もわかっていて、弟分の源公（佐藤蛾次郎）に、うまくいかないと漏らしている。しかし、朋子がちゃんと話しておきたいとやってきたので、もう現実と向きあうしかない。それでも彼は、彼女を見送りに来た柴又駅のホームでも最後まで話題を避けようとする。やがて電車が来る。朋子は、寅さんの袖をつかんで話そうとする。気づいたさくらが少し離れる。朋子は、結婚について父親が言ったことを詫びる。前にも父親と話をしたことがあり、そのときこう尋ねられたのだという。「父がね、突然、おまえ今度結婚するんやったら、どげな人がええかいうて聞いたの。それでね、それで……私……」。彼女が、彼の名前を口にできずに困っていると、寅さんが冗談めかして言う。「寅ちゃんみたいな人がいいって言っちゃったんでしょ。和尚さん笑ってたろう。おれだって笑っちゃうよ」。彼女が詫びると、寅さんは「おれがそんなこと本気にするわけねえじゃねえか」と笑う。「じゃあ、私の錯覚」と言う彼女。「安心したか」と寅さん。しかし、彼女を見る寅さんの目は悲しみに満ちている。彼女は頭を振る。二人の物語は終わる。このシーンでは、すべてが完璧に組み立てられている。台詞、俳優たちとカメラの位置、登場人物の演技、とりわけさくらの沈黙の演技は雄弁である。そしてもちろん構成も。すべてが結びついて、このシリーズの中でも白眉となる別れのシーンを描いている。この場面で、何十万人もの観客がハンカチを濡らしたのだ。寅さんも出発の時となる。作品が幕を閉じるのは新年の場面だ。作品の公開時期に合わせたためだ。物語の冒頭で、博はタコ社長に怒っていた。けれども終わりには、丸く収まっている。印刷工場の社長が、博の家族にパソコンをプレゼントしたからだ。当時はそれなりに値の張る品である。社長が満男に説明したところによると、博は父の遺産を工場の新しい機械の導入に投資したのだという。プレゼントはそのことへのお礼の印だ。ここでもまた、日本の中小企業で紡がれる独特の人間関係が描かれている。ただ現実はそれほどバラ色ではない。それはアンドレ・レノレの名著が指摘しているところである。

北海道、発想の源

約１５０万人の観客を集めたが、第32作は大衆の圧倒的支持を得るにはいたらなかった。残念ながら、全般的な傾向として、日本映画は米国映画にかなわなくなっていた。たとえば、スティーブン・スピルバーグ監督の『インディ・ジョーンズ』第2作『魔宮の伝説』（１９８４年）は、日本の興行収入で圧倒的な首位に立った。入場者数はやや減少したとはいえ、『男はつらいよ　口笛を吹く寅次郎』はその年の観客動員数では第5位だった。もっとも、興行収入を挙げた監督と俳優を顕彰する賞を創設したゴールデングローブ賞の主宰者たちは、まちがえることなく、受賞者にそれぞれ山田洋次と倍賞千恵子を選んだ。作品自体もその年の優秀作の第2位に選ばれた。このシリーズがギネス記録入りした１９８４年は、彼の複数の作品がパリのシネマテーク・フランセーズで紹介された年でもある。

これは「日本映画、そのはじまりから今日まで」と題したイベントで回顧する500作の中に入ったからだ。このイベントは、フランスで日本映画の紹介者として大きな役割を果たしたヒロコ・ゴヴァースの指揮のもとで、1984年から85年にかけて行われた。映画監督コスタ・ガブラスは、最初のカタログの序文で「日本映画と外国とのちょうどよい理にかなった交流の手立てとなる。ある意味でロゼッタ・ストーンである。それによって、ある文明から別の文明に、ある芸術から別の芸術へ、軽々と飛び移ることができたし、ゆっくりと確実に普遍的な表現手段の顔とイメージを浮かび上がらせることもできた」と語っている。そのころの数年間、フランスで消えたかのようにも見えた開かれた精神が、そのイベントにはあった。そのおかげで洋次は8作品を紹介されることになった。『男はつらいよ』シリーズからが4作品（第1作、第9作、第11作、第29作）で、あとの4作は『下町の太陽』（1963年）、『馬鹿まるだし』（1964年）、『吹けば飛ぶよな男だが』（1968年）、『家族』（1970年）だった。8作の幅は広い。このイベントのみごとなプログラム構成の中の異なるセクション（日本映画の歴史：1984年1月〜6月、日本映画の多様性：1984年7月〜12月、現代日本映画：1985年1月〜4月）で、彼の仕事が紹介できるように選ばれたからだ。カタログの記事は彼の作品に触れていないのだが、それでも技術的な記録データのほかに、第1作からの写真が掲載されていた（最初のカタログの94ページ）。

しかしまだ、フランスでの彼の評価が確立したわけではなかった。作品のひとつが興業として上映されるには、さらに20年を待たなければならない。というのも、松竹自体、実のところ、海外、とくに欧州で彼を売り込むことに熱心でなかった。社の幹部たちが外に目を向ける場合も、米国のほうにであった。米国にはたくさんの日本人が暮らしていたし、たいていの日本企業はパブロフの犬のように、外国というと米国のことだと考えていた。彼らにとって評価のものさしは米国だった。たとえば当時、日本の自動車メーカーが日本市場向けの新車のモデルを考えるときも、ヒントにしようとしたのはカリフォルニアのテイストだった。残念ながら、作品の配給という点で、金の卵を産む鶏という役割をはるかに超えている一人の監督の仕事を紹介するために、もっと大胆になることも、もっと攻めに出ることもなかった。洋次が敬意を抱く名優・森繁久彌が、あるできごとで大手の映画会社と揉めたときに、皮肉を込めてこう指摘したことがある。「商品は黙っているものだ……」。この言葉は、ヒロコ・ゴヴァースが日本映画75周年にあたる1971年に著したパンフレットで紹介しているが、いみじくも当時の経営者の世界の考え方を示している。経営者たちが期待したのは、彼がきちんと年に2本の作品をつくるということだけであった。そのおかげで会社は経営難を克服することができていた。

洋次は『男はつらいよ　夜霧にむせぶ寅次郎』（1984年）に取り組んでいた。またしても北海道が舞台のひとつになった。彼がその選択をしたということは、物語をそれまでのいくつかの作品ほどには軽いものにはしたくないという気持ちの表れだ。彼はいつも、この地域を生きることのきびしさと結びつけている。子どものころに暮らした満州とも重なる。彼の家族は、農民たちよりは恵まれた境遇にいたのではあるが。多くの作品で彼は、東北とともに北海道を舞台にすることで、人物たちの力強さを描いた。そうした地域では、漫然と生きることができないのだ。彼はそこの住民たちに心からの敬意を抱いている。その姿を描くことへのこだわりが、彼の敬意をはっきりと示している。寅さんがやってくるのは岩手県の県庁所在地、盛岡だ。地元の祭りでたたき売りをしている。今回の売りものは地球儀である。そこで、登（秋野太作）と出くわす。シリーズの最初のほうの作品で何度か登場した若い弟分だ。今は子どももいて、寅さんに妻を紹介する。登は寅さんを、同じ家族、テキ屋の家族の一員のように遇しようとする。だがそこで寅さんは、かつてのように説教をする。「おまえとおれが兄弟分だったのは昔のことだ。今は、おまえは堅気の商人だぞ。おれは股旅がらすの渡世人だ。おれがおまえのうちへ訪ねてきても、『私は今、堅気の身分です。あんたとは口をききたくないから帰ってください』。おまえにそう言われても、おれは、そうですか、すいませんでした、そう言って引き取らなけりゃならないんだぞ」。そう諭すと登の店を出ていく。このシーンに、寅さんの道徳観が表れている。寅さんは、登の妻から親分と呼ばれるのも拒んだ。

寅さんは北に向かって旅を続け、北海道東部の釧路にやってくる。そこで風子（中原理恵）と知り合う。仕事を探している若い美容師だ。彼女が「人呼んでフーテンの風子」と自己紹介するので、フーテンの寅さんは気に入る。二人はしばらくいっしょに旅をした後、同じ小さな旅館に宿をとる。そこの主人が寅さんに、部屋が足りないので福田栄作（佐藤B作）という客と相部屋にしてくれと言う。寅さんが他人と相部屋になるのははじめてではない。男性だけでなく、女性の場合もあった（第6作、第14作、第15作、第28作）。相客は、だいたいいつも問題を抱えている人物で、寅さんが心からの同情を示すので、その悩みを打ち明けることになる。寅さんは、相部屋の男が入ってきたときから落ち着かないようすなのに気づく。聞けば、彼のもとを去った妻に会いに行くのだという。彼女は娘を残し、霧多布（きりたっぷ）に移り住んでいる。妻に逃げられた夫を演じる佐藤B作はみごとだ。幼い娘との関係や、世間体を気にして（彼は他人のまなざしに堪えられない）状況を打開できない。妻を取り戻すという決意の裏にもろさが見える。それをこの俳優はとても感動的に描いてみせている。とくに、自分の娘に泣きながら電話するシーンがそうだ。印象に強く残る。この俳優の演技は、この第33作に厚みをもたらすことに大きく貢献している。彼の弱さを見かねて、寅さんと風子は、妻が暮らす町までついて行く。霧がたちこめて暗い朝、その場所が映る。高羽哲夫のカメラは、そこでの生活のきびしさを示してみせる。栄作はますますわからなくなる。「ほんとに住んでんでしょうか、こんなとこに?」と漏らす。貧しくみじめな場所に驚く。しかし、大事なことは物質的な面ではなく、感情がどれほど純粋かということにある。洋次は、それを表す目に見える印にこだわろうとしているのだ。予想されていたとおり、女は不幸ではないのだと彼にはわかった。いっしょに暮らす男との間に子どもも一人できていた。栄作はそれを受け入れる。だが当面は、そのことで苦しむ。

　しかし、彼が出発するシーンが暗に告げているように、それは解放でもある。一方、テキ屋と美容師（寅さんと風子）は根室へと旅を続ける。作品のこの部分は、やや道徳を説くような面がある。日本が物質主義にどっぷりと漬かり、現実と人間性を忘れていくことが気がかりだった監督は、家を買えば妻が喜ぶと思っていた福田栄作という登場人物を通して、観客に問いかけているのだ。洋次は以前の作品でも、社会のこうした変容に敏感だった。だが今まで以上に日本人に、「幸せ」は物質的な快適さだけにあるのではないと思い出させる必要を感じていた。日本政府が毎年実施している国民生活に関する世論調査を信じるならば、１９８０年に、物の豊かさを優先する人の割合（40・４％）は、心の豊かさを優先する人の割合（40・９％）を下まわった。１９８４年には、その差は36・８％に対して46・5%と、もっとはっきりしてきた。毎年その差はさらに鮮明に出るようになる。それでも、洋次は納得していなかった。彼は作品の製作を通じて、われわれの生活を支配している価値観をただす必要にこだわりつづける。

作品の後半、物語は寅さんと風子の関係をめぐって展開する。以前の恋物語と比べると、寅さんと美容師の間には年齢の差がかなりあり、寅さんもほとんど父親のような態度で接する。彼女は、伯母のおかげで仕事が見つかったのに、寅さんの旅がらす暮らしに付いて行きたいという。この申し出に、寅さんは困ったようすだ。もう自分は、テキ屋を続けるのが少々しんどい年齢になっていると説明する。「いい歳こいて渡世人稼業やってんのは、おれみてえなバカばっかりだ」。彼女が、同じ経験をしたいのだとこだわると、「こんなつまんないこと経験してなにになるんだよ」と言う。新しい場所での仕事を続けて、正直な男と結婚するように勧める。この分別くさい大人の態度が、若い風子をいらだたせた。彼女は寅さんに、なんの変哲もない日々をわくわくさせるような、常識外れの発想を期待していたのだ。しかし少し後、根室を離れる寅さんに、「寅さんがもう少し若かったら、私、寅さんと結婚するのに……」と言う。(寅さんは)それに「大人のことからかっちゃいけねよ」と冗談めかして答える。それでも、彼女の言葉は寅さんの心に沁みた。寅さんが距離を置いたことがきっかけで、風子はトニー(渡瀬恒彦)という男に恋に落ちる。彼はオートバイの曲芸師で、まさに寅さんが彼女の相手として望んでいたのとは正反対の男だ。柴又に帰ると、ちょうどタコ社長の娘のあけみ(美保純)が結婚をするというときだった。彼女は生き生きとしていて口も達者だ。作品のここでは、寅さんが風子にいちばん望んでいることを体現しているような女性である。この場面はギャグが満載で、それまでどちらかというとシリアスだった作品を軽やかにしている。

しかし、これはつかの間の場面にすぎない。というのも、寅さんは、助けてもらったお礼にやってきた栄作から、風子が東京にいると聞かされる。トニーといっしょにいてヤクザのような生活をしているという。寅さんは病んだ彼女と再会する。とらやに連れて帰って介抱する。そのときから寅さんは、彼女にとって不幸せを意味するような男と別れさせることに乗り出す。品川のすさんだ界隈で寅さんがトニーに、彼女と別れろと迫る。作品の中で、もっとも張り詰めた空気がただよう場面のひとつだ。「お互いに渡世人どうしじゃねえか。こっちの気持ちもわかるだろう。あの娘は苦労して育ったからなあ。どこか無理してるところがある。ヤクザな女に見えるけれども、ほんとうはそうじゃねえ。まともな娘だ。所帯を持って子どもを産んで、幸せになれる娘だ。そう思わねえかい」と言い切る。さまざまなショット、とくに二人の顔のアップが、きびしい空気を伝える。元気を取り戻した風子は、寅さんのふるまいを知ってはげしく怒る。彼女が去った後、博は「こんな悲しい結末になるなんてなあ……」と漏らす。とはいえ、この第33作がネガティブなトーンで終わるわけにはいかない。しばらく後になって風子は、さくらを自分の結婚式に招待する。北海道に戻った後、真面目な男性と出会ったのだという。寅さんも式に招かれた。

結婚式に早く行こうとして寅さんは山越えの道をたどるが、そこで熊と出くわすはめになる。この最後のシーンはドタバタ映画のノリなのだが、作品の中でうまくいった場面とは言いがたい。いささか、スープの中に落ちている髪の毛のような感じだ。洋次は明らかにこの作品で、登場人物が少しずつ変わっていくことを描いていて、かなりシリアスだった。だから洋次は軽い終わり方をねらったのだろう。齢を重ねるにつれて寅さんも、以前と比べて分別がそなわってきた。とくに、気に入った女性に対する態度がそうだ。全体の構成を考えると、これはまだ生煮えの作品で、もっと時間があれば、おそらくもっと完成度が高くなったのではないかと思われる。ただ、いつも考慮しなければならないのは、監督とそのチームに課せられた年に2本の製作という時間的な制約だ。だから、すべてが傑作というわけにはいかない。それでも毎回、作品からは興味深い意味が浮かび上がる。とくに洋次は、観客を飽きさせないように同じことのくりかえしをうまく避けている。たしかに観客動員数は、それまでのいくつかの作品よりかなり少なかった（140万人弱）。しかしこれは、映画全般について言える傾向でもあるのだ。興行収入という点でいえば、この作品は年間のベスト10に入っている。

1984 第4部 1990

第41作『男はつらいよ 寅次郎心の旅路』のウィーンでの撮影風景（©1989松竹株式会社）

『男はつらいよ』によって、監督の名はギネスブックに掲載されるまでになった。しかし監督には、栄光の上にあぐらをかくつもりはなかった。松竹の看板となった山田洋次は、さまざまな場面で先頭に立ち、第一線を歩んでいく覚悟だった。

日本のほんとうの顔

シリーズは相変わらず松竹にとってドル箱だった。会社創立90周年を記念する第34作の製作が決まった。『男はつらいよ　寅次郎真実一路』（１９８４年）は、シリーズ史上それほど重要ではないかもしれないが、筆者にとっては深い意味を持つ作品である。というのも、筆者がはじめて日本を訪れた年に公開されたのだ。まだ日本についてぼんやりとしたイメージしか持っていなかった私は、この映画を見たことで、この国に対する視界が開けた。以後、私が日本について勉強するうえで教材の一部は、監督の作品となった。たくさんの意味で、社会、文化、地理、歴史に対する理解を深めてくれた。この作品がなければ、本書はけっして生まれなかっただろうし、日本映画の大事な部分が、一部の人間の意図によって埋もれたままだったかもしれない。すでに長く続いてきたシリーズの中で、第34作の完成度はそう高くない。12月28日に公開された本作は、ヨーロッパが恐れはじめた日本という国の興味深い一面を描いている。ヨーロッパのメディアは日本に関する情報をどんどん伝えるようになっていたが、「日本人はわれわれとはちがう人間だ」と言うために、紋切り型の見方を示し、平然と悪の私は、当時の日本社会の関心事の核心に触れただけではない。数々の細部の描写を通して、現代日本の文化のいくつもの面を発見することができた。作品の冒頭から、そこに入り込むことができる。導入の「夢」には、日本映画の象徴のひとつである怪獣が登場する。もうひとつの大手映画会社である東宝は、1954年に『ゴジラ』で成功を収め、怪獣映画を得意としていたのだ。

洋次は、誕生から30年となる怪獣へのオマージュとして、ナレーターが言うように「映画で見たように」手当たり次第すべてを破壊する怪獣を登場させた。この破壊的な巨大トカゲから国や世界を守るため、首相と官房長官は、事態を収拾できる唯一の人物、車寅次郎博士に救いを求める。ここで使われている特撮はやや雑だが、特撮の大御所だった円谷英二を思い起こさせる。監督はこのシーンを利用して、社会の進化への批判を展開する。15年前に政権に疎まれ、追放された科学者に、こう言わせるのだ。「聞け、怪獣。お前が憎いわけではない。わしがほんとうに憎むのは、お前をそのようにしてしまった愚かな文明だ」。そのうえで博士は、青いレーザー光線を発するお守りを使って怪獣を撃退する。この短いシーンで洋次は、自分が一角を担う日本映画へのかかわりを表明した。同時に、自分のフランス贔屓(ひいき)ものぞかせている。ほんとうに細かいことだが、博士が読んでいる文献2冊がスクリーンに映し出されると、そのうちの1冊が戦前版『Petit Larousse Illustré（図版付小ラルース辞典）』なのだ。フランスからやってきたまだ若者の私は、この映画への好奇心を大いにかきたてられた。すぐに日本人の心に入り込み、日本社会の姿を理解するためのカギを与えてくれたのだから、なおさらだった。

タイトルバックではいつものように一連のギャグが展開され、終わるとすぐに、とらやが面している商店街が映し出される。帝釈天の参道である。最初に登場するのは切り花売りの女性で、商店を御用聞きにまわっている。登場人物が現れて物語がはじまる前に洋次は、柴又のような下町ではまだ行商が日常のリズムを刻んでいることを見せてくれた。わずかな例をのぞいて、こうした職業がほぼ消えてしまっていたフランスからやってきた私は、切り花を売ってまわる女がいることを知った。そして、彼女がさくらとあいさつを交わすのを見て衝撃をおぼえた。東京は超近代的な都会だというイメージを持っていたからだ。急激に近代化へ向かうなかで、いくつかの伝統的な職業が生きながらえていることを理解した。こうした職業を伝統と呼べるのかはわからないが。いずれにせよ、都会を冷たく、心のない場所にさせないためにも、このような職業は必要である。私はそこに注目した。

その後、私は『男はつらいよ』シリーズを皮切りに、監督の作品全体を見るようになり、このような職業への興味がわいていった。監督が作品の中で描く職業の変遷をたどってみると、その存在が脅かされ、ほぼ消えてしまったものもあることがわかった。花売りは寅さんの映画によく登場する。理由は、スクリーンが華やかになるというだけでなく、洋次は花が好きだったからだ。花は、人間がお互いに見せる優しさやぬくもりを象徴すると考えていた。すべてを計算している洋次は、大事なシーンに花や花売りを登場させる。こうして、彼の特徴である優しさへの願いが作品を包みこむ。ほかに登場する商売も日常生活のリズムを刻んでいる。自転車に乗ってラッパを吹く豆腐屋も、寅さん映画に頻繁に登場する。とらやで撮影されるシーンではバックによく映っている。姿は見えないけれど、ラッパの音がはっきり聞こえてくることもある。第５作『男はつらいよ　望郷篇』（１９７０年）で、寅さんはしばらく豆腐屋で働くことを決め、はっぴ姿で浦安の道を自転車で走っていた。柴又のような街の日常を描くとき、洋次はこうした職業と結びついている音でリズムを刻む。たとえば帝釈天の鐘の音は、物語の区切りを示すうえで、なくてはならないものだ。監督の映画で見ることのできるめずらしい職業として竿竹屋がある。洗濯物を干すための、長い竹の竿を売っている。

　チンドン屋もある。これは宣伝活動を担う少人数の楽隊で、通りをにぎわせ、店の開店を知らせるチラシを配る。ヨーロッパの通りで見かけたサンドイッチマンよりはるかに高級で、この和服姿の音楽隊（太鼓、カネ、三味線、クラリネットかサックス）は、商店が宣伝を行いはじめた江戸時代の末から、日本の都市の歴史とともに歩んできた。最盛期は１９３０年代と１９５０年代で、東京だけで３０００組のチンドン屋がいたという。今日では、全国で１００組を数えるほどだ。こうした宣伝活動は、時とともにすたれていった。若者を中心に、多くの日本人がその存在を忘れてしまっているが、寅さんシリーズではいろんな場面で何度も登場し、「チンチン　ドンドン　チンドンドン」という独特の音楽を聞かせてくれる。洋次が守ろうとする都会の風景をつくりあげるなかで、チンドン屋の姿とその音楽はひとつの指標となる。だから毎回、少なくとも一度はテキ屋の寅さんとも遭遇するのだ。第31作『男はつらいよ　旅と女と寅次郎』（１９８３年）の冒頭では、新潟県小千谷市の公園で、滑稽な出会いをしている。しかし、こうした職業はどれも、人々の行動が変わっていったことで存続が難しくなった。無休で24時間営業するコンビニ※が普及し、女性の就職率が増えたことで、徐々に消え去ってしまった。路地につきものだった雑多な音に代わって自動車のエンジン音が聞こえるようになった。だから、２０１６年から２０１８年にかけて製作された『家族はつらいよ』３作にはチンドン屋など登場するはずもない。

働き過ぎへの憤り

第34作に現れる花売りは、日本には大きく異なる職業の世界が共存していることを示している。さて、前作で結婚したタコ社長の娘あけみ（美保純）だが、夫婦関係がうまくいかなくなっている。柴又に戻ってきた寅さんは、そのことで社長とけんかをはじめる。いつもなら旅に出てしまうが、今回は怒りを酒でまぎらわせようとする。彼の行動をきっかけに、家族や博がにぎやかに議論をはじめる。そしておばちゃんが、博がまた残業をしていると指摘する。ものの数分で、話は路地の行商人から中小企業の従業員へと移っていく。これまでの作品でもさんざん取り上げてきたので、監督はとくに詳細に入り込まないが、一般のサラリーマンの生活の中で、仕事が多くの割合を占めていることを示す。就業時間が長いので、家族の生活もそれに合わせるようになっている。だが大企業、とりわけ証券会社の社員に比べれば、まったく大したことではない。タコ社長とのけんかを忘れようとした寅さんは上野の焼き鳥屋に入る。そこで証券マンと知り合うのだ。鹿児島出身の富永健吉（米倉斉加年）は大手証券会社の課長である。

※コンビニ
歴史の皮肉か、コンビニ第１号店は洋次が生まれた豊中市に登場した。夜遅くまで、ときには24時間営業するこの小型スーパーを、洋次はあまり自分の映画に登場させようとはしない。だがコンビニは日本の日常生活に必要不可欠な存在になっている。1974年５月に東京でセブンイレブン１号店がオープンして以来、その数は増える一方である。2020年には全国で５万8340店舗を数えた。人口10万人当たり45店舗の勘定だ。寅さん第34作のころは国内にまだ6500店舗しかなかった。だから監督が作品で見せる商店街にはまだ活気がある。徐々にコンビニは日常生活が凝縮された場となり、食品以外のサービスもたくさん提供するようになった。それでもコンビニにも危機は訪れる。高齢化や人手不足のために経営方針の変更を迫られている。大手チェーン（セブンイレブン、ローソン、ファミリーマート）はアジアにも進出したが、国内では店舗の閉店や、営業時間の短縮を余儀なくされている。

当時はバブルがはじまったころで、次々と証券会社ができていた。やがてバブルははじけてしまうのだが。

この証券マンの過酷な職場環境を見せることで、洋次は資本主義から生じたと考えている現象に警鐘を鳴らしたかった。「シリーズの最初のころ、日本の企業はまだそんなに大きくはなかった。その後大きくなっていった。スーパーもなかった。市民はまだ商店街で買い物をしていた。時間とともに、こうした活動から生まれていた人間的な側面が崩れそうになっていった」と監督は言う。「すぐに行動を起こさなければ、その側面は完全になくなってしまう」。こうした考察を背景に、監督は健吉の身の上に興味を持った。人を圧殺する装置と化した職場は相当な破壊力を持つ。それにある種の抵抗を試みる人物が健吉なのだ。アル＝アレッツハウザーが、その著作『ザ・ハウス・オブ・ノムラ』[*1]の中で名付けた「使い捨て」そのものである健吉は、もっと儲けるということを唯一の目標に掲げる会社のために、身を粉にして働いている。

会議に集まった社員らに、上司が「遅いぞ。もっと先取りだ」と檄を飛ばすシーンはとくに興味深い。監督はちょっぴりユーモアを差しはさむ。健吉へのお礼として寅さんが持ってきたバナナに、みんなが殺到するのだ。健吉は、この地獄のようなリズムに終止符を打ちたいと考えている。自分にも責任の一部があるのでなおさらだ。健吉は会社で長時間働くだけでなく、自宅は茨城県龍ケ崎市の牛久沼にあるので通勤時間がかかる。都心の会社に勤める人々向けの分譲地としてシンボルのようになったこの市は、郷里を思わせるので気に入ったのだ。米倉斉加年は、今にも潰されそうなサラリーマンという役をみごとに演じている。１９８２年にはじめて使われた「過労死」という言葉は、まだそれほどメディアで多用されていなかったが、洋次はそのはじまりを描いている。仕事上の責任やローンの支払いなどを前に、健吉は全部を放り出すのをためらっていた。彼があこがれる自由を地で行く寅さんに出会うまでは。寅さんとさんざん酒を飲んだあげく、その夜は牛久沼に連れ帰って自宅に泊める。その翌日、「蒸発」することを決意する。監督は、すでに「蒸発」のテーマを第15作『男はつらいよ　寅次郎相合い傘』（1975年）で取り上げているが、それはもっと軽い扱いだった。当時は、ようやく増えそうな現象を見せただけだ。家計を支える以外にだれかの役に立っていると思えなくなった男の不安感を表現したのだった。

精神科医の名越康文は、問題は個人ではなく制度にあると言う。個人は自分の役割を演じているのだが、制度からの圧力によって、互いへの関心を失っている。家族の中でもまさにそうなのだ。1990年代にバブルが崩壊すると、日本の男性の時間の過ごし方に影響が及び、家庭内に男性の居場所がないことが明らかになる。離婚件数が急増し、40歳以上の男性の自殺件数も増えた。1984年では、まだこうした問題は起きていない。洋次は、健吉の妻ふじ子（大原麗子）が、夫の失踪が深刻だとわかったときの反応に注目する。ふじ子は自宅に泊まりに来たことのある寅さんに相談する。寅は彼女の魅力の虜になっていた。家族にふじ子の話をするとき、「薄紫のコスモス」に例える。寅さんは、はじめて人妻に恋をする。魅せられて、失踪した夫の捜索を手伝うことになる。自分の置か

＊1　Alletzhauser, Al, *Nomura*, traduit de l'anglais par Serge Quadruppani, Albin Michel, 1991. 邦訳は、『ザ・ハウス・オブ・ノムラ』佐高信訳、新潮社、1991年。

れた状況に困惑しながらも、取り返しのつかない事態だけは招かないように気を遣う。ふじ子は健吉を心から愛しているからだ。

寅さんがいちばん気にするのは、ふじ子とその息子が孤立した生活を送っていることだ。富永家はうわべだけの家族でしかなく、ふじ子が気の毒なのだ。自分がとらやの連中と過ごす日常とは対照的だ。寅は、健吉の苦役のような毎日を博やさくら、おいちゃんとおばちゃん、満男、そしてタコ社長に聞かせるが、そのときの食卓には寄せ鍋が用意されている。「今ごろあの奥さん、息子と二人でさみしい食事をしているんだろうなあ」と寅はため息をつく。柴又に来て、とらやでみんなといっしょに食事をしたふじ子もわかっている。「家族がそろってにぎやかに食事をするなんて、なんでもないことのようだけど、考えたら幸せって、そんなものかもしれないわね」。それに対して寅さんは、とらやでもこうした食事は「10年ぶりくらいかなあ」と気を遣って言う。このシーンは感動的でもあり、おかしくもあり、実にすばらしい。テキ屋を演じる渥美の才能に負うところが大きい。ここで監督は、核家族の間に広がりつつあった一種の機能不全に光を当てた。ふじ子が暮らす環境から見ると、家族としてのとらや（実は彼らも、伝統的な意味での家族ではない）は、ときにけんかが起きることがあっても、人間的なほんものの温かさに包まれている。洋次は食事の長いシーンを撮影することにこだわっている。みんながとりとめのないおしゃべりにふけるこのシーンは、洋次がずっと気にかけてきた幸せの追求という意味を持つ。

富永家の対照的な状況を見せることで、洋次はよりよく自分の考えを主張することができた。タコ社長から、人妻に恋するなという助言を受けたにもかかわらず、寅さんはふじ子に付き添って鹿児島まで行く。夫がそのあたりにいるとふじ子は聞いたのだ。ふじ子に心を惹かれている表れとして、寅は大嫌いな飛行機に乗ることにも同意する。これまで飛行機に乗ったのは、沖縄にいるリリーのもとへ飛んでいった第25作（『男はつらいよ　寅次郎ハイビスカスの花』１９８０年）だけである。健吉の生まれ故郷である枕崎市に到着した二人は健吉を探しはじめるが、手がかりはない。ふじ子から夫への愛情を聞かされた寅さんは、蒸発男はきっと無事にしていると言って安心させようとする。九州への旅は徒労に終わり、柴又に戻った寅はまた旅に出ることにする。

まさに家を出ようとしたとき、健吉と鉢合わせになる。妻のもとに戻る前に、まず寅に会いにきたのだ。「妻に顔を合わせるのが具合悪くて」と打ち明ける。寅さんは彼を牛久沼に連れて帰る。任務は遂行できたが、恋はまた失敗に終わった。観客はもうすっかり慣れてしまっている。一方で、作品は前向きな調子で締めくくられる。ふじ子から届いた年賀状には、夫はクビにはならず、家に近い土浦営業所の勤務になったと書いてあった。「仕事の忙しさは相変わらずですが、以前と比べて主人は、私の身近にいる人のように思えるのです」。はじめて日本を知ったフランスの若者にとっても、これは信じがたい結末だった。数年後に出版された『富士銀行行員の記録』（晩聲社、１９９１年、98ページ・１４４ページ）の中で、著者の小磯彰夫が記した日本の銀行内部の現実を読めば、洋次は健吉が勤める証券会社に対して、とても寛容だったことがわかる。元行員の小磯は、「各支店では帝国軍隊よろしく、日の丸の書かれた鉢巻をして血書をしたためたり、軍歌を歌う」と言い、本を執筆して「銀行を覆っている秘密のベールをことごとく剝し、日本国憲法や労働基準法で職場の隅々まで照らし出し、国民の目が行き届くようになったとき、『人間の顔をした』銀行が誕生すると私は信じている」と付け加えている。

著者と監督はめざすものが同じだったのだ。監督が民間企業に対して寛容だった理由は、この作品の最後のシーンから説明できる。とてもコミカルなタッチで描かれているが、国鉄民営化を決めた日本政府への痛烈な一撃である。民営化は1987年4月に実行された。寅さんといっしょに旅するポンシュウ（関敬六）は小さな駅にいるが、いくら待っても列車は来ない。そうするうちに、レールがなくなっていることに気づく。資本主義の論理は、監督にとって銀行よりはるかに大事な業界である鉄道にも及んでいたのだ。鉄道マンの息子によるこの巧妙な批判は、きびしくて的確である。

公共サービスを犠牲にして収益が優先されることが明らかになったのだが、主人公は負けてはいない。太陽の下、かつての線路跡をたどって歩いていくことにする。打ちのめされたり、抵抗をやめたりしてはならない、と言っているようだ。洋次はこのとき知らなかっただろうが、この映画の最後のシーンは、フランスから来た若者が日本の鉄道に興味を持つ決定打となった。40年が過ぎた今も、このフランス人は日本に来るたびに国内を列車で旅する。大好きな主人公がしていたように。この作品は、映画館主が選ぶゴールデングロス賞で二つの賞を受賞し、140万人以上の観客を集めた。映画業界が不振の中で、なかなか栄誉ある結果である。この年の観客動員数ランキングでは5位に入った。

赤坂から神楽坂へ

この作品が公開されるや、洋次の頭にはすでに次のアイデアが浮かんでいた。だが当時、大きな問題に直面していた。脚本の執筆には、同僚の朝間義隆と赤坂の旅館「近源」に閉じこもるのが習慣となっていたが、その旅館が廃業したのだ。新しい旅館探しがはじまった。黒川鍾信は、著作『神楽坂ホン書き旅館』（NHK出版、2002年）で、監督が最終的に神楽坂にある日本旅館「和可菜」に決めるまでの詳細を語っている。料亭などが居並ぶことで有名な兵庫横丁のすぐそばの坂の上にあるこの旅館は、そのひなびた感じが周囲の静かな雰囲気にぴったりはまっていた。開業は1954年。女将の和田敏子は、洋次を受け入れることを切望し、二人の脚本家の生年月日を調べて「運勢暦」で占ったほどだ。二人が逗留すれば、和可菜にとって吉となるにちがいなかった。旅館は映画との強い結びつきによって有名だった。すでに多くの監督が、台本を書くために利用していた。

黒川鍾信によると、洋次がこの5部屋しかない旅館をなかなか利用しなかった理由のひとつはそこにあった。今井正や内田吐夢もここで執筆していた。洋次は、ここに来てしまうと書けなくなるのではないかと恐れていた。だが結局、この宿に根を下ろすことになる。朝間義隆は『シナリオをつくる』（筑摩書房、1994年）の中でこう述懐している。「脚本家が仕事で利用する宿は、その他にも築地の『細川』や中野の『福屋ホテル』などがあった。ひと頃、箱根や伊東の温泉宿に出かけたりしたものだが、立派すぎて落ち着かず」。二人は神楽坂という場所も気に入った。「『和可菜』は夕食は出さないので、神楽坂下の山田さんのお気に入りのそば屋『翁』に大体は出かける。近くの理科大学の学生でいつも賑わっている店で、おかみさんたちがすっかり山田ファンになり、いつも特別の惣菜をこしらえてもてなしてくれる」

そこで習慣となっていた仕事のやり方を取り戻せた。「私たちは二日か三日、『和可菜』にこもり、一日休むというようなサイクルで仕事を進めている。十二時頃起床、寝るのは夜中の二時か三時。山田さんの部屋で、大きな机を隔て、思い思いの恰好で、この本に収録されているようなとりとめのない話を続ける。毎夕、プロデューサーの島津清さんや深澤宏さんが、進行具合の偵察と、キャスティングや撮影の準備について、報告に訪れる。併映の『釣りバカ日誌』の脚本の相談が持ち込まれたり、宣伝部や陣中見舞いの人々がやって来ることも間々ある。山田さんはよく、今日考えたばかりの挿話を訪れた人に話す。そして、注意深く反応を窺う。人に話すことによって、その挿話の特徴や弱点が自分で掴めるし、相手の反応がヒントになって、よりよい挿話に作りかえることもできる」。宿で2〜3日を過ごした後、部屋はそのままの状態で、それぞれが自宅に戻り、翌日の午後また戻ってくる。しかし、戻るまで2日か1週間以上が過ぎることもあった。たいていは、撮影場所を決めるために撮影監督の高羽哲夫と出かけていたのだ。「山田たちは、短期間のうちに和可菜だけでなく神楽坂の街や人々の中にとけこんでいった。ヒューマン・スケールの街、神楽坂は『男はつらいよ』の舞台となる柴又と共通する何かがあるにちがいない」と黒川鍾信は言う。監督はこの宿に深い愛着を持っていたので、２０１５年に閉館が決まると存続のために立ち上がった。再建計画の責任者で、神楽坂の住人でもあった有名な建築家、隈研吾と親しかったこともあり、なんとかもとのままで残してほしいと頼みこんだ。隈研吾建築都市設計事務所が改修した新しい建物には、角にあった洋次の部屋を保存すると隈自身が述べている。いずれにせよ、ここは歴史的な価値がある地区で、２００４年に再開発の話が持ち上がったときから、地元の住民たちは地区の保存を望んできた。

洋次がはじめて和可菜に投宿したとき、神楽坂地区がその後どのように発展するかなど考えもしなかった。すでに知られているが、洋次は社会の変容をいち早く察知し、その変化が人々にとって有害だと判断すると、すぐに警鐘を鳴らす。口の悪い人たちはこう言う。洋次は古びた日本を守ろうとしているだけで、その作品から立ちのぼるノスタルジーは、一部の国民に近代化を拒絶させ、社会とは別のリズムが流れている世界に入り込ませようとしているのだ、と。たしかに、工業大国である日本は輸出を基本とする政策を推進していたので、外国、とくに西側諸国からの要請の言いなりになっていった。日本は門戸をさらに開き、西側諸国がつくる規則に従うことを求められていた。１９８５年のプラザ合意は、米ドルに対する円の明らかな評価切り下げだった。これは外圧の一例であり、その結果は、最後には日本のもっとも奥まった地域にまで影響を与えることになった。

結果のひとつが都市集中である。東京のような都市が大都会に変身し、地方の過疎化と出生率の低下にともなって人口の高齢化が加速した。この意味において、１９８５年は転換点である。子どもがいる世帯は、その年の１５２０万を最高に、減少の一途をたどった。１９６０年に一世帯の平均人数は4・14だったのが、２０３５年には2・2人になると予測されている。話題にのぼりはじめていたこの現象に、洋次は衝撃を受けた。撮影で全国をまわるうちに、徐々に地方に若者がいなくなっていることに気づいていた。シリーズ『男はつらいよ』をはじめたころ、背景に多くの若者が映りこむことで、地方の活力が感じられた。監督は、大都会の引力に惹かれる登場人物を通して、地方からの人口流出を描きつづけてきた。『男はつらいよ　寅次郎恋愛塾』（第35作、１９８５年）では、またしても寅さんが恋愛ごとに取り組む話の背景に、高齢化とその結果という問題が描かれている。寅さんの「夢」は、１９５８年の木下惠介監督作品『楢山節考』から着想を得たようだ。最後の食事が済むと、

70歳以上の男女は親族に背負われて、楢山の頂上に捨てられる。寅が背負う二人の老人はおいちゃんとおばちゃんだが、いざ出かけるときに、おばちゃんを持ち上げることができず、ひっくり返ってしまう。パロディとユーモアで作品ははじまるが、これまで同様に、この気がかりな問題がテーマになっていることを示した。寅さんと仲間のポンシュウ（関敬六）が、長崎沖の五島列島にやってくると、事態はもっと深刻だ。商売に来たのにまるで活気がない。そこで、転んで怪我をした老女を助けることになる。まるで廃屋のような古い家まで送っていくと、一泊しないかと誘われる。「一人で暮らしてるのかい？」と寅さんが訊くと、「孫娘のおったばってん、もう何年も前に東京に出てしまった」と老女は答える。たった二つのやりとりで状況が明らかになる。高齢者の一人暮らしは、今ほど切実な問題ではなかったが、洋次は深刻にならない程度に取り上げたかったようだ。心の奥で人間の優しさを信じたかったのだ。社会の機能不全を示すにしても、その闇を見せるよりも、希望の光を探そうとする。それが大島渚や吉田喜重といった同世代の監督とのちがいなのだ。彼らの作品は、日本社会に対する容赦ない糾弾である。洋次の映画が、強烈な一撃のような作品を求める海外の批評家から注目されなかった理由はここにあるのだろう。

過疎化と向き合う

必ずしも優しさだけの人というわけではないが、洋次は日本人に好意的なまなざしを向けていて、こうした根源的な変化にも、持ちこたえる方策を見つけられるだろうと考えていた。その意味から、ロケ地に五島列島を選んだのは理にかなっていた。少し昔のことだが、五島列島はキリスト教の信仰を禁じた徳川幕府に抵抗したことで知られる。1873年に信仰の自由が回復されるまで、熊本県の天草諸島と同じように、隠れキリシタンが暮らしていて、2世紀以上にわたり迫害を受けていた。ほとんどの住民は信仰を捨てずに自分たちの生活を守った。監督にすれば、自分が大切にしている忍耐を教えてくれる場所なのだ。寅さんとポンシュウが一夜を泊めてもらった家の老女は、「神様がお守りくださる」のでさびしくないと言い、二人は驚く。孤独ではあるが、なにかを信じているので不幸ではない。監督はこうしたポジティブな面を強調することで、孤独な老女という存在が呼び起こす悲観主義におちいらないようにした。今や高齢者の一人暮らしは大きな関心事だが、主に大都会に暮らす高齢者が対象なので、監督が同じようなアプローチをしたかどうかはわからない。都会の高齢者が孤独死を防ごうとしても、頼れるものはなにもない。2020年12月のはじめ、大阪のマンションの一室で、68歳と42歳の母娘の腐敗が進んだ遺体が発見された。残されていたお金はわずか13円。洋次が取り上げた現象が、わずか35年でこれほどまでに広がったことを見せつける事件だった。寅さんとポンシュウに宿を提供した老女は、その夜亡くなる。寅さんがそばにいたというだけでなく、信仰を持ったままこの世を去ることができて幸せだった。老女の死のシーンはとても美しい。高羽哲夫のカメラは、光と影を巧みに利用した。

この作品の中心的なテーマではないが、洋次は宗教に関心を持っている。とくにキリスト教は、多くの映画で取り上げている。「とくに理由があるわけではありません。でも寅さんという人物は、どれであれ、宗教にぴったりはまる人だと思っています。私の見るところ、宗教の精神は寅さんのものに近い。いくつかの作品の中で、宗教家が寅さんに共感を示しています。作品の中ではなくても、宗教家はこの人物に関心を見せています。米田彰男というカトリックの司祭は『寅さんとイエス』（筑摩書房、2012年）という本を出版したくらいです」と監督は語る。信者にとってキリストの存在はほんとうに支えとなるが、複雑な状況における寅さんの存在にも似ている。「イエスは女性を追いまわしていたとも言うし」と、いたずらっぽく付け加え、寅さんという人物と、とことん比較してみせる。監督にとって信仰は、個人を形成するひとつの要素であり、さまざまな方法を使って信仰の存在を見せる。老女の最期を看取った寅さんとポンシュウは、教会を囲む墓地に墓を掘る。「若い連中はこの島をみんな出ていっちゃうんだよ。墓掘りがいないから恩返しで掘ってるんだろ」と、重労働の言い訳をするようにポンシュウに言う。こうして最初の主題に戻る。つまり、僻地のどうしようもない衰退である。

教会での葬儀がはじまろうとしたとき、東京から老女の孫娘である若菜（樋口可南子）がやってくる。この名前は、監督が脚本を執筆するようになった東京の宿の名から、漢字をちがえてそれとなく取ったものだ。大企業に勤めていた若菜は、五島に来るために退職し、そこで寅さんと知り合うことになる。この役を演じるため、それも監督が俳優に求める「自然に演じる」ために、この若手女優はたいへんな努力をした。結果はなかなかに説得的で、作品を通じて観客に多くの感動を伝えることができた。若菜と寅の関係は恋愛ではない。若菜の状況を知った彼は、どちらかというと彼女をかわいそうに思い、友人というより父親のようにふるまう（若菜は父親を知らない）。寅という人物が年をとるにつれ、「マドンナ」との関係は徐々に年齢に見合ったものになっていた。とくにマドンナがずっと年

第35作『男はつらいよ 寅次郎恋愛塾』(©1985松竹株式会社)

下の場合はそうだ。ポンシュウが「いい女だったなあ、あの孫娘。喪服着た女って、たまらないなあ」と言ったときの寅の反応が、それをよく表している。ショックを受けて、「お前といっしょの旅はやめたいな」と言い放つ。

柴又に戻った寅は、真っ先においちゃんとおばちゃんに言う。「おれはどんな遠い旅の空でも、おいちゃんたちのことは片時も忘れないんだ」。一人暮らしの老女の最期を看取ったことで、家族でもっとも高齢の二人とのつながりを確認したかったのだ。だが若菜から届いた手紙を開くと、すぐそっちに気を取られる。

寅は若菜を訪ねることにする。彼女が暮らす小さなアパートに行くと、下の階に住む酒田民夫(平田満)と知り合う。司法試験に挑戦している民夫は、ひそかに若菜を想っている。寅さんはすぐに彼の恋心を知り、恋愛問題の指南役を買って出る。またしても、あまり好きではないインテリが相手だ。だが民夫に対しては協調的な態度をとる。というのも、これまでとはちがって劣等感を感じないからだ。歳をとったことで少し思慮深くなったせいもある。民夫と話し合うシーンでは、寅さんのほうが上手である。それに、ベッドに腰をかける寅に対して、民夫は床に座っている。民夫を少しからかってから、若菜と二人きりになれるような策を立て、そこで愛を告白するように指図する。「法律のことはいっぱい知っているかもしれない。しかし、こと色恋の道にかけては、おれの前ではお前はくちばしの黄色いひよこ同然だ」と言い、指示どおりに行動するように言い含める。第20作『男はつらいよ　寅次郎頑張れ！』で、ラーメン屋の店員（大竹しのぶ）に恋を打ち明けようとするワット君の手助けをしたときのように、作戦は予定どおりには行かなかった。民夫は慣れない酒を飲んで酔っぱらってしまい、若菜の部屋のソファで眠りこけてしまったのだ。恥ずかしくなり、寅さんにも叱られて、民夫は秋田の両親のところに帰ることにする。勉強も含めて、すべてを放り投げる気だ。滑稽な味を出す松村達雄が演じる指導教官がなんとか諭そうとする。教え子の家に向かった教官は、若菜に出会って状況を説明する。若菜に呼び出された寅さんも加わり、三人は民夫を探して、自殺を思いとどまらせようとする。スキー場のリフトを舞台に、滑稽な追跡劇が繰り広げられ、若い二人は最後に、互いの思いを伝える。終わりよければすべてよし。寅さんは五島列島に戻り、ポンシュウと仲直りする。別れた後、ポンシュウはジャン・バルジャンのように盗みをしたが、あやうく捕まるところだったのを神父に救われ、島の教会で働いていた。洋次のフランス好きがまたも顔をのぞかせた。『レ・ミゼラブル』からミリエル司教の説明にならって、ポンシュウも燭台を盗んだのではなく、もらったことにしている。

ゆっくりを賞賛する

寅さんシリーズ第35作は全体的によい仕上がりで、重苦しい時間と軽快な時間のバランスがうまく保たれている。一方で、シリーズの開始以来の伝統を破る点がいくつか見られる。これまで主人公は新幹線に乗ったことがない。経済的な理由もあったが、もともとこの種の交通手段は彼の性格に合わないからだった。洋次も同じである。「新幹線は人を幸せにするだろうか。ましてリニアモーターカーはいらないと思う。景色も見えず目がまわる。『男はつらいよ』の寅さんなら『早く着いちゃって面白くない』って言うよ。旅はゆっくり楽しむもの」。寅さんが普段乗る在来線では、シートは向かい合わせになっていて、周囲の人々とコミュニケーションを図りやすい。

1983年に、なぜ寅さんが新幹線に乗らないのかを説明する文章の中で、洋次は社会と交通手段の進化のせいでコミュニケーションが難しくなっていることを残念だと言っている。「日本人は豊かになったといわれるが、物質的に恵まれれば恵まれるほど、見知らぬ人とコミュニケートすることが少なくなる、という事実をどう考えればいいのだろう。文明というものは、人間同士がより深くコミュニケートするためにこそ発達すべきなのに、今の日本の物質文明は、人間を孤独な殻の中に押し込めるようにのみ発展し、そのための乗物や、建築や、さまざまな道具が作り出され、売りつけられて来たように思えてならない」。だから寅さんはこれまで、新幹線に足を踏み入れたことがなかった。

今回、人の命を救うために例外をつくった。似たような動機から、リリーに会うために飛行機に乗っている（『寅次郎ハイビスカスの花』第25作、1980年）。つまり、ゆっくりを賞賛する寅に例外の行動をとらせるのは、人道的な理由だけなのだ。シリーズのファンにとって、寅が日本列島を北から南へ、東から西へと普通列車を乗り継ぐのが当たり前になっていて、「そこは映画、寅さんのために国鉄が特別ダイヤを組んでくれた、とでも考えて観客には納得して貰っている」と監督は面白がる。監督が、周囲と話がしやすいような交通手段を好むのは、若いころの経験があるからだ。当時、東京から父の正が住む山口県まで20時間かかった。今日、人は自分の殻に閉じこもれる条件ばかりを求め、結果として社会の匿名化が生まれたことを、洋次は残念に思っている。映画の冒頭で寅さんとポンシュウが老女のためにしたことは、こうした社会の変化のせいで、ますます難しくなっている。「美しい文化は美しい社会からのみ生まれるに違いない。国を愛するということは仲良くしたいという願いのことであって、憎しみという感情から生まれるのはファシズムでしかないのである」と山田洋次は断言する。「日本の政治は戦後、経済成長一辺倒で、文化や芸術には無関心でした（中略）その結果、見かけは豊かでも、内面は貧しい国になってしまいました」と、『読売新聞』（2015年1月6日付）に掲載されたジャーナリスト福永聖二とのインタビューで答えている。一方、評論家の佐藤忠男は、1982年にアメリカで出版された『日本映画の流れ』[*2]の中でこう述べている。「社会主義者ではあるが山田の全作品の主要テーマは階級闘争ではなく、工業化社会において崩れ去る危険にさらされた家族や共同体の中におけるあたたかい人間関係の維持である」。この哲学に基づいて、洋次はヒューマニズムあふれる作品をつくりあげ、大衆の意識を高めようとした。140万人近い観客を集めたこの第35作は、寅さんにどこか聖人のようなところがあると思わせた。

ほかの監督と同じように、山田はしっかりとした映画の教養を身につけている。すでに述べたように、イタリアのネオ・リアリズムから深い印象を受けたので、常にこのスタイルに近い作品の製作を目標にしている。松竹に入社したとき、ハリウッド映画に関心を向ける必要に迫られ、いくつかの作品はそこから着想を得ている。そしてもちろん、日本の映画監督の作品からも、キャリアを通じて影響を受けている。実際、ときには明快に、ときには婉曲に、先人の作品に言及している。たとえば、子どものころに非常に感銘を受けた稲垣浩の『無法松の一生』（1943年）がそうだ。「無法松は日本人のある『典型』を作り出した、その意味ですごい映画です」と言う。けっして忘れることはないと洋次は断言する。『馬鹿まるだし』（1964年）で引用しているほか、20年後に『男はつらいよ　寅次郎真実一路』（第34作、1984年）の中にその影響が見られる。寅さんの甥の満男と、寅が恋をした人妻ふじ子の息子がいっしょに歌うシーンがそうだ。稲垣の映画は、1958年、1963年、1965年と何度もリメイクされたが、同様のシーンがある。また洋次が高く評価する監督の一人に木下惠介が挙げられる。第35作（『寅次郎恋愛塾』1985年）の導入部分で敬意を払っているが、とりわけ次の『男はつらいよ　柴又より愛をこめて』（第36作、1985年）では、木下の代表作のひとつで、壺井栄の小説が原作の『二十四の瞳』（1954年）をしっかりと想い起こしている。

こうした監督たちの作品をよく知っている吉村英夫は、その優れた著作『松竹大船映画』（創土社、

＊2　Sato, Tadao, *Currents in Japanese Cinema*, Kodansha international, 1982, p. 244.

2000年）の中で木下をこう評価している。「先達小津と、後進の山田太一や山田洋次への仲立ちの役割を果たしている。つまり、さまざまなジャンルの映画をつくりながらも、結局は家族ドラマが原点であるとするのが木下の基本的態度であった。その態度が後進に大きな影響を与えたという意味でも、木下は松竹大船の結節点であり、木下なくして両山田の創造活動は不可能だったのではないか。木下は、テレビドラマでは、山田太一に未来を託し、映画では、結果的には山田洋次にバトンタッチすることになった。二一世紀がはじまろうとしている現在、映画とテレビは競争的性格を持ちつつ、特に家族ドラマというジャンルでは、共に生き残るべく努力を続けているが、その共存的努力の先駆者は木下恵介だといってもよいのではないか」。このことから、洋次が第36作で、木下にしっかりとオマージュを捧げたかった理由がわかるだろう。作品の一部は島が舞台で、小学校の先生が、かつての教え子たちと再会するのだ。1998年のインタビューで、洋次は「松竹の監督と言えば木下恵介しか念頭になくて、尊敬できる唯一の存在。輝かしいスターでした」とさえ言っている。1954年は名作がたくさん公開された年だが、なかでも大成功を収めた木下恵介のこの映画では、モダンな生き方をする先生（スカートをはいて自転車に乗る）を島の住民は敬遠するが、生徒と先生の間には深いつながりが生まれたことが描かれている。生徒の一部が戦死していた同窓会は大きな感動を呼んだ。

子ども時代の思い出

作品のはじまりをつくりあげるとき、洋次は木下の代表作からいくつかの要素を取り入れている。

そこに絡んでくるのはタコ社長の娘あけみ（美保純）だ。結婚はしたものの、新婚生活はうまくいっていない。これまでの作品でも、あけみは不満を訴え、夫婦げんかをくりかえしていることがわかっている。夫は通りすがりのよそ者だと非難し、柴又に住んでいたときの自分の家庭生活では、ちがった幸せを味わっていたという。行き先を告げずにあけみは家を出てしまい、タコ社長がテレビのワイドショーで、帰ってきてくれと呼びかけるところから映画ははじまる。深刻な状況ではあるが、太宰久雄の演技のおかげで洋次は、ちょっと間抜けなタッチを加えることができた。この俳優は、興奮してほとんどヒステリー状態になるときがいつもみごとなのだ。今回は、柴又に寅さんが帰ってきたときにその演技が披露される。タコ社長は寅に娘を探してほしいと頼む。テレビを見た娘が電話してきて、元気で伊豆半島の下田付近にいると告げたのだ。寅さんに会いたいとも言っていた。タコ社長はこのことを説明するのだが、寅の勘違いから滑稽なシーンが繰り広げられる。

さくらが間に入ることで誤解はとけ、戻ってきたばかりの寅さんは、あけみを探しに出かけることになる。またしても、柴又という街の人々の連帯感が示される。監督は月刊『東京人』（2012年3月）のインタビューで、柴又を自分のふるさとのように思うようになったと語っている。「子ども時代を満洲で過ごしたので、僕は本当の意味での故郷というものを知らない。そんなこともあって、撮影で足しげく柴又に通っているうちに、いつしかここを自分の故郷みたいに思うようになっています」。寅という人物は生粋の「江戸っ子」だが、裏の世界にも属している。そのつながりから、あけみのような若い家出娘の居場所を見つけることができる。実際すぐに見つかった。だが、あけみにすれば早々に家に戻るなど論外だ。寅さんと旅をしてみたいと言う。二人は下田沖の式根島に行くことにする。

寅さんとの旅は、当然、彼の生き方に合わせてだれとでも会話を交わすことになる。すでに述べたように、人とコンタクトが取りやすい交通手段を彼は好む。畳敷きのフェリーはまさにおあつらえ向きで、これほど人と知り合いになりやすいものはない。すぐにも寅は、式根島に住む恩師を訪ねに行く同窓生のグループに混じる。先生が美人だと聞いて、いっしょに行動することに決める。寅が加わることで、「ちょうど二十四の瞳」になる。「でもちょっと目が小さいから二十三平というところかな」と付け加える。ここで洋次は、著名な先輩にオマージュを捧げるのだ。美しい高峰秀子に先生役を当てた木下にならって、同じく魅力的な栗原小巻を真知子先生役に招いた。真知子も自転車を乗りまわし、子どもたちに同じ歌を教えている。同窓会の席で、卒業生たちは先生に新しい自転車をプレゼントするが、これも１９５４年の映画と同じだ。もちろん洋次は、木下作品に見られた歴史的なできごとが引き起こした悲劇は取りのぞいている。しかし『カルメン故郷に帰る』（１９５１年）でも有名な木下監督の傑作を知っている人は、みんな関連に気づき、洋次の意図を理解する。同窓生のグループに加わった寅さんは、あまりにうれしくてあけみを忘れるほどだ。そのあけみは、旅館の若い従業員の茂（田中隆三）と知り合い、島を案内してもらって美しい景色を見てまわる。山田洋次の映画としてははじめての、そして唯一のヌードシーンが見られる。あけみが海辺の温泉に入る非常に短いシーンで、とてもきびしい日本の映倫が目くじらを立てるほどのものではない。ここから洋次は、島での寅さんとあけみの行動をうまく並行させて描いていく。

先生が東京出身だとわかった寅さんが、ますます彼女に夢中になっている間、タコ社長の娘は式根島の生活に感激する。寅と真知子が無邪気な会話を交わし、偶然に抱き合ってしまうというおかしな状況が見られる一方、島の美しい自然の情景が楽しめる。観客に日本の自然の絶景を見せるのは、監督の得意技のひとつだ。高羽哲夫とともに、ロケ地の美しさを際立たせる最高のアングルを見つけるので、映画は観光を誘発することもあるほどだ。さて、茂があけみに想いを打ち明けると、あけみは思いがけない反応を見せる。自分は人妻だったと思い出したのだ。第24作（『寅次郎春の夢』１９７９年）でマイケル（ハーブ・エデルマン）がさくらに想いを伝えたシーンが思い出される。寅さんの妹は英語で「インポッシブル」と答えたが、タコ社長の娘は日本語で「ダメ」と言う。洋次の作品の中で不倫はありえない。たとえ夫婦のどちらかが不幸なので正当化されるような場合でも。とはいえ、世論調査を信じるなら、国民の75％が不倫をしている知り合いがいると答えている。ともかく、あけみは柴又に帰ると決め、寅さんもいっしょに帰らざるをえなくなる。またしても恋に破れた寅は、なんとか乗り越えようとする。だが状況はなかなかそうさせてくれない。監督はここでコミカルな場面をつくる。寅さんの甥っ子の満男が一枚加わる。中学校から戻ると、新しい先生が「すごい美人」だと言い、壺井栄の小説『二十四の瞳』を読みはじめる。伯父の寅はますます困ってしまう。このシーンから、満男がシリーズの中で、少しずつ存在感を増してきていることが窺える。満男が幼い間はずっと端役でしかなかったが、洋次は出演時間を増やしていった。吉岡秀隆が役を演じるようになってから、とくに目立つようになった。新しい視点を得た監督は、シリーズに新しい展開を思い描けるようになった。本作ではこの場面の後、近所の住人二人がやってきて、式根島に釣りに行くと言う。寅さんは慌てる。そして突如、自分も式根島に釣りに行きたいと言い出す。『男はつらいよ　寅次郎あじさいの恋』(第29作、1982年）のときのように、少し調子が狂っていた寅さんだが、ふたたび明るく気を取り直す。この滑稽なシーンを監督自身が楽しんでいる。子ども時代に大好きだった映画の味わいを取り戻せたようだ。

結局、島に行くことがかなわず、寅はまた旅に出ることにする。出かけようとしたまさにそのとき、真知子と鉢合わせになる。父の具合が悪いので、ようすを見に東京に出てきたというのだ。少し前にはすっかり落ち込んでいたのが、突然態度を一転させる渥美清の演技はみごとである。このシーンは、監督と俳優が長く手を組んできた成果である。1992年12月に『朝日新聞』に掲載された二人のやりとりがそのあたりをよく表している。渥美は洋次についてこう語る。「インテリです。インテリっていうのは欲深で、これでいいってことがない。みんな投げ出す時に、もうひと押し努力する」。一方で監督は、渥美を絶賛する。「天才です。常人じゃない。渥美さんがいなかったら、寅さんはない」。互いへの賞賛を超えて、長年二人は相手に敬意を払っていたからこそ、真知子先生が来たときに、家族が呆気にとられるほど、寅さんが激変するシーンがつくれたのだ。もうひとつ、過去の映画に触れる機会が設けられている。寅さんが片岡千恵蔵の真似をはじめるのだ。探偵の多羅尾伴内を演じた有名な役者だ。寅さんが取り上げる多羅尾伴内シリーズの第1作『七つの顔』(1946年）は、モーリス・ルブランの『謎の家（la Demeure mystérieuse）』を翻案したものだ。だが、寅さんのご機嫌も長続きしない。真知子が同じ気持ちではないからだ。ロシア語の専門家である文人（川谷拓三）の愛情に心が傾いているのだ。文人は妻を亡くし、一人娘の千秋を育てているが、千秋は父に真知子と再婚してほしいと願っている。同意した真知子は、式根島に戻る前に寅さんに心の内を吐露する。

調布飛行場でのシーンは感動的だ。事態をすぐに察した寅さんを前に、栗原小巻はみごとな演技を披露する。撮影はときにローアングルが採用されるが、これまで監督があまり使わなかったものだ。また寅さんの恋は成就しない。だが、さくらが後で言うように、「ホッとしたような顔をしていた」。感情に逆らうことはできないと知りながら、年季が入ってくるにつれ、だんだんあきらめられるようになり、避けられない失恋を受け入れられるようになった。恋愛の重圧に立ち向かうほうが、恋にやぶれるよりはるかに苦しい。第36作の結末はそう解釈するべきだろう。１９８６年はじめに公開されたこの作品には、１４０万を少し超える観客が詰めかけた。シリーズの最高傑作ではないものの、第10回日本アカデミー賞で6部門において優秀賞を得た。これで終わりかもしれないと思った第1作（『二階の他人』１９６１年）から25年。山田洋次はもっとも評価の高い監督の一人となった。映画界から認められたことで、洋次もまた日本映画に対する愛着を表明し、これまでに見てきたように、どんどん過去の作品を参照するようになっていた。『キネマの天地』（１９８６年）では、さらに踏み込んで第七芸術と先輩たちへの敬意を示した。彼らがいなければ、自分のキャリアはこの方向に向かわなかっただろうとの思いからだ。

映画への最初の賛歌

お腹が空いているので社員食堂に入りたいと思い松竹に入社した洋次は、しだいに完成度の高い監督へとのぼりつめていった。映画で何百万人もの観客を楽しませたことは大きな成果だし、さまざまな成功を収めて会社を救ったことも立派な功績となっている。だから松竹が、蒲田から大船に撮影所を移して50年を記念する映画の製作を洋次に任せるのは当然の成り行きだった。大船では日本映画の名だたる監督たちの一部が育っていった。「サイレントからトーキーに移行する時代、即ち日本映画の青春期に、活動写真に憧れ、眼を輝かせて蒲田撮影所に入ってきた若者たち、さして広くもない敷地に騒々しく犇めいていた青春群像——彼等が何を悩み、何を苦しみ、そしてどのように燃えていたかをドラマチックに描こう、というのがこの作品の核心です」と演出ノートで説明している。洋次自身にとっても、キャリアの中で重要な取り組みとなった。というのも、プロデューサーは師匠の野村芳太郎で、これは洋次が四半世紀を監督として務めたすえに得た信頼の証しだった。ドキュメンタリーではなくフィクションなので、物語は田中小春（有森也実）という若い女性を中心に組み立てられている。小春は演技の経験もないのに、いきなりカメラの前に立たされる。いつも一般の人に目を向けたいという思いを持つ洋次は、今回も二人の大女優の来歴から着想を得た。一人は田中絹代で、寅さんの第10作（『寅次郎夢枕』１９７2年）で小さな役を演じてもらっている。もう一人は高峰秀子で、自分のキャリアの最初の大事な作品『張込み』（１９５８年）以来の付き合いだ。洋次は、二人がごくふつうの社会階層の出身だからこそ、ほかの人よりも頂上にのぼりつめることができたと考える。自分の経験に結びついた感性を持ちつづけたからだと言う。「この役に有森也実を起用したのは、まだ駆け出しの女優だったことと、うぶで純情な雰囲気をかもしだしていて、それがこの映画の主人公にぴったりだったから」と説明する。

映画史への参照は、主人公だけにとどまらない。実にたくさんあるので映画ファンは大いに楽しん

『キネマの天地』（©1986松竹株式会社）

だ。多くの登場人物が第七芸術の大御所を下敷きにして描かれている。たとえば小津安二郎は緒方（岸部一徳）という名で登場し、斎藤寅次郎は内藤（堺正章）と呼ばれている。さらに渥美清が演じる主人公は喜八と名付けられた。これは二人の人物へのオマージュである。一人は『出来ごころ』（1933年）で喜八という人物をつくりあげた小津監督。この喜八は、ある女性に恋をするが、最後は自分より若い男性にゆずり、意気消沈する。もう一人は『男はつらいよ』シリーズで主役を演じる俳優、渥美清。彼が演じる寅さんこそ喜八の継承者だ。つまり、監督は自分がどこから来たのかをきちんと心得ている。と同時に、自分の仕事を単なる過去のくりかえしにとどめるつもりはないことを示した。助監督の島田健二郎（中井貴一）は自分の道を模索し、映画界でキャリアを続けるかどうか自問する。この役は多くの点で、最初の数年間に疑問をたくさん抱いていた洋次に似ている。「気安く絶望なんて言葉を吐くのはよせよ。つくってくれよ、生きる望みを与えてくれる映画を」と、大学の先輩である小田切（平田満）に言われる。小田切は警察と深刻なトラブルを抱えていた。

映画には、洋次がこの25年間いっしょに働いてきた俳優のほぼ全員が登場する。ハナ肇、美保純、笠智衆、関敬六。寅さんファンが当惑しないように、喜八が恋するゆきを演じる倍賞千恵子は前田吟（広吉）と結婚し、生まれた息子（吉岡秀隆）の名前は満男。寅さんシリーズと同じ名前だ。洋次の大家族が集合したのである。脚本の執筆者にしても、いつもの朝間義隆に加えて、山田太一や井上ひさしも呼び込んだ。つまり、この映画の構成には一本の筋が通っていて、物語そのものが過去を呼び起こすだけでなく、その創作段階から、1960年代の危機がはじまる前の撮影所の精神を思い出させるのだ。「僕が松竹に入社したとき、撮影所は、業界内のほかの会社と同じように、映画の製作から配給まで、その中で全部が行われていました。日本独特のシステムだったと思います。当時、トップにいたのは小津で、彼だけが『先生』と呼ばれていました。その下には1300人ほどの従業員がいて、大きな家族のように全員がお互いを知っていて、名前やあだ名で呼び合っていました。このように日本に特徴的な撮影所の中でもっとも偉大な映画が製作され、黒澤や溝口といった偉大な監督たちが自分のまわりに自分の家族をつくりあげていたのです。私はこの伝統の流れにつらなっているのです」と洋次は語り、いつも同じ人たちに声をかける自身のやり方を説明している。

なにもかもが可能性に満ちていた時代、自分たちが継承したその時代を賞賛する作品である以上、ほかのやり方は考えられなかった。「当時を知るいろいろな人たちから聞いた映画草創期というか、若いエネルギーに満ちた、ある意味では乱暴に、勇敢に、失敗することを恐れずに、思い切ったことをじゃんじゃんやっていた『映画の青春時代』を現代に蘇らせたい」と付け加えている。自分はその時代を経験していないが、それをよく知っている。そして、当時を支配していた雰囲気を教えてくれた大勢の人と交わってきた。映画のいくつものシーンから、このころの創作への興奮を証言しようという決意が窺える。洋次自身、この創作熱が冷めたことはない。「僕はつねづね、『楽しい気分で作った映画でなくては、観客を楽しませることはできない』と言っています。この『キネマの天地』という作品で、蒲田撮影所が生み出したキネマの時代映画作りのひとつの理想形として描きたいという気持ちがありましたね」。建物の一部を横浜に再建するのに多額の費用をかけたことからも、この企画がどれだけ重視されていたかがわかる。その結果、１９８６年に洋次がつくった『男はつらいよ』シリーズは一作だけになった。

作品の中では、当時の大衆の映画に対する熱狂ぶりを再現しようとした。はじめと終わりに、娯楽の中心だった東京・浅草の映画館街に大群衆が集まっているようすが見られる。映画館は満席で、活気にあふれている。「映像での普遍的な魂であり、目の音楽である映画が、現代人の最大の友であることに気づいたのは、東京でのことだった」と松尾邦之助は１９２９年秋、『シネモンド（Ciné-monde）』誌に記している。監督にとっては、当時、大衆と監督の間に見られた特別なきずなをはっきり示す方法だった。それは両者を直に結ぶ、生活に不可欠とさえ言えるほどのきずなだった。『キネマの天地』が公開されたとき、第七芸術はほかの娯楽に押され気味で、人を惹きつける力を失いかけていた。だから洋次が投じた呼びかけには心を打たれる。監督は、作品に映し出される当時のバイタリティを取り戻したいのだ。だが、それは徒労に終わった。「一九八〇年代になると、日本が世界で最も金持ちの国であることは自明の常識になった。豊かになった日本人は、しかし、ますます映画を見なくなった。海外旅行、ゴルフ、食べ歩き、などなど、映画より贅沢な楽しみはいくらでもあった。かつての映画ファンは、まず十代で映画の魅力にとらえられ、以後、大人になるにつれて、さらに大人の鑑賞に耐える作品を求めるようになっていったものである。映画の魅力を知るようになる年齢の時期を進学競争で大幅に奪われたことは映画産業にとっては大きな打撃だった」と、佐藤忠男は『日本映画史3（1960―1995）』（岩波書店、1995年、219―220ページ）で書いている。

映画が完全に忘れられたのではないが、人が映画館に足を運ばなくなったことが残念だとも言う。1980年代からはテレビやビデオのほうが人気を集めるようになった。「そこではかつて映画館にみなぎっていたような昂奮や熱狂は失なわれてゆく」。この言葉には洋次も同感だ。自分が映画を撮りはじめたころに終わりを迎えた時代にノスタルジーを抱いている。この15年ほど、ずっと成功を収めてきた希少な監督だからこそ、この問題について発言することができた。また、日本のこの特殊な時代において、政治が映画に圧力をかけるようになったことを、いくつかの興味深いシーンを通して抗議し、あるいは指摘する立場にもあった。

1930年代のはじめから、日本が主に中国で領土を拡大する政策を繰り広げたことを思い出してみよう。国内では、当局は段階的に統制的な権力を確立し、1939年4月5日に映画に関する法律が制定された。「その第一の目的は映画製作に事前の検閲を設けることだった。脚本は内務省の役人が指導する委員会に提出しなければならなかった。製作者らは内部で多くの検閲作業をするはめになった。しかも委員会の判断基準は明確に発表されておらず、法律には国産映画の『質の改善』と『健

『キネマの天地』撮影現場での山田洋次（©1986松竹株式会社）

全な発展』が目的と記されていただけだった」と、ミカエル・リュケンは『日本人と戦争　1937―1952年』[*3]でふり返る。松竹社長の城戸四郎がモデルとなっている城田（九代目松本幸四郎）が当局に出頭を命ぜられ叱責される場面で、洋次はこのことに触れている。当局は国体に従うよう要求する。1943年1月、『シネ・モンディアル（Ciné-Mondial）』誌のレモン・ヴァグネル記者は、当局がとても警戒していることを報告している。「政府は新年に向けて、この点についてとても厳格な指示を伝えてきたところだ。映画の数を減らし、質を上げろとのことだ」と、城戸四郎が夕食の席で打ち明けたというのだ。作品の中で洋次は、警察に追われている島田の友人、小田切が思想弾圧を受けていることを明かす。ついに小田切は島田の家で逮捕される。警察の横暴が見せつけられる。だが洋次は、警官を少しからかう。島田の本棚にマルクスの著作を見つけた彼らは色めきたつが、実は20世紀はじめに人気を博したアメリカの喜劇俳優グループの「マルクス兄弟」の本だったのだ。監督ははじめて映画の中で戦争の話を取り上げる。長々と言及することはないが、あえて避けるわけでもない。戦火の時代を『母べえ』（2008年）という長編映画で撮るまでには、さらに20年以上待たねばならない。今回は、ある女優の成功物語という一見シンプルな内容の裏に、またしても多くの問題を監督は忍ばせている。そのうえで全体のバランスが崩れることはない。バランスのよい作品だから、何度もくりかえし鑑賞を楽しむことができる。そして見直すたびに細部に新たな気づきがあるのだ。一枚の絵画を、さまざまな時間に眺めて楽しむのに似ている。たとえば島田の部屋には、洋次が敬愛するジュリアン・デュヴィヴィエ監督『白き処女地』（1934年）の日本語版ポスターが飾ってある。あるいはルネ・クレール監督『パリの屋根の下』（1930年）のフランス語の歌の一節が流れる。日本の第七芸術の大切な時期に、フランス映画は重要な役割を担っていたことと、監督がフランス好きであることが、こうして明らかにされたのだ。

『キネマの天地』は、洋次の映画作品の中でもとくに注目に値する。シネマスコープではなく、はじめてアメリカン・ビスタ（1・85対1）が採用されたのだ。ワイドスクリーンが確保できるから、これまではシネマスコープで撮っていた。常づね監督が語っているように、家族全員が画面に収まり、スペースに限りのある場所で複雑なカメラワークをしなくて済むからだ。「シネスコサイズの端から端まで登場人物を配置させ、畳の上に座る寅さん一家のみんなを一度に映しだした。こうすることで、日本家庭の日常風景のリアリズムを表現することができたのである」とウェブマガジン『シネマ・マガジン』のインタビューで答えている。またシネマスコープのワイドスクリーンは、テレビとのちがいを見せる手段でもあった。もともと『男はつらいよ』はテレビシリーズだったのだ。監督の考える映画の美しさは、スクリーンの中央で男と女が話しあい、バックの隅で犬が遊んでいるところにある。この構図はシネマスコープでは問題なく実現できる。そして、日本の美しい風景をとらえるのを好む監督にとって、その魅力を十分に映し出せるのはシネマスコープであることは言うまでもない。だから地理的監督としての評判を定着させるのにこの方式は大いに貢献してきた。しかし、映画に捧げたこの作品から、ビスタ方式を用いるようになった。日本では1980年ごろから多用されるようになった方式である。しかし洋次は完全にシネマスコープをやめたわけではなく、寅さんシリーズや大勢

＊3　Lucken, Michael, *Les Japonais et la guerre: 1937-1952*, Fayard, 2013, p. 41.

の人が登場する作品では使いつづけている。50周年記念作品は、またしても洋次に成功をもたらした。監督の作品は観客を魅了しつづける。その信じられないような才能を見て、彼が本当に「人間」なのかと疑う人も出るほどだった。『キネマの天地』は、その年の観客動員数のベスト5に入った。だからと言って、この成功で監督が有頂天になることはなかった。

聖杯を求めて

寅さんシリーズの成功を活かして、監督はいろいろな試みを重ねていった。そのひとつは渥美清と三船敏郎の顔合わせで、観客を大いに喜ばせた。また自分の青春時代から着想を得た。

けっして浮かれることなく、監督は作品をつくりつづけた。「たとえば同じ山ばかり5年も10年もかけて描き続けている画家や、同じ形の壺ばかり何年もかけて作り続ける陶工のような人たちに、私は非常な親近感を持ちたいのである。ながめる風景や形は同じでも、そこに投影される思いは、年毎に微妙に違うはずであり、また年毎に進歩せねばならない」と、『映画館がはねて』(講談社、1984年)で説明している。『キネマの天地』ができあがるとすぐに、『男はつらいよ』の第37作に取りかかった。「今までは飽きなかったのかと問われればその通り、飽きないのである。帝釈天の門前にある小さな団子屋、おいちゃん、おばちゃんの夫婦、さくらと夫の博、いつものように客がチラホラ、いつものように印刷工場の社長が顔を出して世間話、やがて寅の噂、そこへ寅が四角いカバンを下げてフラリと現れる――そんな光景を私は二十数回描き続けて、なお飽きずにながめたい、という気持ちなのである」と言う。観客の数はたしかに少し減ったけれども、だれも飽きない。いつもは8月上旬に公開される新作がなかったので、1年ぶりに上映される『男はつらいよ　幸福の青い鳥』への期待は大きかった。映画の冒頭で、寅からの電話に出たさくらがこのことに言及する。「どうしたのよ、お兄ちゃん、1年間もご無沙汰よ」。寅は九州に向かっていた。この作品を見ると、シリーズは延々と続くくりかえしではないという洋次の言葉に納得する。洋次は「大河小説」になぞらえているのだ。吉村英夫も、著書『「男はつらいよ」の世界』（集英社、2005年）で、そのことを指摘している。エミール・ゾラのルーゴン・マカール叢書では、何人かの人物が随時登場し、その変遷をたどることができる。同じようにシリーズでは、再会が楽しみになっている人物が何人かいる。彼らの存在は、物語をバランスよく展開させるうえで不可欠だったと気づかされる。

　たとえば、寅さんが第8作（『寅次郎恋歌』1971年）ではじめて出会った旅役者一座がある。この日は土砂降りだった。寅さんは座長（吉田義夫）と話し込み、大空小百合（岡本茉莉）という芸名の若い劇団女優に宿まで送ってもらう。別れ際、座員の皆さんにと小遣いを渡す。このシーンは観客の記憶に深く刻まれた。というのも、千円のつもりがまちがって五千円札を渡してしまったのだ。[*4] 大空小百合と一座はその後、第18作、第20作、第24作にも短いシーンながら再登場し、ついにこの第37作で大空小百合は「マドンナ」になる。今回は志穂美悦子が演じている。

　飯塚市にやってきた寅さんは、贔屓にしていた旅役者一座の座長が亡くなったことを知る。線香を上げるために娘の小百合に会いに行くことにする。市内の嘉穂（かほ）劇場で撮られたシーンは、演出にしても、寅と劇場で働く掃除の男（すまけい）とのやりとりにしても、実にみごとだ。まず劇場がすばらしい。この筑豊地方で、炭鉱のおかげで何十万もの人々が暮らしていた時代の活力が窺える。だが、炭鉱の閉山は危機を意味した。空っぽの劇場を見る寅さんの目には、心からのショックが読み取れる。

「まだ炭鉱が盛んだったころ、おれもよくここへ来たもんだよ。そのころはこん中、人でびっしりでなあ。大変な景気だった」と言うと、「あんころはなあ」と男が応じる。このシーンと、その次に寅が訪れた炭鉱の町、田川市の衰退ぶりを高羽哲夫のカメラが見せるシーンで、懐旧の情がたっぷり表される。田川市には大空小百合が住んでいる。本名は島崎美穂。生活のため、旅館でコンパニオンをして働いている。寅さんと会った後、彼女は東京に出たいと願う。

幸福の鳥

この町には、ほかよりもきびしい貧しさが支配していて、若者たちは外へと向かっていた。もちろん、国内でこうした状況に直面しているのはここだけではない。すでに見てきたように監督はそのことに敏感だ。多くの映画、とりわけ北海道の夕張市で撮影の一部が行われた『幸福(しあわせ)の黄色いハンカチ』(1977年)の中で、日本を繁栄の頂点まで引き上げるのに貢献したがその後忘れられた地域と、豊かさにあふれる大都会との間にある社会的分断を監督は明らかにしてきた。若者はこの二者択一に躊躇しない。都会へと向かうが、そこで必ずしも幸せを見つけられるわけではないのだ。だが、それこ

＊4　第37作には第8作の小百合との出会いにまつわる思い出がたくさん出てくる。そのうちのひとつが、寅がいつも心づけとして渡す五百円の代わりにまちがえて五千円を渡してしまったことだ。だが1986年の作品で、渡したのは千円だったと言う。監督の不注意ではない。むしろ時代に適応しようとする配慮の現れだ。当時、五百円札はなくなり千円札が最低額の紙幣だった。だが第8作で寅さんが五百と五千を混同してしまったというおかしさは若干弱まった。

そが彼らのめざすものだ。美穂もほかの若者と同じ。田川伊田駅のホームで、東京に向かう寅に、なにかほしいものはないかと聞かれ、「青い鳥がほしい」と打ち明ける。青い鳥が幸福をもたらすという内容の、モーリス・メーテルリンクの『青い鳥』という題名の戯曲への言及だ。第37作のタイトルも『幸福(しあわせ)の青い鳥』。ほんものの鳥が渡せない寅は、青い鳥の形をした笛をプレゼントする。

監督が長年にわたって考えてきた、幸せとはなにかという基本的な問いが新たに提示された。今回は、日本においてますます弊害が明らかになってきた地理的不均衡にからんでいる。22年後に『朝日新聞』(2019年3月12日付)のインタビューで、なんの結果も得られていないことに洋次は怒りを表している。「地方の過疎化を解消するために、命をかける政治家がいるのか、と問いかけたい。それができないのなら、この人じゃムリだと思ったら、政治家を交代させればいい。それが民主主義でしょう」。生まれ故郷にとどまる理由がなにもない美穂は東京に向かう。到着するや、そこが夢見たような場所ではないことを洋次は見せつける。二人の男に絡まれるのだが、倉田健吾(長渕剛)に助けられる。画家になる夢を持つ看板会社の従業員だ。美穂が困っているのを見て、会社の2階にある自分の部屋に泊めてあげる。地方の古い芝居小屋の次に、洋次は看板屋の世界に目を向けた。手書きの宣伝用看板をつくる職人は消えゆく運命にあった。1930年代から1970年代まで映画業界と緊密につながっていた業種に、敬意を表したくなったのも当然だろう。トーキーの初期を『キネマの天地』(1986年)という一本の映画で描いたくらいだ。さて、寅さんも柴又に戻ってきていた。「青い鳥を探し求めて」すっかりくたびれていた。しかし美穂がとらやを訪ねてくると、すぐに機嫌を直す。

第37作『男はつらいよ 幸福の青い鳥』(©1986松竹株式会社)

さっそく寅は父親代わりを買って出る。仕事を探してやってくれと家族に頼む。美穂との関係は、渥美清が演じる役が徐々に変わってきていることを示す。まだ恋に落ちることがあったとしても、その女性たちには紳士らしいふるまいで接する。とくにその女性が若ければ、結婚相手になりそうな男性を見つける世話までしようとする。区役所で結婚相談員と話しあう場面は味わい深い。喜劇役者としての才能が全開である。ノスタルジーたっぷりの作品だが、けっして軽やかさは失われず、観客は滑稽な場面も十分に堪能できる。最後に美穂と健吾は結ばれ、寅さんは婚姻届の保証人になる。

今回、寅さんは落ち込んでも、これまでの多くの作品とちがって柴又を離れることはなかった。任務を無事遂行したという気持ちになれたのだ。ただ、美穂と健吾に宛てた年賀状にこう書いている。「小生、あいもかわらず青い鳥を求めての旅暮らしでございます」、つまり自分のよき伴侶を求めつづけているのだ。演出ノートの中で、監督は夢の概念について述べている。「ホントに素敵な夢っていうのは、『どうしたら人を幸せにしてあげられるかということを、一生懸命悩んでいるような人間になりたい』という夢だと思うんです。そういう夢こそ、人間に持って欲しいというふうに思います。だから、映画を観て、『何だか自分が少し良い人間になったような気がする』、『今までよりちょっとマシな人間になったような気がする』という映画が出来たら作者としては幸せなんで、それもまた映画の夢なんじゃないかな」。作品を見にきた150万人を超える観客は、おそらくそう感じただろう。余談ながら、ご存知の人もいるだろうが、志穂美悦子（美穂）と長渕剛（健吾）は実生活でも恋に落ち、1987年8月に結婚している。成功ばかりを手にした一年が終わり、休息することもできただろうが、監督にそんなつもりはなかった。まず、仕事仲間二人の支援にまわった。一人は長年いっしょに脚本を執筆してきた朝間義隆で、監督として5作目となる『二十四の瞳』のリメイクを手がけたのだ。もう一人は、弟子とみなしている花輪金一で、洋次が原作を書いた『泣き虫チャチャ』の映画を発表した。それに例年どおり、寅さんの新作2本がある。そして、もっと広い社会的な関心から、4月1日に実行に移される国鉄民営化に対して声を上げた。鉄道愛好家である洋次にとって、民営化は大きなショックだった。ジャーナリストの牧久は、この問題を著作『昭和解体――国鉄分割・民営化30年目の真実』（講談社、2017年、499ページ）でみごとに検証してみせている。その中で指摘しているように、「『国鉄分割・民営化』は、戦後昭和史における最大の政治経済事件であったといってもよいだろう。その過程は、歴史ドラマとしてもきわめて興味深く、『歴史（ヒストリー）』は、まさに『物語（ストーリー）』であった」。洋次はこの問題をもっと現実的に捉え、地理的な不均衡を加速させるような決定に心を痛めていた。「とにかく今回の分割民営化に関しては、私は国鉄の喪に服したいという気持ちです。日本映画も似たような危機的状況にあるので他人事とは思えない。脈々と受け継がれてきた伝統が、ここでバラバラになってしまうと思うと、溜息が出てしまいます」と、この歴史的な転機を特集した『スポーツ・グラフィック　ナンバー』誌4月号のインタビューで述べている。この問題に対して怒りを見せるのは、はじめてではない。

すでに見てきたように、作品の中で自分なりの方法で、存続が危ぶまれるローカル線を守るために、ためらうことなく声を上げてきた。同じインタビューで、民俗学者の柳田國男が提示した、血液の循環と日本との比較を取り上げ、こう述べている。「そのローカル線がなくなるんですから、いってみれば毛細管がなくなる……。だから太い血管だけの国になりつつある。血の通わない部分がいっぱい出てきて、その端っこは腐敗しているわけです」。彼の診断は正しく、30年後、国内のいたるところで路線廃止の発表は増える一方だ。「ローカル線廃止の話を聞くたびに、その沿線に住む人たちは建設に当たっては献身的なまでに勤労奉仕しただろうことを思うと、勝手に政治が線路をはがしてもいいのか疑問に思う」と、この2年前に『毎日新聞』のコラムで書いていた。

ある巨人の影

『男はつらいよ　知床慕情』（第38作、１９８７年）の製作に取りかかった監督は、闘争的な気分にあった。多くの批評家がこの作品にシリーズの再生を見る。たしかに、優れた脚本と絶好調の俳優たちが絶妙に組み合わさって、独特のエネルギーが醸し出されている。俳優陣の先頭には渥美清。寅さんが柴又に戻ってくると、とらやが休業していた。おいちゃんが肺炎にかかって入院したため店を閉めたのだが、しだいに生活が苦しくなってきていた。寅は病院を訪れ、医者に付け届けを渡そうとしてひと騒ぎを起こす。家族や周囲の人々が集まって店の再開を検討しはじめ、それぞれが協力を申し出る。仲間外れにされたと感じた寅さんは面白くない。自分も店の仕事を手伝いたいと言う。このシーンはシリーズの中でもとくに出色の出来栄えで、寅は家族の提案に、言い訳を並べてはことごとく排除していくのだ。団子の串刺し作業は、目に串が刺さりそうな気がしてできない。あんこを掻きまぜながら練るのは吐き気がするので無理だ。自転車をこぐと股ずれがするので配達はできない……最終的に、帳場に座って電話番をすることに決まる。自分の役目は、なによりも店主を演じることなのだ。翌日、寅の役まわりは悪夢に転じる。この場面は鮮やかなカメラワークで撮影されている。自分の任務を完全に忘れてしまった寅は、最後に寝込んでしまう。おばちゃんの怒りに触れ、旅に出ることになる。シリーズのお定まりの展開の中で、甥の満男（吉岡秀隆）がはじめて重要な役割を担う。

37作もつくりつづけてきて、これは新しい転機を示す方法のひとつとなった。このところのいくつかの作品を見ると、少年（満男）が力をつけてくる一方で、おいちゃんの老いが感じられるようになっていた。さくらと寅さんといっしょに柴又駅にやってきた満男が、寅にこう声をかけるのだ。「伯父さん、もう少し反省しろよ」。これは大人が子どもに投げかける物言いだが、一種のバトンタッチともとれる。後から母親に、あんなこと言って悪かったかなあと聞く満男に、さくらはこう答える。「いいのよ。よく言ってくれたわ」。後に続く作品でも、この方向性がはっきり確認できる。今回、寅さんは北海道に向かった。洋次が贔屓にしている地方で、彼の映画の中でも大事な地位を占めている。主要な作品の舞台となることも多い。北海道は、監督が子ども時代を過ごした満州に似ているだけでなく、日本国内でまだ手つかずの自然が残されている場所のひとつだ。これは見過ごすことのできない重要な特色である。この作品の舞台を北海道東部に位置する知床半島に決めたのは、単なる思いつきからではない。オホーツク海に囲まれたこの地域にはすばらしい自然保護地区があり、2005年にユネスコの世界自然遺産に登録されている。ここで寅は、大御所の三船敏郎※が演じる獣医師、上野順吉に出会うのだ。

洋次は、いつか三船と渥美清を共演させたかった。「侍の剛と柔の出会いだった」と冗談めかしてふり返る。「脚本を書きはじめたときから頭にあって、実際うまくいったと思っています。三船は筋が通った、まっすぐな俳優で、なにを考えているかすぐにわかる人です。ときどき冗談を言うときもあったのですが、真面目な一面があるので、ほんとうに冗談なのかわからずだれも笑えないでいたものです」と付け加えた。二人のキャラクターの組み合わせはすばらしい結果を生んだ。二人の男に面白い関係が生まれ、りん子（竹下

※三船敏郎
三船敏郎は黒澤明のお気に入りの俳優で、監督の映画16本に出演している。国際的な名声を博した数少ない日本の俳優だ。監督は自伝（『蝦蟇の油 ── 自伝のようなもの』岩波書店、1984年）でこう書いている。「三船は、それまでの日本映画界では、類のない才能であった。特に、表現力のスピードは抜群であった。解りやすく云うと、普通の俳優が表現十尺（フィート）かかるものを三尺（フィート）で表現した。（中略）なんでも、ずけずけずばずば表現する、そのスピード感は、従来の日本の俳優には無いものであった。しかも、驚くほど、繊細な神経と感覚を持っていた。（中略）めったに俳優には惚れない私も、三船には参った」。黒澤が三船を見いだしたと思い込まれているが、それはちがうとも言う。自分が起用する前にすでに２本の映画に出演していた。とはいえ二人が組んだことで三船の才能は全開した。1962年に三船が三船プロダクションを設立し、二人の協力関係は終わった。これまでの映画に新世代の監督たちが異議を唱えはじめたころである。その後、三船はテレビに目を向け、また複数の海外映画にも出演して知名度をさらに上げた。1980年の『将軍 SHOGUN』シリーズ（NBC、ジェリー・ロンドン監督）はその一例である。

第38作『男はつらいよ 知床慕情』（©1987松竹株式会社）

景子）がやってくることで、さらなる展開を迎える。この獣医の娘は父親に逆らって北海道を離れ、東京で結婚したのだった。だが不幸な経験――離婚――を経て知床に戻ってきた。しかし順吉は喜ぶそぶりを見せない。仲直りの仲介を得意とする寅さんは、なんとか考えを変えさせようとする。シリーズが続くにつれ、寅の役割が変わってきたことがわかる。以前ならば、すぐにりん子に恋をし、ほかのことはすべて忘れてしまっていただろう。今は、平和の審判や恋の指南役のようにふるまう。早々に、順吉が地元のスナックのママ悦子（淡路恵子）に恋しているることに気づく。妻が亡くなった後、自分やりん子に親しく接してくれた人だ。寅さんがまず自らに課した使命は、この土地を去ると決めた悦子が出発してしまう前に、獣医に恋を打ち明けさせることだった。一方、りん子は寅に好意を抱いていることをほのめかすようになり、たじろいだ寅さんは知床を離れていく。実は、この映画でもっとも重要なのは、この地域に向ける監督のまなざしである。この第38作のタイトル『知床慕情』からも監督の意図が伝わってくる。シリーズ全作品の中で、柴又というホームグラウンド以外の具体的な地名に言及があるのはこの作品だけである。

自然や風景をとらえたカットの数にしても、どの作品よりも圧倒的に多い。そして、さまざまなシーンでりん子の友人らが結成した「知床の自然を守る会」が登場することで、都会では得られない質の高い生活がそこにあるという洋次の主張が前面に打ち出されている。思い切って都会に出て行っても結局、りん子のように戻ってくる人がいる。それは、りん子と悦子との会話から窺える。「(長い冬の間)毎晩ストーブのそばでテレビを見ながら、東京へ行きたいな、東京へ行ったらどんなに楽しいだろうな、て、そう思いつづけてた」とりん子がふり返り、「そして東京へ行ったんだよね」と悦子が応じる。「そういうわけ」と、りん子は後悔のため息をつく。若いころの洋次も都会に出ることを夢見たが、当時とはまた少しちがっている。寅さんが都会の恋愛関係を語るときも、やや否定的な調子になる。知床の友人にこう語る。「こういう豊かな自然の中で暮らしている君たちにはちょっとわかりにくいかもしれないけど、東京のインテリの中ではひとかけらの愛情もなくても夫婦の形を取っている者がいるんだ。いやあ、貧しいね」

小さいことはいいことだ

映画の全編を通じて、監督は地方のアイデンティティの尊重を謳うメッセージをちりばめ、地方の現実をまったく理解しない役所の決定に対する批判をにじませる。順吉がはじめて寅さんを家に招き入れ、日本の農政についてどう考えるかと尋ねるシーンはかなり雄弁である。戸惑いを見せる寅を前に、獣医は決然とこう言い放つ。「馬や牛は人間の仲間なんだ。何百年もの間、人間と動物は深い愛情で結ばれてきた。病気の牛を家族中で一生懸命看病して、ようやく元気になって草を食べさせたときの喜び、長年働いてくれた牛をついに屠殺場に送るときの悲しみ、それが農民の心なんだ。今はどうだ。牛は経済動物だ。乳量が尽き、３００キロを割るとすぐ屠殺場行きだ。ダメな牛は殺してしまう。恐ろしい思想だと思わないか。人間に当てはめてみればどういうことになると思う。役に立たんやつは切って捨てろと言うんだぞ。こんなことでいいのか、日本の農業は」。この後、役所が要求する水準に達せず、後ろ髪を引かれる思いで離農する一家が、獣医に別れのあいさつをしに来る。短いが胸に迫るシーンで、洋次の主張が反映されている。シネマスコープがもっとも得意とする、すばらしい自然景観の中で、監督はいくつかの基本的な真理を呼び起こし、観客に気づかせようとした。１９８０年代末に日本経済が最高潮に達したのは、国民一人当たりのGNPとべらぼうな消費が示したとおりだ。１９８７年春に、ある日本企業がゴッホの「ひまわり」を３９７０万ドルで購入したことに監督は触れている。札幌の公園で、寅さんにその絵のコピーをパン一個の値段で売らせ、とくに地方において、すべてがバラ色ではないことに思いを向けさせた。ふり返ってみれば、歌人の俵万智が言うように、この映画はコロナ禍で激化した諸々の問題をすでに提起していた。「監督の社会を見る目、警鐘の鳴らし方の早さと深さはすごい」と、『宮崎日日新聞』（２０２1年1月1日付）のインタビューで俵は語っている。

基調はコメディでありながら、深刻な内容はきちんと重みを保って届けるという、いつものやり方が貫かれている。この映画から感じられるのは、ほかの作品でもしかりなのだが、大都会では見つけられない人間的なぬくもりである。この第38作は人間的な思いやりで貫かれている。りん子は引っ越し作業のために東京に戻るが、そこでの人間どうしのかかわりはきわめて事務的なものでしかない。柴又のある葛飾だけは、こうした批判をまぬがれている。たしかに東京都内ではあるが、人口密度は低く（23区中18位）、生活様式にはどこか田舎っぽさが残っている。1932年に特別区として誕生した葛飾区の住民の平均年齢は、今日45・7歳で、東京で2番目に高齢である。寅さんは柴又の古びた魅力を語るのを好み、しばしばおいちゃんとおばちゃんの店を遠い昔の遺物として紹介している。

りん子はとらやへあいさつに訪れ、寅から店が鎌倉時代（1185―1333年）に建てられたと聞いたと言う。これにはみんなが大笑いする。この冗談から窺えるのは、洋次が大切にしている価値観が消えつつあることを残念に思う気持ちである。だから彼の物語は、日常的に経験する変化に敏感な一部の日本人の心に響くのだ。国民の大半は、近代化に向かって突進する流れに飲み込まれていて、途方もない経済成長に酔いしれてしまっている。当然、洋次の映画には関心がない。古臭い匂いがするからだ。だが、すでにこのころ「格差社会」という言葉が『朝日新聞』（1988年11月18日付）の社説に初登場していたことを付け加えておきたい。まさに監督が、この先駆的な作品で告発したことである。

この映画が公開された1987年8月15日、『読売新聞』のアンケートによると、日本人が日常生活に不満を感じる度合いは史上最低を記録した（23・9％）との結果が出た。だがこれ以降、数字は増加の一途をたどっている。三船敏郎と渥美清という二大スターが初共演を果たしたこの映画には、200万人を超える観客が詰めかけた。三船の演技には数々の最優秀助演男優賞が授与された。ここ数年、キネマ旬報ベスト・テンから遠ざかっていた寅さん映画は、この作品でふたたびベスト・テン入りを果たした。前作で盛り上がった活力を受けて、しかるべくして手にした成功である。

数週間後、監督は三船敏郎と栗原小巻をともなって中国の大連に赴いた。日本映画祭に参加するためだ。この旅は、監督にとっても三船にとっても象徴的な意味を持つ。二人とも戦争中、この中国の港町で暮らしていたのだ。監督は、1945年の敗戦直後に中国共産党に追放されるまで家族と住んだ、勝利橋近くの家を再訪した。短い滞在期間だったが、大連の魏富海(ウェイフーハイ)市長から、市内で寅さん映画を撮影しないかと持ちかけられた。だがこの計画は、いくつかの理由から実現しなかった。ウィーンが候補に挙がっていたことと、その後、渥美清の健康が悪化したこと。そのため提案は受け入れられなくなった。今日でも洋次は、満州で撮りたかったと明言する。ただ、実現の条件が整うことはなかったのだ。

根っこが必要

結果に満足した監督は、もう次の寅さんの物語を考えはじめていた。チャーリー・チャップリンと『キッド』(1921年)に対して、自分なりのオマージュを捧げたいと思った。『男はつらいよ　寅次郎物語』(1987年)には、子どもにまつわることがらが多く取り上げられている。導入の「夢」から、寅さんはさくらを相手に自分の子ども時代の話をする。柴又を離れた理由がかなり深刻な調子で語られる。あたかもサイレント映画のようなつくりで字幕が付く。チャップリンの初期の映画への目配せである。乱暴な父、無力な母、出て行ってほしくない妹、これが第39作のタイトルにもなった『寅次郎物語』である。寅の過去はそれ以上あまり知らされない。2019年にNHKで放送された連続ドラマによって、ようやくファンは知ることになる。この『少年寅次郎』で、寅さんの青春時代の知られていなかった部分が少し明らかになったのだ。だが1987年の時点では、寅さんは家出をし、最後の「今でもあのときと同じことをやってるんだ」という締めくくりで我慢するほかない。これほど重苦しい導入の「夢」ははじめてだ。これまでは、どんな深刻なテーマでも必ずなにかユーモアが差しはさまれ、バランスが保たれていた。この映画では、実の親子関係、あるいは擬似的な親子関係がいろいろ取り上げられている。シリーズに直接関連する、たいへん興味深いテーマである。寅さんが旅の空の下にいても、柴又の生活は変わることなくずっと続いているのだ。

当座の問題は満男の将来である。高校に入った満男は、両親の期待に反して大学進学にあまり乗り気ではない。おばちゃんの考えでは、決めかねているのは大学入試が嫌だからだ。「あの子、気が優しいからできないんだよ、受験戦争だなんてそんなむごいこと」と言う。社会学者のジャン＝フランソワ・サブレが『競争の帝国――日本の高校生と教師』[*5]の中で記しているように、「3年も耐えるに

＊5　Sabouret, Jean-François, *L'Empire du concours: lycéens et enseignants au Japon*, Autrement, 1985.

は勇気がいる」。一方、さくらには別の心配がある。「それで済めば、こんな心配いらないんだけど」と口にする。息子が兄の寅さんの後を追うことを恐れているのだ。洋次にすれば、母親の考えはきわめて当然だが、次のシーンでわかるように、寅さんに似るのはそんなに悪いことではないことも示す。柴又の駅で満男は、そこで出会った少年（伊藤祐一郎）に助けの手を差しのべる。おそらく寅も同じようにしただろう。この意味で、監督は甥と伯父の間に擬似的な親子関係をつくりあげている。少年が寅さんを知っているかと聞いたことで、出会いは新しい展開を迎える。福島県郡山出身の少年は、寅さんと同じテキ屋稼業をしていた父を亡くしたばかりで母親がいない。残されていた寅さんの住所を見て柴又にやってきたと言う。16世紀に活躍した豊臣秀吉と同じ、秀吉という名前を持つこの少年が突然登場したことで、おばちゃんは寅の隠し子ではないかと疑う。やがて寅本人が現れて少年の物語を語り、疑いはすぐに晴れる。秀吉の名付け親が寅だったとわかり、みんなが思わずにやりと笑う。自分以外の人間には、大きな志を持ってほしいのだ。

次の問題は、少年をどうするかだ。寅さんは自分で母親を探してあげようと決心する。家族だけでなく、地区の住民のみんなが旅費を少しカンパしてくれた。寅さんが子どもを連れて旅に出た後、さくらは役所に相談に行く。監督はそこで、役所の杓子定規な考え方と人間味の欠如を批判する。役人は「施設」にしか言及しない。秀吉の母親を見つけて、その腕に子どもを戻してやりたいという寅さんの思いとはまったく相容れない。ここで映画は次の展開に入る。その筋書きを北野武が高く評価したのではないかと思われる。北野監督が製作した『菊次郎の夏』（1999年）は、中年のチンピラ菊次郎が少年正男を連れて、少年の母親探しの旅に出るロードムービーである。寅さん第39作の筋が踏襲され、二人は旅の途中で次々と出会いを重ねていく。もちろん二つの映画で出会う相手はちがうが、話の基本は非常によく似ている。寅さんも衰退しつつあるある種のヤクザで、ビートたけしが演じる菊次郎と同様に、父親業の修業をする。山田洋次の寅さんは、かなり劇的な試練を通じて親であることの大変さをおぼえていく。秀吉の母親を探す旅に出た二人は、その途上でいくつもの失望を経験する。当初、寅さんは仲間のってから母親のふで（五月みどり）が和歌山にいると知った。だが行ってみるとすでに引っ越した後。別のルートをたどろうとしているところで少年が病気になる。

子育ての経験がない寅はパニックになる。宿の隣の部屋に泊まっている、化粧品のルートセールスをしている隆子（秋吉久美子）に助けを求める。隆子は出張販売員の仕事が憂鬱になっていたところで、秀吉の状態を見て母性本能が目覚める。この後、医者の往診で滑稽な場面が繰り広げられる。ここで医者役の松村達雄がみごとな演技を見せる。それに心なごむ場面が挿入され、やがて隆子と寅さんの間に奇妙な関係ができあがる。互いを「おとうさん」「かあさん」と、日本のふつうの家庭の夫婦のように呼びあうようになる。寅さんが家族と電話で話しているときにこう呼びあい、それを聞いた柴又のみんなは不安になる。洋次は、社会的な取り決めというのは実はまったく意味がないことを見せたいのだ。そうではなく、人間関係の本質は他者への愛情にある。寅さんと秀吉の旅の間のひとつのできごとにすぎないが、その象徴的な価値は核心に触れるものだ。お寺にやってきた隆子は手を合わせる。なにを拝んでたと寅さんが訊くと、こう答える。「お礼を言ったのよ、坊やの命が助かったから」。実の母親ではないのに、母親のように行動することで、彼女は解放されたのだ。

寅さんにとっても新しい経験である。吉野の大和上市（やまとかみいち）駅のホームでの別れのシーンは胸に迫る。こうなるのは仕方がなかった。寅さんは秀吉の母、ふでがどこにいるのか知ったのだから。紀伊半島の東側、三重県の志摩に住んでいるのだ。母と息子の再会のシーンもまた感動的だ。そして寅さんが、秀吉を母親のもとに残して出発しようと決めるときもしかり。船に乗って寅さんが去るシーンでは、残ってほしいと叫びながら少年が岸壁をずっと走りつづける。見る側の胸が張りさける。筆者の日本人の友人の多くが、目に涙をためてこのシーンを30年も前にはじめて見たときの話をする。寅さんは柴又に寄ってからまた旅に出る。今度は、さくらは駅に見送りに行かない。

代わりに満男が見送りに行く。別れのあいさつを交わす直前になって、甥が尋ねる。「人間はなんのために生きてんのかな」。難しい質問に対して、明らかに困惑したようすの寅はこう答える。「生まれてきてよかったなって、思うことがなんべんかあるんじゃない。そのために生きてんじゃねえか」。父子の間で交わされるようなこのやりとりの後、遠ざかる寅さんの背中を満男が見るカットで終わる。「親の背を見て子は育つ」ということわざを思い出す。考えさせられるシーンである。だが、ちょっと観客には重かったかもしれない。動員数は140万人を少し超えるだけだった。

若者たち

寅さんの子ども時代に触れたことで、洋次は自身が若かったころを取り上げてみたくなった。直木賞を受けた早坂暁の小説『ダウンタウン・ヒーローズ』（1988年）を脚色することでその機会を得た。2年前と同じように、この年の寅さんは年末に公開される1本にとどめ、小説と同じタイトルの映画の製作に取りかかった。１９４８年に学制改革が実施される直前の、まだ旧制高校があった時代に舞い戻ることになった。当時の旧制高校には、帝国大学への入学が決まっている生徒が通っていた。受験勉強をする必要もなく、いっさいのプレッシャーから解放された3年間が約束されていたのだ。

その後に実施された新制度によって、状況は根本的に変わってしまった。生徒たちは一流大学に合格しやすい進学校に入ることを目標にして、受験勉強の虫になっていった。「ゆったりと青春を謳歌した。だから今でも、旧制高校を懐かしむ人が多いのです」と監督は言う。「この映画の原作は、作家・脚本家の早坂暁さんが、愛媛の旧制松山高校時代を振り返って書いた『ダウンタウン・ヒーローズ』という小説です。これをベースに、僕自身が経験した出来事を盛り込みました。奇遇にも僕は、同時期旧制山口高校（山口県）の学生でした。当時、松山高校と山口高校は年に2度、野球の定期対抗戦を開催していました。今で言うホーム＆アウェー方式。そのとき僕も応援団の一員として、仲間に引き連れられて松山に乗り込んでいました。同じ試合を早坂さんは相手方で応援していた。そんな不思議な縁があったのです」。戦後、日本に引き揚げてきたとき、洋次はすっかり気落ちしていたが、それでもいくらか楽しかった思い出を引き出そうと考えた。だがそれ以上に、洋次は１９８８年の若者たちに投げかけたい言葉があった。「日本がバブル経済に突入していく時代でした。物質的、金銭的に豊かになった若者たちを身近に見ていて、彼らは本当に幸福と言えるのだろうかと疑問に思っていました」と、この映画づくりに取りかかった理由を説明している。

洋次は「幸せ」へのこだわりをずっと持ちつづけていた。観客に考える材料を提供したいという思いもあった。ものごとを整理して、一部の国民が忘れてしまっている現実を照らし出したかった。

『ダウンタウンヒーローズ』（©1988松竹株式会社）

２０１３年、監督になって50年を記念するＤＶＤの作品集がつくられた。付属パンフレットの中で、洋次はこの作品をつくった際の思い出を語っている。撮影がはじまる前に、新規に採用された若い俳優たちにオリエンテーションを行ったという。「そこで僕が日本の戦後史についてレクチャーしたり、膝を突き合わせて語り合ったり。食事のあとの休憩時間を返上して稽古に取り組んだり、『ストーム』という夜な夜な繰り広げられる馬鹿騒ぎの稽古をして、当時の高校生になりきってもらいました。そうやって大勢で稽古をしたり話し合っていくうちに、だんだん若者たちに、僕らが経験したような当時の熱狂や陶酔が乗り移っていきました。撮影の合宿所なのに、真夜中にストームをやる連中も現れたりしてね」と笑いながら話す。このエネルギーは映画全編にみなぎっていて、戦争の重苦しい雰囲気とはまたちがった世界が見られる。生きることへの切望と、ある種の無頓着が感じられる。

「山田監督からの注文は『若さをつかまえて下さい』だった」と、高羽哲夫は『キネマ旬報』誌（第９９０号、１９８８年８月）で述べている。「若さをすくいあげるのは動き。目一杯自由に役者さんを動かして若さをつかまえようということで、カメラも動いてます。移動ショットも多い」。装置やセットが細部までていねいにつくられたので、まるでドキュメンタリーを見ているような印象さえ持つ。当時の関心の中心にあった、さまざまな問題が取り上げられている。一例が食糧不足によるインフレである。色の扱いもまた、映画によりいっそうのリアリズムを加えた。「ナマナマしい現実感はおさえるようにして、小道具とか衣裳も原色はさけてます。グリーンは全部おさえられていますね」と撮影監督は言う。この映画に洋次は、自分自身の思い出も持ち込んでいる。たとえば当時のアルバイトや、食糧調達に出かけるときに乗ったすし詰めの列車など。第七芸術である映画を愛する監督は、それもきちんと盛り込んでいる。ある長いカットで、一人の生徒が『キネマ旬報』を読んでいるのが映る。この雑誌は3年間の休刊を経て1946年に再刊行された。映画ファンにとってのバイブルである。また松山市の映画館「銀映」で撮影されたシーンでは、多くの市民や高校生が『青い山脈』（1949年）の原節子を見るために集まっている。今井正監督によるこの映画は、主題歌が大流行したことでも有名だ。

監督は過ぎ去った時代のノスタルジーにひたっている。そして、その時代から学ぶことはある。とくに教養の面だ。現代の若者は否応なしに超競争社会に生きているため、受験勉強の虜となっていて、ほかのことはすっかり忘れてしまっている。「知的渇望とは、人間としてもっと賢くなりたい、成長したい、人間を理解したいという心からの欲求なのです」と監督は説明する。当時、もちろん恋愛も大きな関心事だった。共学ではなかったため、よけいに関心が向けられていた。このテーマを扱うために、洋次は二人の女性を用意した。咲子（石田えり）と房子（薬師丸ひろ子）だ。娼婦の咲子は、自分の運命を受け入れていて、人生になんの野心も持っていない。一方、満州からの引揚者である房子（洋次の経験が投影されている）は、そのために叔母から嫌がらせを受けている。それでも咲子より前向きだ。「二つのタイプのちがった女性とふれあうことで、主人公たちは女性というものを知ってゆくということですね」と洋次は語る。生徒は咲子に救いの手を差しのべ、房子から自信を持った若い女性の生き方を学ぶのだ。

洪介（三代目中村橋之助）、オンケル（柳葉敏郎）と房子の三角関係を見れば、それがよくわかる。いつもと同じように、洋次はいくつかコミカルな場面を挿入した。それが当時の解放的な雰囲気を伝えるのに効果的だった。当然ながら渥美清が脇役で登場するが、その存在は監督が好む滑稽な味を加えてくれた。しかし、このさわやかな作品は、観客からそれほど熱狂的な支持を得なかった。まったくの自伝ではなかったが、監督は自分の個人的な物語をいくらか挿入した。この作品の製作の後、別の脚本の執筆に専念した。

そのひとつが、『ビッグコミックオリジナル』（小学館）に連載されている、やまさき十三と北見けんいちによるマンガ『釣りバカ日誌』の脚本である。このシリーズは1979年に発売され、すでに2600万部以上売れていた。タイトルが示すとおり、釣りがテーマである。『スターランド』誌によると、釣りは監督の趣味のひとつである。それはおそらくほんとうだろう。というのも監督は、マンガがあまり好きではないし、マンガ業界をよく知らないと打ち明けているからだ。筆者は、監督から直接話を聞くようになるまでは、彼がマンガに興味を持っていると確信していた。つげ義春など、監督と同世代のマンガ家から、インスピレーションを受けたとは言わないまでも、どこかでその考え方に寄りそうところがあると思っていたからだ。たしかに、『ねじ式』などで知られるつげが発表した作品の中には、監督が愛する田舎の雰囲気と同じものを見ることができる。

寅さんのように、奥深い田舎まで旅に出かけるといったこのマンガ家の行動パターンは、監督のそれに似ている。だが洋次は、つげの仕事とは縁がなかった。とはいえ、やまさき十三と北見けんいちの作品の中にインスピレーションの源を見いだし、そこから新しい映画シリーズがはじまった。このシリーズでは脚本の執筆だけを担当した。釣りが大好きな会社員（西田敏行）が、自分の勤める会社鈴木建設の社長（三國連太郎）に釣りの手ほどきをするという物語を通して、洋次はまたちがう方法で日本探検を続けていった（シリーズでは、さまざまな地方で物語が展開される）。そして寅さんシリーズよりもっと直接的に、日本の企業や現代社会の中に切り込んでいった。シリーズが持つコメディの側面も気に入っていた。このシリーズも松竹のドル箱になっていったが、洋次は製作にかかわらなかった。だがその後、二人の主役とは別の仕事をすることになる。『釣りバカ日誌』第1作は1988年12月24日に公開が予定された。寅さんシリーズの第40作（『寅次郎サラダ記念日』）の公開日と同じである。

昭和天皇裕仁が死去し、新しい天皇が即位したとき、監督もまた状況の変化に合わせた対応を考えることになる。お気に入りの俳優に、体調悪化の最初の兆候が現れたのだ。

昭和から平成に

テキ屋の寅さんが映画に登場して20年。洋次は、寅さんという人物のキャラクターをもう一度回復させておこうと考えた。とくに、作品に登場するマドンナにひと目惚れしてしまうというところだ。たしかに、いくつかの最近作では、寅さんは女性の想いに対して一段と「受け身」になっていた。あるいは、若いカップルに恋の指南をする役まわりを演じていた。監督は、彼の惚れっぽい面をもう一度よみがえらせるべきだと思った。また、この主人公の恋愛という面のほかに、物語をそのときの社会にもっと深く根ざす内容にしたいという思いもあった。物語をより豊かにするためであり、また社会の問題点をあらわにしてみせるためでもあった。洋次は、俵万智の歌集『サラダ記念日』（河出書房新社）から想を得て、物語を組み立てることにした。たぶん、それが観客数を大きく増やすことにつながるとわかっていたのだろう。1987年5月に出版されたこの本は、数か月で280万部売れた。まさに社会現象であった。というのも、この本によって、もっぱら若者である読者が短歌を発見、あるいは再発見することになったからだ。短歌というのは「五七五七七」という三十一文字（みそひともじ）でつくられる、いささか古めかしい形式の短詩だ。しかし24歳の歌人は、現代的な生活をテーマに取り上げて、この形式から埃を払い落としてみせた。だから、洋次の作品により若い観客を呼び込むのには、うってつけの手段である。ただ、演出ノートに記していたように、この歌集に触れるという選択は理にかなったことでもあった。「短歌集『サラダ記念日』の中の重要なパートである、あるいはもっとも魅力的なテーマである恋の歌に描かれる作者の恋人らしき男性。彼の恋愛に対する軽やかな、それ故に魅力あふれていながらも、時としては一歩踏み込むべきところをサラリと回避してしまう、ソフィスティケイトされた態度が、若い娘である作者を苛立たせたり、悲しませたりする表現が、多くの読者の共鳴を呼んだ。我等が主人公である寅さんの恋も、実はそのように決め手を欠き、大事なところで逃げ出したりして、しばしばマドンナ達を悲しませてきたような気がする。『サラダ記念日』と『寅さんシリーズ』は妙なとりあわせのようだが、実はミスマッチの不思議な味をかもし出すのではないか、と信じている」と説明している。その結果はまたしても、彼のねらいが的を外していなかったことを示した。

このことはまだ十分に語られていないと思うが、山田洋次には優れた嗅覚、時代をつかむ力がある。しかも、それは時代に迎合するという意味ではない。その潮目の変わる時を鋭く感じとるという意味においてだ。それが作品に厚みをもたらしている。『男はつらいよ　寅次郎サラダ記念日』（1988年）は、ちょっとした目配せからはじまる。帝釈天の寺男で、寅さんからのいじられ役である源公（佐藤蛾次郎）が、二人の子どもといっしょにマンガ雑誌を読んでいる。マンガというこの表現形式への、洋次の関心が急に高まっていったことがわかる。これは『釣りバカ日誌』の映画化に取り組むようになってからなのだが、彼は、マンガの信じがたいほどの飛躍ぶりを示しておきたかったのかもしれない。マンガの広がりは1980年代のはじめから、とどまることがなかった。1988年、市場規模は3260億円であった。マンガ連載週刊誌の代表格『少年ジャンプ』(集英社)は、そのころすでに毎週500万部を売りさばいていた。それでも、頂点に達するのはまだ7年も先である。ただ影響力は日々拡大していた。その雑誌が、ちらっとではあるが、作品に登場した。監督が社会の細部にどれほど注意を払っているかということがよくわかる。この細部によって観客には、常にこのシリーズの作品がしっかり現実に根ざしていることがわかる。だからこそこの主人公の現実とはズレた世界へとさらに引き込まれていくのだ。観客を現実の世界につなげておくための別の要素もある。満男の言動だ。大学入学のための受験競争には相変わらず熱が入らない。彼は、とらやに届いたばかりの寅さんからの葉書を読みながら、ため息をつき、こう漏らす。「いいなあ、伯父さんは。大学落ちたら伯父さんの弟子になるか」。それを聞いて、さくらと博も渋い表情だ。そのころテキ屋の寅さんは長野県にやってくる。彼はすぐに一人の老女と知り合い、うちに泊まりにおいでと誘われる。いつも調子がよくて、カネのない寅さんは断らない。老女が人里離れた一軒家に一人で暮らしていると聞けばなおさらである。

ここで監督はまた、地方で加速する人口の高齢化という問題に触れている。都市への人口流出の結果である。この問題には、なんの対策も施されないままだ。老女が暮らしているのは一軒の古民家。マンガ家の水木しげるが1977年に世に出した作品『のんのんばあとオレ』でみごとに描いたような古民家である。その古民家が体現する精神世界も、水木しげるの世界とかけ離れてはいない。寅さんもそれを体験する。老女の夫はすでに亡くなっている。ところが、その夫が眼の前にいるかのよう

第40作『男はつらいよ　寅次郎サラダ記念日』（©1988松竹株式会社）

に、老女はいっしょに食事しようと話しかけるのだ。翌朝、小諸（こもろ）の病院の医師、真知子（三田佳子）がやってきて、寅さんも地に足のついた現実の世界に引き戻される。そして早々にこの女医の魅力の虜になる。女医は老女を病院まで連れていこうとするが、老女が寅さんについて来てほしそうにしたので、この女医ともしばらくいっしょにいることになる。寅さんと真知子が、はじめてゆっくり言葉を交わす場面を通して、このころすでに深刻だった地方の苦境がわかる。寅さんは、女医もまた未亡人であることを知る。「あんたなぐさめてあげてくれや。おらにしてくれたようにな」。入院した老女は、病室を出ていく寅さんにそう頼む。このときから、初期の作品と同じように、恋に落ちた寅さんがよみがえる。時を同じくして、真知子の姪の由紀（三田寛子）が登場する。彼女は早稲田大学で文学を学ぶ学生だ。この後、彼女の短歌が作品のリズムを刻んでいくことになる。

彼女は俵万智がモデルだ。俵万智も早稲田の文学部にいた。そもそも、由紀がつくる短歌は『サラダ記念日』から引用されている。洋次は、由紀もまた恋を経験するようにストーリーを組み上げていく。そうやって、自分がインスピレーションを受けた歌集と作品が響きあうようにしているのだ。彼女が短歌を詠むたびに、それが画面に示される。それによって、俵万智という詩人の作品が鮮やかに観客の視界に映し出されることになる。

大事なことは外さない

これまでも何度かあったように、あまり学のない寅さんが、またしてもインテリの世界と向きあうことになる。この出会いはしばしば、とても滑稽な話になるのだけれど、この第40作ではその場面が多い。彼が真知子と由紀と過ごす最初の夜にも、その場面がある。由紀が島崎藤村（1872―1943年）の詩の一節を口にする。「小諸なる古城のほとり　雲白く遊子悲しむ」。これが最初の爆笑を誘う。真知子が、寅さんはこの詩に出てくる「遊子（旅人）」みたいね、と言うと、寅さんは「とんでもねえ、おれみてえな意気地なしが勇士だなんて」と応じて、子どものころは「でも、どっちかというと、猿飛佐助みたいな忍術使いが好きだったなあ」と付け加えるのである。もう少し後、寅さんは早稲田大学の歴史の授業を聴講している。ここでもまた、無知であることをさらけ出す。けれども、その機知と面白おかしい話しぶりで、教室にいるみんなの注目の的になる。同じ講義内容を機械のようにくりかえしていた教授（三国一朗）さえも引き込まれる。もちろん洋次は寅さんの側にいる。

もっとも根本的なことは、書物から得られる知識ではなく、大学などの外であっても、学んだことをちゃんと活かすことだと示している。寅さんが突っ込みを入れる産業革命についてのこの講義は、作品の名場面のひとつだ。監督はそこで懸念を表明しているのだ。どうにかこうにか保っている社会の均衡を、もはや地に足をつけていないかのような同時代人たちが、崩そうとしているのではないかという懸念だ。とらやの裏にある小さな印刷工場のタコ社長が、「この土地は絶対に売りません」と書いた看板を設置する場面がある。監督は、この国がどっぷりと漬かりつつあった狂乱に対抗しようとしているのだ。当時、バブル経済の大きな影響で地価は高騰していた。ちっぽけな土地を売却して一晩で億万長者になる人も出ていた。この現象がどれほど途方もないものだったのかを知るには、バブル経済が崩壊寸前だった1991年を思い出せばいい。当時の「日本の地価の総額はおよそ20兆ドルで、全世界の富の20%以上だった」と、ダグラス・ストーンとウィリアム・T・ジエンバが1993年に『La Revue d'économie financière』(金融経済誌)の記事[*6]でふり返っている。タコ社長は、その圧力に屈することもできただろう。しかし彼は、不動産屋には近づかせないというのだ。中小企業の苦境についていつもこぼしているが、彼にとって大切なのは事業を続けることなのだ。「とにかくね、この工場は、おれが生涯をかけた仕事だから、どんなことがあっても操業は続ける」と、従業員たちに言い切る。その代わり、暮れのボーナスは餅代くらいで我慢してくれと頼むのだが。

あえてこんなことを言わなければならない時代だった。当時、多くの企業で、年に2回支給されるボーナスが、月給の数か月分にも相当していた。洋次はそれを登場人物に言わせる。やがてバブル経済は崩壊し、この国は危機におちいる。日々の暮らしに対する思慮深い彼のアプローチが正しかったと示すことになる。他者とその気持ちにもっと寄り添うアプローチだ。その点で、最高のスペシャリストは寅さんである。彼が早稲田に立ち寄ったことが、由紀と、やはり早稲田の学生である茂（尾美としのり）の恋の芽生えを促すことになる。一方、寅さん自身と真知子との物語では、彼は例によって煮え切らない態度だ。またもや受け身。それが彼女にはもどかしい。柴又駅のプラットホームで、彼女が「寅さんと話してるとね、なんていうのかなあ、私が一人の女だっていうことを思い出すの」と言う。彼は困惑し、視線を彼女からそらす。そして、画面に短歌が一首。「愛ひとつ受けとめかねて帰る道　長針短針重なる時刻」。この寅さんの姿勢は、作品の終わり近くでも見ることになる。冒頭に登場した老女が臨終の時を迎え、寅さんが急いで小諸に赴く。真知子は、寅さんが今度こそ思い切ってくれることを期待していたが、なにも起きはしないとわかる。彼はふたたび旅に出る。由紀のほうは、すべてがうまく進んでいる。恋が実り、『サラダ記念日』と題した短歌集を出版する。さくらの夫、博が製作を引き受ける。由紀が真知子に送った年賀状に短歌がしたためてある。「旅立ってゆくのはいつも男にて　カッコよすぎる背中見ている」

この第40作は洋次にとって大成功だった。うまくいくかどうかわからなかった組み合わせが、功を奏したからだ。１８０万人以上の観客は、現代的な短歌を味わいながら、惚れっぽいのに女性に不器用な寅さんにふたたび会うことができた。この二つをうまく混ぜあわせることができたのはどうして

＊6　Stone, Douglas et Ziemba, William T., "Prix des terrains et prix des titres au Japon," *Revue d'économie financière*, 1993, p. 279.

か。その理由は、監督とそのチームが一作ごとに築いていったユニークな作品世界の詩的な次元にあるのではないか。第1作から20年、彼らはシリーズをけっして劣化させることなく、進化させることができたのだ。同じ人物たちが登場する物語だが、洋次は毎回、新味と驚きをもたらすことができた。さらに次の作品で用意されていた驚きは、とても大きいものになった。というのも、映画に登場してから20年ではじめて、テキ屋の寅さんが外国に行くのだ。小林俊一監督による第4作（『新・男はつらいよ』１９７０年）で、ハワイに行きそうになったことはある。70年代のはじめには、とても人気のある行き先だった。しかし、そのときは旅行代理店の心ない社長のせいで、彼も家族も行けなくなった。それから20年後、日本人はやはり世界を見に行くのに夢中だが、行き先への関心はしだいに欧州に向いていた。もちろんフランスも、とても高い人気を享受した。その歴史や高級品、料理などのおかげだ。バブル経済の真っただ中だったから、旅行会社は新聞などにさまざまな広告を出して、数日間で欧州を訪ねる旅のプランで人々を誘った。欧州の人たちは、記念写真を撮るくらいしか時間がない日本人の団体観光客が、あちこちにバスで乗りつけるのを見てはバカにしていたものだ。

しかし、寅さんが行くのはパリではない。洋次が第41作を撮るのはウィーンである。大した理由なく選ばれたというわけではない。監督にウィーンを舞台にするよう求めたのは、オーストリアの首都の市長自身なのだ。１９８６年、ヘルムート・ツィルク市長は、訪日する際の飛行機の中でシリーズの一作を見て、このテキ屋の寅さんの魅力に取り憑かれてしまった。彼は洋次に手紙を出し、もし寅さんが日本列島の外にまで足を伸ばすことがあれば、自分の街を選んでほしいと書いた。同じころ、パリの市長はジャック・シラクだった。よく知られた日本贔屓である。しかし、彼は明らかに寅さん映画を1本も見たことがなかった。見たことがあれば、たぶん彼も申し出ていただろう。別の要素も、舞台候補としてのウィーンに味方した。日本とオーストリアの間で1869年に友好条約が署名されてから120年という記念の年だった。また、とりわけ柴又がある東京の葛飾区とウィーンのフロリズドルフ区が姉妹都市の提携をしたことも、このアイデアを後押ししたようだ。それにオーストリア政府も、この企画の実現に必要な多くの支援を約束した。とくに公共の場での撮影許可に便宜をはかった。彼のチームは、日本ではどこであっても撮影することに慣れていた。面倒な手続きなども必要ではなかった。しかし今度はもっと国際的なアプローチに慣れなければいけなかった。洋次自身は1962年に海外での仕事を経験したことがあった。師匠である野村芳太郎が、彼をカンボジアに行かせたからだ。『あの橋の畔で』（1962―1963年）のロケハンのためだった。その思い出を、月刊誌『旅』の面白おかしい記事で報告している。彼が知っているたった二つのフランス語の単語「ウィ」と「メルシー」をくりかえし言いつづけた話だとか、滞在したのはプノンペンのオテル・ロワイヤルのスイートルームで、「当時僕の住んでた2DKの団地の室内の、確実に倍は広いスイートルームに、まるで囚人のように押し込められてしまった」話、また、簡素で小さな地元の食堂が好みの彼としては、ホテルのあまりにも豪勢なレストランで食事をするのに決心がつかなかった話、などなど。

ウィーンへの逃避行

苦労して最初の映画を撮ったころと比べると、洋次の暮らしはかなりよくなった。それでも彼はシンプルなライフスタイルを続けていた。だから、いちばん大切なことに集中できた。そのアプローチをちゃんと意識したうえで、中部欧州に登場する寅さんの物語を構想した。『男はつらいよ　寅次郎心の旅路』（第41作、１９８９年）は、寅さんと坂口兵馬（柄本明）が出会ってはじまる。仕事で行き詰まったようすの坂口は、自殺を図ってレールの上に横たわる。そこへ寅さんの乗った列車が通りかかる。ここでは非人間的な企業のあり方が問われることになる。洋次は、すでにシリーズのほかの作品でもこのテーマを扱ってきた。しかし、それまでの「犠牲者」は命を絶とうとまでは考えなかった。サラリーマンたちにのしかかるプレッシャーは明らかに、日本が力を増すにつれてますます重くなっていった。それは、日本の「国際化」がしきりに語られるようになった時期に重なる。たとえば、兵馬の人物紹介にもなっている社内会議の短いシーンで、監督はこの国際化という面へのこだわりを見せている。その席のスタッフに欧米人が一人いるのだ。彼は女性従業員のユニフォームについて触れているだけだ。ただ、この同じ場面で強調されているのは、こうした企業で女性たちに割り振られていた役割である。お茶を汲んだりコーヒーを淹れたりしている。１９８５年には男女雇用機会均等法が制定され、翌年には施行されたが、現実はまだまだ追いついていない。監督はいくつかのカットによって、この国の企業が道を外れていることをはっきり指摘しているのだ。彼はそれを、ユーモアの味わいも付け加えてやってのける。兵馬がコーヒーに砂糖を入れる代わりに、コーヒーを砂糖壺に入れてしまう。しかしその底に表現されているのは、洋次の懸念である。

そこに寅さんが登場することで、物語は人間味を帯びていく。兵馬が自殺に失敗した後、面倒を見るのが寅さんなのだ。彼の自殺の企ては失敗するしかなった。というのも、彼は東北地方の宮城県にある栗原鉄道（２００７年に廃業となっている）という小さな鉄道会社の線路上に身を横たえたのだが、その列車は時速40キロ以上は出さない。思いどおりに行くはずがない。とはいえ、死なずにすんだからといって、寅さんが彼を放っておくわけがない。それどころか、彼に考えを変えさせようと、旅館での酒の席に誘い込む。兵馬は、それまで経験したことのない親切に元気を取り戻す。さらに寅さんが自分は「旅人」だと言うのを聞いて、ますます惹かれていった。その人生哲学によって、希望をふたたび見いだした彼が「じゃあ、あなたにとって、なんでしょうか、生きがいというのは」と問うと、寅さんは「旅先でふるいつきてえようないい女とめぐりあうことさ」と答えた。彼が精神的にもろいことが気になる寅さんは、旅に同行することにした。旅先は遠いといったって南日本だし、と思っていた。というのも、兵馬が行きたいと言ったのが、九州の名高い温泉町である湯布院だと思い込んでいたからだ。ところが、実際に兵馬が話していたのはウィーンだった。フランス語ではこの言葉によるギャグはわかりにくい。オーストリアの首都名を日本語で言ったときの音に基づいているからだ。日本では「Wien」を「ウィーン」と発音する。この街の名前なんて、それまで聞いたこともなかった寅さんにしてみれば、これは湯布院の音である「ユフイン」とかなり似ている。しかも九州に位置するのだから、それなりに遠い。柴又に戻ってきた寅さんは、代金支払い済みでオーストリア旅行が用意されていると知って当然驚く。しかも出発まで間がない。なんとか逃れたいと思ったが、寅さんが自分は行かないと告げると、兵馬がすっかり落ち込んだ表情で「寅さんも僕を裏切るんだ……」と言う。それで結局、兵馬に同行することを受け入れる。ほかの文化に触れてみたいというよりも、人間としての思いからだ。柄本明は、しょげかえった男の役を完璧に演じている。多くの点で、『おかしな二人』(1968年)のジャック・レモンを思い出させる。ついに兵馬は寅さんの気持ちを変えさせる。「もし踏切へ飛び込まれてみろ、おれたちの責任になっちゃう」と寅さんはさくらに言う。まるで、ジーン・サックス監督のこの映画の中でフェリックスの友だちを演じたウォルター・マッソーのようだ。

人間味のある寅さんといっしょだったおかげで、兵馬はウィーンに少し滞在している間に生きる意欲を取り戻した。しかし寅さんのほうは、みごとな街を前にして、なんの興味も示さない。退屈してしまう。3日間ホテルに閉じこもった後、兵馬に連れられて観光する気になるが、同じように感動することができない。お腹が空いて、和食が食べたいと言い出す始末。とうとう兵馬は、せんべいの袋を寅さんに渡して、ここで待っていてくれと公園を出て行く。次の場面で、残された寅さんが、近くに居合わせたオーストリア人の高齢の女性と会話をはじめるのだが、言葉の壁にもかかわらず、とても愉快なやりとりになっている。他者とのコミュニケーションは、それを望めばいつだってできるのだということを思い出させてくれる。これに続く場面で寅さんは、久美子(竹下景子)がガイドをしている日本人の団体観光客について行ってしまう。寅さんシリーズで、竹下景子がマドンナとして登場するのはこれが3作目。常にリリーという同じ役を演じていた浅丘ルリ子に次いで、渥美清の演技を尊重する理想的な相手役である。さまざまな事情から国外で暮らし、生活のために観光ガイドをしている久美子は、寅さんの気を引くようなことは大してなにもしていない。それでも、当然の成り行きのように彼は恋に落ちる。そこから洋次は、二つの恋物語を並行して描いていく。かたや兵馬のウィーンという街との恋、またその流れで、たまたま夜の舞踏会で相手になった女性との恋。もうひとつは寅さんと久美子の恋。彼女は寅さんを保護する役割を担うことになる。この作品の物語の展開で面白いのは、疲弊しきっていた課長の兵馬が、ついにすっかり元気になって、道連れの寅さんに「今夜は僕を一人にしておいてください」と言うまでになるのに、寅さんのほうは、またしても恋に思い悩むところだ。

こんなつらい思いをするのは、日本や柴又にいなくても同じだ。「どこの川の流れも同じだなあ。流れ流れてどこかの海に注ぐんだろう。（中略）その海をずーっと行くと、おれの故郷の江戸川へつながるわけだ」。久美子とドナウ川のほとりに出かけたとき、寅さんがそう語る。彼女が「美しく青きドナウ」を口ずさむと、寅さんはドナウの川辺で、有名な演歌「大利根月夜」を歌い出す。「あれを御覧と指差すかたに／利根の流れをながれ月／昔笑うて眺めた月も……」。二人の間に通じ合うものはあるけれど、支えにしている文化はちがう。「寅さんって不思議な人ね」と彼女は言う。バカにしているわけではない。「故郷のかたまりみたい」と続けるのだ。寅さんは彼女に、自分のルーツを思い出させる。彼女に郷愁の思いが生まれる。観客が寅さんのさまざまな物語に付き合いながら抱く、あの郷愁だ。洋次の言う「シネ間（マ）」が、日本から数千キロも離れた中欧の真ん中で生きている。小泉信一は著書『朝日新聞版　寅さんの伝言』（講談社、2013年、27ページ）で、それをみごとに表現している。「旅に明け暮れたモーツァルトと寅さんの人生はどこか似ている」。遠ざかったからと言って人間は変わらない。寅さんは、またもや愛の悲しみに苦しむ。

　久美子は日本に帰らない。愛しているオーストリア人の音楽家のもとにとどまることにしたのだ。それが彼女の運命だった。しかし、柴又に戻った寅さんはなにも話さない。オーストリアの旅については、いつものようにおしゃべりではないのだ。「どんな街だったの、ウィーンは？」とさくらが尋ねても、「うちがあってよ、であの……、道があってさ、で、人がわいわい歩いてたよ、車に乗って」と答えるだけ。「ホテルから一歩も出なかったんですか」と博が訊くと「あ、いっぺん出たよ、車に乗って」と言う。「どこに」とさくらに言われて、「広い道を車でずーっと行ったらな、大きなこういう河のところに出たなあ。河っぷちの土手道をずーっと行ったらな、お寺があって、お坊さんが一人歩いてくる。『御前様、いいお天気で』って、おれ、あいさつしちゃった。ちょうどそのお寺の前にね、西洋の団子屋みたいなのがある。で、西洋のじいさんとばあさんがね、『寄ってらっしゃい、寄ってらっしゃい』。『いらない、いらない』って、おれはそう言ったんだけどね。でもまあ、ちょっと寄ってみるかと、おれはそこで一服したわけ。ふっと気がついたら、いつの間にか日がすーっと暮れてきて、遠くのお寺から鐘の音がゴーン、カラスがカー、カー」と語る。さくらに「それじゃあ、柴又と同じじゃないの」と言われて、「地球中、どこ行ったって同じでしょう、そりゃ。いずこも同じ」と寅さんも締めくくる。この会話のシーンは、寅さんの哲学、いわば洋次の哲学を、うまくまとめている。ふつうの人たちが持つ普遍性。日本中をあちこち行ったり来たりしたテキ屋の寅さんには、それがよくわかっている。人間としてふるまえば、なんだって可能で、つながりもできるということだ。ウィーンで兵馬のようすがどんどん変わっていったことが、なによりもそのことをよく示している。非人間的な環

第41作『男はつらいよ 寅次郎心の旅路』(©1989松竹株式会社)

境で生きていた兵馬は、日本を離れて生まれ変わる。言葉の高貴な意味において、人間（Mensch）としての自分を取り戻したのだ。ウィーンに住んでいたこともあるビリー・ワイルダー監督なら、そう言ったのではないだろうか。

このシーンは、とらやの中や、帝釈天につながる商店街での人々の日常的な暮らしを見せるカットで締めくくられる。寅さんの途方もない旅を見にきた180万にものぼる人たちに向けた、監督からのポジティブなメッセージだ。また旅に出ようとする前、寅さんは声に出して自問する。「おれはほんとにウィーンに行ってきたのかねえ。なんだか、自分でわかんなくなっちゃったよ。ひょっとしたら夢だったのかねえ、あれは」。すると、さくらが御前様（笠智衆）の言葉を伝えるのだ。「御前様がおっしゃってたわ。お兄ちゃんの人生は、みんな夢みたいなもんだろうって」。この言葉が寺の住職の口から出ることで、この作品に深みが加わる。つまり、シリーズの中ではじめて、仏教にとって重要な「諸行無常」の概念が登場するのだ。渥美清が健康に陰りを見せはじめるのはこのころである。洋次の回想によると、この作品づくりに渥美は没頭できていなかったという。体調不良のせいだった。「けれども無理を押しての出演。そのせいか、些かいつもの精彩がなく見えたものだ」。彼が各種の賞の対象にならなかったのも、そのせいだろうか。それに答えるのは難しい。しかし、いずれにせよこの第41作は、監督が撮った中でもっとも深みのある作品のひとつとなった。たぶん監督はこのときすでに、もう今までとは同じようにいかなくなると感じていたのだろう。

寅さんを支える

２０１９年６月、雑誌『pen』のインタビューで、洋次はそのころ直面していた状況をふり返っている。「渥美さんは決して、自分の口からは言わなかったけれど、体調が明らかに悪くなってきたんですね。まだまだやりたいという意欲があっても、撮影が午後３時を過ぎると声の調子がぐっと落ちる。シリーズを続けるにはどうしたらいいのか。そこで寅さんの比重を少し減らし、満男を前面に出して、彼を応援する寅さんのドラマに移行していった。甥っ子の成長過程に大きな役割を担う伯父さんとしての寅さん、という新しい柱を立てたんですね」と明かしている。すでに過去の数作で、彼は満男（吉岡秀隆）に以前より大きな役割を与えていた。主役が歳をとっていくことを考えれば、年月とともに彼の重要性が増していくことは予測できた。その年の８月に封切られたこの作品では、それを示す場面がはじめて出てくる。どうしてオーストリア行きに誘われたのか、寅さんが説明しなければならなくなったときに、みんなの話を仕切るのが満男なのだ。主役を苦しめる病気のせいで、この移行は加速を余儀なくさせられた。渥美自身もそのことを意識していた。「『寅のトシを考えると、もう、とらちゃ〜ん、あいよ〜、って訳には行かないもんなぁ』と渥美清が語るように、寅さんの破天荒な恋物語はやや影を潜め、甥の満男の恋の指南番として存在感を発揮し始める」。『男はつらいよ　ぼくの伯父さん』（１９８９年）の撮影をはじめるときに、そう述べている。朝間義隆との共同で練り上げた脚本で、洋次は冒頭からこの変化を見せていく。この作品では、冒頭に夢の場面はない。代わりに満男自身が伯父さんについて触れる。ナレーションの形で、甥っ子が伯父さんについて、「生まれつき人に親切だ」けれども、それを表す言動がしばしば「おしつけがましくて」、騒ぎを引き起こすと語る。そのナレーションが流れている間、寅さんがいるのは水戸と郡山を結ぶ水郡線の列車の中。彼は、お年寄りに席をゆずらせようと高校生たちを叱りつける。ところが、この老人は席をゆずられるのを嫌がる。で、とうとう寅さんと言い争いになる。満男は、自分と伯父さんとの世代とのギャップを強調しながらも、伯父さんに心惹かれていることを示している。ここはいちばん大事なところだ。寅さんと満男の運命が、もはや切り離せなくなろうとしているのだ。そこに向かって観客にも心の準備を促さなければならない。

　この若者には彼が必要なのだ。というのも、両親、とりわけ父親の博との関係がぎくしゃくしているからだ。博が息子にとくに望んでいるのは、大学入試で合格してくれることだ。それがうまくいかないかぎり、なんであれ息子に譲歩する気はない。さくらは、満男が女の子に恋をしているのではないかと見ている。元気がなく、勉強にも身が入らないのは、そのためではないかと考えている。彼女は、「（満男に）父親として相談に乗ってやってよ」と博を促す。しかし、博にはそんな気はあまりない。ここで思い出しておかなければならないのは、博自身も自分の父親（志村喬、とくにシリーズ第1作）と複雑な関係だったことだ。だから、そこで寅さんが心を打ち明けられる大人として登場し、満男を支えてやることになった。それまでのいくつかの作品で恋の指南役も演じている。しかし今度は、その方面でアドバイスをするだけではない。満男という一人の若者への羅針盤の役割も担うことになる。この若者は、自分を（大学入試に失敗したこともあり）「浪人」だと考えている。かつて仕える主君のない武士を意味した言葉で、自分の居場所がないと感じている。満男は学校で後輩だった女の子、泉

（後藤久美子）に恋をしている。彼女は東京を離れたけれど、満男とは文通をしている。母親と名古屋で暮らしている。母親はバーを経営している。けれども、そんな生活になじめない。そうした状況が満男を不安にさせているのだ。一方、満男の母親さくらは、柴又に戻ってきた寅さんに、息子がなにを悩んでいるのか話を聞いてやってほしいと頼む。寅さんは甥っ子と話をして、泉という女の子への

第42作『男はつらいよ ぼくの伯父さん』（©1989松竹株式会社）

思いを聞き出す。ただ、満男は自分のことを「不潔」だという。「だっておれ、ふと気づくとあの子のくちびるとか胸とか、そんなことばっかり考えてるんだよ」と打ち明ける。ここで指摘しておきたいのだが、さらに先まで進むことはないとはいえ、シリーズの中で性欲について触れられるのははじめてだ。寅さんは、深刻に考えないよう説得しようとする。おまえは正直だ、自分を醜いと知った人間は、けっしてもう醜くないのだと言って聞かせる。その夜は酒宴になってしまい、二人は「くるまや」（第39作目まではとらや）に酔っぱらって帰還。家族は怒ってしまう。翌日、寅さんは柴又を出る。そして満男も出てしまう。

作品の後半は、もっぱら若い満男の話になる。彼は泉に会うために名古屋に向かった。洋次は『幸福（しあわせ）の黄色いハンカチ』（1977年）のように、ロードムービーのスタイルを選び、オートバイで目的地に向かって旅をする満男を追う。泉の母親（夏木マリ）と話をして、彼女が九州の佐賀で暮らしていると知る。名古屋よりも向こうになるが、満男は会いに行くことを決意する。途中でちょっとした事故に巻き込まれるが、別のライダー（笹野高史）が彼を助ける。ただ、それは満男に貸しをつくるためだった。ここにも、シリーズではじめてのことがある。同性愛だ。それまでは前作でさりげなく触れられただけだった。寅さんが兵馬に、男が二人で旅をしていたら、からかわれるかもしれないと言う場面だ。今度の作品では、その状況ははっきりしている。ライダーの男は口紅をさし、満男にキスしようとする。満男はあわててホテルを飛び出す。この場面は短い。泉のところにたどり着くために乗り越えるべき旅の試練として解釈できるだろう。北野武監督の『菊次郎の夏』（1999年）にも同じように思いがけない展開の場面がある。しかし、そこでは正男少年が強気を見せて収まる。その場では、菊次郎のほうが子どもに見えるくらいだ。

　目的地までたどり着いた満男は偶然、寅さんと出会う。地元の祭りで露天の商売をするために来ていたのだ。満男は伯父さんに、泉の叔母である寿子（檀ふみ）に会うので付き添ってほしいと頼む。寅さんが寿子の義父たちの史跡めぐりに付き合うはめになる一方、再会した泉と満男も地元の見物に出かける。なにもかも、願ってもないほどうまくいきそうに見えた。しかし、了見の狭い考え方をする寿子の夫（尾藤イサオ）のせいで、満男はすぐに佐賀を去る。その直後に事情を知った寅さんも、甥をかばって立ち去る。彼は、支える役割を完璧に果たした。作品ではその後、主役が満男に替わる。満男が柴又に帰ると、当然みんな喜んだ。商店街の住人たちが集まって、満男をまるでヒーローが帰ってきたかのように迎える。

　ここで満男は、寅さんとその騎士道精神を継承したのだ。こうして引き継ぎは完結した。寅さんはもう、甥の恋の痛手をいやす必要がなくなった。これからは、甥っ子のほうが恋に悩み、自分でなんとかすることになる。満男にとってこれは父親との関係を修復する機会でもあった。寅さんは電話の向こうに登場するだけだ。通話を通して、みんなが彼を愛おしく思う気持ちを伝える。寅さんと山田

昭和―平成

1989年１月７日、裕仁天皇の死去で、1926年から続いた昭和の時代が幕を閉じた。それまでの数か月、宮内庁は定期的に病状の一進一退を発表し、国民は固唾を飲んで経過を見守った。第二次世界大戦の指導者の最後の生き残りが去り、日本は新しい時代、平成（平和の成就）に入った。元号は伝統的に中国の古典から引用される。天皇の役割は国民の象徴と憲法で規定されているが、世離れしたイメージを保ちつづけた先代とちがって、新天皇明仁は国民に近づくことを望んだ。2019年まで続いた治世の間、国民に寄り添うという願いを実現しようとした。とくに1995年と2011年の大地震は天皇という地位に人間味を与える機会となった。先代はその治世のはじめには神とあがめられていたのだ。長い間、皇室はタブー視されてきたが、治世の交代はメディアや世論が皇室に対する見方を変えるきっかけになった。天皇制の「民主化」を語るのは行き過ぎかもしれないが、より人間的になったと言える。二人の皇子それぞれの1990年と1993年の結婚からも、それがわかる。2018年に明仁が退位し、徳仁に皇位をゆずると発表したとき、世界最古とされる皇室に女性後継者を認めるかどうかも議論された。

昭和から平成に

第43作『男はつらいよ 寅次郎の休日』(©1990松竹株式会社)

洋次について、多くの本を著している吉村英夫がうまく指摘しているように、監督はきわめて巧みに伯父と甥を比べてみせている。電話の使い方だけでもそうだ。というのも寅さんは、もっと進んだテレフォンカード用の公衆電話があるにもかかわらず、10円玉でかけるタイプしか使わない。満男はテレフォンカード派だ。「そもそも『男はつらいよ』シリーズは十円玉の世界を誇らしげに描きつづけてきた。アナクロニズムを自己主張しながら、人間性をどこかに忘れてきてしまった現代管理社会のありようを問い続けてきた。しかるに十円玉の世界だけを描くのでは、新しい世代の価値観との葛藤は出てこない」と、吉村は書いている。

だからテレフォンカード式電話が象徴的に登場する。それは、満男と両親の間の確執と和解の媒介としての役割を果たす。寅さんがいつも利用する黄色や赤の大きな電話は、やがて携帯電話が出てくると消えていくことになる。この第42作が公開されたころには携帯電話はまだない。しかし大きな電話は、永遠に存続するものがないことを表す、ひとつの形なのだ。そしてこの非永続性は、人間にも言えることである。ここで、テキ屋仲間の一人が、別の仲間が亡くなったことを伝えながら、ポンシュウと寅さんに語る言葉を記しておくのがいいだろう。「人間、死ぬときは死ぬたい」。故人が健康的な生活ぶりだったことをおぼえている二人は驚く。寅さんは「ほら見ろ、おまえ、酒なんかやめたってだめなんだ。死ぬときは死んじゃうんだから」と言い放つ。この台詞は、健康状態に問題を抱えていた渥美清の口から発せられるだけに重みを持つ。渥美にとって、演じることをやめても意味はなかった。観客が反応してくるのだからなおさらだ。

約190万人の観客が、伯父さんから甥っ子への受け渡しを見るために映画館にやってきた。また9月には、北朝鮮の指導者である金日成が寅さんのファンであることがわかった。平壌を訪問した金丸信副総理と会ったとき、シリーズのどの作品も知っていると明かしたのだ。吉岡秀隆は『日刊スポーツ』紙から日刊スポーツ映画賞助演男優賞を授与された。ほかにも重要な変化があった。年に2回の新作上映はこれが最後となったのだ。1990年から主役の俳優が亡くなるまで、年に一作となった。また暮れようとする１９８９年は、政治などほかの分野で重要な年となった。１９５５年以来ずっと政権の座にあった自民党が、何人もの党所属政治家を巻き込んだリクルート事件で揺らぎはじめる。また、日本人が反発していた（反抗の原動力は女性であった）消費税も導入された。このため、この年の7月23日にあった参議院選挙で自民党は多数派の地位を失う。同党がこんな状況におちいるのは、40年以上の歴史ではじめてのことだった。その後、与党の地位からさえも追われる。その数か月前には考えられない事態だった。これもまた、やがて訪れる変化を告げる予兆であった。観客はそれを、大好きな主人公とともに確認することになった。洋次は、最悪の事態を考えたくないかのように、仕事をさらに増やした。ほかの作品の脚本づくりを引き受ける。その中に『釣りバカ日誌』の第2作もあった。

愛に舞台を

１９９６年10月の『日本経済新聞』の記事で、洋次は「監督は俳優に対して深い愛情を注ぐ」と説明している。先輩監督の木下惠介は、あるときアメリカの評論家ドナルド・リチーに「私は映画と結婚したのです。それが私の人生のすべてです」と明かしているが[*7]、同じように洋次も家族をつくりあげた。俳優たちがそれぞれ大事な居場所を持つ、ほんとうの家族だ。監督としての役割にともなう責任を注意深く心がけることで、必要に応じて高い要求をすることも、支えることもできた。第27作で「マドンナ」だった松坂慶子は、難しい撮影の後で涙にくれているとき、監督がかけてくれた励ましの言葉を忘れない。「松坂君。映画はね、みんなで撮るものだから。みんなで作るものだから」と言われた。ひとつの家族のように、一人ひとりが役割を担っているんだと慰めるためだった。

渥美清は病気のことをめったに話さなかった。しかし洋次は、この事態に適応しなければならなかった。年に2作品を1作品に減らし、この俳優の出番を抑制した。また、それまでとはちがった方向へ向けて発展させることで、シリーズを存続させ、観客層を広げようとした。こうした考えから、『男はつらいよ　寅次郎の休日』（1990年）の脚本づくりと撮影に取り組んだ。彼は演出ノートで「『ぼくの伯父さん』の完成直後から、満男と泉の物語を展開してゆけば、もっともっと面白い作品ができるのではないか、と考えていた。一年後の吉岡くんと久美子ちゃんがどんな成長を見せるかという事も、その時から楽しみにしていた。この『寅次郎の休日』は、長い寅さんシリーズの中の、満男と泉の短いシリーズといってもよい」と説明している。

はっきりと述べているわけではないけれど、実際に彼が説明しようとしているのは、シリーズをいったんカッコの中に入れるということだ。そのカッコを閉じて、ふたたび本筋に戻れるかどうかは、お気に入りの俳優の健康状態にかかっていた。朝間義隆とともに練り上げた物語の骨格をなすのは、寅さんの甥と、その甥が恋している若い娘の関係である。そうすることで、寅さんの立場とは接点の

＊7　*Keisuke Kinoshita: entretien, etudes, filmographie, iconographie*, réunis par Regula König et Marianne Lewinsky; avec une préface de Donald Richie, Editions du Festival international du film, Locarno, 1986, p.10.

なかった社会のいくつかの側面について掘り下げることもできた。とくに関心を向けたのは、さくらと博が息子の満男に感じている難しさだ。大学生になった満男は、アルバイトをして家賃を捻出してでも、一人暮らしをしたいと思うようになっている。しかし母親のさくらは、それに反対だ。ちゃんと勉強を続けられなくなるのではないかと心配だからだ。洋次は、この問題にはずっと前から関心を向けていた。次第にはっきりと主張されるようになっていた個人主義が、社会の均衡を崩し、近代社会をどんどん非人間的にしていくのではないかと考えていたからだ。

この10年前、洋次は『日本人と人間関係』（山田洋次・木村快・島田豊ほか著、一光社、1979年、11―12ページ）という本の執筆に加わり、この傾向に触れて、自分自身の経験を回想している。「僕が大学生だった頃は、みんな貧乏だったせいもあって、寮に入りたがった。だから寮に入るのは大変で、抽選でやったものです。しかし、今は逆にみんな『ひとり住まい』の方がいいから、寮の相部屋に入るなんていうのはいやがるようですね。（中略）いまの学生の多くは一人部屋を早くから与えられ、あるいは一人部屋をもつことを願望して育っているから、こうした経験を積む機会がないんですね。たしかに、人とつきあうということは面倒なことです。しかし、面倒だからといってそれを省くと、人間どうしたがいに理解しあって仲よくやっていくということができなくなる。そしていまの世の中の大勢は、面倒なことを省く方向へ流されています。（中略）こうした問題は、『文化』ということと関連があるように思われます。つまり狭い所で人間と人間がつきあう、修練を経てくる、という過程事態が文化ではないか。めんどうくさいけれども隣のおばさんの愚痴っ話も、たまには聞いてやらなきゃあいけないということを、自分のつとめとして意識していることが大事なんじゃあないか」と書いている。第43作はこの問題からはじまる。彼は本に書いたことを思い返していたのかもしれない。10年前から、人々のメンタリティの変化を見定めていたのだ。

しかし、満男が個人主義にすっかり染まっていたわけではない。ただ、まわりの社会の変化で、その流れに乗るように促されていたのだ。彼は1990年に生きているのだけれど、育ったのは人間的な価値がなによりも優先される環境であった。いわばハイブリッドな人間だ。家を出ようとはやる気持ちでいたのに、自分の家に泉が訪ねてきているとわかると、それも早々としぼんでしまう。泉は母の礼子（夏木マリ）と暮らすために名古屋に戻り、さらに父親（寺尾聰）に会うために東京に向かった。説得すれば、もう一度三人がいっしょに暮らす家族に戻ることができるのではないかと希望を抱いていたからだ。父親に会う前に、彼女は柴又に立ち寄り、満男に家族の問題を話す。伯父の薫陶を受けている満男は、彼女の話を聞いてあげるのはもちろん、その行動を支えるのも自分の義務だと考えている。この点で彼は、洋次にとって希望の源であった。たしかに、泉の願いを叶えてあげたいというのは、彼女に恋しているからである。だが、彼のふるまいからは、寅さんの影響も無視できないことがわかる。満男は彼女について九州まで行くことまで決意する。泉は、父親の元同僚だった人から、彼がすでにそこに転居していると聞いたからだ。

満男と泉をめぐるミニシリーズを紡ぎながらも、監督は寅さんの存在感を維持しようと努めている。たとえ彼が画面に登場していないときでも、精神的な存在として示そうとしている。彼の甥はちがう世代の人間だが、いわば寅さんの分身だ。前作ではそのちがいの象徴として、電話をかけるときのテレフォンカードと硬貨を挙げた。この新作で洋次は、ある本質的な要素に関心を向けて、世代の比較を掘り下げている。列車である。満男が、とっさの思いつきで泉についていくと決めたとき、二人が乗ったのは九州まで行く新幹線だ。一方、柴又にやってきた寅さんが、同じ行き先をめざして選んだのは夜行列車である。泉の母親の礼子とともに、二人の後を追う。礼子も娘のことが心配で東京まで来ていたのだ。日本列島を夜間に走るこの列車は、当時ブルートレインと呼ばれていたが、まったく寅さんらしい選択である。この落ち着いた移動手段でこそ、寅さんは人間関係を築くことができる。実際、彼はいったん寝台車に乗り込むと、礼子との人間関係をちゃんとつくりあげる。この列車は、呼び名にブルートレインという英語を使っているが、実はコートダジュールとパリを結ぶトラン・ブルーから想を得ている。このタイプの最初の列車「あさかぜ」が東京―下関間で運行をはじめたのは1958年10月だった。ブルートレインは重要な交通手段となり、この国の経済と観光の発展を支えた。しかし、自動車文明の到来や新幹線網の広がりがブルートレインを徐々に追い込んでいく。この列車への日本人の愛着がどれほど強かったか、またある意味で、戦後世代を代表する寅さんがどうしていつもこの列車を選んでいたのか。それを理解するにはまず、2014年3月14日に、東京・上野駅のホームに2500人以上の人が集まったことを思い出さなければならない。この夜、最後のブルートレインだった「あけぼの」が、本州の北端の青森に向けて最後の旅に出発したのだ。安全で正確な運航は44年間にわたった。さて、列車内で撮影されたシーンは重要な意味を持った。礼子が寅さんに、自分の人生と娘との関係について告白したのがこのときだからだ。洋次にすれば、この状況を描くのは新幹線では無理だった。彼の頭には、父親がかつて語った言葉もあった。引退していた父親が、東京滞在の後、自宅に戻る際にこう言ったのだ。「急ぐ必要のない人間がなぜ速い乗物に乗らなきゃいけないんだ」。泉の母親と寅さんは、この鉄道の旅でやや特別な結びつきを持つことになる。厳密な意味で、寅さんが彼女に恋をするわけではない。しかし、バラ色とはほど遠い日々のつらさを酒で紛らわせようとするこの女性に、同情しないではいられない。監督はある種のあいまいさの中にこの関係を置く。そのことが少し後で意味を帯びることになる。

満男と泉のほうは、彼女の父親に会った。彼は日田で薬剤師の女性と暮らしている。泉は、父親と話しあうことを決意していたのだが、結局それをあきらめる。今の父親が幸せだとわかったからだ。父と娘が再会したのは地元の祭りの場だ。地方の祭りは、シリーズを通じて構成要素のひとつだ。泉の思惑が挫折した後、二人は偶然に寅さんと礼子に出くわす。4人はいっしょに温泉地に泊まることにする。監督が、二人の大人の間のあいまいな関係をうまく使うのはこの場面だ。旅館の夕食だから、泊まり客の部屋に用意される。宿の仲居が、同じ家族だと思って4人に接する。礼子と寅さんは、それをちがうと言わない。泉が嫌がるのもかまわず、夫婦のようにふるまう。第39作で、少年を連れていた寅さんが一日「パパ」になったことを思い出させる。長く愛しあう関係を築けない寅さんは、かりそめの家族で満足している。彼は、結婚している男ならだれでもこうふるまうだろうという受け答えをする。このときが最初ではないけれど、洋次が示そうとしているのは、家族かどうかは、公式な基準ではなく、なによりも、どんな形であれ家族をつくろうとする気持ちによるのだということだ。

家族の緊急事態

洋次が関心を向けているのは、いわゆる社会の構造よりも人間についての面だ。そこが彼の先達である有名な小津安二郎とのちがいだ。欧米でもっとも知られている小津の作品が描いているのは、伝統的な家族構造の崩壊であった。山田洋次は、故木下恵介が掲げていたたいまつを引き継ぎ、家族を表現しつづける。たとえそれが、かりそめの家族だとしても、だ。彼は家族の永続性を信じようとしているのだ。家族がなくなれば人類も滅びる。彼は単に観察者であろうとしているのではない。自分のまわりの世界について、なにかを主張しようとしているのだ。

『二十四の瞳』（1954年）の監督（木下恵介）について、ドナルド・リチーが述べた言葉を借りるなら、小津や成瀬巳喜男が「描写する監督」だったのに対して、洋次は「規定する監督」ということになる。メディアによく登場して、さまざまな社会問題について発言していることも、映画での主張を裏づける。興味深いのは、この第43作に取りかかる前に、彼はすでに『息子』（1991年）の撮影をはじめていたことだ。こちらは第43作の翌年に公開される。

『息子』では三國連太郎を起用し、家族の再生に焦点を合わせている。この製作は、寅さんシリーズ作品の撮影のためにいったん中断する。彼の考えは一貫しているが、微妙なニュアンスを加えている。寅さんのかりそめの家族は、実際は女性の訴えに応じられない寅さんの無力さに、ふたをしたままだ。夕食の後、別れた夫が幸せそうにしていると泉から聞かされて悲しんでいる礼子に、寅さんはなにかしてあげてもよかったはずだ。しかし彼は、そうはしなかった。これは満男とのちがいでもある。満男は、泉と礼子に声をかけるために、二人が乗ったバスを追う。父親に会うのに付き合うために、電車に飛び乗ったときのように。寅さんにとっての岐路は、第29作(『寅次郎あじさいの恋』1982年)だったのだろう。あのとき寅さんは、かがり(いしだあゆみ)が差し出しそうとした愛に背を向けた。

世代のちがいは、この作品ではよりはっきりと示されている。若い観客にもっと来てもらいたいというねらいもそこに表れている。あらゆる細部に、作品を同時代の中に位置づけるための気配りが見てとれる。たとえば、長めの場面で映る満男の部屋もその点で興味深い。部屋の壁に尾崎豊のポスターが貼ってあるのだ。1992年に夭逝した当時のスター歌手だ。彼は学校教育制度を批判する歌で人気を得ていた。

さらに洋次は、日本のポップスも使った。満男と泉が新幹線にいる場面の挿入歌に、徳永英明の「JUSTICE」を採用した。1990年9月に発売され、売り上げのトップになったアルバムからの歌だ。それまでは演歌や民謡がよく使われた。寅さんの世代にはぴったりだからだ。しかし「ミニシリーズ」のほうを引き立てるために、監督はスタイルを変えたのだ。とはいえ、この歌の歌詞は含蓄に富む。「涙ほどいて 風を頼れば何かに出会うだろう」。永遠の放浪者、寅さんの精神と響きあうではない

高齢社会

1970年のはじめから、高齢化は日本政府の主な懸念のひとつだった。1970年、65歳以上は国民の7.1%、およそ740万人だった。10年後は9.1%になった。2000年には17.5%。さらにその20年後には29.1%になっている。政府は高齢者ケアを整備する必要性を強調し、1989年にゴールドプラン、1994年に新ゴールドプランと名付けられた財政とハード両面での整備を策定した。政府は2000年代に新しいベビーブームが起きるのを期待していた。しかし人口統計学者の予測は裏切られ、ブームは起きなかった。経済状態の悪化が労働市場の不安定化につながり、結婚の数が抑えられたのだ。日本では結婚が子どもを持つための必要不可欠の条件だ。フランスでは子どもの60%は婚外関係から生まれるが、日本ではその数は2%以下だ。こうした状態では、65歳以上の4人に1人が働き続けなければならない「超高齢社会」が現実味を帯びる。

か。この路線の選択も、第43作の成功の理由だろう。作品は200万以上の観客を集め、その年の売り上げで第3位となった。

1991 第5部 2003

1996年（写真提供：朝日新聞社）

けっして満足することのない監督は野心的な企画へと向かう。それによって、押しも押されもせぬ映画界の大御所になっていく。一方で渥美清の健康状態が明らかに悪化し、対応を迫られる。

さらなる高みへ

映画の出来は良く、目標も達成できたが、少しほろ苦い後味が残った。寅さんを失った印象を与えたからだ。作品のエンディングで洋次が撮ったシーンは、自転車をこいで満男がお正月を柴又で過ごす泉を迎えに行くところだ。その道すがら心の中で伯父さんに語りかける。「伯父さん、人間はだれでも幸せになりたいと、そう思っている（中略）でもそれじゃあ、幸せってなんなんだろう？（中略）タコ社長は寅さんがいちばん幸せだよとよく言うけど、伯父さんはほんとうに幸せなんだろうか。仮に伯父さん自身は幸せだと思っていたとしても、お母さんの目から見て不幸せだとすれば、一体どっちが正しいのだろうか。人間はほんとうにわかりにくい生き物なんだなあ」。この真剣な問いに、観客もいつか答えがほしいと願っている。もっぱら寅さんを悩ましていた問いを、甥が引き継ぐことになる。この作品の製作が終わると、洋次は『息子』（1991年）に取りかかった。これは『幸福（しあわせ）の黄色いハンカチ』（1977年）以降、もっとも野心的な企画である。洋次はほかにも優れた作品を製作してきたが、この作品はどれと比べても明らかに質が高い。監督になって30年。その間、取り組んできた仕事のいわば集大成である。黒澤明はこう説明している。「いい映画は、見終ったあとになんとも云えない心持ち良さが残る。いい映画が忘れられないのは、それがあるからだ。『息子』は、そう云う映画の一つである」。映画の達人で『七人の侍』（1954年）の監督が言うことにまちがいはない。洋次に向けられた賛辞は、これまで洋次の仕事に注意を払わなかった海外の批評家たちに、小さな明かりをともすと思われた。だが洋次の才能を評価したのは、カリフォルニア州の『ロサンゼルス・タイムズ』のケヴィン・トマスだけで、紙面に洋次に関する記事をいくつも書いた。批評家たちが十分な好奇心を持ち合わせていなかったことは、東宝などに比べて松竹が海外のマーケットに関心が薄かったせいもある。『息子』という作品は、その質に見合った地位を与えられなかった。

小津監督を認知するのに時間がかかったことに批評家たちは注意を払うべきだった。その小津も松竹に所属していたことを忘れてはならなかった。そして、時代がちがえば『東京物語』というタイトルがついたかもしれないこの作品にもっと注目するべきだった。椎名誠の小説を原作とするこの作品のテーマは、またしても家族である。父と息子の関係、そして生まれ故郷との関係が軸となっている。東北生まれでかつては出稼ぎ労働者だった昭男（三國連太郎）には子どもが三人いる。長女は結婚し、長男は大学を出て大企業に勤めている。末息子の哲夫（永瀬正敏）だけがまだ落ち着いていない。アルバイトで暮らしていることに父親は気を揉んでいる。母親の一周忌で岩手に帰った哲夫は、古い大きな家で一人暮らしをしている父親に生活ぶりを戒められる。東京に戻ると哲夫はアルバイト先の居酒屋をやめ、もっと安定した生活が望める小さな鉄工所で働く。配達先で見かけた若い女性の征子（和久井映見）に一目惚れする。征子には聴覚障害があることを知るが、恋はさめない。結婚する決心をし、子どもたちに会いに父が上京した折に報告する。物語の中に山田監督が関心を寄せるさまざまな問題が含まれている。そのひとつひとつを、カットや内容をみがいて、完璧な手法を用いて論じてみせた。そのみごとな腕前に対して黒澤明は言った。

「山田くん、いい映画をありがとう！」

『東京物語』

映画は夜の東京を映し出すいくつかのカットではじまる。１９９０年。東京は世界でもっとも活動的な都市のひとつだ。ネオンライト、行き交うタクシー、人でごった返す道路などから、観客はそのことを思い起こす。やがて監督は観客をにぎやかな居酒屋へと誘う。そしてカメラがカウンターの後ろにまわると、舞台裏が明らかになる。そこでは外国人労働者が働いている。おそらく賃金は低く、いつもどなられている。人手不足が表面化しはじめたころだ。とくに３※Ｋ（きつい、きたない、きけん）と言われる仕事では深刻だった。日本の若者は手を汚したり、肉体を使ったりする仕事を嫌った。このため１９８０年代に大勢の外国人労働者がやってきた。出身はイランやフィリピン、南アジア、そして南米からは日系二世や三世がやってきた。彼らは日本の若者たちが嫌った職業に就いた。日本人の学生ならより時給が高く、重労働でない仕事を見つけることができたのだ。この居酒屋のホールで働く哲夫も、仕事は必ずしも楽では

※3K
3K（きつい、きたない、きけん）はフランス語ではさしずめ3D（dur, déguelasse, dangereux）ということになる。1980年から1990年の間、何百万人という日本の若者にとって、3Kは求人を断るための十分な理由だった。先輩たちとちがって、若い新卒者は手が汚れたり、体力を使ったりする仕事はやりたくなかった。主に建設業や加工産業などのきびしい仕事が敬遠されたことは、外国から大量の労働力を呼び寄せるきっかけとなった。イラン、フィリピン、南米から移民労働者がやってきた。南米から来たのは20世紀初頭に移住した日本人の子孫たちだった。彼らは日本の若者が就かなかった職場を埋めていった。当時、会社は若い新卒者の勧誘にやっきになっていて、求人条件の中に職種は3Kではないと必ず記した。

ないが、そんなアルバイトの一人だ。勤務が終わり、皿洗いをするアリと帰宅するとき、賃金の差に気づく。「今、いくらもらってんだ？」と聞くと、バングラデッシュ人のアリは「1時間700円です」と答える。「そんな安くたたかれて、国に帰ったほうがいいんでないか？」と哲夫。日本人の哲夫なら、その3倍とは言わないまでも、少なくとも2倍はもらっていただろう。たしかに、バブル経済の下（はじける前）では時給は高く、日本の若者は十分に生活することができ、なによりも大した苦労もなしに次から次へと職場を変えることもできた。映画のはじめに、哲夫は、義姉から兄が紹介した会社で働いているのではなかったのかと聞かれて、こう答える。「やめたよ。あまりこき使うから」。当時の流行語は「フリーター」（英語の『フリー（自由）』とドイツ語の『アルバイター（労働者）』を合わせた造語）。1986年に登場したこの言葉は、親のようなサラリーマンになるのを嫌う若い世代を指した。彼らは好きなように仕事を変える自由を選んだのだ。ますます浸透した個人主義の表れであり、こうした生活の仕方は当時の経済状況にマッチしていた。若者たちは望めばすぐに定職が見つかることを知っていた。参考までに、『息子』が1991年10月に公開されたとき、日本でしばしば経済の動向を測る指針として用いられる大卒の求人倍率は、最高値の2・86にまで上昇していた。つまり、求職者一人あたり3件近い求人があるということだ。この数値は10年後に0・99にまで下がり、フリーターは急激に貧しくなる日本を代表する存在になってしまう。哲夫はホールで働いているが大金持ちというわけではない。単身者向けのアパートに暮らしているが、家賃はとてつもなく高いはずだ。そのころ首都圏の家賃は頂点に達していた。

自宅に戻った哲夫に父親から電話がかかる。岩手県北部に位置する軽米(かるまい)町で母親の一周忌の法要が行われることを思い出させるためだった。東京の夜を見てきた観客は、一気に自然の中にたたずむ農村地域の牧歌的な風景に放り込まれる。かやぶき屋根の民家を目にすれば、ときには避けられない都市化からも取り残された地域であることがわかる。ここが浅野家のふるさとで、哲夫はいまだに故郷の東北弁が抜けない。亡くなった母親の納骨という大事な法事に家族全員が集まる。思い出を語り、懐かしい写真を見る機会でもある。寅さんシリーズで監督が巧みに演出してきたように、テーブルを囲む子どもたちのカットは、こうした家族の集まりのぬくもりを上手に伝える。古い写真がクローズアップされ、父と母の人生をたどることができる。父親は建設現場への出稼ぎ労働者だった。これはめずらしいことではない。1960～1970年代において東北の農村地域は労働力の主要な供給源だった。これまでの作品で何度も触れてきた状況を洋次はいま一度取り上げている。多くの同僚とはちがって昭男はふるさとに戻った。子どもたちが首都に暮らしているのに、これからも一人でこの大きな家で暮らしつづけられるのか、それが問題だ。昭男は幸せに暮らしている地方を離れる気はない。哲夫以外の子どもらは、父親を受け入れる経済的な余裕はあるし、部屋もある。だが、そうしなくてすむように、さまざまな言い訳を口にする。これは小津監督の『東京物語』（1953年）の終盤の食事のシーンを思い起こさせる。紀子（原節子）をのぞいて子どもたちは父親（笠智衆）に表面的なお愛想しか言わない。洋次と朝間義隆が共同で脚本を執筆したとき、明らかに大船の大先輩のこの名作を意識していた。洋次が先輩の仕事を吸収して自分のものとしたという点からも興味深い。小津に対して、洋次はなんの引け目も感じていない。この作品はいくつかの章立てになっていて、それぞれが小津作品に言及する仕組みになっている。2013年に、洋次は小津作品のリメイク版『東京家族』

を撮影した。あとで取り上げることにする。

「仕事」の価値

昭男と哲夫の親子関係は、緊張したものではないけれども複雑だ。真逆の体験を通して生まれた世界観のちがいから二人は対立している。洋次が兄弟の弟のほうに重きを置くと決めたのは、そのほうが適切だとわかっていたからだ。なるほど、兄と姉は戦後日本に広まった社会的枠組みに溶け込んでいた。姉は主婦になり、サラリーマンの兄は30年ローンを組んでマンションを買ったばかりだ。次の世代である弟にとって、こういう社会モデルは自分が望む自由とは相容れない。1960年代には、うんざりした若者たちが、ときにははげしい反乱を起こしている。だが1970年代に入るころにはそのほとんどが反旗を降ろし、企業戦士になった。そうすれば、先輩らが享受できなかった物質的なゆとりが手に入ったからだ。哲夫は成就できなかった反乱の後継者なのだ。束縛をはねつける生き方をすることでそれを体現している。軽米の自室には、ロックバンドのザ・クラッシュのレコード『動乱（獣を野に放て）』（Give 'em Enough Rope）が置いてある。アルバムのメイン曲の一つは「ステイ・フリー」（Stay free）。哲夫の態度は昭男とぶつかる。昭男の価値観、とくに仕事に対する価値観は、息子のものとはちがう。畑で落ち合った二人の会話は、そのことを如実に物語る。今の生活について尋ねられた哲夫はこう答える。「時給はいいけど、人間関係がわずらわしいからやめるかもしれない。勤め口はなんぼでもあっから、そのうち気に入る仕事も見つかるべ」。「仕事ってのは、気に入るか気

『息子』(©1991松竹株式会社)

に入らないか、そったらことは大したことではないんだ。大事なのは、長続きして手に職つけることだべ」と父親は応じる。「またはじまった。ここに帰ってきて百姓すればいいっていうのか。おれ、頭悪いんだから」と哲夫は反発する。「頭悪くて百姓ができるか。今どき農業で食っていくのがとったら難しいことか。そったらこともわからないほどお前、バカか」と昭男は投げ返す。「だれがやったって合わないんだろう、百姓仕事は。カンカン照りの日を一日も休まないで働いても結局葉タバコは150万にもならないって、父ちゃん言ってたでねえか。東京だと冷房のきいたビルの中でコーヒー運んでも時給800円だからな。経済の仕組みがそうなってんだ、今の日本は」。疲れ切った父親は最後にこう言う。「東京に帰って金持ちにでもなんでもなれ。このバカたれが」。このやりとりが交わされる間、昭男は腰を下ろして作業を続け、息子は立ったままなにもしない。

こうして洋次は二人の視点が相容れないことを強調し、同時に父親が哲夫と畑の将来を心配していることも示すのだ。哲夫が東京に戻り、昭男が一人になるところで第1章は終わる。その場面を描くのに、監督は『東京物語』の最後のシーンから着想を得た。列車内の哲夫（小津の映画では原節子）を映した後、家に一人たたずむ父親のカット（1953年の映画では笠智衆）が続く。訪ねてきた近所の女性が小津の作品とまったく同じ言葉をかけるのだ。「みんな帰ってしまって、さみしくなったな」。最後のカットではスクリーンの広さをうまく使って、大きな家と、いちばん奥の部屋に座る昭男の孤独をきわだたせている。

著名な先輩の映画は悲観的なトーンで終わったが、洋次はどこかに楽観的な視点のない物語はどうしてもつくれない。第2章がはじまると観客はすぐに哲夫が父親の言葉からなにかを感じ取ったことに気づく。居酒屋の仕事をやめて、体を使う中小企業で働くことにしていた。初日に同僚がこう言葉をかける。「ここの仕事は、ハンバーグやスパゲッティを運ぶんじゃねえんだぞ。金属を運ぶんだぞ！金属！　知ってんのか？」哲夫はこう答える。「そういう、汗を流すような仕事をやりたいと思ったんです」。哲夫になんらかの変化があったのだ。部屋に戻ると、父親に書く手紙を頭の中で描く。「いろいろ心配をおかけしましたが、このたび勤めを変えました。今度は金属関係の堅い会社です。きつくて危険な仕事ですが、自分を試すつもりでがんばります」。3Kの仕事に背を向けることをやめたようだ。定期的に配達に行く会社で働く若い女性従業員の征子（和久井映見）と出会ったことで、哲夫の変化に拍車がかかる。征子が聴覚障害者であることから、いっそう努力をする必要ができたのでなおさらだ。ふつうのやり方では彼女の気を引くことはできないのだ。別の従業員から征子の障害を教えられた日、哲夫は「ろうあの人、それがどうしたっていうんだ。いいではねえか」とつぶやく。それでも、周囲の視線を乗り越えなければならないので、これはひとつの試練である。第2章は、第3章への移行部である。第3章で映画愛好家は『東京物語』の雰囲気にひたることになる。

演技指導

雪が降りはじめた岩手で、昭男は上京する準備をしている。小津の映画と同じように、まず首都東部の郊外にあるコンクリート敷きの広いニュータウンに住む長男の家に行く。雪が積もった岩手の美しい風景からがらりと変わる。忠司は父親に軽米の家で暮らすのをあきらめてほしいと言うが、昭男はここで住むなど想像できない。息子と嫁が自分のことで言い合っているのを耳にして、自分が二人の重荷になっていることを知る。戦友仲間と会ったあと、東北に戻る前に哲夫のところへ行く。法事のときと同じ「緊張感」を抱いていた。だが洋次はいろんな情報を差しはさむことで家族の中で末息子と父親がより近い関係にあるのだと思わせる。忠司の家の周囲の環境は寒々しく、人との交流がないことがはっきりと感じられた。哲夫は下町に暮らしている。たしかに、兄のマンションに比べれば彼のアパートははるかに快適さに欠ける。風呂もないが、銭湯に行ったおかげで昭男は上機嫌になる。建設現場の作業員といった、自分と境遇が似た人々と出会い、言葉を交わすことさえある。

長男のところでも、人が集まる場所には自分と同世代の人間はいたが、みなそれぞれが自分の世界に閉じこもっていた。征子の訪問は、父子関係が大きく変わるきっかけとなる。聴覚障害を持つ征子のために、手話をおぼえた哲夫は昭男と征子の通訳を務める。洋次は実に巧みにこのシーンの一部をアパートの窓の外側から映した。そうすることで、この思いもよらなかった顔合わせに、大きなインパクトをもたらした。そして哲夫が結婚するつもりだと伝える次のシーンへとつないでいった。「父ちゃんがいくら反対しても、おれは聞かないぞ」と哲夫は言うが、昭男はそんなつもりは毛頭ない。むしろ喜んでいる。征子も哲夫と結婚したいという気持ちを伝える。昭男の感動した顔を捉えた後、カメラは180度旋回して、ぐつぐつ煮るおでん鍋を映す。みんなでつっつく心温まる家庭料理の代表である。シンプルなカメラの動きだが、監督の思いと人間関係の考え方をうまく要約している。それはよけいな飾りなどつけずに伝えるべきものなのだ。洋次が映画を撮るたびに追いつづけているあの幸せは、ここに隠されていたのだ。昭男は、すっかり雪におおわれた岩手に帰る。家にたどりついた。玄関に入ると、明かりが半分当たった顔を脇の部屋に向ける。そこには妻、子どもたち、祖父母がいろりのまわりで食事をしている。東京の出稼ぎ先から帰ってきたころを思い出していたのだ。このシーンは詩情にあふれていて、すばらしい。寒さで現実に戻った昭男は火を起こすが、その炎は今や心の奥にともされた灯を象徴する。

最初から最後まで完璧な采配で製作された『息子』は洋次の傑作のひとつである。主演した俳優のおかげでもある。日本映画のスターの一人である三國連太郎はみごとに昭男を演じ切った。永瀬正敏と和久井映見という若い二人については、なんと言えばよいのだろう。映画に立派な推進力を持たせたと言えばよいのか。俳優を演出するという点で監督の才能が測れる。洋次がいなければ、若い二人の俳優のその後の活躍はなかったかもしれない。アシスタントの一人である濱田雄一郎はこう打ち明ける。「ひとつ言えることは、山田監督は撮影の時にはなるべくカメラの横、俳優を実際に指導できる場所にいます。これも当たり前のようですが、カメラと離れたモニタのある場所に陣取るタイプの監督ではないということです。ちゃんと顔を見て演出したい、キャメラの横で演技を見るべきだと思っていて、そうでなれば演技の質が変わってしまうとすら考えています」

そばにいることで、描きあげたい「真実」に手が届くのだ。「山田監督は自分でシナリオを書いています。ですから、俳優に対しても『真実のもの』、つまり『山田監督が求めている演技』というゴールに向け、台詞の抑揚、間、声の高さ、感情の強弱、仕草、顔の上げ下げ、あるいは動き等についての調整を加えていくわけです。もちろん、小津のように不自然なまでに厳格な形があって俳優を縛りつけるわけではありません。『山田さん作品というのは役者のうごきなり、表情なりが、たいへん的確にとらえられて』いるとすれば、それは山田監督が俳優の演技を見て、『真実のもの』へ修正することができる能力の故なのではないでしょうか。ですから質問に対しては、どちらかではなく、どちらもであると答えるのがいいのでしょうか。山田監督のこのような丁寧な演出スタイルは50年以上変わらないのですが、いつしか『俳優に丁寧に演出する』ということが日本映画の現場では珍しいことになっているようです」と濱田は付け加えている。だから『息子』が多くの賞を受賞したのも驚くに値しない。第15回日本アカデミー賞において、三國連太郎は最優秀主演男優賞、永瀬正敏と和久井映見はそれぞれ最優秀助演男優賞、助演女優賞を受賞した。製作スタッフでは、高羽哲夫が毎日映画コンクールで撮影賞を受賞した。「山田監督はスタッフの名前を一人一人ニックネームで呼ぶ。そうすることで、スタッフが監督のために頑張ろうという気にさせるのだ。山田監督は、映画は監督一人で作っているのではない、監督はいわば指揮者である、と言っているが、撮影の時なるべくキャメラの横に立つというのも指揮者の態度なのかもしれません」と濱田雄一郎は言う。この作品はキネマ旬報ベスト・テンで作品賞を受賞した。

あの人だけがいない

洋次にとってこの成功は十分満足するに値した。だがひとつだけ、残念に思うことがあったはずだ。キャストにある俳優の名前がなかったのだ。渥美清である。30年もの間、寅さんシリーズ以外の山田作品のすべてにも渥美は出演してきた。ほんとうに小さな役だったときもあるが、渥美は山田作品の印だった。その意味で『息子』（1991年）は、洋次が巧みに切り替えてみせたひとつの転機である。お気に入りの俳優である渥美が自分の病気について立派なふるまいを見せていたからできたことである。「役者は同情されるようになったらおしまいだ、というのが彼の口癖だった」と監督はふり返る。そして寅さんの第44作に取りかかった。公開日は12月23日と決まった『男はつらいよ　寅次郎の告白』（1991年）はこれまでどおり、ほどよいテンポで展開する。だが主役の出番を減らしたとはいえ、渥美の体調の衰えにチーム内では心配する声が広がった。これほどチームが一丸となって働く経験を重ねてきて、慣れていなければ、結果は洋次が求める水準に達していなかっただろう。こうした条件に考慮して、朝間義隆とつくりあげた物語はまたしても満男（吉岡秀隆）と泉（後藤久美子）の関係が中心となった。映画の冒頭は、岐阜県の恵那峡のみごとな風景をバックに、寅さんのモノローグからはじまる。そこで自分と河川、そして生まれ故郷との関係を語り、映画はまさに柴又で幕を開ける。これまでの作品とちがって満男と父親の博（前田吟）の関係は少し好転したようだ。緊張のとけた雰囲気は、まもなく泉が訪ねてくるということと無縁ではないかもしれない。それでも博はいちばん問題なのは、息子が彼女の心を射止められるかどうかだ、と指摘する。

『息子』でもそうだったが、時代の空気に寄り添うことを望む監督は日本の経済的、社会的状況を取り上げる。そのためには優秀な代弁者がいる。ほかでもない、タコ社長（太宰久雄）である。彼が現状を嘆いたとしても驚かない。仕事がないのではなく、人手不足が問題なのだ。ついにはくるまや（元とらや）の従業員を引き抜こうとする。自分のような中小企業が必要とする労働力を獲得できないのは、大企業が雇用に圧力をかけているからだと、大企業を非難する。「思い切って寅ちゃん雇わないかい？　今度帰ってきたら、私が話しとくから」と叔母のつね（三崎千恵子）が持ちかける。「そりゃあ断る。寅さん雇うくらいなら、工場閉めたほうがいい」と社長は答える。そして向かいの店のおかみさんと話している寅さんに気づく。シリーズの最初から、親類らが主人公を話題にしているときにちょうど本人が登場するように洋次は仕掛けている。そこでたいてい、話題にしていた人が驚いたり、バツが悪そうにするのだ。近くにいない場合は、電話が鳴って、受話器の向こうから寅の声が聞こえてくる。今回、寅さんが自分を手伝ってくれる人を探していると聞いた社長はとても驚く。人手不足はテキ屋稼業にも及んでいて、寅さんもまた社長がねらっているのと同じ、くるまやの従業員を雇おうとしていたのだ。

仕事は泉が東京に来る理由でもある。就職先を探しているのだ。満男が就職活動に付き合うが、なかなかうまくいかない。アルバイトは簡単に見つかるが、申し分のない履歴書を持っていなければ安定した職場に雇ってもらうのは難しい。（雇用市場がどんなにきびしくても）日本では規定どおりの学歴を持っていなければなかなかチャンスが与えられない。ある種の形式主義が横行しているのだ。泉のように、自分の意に反した理由で転校を3回もくりかえしたとか、短大さえ卒業していないとなると、自分に合った職業に就けるチャンスは少ない。このシステムを問題にしてきた洋次にとって、このシーンは非常に重要で、どんどん規格化されていく日本の流れについて観客に警告を発したいのだ。このシステムのせいで、家族のたったひとつの目標は子どもを決められた道に進めることだ。そうしなければ就職のチャンスは減るからだ。就職活動に失敗した泉は母親（夏木マリ）と暮らす名古屋に戻る。母親は小さなクラブのママをやっていて、新しい恋人と人生をやり直したいと思っている。当然、娘は反発する。混乱した学校生活を送ってきた原因は不安定な家庭環境と母親の行動にあり、泉は怒りを爆発させる。行き先も告げずに家出をすることに決める。数日後、満男は山陰の鳥取県から泉の絵葉書を受け取る。さびしいと告げる内容で、それ以上詳しいことは書かれていない。彼女が家出したと知った満男は、探しに行くことにする。泉との関係では長距離の移動がつきものだ。この展開は第36作（『柴又より愛をこめて』１９８５年）を思い出させる。このとき満男の伯父は家出したタコ社長の娘あけみを追ったのだった。

洋次は満男を伯父が経験したのと似た状況に置くことに決めた。そして寅さんに解決するための助言をさせるのだ。そもそも泉を見つけたのは甥ではなく寅さんだった。鳥取県の倉吉といえば、漫画家谷口ジローの『遥かな町へ』や『魔法の山』の舞台になったことで有名だが、寅はその小さな町で老女の家に身を寄せている泉にばったり出くわす。二人はいっしょに鳥取の有名な砂丘で待つ満男のもとへ向かう。第36作で寅さんとあけみはすぐには帰らず小さな島に滞在したが、今回も三人は寅さんの友人の聖子（吉田日出子）が女将を務める宿に泊まる。今回の「マドンナ」は寅さんの昔の恋人である。当時、別の男と同時に聖子に好意を寄せたが、聖子は寅のライバルのほうを選んだことが明らかになる。このような設定はシリーズの中でははじめてである。寅にもはや新しい恋愛に向かう気力がない今の状況にぴったりだ。また満男に女性関係でこうしたまちがいにおちいらないようにと思わせるのにちょうどよい。満男は泉に、伯父さんは手の届かない女の人に夢中になるけど、その人が伯父さんを好きになるとあわてて逃げ出す、と寅さんの失敗談を話す。なぜ寅さんは逃げ出すんだろう、と泉が尋ねると「わかんねえよ」と満男は答える。「自分の伯父さんのことでしょ、どうしてわからないの」と不満げな泉は、満男ならどうすると聞く。「僕は（女性を）奪い取ってしまうほうだよ」と満男は答える。

それでも動きつづける

実は、満男が感情を表現するのが苦手なのは伯父ゆずりだ。帰りの列車で泉と二人だけになると、お互いひとことも交わさない。このシーンには恋愛関係の取り組み方を歌った徳永英明の「どうしょうもないくらい」がずっと流れている。満男は泉の手に自分の手を重ねるぐらいしかできない。泉も同じように重ねて応じる。二人の間にはかろうじてプラトニックな恋愛関係が生まれる。観客は満男と泉の恋物語が気に入ったようで、その進展を見ようと210万人が映画館に足を運んだ。けれどもこの映画は未完成の感が否めない。洋次にとって特別に忙しかった一年の終わりに封切られた作品である。2本の作品に加えて、『釣りバカ日誌』第4作の脚本とテレビ映画を1本、執筆した。「山田さんは、自分は仕事人間だ、と。我々の世代は、と。仕事をしていないと落ち着かないように見えます。趣味はとくに持たない。仮に趣味をする時間があるならばその時間は仕事をする、という人。あるとき、私が『京都に行ってきました』というと『なんで?』『旅行ですけど……』『え? 京都は仕事で行くところだろ』と。たしかに京都には松竹の撮影所がありますけど……」と、洋次をよく知る濱田雄一郎は言う。

常に忙しくしていたいと思う洋次だが、1992年には少し予定を開けることにした。その年、映画製作は1本にとどめ、寅さん以外の脚本も1本だけにした。とはいえ、天職である映画を脇に置いたわけではない。撮影に臨まず、脚本を書いていないときは、新しい映画や劇を見に行った。同僚が言う。「山田監督は、スタッフのだれよりも新作映画を見ているし、演劇も見ています。Netflixで話題の韓国ドラマも。これももちろん趣味ではなく仕事ですね。これまで50年以上毎年映画をつくってきた映画監督でまた次回作もすぐに撮るであろう立場なので、見る映画や演劇はすぐに自分の次回作への刺激となるからです。こんな新作映画の見方をしているのは山田監督だけかもしれません」。だが当時はまだネット放送はなかったので、洋次は上映中の作品をなるべくたくさん見ようとして好んで映画館に行った。ときどき、自分の作品に対する観客の反応を測ることもした。1991年6月に『家庭画報』誌に掲載された尼僧で作家の瀬戸内寂聴との対談の中で、このことについて語っている。「ずいぶん昔のことですけど、新宿の古い映画を三本立てで上映している小さな映画館で寅さんをやってたから観にいったんです。待合室で明らかに浮浪者風の人と二人になったんです。声をかけたくなりまして、『映画面白かった?』って聞いたら、『うん、面白かった』、『どこがよかったの』と聞いたら、『大勢の家族がいて、みんなで寅さんの就職の心配をしてやるシーン、あそこがいいな』って言うんです。そのとき、この人にはそんな家族がないんだ、(中略)そんな風に寅さんが優しくされるのを見て、ほんの少しばかり自分も慰めと思いました。現実はとてもむごいんですからね、彼にとっては」。(中略)正月でしたが、こうした出会いは洋次に同じ方向を進むことを後押しした。とりわけ新しい企画では人道的な価値観を主張することにこだわった。それがなくなれば社会は崩壊してしまうからだ。「昔はよかったと決して言いたくない。でも、文化には捨てるべきものと守るべきものがあって、その大事なほうが失われた、という気はします」とも言っている。

過(あやま)つは人の常

こうした考えや関心事を軸にしたテーマでもって、洋次は『男はつらいよ 寅次郎の青春』(1992年)の執筆と製作に取りかかった。公開日は12月26日に予定され、脚本を担当した『釣りバカ日誌』第5作も同じ日に公開が決まった。渥美清の健康状態が好転しないなか、洋次はやや外野にまわってしまった寅さんの目を通して満男と泉の関係を追うことにした。「人間は失恋によって成長する。寅さんは口ぐせのようにそう言いながら、御本人はさっぱり成長せずに、ひたすら愚行をくり返すうちに、甥の満男の方は、いつしか泉への愛をとおして、自己をみつめ、新たな自分の発見の旅立ちを準備するのである。第45作は、愚かな師と、真面目な弟子との、おかしくも哀しい師弟愛の物語である」と監督は演出ノートに記している。導入の「夢」から、さっそく映画の基調が示される。その中で寅さんは自分を満男と泉の保護者に見立てている。今回は昔の映画のように弁士が語る形で映画の進展が予告される。さて、泉は東京で働いている。満男は両親との食事に泉を家に誘う。二人の恋愛関係はあまり進展していない。二人だけになるシーンでは、監督は巧みにお互いのためらいを捉えている。互いに引き合っているが、なにか超えられない障壁が存在するようなのだ。泉は同級生の結婚式に出席するために九州の宮崎に行くと告げる。観客も宮崎県油津へと連れて行かれる。そこには寅さんがいる。彼が登場する前に、高羽哲夫のカメラは魅力あふれる油津の小さな港を案内し、蝶子（風吹ジュン）の理髪店にやってくる。今回の「マドンナ」の店だ。蝶子と寅は小さな食堂で出会った。蝶子は「どこかにええ男でもおらんじゃろうか？　沖縄でも北海道でも、ついていくっちゃけんど」と大声で言ったのだ。当然、寅が反応した。だれとでもすぐに打ち解ける寅さんは、あっという間に蝶子に髪を切ってもらうことになった。長年シリーズを追ってきたファンは、少し言葉を交わすだけで長い付き合いに発展させる寅さんに、すっかり慣れっこになっている。今回は悪天候が重なり、話はいつも以上にトントン拍子に進む。蝶子の弟で船乗りの竜介（永瀬正敏）は海に出たものの、天気が悪くてすぐに戻ってきてしまった。永瀬を『息子』（1991年）で哲夫役に抜擢した洋次は、今回はなにより音楽を愛する青年役に起用した。蝶子はこの小さな町に閉じ込められているような気分でいる。寅さんとの出会いに新しい風を感じたのだ。同級生の結婚式に出席した後、少し観光を楽しんでいた泉は、こうした状況の中で偶然に寅に出くわす。そのとき、寅さんは転んで足をくじいてしまう。泉は柴又の家族に連絡する。おばちゃんは驚いて、命は大丈夫かと心配する。たとえわざとらしくて大げさなシーンとはいえ、寅さんの死を想起させたことには、ひっかかりを感じる。また、彼のもとに駆けつけるのは、第11作（『男はつらいよ　寅次郎忘れな草』１９８３年）のように妹のさくらではなく、甥の満男であることにも注目するべきだろう。

泉もいるのだから、満男はいっそう乗り気だ。現地に着いて伯父さんの容態が悪くないことに安堵したのも束の間、泉と竜介が親しくしているのを知って、気落ちする。車の中で、後部座席から満男が二人の会話を聞きながら呆然とするシーンの演出は実にうまい。満男の思考の道筋をたどりながら頭の中をのぞき、心の動揺を捉えることができる。今さらながら満男の泉に対する気持ちを確認することになる。竜介に恋人がいることがわかり、満男はほっとするが、だからといって泉に気持ちを打ち明けることがなかなかできない。寅さんは心配だ。「どうなってんだ、泉ちゃんとは。もう婚約したのか？」と聞く。「まだだよ」「接吻はしたのか？」「まだしてないよ、そんなこと」「暗闇で手を握る程度か？」「してない」「それじゃあ、泉ちゃんのこと愛してないのか」「今の僕の気持ちは『愛してる』なんて、そんな簡単な言葉で言えるもんか」「それじゃあ愛してないのと同じだよ」「どうして？」「思ってるだけでなにもしないんじゃ、愛してないのと同じなんだよ。お前の気持ちを相手に通じさせなきゃ。愛してるんなら、態度で示せよ」「どうすればいいんだよ」「たまに愛してますよ、とか、抱きしめてやったり、とか。この意気地なし、なにもできないんだから、お前は」「よく言うよ、人のことだと思って。自分はどうなんだ」「おれがどうしたって言うんだ」「どうなってんだ、あの色

第45作『男はつらいよ 寅次郎の青春』(©1992松竹株式会社)

っぽい床屋のおばさんとの間は。立ち入ったことを聞くけどね、キスぐらいしたの」「てめえ、伯父さんによくそんな口がきけるな。自慢じゃないけど、おれは指一本だって触れてないぞ」「いばることじゃないだろう。意気地がないだけじゃないか」。こんなやりとりから、二人とも意気地なしであることがはっきりする。寅さんは満男を組み伏せようとするが、蝶子と泉が戻ってきたことで取っ組み合いは中断する。彼女たちも男性との関係について話していた。理容師の蝶子はある日、店に来た中年の男がいっしょに暮らさないか、と言ったことを思い出す。黙っていると、男はそのまま出ていったと言う。「もしその男の人が来て同じことを言ったら、いっしょになってもいいよって、そう答えようと思う」と打ち明ける。ずっとこんなロマンチックな夢を抱いているのだ。だから寅さんが満男と泉といっしょに東京に帰ると告げると落胆する。「なんでもっと早く言わんとね?」「ちょっと言いにくくてなあ」「どうして?」「みんな帰っちゃうと、あんた一人っきりになっちゃうだろう。なんだか気の毒で」「あ、そうね。同情してくれたとね!(中略)一文無しのあんたが今晩どこに泊まるんだろうって、同情してあげたのは、私のほうよ。帰んなさい。勝手に帰ればいいわ。私は手間がはぶけて、せいせいするわ! さいなら!」と言い放って、呆然とする寅を残して去って行く。

満男に教訓を垂れていた寅さんだが、また自分自身の意気地のなさを露呈させてしまった。泉が蝶子さんのためにも残るべきだと言うと、満男は逆に、帰るべきだと意見する。洋次が演出ノートで述べていた「弟子」は「師匠」の思いを理解したのだった。柴又に戻ると、寅さんは巧みなしゃべりで親類たちを楽しませることになる。満男が居合わせないので、うまく自分を正当化させる。寅が怪我からすっかり回復したことも明らかになる。このシーンは作品自体に意味をもたらすものではないが、観客たちに家族とのやりとりを見せて楽しませることができる。これこそが新宿の小さな映画館の客が気に入るようなシーンなのだ。シリーズの大事なシーンでもある。たとえ最後に寅さんとタコ社長が取っ組み合いをすることになっても、こうした場面はいつも温かい。

細部まで計算された仕事

第45作でも結局二人のケンカで終わるのだった。食卓を囲んだにぎやかな家族団らんは、家族こそ最後の砦であり、なんとしても守るべきだという洋次の信念が反映されている。この茶の間のシーンでは、撮影の仕方が家族の強いつながりを見せるうえで一役買っている。くるまやのセットは非常に小さく、カメラの動きは制限されている。10センチの移動すら難しい。9割はこのような集まりを撮影するのに最適な50ミリレンズが使われている。人間の視野にもっとも近いレンズだ。それに、ライトを利用することもできない。要するに、監督がごくふつうだと思える団らんが再現されているのだ。同じ時間を共有しようと思う観客に納得してもらえるようにすればいい。撮影前の準備作業は、技術的な面でいっさいの破綻がないようにすべてがうまく運ぶための調整である。

「まず【段取り】からはじまります。カットごとではなく、シーンまるごとの演技を通して行います。しかしいきなり俳優が行うのではなく、山田組の場合にはまず俳優の代わりに演出部のスタッフが行います。その理由は、俳優がどこでなにを言って、どう動くのかをあれこれ山田監督が細かく検討するためです。もちろん、スタッフには俳優のような演技力は求められませんが、ああでもないこうでもないと山田監督はスタッフを動かします。スタッフが台詞を読むために台本を持っていると、『そんなものを持っていたら動きがわからないじゃないか！』と叱られることがあるので、俳優の代わりとなるスタッフは、台詞は頭の中に記憶していることが求められます。また事前に考えてきたキャメラポジション、コンテを再考します。段取りがほぼ固まると、俳優による【リハーサル】、シーン全体を俳優が通して演じます。先ほどの段取りで決まった動きを俳優に伝え、演技がはじまります。山田監督は、俳優たちの演技を観察して、台詞の抑揚や間、ニュアンス、仕草、動きを変更するなど細かく演出していきます。ここでの山田監督は、頭の中に小津安二郎や黒澤明のように正解があるのではなく、あくまでも現在より良くしていこう、どうしたらもっと良くなるのかを必死で考え、もがいているように見えます。セットでの長いシーンの時には、２日間にわたって行われたこともありました」と、ある同僚は証言する。こうした準備作業によって、監督は日本人が懐かしいと思う温かくて自然な雰囲気をつくりあげることができるのだ。

この作品では、こうしたシーンは終わりのほうに登場する。笠智衆が演じる御前様が登場するのも終わりのほうだ。さくらが御前様と会話を交わす非常に感動的なシーンだ。高齢の御前様は源（佐藤蛾次郎）に頭を剃ってもらっていて、もし寅さんが蝶子と結ばれたなら、門前町に小さな店を持たせて、きれいなおかみさんに剃ってもらったのに、と言う。これが笠智衆の最後の出番となった。映画の公開から3か月後に亡くなった。小津のお気に入りだった俳優は脇役に甘んじることが多かったが、小津の死後、洋次のおかげで新天地を拓いたのだった。「山田洋次監督は僕よりずっと年下ですが恩人といえる方です。『家族』ではジイサンの役をやらせてもらったんですが、これで、毎日映画コンクールの助演男優賞をいただきました。この時僕を嫌っていた城戸四郎さんも珍しく『良かったよ』とほめてくれました」と、松竹の雑誌『ＳＨＶ名画クラブ』（第2号、１９９３年1月９日）に掲載された最後となったインタビューで語っている。大船の伝統を保持しつづけられる監督は洋次だけだと考えていた。亡くなってから2か月後、『キネマ旬報』誌（第１１０５号、２０１３年5月）に掲載された追悼記事で、洋次は笠智衆の偉大な才能について書いている。「笠さんは亡くなられましたが、『男はつらいよ』が続くかぎりは、御前様はいつも元気にお寺で暮らしている、という設定ですすめる予定です。今までも、御前様の出番は少なくてストーリーの上ではあまり関係なかったのですが、でもいざ亡くなると、画竜点睛を欠くというか、寂しいですね。僕は笠さんの身体を気遣って出演場

第45作『男はつらいよ 寅次郎の青春』(©1992松竹株式会社)

面を少なくしていたんですが、今思うと、もっと沢山出てもらえばよかった、笠さんも本当は毎日のように撮影所に通いたかったのかもしれないと思います」。監督はまた笠智衆の人間味の深さにも言及している。それがあったので、たくさんの作品で評価された数々の人物を演じることができたのだ。とくにこの最後の作品ではそうだ。「笠智衆っていう人を見ていると、あの人は小津さんの映画に出て、小津さんが作った笠智衆というキャラクターに自分の人生を入れてしまった感じがするよ。仕事が終わってうちに帰っても、小津さんのつくった笠智衆として生きた。だから芝居なんかしなくたっていいんだよ。キャメラの前に座ったら、それはもう『小津安二郎の笠智衆』なんだ。そういう意味では不思議な俳優だね」と、20年後の『キネマ旬報』誌(第1628号、2013年1月)へのインタビューで語っている。

映画の最後にふたたび満男と泉に焦点があてら

れる。柴又で二人が登場しなかったシーンの後だ。泉は仕事をやめることにした。母親が入院したのに、上司はしばらく休むことを認めてくれなかった。洋次はここで仕事の世界の非人間的な面を告発している。短いが心に刺さる場面だ。東京駅から新幹線が発車する直前に満男はホームで泉に会う。泉はどうしても見送ってほしいと頼んだのだった。蝶子と同じように、彼からなにかを期待していた。もう東京で働きに戻ってくることはないのだから。だが満男は積極的な反応はできず、伯父さんと同じように状況を受け入れるだけだ。抱きしめてキスをする勇気を見せたのは泉のほうだ。でも遅すぎた。徳永英明の歌「最後の言い訳」が流れるなか、新幹線は発車する。満男が置かれた立場をみごとに言い表す歌である。満男が柴又に戻ると、ちょうど寅さんが出かけるところだった。駅まで見送るのはさくらではなく、甥っ子だ。最後に言葉を交わす。「泉ちゃん、名古屋に帰っちゃったよ」と満男。「ふられたってことか?」「そうかもしれないけど。でもおれは伯父さんみたいに簡単にはあきらめないよ。何年先かわかんないけど、おれが大人になってもう一度泉ちゃんに出会ったとき、新しい物語がまたはじまるんだ」と自分に対して、そして伯父さんに対して、挑戦状のような言葉を投げる。

だが、寅が電車に乗ろうとしたとき、ほんとうはいっしょに旅に出たい気持ちだと打ち明ける。「弟子」はまだ「師匠」から学ぶことがいっぱいあるのだ。最後のシーンで寅は下呂温泉にいる。偶然に出会った竜介から、姉の蝶子が油津を離れ、以前、店に来て、ついてこないかと持ちかけた客と結婚したことを知らされる。第45作の教訓は、結局は女のほうが男より大胆で勇気があるということだ。200万人もの観客が映画館に足を運んで、それに納得したのだ。シリーズが進むにつれ、社会に起きた変化に即して、女性の役割もどんどん進化した。仕事の面では女性にとって状況がよくなったわけではない。泉の上司の態度はそれをよく表している。だが男女関係においては、女性は新しい強さを持つようになった。

蝶子の名前は蝶々夫人を連想させるが、けっして男性の都合や決断に黙って従う女性ではない。慶應義塾大学社会心理学教授の岩男寿美子は、映画が公開された数か月後に『日本の女性――伝統、イメージ、変化する現実』[*1]を発表した。「今日の日本女性の間で起きている深い変化はほかでもない、静かな革命である。日本社会において、挙動や生活様式のもっとも深いところで後戻りのできないような変化がもたらされている」と書いている。またしても、洋次は自分と取り巻く社会と同期していることを証明した。だからといって、政治的にコミットしていると言えるだろうか。彼の映画を、闘争的な作品とみなすことができるだろうか。あからさまに、ときにははげしく、国のあり方を告発すると決めたほかの監督に比べると、洋次はあまり目立たないかもしれない。しかし、作品全体を通して、社会が変な方向に向かっていることを指摘しつづけてきた。作品が軽やかな調子だったために、派手な告発を好む批評家たちの注目を集めなかっただけだ。だがはるかに感性の高い大衆の心はつかむことができたのだ。

政治参加

1993年秋、『学校』を発表することで洋次は新しい段階に踏み込んだ。教育という、きわめて重要なテーマを取り上げたのだ。1993年9月の『月刊Asahi』とのインタビューで、教育とは「学ぶことはもちろん、教えることも本来的に喜びであるはずだ」と思ってきたと説明している。「なぜ、今日の日本の学校が子どもたちにとって重苦しくて辛い、極端なことを言えば、刑務所みたいに規則一点張りの空間になってしまったのか」と付け加えている。この総括は手きびしいが、現実を反映している。１９８４年と１９９６年に『読売新聞』が行ったアンケート調査によると、調査対象者の大半が学校教育に「不満」と答えている。１９８４年2月、57・7％が不満と回答した。12年後、その数は67・2％に達した。洋次は友人に夜間中学校の授業を見に来ないかと誘われて、この問題に興味を持った。ふつうの教育を受けられなかった人を対象に無料で授業が行われている学校である。

「うかがったのは東京・荒川の夜間中学でした。教室を覗かせてもらって、びっくりしたんです。みな、楽しそうで、明るいんですよ。教室には、ぼくより年配の方から、まだ子どもっぽさを残した生徒まで、それこそ老若男女が入り交じって、わいわいがやがややっている。（中略）経済的に恵まれず、いわば生活の重みに押しひしがれながら勉強しているというのが、まあ、先入観としてあったので、普通の中学生たちの教室よりよほど明るくてカラッとしているのが不思議だったし、驚きだったわけです」。この体験から、『学校』というプロジェクトが生まれた。これを通して、もっと人間的な教育という考えを提示していくことになる。「それを、ぼくがかつて見た夜間中学を素材に、もう一度考えてみたのが、この映画です」。このアイデアは映画界のベテラン、広沢栄にもらったものだ。

＊1　Iwao, Sumiko, *The Japanese Woman: Tradition Image & Changing Reality*, Harvard University Press, 1993, p. 18.

映画のクレジットに、原案者として広沢栄の名前が記されている。洋次がこのテーマに関心を寄せていることを知っていた広沢は、国内でもあまり知られていない教育の一面を知らせるために、夜間中学校の見学を勧めたのだ。

夜間学校は、中学校に行けなかった人すべてに開かれていて、勉強の遅れの一部を埋め合わせてくれる。「現実に憲法で保障されている義務教育を受けていない人がいる。やむを得ない措置として、文部省は夜間中学を〝黙認〟しているのです。法にも情あり。この国の政府にしては、珍しく粋なはからいだと思ったものです」と監督は言う。洋次は朝間義隆といっしょに脚本を書きはじめる前に、長い調査を行った。荒川中学校に何度か通って集めた話をベースにして、ひとつの物語を練り上げていった。日本には35校の公立夜間中学校があり、ボランティアが開いている学校は10校ある。開校された当初、経済的な理由から学校に通えなかった生徒を中心に受け入れていたが、1970〜1980年代の日本社会の変容にともなって、生徒のプロフィールも変わっていった。一方で、従来の学校システムから外れていく若者の数が増えた。あまりにプレッシャーが強くなり、競争や受験地獄によって学校を拒絶する動きが生まれた。多くの中学校で長期欠席者が続出した。こうして、年に30日以上の欠席を指す「不登校」という言葉がメディアの多くの記事に載るようになった。1970年代半ばには、この現象は中学生のおよそ0・2％を占めていたが、20年後には2％近くにまで増えた。

夜間学校をチャンスにつなげる人もいる。大多数の生徒のようなプレッシャーとは無縁だ。この分類に入るのは主にアジア諸国からやってきた外国人である。夜間中学校でその数はどんどん増えてい

『学校』(©1993松竹株式会社／日本テレビ放送網株式会社／住友商事株式会社)

った。たしかに、最小限の日本語を知らなければ仕事を見つけるのは難しく、あまり良心的ではない雇用主から騙される恐れもある。洋次はこれまでの作品でもこの問題を取り上げており、とくに名作『息子』(1991年)は記憶に新しい。また『男はつらいよ　寅次郎かもめ歌』(第26作、1980年)でも夜間学校が登場した。寅さんシリーズ第26作は『学校』プロジェクトの旗揚げだった。だがこのプロジェクトは実現が危ぶまれていた。無理だろうと思う人もいた。というのも洋次は何年も前に表明しておきながら、一向に着手しなかったからだ。だが、よいワインと同じで、時間とともに熟成されていった。洋次は東京や大阪の中学校を何度も見学に訪れ、重要な関係者や生徒、教師にインタビューを重ねて、ひとつの素材をつくりあげた。そこから創作された物語には教室と教室の外の生活が入り混じっている。学校とは、屈従ではなく解放だ、という考えにしっかりとした意味を持たせるのが大事だった。映画に登場する7人の生徒には実在のモデルがいる。クラスに息吹を与える生命力あふれるエネルギーを備えた教師にもモデルがいる。

この教師役に洋次は西田敏行をあてた。西田のキャリアは監督が脚本を書いてきた『釣りバカ日誌』シリーズとともに1988年からますます飛躍することになる。西田のお人好しの雰囲気が、洋次が考えていた人物像にぴったりだった。黒井文人、通称黒ちゃんは、教師の職に使命感をおぼえていて個人的な野心など持ち合わせず、自分が教鞭をとる夜間学校やそこの生徒に一生を捧げるつもりでいる。映画はまず黒ちゃんの姿をとらえてはじまる。彼を追い、夕方、学校に到着したときの日常的な動きを観察する。その時間では学校はふつうの学校と変わらない。音楽部の楽器の音が聞こえ、スポーツを練習する生徒が見える。帰宅する生徒もいる。

校長は異動の話で黒ちゃんを呼んだのだ。だが彼はそれを断る。同じ学校に残り、そこで根をはやしたい、と言う。異動には応じない。夜になった。ひとつの階だけ、明かりがついている。夜間中学の生徒たちが一人また一人と門をくぐってくる。入口には看板が掲げてある。「夜間中学があります。だれでも　いつでも　入学できます。費用はほとんどかかりません」。黒ちゃんは教室に入る。生徒は7人だが、出席をとると5人しかいない。生徒は実に多様だ。監督が行った長い調査で知ったとおりだ。まず、60代の韓国人キム・オモニ（新屋英子）、家出をした不良娘みどり（裕木奈江）、不登校だった美人で純粋なえり子（中江有里）、障害を抱える修（神戸浩）、戦争孤児の母と来日した若い中国人チャン（翁華栄）。欠席は遅刻常習犯のカズ（萩原聖人）と50代の工員イノさん（田中邦衛）だ。イノさんは出身の山形県で入院中だ。学年末が近いので、この夜、生徒は記念文集のために作文を書くことになっていた。内容は、思い出、決意、その他、から選ぶのだ。

幸福の学校

洋次は一人一人の話を取り上げて映画をつくっていく。困難を抱えた生活を送っている彼らにとって、学校は決定的なきずなだ。各自が自分の人生を語る。オモニやチャンは外国人であるために差別を受けていたことがわかる。若者たちは社会の中に居場所がなく、そこに入り込もうとするのは難しい。イノさんの境遇は非常にみじめだし、カズの仕事はくたくたになるほどつらい。そのカズはまた遅刻してきて、作文を書くとわかって文句を言う。みんなの人生はばらばらだが、黒ちゃんは一人一人に自信、温かい思いやり、希望などを与えるという重要な役割を果たしている。彼らがこれまでの人生で、ほとんど享受できなかったものばかりだ。いつものように、洋次は俳優たちから最高の演技を引き出すことに成功した。心をひきつけ、感動を呼び起こす人物たちが互いに作用しあう姿を観客たちに差し出した。この映画のキーワードは連帯である。チャンが仕事に溶け込めるように支援しようと奮闘する田島先生（竹下景子）のように、時間外でも集結する教師たち、そして生徒たちも、それぞれが自分なりのやり方で全体に貢献する。印象に残るシーンがある。これまで閉じこもっていたえり子が、ある日クラスメート三人と海辺で遊んだ。みんなでいっしょに砂山をつくり、最後に海にさらわれていくのを眺めた。少女にとって心が奪われるほどすばらしい時間だった。「みんなで砂山をつくったのがとっても面白かった」と帰る途中、今までにないほど顔を輝かせて打ち明ける。映画の後半で監督が浮かび上がらせ、焦点を当てるのはイノさんだ。「とくに印象的だったのが『イノさん』で、彼の物語をクライマックスにしようと考えました」と洋次は言う。中学校に来るまで、読み書きができなかったこの男の役を演じた田中邦衛はみごとだ。作文と給食が終わると、黒ちゃんは生徒たちにイノさんが亡くなったことを明かす。少し前に知らされていたのだ。

生徒たちがそれぞれの哀しみを吐露する数分間で、これほどまでにちがう人間からなるグループの団結がいかに強いかがわかる。教師はイノさんの思い出を話そうと持ちかける。洋次がもともと持っていた夜間中学生に対するイメージからすると、イノさんはその典型だった。恵まれない家庭環境の中で育ち、そこから出るためにあらゆる仕事をせざるをえなかった。母親が事故で亡くなり、家族がいなくなったイノさんは、いつも勉強しなさいと言っていた母親の言葉を思い出して中学校に入ることにした。はじめて教室に来た日、決意のほどを示すために鉢巻きを締めていた。その決意は半端ではなかった。というのも、競馬以外のことはなにも知らなかったからだ。黒ちゃんは競馬の世界を使って彼の動機を高め、上達につなげようとした。イノさんがある有名な競馬レースを語るシーンはすばらしい。イノさんは人の心をひきつける人だ。先生宛に葉書を書く練習をした後、イノさんが田島先生にメッセージをしたためるシーンで、田中はその役を頂点に持っていく。葉書に一字一字を定規で書きあげるのはたいへんな努力を要することで、カメラはそれを完璧にとらえている。イノさんは心を込めて書き、この練習を利用して結婚を申し込みたかったのだ。俳優たちの演技のおかげで、知らないうちに観客の笑いは涙へと移っていく。イノさんは病気だ。「彼の体はその悲しい人生を表している」と黒ちゃんは言う。死んでしまう。だが、そう聞いた後、オモニが言ったとおりなのだ。「よかったね、イノさん。この学校に入れて（中略）いつか、しみじみ言ってたよ。夜間中学に入れておれは幸せだって」

監督が観客を最終的に連れていきたいところは、ここだ。幸福という問題だ。映画の終わり数分間は、監督が関心を寄せる永遠の課題にまつわるシーンだ。映画が終わったとき、見に来た人たちに自分は幸せかと自問し、自分にとっての幸せとはなにか、と考えてほしいのだろう。教室では議論が白熱し、ここでえり子が恐れずに自分の考えを発言するようになったことがわかる。学校が彼女を変えたのだ。映画が公開された当時、不登校は大きな社会問題だった。えり子はその代表だ。人間が忘れられていなければ、学校は奇跡を起こせることを洋次は示している。この少女の口から、幸福とはそれを知るために勉強することだ、という言葉が出る。みんなは温かく拍手する。ローアングルから撮影された黒ちゃんは同意して、頭を下げて言う。「いい授業だった。どうもありがとう」。感動は最高潮に達する。外には雪がはげしく降りはじめた。チャイムが鳴る。みんな家に帰る。黒ちゃんを待っていたえり子は、高校を受験すると言う。それから大学で勉強して夜間中学の先生になると決心したと告げる。感激した黒ちゃんは「この学校で（中略）待ってるからな」と答える。

大がかりな仕掛けはしなくても、確固とした決意だけは持って、洋次は学校とはどうあるべきか、そして生徒に学びと能力の開花をもたらすためにはどう働き

いじめ

洋次が『学校』(1993年) の製作に取り組みはじめたとき、世間では教育問題が大きな関心事のひとつだった。校内暴力はメディアが記事やルポで取り上げる主要なテーマになっていた。自分たちを押しつぶそうとする制度に対する生徒らの不満を反映していたからだ。多くの小・中学生が登校を拒否する主な理由だった。年月とともに学校は「敵対する」場所に変わってしまったのだ。他の生徒からのいじめは1990年代半ばから急激に増えた。それは日本の経済状態の悪化と軌を一にしていた。

かけるべきか、ということをあらためて考えさせた。ペスタロッチー教育賞を授与されたことはまったく驚きではない。この賞は、優れた教育実践を行った個人や団体に贈られる。また第17回日本アカデミー賞で最優秀作品賞、最優秀監督賞、最優秀脚本賞など数々の賞を受賞したのも当然のことだろう。1989年に最優秀主演男優賞を受賞している西田敏行は、今回、二度目の受賞となった。みごとな演技を見せた田中邦衛ははじめて最優秀助演男優賞に輝いた。田中は残念ながら2021年4月2日に亡くなった。この作品はまた、日刊スポーツ映画大賞で作品賞を受賞した。一般の観客の評価が高く、批評家からも褒められ、洋次は2000年までの間にこのテーマでさらに3本の作品を製作した。いずれもタイトルは『学校』とした。この企画が実現したことで洋次は大きな満足感にひたった。重要な関心事のひとつを、明白に表現できたからだ。学校が正常にならなければ、国は救われないと説明したも同然だ。そして希望はある。

自然のままという感覚

映画業界においては、この作品で西田敏行が定評を得て、多くの助演俳優が注目を浴びた。彼らがいなければ、作品にあのような味わいは出なかっただろう。映画を見ると、監督がどれほど俳優たちを指導したのか、そのたいへんな演出の仕事を測ることができる。だが、洋次は謙虚に自分の役割をふり返る。「映画もオーケストラもチームワークで成り立っている。つまり、俳優だけでなく、スタッフにとっても全く同じ事が言える。(中略) スタッフのかついだみこしの上に、ただ座っているだけと言ってもいいような気がする。私は何一つ手を汚す仕事はしない。大勢の技術者達がそれぞれの専門的な分野で、仕事に精を出している、その中心にあって扇の要のような役割をはたすのが監督である。主役はダイコン役者だという言葉はまさに監督にも当てはまる。私はただ立ってスタッフの仕事ぶりを眺めていればよい。私の周りにいる優れたスタッフがいい映画を作ろうという気持ちに満ちあふれて、エネルギーと知恵を振り絞るようにして、アンサンブルを作り上げていく。そのスタッフと俳優達の見事な演奏が素敵な音楽を生む。つまり、いい映画が誕生するのである」。カメラのど真ん中の位置にいて俳優を注意深くフォローし、修正する。そうすることで洋次が求める自然な流れに到達できるのだ。田中邦衛が亡くなって数日後、『毎日新聞』（2021年4月20日付）に掲載された追悼文で洋次はこう述べている。「映画俳優にとって必要な資質は、一にも二にもその人が持って生まれた人柄、つまり人間的魅力であり、演技力はその後である。入場料金を払ってまでその人にスクリーンで会いたくなる魅力を俳優は持たねばならない。演技をする以前に先ずはカメラの前に人間としてデンと存在することだとぼくは常に俳優に要求する。じつはそれが俳優にとって一番難しいことなのだが。ああこんな人が父親だったら、こんな教師がいてくれたら、こんなやつが友人だったらと誰もが思う。そんな貴重な俳優がいた日本の映画界は、あるいはテレビドラマ界は幸せだったと今にして思う」。『学校』のカット、なかでも教室のカットを見ると、そんな幻想をつくりあげるには彫金師のような緻密な作業が不可欠だと納得する。洋次がこの結果を生むことができるのは、すでに述べたとおり、何年もともに働いてきた技術チームのおかげなのだ。

悲しみのとき

監督としてのキャリアの中で、おそらくもっともつらい時期だったにちがいない。笠智衆、撮影監督の高羽哲夫、そして渥美清が相次いで亡くなった。だが幕は下ろせない。

チームのメンバーの中でもとくに中心的な存在だった人たちが健康に問題を抱えるようになった。渥美清がそうである。そして1964年から撮影監督を務めてきた高羽哲夫にも疲れが見えるようになった。寅さんシリーズ第44作（『男はつらいよ　寅次郎の告白』1991年）から花田三史がアシスタントに就いた。朝間義隆による『二十四の瞳』（1987年）のリメイクで撮影監督を務めた熟練カメラマンだ。高羽哲夫は後ろにまわり花田が撮影を任された。第45作から花田の肩書きは撮影監督となった。『学校』（1993年）で高羽は長沼六男と撮影を担い、1995年に亡くなると長沼が後を継いだ。重大な変化が近づいていた。当然、洋次も認識していて自分の仕事に影響が及ぶこともわかっていた。年末にはまた寅さんの製作が予定されていた。この作品で寅さんと甥の満男をさらに近づけようと考えた。直近の4作ですでにその枠組みを描いてきたが、もう一段、進めることに決めた。『学校』で渥美清は八百屋の役で少しだけ顔を出したが、健康はよくなっていなかった。『男はつらいよ　寅次郎の縁談』（第46作、1993年）では、甥（吉岡秀隆）のかたわらで、もう少し重みのある役割を担わせようとした。寅さんをなんとか作品にとどめたかったのだ。1年前に東京駅のホーム

第46作『男はつらいよ 寅次郎の縁談』(©1993松竹株式会社)

で別れた満男と泉の関係を第46作では一旦保留にした。洋次は、伯父と甥のそれぞれの恋愛を通して二人のつながりを掘り下げることを考えた。対照的な生き方をしてきた世代の異なる二人を結びつけるのだ。二人がいっしょに過ごす状況をつくるのに、シリーズですでに何度か使ってきた方法を用いる。急に家出をした若者を寅さんが探して奔走する、という設定だ。今回、満男が東京から逃げ出す理由は就職先が決まらないことだ。日本の大半の若者の例に漏れず、大学の最終学年に達した満男は内定を得るために次々と会社の面接に臨んでいる。大学受験に似ている。志望理由の作文と履歴書をたくさん作成するだけでなく、受ける企業の営業内容や組織が記された何十部もの資料を調べなくてはならない。それに関するどんな質問にも答えられるようにしておく必要があるからだ。型にはまるのが苦手だった満男にとって、人生の新しいステージもやはり苦しい。洋次はすでに教育のあり方や若者への圧力を問題にしてきた。その延長で、ずっと競争を強いる社会への批判を繰り広げる。このままでは職業との関係が非人間的になってしまう。これを説明するために、最終面接に挑む満男と、くるまやに雇われた若い女性を対比してみせる。満男の場合、三人の面接官は、彼の経歴よりも父親が中小企業で働いていることを問題視する。一方で、さくらは女性に経験があることを確認すると、その場で採用を決める。ただちに二人の間に信頼関係が生まれた。

たしかに少し安易な対比だが、この20年間で日本の仕事の世界に生じた変化がよく表れている。とくに経済が急成長を遂げたころから、その変化は顕著になった。結局、内定が得られなかった満男は深く落ち込む。「もうやめた、就職活動なんか」と両親に告げる。だが両親は努力が足りないと考える。二人の反応は、子どもの将来のために「投資」してきた親がとる態度だ。この点から、博とさくらは、子どもは社会に順応してほしいと願う日本のごく平均的な親だ。「母さんにはわからないんだよ、おれの苦しみが」と満男は母親をとがめる。「１００枚も葉書出して、40何通も身上調書を書いて、きれいな字で（中略）自己ＰＲ、志望動機、『城東大学経済学部経営学科、諏訪満男です。よろしくお願いします』。聞くことは決まってんだ。『自己ＰＲをしてごらん』『はい』（中略）もう嘘をつくのはいやだよ。テープレコーダーじゃねえんだぞ、おれは」と打ちのめされたように言う。父親は満男を叱り飛ばす。はげしいやり合いの後、満男は家を飛び出す。さくらは何年も前に寅さんが飛び出したことを思い出して、はげしく動揺する。

似通う伯父と甥

甥は寅さんに似た行動をとる。駅に着くと最初に来た列車に飛び乗ったのだ。それは１９５０年から１９９８年の間、東京と四国の高松を結んでいた寝台特急「瀬戸」である。突然の家出から数日して寅が柴又に戻ってくる。状況を聞いていると、ちょうどさくらに満男から手紙が届き、居場所が明らかになる。琴島という四国沖の瀬戸内海に浮かぶ小さな島にいると知らせてきたのだ。寅は連れ戻すことにする。この作品で監督は過去と現在を呼応させて物語をつくることにした。シリーズ第１作に登場し寅さんの初恋の人となった御前様の娘冬子がその一例だ。今回は同じ俳優の光元幸子が冬子を演じ、あれから24年が過ぎたことが思い出される。そして１９９３年春に亡くなるまで、笠智衆が御前様を演じていたことにも触れられる。冬子との短い再会のシーンから観客は寅が惚れっぽいことを思い出したうえで、話の続きを追うことになる。

話の舞台は満男が落ち着いた琴島である。洋次が『故郷』(1972年)で取り上げたように、ほかの島と同じように琴島から若者は出て行き、住人の高齢化が進んでいる。住人たちの雑用を請け負うことで満男は難なく村に溶け込んでいた。「助かるわ、若いもんがおると」と生計を立てるための漁と畑仕事の両方に追われている女性がつぶやく。カメラは満男の新しい生活ぶりを紹介した後、観客を古い家に誘う。寝床に横たわった一人の女性を、看護師を連れた医者が診察し終えたところだ。過労で倒れた女性には休養が必要なのだ。神戸から来た葉子(松坂慶子)は元船長(島田正吾)の愛人の子だ。満男はこの家に下宿している。満男は東京での悩みをすっかり忘れ、ここでの生活を楽しんでいる。毎日島に診療に訪れる若くて活発な看護師のあや(城山美佳子)と付き合っているのでなおさらだ。彼女といっしょにいるところで、島に着いたばかりの伯父とばったり出会う。

甥を連れ戻しに来た寅さんだが、すぐに説得できず、しばらく島に滞在することにする。葉子との出会いも計画を変更した理由でもあるようだ。知り合ったとたんに帰ろうと言わなくなったのだ。このところ寅は恋から遠ざかっていた。村の急斜面の道で撮影された二人の出会いのシーンは実にすばらしい。ファンはシリーズ初期の寅さんに再会したような気分になる。渥美の顔は老けた

終身雇用
年功序列賃金や企業内労働組合と並んで、終身雇用制度は日本的経営の柱のひとつだと西洋では考えられていた。大企業を中心に見られるこの制度は1920年代にはじまった。当時、企業は希少だった資格を有した労働力を求めていた。そこで資格のある若者を雇用し、定年まで会社につなぎとめておくようになった。制度は1990年代に入ってバブルが崩壊するころまで続いた。他のアジア諸国との競争を前に、日本企業は一部の社員を解雇し、この経営方針の見直しをはじめた。1993年に洋次が『男はつらいよ』第46作(『寅次郎の縁談』)を撮影しはじめたとき、日本企業の70%は社員が多すぎると考えていて、そのことで、新卒者の進路選択が難しくなっていった。

し、病気の影響も感じられる。しかし第1作で冬子と出会ったときと同じ無邪気さを表現する。流れていった時間を実感するこのシーンは感動的だ。大した事件が起きないこの小島での住人たちは、やってきた寅さんに興味津々だ。満男の伯父だとわかると歓迎会が開かれる。

村の社会において、楽しむ理由さえあれば住人は常に盛り上がる用意はできているのだ。そんなことが思い出される。悪天候のせいで伯父と甥は島を出られなくなり、それぞれの恋愛を追いつづける。葉子は寅さんが親身になってくれる人に思え、あやは満男を守ろうとする。だが満男はこうした状況を心配する。伯父には物事が真剣になると逃げ出す傾向があると知っているからだ。同時に自分も看護師との関係には限界があることに気づく。あやに「好き」と言われて困惑するのだ。積極的な女性が相手だといつも尻込みする寅さんと同じ窮地に立たされる。そこで二人はそれぞれを愛してくれる女性を残し、いっしょに琴島を離れる。シリーズの中で伯父と甥がこれほど似通った行動をとったことはない。満男がやっぱり残ろうかと迷ったとき、寅は言う。「バカやろう。男はあきらめが肝腎なんだ」。島を出ると、二人はそれぞれの道を行く。寅さんは旅を続け、甥は柴又に帰ってもとの生活に戻る。就職活動を再開するのだ。島でのできごとは両親にいっさい話さない。さくらが電話で兄から聞き出そうとするが、寅は答える。「おれはな、あいつのそういうところが気に入ってるんだよ」。洋次は二人の人物をうまく組み合わせた。もはや師匠と弟子の関係ではない。融合という言葉は強すぎるかもしれないが、鑑賞後にそんな印象が残る。監督はちょうどよいバランスを見つけたようだ。だが主演俳優の健康次第という条件付きなので不安は残った。それでも観客の説得には成功したようで、およそ220万人を集客した。批評家も見たことを忘れてはならない。

第17回日本アカデミー賞では『学校』（1993年）が最優秀作品賞を受賞したが、この第46作も最優秀監督賞、最優秀脚本賞を『学校』とともにダブル受賞した。笠智衆が没後に会長特別賞を授与されたことも記しておこう。その年の興行成績第3位に輝き、シリーズは相変わらずたしかな評価を受けていた。時速100キロの猛スピードで進むような社会で生きる人々に、これまで以上に監督はほっとひと息つかせたのだ。ほぼ全編で瀬戸内海を舞台に選んだのは実によい判断だった。今回、高羽哲夫のアシスタントには池谷秀行をつけた。カメラは美しい風景に大いなる賞賛を送ったのである。葉子の父は飽きることなくいつもこの風景を眺めている。洋次は以前から心やすらぐ景観が広がるこの地方が好きだった。四国といえばお遍路だ。映画の中でも、空海ゆかりの88か所の仏教寺院をめぐるお遍路さんたちが何度も映る。興味深いことだが、2011年の東日本大震災による津波の被害で人々の気持ちが沈みがちだった2010年代に、お遍路はあらためて関心を集めた。困難なときになんらかの知恵をくれていた寅さんが、もういなくなっていたからかもしれない。

苦しむ寅さん

この年洋次は2本の寅さんをつくり、『釣りバカ日誌』第6作の脚本を執筆し、ミュージカル『船長』にも協力した。1993年は多くの意味で監督にとって充実した一年だったと言える。今回の寅さん作品の中で、釣り師の格好をした西田敏行をくるまやの前に立たせて、『釣りバカ日誌』に目配せしてみせた。だが寅さんという人気シリーズの先行きに不安があることを洋次はわかっていた。登場人物の老いが目立ち（おいちゃん、おばちゃん、タコ社長）、なによりも主役が弱っていた。こうした心配事を抱えながら、通常の執筆作業で数か月間を忙しく過ごした。さらにこのころ、何年もいっしょに仕事をしてきた朝間義隆との共著『シナリオをつくる』（筑摩書房、１９９４年）も執筆している。1月末に出版されると、二人は12月に公開予定の寅さんの次作に取りかかった。前作につづいて満男が中心となり、寅さんは後見人の役割を担うようにした。そうして出演時間を減らした。「笑わせる芝居をするには、俳優は元気でなくちゃいけない。よくそう言っていた渥美さんは、病状が悪化し、気力も体力も衰えていたことを確実に知っている」と洋次はふり返る。渥美にはあまり大変な演技を要求しないように加減した。『男はつらいよ　拝啓車寅次郎様』（第47作、１９９４年）はこうした配慮が見られる作品となった。

　導入のシーンから、寅さんが後見人のような立場になることが観客に伝わる。新潟県高田市内を歩いていると、演歌歌手（小林幸子）が通行人を前に売り込みをしていた。その後、郵便局でその歌手を見かけた寅は、きっと売れるようになると励ます。「希望捨てずに、がんばんなよ」と言って旅を続ける。柴又に戻ると、同じように満男に助言を惜しまない。満男は前作で靴の製造・卸売業の会社で営業職に就いたのだ。茶の間での食事中、寅さんは甥に売り方を教えようとする。このシーンは渥美に相当の負担だったのだろう。声はかつてのような力がなく、動作もぎこちない。ふり返ってみると、どこか悲壮感のただようシーンである。見るからに弱ってしまった俳優がたいへんな努力をした結果なのだ。2年後、洋次は『日本経済新聞』に当時どんな気持ちだったかをふり返っている。「渥美さんを見ながら、どうしても以前の元気な寅さんを思い浮かべてしまう。病気が進行していることを重々知りつつ、『もう少し、セリフを張れないのか。どうしてもっと元気に動けないのか』。そんな不満をどこかに抱いたまま芝居にＯＫを出す。頭のいい渥美さんがそのぼくの気持ちを感じとらないわけがない。撮影中にどんなにつらい思いをしていたことだろうと、今は申しわけない気持ちでいっぱいである」

渥美の体力が限界に来ていたことの表れは、けんかのシーンがないことだ。ふつうは、その後に寅は突然旅に出るのだ。代わってさくらにそのシーンを語らせることにした。満男と電話で伯父さんが琵琶湖方面に向かったと話す。寅さんがタコ社長やおいちゃんと交わすはげしい言い争いは、シリーズにピリッとした味を加えていた。倍賞千恵子は口論の一部始終を実に巧みに語ってみせたが、第47作にはなにかが足りない。京都の北東にある日本最大の湖のほとりで、寅さんは典子（かたせ梨乃）と知り合う。今は主婦だが元カメラマン。鎌倉の家族から離れて自分の人生を考え直しに来ていた。この地域の美しい景色は瞑想や熟考にふけるのに向いている。高羽哲夫の監督のもと、池谷秀行は自然の美しいカットを見せ、その周辺の暮らしをうまく捉えている。

夕日と遠くに航行する船を眺めながら、寅さんと典子は人生の意味について語り合う。「船の上で一日中二人して働いているんだなあ。家へ帰ると夫婦差し向かいでモロコの煮付けで一杯やりながら。夜は布団を並べて寝物語だ。嫁に行った娘の噂話、あの子もそろそろ孫ができるんじゃないかなあ、なんて。夫婦なんて、そんなもんじゃないか」と寅は言う。「家の近くに小さなスーパーがあってね、奥さんがいつもレジにいて、旦那さんは店の中で品物を運んだり箱を片付けたりしてるのね。ときどき旦那さんが奥さんに小さく声をかけるの。すると奥さんが簡単な言葉で答える。その二人を見ていると、ああ、二人いっしょに人生を歩いてるんだなあって思うの。それに比べて私みたいな勤め人の夫婦って、なんてさびしいんだろう」と典子が返す。「そういうもんかねえ?」「だって夫が会社でどんなことをしているのかなにもわかんない。夫も妻が一日何を考えているのか、ほとんど関心もないのよ。夜遅く帰ってきて、お茶漬け食べてぱたーんと寝るだけ（中略）話すことなんかないのよ。考えると、二人で感動したり笑い合ったり、そんなことってもうなくなってるなあ。お互いに関心がないのね。いっしょに暮らしているだけ」「それじゃあまるで愛してないみたいだ」「そうよ、愛してないのよ」

傷ついた女性を前にしても、寅さんはつけ入ることはない。責任感のある男としてふるまい、すべてがおしまいではないことを示そうとする。それに、夫が迎えにやってくる。妻を気にかけている証拠だ。寅さんは旅を続け、大きなお祭りが開かれている長浜まで来る。ちょうど満男もこの町にいた。地元の名家の出身の大学時代の先輩に招かれて、彼の大きな屋敷にやってきたのだ。町を探索する一方で、屋敷の一室で眠っている若い女性の足に見入ってしまう。このシーンから第29作（『男はつらいよ　寅次郎あじさいの恋』１９８２年）が思い出される。寅さんはかがりの足に魅了されたのだった。光と影を使った効果によってエロティシズムを感じさせるシーンだった。今回はまったくそんなほのめかしはないが、満男ははじめて女性の肉体に関心を示した。女性は先輩の妹の菜穂（牧瀬里穂）で、二人はひかれ合って関係を築き上げていく。だが満男は先輩が結婚を念頭に入れて二人の出会いを計画したことを知らない。

祭りの最中に、満男が菜穂に男の友だちはいるかと聞くと、「いてると思う？　それとも、いてへんと思う？」と菜穂は問い返してくる。そのとき、突然寅さんが現われる。「いたっていいじゃないかよ」と寅さんは満男にささやく。「そいつと勝負すりゃあいいんだよ」。そこですぐに姿を消す寅さんは、守り神の役を演じているようだ。菜穂が兄の心づもりを知り、しかも満男も承知だったとほのめかされたことで、満男との関係は面倒なことになる。現代的な考え方を持つ菜穂には、そんなやり方は受け入れがたい。「結婚が女の生活のすべてとか、そんな考え方に私は根本的な疑問を持っている」と兄や両親に宣言する。数日後、満男は先輩から状況を知らされる。先輩は満男が悪く思われるようなことをしたと認め、謝った。菜穂が関係を終わりにすると決めたので、満男はもう恋愛に挑む必要がなくなった。柴又に戻って寅さんに会うと、典子に会うために鎌倉まで連れて行ってほしいと頼まれる。行ってみると典子はすっかり元気になっていた。微笑みを取り戻していたのだ。守り神の寅さんとしてはそれで十分だった。使命は果たしたのだ。

残るは甥のほうだ。菜穂との関係が終わったことで「ホッとしてるんだ」と打ち明ける。「くたびれるもんな、恋するって」と言う。この言葉に驚いた寅さんはきっぱりと言い返す。「『くたびれた』なんていうことはな、何十遍も失恋した男の言う言葉なんだよ。お前まだ若いじゃないか」。洋次は大きな問題を提示したのだ。その結果が婚姻率の低下、ひいては出生率の低下である。日本では婚外出産率は2％以下だが、たとえばフランスでは60％である。今日の若者は男女関係のことを満男のように「くたびれる」ではなく「めんどくさい」と表現する。「若い男性にとって、結果が保証されないのに恋愛関係を作り上げていく過程が全部『めんどくさい』のだ。別のところに時間や金を投資する方がいいと主張する若者たちがまさにそう言うのだ」と社会学者ミュリエル・ジョリヴェが月刊

『ズーム・ジャポン（ZOOM JAPON）』誌（第99号、2020年4月）に記している。「さみしいよ、おれは」と寅さんは別れ際に満男に言う。甥はきっと立ち直ると約束する。監督はまたしても時代の空気を読んだ。先を読んだとも言えるかもしれない。

伯父はだれとでもすぐに話しができるが、満男は多くの若者と同じで人間関係を築くのが苦手だ。これは山田洋次の大事なテーマである。日本の社会研究を専門とするジョリヴェが著作『ふつうの日本年代記[*2]』の中でこう書いている「『気をつかう』という表現は相手を失望させないためにその考えや期待を汲み取らないといけないことを指す」。日本人どうしがうまく付き合うためには相手の気持ちを予想することが大事なのだと説明する。その後、発表された統計や世論調査結果などを見ると、残念ながら監督が正しかったことがわかる。たとえば2015年に楽天が行ったアンケートによると、20代から30代の男性の75%、女性の65%が恋人はいないと答えている。

寅さんが甥に「今度会うときにはもっと成長してろよ」と言った理由はわかる。だが洋次は悲観的なトーンで映画を終わらせたくない。兄からすべてを聞いた菜穂が訪ねてきて、満男は大いに驚く。そして寅さんも映画のはじめに出会った演歌歌手に偶然再会する。歌がヒットし、売れっ子になっていた。観客は守り神としての寅さんのパワーに安堵し、およそ220万人が映画館に足を運んだ。興行成績も上位に入り、長編映画部門で第5回文化庁優秀映画作品賞を受賞した。シリーズの難しい時期に大衆から歓迎されたことは励みになった。残念なことにその後に続く数か月間で困難は深まって

＊2　Jolivet, Muriel, *Chroniques d'un Japon ordinaire*, Elytis, 2019, p. 39.

しまった。

大地が揺れる

1995年1月17日、マグニチュード7・3の地震が神戸の周辺地域を襲った。神戸市の地下にまだ知られていなかった活断層がいくつも存在したことと、震源が浅かったことで、とてつもなく大きな被害がもたらされた。多くの建物やインフラが文字どおりひっくり返り、10万棟以上もの住宅が倒壊し、火災が起きた。合計で6400人もの命が奪われた。国中に大きな衝撃が走った。当局が被災者に必要な対応をとるのに手間取ったことでショックはどんどん広がった。国の能力不足を補うために国中に連帯の動きが生まれた。「ボランティア元年」と呼ばれるようになった運動である。社会の進化に敏感な洋次はこのできごとをどうやって次の寅さんに組み込められるかを考えた。

寅さん映画はコメディである以上、多少の躊躇はあった。しかし震災から生まれた人道支援の勢いは、そのためらいを超えた。寅さんは、被災者のもとでボランティア※として活躍しうると考えたのだ。神戸市の在日韓国・朝鮮人の約半数が暮らす長田区で、ボランティアのパン屋を経営する夫婦から送られてきた手紙を読んで、その考えは確信になった。現地で撮影されたシーンでは多くの女性が韓国・朝鮮の民族服チマチョゴリを着ている。取り上げられた韓国・朝鮮人コミュニティは、実は差別の犠牲者でもある。直近のいくつかの作品で、洋次は日本で軽んじられている人たちを登場させてきた。『息子』（1991年）や『男はつらいよ　寅次郎の縁談』（第46作、1993年）では移民労働者を取り上げた。『学校』（1993年）や『男はつらいよ　寅次郎の告白』（第44作、1991年）などでは、社会から疎外されている人々について語ってきた。社会的な不公平を告発するのではなく、こうした人々が存在し、社会の中で無視できない位置を占めていることに注意を向けたのだ。彼らと同じように社会の周辺に生きる寅さんが国民に受け入れられたことから、彼らもほかの日本人と同じように尊重されるべきだと考えた。撮影場所は神戸に決まったが、監督は渥美清の健康状態に影響はないかを心配した。渥美清の体はガンにむしばまれ、どんどん弱っていたのだ。

　医者の診断にもかかわらず、渥美は役を演じることを望んだ。事態を把握した洋次は、これが最後かもしれないと思い、第48作はリリー（浅丘ルリ子）を絡ませることにした。リリーは寅さんにもっとも近い存在で、何度も結婚話がもちあがった女性だ。同時に満男（吉岡秀隆）と泉（後藤久美子）の関係をはっきりさせると決めた。泉は直近の2作には登場していなかった。映画の導入部分で寅さんは行方不明になっていることがわかる。岡山県の小さな美作滝尾（みまさかたきお）駅で駅長が新聞の尋ね人欄にさくらの投書を見つける。「寅、みんな心配しています。連絡してください。さくら」。そのとき、寅は友人のポンシュウ（関敬六）と現われる。スクリーンに寅さんの姿が映るとなにか安心する。だが俳優の演技から、病気の影響はぬぐいようがない。『男はつらいよ　寅次郎紅の花』

※ボランティア
何年もの間、他の先進国に比べて日本では国民の慈善活動への参加が低調だった。国が中心となってその役割を果たしていたため、国民の関心が少なかったと思われる。興味深いのは、この手の活動を示す用語が英語から拝借されたことだ。英語「volunteer」をカタカナ表記にしたボランティアは、国民が徐々に自らの手で運命と向きあうことの同義語となった。阪神淡路大震災の際、ボランティアが行った活動が非常に効率的だったことと、世論が政府にプレッシャーをかけたことから、1998年3月にNPO活動に関する法案が成立した。同年12月に施行され、以後NPO法人の数は著しく増えた。2020年にはさまざまな分野で全国に5万905の団体がある。

（1995年）で、観客はこの現実と渥美清が使命を果たすために払った努力に向き合うことになる。渥美は「寅さんを演じることが、みずからの使命であることを痛切に自覚していたことがはっきりとわかる。国民映画と言われ、ファンの支持を背にうけて命をかけて奮闘努力をしていた。それにしても、病気をファンに悟らせなかったことのすごさをあらためて感じる。彼の役者根性はみごととしか言いようがない」と吉村英夫は評価する。寅さんという役が単なる娯楽ではないことを、おそらくわかっていたのだろう。

シリーズはギヨーム・アポリネールが言うところの映画の範疇に入る。「今日、詩人が叙情性に向ける愛と状況の劇的な真実をもって、ある種の叙事詩的な感覚が生まれる芸術がある。それは映画である。真の叙事詩は集まった民衆に向かって朗読されるものだった。そして映画ほど民衆に近いものはない」。このような条件下では、渥美が作品に没入するのも不思議はなかった。神戸の震災をはじめとして、多くの困難に立ち向かわなければならない時期と重なったので、なおさらである。映画の最後に寅さんが被災地に戻ったシーンで寅さんが周囲の人々にこんな言葉を投げかけた理由がわかる。「ほんとうにみなさん、ご苦労様でした」。結果を出すために努力した人々に向けられる決まり文句である。象徴的なこの言葉は、実は作品の最後のセリフである。最後までついてきてくれたことに、洋次が感謝の言葉を述べたようだ。

新聞をあまり読まない寅は、さくらが投稿した尋ね人欄を読んでいなかった。だが神戸のボランティアを取り上げたテレビ番組に寅が映っているのを見た親戚たちは胸をなでおろす。寅さんは現地を訪れた当時の村山富市首相と並んで映っていた。政治家と国民的シンボルである人物が結びつけられ、シリーズが国家的な広がりを持つことの裏付けとなった。最後に寅さんはなんと首相にこう呼びかける「よう、村ちゃん、行こうか？」。後から合成されたこのカットは、国民に寄り添わないと盛んに批判される政治家に人間的なタッチを加えた。寅が首相を避難所へ案内することで、それは一段と強調された。柴又では寅さんが元気であることがわかり、それどころか被災者支援に積極的な役割を果たしていたのを知ってみんな大喜びする。そこに長田区のパン屋さんが訪ねてきたことで、寅の活躍ぶりがさらに明らかになる。洋次は寅さんを長田区に連れてきてほしいと依頼した夫婦に敬意を表したのだ。映画の終わりに、被災地に開店したパン屋の仮店舗の看板には「ＩＳＨＩＫＵＲＡ」という名前を記した。監督にすれば、震災への官庁の対応があまりに遅かったことを批判するよいチャンスとなった。映画の中では、パン屋さんらが市役所に陳情に行ったとき、寅さんが先頭を切ってこう言ったという。「市長、対処が遅いんだよ！」。いつものように、監督は弱者の側に立った。

ラストの数周を走る

寅さんの情報を得たくるまやの人々は、もうひとつの悪い結末が懸念される問題に目を向ける。満男と泉の関係だ。泉はさくらと博に会うために上京してきた。目的はなんだろうか。両親は気を揉む。諏訪家での食事にはシャンパンと赤ワインがふるまわれた。シリーズ初期の作品に比べると生活水準がずいぶん上がっている。食後、若者たちは話し合うために二人きりになった。泉は結婚するつもりだと報告する。お見合いをしたという。泉はおそらく満男が心の内を明かしてくれるのを期待してい

第48作『男はつらいよ 寅次郎紅の花』(©1995松竹株式会社)

たのだろう。しかし少し飲み過ぎた満男は、泉の話をあまり真剣に受け止めていないかのようにふるまおうとする。実は心は深く傷ついていたのだが。翌日、泉を駅まで送ったさくらは、息子が振られてしまって悲しむ。兄が何度も同じ目にあったことを思い出していた。満男が寅さんと同じ道を進むのではないかと心配なのだ。

だが息子は行動を起こした。泉の結婚式が執り行われる岡山県津山市に行く。式を邪魔しに入り、ついに中止に追い込む。そして姿を消すが、やがて奄美大島の南に位置する加計呂麻(かけろま)島に向かう船にいるのがわかる。沖縄と九州の間にある奄美諸島は行政上、鹿児島県の管轄に入るが、文化的には沖縄にとても近い。後から明らかになるが、満男は最初にやってきた鹿児島行きの夜行列車に飛び乗り、そこから奄美大島に向かったのだった。大島と加計呂麻島を結ぶ小さな連絡船の上で、リリーが満男に気づく。だれだかはわからなかったが、自殺を図ろうとしているように見えたので、止めに入る。満男が連れて行かれたリリーの家には伯父がいた。たくさんの思い出がよみがえり、寅さんの恋物語が話題になる。甥のほうは泉のことが頭から離れない。柴又を訪ねた泉は、満男が奄美にいると知って自分も行くことにする。満男の口から津山でとった行動の理由を聞きたいのだ。その機会は、寅とリリーが見守るなか、海辺で満男と顔を合わせたときに訪れる。「なんであんなことをしたの?」と泉は叫ぶ。満男は驚きのあまり海の中まで後ずさりする。「黙ってないで、なんとか言ってよ。どうしてなの?」とたたみかける。「それはね……」「なに? わけを言って」「愛してるからだよ!」「もう一回言って」「おれは、泉ちゃんを……」。寅さんは満男のふるまい方を批判するが、リリーは黙ってようすを見ている。そして声を震わせながら言う。「若いんだもの。私たちとはちがうのよ」。そこで寅さんは彼女を抱き寄せようとするが、その瞬間リリーは二人の若者に駆け寄っていく。

寅さんがリリーの肩を抱こうとして伸ばした腕は空をつかむだけ、そこにはだれもいない。作品、そしてシリーズ最後のコミカルなシーンだ。きまりの悪い格好をごまかすように、寅さんは腕で遊びはじめる。寅とリリーの複雑な関係をよく表すシーンでもある。みんなが柴又に戻ると、さくらは満男に二人の関係がどうなっているのか尋ねる。「難しい問題ですねえ。僕はコメントを差し控えます。なにしろ恩人ですから」と満男は答える。寅さんはリリーといっしょに奄美へ向かう。だが、その気持ちはあるのにリリーと安定した関係を保つことができない。奄美を離れ、神戸に戻る。寅さんの居場所は群衆の中。寅さんの心は一人だけのものではない。みんなが分かち合う宝物なのだ。

これがおそらく第48作の教えだろう。だが観客の入りはあまりよくなかった。170万人が最後の

『男はつらいよ　寅次郎恋やつれ』（第13作）撮影現場での山田洋次と高羽哲夫（©1974松竹株式会社）

寅さん役を演じた渥美清を見に来た。渥美はずっと病気を隠し通したので観客はなにも知らなかった。洋次すら第49作の構想を練っていたのだ。失恋したため88か所の札所をまわるお遍路をしている女性に寅さんが出会うという物語だ。悲しい現実から目をそらす方策だったのか。そうかもしれない。というのもその年の10月31日に、とても大切な仕事仲間を失っていた。1964年からずっといっしょに働いてきた撮影監督の高羽哲夫が亡くなったのである。高羽の出身地の福島県湯川町にある小さな記念館に洋次の手紙が展示されている。高羽のことを「ぼくにとって最も大事なパートナーである」と洋次はしたためている。「高羽さんは、現場において優れたカメラマンであるだけでなく、ぼくの仕事の企画の段階から始まって、脚本、キャスティング、撮影現場のデザインに至るまで、すべてについて、素晴らしい助言を与えてくれ、相談にのってくれる。恐らくこんな形での監督とカメラマンの関係は、他に例がないにちがいない。高羽さんなくして、ぼくの仕事はあり得ない。その意味で、高羽さんにめぐり逢えたことは、ぼくにとって大きな幸運だった」。２年前にはシリーズの全作品に亡くなるまで出演した笠智衆を失っている。それに続くタカバの愛称で呼んでいた高羽哲夫の死は、とりわけつらいものだった。

学校に戻る

洋次はプロである。そして悲しい思いをふり払うために仕事に没頭する傾向がある。だから次の長編作品『学校Ⅱ』（１９９６年）の撮影に取りかかった。カメラは長沼六男に委ねた。夜間中学校を題材にした作品を撮り終わったとき、洋次は必ずしも教育というテーマをひきつづき追求する考えはなかった。だが『学校』は映画館とは別に、さまざまな映画サークルで上映され新たな広がりを持つようになっていた。北海道で開かれたこうした上映会のひとつに洋次は招待され、高等養護学校の先生二人と知り合う。彼らからその仕事について話を聞いた。この出会いを受けて、洋次は札幌の北に位置する滝川市の高等養護学校を訪問した。学校シリーズの１作目と同じように現場で調査を行い、そこから『学校Ⅱ』の脚本をつくりあげた。

学校に滞在している間、教師、生徒そして親から話を聞いた。そこで久保佑矢という、とくに落ち着きのない、すぐに暴れてしまう生徒に出会う。青年は四六時中見守りを必要としていた。おまけにその場で失禁することもあった。教師たちは、精神障害者は便秘をしがちなので、ひんぱんに便をするのは健康な印なのだと言う。「ああ、いいウンコをしてくれたと思ってうれしいと言うのです。それを聞いて、養護学校の先生はそんな苦労をするのかと驚かされました」と洋次はふり返る。若い佑矢くんの行動を観察するうちに、洋次は映画の登場人物の一人にすることを決めた。「あるときは先生も佑矢くんも疲れ果ててしまって、二人並んで横になりクークーと寝息を立てている。そこに窓からスーッと陽光が差し込んでいる。それは、胸が熱くなるような美しい光景でした」。これで迷うことなく脚本を書くことを決め、いつものように朝間義隆といっしょに執筆をはじめた。キャストは、『学校』（1993年）で説得力のある演技を見せた西田敏行を竜先生役に迎えた。玲子先生役には『男はつらいよ』第29作（1982年）ですばらしいかがりを演じたいしだあゆみ、新米教師小林先生、愛称コバ役に『息子』（1991年）でみごとだった永瀬正敏、軽度の知的障害がある生徒高志役に寅さんの甥の吉岡秀隆、そして佑矢役に神戸浩を呼び集めた。これだけ達者な役者を揃えたうえで、高志と佑矢の失踪事件を中心に物語を構築していく。こうして、たいていの日本人がおそらく聞いたこともない学校の実態を見せたのだ。

1993年の映画と同じように、フィクションではあるが登場人物は私たちが日常で出会うような人々から着想を得ている。洋次はかねてよりケン・ローチ監督を賞賛してきた。『朝日新聞』への寄稿文でこのイギリス人監督について次のように記している。「ケン・ローチの映画が教えてくれるのは、映画の素材は鐘や太鼓で探すものではない、才能と人間への愛情があれば、身辺にいくらでも発見できるものだ、ということである」。洋次が映画にごくふつうの人物を登場させることからも、両監督の考えの近さがわかる。洋次は彼らに深い共感をおぼえるのだ。ローチ監督とのちがいは、秩序の転覆までは望まないこと。洋次の人物らは硬直した社会やひどい困難を前にしても気高い落ち着きを保っている。だがケン・ローチの人物は恨みをときにはげしく表明する。だから見る人によっては洋次の天使のような対応を非難する。対決を避け、社会の暴力を十分に表現していない、というわけだ。それに対してケン・ローチの場合、放火だっていとわない。たしかに寅さんは甥の満男によく「あきらめろ」、つまり闘うなと言って聞かせる。だが対決を拒否するからといって、社会の機能不全に目をつぶっているわけではない。むしろその逆だ。

洋次はおめでたい人だと言われる場合もあるが、それは早急すぎる評価だ。監督は、観客は責任感のある、行動する人々だと思っている。「私は人間が好きだし、また人間は素晴しいと信じたいのだが、でも時たまなんて人間は嫌なんだろう、と溜息をつくことだってないわけではない。人間が人間を否定することはとりも直さず自分自身を否定することでもある。できることならそんな思いはしたくない。いつも素敵な人間に、美しい女に出逢いながら暮したい、そんな世の中であって欲しい、私は願うのである」と、1984年に出版された『映画館がはねて』(講談社)に記している。この言葉は洋次の監督としての行動を理解するカギとなる。それは障害者とその関係者に向けられる視線を取り上げた学校シリーズ第2弾につながる。身も心も投じて生徒たちに尽くす教師たちの果断とも呼べる働きぶりのほか、洋次はこうした子どもたちを隔離してはならないことを随所ではっきり示す。一般的に、そうなりがちだからだ。物語の大筋を占めるのは、高志と佑矢の失踪と、二人を探す竜先生とコバ先生による追跡である。二人の生徒は安室奈美恵のコンサートに行こうと旭川をめざしたのだった。

『学校Ⅱ』（©1996松竹株式会社／日本テレビ放送網株式会社／住友商事株式会社）

これまでのできごとを巧みにふり返ることで、洋次は登場人物の心の内を観客に明らかにする。また映画のはじめのほうで高志と佑矢の間に接点はなかったが、どのようにして友情が芽生えていったかがわかるように描いている。そして熱気球に乗ったことで、二人の関係に新しい地平が開かれたのだ。「シナリオにまとめるのですが、クライマックスをどうしようかと、悩みました。そんな時ふと思い出したのが、よく遊びに行っていた冬の北海道で、熱気球に乗った経験です。道東に行った時に知人が乗りませんかと誘ってくれた。乗ってみると音もなく空に浮かび上がる不思議な体験で、とても気分が良かった。（中略）知的障害のある子の中には高所に登るのが好きな子がいるという話も聞いていました。それなら熱気球に乗れば、二人は最高に幸福な気分に浸れるのではないかと考えました。映画のクライマックスには視覚的な力のある場面が必要です」と監督は言う。雪をかぶった美しい景色は、二人の青年が「逃避行」で得た自由の感覚を一段と強調するのに効果的だった。「クライマックスの構想を持って、病床にあったカメラマンの高羽哲夫さんに会いに行きました。最後は熱気球の場面だと話したら、『そうだよ、それでできたよ』と即答してくれた」。視覚の上でも、そして感動をもたらすという点からも、このシーンはすばらしい。二人が大声で喜びを表現し、佑矢は「しあわせ」と叫ぶ。

観客も同じくらいしあわせだ。二人の冒険にかたずを飲んでついてきたすえ、同じ解放感を味わったのだ。二人の生活すべてをともに歩んできた教師たちも同じしあわせを味わった。最後のカットでは、高志と竜先生、佑矢とコバ先生がそれぞれ一組となり、巨大なハートの形をした気球は鼓動しているようだ。完璧な融和への希求がみごとに表現されている。もし映画がここで終わったなら、一部の批評家による、洋次は「世界は美しい、世界はやさしい」とまとめる傾向がある、との批判が裏付けられただろう。しかし洋次はそんなおめでたい人ではない。終わりの卒業式を見れば明らかだ。映画のはじまりが入学式と生徒たちとの出会いだったので、当然の締めくくりだ。高志と佑矢の夢のような失踪事件が終わり、監督は私たちを現実に連れ戻す。「そんな複雑な思いが交錯する特別な日としての卒業式で、この映画を締めくくろうと考えました。（中略）あの場面には、本職の俳優に混じって、本当の養護学校の生徒にも出てもらっています。そうすれば一段と重みが増すと考えた」と打ち明ける。竜先生は涙をこらえ切れない。当初は自分の仕事に疑問を持っていたコバ先生が生徒たちに語りかける。「明日から社会人になるんだぞ。これからは毎日が戦いなんだ。泣きたいときや叫びたいときが何度もあるだろう。そのときはいつでもおれんとこへ来い。話を聞いてやるから。わが国に偏見や差別のない時代が来るまで」。メッセージははっきりしている。学校は生徒たちを守り、教師は献身的にそれぞれの障害に適した対応をつくりあげてくれるのだ。

だが実社会はちがう。もっときびしい。高志と佑矢の冒険は明るい未来の夢を見せてくれた。しかしその日が来るためには社会の集団としての意志が必要だ。政府はもちろんだが、社会の一人一人にも責任はある。政府のデータによると、国民の6％が身体的あるいは精神的な障害を持っている。つまり国民16人に1人だ。映画が公開されたころ、日本ではまだまだこの問題への関心が薄かった。2014年1月にようやく国連障害者権利条約が発効した。条約の原則のひとつは「差別の禁止」である。今日、世論はこの問題にもっと関心を寄せているようだ。2017年に内閣府が行った調査によると、回答を寄せた人の88・3％が「共生社会」に賛成である。障害者も健常者も互いを尊重し、社会の構成員として支え合う社会のことだ。ある意味で『学校Ⅱ』は集団意識を高めるのに一役買った。興行収益ではその年のトップ10に入ったことからも明らかだ。

あの人がいなくなった……

『学校Ⅱ』（1996年）は完璧な作品とは言えないかもしれない。だが洋次が常に行動し、どんな挑戦も受ける監督であることがわかる。都築政昭は著書『寅さんの風景——山田洋次の世界』（近代文芸社、1997年）で次のように記している。「リューの成長は、山田自身が作品を作ることで学んだ果実であり、山田の人間観の成熟なのである。（中略）山田はつねに柔軟に貪欲に現実から学ぶことで、作品に新しい生命を与える作家なのである」。この総括は、1996年8月4日の渥美清の死によって立証される。主役俳優の健康が好転していないと知りながらも、洋次は『男はつらいよ』第49作の脚本を製作していた。タイトルは『寅次郎花遍路』とつけられる予定だった。

7月、洋次は倍賞千恵子と渥美清を、チームの一部とともに代官山の行きつけのレストランに集めた。年末に公開が予定されていた作品について話すためだ。「渥美さんはステーキをたいらげて、ぼくたちを驚かせた」と監督は語る。「普段はとても食の細い人である。『なあんだ、肉なんて食べて元気じゃないの』。ぼくたちはほっと胸をなで下ろし、『じゃあまた、涼しくなったら会いましょう』と声を掛けて別れたのである。それが最後になりました」。こう話す監督の声には、25年経った今でも深い悲しみがただよう。最後まで秘密を守りつづけた渥美は、自分の深刻な病状を隠し通した。入院したことはだれにも知らせなかった。渥美が亡くなった数週間後に洋次は『日本経済新聞』に掲載された一文に、どうやってその知らせを受けたかを記している。「八月六日のことである。松竹の奥山融社長との打ち合わせを終えて夜遅く帰宅したぼくは、渥美清さんの奥さんから電話があったことを知らされた。渥美さんはどんな親しい友人にも決して私生活をあかさない。正子夫人が私に直接、電話をかけてくるとは、ただごとではなかった。『秋に予定している寅さん第四十九作の撮影にドクターストップがかかったのだろうか』。五年前から彼が肝臓の病気を患っていることは知っていたので、そんな思いが一瞬、頭をよぎった。『山田さんにお詫びしなくてはなりません。渥美は四日に亡くなりました。遺言通り、家族だけで見送り、遺骨にして、今日の夕方に自宅へ戻ってまいりました』——。正子夫人の言葉にどう答えたのか、よく覚えてはいない。受話器を置いたあとイスに腰掛け、ぼくはしばらくぼんやりとしていた」

監督にとって計り知れない喪失だった。渥美清は長年ずっとそばにいて、あの有名なシリーズだけでなく、この間に製作したほかの作品のほぼすべてに出演していた。「例えば旅行していろんな景色を見る。いいところだな、あそこの橋なんか寅さんに使えるんじゃないかなと。今まで二十何年そういう思いで景色を見ていたし、面白い話なんか聞くと、それ、寅さんの台詞になるなとか。そんなことを、今でもふっと思っちゃ、ああ、渥美さんはいないんだと。『今度こんなふうにしようと思うんだよ。こんな芝居をしようと思うんだよ』と言う、するとうれしそうに笑う、『ああ、面白い』と言う、その人がいない。頼りにしていた柱にもたれようとすると、実はかき消えて無いとでもいうかな。逆に言えば、どこかに生きているという感じもあるんですよ。だって、死に顔を見ていないんですからね。また渥美さんもそう思ったんじゃないかな。スッと煙のように消えようと」と、『朝日新聞』（1996年10月22日付）で佐多智子に話している。

渥美清の死は国民にとっても大きなショックだった。多くの日本人にとって大事な座標がなくなったのだ。東京証券市場では松竹の株が2・5％下がった。投資家たちは会社がぶり返せるかと心配したのだ。数日後の8月13日、3万6000人もの弔問客が大船撮影所に押しかけた。灼熱の太陽の下に長い列をつくり、渥美に最後の別れを告げようと並んで待った。洋次も追悼の賛辞を送る。病気であることを承知しながら仕事を頼みつづけたことに後悔の念を表明した。「渥美さんはどんなにきつかったか。ああ、悪いことをした。いま、後悔をしています。（中略）渥美さん、長い間つらい思いをさせて、すみませんでした」と嗚咽をこらえながら悔やんだ。

渥美の死は当然ながら監督のキャリアにひとつの転機をもたらした。１９４７年のエルンスト・ルビッチの葬儀で、ひどく悲しんだビリー・ワイルダーが「もうルビッチはいない」と言い、ウィリアム・ワイラーが「もっと悪いことに、もうルビッチの映画はない」と付け足したように、山田洋次は渥美清も寅さんもいないまま、続けざるをえなくなった。寅さん以外の企画で何度も才能を披露してきた監督だが、それでも必ず寅さんのお正月映画はあった。観客は楽しみにし、松竹にとってはドル箱シリーズだった。「これまでの全48作で延べ７９５７万３０００人の観客を動員し、総配給収入（配収）４６４億３０００万円を稼ぎ出した。ビデオも、セル用、レンタル用合わせ、今年7月末までに合計85万本、約１００億円を売り上げている。テレビ放映権の販売などまで含めれば、『1作品あたり20億円弱を稼いでいる』（松竹関係者）とみられる」と週刊『日経ビジネス』誌（１９９６年9月2日号）は報告する。

さらに、同誌によると、「しかも、最近、配収1億円も稼げない日本映画が多いなか、毎年、確実に配収10億～15億円を稼ぐ抜群の安定度を示してきた。製作・配給してきた松竹にとって『寅さん』は、正月の看板であると同時に、経営を支える『ドル箱作品』だったわけだ。それだけに痛手は大きい。『渥美さんの死に最も衝撃を受けたのは松竹』（業界関係者）という声が出るのも不思議ではない」。

試練に挑む

いずれにせよ、洋次は映画をもって亡き友へのオマージュを捧げたいと思った。ジュゼッペ・トルナトーレ監督の『ニュー・シネマ・パラダイス』（1988年）から着想を得て、『男はつらいよ』第49作に使う予定だったプロットや人物をいくつか用いて『虹をつかむ男』（1996年）を製作した。舞台は四国。第49作のゲストと「マドンナ」にそれぞれ予定していた西田敏行（活男）と田中裕子（八重子――島津保次郎監督『隣の八重ちゃん』〔1934年〕への目配せ）を起用した。田中裕子は1982年に第30作『男はつらいよ　花も嵐も寅次郎』でマドンナ役を演じている。また、寅さんの常連たちにも声をかけた。吉岡秀隆は人生の意味を探す若者の役を演じている。名前は満男ではなく、亮。「この作品は、亡くなった渥美清さんへのオマージュでした。それはイコール、映画へのオマージュだと考えて、映画ファンのために映画館を守る男の姿を描こうと思いました」と監督は記している。

古い映画館の館主である活男と、両親とケンカして東京から家出してきた若者の亮との関係は、寅さんと満男の関係を彷彿（ほうふつ）とさせる。師匠と弟子の関係である。今回は恋愛関係ではなく、第七芸術への情熱を通して人生が語られる。徳島県の小さな町に住む活男はオデオン座という古い映画館を運営している。名前からして「活動写真の男」の活男は、大ヒット作品で稼ぐよりも質の高い映画の上映にこだわっている。周辺の村で上映会を開くこともあるが、活男は寅さんに比べてひとつの場所に愛着を持っている。だが寅さんと同じように自分の感情を表明するのは苦手だ。とりわけ八重子に対してうまく気持ちが伝えられない。

亮がなぜ好きな人に自分の思いが言えないのかと聞くと、活男は『男はつらいよ』第1作（1969年）を見せ、この作品は自分の人生観をよく表していると説明する。ほかにも数々の映画史上の名作（ルネ・クレマン監督『禁じられた遊び』1952年、アンリ・コルピ監督『かくも長き不在』

1961年、スタンリー・ドーネンとジーン・ケリー監督『雨に唄えば』1952年）や松竹の往年の名画（小津安二郎監督『東京物語』1953年、木下惠介監督『野菊の如き君なりき』1955年）への参照や、言及が随所にある。これらの作品を通して活男は人生の意味を見つけ出す。洋次は映画は往々にして単なる娯楽ではないことを思い出させる。

だがこの作品には息吹やリズムが欠けている。渥美清の死の直後という状況下で製作、撮影されたと考えると、監督の仕事はやりづらかっただろう。最後に亮が東京に帰って普段の生活に戻る一方で、活男は寅さんのテーマを口ずさみながら旅に出る。すると木造の古いバス停から寅さんが姿を現す。そのとき、スクリーン上には「敬愛する渥美清にこの映画を捧げる」の言葉が映し出される。『虹をつかむ男』（1996年）は追悼映画として受け止められるべきだろう。洋次はいくつか軽妙なシーンを挿入しているが、映画全体を包む悲しみを覆うことができていない。観客も騙されない。映画は成功とも失敗とも言えなかった。その年の興行成績では第10位に入ったのだ。他を大きく引き離して1位に輝いたのは宮崎駿の『もののけ姫』※である。

10年前に洋次は映画の世界を描いた『キネマの天地』（1986年）を発表している。その作品のほうがはるかによかった。映画製作上の自分の「家族」から、メンバーの何人かが数か月の間に相次いで亡くなったことを洋次はこう記している。「山田組の名キャッチャーである高羽哲夫カメラマン、エースで四番バッターの渥美清さんが相

※もののけ姫
渥美清の死をもって世界最長の映画シリーズは幕を閉じた。そのとき日本映画に新たな革命が起きた。宮崎駿の『もののけ姫』（1997年）の公開と成功によって、日本映画は何十年ぶりに興行収入第１位に躍り出た。また北野武監督を中心に日本映画が国際市場でふたたび賞賛されるようになった。北野は瞬く間にヴェネツィア国際映画祭で賞を受けた。

次いで亡くなり、ぼくはグラウンドに一人取り残されたような気持ちだ」。野球を使った巧みな例えから、洋次が仕事に新しい意味を見つける必要に迫られていたことがわかる。新しい自分をつくる(この言葉は大げさかもしれないが)には一日では無理だ。それに心の傷はまだ生々しいのに、松竹は従来の方針を継続する意向を見せた。寅さんを継ぐシリーズを求めたのだ。

『虹をつかむ男』の結果がぱっとしなかったにもかかわらず、会社は第2作を翌年の正月映画に予定した。首脳陣は『男はつらいよ』も定着するまでに少し時間がかかったことをおぼえていた。西田敏行が主役のこの作品も同じだろうと考えたのだ。一方で寅さんの第49作を製作する企画にも反対しなかった。満男の思い出と、リリー(浅丘ルリ子)と伯父さんとの関係からつくりあげられたのは『男はつらいよ　寅次郎ハイビスカスの花　特別篇』。というわけで1997年は過渡期の年と言えよう。洋次にとって過ぎた悲しいできごとを消化し、キャリアの続きを準備する年だった。寅さんファンのために『男はつらいよ』特別篇の製作とモンタージュに取りかかった。この作品で満男(吉岡秀隆)はいわば司会進行役を演じる。「『フーテンの寅』って名前を耳にしたことはあるけれども、映画を観たことのない若者たちに一度観てほしいと以前から考えてはいたんですよ。そのためにどの作品を選ぶか、ずいぶん迷いました。『ハイビスカスの花』は、青い海やハイビスカスが咲き乱れる沖縄を背景にしているという華やかさもあり、僕にとってもベスト5に入る作品だと思うんです。僕も、ていねいにサウンド面をやり直したかったことも動機のひとつかもしれない。当時はモノラル録音だった音楽をステレオドルビーサウンドにして、新しく作曲し直したものを本格的なオーケストラにしたんです。そして全体の構成を『満男の回想』というしっかりした額縁に入れてリニューアルすれば、楽しく観てもらえるんじゃないかと思ったわけです」と、１９９７年11月に上映されたとき、館内で販売されたパンフレットに記している。伯父さんがしていたように満男はプラットホームに立ち、それから列車に乗り、また伯父さんに会いたいなあとくりかえし言う。だがこのメッセージはうまく観客の心に届かなかった。洋次の依頼を受けて、渥美清に代わって八代亜紀がテーマソングを歌った。もちろん、音楽の奥行きは増したが、八代の才能をもってしても、亡くなった渥美の声が呼び起こした身震いを届けることはできなかった。２０１９年に公開された第50作では桑田佳祐に同じ依頼をし、はるかによい結果が得られた。

息切れか?

寅さん映画の傑作のひとつをもう一度見にきた観客は、おそらくがっかりはしなかっただろう。だが寅さんの記憶をとどめるため、というより、会社の要請に応えることが目的の映画だった。記念碑的な作品が製作されるまでには22年を要した。渥美清という得がたい才能の死と、寅さん映画が娯楽という域をはるかに超えるものだという見方を、きちんと咀嚼するにはそれだけの年月が必要だったのだ。洋次が『虹をつかむ男』（１９９６年）を渥美清のシリーズに並ぶシリーズにするつもりだったとは信じがたい。西田敏行が力不足だったのではない。むしろ監督の想像力が欠如していた。ここでも正月の看板となる映画を望んだ会社の圧力があったと考えられる。たしかに寅さんでも20年間、同じプレッシャーはあったのだが。松竹との契約を履行するために、洋次はオリジナリティのない脚本を書いた。渥美の急死によって製作が中止された『男はつらいよ』最終作に予定していたプロットを使いまわしたのだ。『南国奮斗篇』（１９９７年）というタイトルの第2作では、活男（西田敏行）と亮（吉岡秀隆）が登場し、舞台は奄美群島である。

寅さんとちがって場所に一貫性がない。第1作の舞台は四国だったのだ。今回、活男の映画館「オデオン座」が閉館になったため、奄美地方の美しい海岸沿いで移動上映会を行っている。この作品でも映画へのオマージュを贈ることが主眼となっている。大庭秀雄監督の『雪国』（１９６５年）や宮崎駿監督の『風の谷のナウシカ』（１９８４年）などの抜粋が流れる。宮崎を取り上げることで、その後何年にもわたって興行成績を支配することになる監督を示したかのようだ。映画の中の最後の上映会では『男はつらいよ　寅次郎ハイビスカスの花』（第25作、１９８０年）が取り上げられ、ここで寅さんへの目配せを見ることができる。会場は満席だ。しかし映写機が壊れて上映会は中止になる。寅さんはほんとうにおしまいになったのだ、というメッセージを観客に届けたということだろうか。作品全体が説得力に欠けた。観客もよくわかっていた。盛り上がらなかったのだ。

ここで、美しい風景だけでは観客を魅了できないという事実に気づく。今まで監督が製作してきた映画は風景になんらかの魂が加わっていたのだ。それが『虹をつかむ男』第2作には欠けていた。洋次は契約を履行した。１９７８年に出版した『映画をつくる』（大月書店）で、洋次は寅さんの第1作を製作した後、どうやってシリーズを継続させていったかを語っている。「私も二六回分のテレビの材料がありましたから、割に気易く二作、三作とひきうけたのですが、これがだんだんつづいて七作、八作となると、これから先どうなるのかと、ちょっとそらおそろしいような気持にもなり、そろそろ止めよう、落ち目になってからやめるより、惜しまれて去るほうがいいんだから、としきりに渥美清さんたちと話合ったりしていたのですが、一〇回、一一回を越えるころからは、私自身がこの作品から離れがたいような愛着をおぼえだし」たのだと言う。明らかに活男と亮は同じ興奮を呼び起こさなかった。興行収入も3億9000万円にとどまり、映画は商業的にも失敗だった。

渥美清が亡くなり、『男はつらいよ』が終わった。山田洋次は、自分の監督人生での新たな展開を考えることになる。サムライ映画を撮るという選択も、その進化のひとつであった。

新しい自分をつくる

洋次にとってキャリアの新しい段階のはじまりであった。監督としてのデビュー以来、仕事の中心にあったのはコメディだった。とくに寅さんシリーズだ。だが、渥美清がいなくなったことで、少なくとも監督としてはこの路線を続けることが難しくなった。１９９８年からは、コメディに背を向け、よりシリアスな作品を撮ることに集中した。ただ、ほかの監督のためにコメディの脚本の執筆は続けた。『釣りバカ日誌』はその例だ。相変わらず、仕事の虫ではあった。ただアクセルはゆるめた。約30年間、年に2本、ときには3本の作品を撮りつづけていたが、年に1本だけでよしとするようになった。この新しいやり方になって、彼は、それまで以上の決意と緻密さで選んだテーマについて仕事を進めることができた。そのおかげで、『男はつらいよ』シリーズ以外の作品でも見せてきたように、巨匠監督であることをさらに確証していくことになる。彼の仕事は、記録としてギネス・ブックに載っているという一点に総括されるべきではないのだ。１９９８年の10月中旬に公開された『学校Ⅲ』で、そのことをはっきりと示している。シリーズの前2作には、現実の社会とのつながりが欠けているとの批判もあり、それは的を射てもいたのだけれど、新作は、危機的な状況におちいっているこの国の状況を、この上なく的確に描いている。

失業、人生のやり直し、障害、そして恋愛。彼にはこうしたテーマを盛り込んだ物語をつくりあげるのが、お手のものであることを示している。もちろん、彼なりのやり方でやっている。つまり、当時の全般的な社会の空気はむしろ暗かったけれど、希望はあると伝えているのだ。90年代末、日本はあきらかに慢心をくじかれていた。金融バブルは崩壊し、不況に落ち込んだ。それに政治的、社会的な危機がともなった。数年前までひとつの模範だともてはやされた日本型経営システムは揺らいでいた。その柱のひとつ、終身雇用という仕組みは、全国で解雇計画が急増するにつれ消滅していった。ほんの10年前には、経営者の最大の関心事は人手不足だったが、今やだれもが口にするようになった言葉は「リストラ」[※]である。この4音節の言葉が、第二次大戦後の日本ではかつてなかったほど社会を揺さぶり、数百万人もの人々の悪夢となっていく。規模の大小にかかわらず、あらゆる業種の企業で、年長の社員の解雇が合い言葉となった。多くの企業で採用されていた年功序列型賃金システムの中で、給料がいちばん高い層の人たちなのだ。さらに採用面でも、パートタイムなど簡単に解雇できる契約が優先されるようになった。この段階から状況はさらに悪化する。2001年に発足した小泉政権がこうしたタイプの雇用に有利になるように労働政策を変えたからだ。日本がみるみる豊かになっていった30年間が終わり、

※リストラ
バブル崩壊後の10年間でもっともたくさん使われた言葉だろう。実り多く豊かな年月が長くつづいた後、日本経済は混乱のときを迎えた。国内の企業にはリストラの波が押し寄せた。備えができていなかった国民にとって、この言葉は失業と同義語となった。リストラの犠牲となったのは40〜50歳の男性で、もっぱら自社を崇拝して育った彼らのほとんどは、代わりの職場を見つけることができなかった。彼らの多くにとって、リストラは離婚や自殺に結びついた。1997年から1998年の間に自殺者数は35%も跳ね上がり、2万4391人から3万2863人に増えた。この増加は日本を襲ったきびしい経済危機とつながっている。『学校Ⅲ』(1998年)の主人公、周吉はリストラの波に飲み込まれた日本のサラリーマンの典型である。

1990年代は貧困化現象のはじまりとなる。それは年を追うごとにはっきりしていった。その深刻さを描いてみせたのが、是枝裕和監督の『万引き家族』（2018年）だ。この作品は、カンヌ国際映画祭でパルム・ドールを受賞した。洋次が教育をテーマにした映画の第3作の脚本づくりに取り組もうとするきっかけになったのは、NHKのルポルタージュ『われらの再出発』だ。50代の人たちが職業訓練のために通う学校についての番組だった。「戦後の日本を必死になって築いた世代です。穏やかな老後に向かおうとしているときに、未曾有の大不況に巻き込まれ、リストラされたり経営していた会社が倒産したりして、自殺に追い込まれる人もいる。そんな馬鹿なことがあっていいものか、という怒りを覚えました。そこで、大不況時代にも奮闘努力して再起に懸ける人たちを主人公にした映画を撮りたい」と、監督は思った。

当時は、実際に新聞でも経済的な理由によって自殺する人の増加が報じられていた。作品が公開されたころには、その数字はさらに跳ね上がっていた。多くの人にとって、仕事を失うということは、自分がもはや用なしだということを意味した。思い返しておきたいのだが、当時、父親のもっとも重要な使命は自分の家族を養うことだった。仕事がなくなれば、父親は存在理由を失う。また、自殺という選択をまぬがれた人も、家庭の中で自分の居場所を見つけなければならなかった。このころは、そんな人たちが家族の中に溶け込むことを支えるための著書もたくさん出版されている。運に恵まれなかった人は、離婚や別離の状況に直面することにもなった。「リストラ離婚」という言葉もメディアの中で目立っていた。そんな暗い空気の中で、洋次はそれでも希望を捨てない理由はあるということを示そうとした。ただ、映画のはじまりは、相次ぐ解雇の話だ。その犠牲者たちが物語の登場人物である。希望を託せるのは教育だ。より正確にいうと職業教育だ。それは、人生をやり直そうとする人が、再出発する可能性を与えてくれるはずだ。そもそも監督が想を得たNHKの番組のタイトル自体『われらの再出発』だった。学校を描いた前2作と同様、彼はまず考察を深め、人物たちを造形するために取材に乗り出した。「この学校には〝競争〟がないことに気づきました。大学や高校の受験とは違い、資格試験は一定以上の点数を取れば全員が合格です。（中略）勉強についていけない生徒がいれば、その人を助けて一緒に合格しようという気持ちで学んでいる。そのあり方は、学校のひとつの理想だと思いました」と語る。「それぞれに違った人生を歩み、背負っている背景が違う人たちが、新しい関係を築いていく場所が『学校』なのだ。それは僕にとって大きな発見でした」

なにも失われてはいない

コンビを組んできた朝間義隆といっしょに、彼は脚本づくりに取りかかる。リストラの犠牲になったさまざまな人たちが、再出発の機会を与えてくれる学校で出会う物語だ。ただ、ドキュメンタリーになるのを避けるために、彼らは二人の登場人物、小島紗和子（大竹しのぶ）と高野周吉（小林稔侍）に焦点を合わせる。二人は対照的な境遇で暮らしている。紗和子は中小企業の経理担当として働いていた。しかし、会社はこの仕事を外部に委託してしまった。周吉は証券会社のトレーダーだった。二人ともたいへんな困難に直面している。紗和子は、当時の日本で大きな社会問題になっていた「過労死」で夫を亡くした。そして、自閉症の息子、富美男（黒田勇樹）を一人で育てている。彼女が暮らすのは、東京の北部にある低所得者向けの団地だ。この人物について、洋次は鶴島緋沙子の本『トミーの夕陽』（柘植書房新社、1997年）からヒントを得た。この著者の名前は映画のクレジットにも「原作」として洋次の名前とともに記されている。「主人公の母親が明るく前向きなところに惹かれました」と洋次は説明する。彼は、その息子を物語のナレーターにすることも着想した。

周吉はというと、失業して妻とも別れている。一部屋だけのアパートに暮らし、寝るためには酒が欠かせない。同じ業界で仕事を見つけることを望んでいる。だから、物語の最初のほうでは、クラスの中に溶け込もうとしない。自分の人脈でこの難局から抜け出せると思い込んでいた。だが、結局、大学時代の仲間もなにもしてくれないことがわかる。大学時代にできた人間関係は、職業訓練校の人のつながりとは価値が明らかにちがう。そこに、監督が届けようとするメッセージの意味がある。この学校のクラスは、人間関係をつむぐのに適した場所なのだ。教育についての二つの前作では、学級をまとめる教師の役割に焦点を当てることで、この点への強いこだわりを見せた。『学校Ⅲ』（1998年）でも、同じ図式を採用している。というのも、この職業訓練校の教師や生徒とのインタビューを重ねることで、そこにある種の人間のつながりが形成されることに気づいたからだ。「それぞれ切ない過去を抱えて生きている生徒たちは、年齢も年齢なので、最初は打ち解けられない。そうはいっても人間同士、やがて言葉を交わすようになる。時間はかかるのだけれど、徐々に仲良くなり、『帰りに一杯やりますか』という関係になっていく」と指摘する。周吉は地に足をつける生活に戻ると、紗和子と愛し合う仲になる。作品に別の次元が加わる。

彼は脚本づくりの技を完璧に身に付けている。だから、何人かの脇役をつくりあげるのも自在だった。この脇役たちのおかげで、主要人物三人、紗和子とトミー（富美男）と周吉がさらに厚みをもって、異なった視点からそれぞれの人生を見せることができるようになった。節（余貴美子）は紗和子の隣人で、困っているときにはいつも寄り添ってくれる。教室のほかの生徒たちも個性豊かで、作品に彩りを与えている。その中には、洋次の作品でおなじみの田中邦衛と笹野高史もいる。そして、とりわけゲイバーの元経営者役で出ているケーシー高峰は、作品に独特の雰囲気をもたらしている。生徒たちは骨の折れる技術習得に励む一方、それぞれの日常もさまざまな障害に満ちている。芽生えてきた恋愛の物語も複雑だ。そんな状況から抜け出すために、お互いに助け合うことがどれほど不可欠か。洋次は、それを示そうとしている。

前向きで意志の強い女性役として、大竹しのぶはみごとというほかない。いつものように、監督は俳優たちのもっともいいところを引き出している。とはいっても、紗和子を演じるのは簡単ではない。彼女はいくつも問題を抱えている。母子家庭だというだけでなく、息子は自閉症で、そのために冷たい扱いを受けることもある。周吉との恋も、彼女は結局あきらめようとしている。そして、自らも乳がんであることがわかる。それについてトミーにこう話しかける。「私はしっかりがんばって乗り越えてきたんだから。母さんはだいじょうぶ。ちっとも怖くなんかないから……」。胸が張り裂けそうになる場面だ。だが、彼女は恐れていないだろう。一人ではないとわかっているからだ。節や訓練校での仲間みんなを頼りにすることができる。彼女の頭には、クラスの仲間と歌った「高校三年生」が残っている。「ああ、高校三年生／ぼくら離れればなれになろうとも／クラス仲間はいつまでも」。実際に、彼女が手術を受ける日、みんな病院にやってくる。別れた周吉もそこにいる。洋次は、ここでも生まれかけていた愛についての自身の考えに忠実だ。

　これまで何度も、とくに『男はつらいよ』シリーズで見せてきたように、彼はここでも恋が成就する話を描こうとはしない。巧みに終わらせる筋書きをいつも見つける。紗和子と周吉の場合は、周吉の別れた妻、藤子（秋野暢子）の自殺未遂だ。経営していた会社の破綻が引き金だった。この事件で、紗和子は周吉との関係を絶つ。「奥さんのそばにいてあげなくちゃだめじゃないの。なにがあったかわからないけど、こういうときこそ男にそばにいてほしいものなのよ、女は。だからうちにはもう二度と電話しないで。そう、私のことは忘れて。それでいいの。さよなら。半年間、いろいろありがとう」と電話で告げる。彼女は身を引く。なぜなら、再出発をもたらすことが大切なのだとわかっているからだ。「リストラ」のせいで、不自然に壊された夫婦関係も同じだ。この作品が訴えているのは、こんな難局から抜け出すのにエゴイズムは無用だということだ。前に進むために必要なのは、恥じることのないまっすぐな姿勢だ。

　1999年、監督は『学校Ⅲ』をこんな言葉でふり返っている。「私は、寅さんシリーズを48本撮りました。彼は、露天商をやりながら日本中を旅しているフーテンです。彼は心はあたたかいけれど、いつも恋には不運で、面倒なことを起こしてしまう。そんな彼にとって、生まれ故郷の柴又はどんなところでしょうか。彼が面倒を引き起こすたびに、人々は困ったものだと眉をひそめます。でも、もしだれかが『迷惑だから、追い出してしまえ』と言っても、街の人々はきっとこう答えるでしょう。『あいつは、たしかに厄介者だ。だけど、われわれの身内だ。追放する権利はない』。私は、社会や共同体、家族をそういうものだと見ています。学校も社会と同じだと思うのです。たくさんちがいのある人たちが、ほかの人たちと自分のちがいを受け入れ、いっしょに協力できる場所をさがす。社会ってそういうものです」。監督はいつも希望を信じている。

「山田組の作品に出演する喜びは、日常の中のごく自然な、何とも言えないリアリティを演じられることに尽きると思うんです。たとえば『学校Ⅲ』で息子のトミーが新聞配達をするシーンにしても、ただ配達するだけではなく、暑い日も、寒い日も、雨の日も、毎日毎日配っている中のある一日の朝……それをきちんと撮れる監督さんは、いまの映画界を見渡しても、山田監督以外にはいらっしゃらないと思います」と、大竹しのぶは評している。彼女が監督作品に出演するのは22年前の『男はつらいよ　寅次郎頑張れ！』（第20作、1977年）以来2度目になる。「弱い者への優しさ、人間のおかしさ、哀しさ。それを一貫して描いている山田監督の作品が大好きです」と付け加えている。この賞賛の言葉から、作品がとても好評だったことの理由がわかる。作品が成功したことで、つらいことに何か月も向き合ってきた彼の心もなぐさめられた。それでも、いっしょに仕事をしてきたいちばん身近な仲間たちが相次いで亡くなったことは、まだ重くのしかかっていた。

黒澤明、淀川長治との別れ

次の年、彼は最前線から少し下がることを決めた。35年間ずっと撮影の現場にいたので、ひと息つくためだ。だから、1999年は一年間のブランクになった。撮影にも脚本にも取り組んでいない。ただ、旬報社から2冊の対談本を出した。そこで、とくに注目されるのは二人の友人との対話である。

一人が淀川長治、もう一人が黒澤明。二人とも、1998年の後半に亡くなっている。淀川は映画評論家で32年間にわたり『日曜洋画劇場』というテレビ番組の司会を続けた。放送をいつも「さよなら、さよなら、さよなら」という決まり文句で締めくくった。彼は洋次を非常に高く評価していた。『幸福の黄色いハンカチ』（1977年）を特集した映画雑誌の『シネ・フロント』別冊3の記事では、監督を絶賛している。「わたし、この監督さん大好きなんです。いちばん好きです。そして、日本映画のなかで宝物だとおもってます。これはゴマすってるのではありません。ほんとうに山田さんの映画は、精神があるんです。個性があるんです。わたし、それが好きなんです。（中略）わたしは溝口健二が日本映画の監督だといいます。けど美術すぎます。美術すぎるといういいかたはわるいですけど、美術です。この美術とともに、ほんとうに心のなかからパァッとひらいてくれる、フランク・キャプラみたいな人ほしいです。チャップリンみたいな人まってまってまちかねていたら、さいわいにも山田洋次監督が出てくださいました。（中略）映画はわたしたちのもの、大衆のものお母さんもお父さんも、おじいさんもおばあさんも楽しめる映画がほしいですね。なんにもいばりくさるものじゃありません。そういうわけで山田さんはほんとうのわたしの尊敬するベストフレンドです。その人をわたしはなんぼでも応援したいとおもいます」と語っている。監督の誠実さを称え、その作品は人々に語りかけているという。「わたしはこのあいだ〝寅さん〟を見にいきました。試写室はいっぱい。補助椅子も出ました。一流のフェリーニの映画見にいっても、どんな一流の監督の映画見にいっても、あれだけ試写室、はいったことありませんね。みんなまってるんですね、〝寅さん〟見ようとおもって。それだけ山田さんはみなさんから愛されてるんですね。なにが愛されているか。きれいな映画つくるからですね」

こんな思いを告白されれば、二人の男の間に友情が芽生えても不思議ではないだろう。だから、監督は『虹をつかむ男』（1996年）で、淀川に目配せしている。テレビ朝日でのこのお気に入り番組（『日曜洋画劇場』）の一部を取り込んだのだ。洋次が本の中に収めた淀川長治との対話は、1998年9月に亡くなったもう一人の友人のことにも触れている。黒澤明だ。洋次は自宅の書斎にサムライのイラストを大事に持っている。描いたのは、戦後に日本映画の価値を国際的に認めさせた黒澤だ。『羅生門』（1950年）や『七人の侍』（1954年）の監督として知られるが、洋次がもっとも評価する作品のひとつが『まあだだよ』（1993年）だ。「あれは、黒澤さんの遺言のような気がしましてね。いろんな明治の歌が出てきますでしょ。あの歌を聞いていると、なんだか涙が出てくるんですよ。黒澤さんはそこで何か言いたかったんじゃないか。自分が育った文化というものを、そのうちの良質なものをなんとかして伝えたいっていう……そんな思いが感じられるんですよ」と語っている。洋次は、世界が黒澤を評価し称えているのに、日本ではある意味で冷遇されていたことが悔しいのだ。洋次は日本では認められた。しかし、海外、とりわけ欧米では知られないままだ。それでも、自分の国の市場で成功した作品は、国境の向こうでも人々に愛される質を備えているはずだ、と信じている。

著書『映画をつくる』（大月書店、1978年）で、小津安二郎の『東京物語』（1953年）が海外で好評だったことがなによりもその証拠だと書いている。欧米の観客たちは、日本での家族の価値を受けとめ、作品に心を打たれ、評価している。彼がそのことに執着しているわけではないにしても、自作が海外でもっと評価されることを願っているのは想像できる。たしかに、これまでも指摘したように、松竹は海外市場への売り込みを優先事項と考えていなかった。しかし、彼が海外であまり知られていない点については、別の説明も可能だろう。それは、もっぱら庶民階層に関心を向けるという彼のこだわりだ。それはおそらく、海外の観客にはあまり魅力的に映らない。この点で、洋次も小津への批判を忘れていないのだが、小津が得意としたのは中流、上流階級の肖像を描くことだった。欧米で外国映画に関心を向ける観客とは、たいてい教育レベルが高く豊かな階層の人たちだ。逆に、中国のようなアジアの国々では、彼の作品は熱狂的な支持を得る。「山田はいつも、芸術よりむしろ娯楽としての映画の価値を前に出すことで、作品を大衆と共有したいと願っている。登場人物たちは楽天的で、つつましく、優しく、思いやりがある。とてもロマンティックで健全なユーモアのセンスも備えている。それらはすべて、彼が伝えていきたいと考えている、日本人の資質だ」と、とエステル・ウチノは的を射た指摘をしている。香港で２００５年に開催された山田作品の回顧上映会のイベントをまとめたオーガナイザーである。

大船撮影所に別れを告げる

この年、１９９９年に、はじめて映画づくりを中断した。だが、それは口さがない連中が信じていたような、早くもやってきた老いだとかキャリアの終わりの最初の兆候などではない。身近な人たちの相次ぐ死去の後、充電する期間が必要だった。それに加え、すべての作品を撮影してきた大船撮影所の売却を阻止する闘いにも寄り添った。当時、映画演劇労働組合総連合（映演総連、のちの映演労連）

に加盟する松竹労組は「映画と創造のためのこの場所を放棄しようとする、経営陣のこの決定」を批判した。「この決定があらわにしているのは、倫理の欠如であり、そこで働く者とその家族への裏切りである。また長年にわたり連帯してきた映画業界周辺の人たちへの敬意の欠如である」。撮影所を救おうと、声明は海外の映画界にも向けられた。「人員削減、そして撮影所自体の閉鎖にまで及ぶ現在の経営方針は、映画界全体と日本映画の歴史に対する深刻な脅威であり挑戦である。日本映画は長い間、文化の壁を突き崩す芸術の形であり続けた。だから、私たちは世界中の映画ファンと観客の心に触れることができた。この映画の伝統を保護と再興への深い願いと意志を持って、われわれは松竹大船撮影所存続に向けた闘争支援会議を創設する」。当時、インターネットで発信された声明にはそう書かれていた。

しかし、会社はさまざまな困難を抱えていた。3期連続で赤字が続いただけに大船の売却は避けられないと見ていた。1995年には、収入の多角化をめざして撮影所の中に鎌倉シネマワールドというテーマパークを開設していた。しかし残念ながら大勢の見物客を集めることはできなかった。それに1996年は、松竹の財政状態の悪化と『男はつらいよ』シリーズの終了が重なった。こんな現実の真っただ中に、まさにはまり役の人物、寅さんが戻ってきた。柴又駅前の広場に彼の銅像が据えられたのだ。地元の商店会「柴又神明会」が音頭をとり設置に向けての寄付集めをした。この有名なテキ屋がどれほどの影響力を持っていたかを思い起こさせ、その人気がどんなに大きかったのかを伝えるモニュメントだ。しかし、松竹労組は、会社の状況を経営陣の内部対立と結びつけ、少なくとも100億円と見られていた赤字を埋めるために経営陣が打ち出した方針を非難した。

洋次は労働組合の運動に直接参加したわけではない。それでも、映演労連の書記長、梯俊明が証言するように、洋次も自分が「大船調」の最後の代表者であることから、撮影所閉鎖の決定に懸念を抱いていた。大船調について、映画評論家、山田和夫は次のように定義している。「私見によれば『大船調』と呼ばれる伝統的作風は、最も大衆的なハリウッド映画、とくにそのメロドラマの作法を日本映画に導入し、日本独自の風土で消化し、みがき上げたものである」。洋次は、自分自身のスタイルを完成させながら、大船調を自在に操る手法を身につけていった。彼が取り組んだ学校シリーズの最後の作品『十五才　学校Ⅳ』(２０００年)には、それがよく現われている。この作品の脚本は三人で書いた。朝間義隆のほかはじめて平松恵美子も加わった。

シリーズでは、夜間中学、養護学校、職業訓練校を扱ってきた。今度は、一般の学校に目をむけた。ある重要な問題について立ち止まって考えるためだ。登校拒否※である。シリーズ第1作でもすでに、えり子(中江有里)という生徒を描くことでこの問題に触れていた。しかし、物語の核になっていたわけではなかった。とはいえ、１９９3年の『学校』公開以来、この現象はますます大きくなっていた。文科省の統計もその深刻化を示している。「学校に行かない、行きたくない子たちがいる。僕の少年時代には想像もできなかったことです」と、彼は言う。彼にとって、学校に通うことは、生活の中

※登校拒否
年月が経つにつれ、日本では多くの若者が学校を拒絶するようになった。親は最良の教育とは子どもを評判の良い小学校、中学校、あるいは高校に入れることだとして、子どものほんとうの望みなど考慮しなかった。それもあって、学校を欠席する生徒が増えていった。1990年代の経済危機により将来の展望がどんどん暗くなったことで、この傾向に拍車がかかった。洋次が『十五才　学校Ⅳ』(2000年)を撮影したころ、30日以上連続して学校を休んだ中学生は11万人以上いた。1980年代のはじめ、その数は２万人だった。こうした状況から学校制度の改正が求められたが、政府の腰は重かった。この事態を前に作家の村上龍は数か月後に『希望の国のエクソダス』(文藝春秋、2000年７月)を発表する。大勢の中学生が日本の北部に向かい、新しい価値に基づいた国をつくるという小説だ。

で楽しいひとときであった。それは『ダウンタウン・ヒーローズ』（１９８８年）でも描いていたことだ。「学校に受験戦争という競争原理が持ち込まれて以来、学校がいやになっていく子供が増えている。一握りの成績のいい子たちだけがいい思いをして、あとの子は暗澹たる気持ちで過ごしている」と監督は見る。この現実を批判するために、そんな状況から逃げて、試練の旅に出る一人の中学生をめぐって作品を組み立てることにした。

例によって、洋次は予備的な調査もせずに映画をつくるという危険は冒さない。監督業を休んでいた年に調査をして、松本創という名前の一人の中学生を知る。彼は2年前から学校に登校していなかった。そのかわり、ヒッチハイクをしながら国中を旅している。監督は、彼の話をもとに物語をつくっていった。テーマは出会いと経験である。そのおかげで、やはり中学生である作品の主人公、川島大介（金井勇太）は自分の世界を広げていく。監督の頭に、斎藤耕一監督の『旅の重さ』（１９７２年）が浮かんだかもしれない。こちらの映画でも、やはり満ち足りない思いを抱えた16歳の少女（高橋洋子）が、四国への旅に出る。同じような展開だ。しかし、結末は大きく異なる。洋次はこの映画のことをほのめかしてはいない。むしろロブ・ライナー監督の『スタンド・バイ・ミー』（１９８６年）を想起させる。大介は「僕は冒険の旅に出ます。心配しないでください」と置き手紙を両親に残して家を出る。横浜から九州の南に位置する屋久島までの長い旅を通して、大介のことが少しずつわかってくる。「キレる」という性格だということ、登校拒否をしていること。その彼が、同じように若いころ家出をしたというトラック運転手の康（赤井英和）と出会う。物語が最初に盛り上がる場面だ。しかし、女性のトラック運転手すみれ（麻実れい）との出会いで、話は一気に別の局面に入っていく。

『15才 学校Ⅳ』撮影風景（©2000松竹株式会社／日本テレビ放送網株式会社／住友商事株式会社／株式会社 KADOKAWA／株式会社博報堂）

往年の人たちへの目配せ

すみれは彼を自宅に連れていく。そこで若者は彼女の息子、登（大沢龍太郎）と知り合う。登は自室に閉じこもっている。日本で「引きこもり」と呼ばれる暮らし方をしている登は、ジグソー・パズルと時代劇映画（洋次から黒澤明へ、そして将来の企画への目配せ）に夢中だ。彼はしゃべらない。苦しんでいる。しかし、大介と会い一人の友人として接してくれたことから、少し変わった。翌日、大介が去るとき、出てきて話しかけたのだ。見え透いた展開のように感じるかもしれない。しかし、話の流れに不自然さがまったくないので、こうした奇跡を見て、観客はすみれとともに心を打たれる。登は大介にお返しの贈り物もする。三本マストの帆船が描かれたパズルの完成品だ。その裏には、浪人についての詩が書いてある。「草原のど真中の一本道をあてもなく浪人が歩いている。ほとんどの奴が馬に乗っても浪人は歩いて草原を突っ切る。早く着くことなんか目的じゃないんだ。雲より遅くてじゅうぶんさ。この星が浪人にくれるものを見落としたくないんだ。葉っぱに残る朝露、流れる雲、小鳥の小さなつぶやきを聞きのがしたくない。だから浪人は立ち止まる。そしてまた、歩き始める」

登には、大介のやろうとしていること、そして自由を必要としていることがよくわかったのだ。すみれが車で港まで送ってくれた。その間、大介は車中で登の詩を読み上げる。このシーンは感動的だ。だれもがお互いに人間的になり、頼り合う。監督がそれを浮き彫りにして見せているからだ。屋久島にわたった大介は、新たな試練に出会う。亜熱帯のこの島は、手つかずの自然で知られる。とくに大きな屋久杉は、日本でもっとも古い巨木と言われている。なかでも有名なのが縄文杉だ。樹齢は

『15才 学校Ⅳ』(©2000松竹株式会社/日本テレビ放送網株式会社/住友商事株式会社/株式会社 KADOKAWA/株式会社博報堂)

2300年とされ、多くの観光客が訪れる。大介の旅もそれを見るためだった。この記念碑的な木を訪ねるには往復10時間近く歩かなければならない。あきらかに彼はそこまで想定していなかった。途中にさまざまな困難が待ち受けていたが、島を旅している若い女性、真知子（高田聖子）と出会ったおかげで、なんとか目的の場所に行くことができた。何時間も歩くことはまさに試練だ。しかし、もっともきびしい試練はその後に待ち構えていた。一人になった帰路、大介は道に迷い、はげしい雨の中、山の斜面から転げ落ちる。「僕はまもなく死ぬんだ」とさえ思う。しかし、まだ、そのときではなかった。なんとか森から抜け出す。そして偶然、鉄男と出くわす。演じているのは大物映画俳優の一人、丹波哲郎だ。大声でぶっきらぼうに話すこの人物は、『男はつらいよ』第38作の『知床慕情』（1987年）の獣医（三船敏郎）を彷彿とさせる。彼は一人で暮らしていて、健康にも問題を抱えている。「今までやったことのない役だけど」と丹波哲郎は語っている。「山田監督と会って話をしてみて、そんなたわいもないことはどうでもよく、自然にやるということになった。結果、やってよかったと思っている」。この旅で、大介は、しばしば難しい問題を抱えることになっても、家族のきずなは大切だと知る。数々の経験をして、彼は家族のもとに帰り、自分を取り巻く世界についてそれまでとはちがった見方をするようになる。家族との再会、とりわけ自身も反省をした父親（小林稔侍）との再会は心を打つ。彼は学校にも戻る。彼と登校しながら、妹が兄に大きくなったみたいだと言う。彼女は背丈のことを言っている。しかし実際に、彼は精神的に成熟したのだ。洋次自身も、大介を演じた金井勇太が撮影の間に成長していくのに気づいた。「この年代の少年が素晴らしいのは、役者として刻々と成長していくことです。演技だけでなく、人間についての理解が深まっていく」と言うのだ。これは、俳優の演技指導という点での彼の優れた手腕と新しい才能を見つけ出す鋭い嗅覚を示す好例だ。教室での最後のシーンは、そのことを表している。出欠をとる場面で、自分の番がまわってきた大介が「はい」と言うのをためらう。その表情と、しばらく黙ったままだった後に小さな声で告げる「はい」。彼がこれからやり遂げなければならないことについて考えさせる。冒険は、彼の眼を開いた。彼は現実にもっと力強く立ち向かうことができるだろう。彼はほんとうの浪人になった。容易なことではなかったが、彼は自分の運命を自分で切り拓く人間になったのだ。

洋次は、この作品に人生についてのすばらしい教訓を込めている。日本人に自分たちの社会の現状について問いかけることを忘れていない。学校はその社会を映す鏡なのだ。問いを発しているからといって、衝突することを求めているわけではない。しかし、込められたメッセージは明確で確固としている。彼がどうしてもしたかったのは、幸福は物質的な成功でははかれない、と人々に思い出させることだ。試練の旅に出たから、大介は、人間のつながりがどれほど根本的なことか理解することができた。それこそ、豊かになることばかりに向かうようになった日本社会から消えていったものなのだ。人間が中心にいる物語をつむぐことによって、洋次は彼なりの役割を果たし、観客に自問を促している。だから、この長編映画は観客からも批評家からも好評を得た。この作品でも、これまでの多くの作品と同様、その魅力と質の高さをもたらしているのは細かなディテールの積み重ねだということが確認できる。それが偉大な芸術につながる。スクリーンでは、なにもかもが自然に見えるので、監督の仕事の緻密さがかえって想像できないくらいだ。駐日スリランカ大使だったダンミカ・ガンガーナート・ディサーナーヤカ氏は、日本に留学していたとき、寅さんシリーズの第40作『男はつらいよ　寅次郎サラダ記念日』（1988年）の撮影に参加したことがある。彼はそこで監督が、冷蔵庫の扉に卵を並べるのに納得がいくまで数分を費やすのを見たと語っている。スクリーンに映るのは数秒だ。大げさな、あるいは無意味なことにさえ思えるかもしれないが、彼の全作品を見た今となっては、山田監督のアプローチに敬意を表するしかない。それがなければ、彼の作品はその静かな力強さを失うことになっただろう。この私自身も『キネマの神様』（2021年）の撮影現場で、洋次が、窓に1枚の下着をどのように広げるか決めるまで何度もテストをするのを目撃したことがある。

優秀作品賞、優秀監督賞、優秀脚本賞、優秀助演男優賞、優秀助演女優賞、新人俳優賞、優秀撮影賞、優秀録音賞、優秀音楽賞など『15才　学校Ⅳ』の受賞部門は数え切れない。賞の数々のほかに、この作品は洋次の心中でちょっと特異な位置を占めることになる。日本での公開よりも先に、北朝鮮で公式に上映された最初の日本映画作品になったからだ。２０００年9月21日まで開催された国際映画祭に招待されて平壌に出向いた。そこでは6作品の上映が予定されていた。『家族』（１９７０年）や、金日成元主席がファンだった『男はつらいよ』シリーズからも2本が予定されていた。だが、結局、上映されたのは2本（『15才　学校Ⅳ』と『男はつらいよ　寅次郎相合い傘』１９７５年）だけになった。北朝鮮で字幕が用意できなかったからだ。上映の間、すべての登場人物の台詞を話したのは、北朝鮮の二人の俳優だった。「山田が上映室にいて、上映技師に指示を出す。台詞が述べられるシーンで音を抑えさせたり、音楽だけが流れるシーンでは音を大きくさせたり」と共同通信の記者が伝えている。こうしたいささか滑稽な状況ではあったが、彼は歴史に残ることになる。緯度38度線の北側で自作品が上映されるのを見た最初の日本人監督になったし、『15才　学校Ⅳ』が大船で撮影された最後の長編になったからだ。「40数年仕事をしてきた場所がなくなるということは、胸がしめつけられるようで、まるで故郷が消えてなくなってしまったかのような思いです」と、月刊『おとなぴあ』（２０００年8月）で明かしている。同じインタビューで、彼は謙虚さと彼らしい義務感をにじませながら、歴史的な場所の閉鎖について自分にも責任の一端がある、と付け加えている。

城戸四郎がめざしたシステムの最後の担い手として、彼は若い監督たちをもっと励ますべきだったと思った。彼の作品が成功したことで、大船閉鎖を遅らせることはできたかもしれない。しかし、伝説的な場所の消滅を阻むことはできなかった。そのつらい思いに追い打ちをかけることが起きた。妻のよし恵がガンの診断を受けたのだ。大きなショックだった。それに、その少し後に母親も亡くなった。母、寛子は独立心が強く、はっきりした性格の人だった。それが心に深く刻まれていて、彼は作品に登場する何人かの女性の人物像を彼女から着想しているくらいだ。多くのことがのしかかってきた。体調もおかしくなってきた。彼は疲れていた。「周囲から『山田さん、老けたなぁ』という声が聞こえ」たと認める。「事実言動にも弱々しさが垣間見えて、山田ワールドの終焉を危惧させられたものだ」と、『山田洋次・作品クロニクル』（ぴあ、2005年）で述べている。だから、また一年の休養をとることにした。その一年を利用して、自分の仕事の新しい方向を見いだし、もっとゆったりとしたリズムになじむことにした。70代になるのだ。できることはまだたくさんあるとしても、体力を無駄に消耗するべきではない、と賢明な判断をした。

映画の撮影所などを見学して平壌から日本に戻ると、北朝鮮との共同製作を構想した。脚本も考えた。エレベーターを操作する少年が、自分が働くアパートに住む美しい女性に恋をする物語だ。思いを告白しようと、彼女を探しに出て、労働党のデモ行進に遭遇し、そこで混乱が起きる。しかし、これは日本で批判されることになった。日本人の拉致に責任がある体制と共同製作するのかと責められた。その後、平壌は拉致を認め、拉致被害者の一部が一時的に帰国することを受け入れた。当時の小泉純一郎首相の平壌への電撃訪問の成果だった。次元のちがうことをいっしょくたにしてはならないとは考えたが、結局、企画は流れた。北朝鮮側が、熱烈に恋をする男が引き起こすかもしれない混乱をいやがっただけではない。日本の世論の中でも北朝鮮への反感が大きくなっていった。こうした企画を進めるタイミングではなくなった。この企画はあきらめて、『釣りバカ日誌』第12作の脚本づくりに取りかかった。またその後、筑摩書房から落語集（『放蕩かっぽれ節――山田洋次落語集』2002

年）も出版する。結局、彼は必要としていた慰めを笑いの中に見いだしていた。

衣装を変える

洋次は、松竹の映画監督として、会社の新しい状況に合わせていくしかなかった。２０００年６月の大船撮影所閉鎖が、別のタイプの映画に向かわせたのだ。彼のファンにはなじみのない映画。時代劇である。実は、松竹は京都の撮影所はまだ維持していた。サムライ映画向けに特化した撮影所だ。この結果、監督は『たそがれ清兵衛』（２００２年）の製作に取り組むことになった。しかし、このジャンルの作品をつくるということは、まったく新しい思いつきというわけではなかった。ずいぶん前から、撮影してみたいと思っていた。というのも、時代劇はたくさん見ていたのだが、不満を感じていたからだ。

映画をむさぼるように見てきた洋次は、サムライを取り上げた作品も何時間もかけて鑑賞した。そのほとんどは、武士たちを純化されたイメージで描いていた。それは実際の姿とはほど遠い。ピエール＝フランソワ・スイリが、『水田の中の戦士たち――サムライの絶頂期』[*3]でこう指摘している。「17世紀になって、平和で安定した体制に戻った。（中略）サムライたちは基本的に、当時、新しく誕生

＊3　Souyri, Pierre-François, *Les Guerriers dans la rizière: la grande épopée des samouraïs*, Flammarion, 2017, pp. 17-18.

した『城下町』の住民になっていった。彼らは幕府の管理職を担う階層を構成したり、領主となったりした。社会全体ではマイノリティではあるが、支配階層で、たいてい教育レベルは高かった。19世紀半ばには、人口全体では約5％を占めていた。この割合は、1789年の大革命の時点でのフランスの貴族と比べてほぼ5倍の高さである。しかし、そのほとんどにとって生活は楽ではなかった。かなり貧しくなった者もいた。彼らは、1867年の幕藩体制崩壊と明治時代（1868―1912年）の近代化へとつながる運動の先兵となっていく」。洋次がなによりも示しておきたいと考えたのはこの現実の姿である。それは歴史的な真実に忠実であろうとするためだが、祖父、酒造治を偲ぶ思いもあった。祖父は、裕福でないサムライの典型的な一人で、財産を築こうと満州に渡ったのだ。

２００3年3月の『ジャパンタイムズ』のインタビューで、洋次は黒澤明のことをふり返っている。「彼はさんざん苦労して必要な情報を集めた。だから、１９５4年にそれまでとはまったくちがう映画『七人の侍』を撮影できたのです。私も同じです。サムライたちがどのように暮らし、なにを食べ、なにを話し、どんな気持ちでいたのか。それを見せる作品をつくりたかったのです。私にはそれがわかるはずだと思いました。なんといっても、先祖がサムライなのですから」。そんな製作を実現するために、原作にしたのが藤沢周平の作品である。有名な時代小説の作家で、彼の本は２３００万部以上も売れていた。

ところが本の人気とは裏腹に、それまで映画化されたことがなかった。おそらく、まさに武士の日常をていねいに描いていたからだろう。映画やテレビが見せてきた派手な武士のイメージからはほど遠い。生地の山形県鶴岡市には、藤沢周平記念館がある。訪ねてみてまず驚くのは、彼の幅広い仕事ぶりである。とりわけ、どれほど丹念に調べて書いていたかということがわかる。ある意味で、二人にはディテールへのこだわりという共通点があるのだ。洋次が、迷うことなく彼を選んだ理由も理解できる。この作家もまた、江戸時代（１６０３―１８６８年）の市井の人々の日常に関心を向けていた。その人々の苦労や葛藤、また郷愁の念を呼び起こす自然環境。それは、監督も大切にしていることである。

彼はこの作品に1年以上取り組んでいた。前作の『15才　学校Ⅳ』（２０００年）の中にもそれをうかがわせるところがある。登場人物の一人が時代劇のファンなのだ。彼の部屋の壁には、黒澤明の『用心棒』（１９６１年）、マキノ雅弘の『浪人街』（１９５７年版）、また小林正樹の『切腹』（１９６２年）のポスターが貼ってある。このうち後者の二つが松竹の作品なのだ。可能であれば、これらはいずれも、洋次が自作を準備するために鑑賞した作品だからというだけではない。洋次がとくに評価している山中貞雄の傑作『人情紙風船』（１９３７年）のポスターも加えたかもしれない。これは『切腹』とともに、『たそがれ清兵衛』よりも前に下級武士の日常をリアリズムの手法で描いていた稀有な作品なのである。こうした人間へ、彼は昔から関心を寄せていた。「クライマックスで刀を抜いて命のやり取りをする、そういう映画を一度撮ってみたいとかねがね思っていたんですよ。アクション映画。満を持して最後についに対決する日が来る。（中略）何といっても貧乏な侍が主人公で、その貧乏な侍が死にもの狂いの闘いの果てに相手を斬るというのが、ぼくのやりたかったものと合ったということですね」と、彼は２００５年の『山田洋次・作品クロニクル』（ぴあ）のための長いインタビューで語っている。朝間義隆といっしょに、藤沢周平の三つの短編をもとに物語を組み立てた。すばらしい風景が広がる東北地方が舞台だ。それを高羽哲夫の後継者としてふさわしい長沼六男がみごとに捉えている。

古いもので新しいものをつくる

この作品にも、洋次の作品群の特徴となっている要素を見いだすことができる。寅さんの物語と同じように、視覚的、聴覚的な手がかりを付け加えることを忘れていない。そのおかげで、観客は作品に没頭できる。たとえば、ほうきを売り歩く行商人の姿、また最後のシーンにある列車の汽笛の音などは、ある意味で洋次が作品につけた署名である。そして、もちろん登場人物たちも、彼が何十年も撮ってきたすべての人物と似ている。そして彼らは、21世紀の観客に語りかける。洋次は、風変わりなものをめざしているわけではない。時代劇を撮るからといって、自分と同時代人たちの心配ごとに背を向けたりはしない。

まったく逆だ。彼の眼に、時代劇はそうした問題を独特のやり方で扱う完璧な方法と映った。「私は、現代日本に当てはまる要素を脚本に織り込もうと考えた」と、『ジャパンタイムズ』で認めている。そもそも日本ではサラリーマンを企業戦士と言ってきたではないか。藤村慎也は『ハーバード・ケネディスクール・レビュー』[*4]でこう指摘している。「武士道というのは、道徳規範の体系で行動の指針である。忠誠心や義務、高潔さに高い価値を置いている。このきわめて日本的な伝統は、日本の企業文化にも浸透していて、前世紀の日本社会の多くの発展に影響を及ぼした。経済活動にも適用され、それがもたらした価値観や行動様式が、良いときも悪いときも日本の繁栄を支えてきた」。監督も自分なりに考えを説明している。「ボスがなにかを命じたら、従わなければならない。さもないと、クビだ。だれもがそのことをわかっている。映画の中で主人公が向き合わなければならないのは、こうした状況だ」。さらに彼は、この作品が成功したのは、サラリーマンのおかげが大きいという。「最も映画を見ないと言われる現代の下級武士、サラリーマンが劇場に足を運び、大ヒット」した。

洋次は、下級階層のサムライである井口清兵衛の運命に焦点を当て、この作品でも大衆に語りかけていく。妻を亡くした彼は二人の娘と病気の母親の面倒をみていかねばならない。現在の山形県に位置していた小さな藩の藩士で、食糧管理の仕事をしている。食べていくのもやっとという収入しかない事務仕事だ。いつもかつかつの家計の帳尻をあわせるために、やむをえず竹編みの虫かごづくりの内職もしている。同僚と出かけたりせず、勤めが終わるとすぐに帰宅する。同僚たちは彼を「たそがれ清兵衛」とあだ名している。叔父（丹波哲郎）が強く勧めても、再婚を拒んでいる。そんなとき、親友、飯沼倫之丞（吹越満）の妹である朋江（宮沢りえ）と再会する。若い頃に恋した女性だ。

彼女は、乱暴な夫（大杉漣）から逃れて実家に戻っていた。剣の達人と評判のこの男と飯沼が争いになり、清兵衛は親友の代わりに決闘に臨み、木刀で朋江の元夫を打ち負かす。面目を失ったこの男は、知り合いの一人、余五善右衛門（田中泯）に仕返しを頼む。清兵衛は、藩でいちばんの剣の使い

＊4 Fujimura, Shinya, *The Samurai Ethics: A paradigm for Corporate Behavior*, Harvard Kennedy School Review, vol. 11, 2010-2011, pp. 212-213.

手とされる善右衛門との勝負を断るが、結局、闘わざるをえなくなる。善右衛門が藩内の跡目争いで主家と袂を分かったことから、討ち取れという藩命が下ったためだ。闘いは避けられない。暴力は嫌いだし、朋江とも会えなくなるかもしれない。それでも実行するしかない。

物語が進むのは、明治維新の前夜である。この国が新しい歴史的な段階になだれ込んでいく数年前である。つまり、政治的にも経済的にも社会的にも、なにもかもが不確実だった時代だ。社会の雰囲気は、作品が公開された2000年代のはじめと近い。このときの日本も10年前の金融バブルの崩壊で深刻な経済危機に打ちのめされ、政治的にも社会的にも不安定な中で、新しい自分を見つけ出そうと苦闘していた。現代とつなげるタッチがもうひとつある。朋江の役割だ。あの時代、女性はどんな境遇に置かれても、自分の場所にとどまることを強いられていた。にもかかわらず、彼女は、ためらうことなく乱暴な夫のもとを去った。「中世のわが国では、女性はかなり強かった。文化を創りあげることに多大な貢献をした。他方、江戸期と明治期には、公共の場所から彼女たちはほとんど姿を消した。とくに明治期はさまざまな差別を受けた。なぜなら彼女たちは『不浄』とされたからだ」と洋次は述べる。だから、日本の指導層には当然視されていた儒教的システムへの批判のシンボルとして、彼女を登場させたのだ。

彼は、妻よし恵の活動からも影響を受けたのではないか。よし恵は1991年から平塚らいてうの研究活動に携わっていた。社会から女性が退けられていることへの疑問を主な動機として言論活動をした人物である。その思想にふたたび光を当てるのが目的だった。らいてうと同じ大学で学位を取ったよし恵は、このフェミニストを研究するグループの幹部でもあった。おそらく、らいてうの政治や

『たそがれ清兵衛』(©2002松竹／日本テレビ／住友商事／博報堂／日販／松竹ブロードキャスティング)

社会へのかかわりについて洋次ともしばしば議論したであろう。「女性の地位向上のために命がけで道を開いた先輩たちを若い世代に伝えていくのに、私たちの研究が力になれば」と、よし恵は『毎日新聞』(1997年4月18日付)で語っている。洋次がこの作品に取りかかっているころ、よし恵は、彼女の研究グループが協力した平塚らいてうのドキュメンタリー映画を広めるための協会の副会長になった。羽田澄子が監督したこの作品(『元始、女性は太陽であった　平塚らいてうの生涯』)は2002年3月に公開された。その年の11月2日に公開された『たそがれ清兵衛』の8か月前である。近代的なアプローチを体現して見せたのは朋江だけではなかった。

はじめての闘いの場面

自分の社会的、経済的な立場にもかかわらず、清兵衛は当時の社会とは相容れない考え方をしている。女は男に仕えるためにいるのだという、儒教的伝統の塊みたいな考え方の叔父に向かって、女性にも学問をする権利はあると主張する。彼は娘の萱野（伊藤未希）にこう説明している。「学問は針仕事のようには役立たねえかものう。いいか、かやの、学問しれば、自分の頭でものを考えることができるようになる。考える力がつく。この先、世の中どう変わっても、考える力持っていれば、なんとかして生きていくことができる。これは男っこも女っこも同じことだ」。洋次にとって大切なテーマも、ここに登場している。物質的な成功では得られない幸福の追求だ。「必要なら、武士の身分を捨ててもいい。捨てて百姓になる。畑で働くほうが性に合っている」と、友人の飯沼に打ち明けている。洋次の作品を愛する者にとって、これは意外なことではない。

逆に、清兵衛と朋江の関係を描くところでは、ファンを驚かす。最初、このサムライも彼の映画のほかの主人公たちと同じようにふるまう。彼に心を寄せる若い女性を退ける。自分の経済状況を考えれば、彼女を娶ることはできないというわけだ。「朋江さんは、豊かな飯沼家の娘だ。貧しい侍の暮らしのきびしさを知らない。（中略）私は、朋江さんにそんな苦労をさせたくない」。しかし、最後には考えを変える。余五善右衛門との闘いに勝った後、妻にするのだ。作品の主人公の恋愛関係の描き方という点で、ここは革命的である。長い間、寅さんの「男は引きぎわが肝心」という人生訓を採用してきた洋次が、恋愛の自然な論理の側についたのだ。

監督は、清兵衛の次女、以登の目を通して物語を見せていく。彼の脚本の師匠である橋本忍が1960年代初めに強く推奨していたナレーションの原則を採用しているのだ。声は岸惠子。洋次とは知り合って長い。作品の最後には画面にも登場する。他方、子ども時代の以登に起用した仙波以都（当時の旧芸名は橋口恵莉奈）は、ちゃめっけたっぷりでぴったりの配役だった。この作品ではナレーションは重要である。それによって、時代的な文脈がはっきりとわかるだけではない。清兵衛と娘たちの強いきずなと、このサムライの近代的な人柄を際立たせることができた。

撮影面で、監督は風景を活かすことに力を入れている。原作小説の作者である藤沢周平と同じように、それが物語を大いに豊かにしてくれると考えているからだ。画面はすばらしい。しかし、ここで評価するべきはライティングだ。登場人物の内面を映し出すように工夫されている。俳優たちの演技に崇高さをもたらし、それぞれのシーンにふさわしい雰囲気を与えている。彼はすでに『息子』（１９９１年）でこうした資質を示していたが、『たそがれ清兵衛』（２００２年）では、それが完璧の域に達したと感じさせる。とくに清兵衛と余五善右衛門の決闘のシーンについて言えることだ。ここではライティングが対決シーンを幻想的に見せている。時代劇を初めて手がけたにもかかわらず、もっとも驚くべきなのは、二つの闘いの場面である。一つは戸外でもう一つは屋内で繰り広げられている。これについてなにを言うべきか。もしあるとすれば、この場面があったからこそ観客、とりわけそれまで洋次を知らなかった海外の観客に注目されることになったという点だ。「私は通常のサムライ映画よりも、また黒澤作品と比べてもリアルな闘いの場面を撮りたかった」と認めている。清兵衛が朋江の元夫と対決するのは川辺だ。ここも奥行きのある場面だ。とくに真田広之が跳躍して大杉漣を倒すところがそうだ。監督は２台のカメラで撮影する予定にしていた。しかし、最終的に使ったのは１台だけだ。才能ある俳優たちが、作品の中で重要なこの場面に隙のない流れをつくってみせている。さらに、二人のにらみ合いの場面での高いアングルから、激突場面でのやや低いアングルへの転換。観客は、あたかも自分もリングの上にいて二人の格闘家の細かい動作や姿勢をつぶさに目撃している気分になる。作品の大詰めで繰り広げられるだけにより重要な2番目の闘いの舞台は屋内である。すでに触れたように、ライティングの技が、この場所をまるで非現実的な場面であるかのように見せている。余五善右衛門の顔は緑色を帯びていて禍々しい表情になっている。とりわけこの場面で、ほかの大半の監督とのちがいがはっきり出ている。彼は作品の準備段階で多岐にわたる調査をしている。なにを食べていたか、どんな装いをしていたか、そして、どんなふうに話をしていたのか。それらを拠りどころに、こう考えるにいたった。「真剣の勝負でも相手を殺すのは、よほどうまく斬りつけないかぎり並大抵のことではない。当時の資料によると、侍同士の果たし合いは2、3時間も続いたという。出血多量で倒れるまで、互いに何度も斬りつけ合う。そうやって最後に命を落とす」。清兵衛と善右衛門の対決もこの視点から描かれる。そして清兵衛が暴力を嫌い、人を殺すことを嫌悪しているとはいえ、劇的な効果を上げている。

それに、清兵衛が勝つのも、ほとんど偶然の結果だ。善右衛門が振り下ろそうとした刀が闘いの場となった家屋の梁に引っかかったからである。ここもまた、斬り合いの終わり方としてはむしろ変わっている。しかし、一刀のもとに相手を倒すことでよしとしてきたほかの多くの映画作品よりも、おそらくずっと実際の勝負に近い。善右衛門が絶命するときの、清兵衛の悲しみに満ちたまなざしは、彼の気持ち、そして監督自身の気持ちを語ってあまりある。この勝利で、清兵衛は二人の娘のもとに戻り、朋江との再婚を果たすことができた。

海外で評価を得る

もしこの作品がハリウッド映画だったら、清兵衛が帰還するシーンが夕暮れどきの美しい光の中で描かれているだけに、たぶん物語はそこで終わりとなっただろう。しかし、洋次はさらに先に進める。19世紀からその次の時代に一気に入っていく。歴史からの教訓を引き出すためだ。ここで岸恵子が、年齢を重ねた以登として画面に登場する。彼女は父親の墓に花を供えにやってくる。そこで、実は清兵衛が再婚から3年足らずで死んだことがわかる。佐幕派の側に属していた彼は官軍との戦闘で命を落としたのだ。数分間、彼女はこの国の近代化の時代に多くの武士が担った役割を回想する。父親のかつての同僚たちが、「たそがれ清兵衛は不運だった」と語っていたことを思い起こす。だが彼女は「私はそんなふうには思いません。父は出世などを望むような人ではなく、自分のことを不運だなどとは思っていなかったはずです。私たち娘を愛し、美しい朋江さんに愛され、充足した思いで短い人生を過ごしたにちがいありません。そんな父のことを私は誇りに思っております」と結ぶ。

作品は前向きのメッセージを残して終わらなければならなかった。もちろん、現在と不確かな将来に苦しむ21世紀初頭の日本人に向けたメッセージだからだ。そこにこそ山田のスタイルが見いだせる。あるひとつのジャンルの作品で見せた彼のスタイルである。結果はみごとな出来で、洋次がそこでも本来の資質をなにも失っていないことを示している。観客の期待は報われた。ただ監督自身は控えめだ。「『ハリー・ポッター』とか『マトリックス』などは、１００億円単位の興行収入でしょ。『たそがれ清兵衛』はその何分の一ですからね。日本映画としてはヒットだったかもしれないけど、でも

『踊る大捜査線』とか宮崎アニメという大ヒット作品もあるわけで、そんなにびっくりするような大ヒットじゃなくて、あくまでもあの作品のスケールと素材にしてはヒットしたということだと思います」と述べている。批評家たちからも好評だった。とくに海外で彼の才能が意識されるようになった。最初の作品から40年、77作目にしてはじめて、国際的に本格的に認められることにつながった。

2003年のベルリン国際映画祭でコンペティション部門に選ばれ、2004年の米国のアカデミー賞（オスカー）では外国映画賞にノミネートされた。そして、第23回香港アカデミー賞最優秀アジア映画賞を受賞。『たそがれ清兵衛』は、海外で名誉ある地位を得ることになった。そこには監督の名がほとんど知られていなかった国々も含まれた。映画誌『キネマ旬報』（第1416号、2004年11月）は2ページを割いて、米国での受け入れられ方を報告している。とくに指摘していたのは俳優たちの演技への評価だ。ニューヨークの『ヴィレッジ・ヴォイス』紙は「通常、このジャンルの作品が提供するレベルよりはるかに高く納得のいくものである」と評した。この評価は米国の外にも広がっていた。であれば、配給会社が、監督の過去の作品の売り込みに向けて関心をかき立てられてもよさそうなものだったが、その広がりは限られていた。むしろ、向かったのは時代劇というジャンルのほうだった。

それを物語るのは、翌年の北野武監督の『座頭市』（2003年）への熱狂ぶりだ。その派手さでいっそうの話題作となった。多くの人の頭の中で、暴力と日本とが分かちがたく結びついてしまったように思われる。

他方、日本では洋次とこの作品に対しては受賞の嵐だった。俳優たち、技術スタッフが日本アカデミー賞の表彰を受けたほか、『キネマ旬報』誌は年間ベスト・テンの最優秀作品に選んだ。彼の名前は、また『釣りバカ日誌』でも登場した。朝間義隆とともに第14作の脚本を書いたからだ。２００３年のはじめ、次回作の準備に入った。ふたたび、藤沢周平の短編が原作だ。また、ベルリンにも出向いた。『たそがれ清兵衛』がコンペティション部門に選ばれた国際映画祭に出席するためだ。

2004 第6部 2019

『おとうと』（2010年）撮影にて（© 松竹株式会社）

どの歴史？

作品が国際的に認められたおかげで、監督は新しいテーマの探求に乗り出すことができた。日本の歴史の流れに関心を向け、はげしくても、いつも人間味あふれる作品の製作を続けた。

ヨーロッパ映画の伝統を評価してきた監督は、その地への短い訪問を通して、日本はどれほど世界の外れにいる国なのかと実感した。ドイツの首都に滞在中、50万人が参加する大きなデモに出くわした。アメリカの対イラク政策への抗議だった。このできごとは強く洋次の印象に残った。ヨーロッパの人々が平和のために集結しているとき、日本人はなんと怠惰だろうと思った。のちに１９３０年代の困難な時代を描いた映画を製作するとき、この経験を思い出した。だがそのときは暗澹となる企画を立てようとはしなかった。製作しようと模索したのは、シンプルな行動や選択によって、個人の運命ばかりか、国家の運命さえ変えられるということを示す映画である。それは洋次が得意とする手口である。

つまり観客の心をつかむために、混乱した現実を描いて揺さぶりをかけるよりも、人々の繊細な感覚に訴える作品をつくろうとした。洋次のやり方は、村上春樹が『職業としての小説家』（スイッチパブリッシング、２０１５年）で書いた文章に通じる。「何かが持ち上がっても、それについてすぐに何かしら結論を出すという方には頭が働きません。それよりはむしろ自分が目撃した光景を、出会った人々を、あるいは経験した事象を、あくまでひとつの『事例』として、言うならばサンプルとして、できるだけありのままの形で記憶に留めておこうと努めます（中略）情報収集から結論提出までの時間がどんどん短縮され、誰もがニュース・コメンテーターか評論家みたいになってしまったら、世の中はぎすぎすした、ゆとりのないものになってしまいます。あるいはとても危ういものになってしまいます」。しばらくして月刊『シネ・フロント』誌（第３３０号、２００４年11月）に洋次はこう書いている。「こういう時代だからこそ、ハッピーエンドでなくても、映画を見た人が人間であることはそんなに悪いことじゃないなとか、世の中は捨てたもんじゃないなと、そんなふうな思いで映画館をあとにするような映画を作りたい」

　かねてより洋次は藤沢周平の小説を愛読していた。文章が読みやすいと思っていた。短編2本をもとに『隠し剣 鬼の爪』（２００４年）の脚本を仕上げた。洋次は橋本忍の教えを思い出していた。脚本家の仕事の手ほどきをしてくれた師匠は、短編小説が脚本にもっとも向いていると言っていた。藤沢周平の作品を選んだことで、日本の歴史の中でも徳川幕府の幕末という重要な時代を切り取った。歴史の表舞台には登場しないが、彼らなくしてはなにも起きなかっただろうという人々に焦点を当てたかった。こうした考えから、片桐宗蔵（永瀬正敏）という武士を取り上げた。片桐の父は収賄事件に巻き込まれ、無実だったにもかかわらず一家は没落した。『たそがれ清兵衛』（２００２年）の主人公に比べれば宗蔵は財政的にもう少し余裕があった。しかし同じようにその身分によって上司の命令に従わなければならず、一家の女中だったきえ（松たか子）への愛との間で心は引き裂かれていた。

　現状の秩序を守ろうとする人々と、政治の向きを変えたいと望む人々との間の緊張は高まるばかりだ。宗蔵は恥じることのない、平穏な生活を送ろうとして四苦八苦する。だが、きえを嫁ぎ先の毒牙から「救おう」としたことから、一気に面倒な状況におちいる。きえは女中をやめて金持ちの商家の息子と結婚したのだが、ひどい扱いを受けて体を壊していた。きえがそんな状態でいることは受け入れがたく、宗蔵は家に連れて帰り、世話をする。映画の最初の大事な見どころである。当時、商人は強い影響力を持っていたので、宗蔵の行動は周囲からも悪く見られるおそれがあった。その点からも、きわめて重大なできごとだった。ともに剣術指南を受けた友人の狭間弥市郎（小澤征悦）が謀反を企てて囚われた。そのことを知らされた宗蔵は面倒な事態に巻き込まれる。狭間は江戸でつかまり、秘密裏に海坂藩に連れ戻されていた。旧友との関係を宗蔵はあれこれ家老たちに尋問されるが、狭間と親しい人物の名を密告するのは拒否する。家に帰ると、きえが心配していた。「いやなことは毎日だが、耐えねばのう。侍らしく」と言うが、きえがその場を去ると「でも、ときには侍だからこそ耐えられねえこともある」と付け加える。

新しい世界

宗蔵は世の中が激動の時期にあることを承知していたが、板ばさみの状態にあった。伯父（田中邦衛）とはちがって銃器の将来性に確信を持つ一方、武士の倫理に執心していた。こうしたせめぎ合いを、藩が近代化を進めるさまざまなシーンを通して、洋次なりに明らかにしていった。制服、行進、銃や大砲の撃ち方など、新しい変化は精神的な進化をともなわなければ表面的でしかない。洋次はそこを強調する。藩士らの行進から透けて見える秩序が行き着くところは、危険な幻惑でしかないと考える。「自分が戦争中整然たるファシズムの美に憧れた人間だということを意識しながら、侍がだんだん軍人になっていくという姿を描いてみたかったというのはあるんだけどね」と、『キネマ旬報』誌で批評家の渡辺浩とのインタビューで述べている。だから新秩序がもたらすものの限界を見せるために、こうしたシーンの随所にコミカルな場面を挿入している。洋次はレニ・リーフェンシュタール監督の『意志の勝利』（1935年）における美学を「恐ろしい」と形容し、ずっと記憶にとどめていた。だから、すべてが完璧だったあのドキュメンタリー映画とちがって、藩主の前での鉄砲隊の実演のとき混乱が起きるようにした。この映画の製作・公開はちょうどイラクで戦争が起こり、イラクにおけるアメリカ軍を支援するために、日本が第二次世界大戦後はじめて自衛隊を派遣した時期のことである。それまで日本は国連の枠組みの外で自衛隊を派遣したことはなかった。日本の歴史において重要な転換期となったこと、そして政府の政策を国会が承認したことは、反対派が抵抗を試みたとはいえ、洋次は大いに心配したにちがいない。この問題について日本の世論は割れていた。ところがヨーロッパ人はアメリカがこの地域に介入することにはっきりと反対を表明していたのだ。

宗蔵にとっては、狭間が逃走に成功したことで事態はやっかいな様相を呈する。宗蔵はきえを実家に帰らせる。二人の関係が噂の種になっていたからでもある。家老の堀（緒形拳）に召喚された宗蔵は、友を殺害するよう命ぜられる。「狭間を斬ることは、謀反についてのお前の疑いを晴らすことになる」と言われる。殺害は「藩命」だった。実行は義務である。命令に従うのは武士の責務のひとつだからだ。準備のため、狭間とともに剣術の指南を受けた戸田寛斎（田中泯）を訪ねる。戸田先生は百姓になっていたが、宗蔵に対決で役に立ちそうな技を教える。「狭間とお前が刀を抜いて殺し合いをする。おれはいつかそうなるのではないかと思っていた」と言う。二人の弟子のライバル関係をおぼえていたのだ。変貌の真っ最中にある環境から距離を置くことを選んだこの男の言葉には少しばかり宿命論が感じられる。宗蔵が「先生」と呼ぶこの男はもちろん剣術の師匠だが、後にわかるように、それ以上の存在である。前作同様、武士が対決のために刀を用意するシーンは重要だ。今回は前作以上に主人公は自分の能力を疑っているようだ。夜遅く、狭間の妻（高島礼子）が夫の命乞いをしに来て、気持ちがゆらぐ。断ると、妻は家老の堀に同じ頼みをしに行くと言う。家老の性癖を知る宗蔵は、思いとどまらせようとする。そして翌日、狭間が立てこもっている村に向かう。

映画の最初の決闘だ。重要な場面だが『たそがれ清兵衛』（2002年）とちがってクライマックスではない。この長いシーンの大部分は屋外で展開する。宗蔵役の永瀬正敏は立ちまわりの経験がまったくなかった。一方、真田広之は剣道の心得があり、時代劇に出演した経験もあった。『キネマ旬報』誌のインタビューで、永瀬は撮影の現場がどれだけ緊張感に包まれていたかを語っている。「このシーンは僕と小澤君、二人だけのものではなかったですね。現場の皆のパワーが溢れていた」とふり返る。「横移動で一気に撮っていくということもあったんですが、照明の中岡源権さんにしても移動に合わせて、緻密な照明プランを考えられていました。録音の岸田和美さんもそうです」。ワンカットで撮影すると決められたほか、煙がたちこめる中で場面が展開することで、劇的な側面が強調されている。だがそれは技術面での仕事を難しくした。中岡源権は、黒澤明（『羅生門』1950年）や五社英雄（『226』1989年）などの仕事をしたベテランである。すでに『たそがれ清兵衛』で照明を

『隠し剣 鬼の爪』(©2004松竹／日本テレビ／住友商事／博報堂 DY メディアパートナーズ／日販／松竹ブロードキャスティング)

担当していた。彼がチームに加わったことは、洋次が仕事を成功に導くために優秀な人材を集める手腕を持っていた証しである。衣装を担当したのは『夢』(1990年)を撮った黒澤明監督の娘、黒澤和子で、洋次は時代劇の前作ですでに起用している。また時代劇が専門の京都の松竹撮影所の技術陣を頼りにすることができた。

俳優にとっても、とくに永瀬正敏のように経験がないと、これほど熟練したチームに囲まれることは心強かった。「この映画では僕が演じているというよりも、皆に作ってもらった宗蔵が映像に出ている感じがします」と、ある記者に打ち明けている。監督の性格が大きく関係していると言う。「監督の熱意は、スタッフ全体に伝わりますよね。だからこそ1カットごとに、お客さんに映像としてちゃんと迫るものが生まれると思うんです」。こうした意味で、決闘のシーンには前向きのエネルギーが集中し、観客は目を離せなかった。宗蔵は、前の晩に戸田先生から伝授されたコツを使うことができた。しかし、狭間を殺すために兵士らが乱入して銃を使い、宗蔵の勝利は汚される。近代がまた伝統を踏みつぶしたのだ。決闘の勝者には受け入れがたいことだ。しかも狭間の妻は夫の命ごいをして家老の堀に身を任せたのに、家老は決闘の中止を命じなかった。それを知った宗蔵はなおのこと落胆する。家老のもとへ結果を報告しに行き、狭間の妻が来たかどうか尋ねた。堀は相手の立場につけこんだことを認める。宗蔵は上司の態度に打ちひしがれた。負ければ自分も死ぬという夫との約束を守り、狭間の妻は自害した。宗蔵は復讐を誓う。倫理を踏みにじった堀の命を奪うことで正義を守ろうとしたのだ。そのために、作品のタイトルにもなっている「鬼の爪」という、かの秘策を使う。

約束の地

復讐を遂げた宗蔵は、師匠の戸田にならって武士の身分を返上し、人生をやり直すために北海道へ渡ることを決める。洋次の祖父が、将来性のある満州を選んだことを思い出す。旅に出る前に、宗蔵はきえに結婚を申し込む。この最後のシーンはシンプルだがすばらしい。二人が腰掛けた土手には、花を咲かせた木々が見える。監督にとって、花は善とぬくもりの象徴だ。ここで元武士は、いっしょに来て妻になってほしいときえに頼む。こういう場面は時代劇ではかなりめずらしい。ふつう、侍という身分では恋愛結婚ができないからだ。貧しい階層や社会の周辺で暮らす人々の間にしか恋愛結婚はなかった。だから時代劇にはプロポーズのシーンがほぼ見られない。洋次がほとんどの映画で恋愛結婚を成就させている事実は興味深い。そして主役の男性はいつも自分の感情を表に出すことが苦手だ。寅さんはそのよい例だ。『たそがれ清兵衛』(２００２年)では、清兵衛はすでに恋愛結婚をしていた。だが今回は一歩踏み込んで、宗蔵は公然と結婚を申し込むのだ。これが作品のクライマックスで、道理にかなった締めくくりである。カメラはローアングルから二人をとらえ、周囲をまわった後、徐々に上を向き、二人の高さに達したところできえが返事をする。感動的な場面で、型破りでも物語にごく自然になじむ。二人の俳優がみごとだ。ハリウッド映画ばりのハッピーエンドで終わるが、観客はみんな二人のことを喜んでいる。よく考えてみると『隠し剣 鬼の爪』(２００４年)はドラマの構成において洋次の作品の中でおそらくもっとも「アメリカ的」な長編映画である。興味深いのは、時代劇でありながら、西洋がどんどん強い影響力を及ぼしはじめた時期が取り上げられていることだ。「新しいものを考え出して古いものを捨てる。これが西洋流ですが、そのうちおれたちの戦い方、ものの考え方がそうなるのではないでしょうか」と宗蔵の義弟、島田左門は言う。監督もこの哲学を取り入れたのではないだろうか。

作品は実に堂々としている。洋次は新しい試みをものにし、必ず注目される作品を発表することが証明された。技術の腕前も申し分がない。『隠し剣 鬼の爪』が第28回日本アカデミー賞で主要な俳優賞や技術賞を受賞したのも不思議ではない。海外では、侍映画としては前作ほどの熱狂は見られなかった。ジンバブエ国際映画祭で最優秀作品賞を受賞したことは付記しておこう。日本で公開される直前の２００４年10月、東京国際映画祭で山田洋次はコンペティションの審査委員長を務めたが、この年創設された第1回黒澤明賞ではスティーブン・スピルバーグとともに受賞者となった。時代劇の巨匠だった監督の名前を冠した賞を受けたことは洋次にとって意味深いことだった。黒澤からは時代劇のインスピレーションを得ただけでなく、友人でもあったうえに、同じヒューマニズムに満ちたビジョンを持っていた。時代劇は海外からの注目を集める。この作品はベルリン国際映画祭に出品されたが、受賞はかなわなかった。しかしこのとき、松竹は会社として「ベルリナーレ・カメラ賞」を受賞した。これは映画史への貢献をねぎらう功労賞である。武士の世界を描いた二つの作品が好意的に受け入れられ、二度あることは三度ある、と洋次は考えた。3作目の長編はどんな角度から捉えるのかを検討しなければならなかった。「これまでやったことのないような壮大なドラマをやりたい」と、ある雑誌に打ち明けている。藤沢周平の作品はたくさんあるので、材料は豊富にあった。「彼の作品は旅行先で、新幹線で読むとかね。読むものがなくなると地方の書店に行って、同じのを買っちゃったりして（笑）。ついでにまたそれを読んじゃったりとかね（笑）。そういう形で、ほとんど読んでしまった」と語る。大ファンの洋次は、新潮社から出た藤沢作品のオーディオブックの監修を引き受けたほどだ。

開国
日本は徐々に強い文化大国の仲間に入ってきている。自分の特長を見せれば、他国と対等になって20世紀を迎えるだろう──。福沢諭吉が創刊した『時事新報』は、1901年元旦の論説で、こう読者に呼びかけた。日本の開国と近代化の中心人物だった福沢にとって、日本が迅速に国際社会に入ることは大事だった。商品の輸出でそれが可能だと考えた。また日本が西洋の思想を取り入れることも望んだ。『西洋事情』や『学問のすゝめ』など、数多くの著作でその考えを述べている。しかしこの取り組みは必ずしもよいことばかりではなかった。エミール・ギメは『明治日本散策 ── 東京・日光』(1880年)の中で、「日本は自国の風俗に対し、あまり自信を持っていない。彼らの力となり幸せの源となってきた多くの習俗や制度、考え方さえも、あまりにも性急に一掃しようとしている。だがもしかしたら、日本が自分たちを見直すときが、いつの日か訪れるのではなかろうか。私は日本のためにそれを願っているのだ」と記している。

新たな動揺

２００５年春、野村芳太郎が亡くなった。『映画の匠　野村芳太郎』（ワイズ出版、２０２０年）に寄せた美しい文章の中で洋次は「野村さん、我が師」と呼んでいる（同、６—８ページ）。野村は洋次のキャリアの中で決定的な役割を果たした人物だ。修業時代、映画づくりの指南をしてくれただけでなく、脚本の執筆も勧めてくれた。その意味からも２００５年は重要な変化の年だった。朝間義隆との共同執筆が終わったのだ。１９７１年の寅さんシリーズ第7作『男はつらいよ　奮闘篇』にはじまり、以来二人三脚の脚本づくりは実り多いものだった。だが健康が悪化していた朝間は治療に専念し、休養することを望んだ。共同の仕事は34年間にわたり、その間平均で年３本の脚本を仕上げてきた。朝間が監督した８本の作品も忘れてはならない。このハードなスケジュールはとてもきつかった。そろそろ一休みするときだった。洋次はこの逆境に耐えた。好機と捉え、仕事に新しい息吹を吹き込むことにする。３作目の時代劇の脚本執筆には平松恵美子と山本一郎を招き入れた。仕事のパートナーを選べるのは洋次の特権である。共同執筆者の指名権を持っていたのだ。これについては朝間義隆が『シネ・フロント』誌（第39号、１９７９年８月）のインタビューで語っている。「文章のこまかいところ、言葉づかいとか、書き方とかは、山田さんのものだから、山田さんのお好きなようにということですけれどもね」

こうしたつらいニュースが続いたが、自分の作品が海外でより大きな関心を持たれるようになったことが励みになった。渥美清の命日である８月４日、香港で洋次の回顧映画祭が開かれた。タイトル

左から野村芳太郎、橋本忍、山田洋次（『キネマ旬報』1975年２月下旬号より。撮影：大木茂）

は「隠された巨匠、山田洋次へのオマージュ」。紹介文の中で、エスター・ウチノは実に的確な記述をしている。「小津安二郎や木下恵介といった松竹の先輩監督や、黒澤明や溝口健二といった日本映画の巨匠に比べると、山田の作品は長い間注目されなかった。だが日本では山田の映画は、どの日本人監督のものよりも賞賛されている」。15日もの間、香港の人々は洋次の作品から選抜された代表作品を見ることができた。寅さんシリーズに限られたわけではなかった。「この映画祭は４つに分けられ――『寅さん』、『家族』、『恋愛』、『武士』――合計10本の作品が上映される。この隠された巨匠を知り、現代日本の古典を再発見するときがきた」と企画責任者のウチノは記している。「古典」という考えを強調したのはもっともである。洋次の長編映画は1960年代から2000年代までの日本映画の中で避けて通れない作品とみなされているのは明らかだ。この回顧映画祭の直後、地元の専門家二人、鄭樹森（チェンシュウセン）と舒明（シュウミン）が『日本映画のトップ10』という著作を出版。その中で洋次の作品を黒澤、小津、今村、あるいは溝口らと同列に並べた。洋次の最新の作品、つまり時代劇シリーズは、テーマが魅力的だったため海外での成功が見込まれた。

伝統への帰還

2006年の初めに洋次は『武士の一分』（2006年）の撮影をはじめた。この作品が前述の流れの中に位置することは疑いなかった。この時代劇がなによりも夫婦をめぐるドラマであることから、前2作以上の勢いがある。主人公は平侍だが、前2作ほど歴史的なコンテクストには触れられていない。同じく藤沢周平の作品を脚色したこの映画は、はるかに近代的な香りがする。洋次が時代背景にそれほど注意を傾けず、人物に焦点を当てようとしたことがその理由だ。批評家の渡辺浩が『キネマ旬報』誌（第1472号、2006年12月）で正しく指摘しているように、この作品は大船撮影所で制作された絶頂期の家族ドラマを思い出させる。撮影所が閉鎖された6年後にこうした指摘を受けたことは監督を喜ばせた。洋次は島津保次郎が定義したホームドラマの五原則を守っている。手短に言えるほどシンプルな物語であること。洋次は複雑にしないこと。人間関係は複雑にしないこと。日常生活は現実に即したもので詳細に描くこと。リズムのよい会話でできるだけ日常への言及をすること。ユーモアとパトスを忘れないこと。島津が『隣の八重ちゃん』（１９３４年）の製作に適用した原則だ。当時大ヒットしたこの作品は撮影所が大船に移転した後につくられた。洋次はこの伝統の継承者にして最後の受託者だと渡辺浩（ゆたか）は言う。洋次は、病気と不貞という二重の悲劇に直面する夫婦を取り上げ、その関係をめぐる映画を製作した。平侍の三村新之丞（木村拓哉）は、領主の食事の毒味役である。仕事に不満を持つ三村は、妻の加世（檀れい）に身分を返上したいと打ち明ける。「早めに隠居しようと思うがどうかな」「隠居してなにをなさるのですか」「町道場を開いて子どもがたに剣を教える」。妻は賛成するが新之丞は経済的な理由から踏み出せない。

　実のところ、新之丞は現代のサラリーマンによく似ている。夢はいっぱいあるが、暮らしがきつくなるのを心配して実現をあきらめている。「そんなこと、かまいません」といくら加世が言っても、刀をしまいこんだように希望も飲みこんでしまう。映画がはじまってすぐに若い妻が夫をこよなく愛していること、夫のためなら自分を犠牲にする心づもりができていることがわかる。子どもがいない分、愛情はすべて夫に注いでいる。夫婦の結束はたしかなようだ。二人の間には一種の連帯感があり、奉公人の徳平（笹野高史）をいたずらっぽくからかうのだった。新之丞がその職務によって中毒症状を起こすことが最初のドラマティックなできごとである。有毒な貝を食べたことで視力を失う。妻には隠そうとするが加世は気づく。「なんでそんな大事なことを私に黙っていたのですか。私たちは夫婦ではありませんか。心配かけたくなかったなんて、なんでそんな遠慮を？　私はあなたのことが心配したいのです。いくらでも心配したいのです」と、恐ろしい事実を知った加世は叫ぶ。この感動的なシーンから、洋次が愛のきずなを大事にしたいという思いが伝わる。「この三部作でくりかえし取り上げたテーマであるが、当時は社会的な拘束を克服するための力として夫婦愛はあまり一般的ではなかったはずだ。愛することは貴重な自己犠牲を意味し、それは今日では考えられないことだ」と、2006年5月に『ルモンド』紙のフィリップ・ポンスのコラムに答えている。

新之丞は今や「なんの値打ちもない男」になったので自害しようとするが、加世は新之丞に刀を渡すのを断る。この行為は夫への気持ちがいかに強いかをあらためて示すものである。2年後、黒沢清は『トウキョウソナタ』（2008年）でこのような強い夫婦間のきずなが今日にはもう存在しないことを見せた。その大きな理由は。女性が夫に背を向けるようになったからだ。『武士の一分』では、夫の主な関心は社会的地位だが、妻はそういう夫の支えとなる。「いずれお役ごめんでお城づとめもかなわなくなる。そうすれば侍でもない。だれかの世話になってみじめな一生を送るしかない」と夫は嘆く。加世の懇願によって自殺はあきらめるが、新之丞の悩みは深い。妻が自分を軽蔑するようになり、いずれ出て行ってしまうのではないかと恐れる。この重要なシーンは非常に強烈で、二人はクローズアップで撮影されている。それぞれの深い感情を完璧に感じ取ることができる。夫婦の経済的な状況は不安定である。新之丞の親戚が集まり、家禄を少しでももらえるよう、加世に藩の番頭（ばんがしら）である島田藤弥（十代目坂東三津五郎）にお願いしてはどうかと持ちかける。加世が数日前に顔見知りになっていたので、頼み込むことができると考えたのだ。しかし加世の表情からそれがどんな危険をともなうかを認識していることがわかる。長沼六男のカメラは若い妻の苦悩を完璧にとらえている。一方で親類たちは加世の犠牲に満足し、同情のかけらもない。むしろ逆である。数日後、新之丞の叔母（桃井かおり）が、加世が身分の高い侍と通じているという噂を新之丞に伝えに来る。

前2作の時代劇同様、洋次は叔父や叔母をひどい悪役に仕立てている。一方で寅という伯父さんは30年近くもの間、洋次の映画の中でももっとも愛される人物だった。『たそがれ清兵衛』(2002年)では、清兵衛の子どもたちは意地悪な叔父さんが大嫌いだと言った。新之丞は「失礼だが、あなたの心の卑しさを白状していることだ」と言って叔母を追い返す。監督が叔父、叔母役にこれまでと同じ好意を抱けなくなったかのようだ。人を分断するのではなく、近づけるという寅さんの役目を神聖化したいのだろうか。叔母の言葉を信じないと言って追い返した新之丞だが、疑念に苦しむ。そこで徳平に妻の尾行を命じる。前2作では、少し頭の回転がのろい、目立たない召使い役にぴったりの神戸浩を起用していた。今回は笹野高史がみごとな演技を披露している。主人の命令に従わなければならない奉公人だが善悪の判断ができる。新之丞は徳平をたびたびあほだと言ってからかうが、加世が家を出てしまった後は徳平に頼っていた。加世が島田藤弥に身を委ねたことを知った新之丞は加世を離縁する。またしても社会的地位を理由に、加世の言い分をいっさい聞こうとしなかった。

全編を通じて、洋次は新之丞の判断は周囲への配慮に惑わされていることを見せる。一方、加世や徳平は心に従って行動する。二人の間では徳平のほうがより自由だ。新之丞が妻に対してこのような行動に出たのは、ひとつの価値体系に囚われているからだ。一方で妻はずっと夫への愛情を表明しつづけていた。番頭が倫理にそむいたと知った新之丞は果し合いをすることを決める。その理由を剣術の師である木部(緒形拳)に尋ねられた新之丞は「武士の一分としか申し上げられません」と言う。木部はこう応じる。「お前に勝ち目があるとすれば、お前に死ぬ覚悟ができていて、向こうは生きることに執着している。そこしかない。お前に免許を授けたとき、伝えた言葉があった。おぼえておるか？」「ともに死するをもって真となす。勝ちはその中にあり。死す、すなわち生きるなり」と、盲目の侍は答える。あとは、死に値する理由を見つけることだ。島田藤弥が自分に特段のはからいなどしてくれなかったことを知る。加世をただもてあそんだだけなのだ。徳平を使って島田に果し合いを申し込む。島田は剣の腕が立つという評判だ。

もうひとつのクライマックスである真剣勝負は、『たそがれ清兵衛』や『隠し剣鬼の爪』（２００４年）とはかなり異なる。洋次は決闘が新之丞の内部で起きている戦いを反映するようにつくった。対戦相手は退廃した体制の代表でしかなく、新之丞はその体制から自分を切り離そうとしている。相手は新之丞に勝つためにいかさままでやるほど「腐りきって」いた。新之丞が何度も声に出して「ともに死するをもって真となす」とくりかえすときクローズアップになる。監督の意図がよくわかる。「おれが死ぬときはお前が死ぬときだ」と島田が卑怯な攻撃をかける直前に言う。彼の決意が勝利をもたらし、首尾よく番頭の腕を切り落とす。「とどめを刺しますか」と徳平が聞く。「もういい。加世のかたきは打った」。新之丞は善をなした。

悪い思い出

ＳＭＡＰのメンバー、木村拓哉が起用されたことも一因だったのだろう。映画の興行収入は40億円にのぼった。木村の人気は高く、ほかのアジアの国でもグループの知名度は高かったのでたくさんの集客が期待できた。その結果、この映画は洋次にとって興行的に最大の成功を収めただけでなく、配給会社松竹にも最大の興行収入をもたらした。この記録は2年後、滝田洋二郎の『おくりびと』（２００８年）によって塗り替えられた。『おくりびと』はアカデミー賞の外国語映画賞を受賞した。『武士の一分』（２００６年）はアメリカのアカデミー賞にノミネートされなかったが、２００７年２月８日から18日まで開催されたベルリン国際映画祭のパノラマ部門のオープニングで上映された。ドイツ人は山田作品を高く評価しているようだ。１９８０年代、まだドイツが東西に分断されていたころから、東ドイツは『キネマの天地』（１９８６年）を上映していた。20年後、東西ドイツが統一された後も関心は高い。日本では、第30回日本アカデミー賞で洋次自身は受賞しなかったが、チームの何人かが受賞した。たとえば、笹野高史（最優秀助演男優賞）や長沼六男（最優秀撮影賞）。木村拓哉はアカデミー賞を含むいくつかの賞で主演男優賞にノミネートされたが、すべて辞退したためにちょっと混乱が生じた。だからといって木村の演技が劣っていたわけではない。だが２００２年と２００４年の時代劇２作の主演男優ほどの説得力はなかった。

作品が12月に公開される直前に、満鉄を特集した別冊『環』が発売になった。洋次の父が働いていた会社だ。山田洋次は巻頭に「はじめに」を執筆している。そこで満鉄にまつわる思い出をつづり、社員は中国人従業員に比べて恵まれた生活を送っていたことを述べている。中国人は「乗客が降りたあとの客車を掃除したり、機関車の石炭ガラを真っ黒けになって捨てる仕事をする」。この年はほかに２本の脚本を仕上げた。『釣りバカ日誌』第17作と『出口のない海』（２００６年）である。後者は横山秀夫の同名小説が原作である。この脚本は、洋次が次の映画で取り上げたいテーマ――戦争――に向かう通過の作品とみなすことができる。

佐々部清監督による『出口のない海』は終戦の数か月前に徴兵されたある学生の運命を描く。帝国海軍が実行を決めた敵艦に体当たりする特別攻撃が任務である。洋次はおそらく自分でこの長編映画の製作はしなかっただろう。だが、若い並木浩二の運命という角度から戦争というテーマに挑むことになった。国民の意識がまだまだ敏感に反応するひとつの時代から教訓を引き出す時期が来たのだ。洋次は注意深く国際社会の動向を見守っていて、アメリカの対イラク攻撃への日本の支持などに大きな不安を抱いていた。心の奥で日本の現代史の中でもっとも暗い時代を思い出していたのだ。

精神科医の香山リカが2002年に発表した『ぷちナショナリズム症候群――若者たちのニッポン主義』（中央公論新社）は、日本の若者がくったくなく日本の偉大さを表現することを取り上げた興味深い著作である。洋次も同じように社会に起きている変化を注視し、意識を高めるために行動する決意をした。9月には東京大学で行われた講演会に参加した。同大学と朝日新聞社の共催で、テーマは当時広がりつつあった愛国心の台頭である。洋次は先の大戦の目的はなんだったのか、周辺の国々でどのような戦いが繰り広げられたのか、犠牲者はだれだったのかなど、日本の学校では教えられていないことを取り上げた。そして学生たちに言い渡す。「20世紀は戦争の世紀で、日本はそれに加わったことを知ってください」。いつものようにメッセージはシンプルだが、だからこそ明快だ。「僕の少年時代は日本はまだ戦争をしていたから、君が代がどのような形で歌われ、日の丸の小旗がどう打ち振られていたか。アジアの国の人たちがどのような思いで日本の日の丸を見ていたのか、僕には想像できます」と言い、意味も考えずに象徴をかざすのは危険であることを伝えた。

2月に内閣府が行った国家に関する調査によると、対象となった人々の80・4％が「国を愛する気持ちを育てる必要性」があるかという問いに「そう思う」と答えている。愛国心そのものは恥ずかしいものではない。だが洋次はそれが危険なナショナリズムに変化するのを経験した世代である。この問題を研究しているボストン大学のリア・グリーンフェルド教授はこう記している。[*1]「ナショナリズムは、個人のアイデンティティの源を、ひとつの『民』に置くことから生じる。その『民』とは主権をつかさどり、忠誠心の中心で、集団的連帯の基本なのだ」

戦争への憎しみ

新しい企画『母べえ』（２００８年）に乗り出したとき、洋次は社会の変化を十分意識していた。日本人にいくつかの現実を思い出させるのが目的だった。ロシアのニュース・サイト『ガゼータ・ルー』（２００８年9月23日）のインタビューで、この映画を製作した理由を女性記者に尋ねられ、洋次は次のように説明している。「ふつう、映画には2種類あります。つくりたい映画と、つくらねばならない映画。今回は、この二つが奇妙に組み合わさっています。つくりたいと思ったし、つくらねばならないと感じていました」。妻のよし恵は健康状態が思わしくなく、つらい治療を受けていたが、洋次の取り組みを支えた。よし恵自身、自衛隊のイラク派遣に反対し、出身大学で集会を呼びかけたりしていたのでなおさらである。平和主義は大事な主張だと考えていて、夫が記憶をよみがえらせたり、

＊1　Greenfield, Liah, *Nationalism: Five Roads to Modernity*, Harvard University Press, 1992, p.3.

知識を授けたりする映画をつくる以上、励ましたかった。

この作品には教育的な要素が大きいが、うっとうしいほどではない。ねらいはアメリカとの開戦前夜の日本の姿をありのままに見せることなのだ。「問題は、日本の学校でこれを教えていないこと」と洋次は考える。だがドキュメンタリーをつくるわけではない。洋次は当初、竹内浩三の詩から着想を得た。かねてより竹内の作品を評価していて、徴兵された人々の心理状態を描きたいと思った。入念に準備を行う監督は、まず詩人の性格をつかむために調査をはじめた。その過程で竹内をよく知る野上照代と出会った。野上は黒澤明の助手だった。

「何度もお会いして教えてもらっているうちに、『私もあの時代の思い出話を書いたのよ』と渡してくれたノンフィクションが『父へのレクイエム』で、この映画を作る次のきっかけでした。お母さんと2人の幼い娘が肌を寄せ合うようにして、拘置所にいるお父さんからの手紙を読んでいる――原作を読んで、そのイメージが目に浮かびました」と語る。野上照代によると、自分の本を脚色することは「あれよという間に」決まった。当時の庶民の日常を思い出させるのに必要なものすべてがその本にある、と監督が気づいたのだ。2008年1月26日に映画が公開されたときに発行されたパンフレットに、野上はこう記している。「この時代、戦争を題材に取り上げる映画を作れるのは、山田監督しか、いないと思うんです」

洋次がこの物語を選んだ理由はよくわかる。主要な柱のひとつが家族のつながりなのだ。洋次がこのテーマに愛着を持っていることはもうご存じだろう。これをもって観客の注意をひく物語を構成することができるのだ。「あのころの庶民の暮らしは貧しかった。狭苦しい三畳間でちゃぶ台を囲み、親子がしょっちゅう身体を触れあっていた。抱きついたり抱っこされたり、甘えながら子どもは成長したのです。そんなぬくもりのある家族の姿を描きたい」。洋次は自分の映画のほとんどは自分が抱いたイメージから生まれ、それを発展させたものであると説明する。脚本は、朝間義隆を継いだ平松恵美子と共同で執筆した。平松はすでに『十五才　学校Ⅳ』（２０００年）と『武士の一分』（２００６年）の脚本執筆に参加していた。１９９２年に『学校』シリーズがはじまったときからチームに加わり、山田洋次のいくつかの作品で監督助手を務めたこともあったが、今回は師と組んで脚本を書いた。

監督のほかの作品と同じように、仕上がった脚本は撮影が進む中で変更が加えられていく。主に会話の部分で洋次はよく書き直しをした。シーンによって、うまく合わせるようにし、ときには手探りでやってみた。『シネ・フロント』誌（第３６０号、２００８年2月・3月）で東京大学の小森陽一教授（当時）のコラムで次のように説明している。「脚本は一応あるわけですけれども、そういう難しい場面になると前の晩に反省して、『この場面はこうします』という号外を出して渡す。でも、やってるうちに、どうも違うんじゃないかと思ってまた書き直す」。ニコニコしながら、満足いくものが見つかるまで、時間がほしいときはスタッフ全員に休憩をとってもらうこともあると話す。洋次から見れば、映画は生きた有機体のようなもので、撮影に即して進化していかなければならない。

過去には内容そのものをひっくり返すことも辞さなかった。撮影の瞬間になって、新しい見方が広がったり、紙の上で想像していたことが実現できないとわかったり。洋次の脚本はほとんどが出版されているので、ときには根本的に変えられたことがわかり興味深い。寅さんの第37作『男はつらいよ　幸福（しあわせ）の青い鳥』（１９８６年）では、導入の夢のシーンが全面的に書き換えられた。『キネマ旬報』誌

（第951号、1987年1月）に掲載された脚本では、寅さんは蒸気機関車の運転士だ。舞台設定は非常にノスタルジックな列車の世界だ。洋次は4月から民営化が決まった国鉄にオマージュを捧げ、存続が危ぶまれていた地方のローカル線への愛着を示したかった。ローカル線は国の統一を維持する基礎なのだ。だが結局このアイデアはやめ、青い鳥を求めて美しい風景の中へ観客を呼び込んだ。遠くに列車の汽笛が聞こえる。この変更によって青い鳥の伝説を現代風に仕立てなおし、世界の調和に鉄道の存在を結びつけたのだ。

『母べえ』では、こうした変更はもっぱら母べえ（吉永小百合）と山ちゃん（浅野忠信）との関係に見られる。山ちゃんは獄中にいる母べえの夫（十代目坂東三津五郎）の教え子だ。母べえと山ちゃんは恋愛に近い関係を結んでいた。夫が獄中で死亡してほどなく山ちゃんに赤紙が届き、試練のときが来る。1940年代の日本を描いたこの映画でも、監督はいつものように人間的な要素を加えている。それがなければ洋次独特の味わいがなくなるのだ。松竹の伝統の正当な継承者である洋次は、日本の歴史の中でとくに重要なこの時代において、一人一人が多様な感性を表現する家族ドラマを構築した。

こうして作品づくりの動機だった教育的なメッセージをうまく観客に届けることができた。それぞれの登場人物が遂げる変化を、みんなが追うことができた。洋次が俳優とその演じる役がぴったり適合するように、ていねいにキャスティングを行ったので、この錬金術はうまく機能した。いくつかのインタビューで説明しているが、吉永小百合が引き受けなければ、この映画は製作しなかったと言う。母べえの役は要求される演技の水準が非常に高く、物語を考えたときキャストは吉永に決めていた。最後にいっしょに仕事をしたのは34年前だ。「吉永小百合さんは、映画の作り方を熟知している根っ

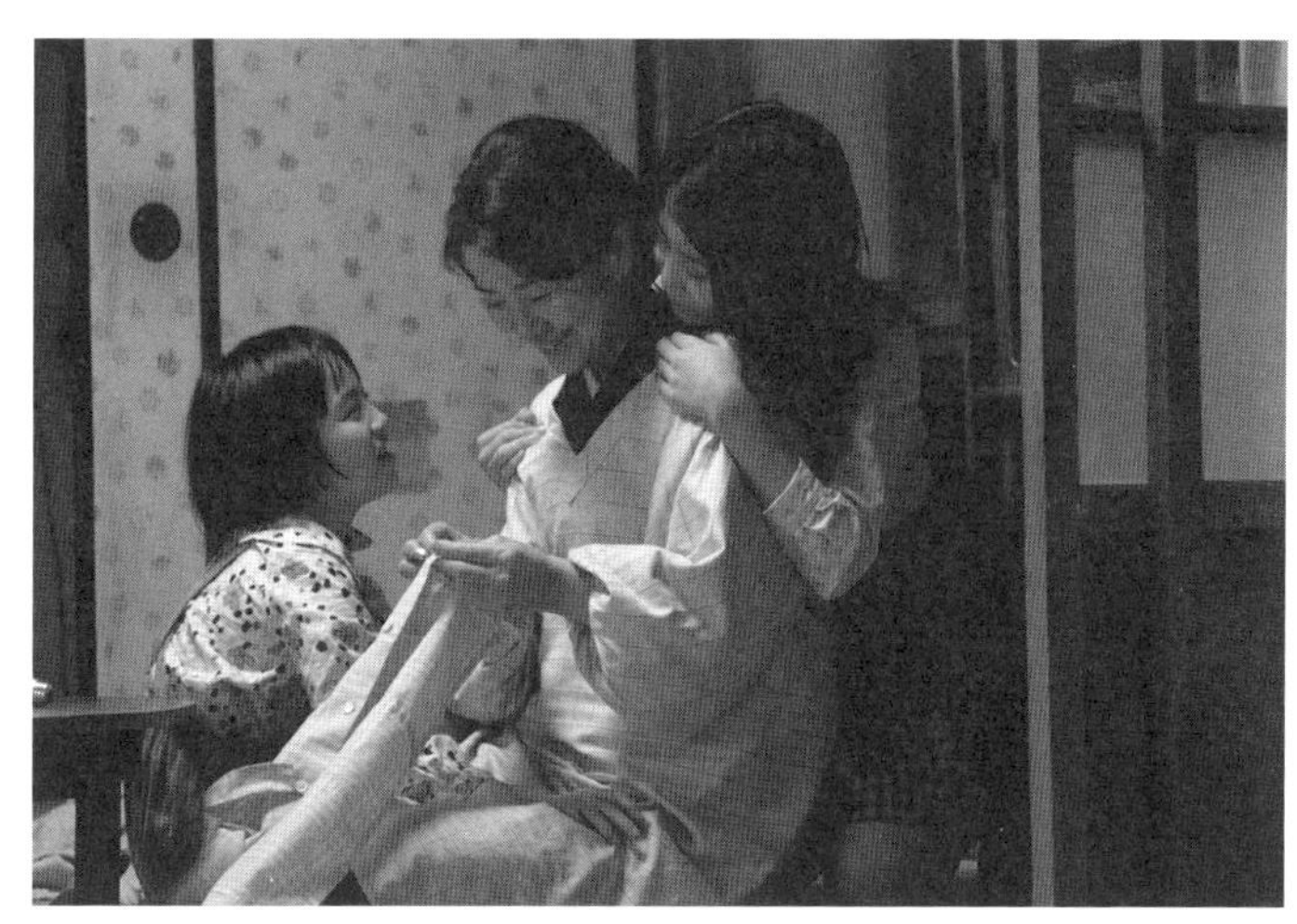

『母べえ』2008年（©2007「母べえ」製作委員会）

からの〝映画女優〟です。10代から撮影所で多くの時間を過ごし、数え切れないほどの映画に主演女優として出演している小百合さんは、映画のスタッフと俳優とのつながり方、俳優のなすべき仕事のあり方が、きちんと身についている。芝居で言えば、主演女優は〝座長〟のポジション。一座を率いる責任があります」と、監督50周年を記念して発売されたＤＶＤに付属した冊子の中で洋次は述べている。

「女優の仕事を知り尽くした〝最後の映画女優〟と言えるかもしれません」とも言っている。作品を背負って立ち、自分の才能で照らす。ほかの配役も監督のねらいどおりのレベルのものだった。すべての役は映画全体を緊密に統一させるためのものなのだ。『武士の一分』（２００６年）ではじめて映画に登場させた檀れいをふたたび起用し、獄中の夫の妹役に配した。愛国主義の中で育てられた若者の中にも、同調しない声があることを示す役だ。浅野忠信もすばらしい。浅野ははじめてこのような役を演じた。「私にとって、大冒険、大きな挑戦でした」と洋次は『ジャパンタイムズ』（2008年1月31日）のインタビューで認めている。「とてもまじめだが不器用、心はやさしいがあまり賢くないという人物」を演じ、母べえと二人の娘を全身全霊で支える。

もうひとつ、母べえの弟という重要な役を笑福亭鶴瓶に任せる。3作続けて、叔父は悪役だったが、仙吉は妙な行動をしたり、騒ぎを起こしたりしながらも、物事をはっきり見通せる人物で、どことなく寅さんのような雰囲気をかもし出す。「寅さんは四半世紀も私の仕事を伴走してくれたのですから……まじめな話、このようなコミカルな人物が困難な時代に存在するのはとりわけ難しいだろうと思います。道化師は兵隊ではない。でも、なんらかの勇気を与えてくれるかもしれない。戦争中は、一般に人々はふざけてはいられない。そんな状況下で明るくふるまえる人はまれです」とロシアのニュース・サイト『ガゼータ・ルー』に洋次は話している。

脇役の配役を見ると、洋次がうってつけの俳優をどれだけ真剣に選んだかがわかる。たとえば、夫を逮捕しに来る刑事役には笹野高史。軍事政権の下部組織である隣組の組長役にでんでん。母べえの父親役には中村梅之助。脇役たちが完璧に動き、映画のメカニズムが一段と円滑になるように貢献している。こうして観客はひとつの時代に没入し、その現実を発見することになるのだ。その現実が居心地の悪さを感じさせる場合もある。

居心地の悪い真実

評論家の佐藤忠男が指摘するように、「この『母べえ』という映画が戦時下の日本の世相人心をあまりに正確に描いているので、その中で私の経験した日本の軍国主義についてあれこれ思いをはせるということになった」。国外から見ると不思議だが、日本においては、当時のほんとうの状況について実際に経験した人以外は、ぼんやりしたイメージしか持っていない。当時を支配していた熱狂はとくにわからない。たしかに反抗する人もいた。映画の中の家族がそうである。一方でそうした人々は押さえつけられていたし、もう一方で国民の大部分が正確な情報を与えられなかったために、政府の攻撃的な政策を支持していた。歴史学者の家永三郎※は戦後、教科書に戦争中のできごとが正確に記述されるように主張して闘った。日本国民は愛国主義的な雰囲気の中にどっぷり浸かって、なにも見えていなかったと証言している。著書『戦争責任』（岩波書店、２００２年）の中で、１９３２年１月１日の『アサヒグラフ』誌に掲載された生徒の言葉を紹介している（同、３２８ページ）。対中国戦争のはじまりとなった満州事変から数か月後のことである。日本の軍事侵入の理由を尋ねられた子どもの一人、加藤君はこう答えている。「支那人が日本人に対して大変無礼であるから、吾々日本の軍人はこれを懲らし

※家永三郎
日本が堂々と国際社会の中で地位を取り戻し、1964年の東京オリンピックでそれをみごとに示したころ、東京教育大学の教授で、日本史の教科書を執筆した家永三郎が、教科書、とりわけ歴史の教科書の検定に関して国に訴えを起こした。文部省（当時）が内容を承認する過程が不透明で、それが第二次世界大戦のいくつかの事件における日本の責任について、偏った歴史観を優先させることにつながるというのだ。1955年と1982年に検定がきびしくなったことで、中国と韓国からはげしい抗議が起きた。日本政府は検定の基準をゆるめざるをえなかった。家永三郎が起こした訴訟は「表現の自由、教育の自由への侵害」に対する補償を求めるもので、数多くの紆余曲折や延期があった。1997年に最高裁はようやく歴史家、家永三郎の言い分を認める判決を下した。その５年後に家永は死去した。

めるために満州で支那軍と戦って居るんです」。記者が日本とアメリカは戦争をするかと聞くと、同じ生徒が説明する。「米国人の高慢な鼻をへシ折るために一度撃滅してみたい」。この後10年もしないうちに、中国で勝利を重ねた日本は、ほとんど陶酔状態でアメリカと開戦する。作品のはじまりは、父親が逮捕される前の最後の食事の場面である。父親は新聞を読んでいて、カメラは2度、当時の雰囲気をよく伝える記事をとらえる。1本目の記事は立憲民政党の斎藤隆夫が中国で繰り広げられている「聖戦」に反対する演説を1940年2月2日に行い、議員を除名されたという内容。2本目は「聖戦」の支持を国民に呼びかけるもので、支持しなければ裏切り者になるというものだった。「ナチスがアウシュヴィッツの収容所にガス室を設けて何万というユダヤ人を虐殺したり、多数の反抗者を公然死刑に処したりしたのに比べれば、日本にはアウシュヴィッツもなく、反逆の罪で死刑に処せられたのは尾崎秀実を除いて他に例がないようである（戦地での銃殺は別として）という大きな相違があるけれど、ある意味では死刑をまつまでもなく、あらゆる日常生活がすみずみまで統制され、反逆を企てるすきもないほどに権力の意図が貫徹していた点では、ドイツ以上であったと言えるかもしれない」と家永三郎は『太平洋戦争』（岩波書店、1968年、139—140ページ）の中で述懐する。「官憲のスパイ活動は、無い事件さえ空でつくりあげるのであるから、周到なスパイ網のはりめぐらされた世の中で、国民は一言一行もゆるがせにできなかったし、人に読ませる目的のない日記をつけるに当たっても、本当の気持を書くことをためらわねばならないほどであった」。アヴァス通信社特派員だったフランス人記者ロベール・ギランは『日本人と戦争』[*2]の中でこう記している。「戦時中の日本においては、集団はその成員の絶対的な総体となるにいたっている。個人は、いつでもこうした融合を受入れる用意ができており、それを求め、愛している。ここでも日本人は、全体との融和のなかに、彼のすべての弱点に対する復讐、抑圧に対する補償が見出せると思うのである。それは、集団によって、集団を通じて、彼が夢見る権力に対する誇らしい感情に到達する、日本人なりのやり方である」。

映画のいくつかのシーンで、社会全体の熱狂を見ることができる。監督はときおり茶目っ気を見せる。隣組※の集会は、皇居の方向に向かってひれ伏すことではじまる。神にひれ伏す信者のようだ。参加者の一人が、天皇は別のところにいると言い出したので、君主への敬意を表明する前にちょっとした混乱が生じた。また国策に沿って贅沢品撲滅運動をしている婦人たちをからかう場面がある。西洋風に着飾り、化粧をした若い女性がやり玉にあげられる。おそらく洋次はこうした圧力を軽蔑した母寛子を思い出したのだろう。当時、軽薄だと判断されるような服装、装飾品、化粧はいっさい避けなければならなかった。叔父が婦人会につかまった二人の女性に救いの手をのばす。「若い女の子がおしゃれするのは、おっちゃんらの目の保養や」。同じ婦人会の女性に、大きな金の指輪を「兵器をつくるために」供出するよう頼まれると叔父はこう答える。「供出？　あほぬかせ。一生懸命働いて、貯めて買ったんや。もしかのときはこれ売って生活の足しにしようと思って（中略）これはわしの財産や」

＊2　Guillain, Robert, *Le Peuple japonais et la guerre; choses vues, 1939-1946*, R. Julliard, 1947.　邦訳は、ロベール・ギラン『日本人と戦争』根本長兵衛・天野恒雄訳、朝日新聞出版、１９７９年、１９２ページ。

こうした言動によって裏切り者とみなされた叔父は警察に連行される。厳密には反逆者とは言えないが、叔父は自由な思想の持ち主だ。面倒なことに巻き込まれないために、そして妹の家族に面倒が及ばないようにするため、東京を離れようと決める。母べえは、叔父の無遠慮なふるまいを批判する娘の一人にこう言う。「あのおじさんの顔を見るとほっとするの。小学校の教員室でも隣組の常会でもほんとうのことなんてなにも言えやしない。いつも緊張して、嘘ばっかり言わされているでしょう。それが、あのおじさんの前ではなんでも話せるの。母べえにとって、あのおじさんはちっとも悪い人じゃないの。むしろいい人なの」。話が進むにつれ、自由の空間が少しずつ消えていくのがわかる。だが作品がかもし出す印象は明るく、にぎやかだ。叔父が奈良の自宅に帰ることになる。品川駅で撮影された出発のシーンは興味深い。プラットフォームは人で大混雑している。旅行に行く友人を見送りに来た人、出征兵士を祝って日の丸を振る人、そして空いた空間には恐るべき憲兵隊がいる。住民が気づかないうちに、徐々に日本は沈んでいく。１９４１年12月８日の真珠湾攻撃は重要な転機である。映画でも、その日は獄中の父の死と山ちゃんの召集が重なる。

国中にまだ高揚感がただよっている。だが母べえ一家がしっかり体現しているほんとうの日本は崩壊しはじめる。数年後に国全体が崩壊するより前のことだ。山ちゃんが入隊するために出発するとき、家の玄関口で撮影されたシーン

※隣組
1937年に日中戦争、1941年に太平洋戦争がはじまり、国民に配給制度が敷かれた。今や戦争に全力を傾ける国において、貧困化が加速した。1939年から政府は米中心の食生活を多様化するよう奨励した。1941年には大都市において米の配給がはじまり、後に国全体に広がった。同じころ、当局は果物や生野菜、塩、砂糖、しょう油、味噌の供給を管理するようになった。1942年２月には食糧管理法が制定され、配給はすべて中央の行政機関の監視下に置かれた。こうした中央集権的な措置にもかかわらず、食糧は不足した。1942年から隣組（軍事政権の下部組織）が食糧の分配を担うようになった。洋次が映画で示しているように、その役割はどんどん重要になっていった。

は感動的だ。「戦争に行くんですから、覚悟はできています」と言う。「覚悟って、それ死ぬ覚悟のこと？」「ええ、そうです」「なにが覚悟よ。えらそうに。山ちゃんがなんでそんな覚悟をしなきゃいけないの。あなたのようなぶきっちょで、泣き虫で、泳げもしない意気地なしをどうして戦争なんかに連れていっちゃうの」。片耳が聞こえない山ちゃんは、ほかの多くの国民と同じように、命を砕く機械の歯車に巻き込まれてしまった。乗っていた船がアメリカ海軍に沈められ溺死する。だが母べえと野上家の人々は、一家を、そして国を襲った悲劇を生き延びた。この時代を生き抜けたのは、亡き夫への愛があったからだ。ハッピーエンドだった直近の2本の作品とは一線を画すすばらしいエンディングである。

妻よし恵の死は、監督にとって新たな打撃となった。仕事に逃げ込み、そこから力を得た。逆境に負けることなく、前向きに進もうとする意志を表明する作品を製作していった。

立ち止まることなく

『母べえ』（2008年）で、洋次は大船撮影所の精神を復活させた。松竹もさまざまな形で撮影所の功績を広めることに努めた。たとえば、2007年はじめには高島屋百貨店で展示会を開催した。展示会の予告に配布されたチラシでは、監督が国際的に認知されていることが強調された。とはいえ、その認知度はまだまだ真価を下まわるものでしかなかった。だが完全に忘れられていたわけではなく、ふたたびベルリン国際映画祭で洋次の映画は選考の対象になった。吉永小百合と浅野忠信をともなって洋次はベルリンに行き、自分にとって主要な作品となったこの映画の紹介をした。この映画はドイツの観客の心を捉えるだろうと考えていた。なぜなら「ドイツは同じような経験をしたからです。日本とドイツはともにファシズムの国でした。当時、ヒットラーに反対するのは恐ろしかったにちがいありません」と『ジャパンタイムズ』のインタビューで応えている。それに、映画自体がしっかりとした、みごとな構成を持つ作品で、当初の意図が完璧に実現できている。監督は教育的な作品にしたかった。でも、だからといって重く、魅力のない映画にはならず、成功している。

日本では映画の公開に際してパンフレットが発行され、映画館で販売される。こうしたパンフレットには、たいてい撮影時の写真やインタビューが掲載される。『母べえ』のものには史料や年表などが加えられ、１９３０―１９４０年代の日本の状況を観客が理解できるようになっていた。映画ではこの時期のようすがみごとに描かれている。また観客に当時の特殊な雰囲気にひたってもらうために、色彩や光の扱いに工夫がこらされ、まるであとから色を加えた映画のような仕上がりになっている。こうした努力によって、日本アカデミー賞の12部門で優秀賞に選ばれた。だが、その年大成功をおさめた『おくりびと』（２００８年）にはばまれ、最優秀賞の受賞はかなわなかった。洋次は『釣りバカ日誌』第19作の脚本に取りかかった。

そして闘病生活を送る妻よし恵と過ごす時間を増やした。しかし病魔は手強かった。11月8日に妻はガンで亡くなった。監督にとってはつらいできごとだった。50年以上も自分を支え、同じ世界観を共有する相棒を失ったのだ。ひどく落ち込んでしまった。だが11月13日には、妻の出身大学である日本女子大学で『母べえ』上映会に出席した。平塚らいてうの会の会員である斉藤令子氏は、ニュース第64号（２００９年1月）に、告別式の翌日に行われた上映会で講演した洋次の言葉を紹介している。「必ず行ってね、がよし恵の遺言でした」。山田夫妻をよく知る記者の小泉信一は言う。「（よし恵さんは）自分の意見をきちんと言える自立した女性。そこに監督は惹かれたのだと思います」。直近の12年間、洋次は同僚、友人、近親者の死という運命から逃れられなかった。

よし恵を失った直後の数週間はつらかったが、平和のための運動を続けるという妻との約束を守るために、監督はさまざまな企画を立てて活力を見いだしていった。ひとつは『おとうと』（２０１０年）で、妻を亡くした直後に撮影をはじめた。構想は市川崑監督（１９１５―２００８年）の告別式に参列したときに生まれた。洋次は市川監督の作品、とりわけ『おとうと』（１９６０年）を評価していた。「ぼくは市川さんの作品では『おとうと』がいちばん好きで、お別れの会のとき、ふと、あの弟が死なずに姉と弟がそのまま20年ぐらい経ったらどうなってるだろうと思ったんです。すると、たまたま目の前に吉永小百合さんが献花していて、ああ、姉ちゃんはこの人かな、と。そうすると弟は鶴瓶さんだな、とすぐ思ったわけね。そこから始まるんだ」と『シネ・フロント』誌（第３７４号、２０１０年4月・5月号）で説明している。二人の俳優の共演は『母べえ』で作品を盛り上げたことから、監督にしてみれば当然の再起用となった。洋次が映画製作に関していかに大きな自由を与えられていたかがわかる逸話である。会社の専属監督という、今ではめずらしくなった彼の立場から、テーマを自由に選ぶことができ、どの企画にはどのスタッフとどの俳優を起用するかも任されていた。『キネマ旬報』誌（第５４４号、１９７１年3月）に掲載されたアメリカのラルフ・ネルソン監督との対談で、洋次は自分の特別な立場について話している。創作の全行程、つまり計画から製作までを一手に収めていることを強調し、最後に「それはかなり日本的な作り方じゃないかと、ぼく自身は思っています」と語った。

現代に戻る

それから40年ほどが過ぎた今、自分はある種の特権を持っていることを意識するようになっていた。「こんな形で企画を立てることは今の映画界ではあまりない。（中略）昔はみんな、そうやって映画を作っていたけれども、今はいろんなデータにもとづいてその映画が当たるかどうかを調査する」と言う。しかしこうしたつくり方だからこそ洋次の作品は強いアイデンティティを持ち、国内で毎年製作されている大半の映画とはちがいが出るのだ。ほかの多くの業界と同じように、日本では映画製作会社も、個性的な作品よりも、大衆受けするものを優先する手法を採用するようになってしまった。個性的な映画は売るのが難しいと考えられたのだ。これはまったく驚くに値しない。２０００年代のはじめから、マンガやテレビシリーズの映画化はますます重視されるようになった。そのほうが、『おとうと』（２０１０年）のような個人的な印象に基づくオリジナル作品より、失敗の危険はずっと少ないからだ。「骨肉の争いという言葉があるが、肉親同士が時として他人以上に憎しみ合ったりするのは、誰にでも思いあたることだろう。映画やテレビのホームドラマは家族があのようにありたい、という観客のあこがれを描くのだろう。ぼくには、タイトルもそのものずばりの『家族』という作品があるし、『寅さんシリーズ』四十八作を通して描きたかったのは、寅さんをめぐる家族の絆、その苦しみと悩みと喜びについてだった。さて、寅さんシリーズが、愚かな兄と賢い妹の滑稽譚だったとすれば、今度の『おとうと』は、賢い姉と愚かな弟の、可笑しくて哀しい物語である。一九六〇年に市川崑監督によって製作された名作『おとうと』と、あえて同じタイトルをつけ、この作品を敬愛する市川崑さんに捧げたい」と演出ノートに記している。

洋次はこの映画で自分の基本に戻り、10年ぶりに舞台を現代に戻した。とはいえ、歴史については教育的なアプローチを忘れていない。映画は戦後に強い影響を及ぼした複数のできごとを短いカットでつなげていくシーンからはじまる。１９５２年５月１日の血のメーデー事件から１９７０年の大阪

『おとうと』（©2010「おとうと」製作委員会）

万博、寅さん登場から1987年の国鉄民営化まで、現代日本の波乱に富んだ姿が描かれ、その中に映画の登場人物が組み込まれている。物語は平松恵美子との共同執筆である。『母べえ』（2008年）で、物語の着想をもたらした娘の一人である照代がナレーターを務めたように、今回も歴史的な映像にコメントを加えるのに同じ手法を用いた。映画の主な登場人物を紹介するのは蒼井優の声である。まず吉永小百合（吟子）、自分自身（小春、吟子の娘）、そして笑福亭鶴瓶（鉄郎、吟子の弟）。さらに、父は小春が子どものころに亡くなったこと、叔父は役者をめざしたが挫折したこと、父の13回忌の席で不祥事を起こして以来、消息を絶っていること、などが語られる。開けっぴろげな性格が災いして、鉄郎は家族の一部から敬遠されている。そのため吟子は弟と距離をとらざるをえなかった。ところが小春の披露宴に鉄郎がやってきたのだ。酒は飲まないでおとなしくすると約束したものの誘惑に負け、酔っぱらって大暴れする。そうした行動は姪の結婚そのものに影響する。新郎の家族がこんな人物がいる一家と親戚になるのを嫌ったのだ。いくつかの点で鉄郎は寅さんに似ている。日本社会ではすぐにたたかれる「出る杭」なのだ。しかし柴又では受け入れられていた寅さんに比べると、吟子の弟の場合はなかなか難しい。彼の行動は寅さんより重大な結果をもたらすからだ。洋次はシーンのひとつを柴又で撮影することで、寅さんへのオマージュを怠らない。

鉄郎の行動に対する小春の義理の家族の反応は大げさである。若いカップルは離婚に追い込まれる。さらに、鉄郎の借金返済のために吟子は貯金を切り崩すはめになり、弟とふたたび絶縁状態におちいる。小春も叔父との関係を絶つ。しかし幼いころはよく叔父に面倒を見てもらっていたうえに、名前をつけてもらったのだ。母と娘はこのとき、鉄郎がガンにおかされていることを知らなかった。大阪に戻った鉄郎からの連絡は途絶える。だがある日、警察から吟子に弟の健康状態について知らせが入る。吟子は病床に駆けつけようとするが、小春は反対する。叔父さんは母に迷惑ばかりかける人だからだ。そこで吟子は小春を座らせて、諭すのだった。「今まで話したことなかったけどね、あなたのお父さんがおじさんに名付け親になってもらうと言ったとき、私、うんと反対したのよ。私だっていろんな素敵な名前を考えていたんだから。でも、お父さんが『いいじゃないか、たまには鉄郎くんに花を持たせてやろう』て、そう言ったの。（中略）『彼は幼いときから一度もほめられたことがないんじゃないか。親にも、先生にも。だから僕は彼に娘の名前をつけてもらって、多少おかしな名前でもいい、うんと感謝しようと思っているんだ。それでいいだろう？』その話を聞いたときからね、小春、私はあの叔父さんになんだか負い目のようなものを感じているのよ」。これは映画のキーポイントのひとつとなる場面である。大事なのは、見た目を越えて、人と人の深いきずなを築くものをとらえることだ、と洋次は言いたいのだろう。このシーンでは、小春の心も揺らいだようだ。結婚が破綻した後、小春は近くに住む大工の亨と交際している。気持ちが落ち着いた今、叔父への恨みも薄らいだようだ。小春と亨の関係を通して、社会環境の近いことが安定した関係を築くうえで大事だと監督は言いたいのだ。最初の結婚がうまくいかなかった原因は、つつましい薬局の娘が医者の一家に居場所を見いだせなかったことだ。

希望を持ちつづける

社会的な関係に向けられるリアルな見方は、監督のほとんどの作品に見られる。『下町の太陽』（1963年）、『霧の旗』（1965年）、『男はつらいよ』第1作（1969年）などで、幸福は結婚を通じて無理に社会階層をのぼることで手に入れるものではなく、ほかの方法で獲得するべきだと主張する。『おとうと』では、小春の1回目の結婚と2回目の結婚では、地域の住人の反応は異なる。1回目の披露宴のときよりも、小春と亨の結婚のほうが、喜びをもって迎えられた。1回目は結局破綻したのだった。洋次自身が若いときに経験できなかった、地域に根付く、という考えを重視していることがわかる。ふるさと（それがたとえ東京だったとしても）との結びつきは洋次にとって根底にあるもので、人間と人間とのつながりにしても、たとえそれがやっかいな状況におちいったとしても、とても大事なのだ。「21世紀に入ってから、世の中に猛烈な勢いで人々の孤独が生み出されていると感じます。今の時代は一人暮らしが便利でしょう。インターネットがあれば、誰とも口を利かずにモノが買える。自動販売機やコンビニもあり、なるべく人と言葉を交わさないで暮らしていける世の中です。それが便利だと思っているけれども、果たしてそれでいいのか。それが本当に人間らしい暮らしなのでしょうか」と監督は問いかける。彼は当然こうした日本社会の変化を拒絶する。物質的な成功にばかり目を向けていて、この油断のならない害は忘れられがちである。洋次はこれに対して警報を鳴らすのだ。こうした事態を示すために、洋次は観客を大阪の繁華街である新世界に連れていく。鉄郎が住んでいる街だ。新世界は1912年に、北側はパリ、南側はニューヨークをモデルにつくられ、凱旋門とエッフェル塔を併せて模した通天閣が有名だ。だがなによりも日本の「はみ出し者」らが札付きになるのを逃れて集まってくる街として知られる。警察官が吟子を弟のいるところへ案内するシーンでは、長沼六男に代わった近森眞史のカメラが、古ぼけた街並みとそこに暮らす質素な住人を映し出す。

鉄郎は施設の部屋にいた。最期を迎えるために東京へ搬送されるのを断っていた。大阪に訪ねてきたおかげで、姉は弟の生活ぶりをよく知ることができた。鉄郎はしばらく入院していたが病状が重篤であることが明らかになって「みどりのいえ」という施設に引き取られたのだ。警察官が説明する。「民間のホスピス※ですな。身寄りのない不幸な人の最期をみとるっちゅうか。来世を信じて

※ホスピス
ホスピスプログラムは1973年、大阪淀川キリスト教病院ではじめて設けられた。独立したホスピスケアを提供する施設は1981年、静岡県浜松市ではじめてオープンした。この二つの施設は1990年に国内ではじめて緩和ケア病棟として政府から認定された。このときから、厚労省はこうした施設の開発に乗り出した。1991年には５件だったのが、洋次が『おとうと』（2010年）の撮影をはじめた2010年には222件にのぼった。努力が結集されているものの、日本の自宅での緩和ケアは他の先進国に比べて遅れている。映画で紹介されているようなホスピスが、足りない部分を補っているのが現状だ。だが、人口の老化が加速していることを考えると、施設の数は増やすべきだろう。

やすらかに息を引きとってもらうっちゅうか」。洋次は東京に実在する「きぼうのいえ」という施設をモデルにした。「シナリオを書く段階で、姉・吟子からも見放された鉄郎は、どこかの施設に入ってそこで死ぬという展開を考えていました。鉄郎のような人が最期を迎える施設とは、どんなところなのだろうかと、実際に調べてみました。そのうちのひとつが『きぼうのいえ』でした。さっそく訪問してお話を聞かせていただきました。運営しているのは、誠実な人柄のご夫婦でした。資金繰りはたいへん苦しく、赤字を抱えながらも必死になって奮闘していらっしゃる。ご夫婦は、これまでに看取ってきた入居者たちの人生や個性的な振る舞い、エピソードについて話してくれました。こんな施設があるということ、そして国のサポートも受けないで、こういう難しい仕事に取り組んでいる方がいることに驚かされました」と監督は話す。

彼の映画の人物は、こんな模範となる施設で亡くなるべきだと考えた。そして当局と日本人に対しては、もっぱら自然を破壊するような公共事業よりも、そろそろこのような施設に投資するべきではないかと問いかけたかった。家族ドラマであっても、洋次は拳を振りあげず、ただ痛いところを突く。非常につつましい生活環境ではあるが、このような施設はどんな人に対しても関心を向け、きずなを結んでくれる。終盤で、鉄郎と吟子が鍋焼きうどんを食べ、リボンで手首をつなぐシーンは、市川崑監督の同名作品へのオマージュである。それはまた、だれもが必要としている人間的な思いやりの表明である。小春が亨といっしょに訪ねてくることで、映画は感動的、かつ肯定的な雰囲気の中で締めくくられる。小春はようやく叔父と和解する。鉄郎は小春が子どものころに教えてやったように、最後の力をふりしぼって指でVサインを送るのだった。家族はまたひとつになった。わずか2時間で洋次は、家族における人と人との関係をどのように見ているかを総括した。その教えは、シンプルでわかりやすく、みごとだ。

映画は好評だった。15日間で入場者数は100万を越えた。しかし、第34回日本アカデミー賞では監督賞など、11部門で優秀賞に選ばれたものの、いずれも最優秀賞の受賞にはいたらなかった。一方で『おとうと』はベルリン国際映画祭のクロージングで上映され、洋次には特別功労賞にあたるベルリナーレ・カメラ賞が贈られた。この表彰は、監督とベルリン国際映画祭が深く結びついていることの表れである。洋次もとりわけこの映画祭を高く評価している。「ベルリン映画祭は、カンヌやベニスと違って、ベルリンの市民たちが楽しみにしている映画祭なんです。カンヌにしてもベニスにしても、上映される場所が特別だから普通の市民はなかなか見に行けない。けれどもベルリンは、ちょうど60年前、あの街がまだ瓦礫の山だったときに、ベルリン市民の心がボロボロになっているときに始められた映画祭で、市民の映画祭という感じなんです。そういう映画祭だから、この映画がピッタリはまったのだと思います」と、数週間後に『シネ・フロント』誌のコラムで説明している。結局のところ、洋次は市民に、つまり大多数の人々に近い映画、人々が自分を投影することのできる映画を製作したいのだ。「フェリーニは尊敬するけれども、みんながフェリーニみたいな映画を見たいと思ってるわけじゃない。いろんな映画を見たいんですよね。『おとうと』のような映画が、それなりの割合を占めなきゃいけないのに、今は非常に少なくて珍しいものになってる」とも述べている。

たいまつを手渡す

おそらくそうした理由から洋次は若者世代を育て、興味を持たせることに取り組んだ。それは京都の立命館大学の学生といっしょに企画した『京都太秦物語』（２０１０年）の撮影をもって実現した。２００７年にはじまったこの企画は、松竹、大学、京都府の産学官連繋プロジェクトの一環で、単にセミナーを開催するだけではなく、学生に具体的な体験をもたらしたいという山田洋次のたっての願いから実現した。山田が立命館大学の冨田美香准教授と著わし、編集した『山田洋次映画を創る――立命館大学・山田塾の軌跡』（新日本出版社、２０１１年）の中で自分の動機を記している。「しかし映画を教えるというのはどういうことなのか、そもそも教えられるものだろうかとも思っていた。いったいぼくは何をどのような形で学んだのか。そしてぼくが学んだような形で学生に教えられるだろうか。とてもそれは難しいなと思ったわけです。（中略）映画づくりというものをみんなに体験してもらおうじゃないかと考えたのです。ぼくの学生たちを見ながらそういう風に考えたわけです。太秦に松竹の撮影所があって、立命館から自転車で十分か十五分で行けるのです。そしてぼくが指導して、ぼくのスタッフも参加する。それを通して大勢が一緒に映画をつくるということをみんなに学んでもらおう、そんなことを考えて企画を立てたわけです」。『おとうと』（２０１０年）の製作と完成後の作業が終わるとすぐにこの共同プロジェクトに取り組んだ。この企画には強い思い入れがあった。「ちょっと疲れていた」と認める。だが忙しくすれば落ち込まなくてすむ。なによりも、この独創的な体験を通して、自分が役に立つのだと強く意識した。

理論の講義をするだけだと、学生は個別に勉強するだけになるだろう。それでは商業映画の実際とはまったくかけはなれてしまう。『シネ・フロント』誌のインタビューで洋次はこう説明している。「そういう基本を身につけさせたかった。プロと学生が一緒になって映画を作れば、その基本が身につけられるんじゃないかと思って、20数名の学生たちを各パートに分けて、学ぶということをさせたわけです」。自分が先輩たちから学んだことを思い出しながら、仕事に向かうときの姿勢を大切にした。「たとえば書道の先生は、まずちゃんと机の前に座りなさい。筆はこういうふうに持ちなさいというところから教え始める。それと同じことが、映画にもあるわけです。芸術はみんなそうなんじゃないのかな。精神というものがあるんです。映画を作る精神、これがいちばん難しい。口ではうまく言えない。作りながら学びとるしかない。小説家には小説家の精神がなけりゃいけない。それと同じです。その精神に彼らを少しでも近づけて、その香りだけでもかがせてあげたい」と洋次は付け加えている。総監督として、撮影監督の近森眞史や録音技師の岸田和美に学生の指導を任せた。学生たちは陶芸家の指示を受けるかのようにその動作をおぼえた。

こうしたやり方は、いくつかの芸術分野に見られる師匠と弟子の関係を思い出させる。洋次はひとつの世界観の継承を行っているかのようだった。それがなければ教育は不完全なのだ。しかし、ふつうの長編映画と同じだけの製作資金はなかった。そこでフィルムを値引きしてもらい、企画の教育的な価値を理解してくれた技術師たちから減額した報酬で引き受けてもらうことでしのいだ。「ほんとうに小さなプロダクションのような撮影をしたんですよ」と洋次は思い返す。佐々江智明と共同で脚本を執筆したが、それも集団作業の成果だったと言う。「まず商店街の話ということに決めました。

今は商店街もどんどんシャッター通り化しつつあるでしょ。それをどうして活性化していくかということは、日本人の暮らしにとって、とても大事なことですよね。舞台となった太秦の商店街は、かろうじて昔の形が残っているところで、70〜30軒ある商店の調査を、2年間かけて学生たちにやってもらいました。1軒1軒、事情が違う。それぞれのお店の商売の仕方、家族構成などのデータをたくさん集めて、その中から面白いと思うものを選び出していって脚本を作りあげていったんです。太い筋は、ジェイムズ・ジョイスの『ダブリン市民』の中に『イヴリン』という短編があるのですが、これがいいと思うよ、ということで僕のほうで提示しました。ある娘が、船乗りの青年に誘われて、住んでいたダブリンの街を出ていこうとする。だけど、結局は出ていけなかったというお話です。それを商店街の娘の物語に脚本を作りあげていった」

映画は、長い間町や地域の生活の中心にあった典型的な商店街の現状を知らせることになった。郊外に大型商業センターがオープンし、住民の高齢化が進んだことで商店街は廃れていったのだ。日本では営業している店舗のほうが閉店したものより少ないという場所が数多くある。京子（海老瀬はな）は商店街のクリーニング店の娘で、立命館大学の図書室で働くふつうの若い女性だ。幼なじみの康太（USA）は豆腐店の息子で、アルバイトをしながら役者になることを夢見ている。だが実現の道は険しく、いらだっている。ある日、京子は大学講師の大地（田中壮太郎）と知り合う。京子を愛するようになった大地は東京にいっしょに来るように頼む。その後は3年間中国に暮らすことになるという。京子は心を惹かれる。芝居がうまくいかなかった康太が、それを京子のせいにしたのでなおさらだ。だが出発の日、周囲をふり返ってみた京子は、地域と康太に愛着を持っている自分に気づく。駅で大地を見送って戻ってくると、康太に会う。康太は謝罪して結婚を申し込む。役者ではなく豆腐屋になっても受け入れてほしいと言う。京子はほほえみ、うなずいて同意し、康太の次のオーディションに付き添っていく。大作ではないけれども、『京都太秦物語』（2010年）は第一線で活躍する監督と夢を実現させた学生とのユニークな交流体験である。映画は期待を大きく超えてベルリン国際映画祭のフォーラム部門に選ばれた。学生の多くが現地に赴き、ベルリンの観客から温かく迎えられたのだった。

小津安二郎へのオマージュ

公私ともども忙しい数か月を過ごした洋次には休養が必要だった。だが完全にスピードを落とすつもりはなかったようだ。しかも松竹は監督50周年を祝う企画を考えていた。まず2012年のはじめに池袋の西武百貨店で展示会が計画された。同じころ、松竹は2012年末に『東京家族』（2013年）の公開を発表した。撮影は2011年4月から6月にかけて行われる予定だった。だが2011年3月11日に起きた東北地方太平洋沖地震と津波によって予定は変更を余儀なくされた。製作を1年遅らせ、劇場公開は2013年のはじめと決まった。

小津安二郎の傑作※『東京物語』（1953年）のリメイクだったが、この新しい日程は小津作品の60周年と小津監督の死後50周年と重なることになった。映画の撮影開始を待つ間、洋次は映画を舞台に翻案する作業に取り組んだ。もともと映画の公開後に東京・三越劇場で上演（2012年1月2日〜

24日）が予定されていたものだ。洋次が舞台と向き合うのははじめてではない。1977年には『カルメン』を手がけ、その後は歌舞伎にも手を広げている。そして2010年に、小津安二郎の1951年の映画『麦秋』を舞台向けに脚色することで、本格的に舞台に復帰している。洋次は、小津という大船撮影所の大先輩の作品は、当時の日本人の日常生活を反映していないので退屈で小市民的だと、ずっと思っていた。「あの頃、日本人はまだまだ食べていくのに大変だった。僕は学生だったけど、昼めしはコッペパンにマーガリンをつけて、水飲んでおしまいみたいな生活で、腹いっぱいカツ丼が食えたらどんなに幸かと思っていた時代だよ。みんなお腹すかせていたときに、『銀座で天ぷら食う』みたいなことを言ってる映画だろ」と、『キネマ旬報』誌（第1628号、2013年1月）とのインタビューで思い出を語っている。「生活苦というものがまるでない世界、生活苦こそ映画のテーマじゃなきゃいけないと思っていたからね。ましてや『組合』とか『安保条約』とか、そんなことに縁もゆかりもない。黒澤さんには原水爆をテーマにした映画があったでしょう」

　長い間、洋次は小津に対してこういう苦い思いを抱いていた。松竹の若い助監督の中で、小津が中心となった家族ドラマの伝統に疑問を投げかけていたのは洋次だけではなかった。「そして東宝撮影所に陣取っていた黒澤明の

※小津安二郎
1950年代のはじめ、西洋は日本の時代劇映画に熱狂した。1951年にヴェネツィア国際映画祭で金獅子賞を受賞した黒澤明の『羅生門』（1950年）や1954年にカンヌ国際映画祭でグランプリを受賞した衣笠貞之助の『地獄門』（1953年）などだ。一方、日本国内では日常生活にもっと足がついた問題を扱う映画が好まれていた。この分野では小津安二郎が他の追随をゆるさない存在だった。1929年の『大学は出たけれど』ですでに名を上げていた。大学を卒業したのに就職先が見つからない徹夫の物語だ。20年後に発表した『晩春』（1949年）では質素で静かな暮らしを送る大学教授とその娘を描いた。これが観客と批評家に絶賛される。1953年の『東京物語』では経済発展を背景に家族関係における変化を取り上げる。この作品は1978年にはじめてフランスで公開された。監督の死から15年後、彼の誕生日の日だった。

『生きる』（１９５２年）や『七人の侍』（１９５４年）に感動して、『これが映画なんだ』と憧れたものです」と言う。だが１９８０年代になって考えが変わっていった。「外国の映画祭で、僕の映画は小津安二郎の影響があるなんて言われることがあって。日本映画はみんな小津安二郎だと思っているような人たちが言っているんだから、まあいい加減な指摘なんだけど、一番似てほしくない人の映画に似ているっていうのはどうなのか、と思っていたよ（笑）」。黒澤明監督の作品を収めた全10巻からなる『小学館 DVD & book 黒澤明 memorial 10』（小学館、２０１０―２０１２年）の第1巻『用心棒』が発売されたとき、巻頭の言葉の中で、洋次は黒澤監督の家を訪ね、驚かされた日の思い出を記している。監督は『東京物語』を見ていたのだ。「もしかして、あのときの黒澤さんは、笠智衆さんの周囲に漂う、小津作品の品の良いユーモアについて考えていたのかな、と思ったりするんですけどね」。洋次自身も、このときから小津の能力を推し測るようになったのだ。

『東京物語』では洋次はとくに脚本の完成度の高さを強調している。小津は脚本家の野田高梧といっしょにじっくりとシナリオを練り上げた。『全日記小津安二郎』（フィルムアート社、１９９３年）を読めばよくわかる。「小津さんの映画はどの映画もささやかな物語だけど、『東京物語』はそのささやかな物語の中に太い柱がある。両親が東京に住む子どもたちの家を泊まり歩いて、そして、失望を抱いて淋しく帰っていくというストーリーは普遍的だからね」と洋次は言う。すでに『息子』（１９９１年）を製作するときにそこから想を得ていて、先輩のこの有名な映画のいくつかのシーンを下敷きにしている。はじめて小津にオマージュを捧げたこの映画は、洋次の作品の中でも傑作のひとつと評価された。そのうえで洋次はリメイクすることを望んだ。「コピーするってことじゃないわけだから。

でも、コンテなんかずいぶん真似したよ。台詞もね。たとえば、おじいちゃん、おばあちゃんが東京に出てきて長男の家に泊まる。長男の家では迷惑だなあと思っている。そこまでは僕も考えるんだけれども、長男の妻とその子どもたちのやりとりは、自分がつくるつもりになって『東京物語』を見ると、びっくりするんだよ。お母さんと息子がやり合う会話をこんなに丁寧にやるのか、と。しかもいちいちカットバックしてね。僕が書くと、もっとさっぱり書いちゃうだろう。だから、あのへんはずいぶん真似したよ」と『キネマ旬報』誌（第1628号、2013年1月）でのインタビューで語っている。『『東京物語』を批判的に描くってことなんかはこれっぽっちも考えてなかった。どこかで『このところが俺だ』という部分を入れようとしたことも一切なかった」と言う。だが洋次の脚本では、小津の映画では戦死していた次男が生きている。結局、原作どおりのコピーではなく、もとの組み立てはそのままに、まぎれもない山田洋次作品を製作することで納得した。それ以外に考えられなかった。台詞だけを見ても、大船撮影所の先輩監督のものよりずっと軽やかだ。その代わり、俳優との関係という点では、小津の考え方に寄り添った。「そうそう。あなたの下手な芝居なんかどうでもいいんです。あなたはとても素敵な女性なんです。私はそれを写しているんです、というようなことがあるんだね。その考え方は僕にもよくわかるし、近いものを感じるよ。僕もそういうふうに演技指導したいし、俳優を写したいと思っている。それは僕が小津さんのいた撮影所で育ったからじゃないかな。僕が小津さんから学んだ流儀であり、いまや僕の流儀になっているということだね」と明言する。「撮っているうちにだんだん小津さん流になってくる（笑）。結局、老夫婦は、またうちを出ていくんだけども、出ていくあとに二階の空舞台を写す。ああいうのもやっぱり小津さん流なんだ」

人間中心のリアリズム

『東京家族』（2013年）は洋次の作品の中でちょっと特別な位置づけになる。自分が大船流の系譜に属していることを公然と主張したからだ。これまでの作品のほとんどに、すでにそのスタイルは受け継がれていた。もともと『東京物語』のリメイクは、洋次の松竹での監督50周年を祝う企画だったことを思い出しておこう。リメイクの製作を希望したことは、洋次の最高の謝意の表れだ。映画の最後のシーンを使って、それを公式に表明しようかどうか迷ったほどだ。「このショットに『この映画を小津安二郎に捧げる』という字幕を入れようかと言ったくらいだよ。いちばんのオマージュはラストだよ。サイズ的に言っても、明暗の感じも、かなり『東京物語』を研究したよ。名場面だから撮ると緊張したぜ」と説明する。結局これは実現しなかったが、おそらく作品そのものが二人のつながりを見せるのに十分だと考えたのだろう。編集が終わってみると、洋次の足跡がはっきりと見える、オリジナルな作品を創作したことに気づかされる。興味深いのは、今回の映画が舞台となった2010年において、家族の概念が当然ながら『東京物語』が製作された当時とはちがっていることだ。吉田喜重は著書『小津安二郎の反映画』（岩波書店、1998年、156―157ページ）の中で、こう述べている。小津の映画で「小津さんは、息子たちとの再会を心待ちにしながら上京してきた老夫婦に、それを裏切るかのようなホーム・ドラマとはほど遠い、それを異化し、異郷化するような場面をさまざまに用意したのである」。洋次が同じテーマを扱う際、次男（妻夫木聡）の存在のおかげで家族ドラマを再現することができた。次男がいることで原作ではなくなっていた親子のきずながふたたび結ばれる。小津は未亡人となった嫁にその役を代わりに与えていた。「そして死んだ次男の嫁にはそうしたことが許されず、優しく振舞わざるをえないのは、言うまでもなく老夫婦と嫁とは義理の親子であり、他人の関係でしかなかったからである」と吉田喜重は言う。

　洋次の場合、次男・昌次の存在が『東京物語』に希望をもたらす要素となる。それが如実に表されたのは昌次が病院の屋上にいる父（橋爪功）のもとへ行って言葉をかけるシーンに当たる。小津の映画では、嫁（原節子）が外にいる義父（笠智衆）のところに駆け寄って話しかける有名なシーンだ。妻をなくして一人になった義父は「きれいな夜明けだった。きょうも暑うなるぞ」と嫁に言って家に戻る。60年後、嫁ではなく息子と父が交わす言葉はちがっている。それまでやや緊張していた二人の関係はここで変化する。「きれいな夜明けだった」と言うと、父は息子に顔を向けて付け加える。「母さん、死んだぞ」。この言葉で、やや希薄だった二人の結びつきが強固なものとなる。涙を流す昌次の顔が映し出され、ほかの家族のもとへ戻ろうとするシーンは、大船で製作されたもとの作品の同じ場面とは完全に異なる。小津の作品では、まったく感情が描かれていなかった。全編を通して、小津のスタイルを求めながらも、まぎれもなく自分のものである要素を混ぜ合わせようと、洋次が非常にていねいな映画づくりに腐心していたことがわかる。たとえば、うなぎ屋でのシーンが挙げられる。場所はまるで意図したかのように、たくさんの映画を撮影したお気に入りの柴又だ。そこで父、母（吉行和子）と昌次が、ちょっと贅沢なこの料理が運ばれるのを待っている。次男の仕事が話題にのぼり、父は息子を非難する。「行き当たりばったりの生き方か？」。昌次が舞台美術の仕事を説明すると、父はこう言う。「要するにラクをして生きたいんじゃろう」。「ラクになんか生きさせてくれるもんか、

『東京家族』(©2013「東京家族」製作委員会)

この世の中は」と息子は反論する。

1953年の日本は戦後復興の真っただ中で、『東京物語』の冒頭では工場の煙突から煙が吐き出されるようすが見える。2013年では観光やポップな文化が前面に出ていて、日本が大きく変化したことがわかる。たしかに日本は豊かになった。しかし2011年3月の東日本大震災が示したようにはるかにもろくなっている。映画の中でも、父が友人の未亡人を訪ねる場面で洋次は震災に言及している。仏壇に亡き友人の遺影に並んで、女性の遺影があった。未亡人の母だ。岩手県陸前高田市に住んでいて、津波に流されたのだと言う。「私の父は出征して南方へ向かう途中、輸送船といっしょに沈んでしまったので、遺骨も帰ってきていないんですよ」と言う。「今ごろ海の底でようやくいっしょになれたんじゃないかな、なんて、思ったりしてるんですよ」。外からは廃品回収を拡声器で呼びかけているのが聞こえてくる。いつものように、監督は観客がよく知っている社会の実際の姿を映画の中に持ち込んでいる。父が未亡人の母の冥福を祈るとき、観客もまた2011年の震災で被害にあった人々に思いを寄せるのだ。これが映画に山田流の味付けを加えることになる。同じように、山田映画独特のコミカルなシーンも出てくる。葬儀の後、昌次の恋人でのちに妻となる紀子（蒼井優）と父の隣家に住む女子中学生が英語の男性教師とすれちがう場面だ。中学生が先生は独身だと説明しているのを聞いて、気をとられた先生は自転車から転げ落ちてしまう。場所の選定にも二つの作品で大きなちがいがある。『東京物語』（1953年）では東京以外の場面のほとんどが尾道市で撮影された。この港町は年月とともに片田舎の味わいを失ってしまった。洋次は尾道市の南西、瀬戸内海に浮かぶ大崎上島を選んだ。洋次がとくに愛着を持つ地方で、国内の多くの地域で見られる変容をほぼまぬがれた場所だ。

「地理的監督」である洋次は地方がアイデンティティを失い、個性のない都会的な風景が広がるようになったことをたびたび残念だと嘆いている。『東京家族』（2013年）を完結させるのに必要な雰囲気をこの大崎上島でやっと見つけたのだった。とりわけ、父がこれから一人で暮らすことになるすばらしい民家もあった。「東京には二度と行かん」と父は子どもたちに言う。「島には親戚も知り合いもおるし、役場だってある。ひとつひとつ、解決していけばなんとかなる。子どもたちの世話にはならん」と、生まれ故郷を離れる意志がないことをはっきりと表明する。1953年の作品ではまだ末娘が家に残っていたので、この問題は起きなかった。いずれにせよ、父は長男（西村雅彦）と長女（中嶋朋子）が早く東京に帰りたがっていることを知っていた。残ったのは昌次と紀子だけだ。父は

「あんたはいい人だねえ」と紀子に言う。心の底で、これまでになかったつながりが生まれたことがわかっていた。紀子も東京に向かうフェリーの中で、恋人に同じ気持ちを明かす。

　これも『東京物語』とちがうところだ。父と紀子の最後のやりとりからは、近づくよりも別れることが示唆されていた。洋次は著名な先輩とのつながりを受け入れながら、彼とのちがいを強く提示することに成功した。そうして、俳優たちみんなの演技が光る、非常に豊かな作品をつくりあげた。この俳優一団を、監督はほかの映画で起用することになる。これまでに名前を挙げた俳優のほかに、長男の妻役の夏川結衣と長女の夫役の林家正蔵にも敬意を表したい。彼らの存在はこの非常に魅力的な家族ドラマに深みをもたらした。監督が完璧にコントロールしたドラマである。この作品はまた横尾忠則とともに仕事をする機会となった。横尾には「スペシャル・アドバイザー」というクレジットタイトルが与えられ、主に映画のポスター制作が任された。その後も二人の協力関係は続き、横尾は続く3本の作品でクレジットタイトルの制作を引き受けている。

戦争の記憶

　国内で作品は好意的に受け入れられ、興行収入は20億円近くにのぼった。人々が忘れていた、あるいは知らなかった『東京物語』にふたたび光が当てられた。小津の作品とのつながりは、海外から注目を引く可能性も与えてくれた。スペインの第58回バリャドリッド国際映画祭で最高賞である金の麦穂賞を贈られた。１９３０〜１９４０年代を取り上げるシリーズは『母べえ』（２００８年）にはじまったが、この作品はそのシリーズから離れた2本目の作品となる。『東京家族』（2013年）は山田洋次ミュージアムの開館から1か月後に封切られた。ミュージアムは1997年にオープンした葛飾柴又寅さん記念館と同じ柴又につくられた。2012年10月末に文化勲章を受章した後に開館したもので、洋次の仕事が公式に認められた証しとなった。当初は寅さん記念館の向かいの建物の2階にあったが、2019年に同じ敷地内に移転した。ここで洋次の仕事の全軌跡を追い、作品に関連した数々の展示品を見ることができる。「発見があるミュージアムになった。この50年間で私たちは幸せになったのだろうかという問題と、映画のデジタル化が進み『フィルムよさようなら』という思いが伝われば」と、洋次は開館後に語っている。この言葉から、洋次にとって幸せという概念が相変わらず基本的な関心事であることがわかる。しかも、それは一部の国民が2011年3月の東日本大震災の被害に苦しんでいる時期に重なる。もとどおりの生活を取り戻すためになにができるのか自分に問いかけている、と震災から8年がたって『朝日新聞』とのインタビューで語っている。『東京家族』の公開からわずか2か月後に『小さいおうち』（2014年）の撮影に取りかかった。この物語の背景は現代ではないが、やはり幸せの探求が問題となっている。中島京子の同名小説をもとに、洋次は平松恵美子と共同で脚本を執筆した。洋次の子どものころの体験も下敷きにした。「私たちは戦争を記憶している最後の世代です。若い世代はなにも知りません（中略）。私がいちばん落ち込むのは、子どもたちになにを教えてきたか、と思うときです」と2008年、ロシアのニュース・サイト『ガゼータ・ルー』の女性記者に語っている。洋次は記憶の問題にとりわけ神経をとがらせていた。というのも映画の製作をはじめたとき、2012年12月の総選挙で自民党は大勝し、日本は新しく首相になった安倍晋三のもとで、硬直した時代を迎えていた。それは洋次にいやな思い出を呼び起こしたのだ。

２０１３年は、中国侵略から対米戦争突入へと戦線を拡大していった１９３０年代が盛んに話題とされた年である。安倍政権は特定秘密保護法案を閣議決定し、12月に国会で成立した。１９２５年に制定され、軍国主義の台頭に反対する人々を弾圧する道を開いた治安維持法に比べる人もいる。当時の国内の政治状況への物言いとして企画されたわけではないが、この作品（『小さいおうち』）は時代の空気にぴったりと沿うもので、インテリ層を超えて問題意識を広げるのに役立った。洋次は４人の監督とともに呼びかけ人となり「特定秘密保護法案に反対する映画人の会」を結成した。『火垂るの墓』のアニメ化で知られる高畑勲も加わっていた。最終的には３００人近い映画人が参加した。自分のかかわりを説明するために、『朝日新聞』（２０１３年12月５日付）で１９２５年制定の治安維持法下の日本を思い起こしている。「沖縄まで占領されていながら、まだ日本は勝てると信じていた。戦争に負けている、ということは国家機密だった。ぼくの父親は技術者でアメリカに勝てるわけがないと思っていたが、敗戦まで家庭内では、一切そういう発言はしなかった。治安維持法は、庶民の家庭の中も支配していたのだろう」。『小さいおうち』の時代設定は、アメリカとの開戦へ向かうまでの10年である。中島京子の小説は洋次の記憶を呼びさました。しかもあの赤い屋根の家は、洋次が生まれてからの数年を過ごした大阪近郊にある家をモデルにした。今でもその家はある。洋次にとって、両親と満州に渡る前の日本の思い出なのだ。物語の中心となった平井家の息子、恭一（市川福太郎）のふるまいは、洋次自身の子ども時代から想を得ている。

全編のあちこちに、洋次は自分の思い出を滑りこませている。たくさんあるが、たとえば、いっしょに映画に行ったふみという名前の女中がそうである。映画の中心人物ではないものの、恭一はタキ（黒木華）が語る毎日の生活の静かな観察者である。タキは東北地方から出てきた若い娘で、最初は小説家の小中氏の家で女中となり、次に平井家に移ってきた。恭一の母、時子（松たか子）は主婦で、その夫の雅樹（片岡孝太郎）はおもちゃ会社の重役だ。一家は中流家庭で、首都近郊の西洋風の家で、西洋風の暮らしをするだけの余裕があった。当時、何千人といた同じような夫婦の穏やかな生活は、国の政治的、経済的状況の変化によって混乱におちいる。そして夫の会社に新しく入った板倉正治（吉岡秀隆）が現われ、時子は心を奪われる。映画は、小説と同じように戦前と２０１０年代が並行して描かれている。もとになっているのはタキの日記だ。今はすっかり年老いたタキ（倍賞千恵子）が書いたものを、大甥の健史（妻夫木聡）が彼女の死ぬ前に読み直し、添削しようとしていた。現代と響きあうようにすることで、監督はあれほど重要な時代の日本を今は知られていないことを強調した。何度も健史は驚き、大叔母が状況を美化しているのではないかと非難する。

『母べえ』（２００８年）は１９４０年代前半が舞台だった。その中ですでに洋次は当時のほんとうの雰囲気を現代の人々に思い出させようとしていた。一体どうして、だれも気づかないうちに、ひとつの国がいかんともしがたい悲劇におちいってしまうか、ということを理解してほしかったのだ。「今読んだけどね、おばあちゃんまちがってるよ。昭和11年の日本人がそんなにうきうきしているはずがないよ。2・26の年だろう。だめだよ、過去を美化しちゃ。日本はもう戦争してたんだよ、中国と」と健史は大叔母を非難する。「支那事変は昭和12年だよ。お前のくれた年表にそう書いてあったよ」と大叔母は答える。「昭和6年の満州事変からずっと戦争は続いてるんだよ。十五年戦争と言って、

『小さいおうち』（©2014「小さいおうち」製作委員会）

事変なんて言い方してるけど、中身は戦争なんだよ。軍国主義の嵐がもう吹き始めているころだろう、昭和11年と言えば」と健史は続ける。だが大叔母は言う。「嵐なんか吹いてないよ。いい天気だったよ、毎日。私、楽しかったんだもん」。「あまりにも主観的だよ、その言い方は。もっと客観的にならなきゃ。事実をありのままに書くんだよ。美化しちゃいけない、ということなんだ」と健史は指摘する。「美化なんかしてないよ。私はちっともべっぴんじゃなかった、て書いたじゃないか」。（大多数の）できごとをそれが起きている時点で認識する際、ときには悲劇的な結果が生まれるかもしれないと想像することがいかに難しいか。二人の会話は、洋次がこの事実を見せる必要があると強く考えていたことを示す。ロベール・ギランはその著書『日本人と戦争』[*3]の中で、次のように付記している。「さしあたっては、一億は依然、小さな日本の安易な生活だけしか知らず、一方、戦争は国土に接近するどころか、この『もっとも偉大なアジア』の手の及びがたい周辺上へ、とますます遠ざかっていったのである」

観客への説得を強めるうえで、雅樹が『読売新聞』を持って会社から帰ってくる。1937年12月に起きた南京事件が取り上げられるシーンは興味深い。雅樹が『読売新聞』を持って会社から帰ってくる。日本軍が中国の首都を制圧したという記事が掲載されている。訪ねてきていた時子の姉の貞子（室井滋）がちょうど帰るところだった。恭一の進学について、時子から相談を受けていたのだ。「南京陥落、ついにやった」と雅樹が告げる。「あら、そうなの?」と貞子が言う。「『南京城頭燦たり日章旗』。日本中、大騒ぎだぞ」と雅樹は新聞の見出しを読む。「時子、デパートできっと大売り出しやるわよ」。新聞の最終ページの広告欄を見て貞子が言う。「この調子でいくと来年の3月には支那との戦争も終わりだ」と雅樹は楽天的だ。当時の広告の画像が映し出され、それに重なる老いたタキの声から、時子と貞子のやりとりが確認される。「南京陥落の知らせに、私たち日本人はもうすぐ戦争が終わるような祝賀気分にひたっていました。デパートは戦勝大売り出しで買い物客の大行列。花電車、アドバルーン。思えば、あれが最後の東京らしいにぎやかな年末でした」。映画が映し出してみせた日本は、その後日本に与えられたイメージとは大きな落差がある。当時の日本人は信じられないほどの愛国主義的な雰囲気にひたっていたのだ。「豊富な報道機関のおかげで、国民は大陸で起きて

南京事件
多くのフランス人にとって、ナチスの残虐さのシンボルはオラドゥール・シュル・グラヌの虐殺だが、中国人にとって日本軍の極端な暴力を代表するのが南京事件である。80年が経過した今なお、両国の間でデリケートな案件だ。1937年12月のこの事件の解釈には、中国と日本で大きな隔たりがある。1937年の盧溝橋事件から日中戦争がはじまり、日本軍は12月13日に中国軍が去った後の南京に入る。怒りに狂った日本兵が繰り広げたはげしい蛮行は戦争の中でもっとも悲劇的なできごとのひとつである。この暴力の爆発を国際社会は非難したが、その甲斐もなく、日本軍は暴虐を続けた。1946年5月にはじまった東京裁判で、南京の陸軍司令官だった松井石根大将は他の戦犯7人とともに1948年11月に死刑判決を受けた。

いることを非常に注意深く追っていた」とミカエル・リュケンは『日本人と戦争　１９３７－１９５２年』[*4]の中でふり返る。「ある意味では、政府よりも迅速に反応していた。国中に軍を支援するデモが行われ、その行動を新聞が取り上げて、反響を生んでいた」

暗い気分

そういうわけで、国を最終的な破局へと向かわせた歯車がよく見えてくる。時子と、夫の同僚だった正治との恋物語は、タキの目を通してこうした複雑な歴史的背景の中で展開する。国内の状況が悪化するなか、二人が思いを表明するのはどんどん難しくなる。社会による監視がよりきびしくなったからである。１９３８年５月に施行された国家総動員法は、政府が国を経済的、社会的に管理する手段を手に入れるのを目的とする法律だ。『母べえ』（２００８年）でもすでに取り上げられていた。「これに並行して国民の戦時意識を高揚させるための数々の取り組みが行われた。１９３９年８月、『国民精神総動員』を実施するために、政府は『贅沢は敵だ』とするキャンペーンを支持した。その目的は消費を抑え、軍事作戦に資金をまわすために必要な貯蓄を推進することだった」とミカエル・リュ

＊3　Guillain, Robert, *Le Peuple japonais et la guerre; choses vues, 1939-1946*, R. Julliard, 1947. 邦訳は、ロベール・ギラン『日本人と戦争』根本長兵衛・天野恒雄訳、朝日新聞出版、１９７９年、１０２ページ。

＊4　Lucken, Michael, *Les Japonais et la guerre: 1937-1952*, Fayard, 2013, p. 33.

ケンは記している。[*5] 洋次は母の寛子から想を得て時子という人物をつくりあげている。時子はこうした新しい狭苦しい社会に溶け込むのが苦手だ。姉の貞子は当時のきびしい基準に則った服を着るが、時子は着物を着つづけ、クラシック音楽を聴き、『風と共に去りぬ』を読む。寛子がしていたように。そして、時子は板倉に会いに行くという危険を冒しつづける。板倉の召集を遅らせるために結婚させようと雅樹はたくらみ、その説得を命じられた時子は夫の許可を得て板倉に会いに行っていた。それでも周囲から疑いの目を向けられる。隣組の監視はきびしく、違反行為はすぐに告発される。酒店の主人（蛍雪次朗）がタキに、女主人に愛人がいるのではないかと尋ねるシーンがそれだ。「こういうご時世だから、気をつけたほうがいいよ」と言う。「たまたま見たのがおれだったからいいようなもんだけどさ」。この脇役は重要だ。こうした制度の共犯者であると同時に被害者を代表している。真珠湾攻撃が発表されたとき、この酒屋の店主は平井家にやってきて「バンザイ」と叫び、こう言った。「徹底的にやっつけたほうがいいんだよ、アメリカなんて生意気な国は」。老いたタキの声がオフスクリーンで説明を加え、その意味がわかる。「その翌日の朝刊の胸のすくような文字を見たとき、私は『ああ新しい時代がはじまるのだ』と思って、訳もわからずうれしくなったことを、今は苦々しく思い出します」。タキは時子とおもちゃのデザイナーである板倉の関係がどうなるのかも気になった。板倉に召集令状が届いたことでますます心配する。出征する前に会いに行こうとする時子を止め、手紙を書くように勧める。板倉のほうから来るように頼むのだ。そして手紙は自分が届けに行くと申し出る。だが板倉は来なかった。戦況の悪化にともない、タキは実家に戻らざるをえなくなる。平井家のおうちは1945年5月25日のとりわけはげしい米軍の空襲で燃えてしまう。日本が降伏した後、タキは東京に戻る。「お庭の防空壕の中で奥様と旦那様が抱き合った姿でお亡くなりになっていたということを……」

ここでタキの自叙伝は終わっている。タキは亡くなってしまったのだ。日記を読んだ大甥は恭一のその後に関心を持つ。平井夫婦の息子の遺体は見つかっておらず、生き延びた可能性があった。その後、板倉は戦死しなかったこと、そして恭一がまだ生きていることがわかる。恭一を訪ねた健史は、板倉が出征する前に母親が書き、タキが結局届けなかった手紙を手渡す。タキは封を切らずに保管していたのだ。いろんな人生をめちゃめちゃにしてしまうかもしれない国家秘密のように。この秘密は、女中だったタキの良心にずっと重くのしかかっていた。「私、長く生きすぎたの」とある日、涙ながらに健史に言った。映画の最後のカットで健史はこのときのことを思い出し、こう問いかける。「おばあちゃんの、あの深い悲しみの原因はほんとうはなんだったんだろう」。映画はこの大きな問いで締めくくられている。観客はそれぞれの歴史体験や恋愛事情を投影しながら自分なりの答えを出すだろう。また別の日に映画を見れば、答えがちがってくるかもしれない。２０１３年12月の公開日の数日前、洋次は『朝日新聞』の守真弓記者にこう語っている。「いまは明るくて、楽しい喜劇映画がなかなか作られない。もしかして、この国が、今の日本人が暗いから、ではないだろうか。年間自殺者3万人の自殺大国。日本人が、とくに若者たちが希望にあふれて明るい表情になるために、何をすればいいのか、ということにこそ、血道を上げてほしいと今の政府に言いたいのだが」。『小さいおうち』

＊5　Lucken, Michael, *Les Japonais et la guerre: 1937-1952*, Fayard, 2013, p. 35.

には、洋次のほかの大半の作品とちがって、多くの部分にあいまいさが残されている。まるで監督が観客からの反応を促しているかのようだ。この発言は、その理由を知るうえで興味深い。また、『ズーム・ジャポン（ZOOM JAPON）』誌（第49号、２０１５年4月）でのインタビューでは次のように述べている。「日本は今、危ない道を進もうとしている。人々はこの国がほんとうにどうなっていくのか心配している。みんな心配しているし、私もだ。日本人はふり返って、過去を思い出さなければならない。若い人、そして戦後生まれの人たちは、日本の歴史を忘れかけている。それは防がなければならない」

こうした問題提起は当然ながらベルリン国際映画祭の主催者に届いた。２０１４年2月6日から16日に行われる公式コンペティション部門にノミネートされた。金熊賞は中国のディアオ・イーナン監督の『薄氷の殺人』（２０１４年）に授与されたものの、若いタキ役を演じた黒木華が銀熊賞を受賞した。「キャスティングを決めるとき、１００人ほどの候補者がいましたが、黒木さんは昭和の古典的な顔をしていたことが決め手となりました」。この役をみごとに演じた女優を選んだ理由を洋次はこう説明している。第38回日本アカデミー賞でも、黒木華は最優秀助演女優賞を獲得した。この作品で唯一の受賞者となった。この年の最優秀作品は百田尚樹の同名小説を映画化した山崎貴監督の『永遠の０（ゼロ）』（２０１３年）だった。百田尚樹という作家は筋金入りの右派の人物で、改憲主義者としての立場は洋次と完全に対立する。だが洋次の作品は若者を中心に観客を引きつけられなかったようだ。彼らは勝利のために死ぬこともいとわないパイロットに焦点を当てた大スペクタクルに魅力を感じた。『小さいおうち』（２０１４年）の興行収入は12億６０００万円にとどまった一方、『永遠の０』は87億円にのぼった。

時代に寄り添う

だからといって歴史のこの時期に目を向けるのをあきらめられるはずがなかった。当時の安倍晋三政権のもとで愛国主義的な傾向が強まっていたが、そうではない視点から歴史を取り上げたかった。『小さいおうち』が公開される約1か月前、首相は東京の靖国神社を参拝した。19世紀末から国のために戦死した日本人が祀られている神社だ。その中に戦争犯罪者が含まれていなければ、中国や韓国から怒りの声はあがらないだろう。そうした理由から2006年の第一次安倍内閣以降の歴代首相は参拝をしなかった。とりわけ反発を招くような問題に政府が配慮したからだ。隣国からの抗議や、普段はこの点についてコメントを控えるアメリカが公式に「遺憾」の意を表明したにもかかわらず、安倍首相は参拝した。この行動は洋次のように戦争を経験した大多数の国民からの反発を招いた。1954年生まれの首相は戦争を知らない世代だ。彼やその支持者の政治課題について、ニュージーランドのオタゴ大学のリア・柴田研究員は『Journal of Peacebuilding & Development』の中で的確に総括している。[*6] それは「日本人から、国家の戦争の歴史に対する恥や罪悪感を取りのぞくこと

＊6　Shibata, Ria, "Identity, Nationalism and Threats to Northeast Asia Peace," *Journal of Peacebuilding & Development*, 13 (3), 2018, pp. 86–87.

だ。首相とその支持者たちは侵略戦争を行ったとして戦時中の指導者らを有罪にした東京裁判の判決を認めない。安倍はアメリカが押しつけた戦後体制の縛りから解放されるときが来たと考えている。そして日本国民を恥じながら生きるように仕向けた『自虐的』で屈辱的な戦争解釈を見直すべきだと言う。安倍の望みは軍事能力を発展させ、自由にそれを行使できる『正常な国家』像を再び日本に持たせることである。こういった正常化への障害となっているもの、それは規制のある自衛隊に対して、完全な陸海空の軍隊を保持することを禁じる平和憲法なのだ」。靖国神社参拝にあわせて、首相は百田尚樹との対談集『日本よ、世界の真ん中で咲き誇れ』(ワック、2013年)を出版した。タイトルを見るだけで全容がわかるというものだ。

監督と真っ向から対立するアプローチである。洋次は「アジアで帝国軍がやったことを私たちは大いに恥ずべきです。広島や長崎で30万人が犠牲になったと話すときも、この悲劇が導かれるまでのこと、政府が言いつづけた嘘を思い出すべきなのです。戦争はおそろしい、おぞましいもので、戦争をはじめるまっとうな理由は存在しないのです。日本は幸いにも戦争を違法とする平和憲法を保持しています。このすばらしい憲法を守らなければならない」と『ズーム・ジャポン(ZOOM JAPON)』誌(第49号、2015年4月)で言明している。2019年の春、定年後研究所のインタビューでいちばん心配なことは何かと聞かれてこう答えている。「やはり、憲法改正の問題です(中略)日本国憲法が施行されたのは戦後、僕が16歳になった1947年です。あの頃の日本人は住むところもなく、お腹は空いていて、ほぼ飢餓状態。でも、希望だけはあった。それは、この国が軍隊を持たない国になる、すごい変わり方をするんだという驚きの思いと共にあったんです」

また、平和のために活動していた妻よし恵の記憶もこの道を突き進むことを後押しした。平和を壊すような脅威があちこちで起きるようになっていた。評論家の佐藤忠男は、洋次がこの運動にコミットするのは、今の国内の状況と関係していると言う。「戦後も70年ともなれば、日中戦争から太平洋戦争のあの時代を経験した世代も少なくなった。そこであの戦争がどういうものだったかを体験的に語ってくれた人たちの多くがいなくなったらどうしたらいいか、ということが、近年しきりと言われるようになった。これまで戦争映画を作っていない山田洋次監督が戦争の時代を描くようになったのは、そんな時代の要請と関係があるであろう」と『キネマ旬報』誌（第１７０６号、２０１５年12月）に記している。洋次が平和主義を標榜していることや、ほかで表明してきた立場を見て、洋次に「共産主義者」のレッテルを貼る人がいる。日本共産党の党員ではないが、左翼の人々に近い見方を擁護してきた。2014年の暮れに総選挙が近づくと、日本共産党に期待を寄せる各界の著名人46氏に名をつらねた。それは安倍政権の戦争を肯定する政策を終わらせたいという望みを訴えてきたからだ。

『母べえ』（２００８年）と『小さいおうち』（２０１４年）で開戦を取り上げた洋次は、『母と暮せば』（２０１５年）で戦争がもたらした重大な結果に関心を向けた。吉永小百合（『母べえ』）と黒木華（『小さいおうち』）を起用することで、この悲劇的な時代を取り上げた前2作とのつながりをつくろうとした。１９８０年代の半ばから原爆詩朗読会を続けている吉永小百合は『週刊朝日』（２０１５年８月20日号）でこう語る。「私は10代で映画の世界に入ってからは、演じることで、社会も戦争も原爆も学んできたと思っています。さらに人との出会いによって、平和や核のことを考えてきました。もしも作品で出合わなかったら、私は原爆も戦争もここまで考えることはなかったのかもしれません。でもまた同時に終戦の年に生まれた一人として、考え続けなければならないんだろう、という思いも持つのです」。黒木華は、あるインタビューの中で撮影中に監督と話したことが「すごく印象に残っています」とふり返る。とくに監督が「戦争を体験している世代が僕たちで終わってしまうから、華ちゃんの世代にも知ってほしい、伝えなきゃいけない」と語ったことが印象に残ったという。以上の言葉から、これらの作品が洋次のキャリアの中でいかに重要な位置を占めているかがわかる。佐藤忠男が言うように、おそらく「特に重要な」作品かもしれない。いずれにせよ、洋次がつくらねばならなかった部類に入るものだ。

井上ひさしの跡を追って

『母と暮せば』（2015年）では、洋次は「井上ひさしからバトンを受け取」らねばならないと感じていた。作品の終わりのクレジットタイトルで、井上ひさしに捧げると記した。2010年に亡くなった作家の井上ひさしと洋次は近しい仲だった。2015年11月21日から2016年2月14日まで千葉県の市川市文学ミュージアムで「山田洋次×井上ひさし展」が開催されている。同ミュージアムのホームページには「本展では、二人の縁と、二人が大切にしてきた『笑い』の原点と意味、戦争を描いた作品をクローズアップします」との説明が掲載された。井上ひさしは『キネマの天地』（1986年）の脚本に参加し、テキ屋の寅さんへのオマージュとして『寅さん大全』（筑摩書房、1993年）の監修を務めている。小説家、劇作家として確固たる評価を得た人物だ。洋次の作品は井上ひさしの戯曲『父と暮せば』に呼応している。戯曲は広島が舞台で、原爆で死んだ父が幽霊となって娘を訪ねてくる話だ。「原爆という重いテーマを喜劇にしているわけでしょ。なぜ喜劇が成り立つかというと、死んだ人を亡霊にしたからなんだ、と。まずその発想がすばらしいと思ったね。こんなことを考えるのは井上さんぐらいしかいない」と洋次は語る。１９９４年の初演以来、何度も舞台を見ていて、作家の娘である井上麻矢が持ちかけた企画を受け入れたのだ。父と娘ではなく、母と息子の関係に置き換え、幽霊は息子とした。友人だった井上の作品をうまく補完する映画になると思った。『父と暮せば』は２００４年に黒木和雄によってすでに映画化されている。洋次は日本が原爆投下と終戦から70周年を記念する年に、原爆をテーマにした映画を製作することができた。『キネマ旬報』で次のように述べている。「僕は当時、満洲の大連にいて。新聞で知りました。新聞といっても、１９４５年ぐらいになると新聞紙がなくなってきたので、だんだん枚数が減っていく。最後には１ページだったのがさらに半分になってしまって。その小さな新聞の一面トップ記事で『広島に新型爆弾投下』。そのとき記事の印象はよく覚えていますね。『新型爆弾』というのはいったいなんだろうと思って。損害はたいしたことないぐらいに書いてあるけど、じつはトップ記事だってことは大変なことだったんじゃないか、と。でもその程度で、それ以上には受け止めていなかった。１９５２年に原爆の報道が解禁になって、『アサヒグラフ』がその特集を組んだというので、買いに行ったけど、あっという間に売り切れ。大学の自治会の掲示板にその記事が貼ってあったので、そこで読みました。多くの日本人はその報道、その写真で初めて知ったんじゃないかな、原爆のすさまじさというのをね」。１９５０年代には原爆の真実を知らせる映画が何本か製作された。新藤兼人監督の『原爆の子』

（1952年）や関川英雄監督の『ひろしま』（1953年）などである。アラン・レネ監督は『二四時間の情事（ヒロシマ・モナムール）』（1959年）で関川作品のシーンをいくつか使っている。洋次は、同世代の人々と同じように、なぜ政府はこの大量破壊兵器が使用される前に降伏しなかったのか、いつも不思議に思っていた。しかも1945年春には東京の大部分が空襲でほどんと灰と化していたのだ。また、原子爆弾2発を投下したアメリカの決定も問題にした。歴史学者の家永三郎は著書『太平洋戦争』（岩波書店、1968年）の中で、1963年12月に東京地方裁判所は「無防守都市である広島と長崎の2都市に対して原爆爆弾が投下されたことは「当時の国際法からみて、違法な戦闘行為である」と断定したと記している。

その70年後、『家族はつらいよ』（2016年）でコメディに戻ろうとしていた監督は、予定を変えて『母と暮せば』（2015年）の撮影を決めた。それは義務だと思ったからだ。映画のはじまりは、原子爆弾ファットマンを運ぶB29ボックスカーのコックピットの中だ。モノクロの映像を背景に、投下までの経緯を説明するテキストが現れる。原子爆弾はもともと九州北部の小倉に投下されるはずだったが、視界が悪かったためチャールズ・スウィーニー機長は第二目標に向かった。長崎だ。ファットマンはレーダーを使わず、目視で投下するべきで、条件が整わなければ中止という命令だった。長崎の一部に雲がかかっていたため、命令はぎりぎりまで実行されないと思われたが、雲の切れ間が現われ、10時58分に原子爆弾は投下され、高度469メートルで爆発した。核出力21キロトンの爆弾は浦上地区周辺の半径4キロをほぼ完全に破壊した。

犠牲者の中に伸子（吉永小百合）の息子浩二（二宮和也）が通っていた長崎大学医学部の学生たちが

いて、オフスクリーンの浩二の声が自分も死んだことを告げる。ここから画面はカラーになる。街に原爆が投下されてから3年が過ぎた。浩二の恋人だった町子（黒木華）が墓参りに行くため伸子を迎えにくる。ここで監督は、伸子をはじめ、長崎市民の多くがクリスチャンであることに触れる。クリスチャンであるアメリカ人はこれらの市民に原爆を投下することは怖くなかったようだ。原子爆弾はおそろしい武器で、犠牲者は文字どおり跡形もなく消されてしまうのだ。伸子が町子に説明する。「あの子の死んだ証拠が、たとえばお父さんの形見のエルジンの腕時計とか、大事にしとったオノトの万年筆とか、せめて骨のひとかけら、ズボンの切れ端でも見つかればあきらめがつく。そんなふうに長い間、思っとったけど、それももう無理。あの子はどっかに飛んでいってしもうたの。亡霊でもいいから、会いに来てほしかとけど」。そしてもうページをめくるときが来た、もう死んだことを受け入れようと言う。長崎湾を眼下に望む墓地で撮影され、作品のテーマを提示するこのシーンは重要だ。墓地で祈りをささげたあと、一人の男性が「人間のすることじゃあなか」と言うが、原爆はテーマではない。こういった悲劇を招いた状況に問いを投げかけながら、人はその後どうやれば人生を取り戻せるかを探ることが問題なのだ。これまでの作品と同じ決意をもって、洋次は日常生活の現実を描き、1945年8月9日の長崎原爆投下にいたった戦争において、責任の意味を観客に問いかける。伸子は息子の死を受け入れ、亡くなったことを悔やみながら生きていこうと決意する。そんななか、浩二の幽霊が訪ねてくる。そして息子がまるで生きているかのように、過去と現在を語り合う。戦争がもたらした結果の現実を示しながら、洋次は生き延びた人々がふつうの生活を取り戻すことの難しさを強調する。多くの生存者は自分がまだ生きていることに罪悪感をおぼえているからだ。２０１５年の日本においても、まだ存在する感覚だ。第二次世界大戦ではなく、2011年3月11日の津波の生存者の中にも、同じ重みを抱えている人がいる。この地獄から抜け出すためには、死者と生存者が互いに気を配ることが必要だと監督は確信している。ここ数年において自分自身の周辺で起きた死によって、亡くなった人々の記憶を保持しつづけることで、どんな関係をつくりあげられるかという考えを掘り下げることができたのだろう。そうして自分の人生を生きつづけるための気力を見つけることができたのだ。当然これは精神的なものだが、映画では伸子と浩二の関係を通してこのことに触れている。それがあるから、伸子は現状から悲劇的な要素をぬぐい去ることができたし、小学校の教員となった町子に新しい生活に向かうよう説得するほどの力を得ることができた。だが町子には助けとなる亡霊は現れない。町子は国のために犠牲になるべきだった世代だ。1945年8月9日に死をまぬがれた経緯を伸子に説明すると、最後にこう言う。「生きているのが申し訳ない」

町子の教え子は対照的な態度をとる。出征した父親の無事を尋ねに復員局へ行くので、町子が付き添う。職員（小林稔侍）から父親はフィリピンで戦死したとの説明を受けるが、子どもは毅然として涙を一滴も流さない。「私、おじいちゃまに言われたの。どんなことがあっても泣いたらいけん、て」「そう」と町子は応じる。「妹が二人いて、お母さんは死んだの。だから私がしっかり

広島―長崎

1945年８月６日と９日に、広島と長崎に原爆が落とされた。20世紀に民間人に対して核兵器が使用されたのはこれがはじめてで、そして最後だ。何十万人もの被爆者の肉体と記憶に、消すことのできない痕を残した。アメリカ政府がこの大量破壊兵器を使用する決断を下した理由は、依然としてわからないままで、歴史家たちの意見も分かれている。ドイツのナチス政権に勝利したソ連がアジアに向かい、駒を進めかねないという状況下、トルーマン大統領が日本の速やかな無条件降伏を望んでいたのだろう。

１発目の原爆が広島に投下されても、日本政府から反応はなく、アメリカは２発目を落とした。ソ連が参戦したことを知った日本政府が、ここでようやく降伏を決めた。

しなければいけないって。私泣いてはいけないんだって」。しかし先生のほうが泣き崩れるのだった。敗戦を、それにともなうあらゆる残酷さとともに引き受けるしかないのが、この少女の世代だ。矮小化することなどできない。このみごとなシーンは、1967年に発行された政治的にコミットした雑誌『声なき声のたより』(第43号)に収められた杉山龍丸の「ふたつの悲しみ」がもとになっている。こうして洋次は戦争の傷跡も見せた。カメラが時間をかけて職員を映し出し、戦地で片手を失った帰還兵であることがわかる。

　こうしたできごとや仲子からの励ましもあって、町子は前へ進んで幸せを見つけようと思うようになる。高齢で心臓に病気を抱えている仲子とちがって、町子の人生はまだこれからだ。呵責の重みを抱えて生きるのはよい解決にはならない。ついに結婚を決意したとき、相手に選んだのは同僚の教師である黒田正圀(浅野忠信)だ。戦地で片足を失っている。自分が無事に戦争を生き延びた分、責任を負いたいと思ったのだろうか。彼女の中で記憶は一生残るだろう。山田洋次を含めて、同世代の多くの日本人がそうであるように。町子が婚約したことを知った仲子に、もう生きる理由はない。息子の恋人が幸せへの道を見つけたことを喜ぶが、ちょっとした嫉妬もおぼえる。撮影を進めるなかで、監督は仲子のこうした一面を付け加えようと考えた。「それは大事なことで、人間というのはそういうものなんだなって」と、仲子に次のせりふを言わせた理由を説明する。「どうしてあの子だけが幸せになるの。お前と代わってくれたらよかったのに」。浩二に言った後、すぐに自分を取り戻す。「母さんは悪い人。あの子に嫉妬するなんて」。こうして作品に新たな奥行きが生まれた。台詞をひとつ付け加えることで、作品の世界を一変させてみせた。監督の才が光る。

けっして忘れない

度重なる興奮で疲れ切った伸子は床に就く。現れた浩二はもう二度と来ないと言う。その代わりこれからいつまでもいっしょだと伝える。眠っている間に伸子は死ぬ。お隣の奥さん（広岡由里子）とその友人で「上海のおじさん」と呼ばれている男（加藤健一）が訪ねてきて、冷たくなった伸子を発見する。二人の脇役は作品のあちこちで登場し、作品に現実的な感覚をもたらしている。二人の存在がなければ、当然ながら的外れな結果に終わっていただろう。奥さんはできるだけ苦労を避けて戦争を生き延びた一般の日本人を代表している。男のほうは戦争が終わるなり闇市をつくろうと動くような日本人である。未亡人の伸子に気があり、自分のできる範囲でいろんな商品や援助を持ってくる。洋次は戦後のつらさを隠しはしなかったが、十分に暗い内容にさらに重いもので上塗りしたくなかった。この点で、洋次は深作欣二監督の対極に位置する。オリヴィエ・アドゥシが再録したインタビューによると、[*7]深作にとって「戦争の影響の中で生きることは私の人生に大きなインパクトとなった。15歳のころ、私はいつもおなかが空いていた。いろんな肉体労働をしたし、葬儀屋で遺体を洗ったこともある。まぎれもない暴力そのものの中で生きていた。そしてすぐに、自分も暴力的になっていると感じた」。これを読めば『仁義なき戦い』（1973年）などの作品で知られる監督が、なぜ広島の原爆とつながりを持ち、闇市周辺の慢性的な暴力を描き上げたかがわかる。洋次は深作とはちがった終戦直後を過ごし、それほど暴力を経験しなかった。「あのおじさんのような人に何人も会いました。なりふり構わず、一所懸命リヤカーを引いてお金を稼ぐ人たち。従来の価値観とか秩序が崩れたあの混乱期に、大企業のサラリーマンだった僕の父親は、呆然として無力だったんです。『この人はいざというとき当てになる』、そういう頼もしさが父にないという嘆きを、僕は母親から聞いたような気がしています」と、月刊誌『世界』（２０１６年1月号）で語っている。「無力な親父を前に戸惑っていたときに、上海のおじさんや寅さんのような人間像がつくられたんだと思います」。こうして自分のヒューマニズムがどうやって形成され、映画をつくりはじめて50年が過ぎた今もなお、それが作品の基本となっていることを説明する。喜劇であっても、ドラマであっても、同じだ。

伸子と浩二の「旅立ち」の後、作品は長崎市民２００人から成る合唱で終わる。「原民喜の『鎮魂歌』のラストの、いつかは明るい希望に向かっていく、そういう時代を私たちは迎えるにちがいないという、明るい希望を夢みるというラストの2行を、坂本龍一さんに曲をつけてもらって、長崎の人たちに歌ってもらったわけです。ですからみなさんには、大きな喜びを表現するように歌ってほしいと言いました。表情もそうですし、手も振ったりして歌ってもらったわけです」と監督は語る。「明日、太陽は再びのぼり花々は地に咲きあふれ、明日、小鳥たちは晴れやかに囀（さえず）るだろう。地よ、地よ、つねに美しく感動に満ちあふれよ。明日、僕は感動をもってそこを通りすぎるだろう」と、楽園を思わせるような美しい光の中で、男性、女性、子どもたちが歌う。宗教的な雰囲気がかもし出され、洋次の世代が平和に対して抱いている、あるいは抱いていたイメージがうまく表されている。スクリーン

＊7　Hadouchi, Olivier, *Kinji Fukasaku : un cinéaste critique dans le chaos du XXème siècle*, L'Harmattan, 2009, pp. 25–26.

の左上に長崎の平和の像が見える。ミカエル・リュケンは『日本人と戦争』[*8]の中でこの像について触れるとき、この平和のイメージを取り上げている。「日本文化において平和は祈りと考えられていて、祈りの結果として、そして祈りだけがもたらすことのできる結果として、新しい秩序が得られるのだ。確かに、今では宗教の浸透は相当、弱くなっている。世界の平和が、死者の平和によるものだなど、だれも本気で信じなくなりました。しかし、場所や習慣や言葉の中に、何かしら残っているものがある」と記している。YMOの元リーダー、坂本龍一の音楽は、監督が映画の終わりに届けたかったメッセージと宗教的な雰囲気にみごとにマッチしている。第70回毎日映画コンクールで音楽賞を受賞した。ガンの治療を受けた後、はじめてつくられた曲だったので、坂本龍一の参加は象徴的な意味も持つ。復活といった雰囲気が感じられる曲になったのは、そうした影響があったのかもしれない。また、坂本は数年前から反核運動に熱心に取り組んでいた。『母と暮せば』(2015年)でも、間接的に取り上げられている問題だ。雑誌『SWITCH』(2015年12月号)のインタビューでこう語っている。「日本映画の黄金時代に対するノスタルジーを感じながら音楽を作っていったという面もあるのですが、松竹映画の伝統の匂いみたいなものを少し入れたかったんです。山田監督はそういう時代のことをよく知っている最後の世代の監督ですね」

この発言は、山田洋次のこれまでの取り組みの一貫性をよく表している。洋次は自分と同じ感覚を持つ協力者を引き寄せることができる。そのおかげで製作された作品は観客に大きな力を届けることができるのだ。その年のキネマ旬報ベスト・テンでこの映画は第9位に入った。日本アカデミー賞では11部門で優秀賞を受け、二宮和也と黒木華は、それぞれが最優秀主演男優賞と最優秀助演女優賞を受賞した。またみごとだった加藤健一は第70回毎日映画コンクールで男優助演賞を獲得した。監督の作品は、国外、とくにアジアでますます高く評価されるようになった。

9月には、監督は中国版『エスクァイア』誌の表紙を飾った。複数号をかけて「現代の巨匠たち」という特集が組まれていたのだ。洋次はスティーブン・スピルバーグ、クエンティン・タランティーノ、ヴィム・ヴェンダースなどと同列に並べられ、同誌には次のように紹介された。洋次は「ほかとちがうことをけっして恐れない真のリーダーの一人だ。次から次へと挑戦をしながら進化し、変化し、知られていないことを探検し、境界を越え、非凡な特性のおかげで道を切り開く。その特性とは、ユニークな視点、特別な賢明さ、洞察力、人間性の評価、そしてもっと遠くへ行こうとする妥協しない精神である」。もうこれで十分だろう。今さらながらだが、監督の国際的な名声はそれまでの数年間で飛躍的に高まったことがはっきりした。とくに中国では、洋次が作品で取り上げるテーマが、同国の急速な変化によって現実味を帯びるようになった。中国が監督に関心を向けるようになった印として、数か月前に著作『映画をつくる』(大月書店、1978年)の中国語版が出版された。

＊8　Lucken, Michael, *Les Japonais et la guerre: 1937-1952*, Fayard, 2013, p. 313.

シリアスな作品に長く専念した後、監督は初恋の相手に戻ろうと決意する。喜劇である。それはまた、彼の代名詞ともなったシリーズ作品へのオマージュとして第50作を製作する機会にもなった。それはきわめて印象的な一編となった。

源流に戻る

彼が21年ぶりに取り組んだ喜劇『家族はつらいよ』（２０１6年）のテーマは、中国の人たちの気に入るはずだった。タイトル自体がすでに、『男はつらいよ』シリーズを連想させ、喜劇をめざしていることを示している。作品の中でも、だれもがよく知る寅さんの物語に目配せをする場面が何度も出てくる。そうやって、観客、とくに寅さんシリーズになじみがなかった若い世代の人にも見てみようかという気を起こさせるためだ。寅さんシリーズの作品はＤＶＤ化されていたので、鑑賞するのはより簡単になっていた。この作品の主人公である平田周造（橋爪功）の机の上にも置いてある。彼はどうやら寅さんの大ファンらしい。「未来に暗雲が垂れ込めた時代だからこそ喜劇です。心から笑って『ああ、人生は捨てたものじゃないんだ。頑張って生きていこう』という思いを抱いて、観客が劇場をあとにするような映画を作りたい」と、監督は『朝日新聞』（２０１4年10月17日付）ではっきり言っている。発行部数が日本で2番目に大きなこの新聞の取材に応じているとき、彼はまだ、長崎を舞台にした長編作品をその前に撮影することになるとは思っていなかった。彼の説明によると、『家族はつらいよ』のアイデアが浮かんだのは『東京家族』（2013年）を撮影しているときだ。実際、この新しい企画は、小津安二郎の『東京物語』（1953年）へのオマージュとしてつくられた『東京家族』の喜劇版の続編である。配役も同じだ。洋次はここで、大船の巨匠の長編と自分がつくったそのリメイク版の両方に触れている。『東京物語』はその抜粋場面が、『東京家族』はそのポスターが画面に映るのだ。明らかに洋次はこの作品づくりを面白がっている。「自分の映画のパロディーを自分で作るわけです」と明かしている。「年老いた僕が僕自身をからかうような気分です」

『シネ・フロント』誌（第395号、2016年4月）では、この作品の構想は俳優の蒼井優と話していて思いついたと説明している。蒼井が語ったのは、誕生日のプレゼントとして夫に離婚届への署名を求めた女性の話だ。そこから監督は高齢夫婦の離婚問題をめぐる物語を構想した。『東京家族』の撮影が終わった後、彼は「このすばらしいチーム」で、もっと冒険をしてみたいと思った。それまでの15年間、彼はひとつの作品から次の作品へと毎回かなりちがうキャスティングで撮りつづけてきたのだが、『東京家族』では製作に携わっていた人たちの間に完璧な化学反応が起きていると感じた。この新作では、俳優たちの演技にあまり口をはさまないですんだほどだ。「俳優と仲良くなるというのは大事だ」と彼は強調し、小津の作品はほとんどいつも同じ俳優たちでつくられていたことを指摘する。「気心のしれた仲間と一緒に作るという、バックグラウンドがあるからああいう素晴らしい、『東京物語』という作品を作ることができた」と、彼は確信している。若林直樹らの研究論文によると、[*9]メンバーの顔ぶれがほとんど変わらないチームによる仕事が、日本で質の高い映画作品の製作を可能にした、という。それがあったからこそ、「日本の独特な映画文化が発展できたし、観客の根強い支持も獲得できた」としている。また、香港の大学研究者である陳仁川（チャンヤンチュワン）も「山田はチームのほかのメンバーと仲よく仕事できるし、同時に、その作品の独自の美しさはチームワークの努力によって達成できている」と評価している。[*10] 洋次自身は、彼の考え方をこうまとめている。「映画をつくるという仕事は、気の合った者同士で旅行をするようなものだ――というような意味のことを木下恵介監督がいったそうです。スタッフや俳優たちが船で旅をしているとすれば、監督は舵取りです」。それまでの50作品で見せたように、彼は『東京家族』の撮影で育んだすばらしいチームワークを活かして喜劇をつくろうと考えた。それは、１９７０年代に家族をテーマにして撮ってきたシリアスな作品群（『家族』１９７０年、『故郷』１９７２年、『遙かなる山の呼び声』１９８０年）と喜劇の『男はつらいよ』シリーズを合わせたような作品だ。『東京物語』のリメイク版とちがって、首都の南に位置する横浜の住宅街の家には三世代がいっしょに暮らしている。２０１０年代の日本を代表するような平田家は中流の上に属している。

この点でいうと、寅さんの身内たちが抱えていた物質的な苦労とは無縁だ。しかし、別の困難に直面している。洋次はそれを彼なりの手法で描き、自分の同時代人たちに考えさせる。家族が家族であるためには努力しなければならないのではないか、家族がうまくいくためには、各メンバーがお互いを尊重し合う姿勢が必要なのではないか、と問うているのだ。「家族をつくっていくには、一人一人がその中で自分の役割がなにかを意識しなければならない」と彼は言う。しかし、彼の眼にはそれがますます複雑になってきていると映る。日本語のタイトルには、物語が進むにつれて明らかになってくる難しさが「つらい」という言葉となって表されている。一方、海外での上映版のタイトル（『What a Wonderful Family!』）は、むしろ結末に要約されているポジティブな面を表している。

日本流の離婚

その複雑さは、世代間の関係と同時に日常の問題への向き合い方にもかかわっている。監督はそれを示すために、家族が崩壊しかねない問題に平田一家がどう向き合うか、を描くことにした。引き金は、高齢の夫婦である周造（橋爪功）と富子（吉行和子）の[※]離婚騒動だ。二人は息子の幸之助（西村雅彦）と嫁の史枝（夏川結衣）、その子どもたちである謙一と信介、そして末っ子の庄太（妻夫木聡）と同居している。ただ庄太は憲子（蒼井優）と結婚して家を出ようと考えている。他方で、長女の成子（中嶋朋子）はすでに泰蔵（林家正蔵）と別に所帯を持っている。

家族のつながりが離婚騒動で試される。洋次は、若いカップルの別離より「熟年離婚」の問題を扱おうとした。その件数は増加の一途をたどっていた。厚労省の２０１５年のデータによると、離婚件数は前年に比べて全体で１・８％増えた。しかし、20年以上ともに暮らしたカップルの場合は、５・１％跳ね上がっている。この傾向は一時的ではなかったようだ。その後も熟年離婚の件数はほぼ同じ

＊9　Wakabayashi, Naoki, et al., "Japanese Networks for Top-Performing Films: Repeated Teams Preserve Uniqueness," *Journal of Media Business Studies*, 6（4）, 2009, p. 35.

＊10　Chan, Yan Chuen, "Neorealism and the Chinese ideology in Yamada Yoji's family films," University of Hong Kong, 2014.

割合で増えつづけた。全体の件数はやや減少するか（2018年、マイナス1・9％）、微増（2019年、プラス0・1％）だったにもかかわらず、である。日本全体での離婚のうち5組に1組が熟年離婚ということになる。その理由として、しばしば指摘され、専門的なサイトでもくりかえし挙げられるのは、夫婦間の対話の欠如や価値観のちがい、どちらかの利己主義、不倫である。洋次がこの問題に注ぐ視線に皮肉がこもっているのは不思議ではない。彼自身は2008年に妻を亡くすまで、幸せな結婚生活を送っていた。

退職したサラリーマンである周造は、戦後のベビーブーマー世代に属する。仕事を引退した後も経済的には恵まれている幸運な世代だ。作品の冒頭に見るように、彼はゴルフを楽しみ、友人たちと飲みに出かける余裕もある。ほろ酔い加減で帰宅すると、彼はそれまでと同じように自分の妻に接する。彼がソファーに反っくり返ってたばこを吹かしているかたわらで、彼女は夫の身のまわりのものを片付けている。古いタイプの主婦である富子は、カルチャーセンターの文章教室にも通っている。寝室に花が飾ってあるのを見て驚く夫に、友だちからの誕生日プレゼントだと説明する。彼のほうでは、それをあきらかに忘れていた。悪かったと思って、「高いものはだめだぞ」と言いながら、なにかほしいものはないかと聞く。それに対して彼女は、ほしいのはたった450円のものだと答え、彼に紙を差し出す。離婚届である。「ここに名前を書いてハ

※離婚
2000年代のはじめ、池内ひろ美はちょっと変わった学校を開いた。教えるのは華道でも、書道でも、音楽でもない。離婚の学校を開設したのだ。「毎日、結婚相手と別れることを考えている、あるいは別れる決意をした」人たちを対象に、離婚に絡むあらゆる問題を取り上げる講義が行われた。1970年代から離婚の数が急増したことから、こうした講座が生まれたのだ。1970年の離婚の数は９万6000件で、住人1000人当たり0.93人だった。2002年には最大の28万9836件を記録した。当時、企業のリストラに関係する離婚が頂点に達していたのだ。以後、離婚の数は少し落ち着いたものの、20万件は下らない。2019年に厚労省が発表したデータによると、その数は20万8489件、つまり住人1000人当たり1.69人だった。

ンコをついてほしいの」と言い、「450円は戸籍謄本をとるためのお金」と説明する。彼は最初、冗談だと思う。しかし、富子は本気だと言う。この後、彼はよく飲みに行く小さなバーの女将で、恋心を抱いている加代（風吹ジュン）にこう愚痴をこぼしている。「ひたすら真面目に働いて、月給をうちに持って帰る猛烈サラリーマンだったんだ。そのおれのどこが不満なんだ。おれはなんにも悪いことなんかしていないんだぞ」。彼は数百万人の同世代の男たちと同じように、自分はやるべきことをやってきたので、余生を楽しむ権利はあると思い込んでいる。いくつもの調査研究が示しているように、この認識は必ずしも彼らの配偶者たちには受け入れられていない。そもそも加代も周造にこう諭す。「平田さん、さっきからそればっかりおっしゃってるけど、悪いことをしないからいい亭主とは限らないわよ。奥さんにとってみれば大事なのは平田さんに愛されているかどうかでしょ。愛しているならば、その気持ちがちゃんと奥さんに伝わることが大事なの」

ここに根本的な問いかけがある。洋次はそれを、富子からの離婚要求と、庄太と憲子の結婚宣言を通して描こうとしている。この末っ子は、自分の父や兄、幸之助の轍を踏むまいと思っている。彼は、父や兄のような大企業のサラリーマンではない。自分の婚約者にほんとうの思いやりを示す。父や兄のように一家の主としてふるまい、家族が一家の稼ぎ頭として尊重するという関係とはちがうのだ。勘違いしてはいけない。これが長い間、ほとんどの日本人男性の態度であった。洋次が『小さいおうち』（2014年）ですでに指摘していたように、日本の家庭のモデルとされてきた。1930年代の近代的な家庭でもそうだった。1970年代から80年代の女性解放運動は、作品が公開されるまでの20年ほどの間に男女関係を変容させていった。平田家はそのひとつの反映である。だがそれは、洋次がこの家族に焦点を当て、社会学者のミュリエル・ジョリヴェが言うところの「期待されている理想的な避難場所からはほど遠い」状態のときを見せているかぎり、それはまだ、変容の部分的な描写にとどまる。ジョリヴェはさらに「社会面記事が示しているところによると、日本では親子の間の殺人事件が多い。殺人事件の件数は２００４年の１２２４件から２０１３年の８５８件へと減ってはいるが、このうち家族内での事件は45・5％から53・5％に上がっている」と『ふつうの日本の記録』[*11]で指摘しているのだ。

監督は、日本の家族の、この魅力的とは言いがたい面にまで踏み込もうとはしない。しかし、大きく変貌しつつある社会・経済環境の中で家族が直面している困難はよくわかっている。この点で、庄太と憲子の役割は、まさに重要である。なぜならこの二人の関係こそ両者の平等の上に成り立っているように見えるからだ。これに対して、ほかの家族はそこまで行っていない。もっとも面白いのは、成子と泰蔵の関係だ。二人の間で主導権を握っているのは妻のほうである。それでも、平田家の長女である成子も離婚の危機に直面する。きっかけは、泰蔵が集めていた陶器のひとつを彼女が壊してしまったことだ。彼女は壊してはじめて、泰蔵が隠していた陶器のほんとうの値段を知る。離婚の危機で、父の周造にアドバイスを求めにやってきたのだが、周造は離婚すればいいと言う。だが彼女は実は離婚したくない。このときに、家族のほかのメンバーも富子が周造と別れたがっていることを知る。両親がどうしてそんなことになっているのか知ろうとして、子どもたちは私立探偵（小林稔侍）に調査を頼む。父親が不倫をしているのではないかと疑ったからだ。

入れ替わり立ち替わりのドタバタの描き方は巧みだ。洋次は物語をユーモラスなトーンで進めていく。その一方で、シリアスな側面もちゃんと維持している。とくに離婚問題を話し合うために家族みんなが集まる場面だ。富子はそこで、自分の夫に対する愛情が少しずつ消えていった理由を説明する。いくつかの役割への努力の欠如や妻である自分への関心のなさ。彼女は理路整然と語る。それに一人一人が考えを言う。その中でもっとも興味深く、洋次がこだわっているのは憲子の反応だ。こんな話を聞いてしまったら、平田家の嫁にはなりたくないだろうと、周造が問うと、彼女は、今までより結婚への決意が固まったと答える。「皆さんのお話を聞きながらむしろうらやましいと思っていたの」と説明する。「私の両親は離婚したという話をさっき皆さんにもしたんだけどね、母は荷物をまとめて、たった一人で黙って家を出て行っただけで。私には兄がいるけど、彼もまったく無関心で。こんなに大勢の家族が集まって真剣に話し合う機会なんて、私の家にはなかったの」。彼女は監督の考えを代弁している。家族が結束するにはいつも努力が必要で、それがあってこそ困難を乗り切るための強いきずなになるという考えだ。家族会議が終わり、周造は自分の責任を自覚するが、急に気分が悪くなり倒れる。このできごとが家族の結束の度合いを示すことになる。「家族がみんな揃っているところで倒れたのは運がいいの」。病院にみんなが来ているときに、いみじくも成子がそう言う。同じように、富子も、孫が電話をかけてきて、自分の兄が野球の試合で活躍したことを報告するのを聞き、家族が団結していることの必要性について考え直すのだった。高齢化が加速し、離婚したり、配偶者に先立たれたりして、孤独に暮らしている高齢者が増えているだけに、家族の結びつきはますます欠

＊11　Jolivet, Muriel, *Chroniques d'un Japon ordinaire*, Elytis, 2019, pp. 74-75.

かせなくなっている。庄太は憲子と所帯を持つために引っ越すとき、自分が20年ほど住んだ界隈について憲子に説明する。住人が次第に減っていて、いちばん年老いた人たちは老人ホームに入り、家族と離れて暮らしている、と。だから、この家族のいちばん新しいメンバーである憲子は周造に語りかける。自分が望んでもいないのにあきらめて離婚するより、自分の気持ちを富子に伝えてはどうかと説得する。憲子の発言は興味深い。なぜなら、『東京物語』のヒロインと呼応するからだ。このヒロインもまた親たちと子どもたちをつなぐ役割を果たしていた。

それに洋次は、さらにこのつながりを連想させる演出をしている。自分の想いを富子に告げた後のシーンで、周造が見ていたのは、まさに大船撮影所の巨匠、小津のこの傑作のDVDなのだ。最後に、離婚届は破り捨てられ、平田家にいつものリズムが戻る。結局、監督が守ろうとしたのは、過去のものとなった家族観であるように見える。たしかに、バブル経済の崩壊による危機のせいで、子どもが親の家に同居する期間が延びはしたけれど、それは、そうしたいからではなく、そうせざるをえなかったからにすぎない。この間、「パラサイト」という言葉が定着したが、それは、ただ経済的な事情から家を出ない子どもたちを意味していた。ほかの作品と同様にこの作品でも、洋次は、時が経つほどに壊れつつあった家族どうしの敬愛を再生したいと考えているようだ。ただ、古くさい手法ではなく、現代的な描き方をしている。そうやって、家族のきずなが、一人一人が安定して生きていくうえでどれほど欠かせないか、を思い起こさせようとしている。

忘れてはならないのは、両親が離婚し、父親が孤独の中で死んでいったことが彼に残した心の傷だ。人生の終盤に近づき、監督は家族へのこだわりを強めている。なぜなら、国家や企業のような組織が個人をかつてないほど弱い存在にしてしまった社会の迷走に対して、家族は人々を守る砦になるからだ。けれども、それが意味を持つのは、一人一人がそこに根を下ろしてこそだ。ただ『息子』（1991年）などと比べて、とても軽やかなトーンでつくられているだけに、『家族はつらいよ』を見た人たちは、それが超人的な努力を要することだという印象は受けない。

中国からの呼びかけ

この軽やかさは、演技から久石譲の音楽にいたるまで作品の隅々にまで及んでいる。当然ながら『家族はつらいよ』（2016年）はとても好評で、日本アカデミー賞では作品賞を含め7部門で優秀賞を受賞した。この物語は、海外からも注目された。とくに中国だ。著名な俳優で監督でもある黄磊（ホアンレイ）が『麻烦家族（やっかいな家族）』（2017年）というタイトルでリメイク版をつくった。中国向けに、料理などで翻案はしつつも、オリジナルの脚本を尊重しながら味わいのある喜劇に仕立てている。それはあらためて洋次の才能が確認されたということでもある。それに洋次自身、脚本の改訂をチェックしたうえで、撮影にも足を運んだ。彼の作品への中国からの関心がどんどん高まっていったのはなぜか。おそらく「日中の国民の生活が似ている」からであろう。そのことは、中国のオンラインのニュース・サイトである『レコード・チャイナ』（2017年3月20日）でのインタビューでも窺える。

しかし、儒教的な考え方の影響もあるだろう。たとえば、陳仁川は「ネオリアリズムと山田洋次の家族映画における中国思想[*12]」という論考でそれを示そうとしている。「儒教での五常の徳（五徳）は仁義礼智信であり、個人と社会とを結びつける信仰のシステムだが、とくに個人の成熟に重きを置き、『紳士』となることを個人がめざすべき目標としている」と指摘。「山田は戦前戦後の11年間を中国で暮らしており、紳士の資質を備えている。謙虚であり、足るを知る人だ。たとえば、彼の映画での才能を伸ばしてくれた松竹に義理を感じている。映画での知識と撮影の向上にたゆまず努めてきた。彼は仲間に接する姿勢も、彼がつくりだす自然や登場人物も人間的であり、自身、シンプルな生き方をしている」と付け加えている。「映画作品には、ある程度、監督の人柄が映し出される。それがたくさんの観客に影響する」と、香港の大学研究者はこの視点から山田作品の一部を分析する。そして、「日本の家族構造は儒教的道徳で支えられてきた。山田は、近代社会での家族の崩壊という流れをただすには伝統的な価値観の復興しかない、と示唆しているようだ。それはまた、彼にとっての理想的な社会像であろう」と結論づけている。中国が同じ問題を抱えているという研究は多い。「1982年の第3回国勢調査では、4人から5人の世帯が最も多かった。一方、6人以上の世帯は全体の28%だった。（中略）1人から3人の世帯は、1982年には34%だったのに対して、2010年には64・9%にまで上がった。（中略）1990年代以降、1人、2人あるいは3人の世帯は増え続け、4人あるいは5人の世帯数は減少が続いた」と、『The Journal of Chinese Sociology』（中国社会学誌。2015年9月）で胡湛（フーチャン）と彭希哲（ペンシーヂュア）が報告している。[*13]

したがって、山田作品に自分たちの姿を認める中国人たちがいたとしても驚くには当たらない。『チャイナデイリー』紙もそれを認める。2016年12月の記事で「中国と日本は文化的に近い。だから、中国人からも反響を得やすかった」と書いている。このことは、台湾、香港、さらにシンガポールでも当てはまるということを付言しておきたい。こうしたところでは、洋次の作品がしばしば上映されている。監督もこうした地域にしばしば足を運ぶようになった。２０１６年3月26日、彼は大連の日本商工会の招きに応じ、「ぼくと大連と寅さん」という講演を行った。そこで彼は、この港湾都市で過ごした子ども時代について触れている。最初の訪問からさらに20年後だった。講演を聴きに来たのは基本的に日本人だった。彼にとって、この新たな滞在はその聴衆に、戦争での日本の責任を思い出させる機会となった。彼はこう語った。「私は敗戦の報を大連で知りました。奇妙なことかもしれないけれど、そのとき、悲しくもなかったし、がっかりもしませんでした。むしろほっとしました。ようやくふつうのあたりまえの生活ができるようになったのです」。彼にすれば、この時代はけっして忘れてはならないことであった。また中国でそのことを話すというのはさらに大きく重要な意味をもっていた。しかし、中国に出かけるのは過去に触れる場合に限ったことではなかった。12月にも中国を訪れたが、それは『家族はつらいよ』（２０１６年）の中国向けリメイク版の公開に立ち会うためだった。そこで黄磊（ホアンレイ）と会った。黄磊は洋次を自分の「アイドル」だと紹介した。

＊12　Chan, Yan Chuen, "Neorealism and the Chinese ideology in Yamada Yoji's family films," University of Hong Kong, 2014.

＊13　Zhan, Hu and Xizhe, Peng, "Household changes in contemporary China: an analysis based on the four recent censuses," *The Journal of Chinese Sociology*, 2 (9), 2015, pp. 3-4.

おかしなドラマ

日本だけでなくほかの国でも成功したことで、洋次はこの物語の続編に取り組んでみる気になった。平松恵美子と組んで脚本を書き、2010年代の日本の家族のまた別の側面を掘り下げていく。『家族はつらいよ2』（2017年）は、当時の日本で問題にされ、盛んに論じられたテーマについて考えてみる機会となった。高齢者ドライバーが引き起こす交通事故という問題だ。これにまつわるニュースが報じられない日はないくらいだった。交通事故の15％近くが75歳以上の高齢者ドライバーによるものだ。この層が人口の14・7％を占める国なのだから当然の数字である。加速する高齢化はもちろん社会に新たな現象をもたらす。交通事故はもっとも懸念される現象であり、自動車メーカーは、運転者とメカニズムとのインターフェースを見直し、高齢者ドライバー向けモデルを開発するようになった。

平田家では、周造が車にしょっちゅうへこみや傷をつくってくることが、身内の心配のタネになっていた。富子との離婚騒ぎが収まると、周造はまたよく外出するようになった。とくに常連となっているバーの女将の加代（風吹ジュン）と出かける。そんなとき、彼は車にシルバーマークの標識をつけるのをいやがった。高齢者マークとも呼ばれ、運転しているのが高齢者であることを示す標識だ。1997年に導入され、75歳以上のドライバーはこれを車につけることを求められている。ほかのドライバーは道路上でつけている車を見たら、慎重な運転をするように、という標識だ。車に乗るたびに周造はシルバーマークを外して、投げ捨てる。それを嫁の史枝（夏川結衣）がちゃんと拾っておいて、

『家族はつらいよ２』(©2017「家族はつらいよ２」製作委員会)

帰ってきたときにまたくっつけていた。高齢者ドライバーの事故が多発していることから、周造の子どもたちは運転をやめさせたいと思っている。けれども、本人は頑固で、それどころか新車を買いたいと言う。色はブロンド・メタリックだということまで決めている。富子が友だちと北欧旅行に出発したのをいいことに、彼はまた加代と出かけた。しかし、彼女をレストランに連れ出したとき、前を走っていたトラックのブレーキに気づかず、追突してしまう。たいした事故ではなかったが、ウインカーのひとつが壊れた。それを見つけた長男の幸之助（西村雅彦）がみんなを呼び集めて家族会議を開いた。父親にプレッシャーをかけるためだ。ハンドルを握る高齢者をめぐる場面はときに滑稽だ。洋次は、観客を高齢者講習の場面にまで連れていく。そこでの周造の運転ぶりを見れば、その能力の限界もわかる。テーマが時事問題であり、それはそれで関心を呼ぶけれど、監督はそのことを作品の核に据えようとしたわけではない。むしろもっと深い問題を扱うためのとっかかりだ。それは高齢者の孤独という問題である。トラックとの接触事故を起こす直前、周造は高校のときに同級生だった丸田（小林稔侍）と会った。丸田は工事現場で交通整理係をしていた。少なくない数の定年退職者がこうした職に就いて、かつかつで生活している。もう73歳だが、どんな天気のときも工事現場周辺での交通整理をする仕事だ。周造と同じ世代だ。しかし、彼が送った職業人生では、高度経済成長時代のおかげでベビーブーマー世代の多くが手にした気楽な引退生活に入ることができなかった。経済的な面を超えて、洋次は道徳的な退廃にこだわる。丸田のような人たちはその犠牲者なのだ。丸田は世代間の断絶と、伝統的な道徳観が途切れてしまったことを身をもって表している人物なのだ。こうした問題は、それまでの数十年でますます深刻化し、多くの人たちを孤立させていた。

再会を祝そうと、周造は丸田を飲みに誘い、加代の小さなバーに連れていく。そこで話していて、丸田がどれほど孤独な暮らしをしているかが見えてくる。離婚して、娘とも会わなくなっている。今は、古ぼけた小さなアパートで一人暮らしだ。洋次はただ哀れを誘おうとしているのではない。だれもがうらやむような境遇にいた一人の男が、世代間のきずなが切れることで精神的にも追いつめられてしまうことを語りながら、観客に問い詰めているのだ。周造とさんざん酔っぱらった夜、彼は幼いころの好物だった銀杏の実をしこたま食べた。彼にとって、人生で格別の時間だった。周造が自宅に泊まらせようと連れ帰ると、丸田はそのことを周造にくりかえし語った。しかし、周造の運転免許についての家族会議を予定していた翌日の朝、丸田は目を覚まさなかった。彼が死んでいることがわかり、家族がパニックになった。それによって、騒ぎをより軽妙な調子で描くことを可能にしている。

看護師の憲子がやってきて、どうにか混乱がおさまる。そこへ救急車と警察が到着する。

『家族はつらいよ』（２０１６年）の第1作と同じように、庄太と今はその妻である憲子を置くことで、ちょっとした意見の相違で壊れるかもしれない家族を立ち直らせる。洋次にとって、二人はこれからの日本の夫婦がそうなりうる、またそうならなければならない形を示している。つまり、そんなに自分たちだけの中に閉じこもらず、まわりの社会にもっと心を開いている夫婦だ。丸田の遺体搬送に続く場面は、とくに監督の考え方を表している。憲子と庄太は故人のアパートを訪ねる。大家の女性が彼の孤独を語る。それを聞きながら、憲子は東京から遠く福岡で一人暮らしをしている父親のことを思う。こうした高齢者の状況に無関心ではいられない庄太はすでに憲子に、彼女の母親と同居できるような広いアパートに住まないかと話していた。母親は仕事をしながら寝たきりの自身の母親の面倒もみているのだ。数分間の場面で、観客はこの国で広がりつつある現実に向き合うことになる。

高齢者を受け入れる施設が不足していて、この状況に対応することができない。「背後には日本の重苦しい現実がある。独居老人も登場させました。生々しくは出さないけど死骸もちょっと映る。喜劇は人

孤独死
孤独死のデータを手に入れるのは難しい。政府は統計をとっていない。だが地方での数字はこの10年間で著しく増加している。東京にあるシンクタンクNLI（ニッセイ基礎研究所）によると、毎年全国でおよそ３万人の孤独死がある。こうした増加にともなって、孤独のうちに死亡した人が住んでいたアパートや家を専門に清掃する会社が生まれている。今、清掃業界のおよそ30%が孤独死関連だ。この手のサービスを提供する会社は増える一方で、保険会社は入居者が孤独死した場合の保険を家主向けに販売するようになった。こうしたプランには、アパートの清掃代金と未払い家賃の補償金が含まれている。なかには作業の終了後、アパートにお清めの儀式を提供する会社もある。こうした現象が増えているのは、日本社会の高齢化が原因だ。三世代同居がごく一般的だったのは、それほど昔のことではない。今日、独身のままの日本人は増える一方で、世帯当たりの子どもの数は少ないか、まったくいないかだ。一人暮らしの老人をチェックするサービスをはじめた自治体もあり、隣人どうしが互いに見守ることも奨励している。

の死という重いテーマを扱わないのが普通、常識。でも思い切って扱って、なおかつ笑えないかな、と」。『朝日新聞』（2017年6月17日付）でそう回想している。ならば、メディアでますます報じられることが増えている高齢者の孤独についての悲劇に仕立てるのを避けるにはどうするか。監督にとって当然のことと思われたのは若い人たちのかかわりだ。だれも参列しようとしない丸田の葬儀に来てほしいと、周造が家族に頼んだとき、最初に応じたのはやはり憲子と庄太だった。二人の姿勢はこうした重苦しい場面で家族の一体感を示すことになり、それに触発されて家族のほかのメンバーも参列することになる。

コメディ、あるいはこの作品での火葬場での場面のようにドタバタ劇を仕立てながら、当たり前のことを人々に思い出させる。それが洋次の力量だ。彼が人を笑わせたいと願うのは、「今は世界的になんだか不幸な、重苦しい時代」だからだと言う。「そういう時代には大笑いして、さあ明日から元気になって生きていこうと思いたいわけじゃない？」。常にほかの人たちのことを考える監督だが、その「ほかの人たち」が、彼に、あるいは少なくとも彼がつくった登場人物に賛辞を送りたいのだと知って喜んだ。柴又駅前に寅さんの像が据えられてから20年弱。今度は地元団体からの強い要請を受けて、自治体が同じ場所にさくらの像を建てた。それは寅さんの視線の先にいるように置かれている。寅さんは顔を後ろに向けている。まるでさくらがやってくるのを願っていたかのようである。

常にもっと

平田家の物語の第2作は、公開されると好評で、またしても日本アカデミー賞の8部門で優秀賞を受けた。それを受けて、続けてもう一作書くことになった。加えて、2018年のはじめに第1作を舞台に翻案することが決まり、洋次は三越劇場での演出も手がけることになった。87歳になろうとしているのに、仕事への意欲は信じがたいほどに衰えを知らなかった。『家族はつらいよ』の周造や富子のように、彼も情熱を持ちつづけたいと考えていた。つまり仕事だ。

とはいえ、重くのしかかる自分の高齢も意識するようになった。自分の体の動きが鈍くなってる、足元が怪しくなる、それから身体が曲がらなくなってくる、と認めつつ、映画を撮りたいという意欲は相変わらずだ。実際、頭の中には『家族はつらいよ』第3作の構想があった。メインタイトルは『妻よ薔薇のように』（2018年）とした。この甘くほろ苦い作品によって、洋次は、日本で役割が過小評価されてきた主婦への擁護論を展開した。

日本では、夫は外で働き、妻は家で家事と育児に専念するという考え方がいまだに広まったままだが、ここ数十年で状況はかなり変わってきた。女性に関する世論調査によると、1979年には72・6%の日本人が、それが規範であるべきだと考えていた。しかし40年後、内閣府の男女共同参画社会に関する世論調査では、同じ考え方を支持するのは44・6%にすぎない。この考え方どおりの世帯数は、1979年の1110万から、今日では740万にまで減っている。平田家では、幸之助（西村まさ彦）と史枝（夏川結衣）夫婦がこの分業体制の代表例だ。また二人と同居している、ひとつ上の世代の周造（橋爪功）と富子（吉行和子）の夫婦もそれを体現している。家族のほかのメンバーはもっと現代的な形で生活している。とくに周造と富子の末っ子である庄太（妻夫木聡）がそうだ。結婚相手の憲子（蒼井優）は看護師で、仕事はとても忙しい。周造たちの長女、成子（中嶋朋子）の場合も同様だ。夫の泰蔵（林家正蔵）との関係は、上の世代と逆だ。一家で主導権を握っているのは彼女のほうである。もう何年も前から、家庭での女性の役割については議論されてきた。とくに女性誌が、女性の役割が十分認知されていない問題をしばしば取り上げていた。洋次がこうした雑誌の愛読者だったかどうかはわからない。しかし、彼がこの問題が作品のテーマになると考えたのはまちがいない。作品は、いたってふつうの日常場面からはじまる。朝食の場面だ。幸之助がいる。彼は香港に2日ほど出張する予定だ。出張先で顧客との揉め事を収めなければならない。家を出る前に、彼はその月の生活費を妻にわたす。彼女が、これでは足りないと言うと、二人の息子が見ている前でさらに数枚のお札を顔をしかめてさし出す。その一人が、友だちの家ではお母さんのほうがお父さんにお小遣いをあげている、と言う。しかし、史枝は、平田家のやり方はちがうと答える。それに富子も同調する。富子がカルチャーセンターの文章教室に通う一方、周造はゴルフに出かける。史枝

専業主婦

何十年もの間、欧米における日本女性のイメージは専業主婦だった。つまり、献身的に家族の世話をする目立たない存在。長い間、日本政府はこの地位を奨励し、維持させてきた。そのおかげで国は予算のすべてを社会インフラではなく、経済発展につぎこむことができた。主婦が請け負うので社会インフラは必要なかったのだ。数多くの出版物が発行され、主婦の日常に寄り添った。1908年創刊の『婦人之友』、1917年創刊の『主婦の友』、1953年創刊の『暮しの手帖』など。だがついに主婦がその社会的束縛から解き放たれることになる。国の経済発展によって人手不足が生じ、多くの女性が主婦業に専念せずにほかの職業を経験した。だが会社の待遇には不平等があり、昇進が約束されない職場で働きつづけるモチベーションにはならなかった。1986年の男女雇用機会均等法は大きな転機となった。以後、専業主婦の数は減る一方だ。2020年の公式データによると、女性が外に職業を持たない家庭は570万世帯、つまり全体の33%である。1980年では65%だった。

はさまざまな家事（掃除、洗濯、買い物）に追われる。けれども彼女はほんとうはほかのことをしたい。フラメンコを習いに行きたい。だが、幸之助はまったく取り合おうとしない。彼女は、外に出て仕事をしている近所の女性たちがほんとうにうらやましいと思っている。その夜、庄太と憲子がやってくる。周造が故郷の瀬戸内海の島に富子と墓参りに行くというので、「ゆっくりしてきたら」とお金を渡すためだ。その場で史枝は、三人に仕事をしたいのだと打ち明ける。「私、働きに出てみたいの。（中略）自分の力でお金を稼いでみたいの」。そんな望みを持つのは、家事をしていてもほとんど評価してもらえないからだと説明する。

第一線で

憲子は「（史枝の）労働の支えがあって、この家があるんだなあ。そう思っていつも感心するのよ」と反論する。庄太も「ただ、今の世の中じゃ、お姉さんのような主婦の労働が、なんというかきちんと評価されていない、女の仕事だとひとくくりにされている」と認め、「つまり、それが問題なんだ」という。このシーンは、その奥に込められていることも描き方も興味深い。まず、監督が観客に伝えようとしたメッセージがよくわかる。彼は、会話を交わしている間もアイロンがけを続ける史枝に自分を重ねる観客たちがいることをわかっている。彼女が家事の合間にちょっとひと息入れる場面を見せて、監督は論を一気に押し進め、物語の急展開を準備する。翌日、義理の両親が墓参りに旅立ち、子どもたちが登校すると、その日の家事をはじめる。ひと休みしたときに寝落ちして、自分がフラメンコを踊る夢を見ている。そのとき、どろぼうが侵入。現金と腕時計を盗んだ。どろぼうは冷蔵庫の牛乳を飲んで、そこを物色し、現金を入れたジップロックを見つけ出した。入っていたのは約40万円。

冷蔵庫は、史枝が貯めた金を置いておく場所だったのだ。家計から節約して捻出した分だ。彼女はそれを夫にも話していない。日本では、これを「へそくり」と呼ぶ。これは、だれもがよくやることだ。ただ、史枝は事情聴取をする刑事（立川志らく）に、そのことを話しにくそうにしていた。刑事も「へそくりはへそくりですよ。奥さん、恥ずかしがることありませんよ。常識です。世の中の奥さん方は、みんなやってるんじゃないですか、へそくり」と言う。例によって、洋次はこれを大事件にはしない。そのために史枝の義弟である泰蔵を場面に登場させる。彼は警察の前であたふたする。この短い場面で、洋次が大好きな落語さえ話題に出している。だが、それが作品でいちばん緊張する場面へのつなぎとなっている。つまり幸之助の帰宅場面だ。泰蔵と刑事の面白おかしい対話のかたわらで、カメラはテーブルの前に座り込んでいる史枝を映し出しているのだが、テーブルに置いてあるのは鳥かごだ。史枝の境遇を象徴している。

主婦という役割に閉じ込められていた史枝は、そこから外に出たいと願っていた。けれども、いつもそこに戻ってくる。ちょうど、彼女がときどきかごから出すけれど、その後またかごに戻す鳥に似ている。彼女がこの圧迫を感じるのは、夫が40万円の被害を知ったときだ。彼はそんな金があることを知らなかった。彼は妻に怒る。自分が仕事で稼いだ金をへそくりにしていたのかと叱る。疑い深い幸之助は、成子にまで「おまえもしてるのか、へそくり」と問い詰める。成子は「そりゃしてるわよ、泰ちゃんは泰ちゃんで、ちゃっかりしてるんじゃないの」と答える。

腹を立てた幸之助は、聞く耳を持たない。懸命に謝る妻をいつまでもくどくどと責めつづける。もう水に流してほしいと頼んでも、「そうはいかないよ。結局おれが稼いだ金だろう。早い話がピンハネしてためるのがへそくりなんだ」とにべもない。史枝は泣き崩れる。この場面はとくに心に残る。ここを監督は軽く描こうとはしなかった。多くの夫婦関係で男性中心主義を、とりわけ幸之助のような男たちが21世紀の社会ではもう通用しないようなふるまいをいつまでも続けるとき、どれほど問題を引き起こすことになるか。それを示すためだ。母親である富子も前の場面で幸之助が「お父さんの欠点をちゃんと受け継いでいる」と批判している。

瀬戸内海から周造と帰ってきた富子は、史枝がいなくなっていることに気がつく。史枝が家出したと聞いて、富子は「いつか、いつかこんなことが起きるんじゃないかと思ってたのよ」と言う。その夜、家族が集まって彼女の家出について話し合い、解決策を探ろうとする。幸之助はいこじになっていて、自分が言いすぎたとは認めようとしない。実は史枝は憲子に電話で居場所を知らせていた。それがわかっても、幸之助はかたくなだ。史枝は、長野県の茂田井という自分の出身地に戻っていた。「ふるさと」は元気を取り戻して再出発するのに理想的な場所である。ここには、よく知られている洋次のふるさとというものへの思い入れが窺える。監督はここでもまた、家族にとっての救世主としての役割を憲子に与える。前に小津安二郎が『東京物語』（1953年）で示したように、彼も、家族に外から加わってきた憲子という人物に、崩壊しそうな家族の再生の要になる役割を託す。あきらかに幸之助や成子とはちがう考え方を持つ、結婚相手の庄太とともに現代日本の家族のあるべき姿への希望を担っている。お互いに愛し合い、結びつきながらも、お互いに変化を受け入れる家族だ。

幸之助のはげしい反発もまた、親子の世代の考え方のギャップをよく示している。幸之助と史枝の息子が両親の離婚を心配しているときに、二人の出会いと恋物語を語って聞かせるのも憲子である。幸之助が非を認めて史枝に歩み寄るのを待ちながら、富子は史枝がその気になって戻ってくるまでは自分が彼女の代わりを務めると宣言する。ところが、翌朝、起き上がろうとしたときに腰痛に襲われる。動くこともままならず、富子は周造に自分の代わりをしてくれと頼む。どろぼう騒ぎに続くシリアスで緊張した場面の後、洋次はコメディとドタバタの場面をちょっと置いている。ピンク色のエプロンを着けて洗濯機を動かそうとする橋爪功の姿は滑稽だ。結局、富子の診察に来た友人の医師（小林稔侍）に家事を手伝わせる。けれども、仕事の量が手にあまると思った医師は加代（風吹ジュン）に助けを求める。彼が常連になっているバーの女将だ。彼女を家政婦派遣会社から送られてきた人だということにして、なんとか自分たちの家事の負担を減らすことができた。けれども、周造と医師はそこではじめて、家庭の主婦の存在とその仕事の重さに気がつく。史枝のほうは、茂田井で幼なじみたちと再会し、これからどうしようかと考えている。すると、友人の一人が「いなくなってはじめてわかるのよ。奥さんがどんだけ大切な存在かって」と話し、もう一人は離婚して、ここでスナックでも開けば、と言う。しかし、子どもたちにも会いたい。そろそろ、袋小路から抜け出さなくてはならない。

結局、庄太の幸之助への働きかけが決定打になる。弟が兄を諭すのはふつうのことではない。しかし、庄太は兄に、これは「僕たち家族の幸せにかかわる問題なんだから」と訴え、非を認めて謝るべきだと説く。兄弟の言い合いで、物語はさらに劇的な様相を帯びていく。どちらかというと喜劇的な言い合いに終始していたシリーズの前2作と比べて、この第3作のトーンはずっとシリアスだ。このテーマが洋次にとってどれほど大事か、示している。彼は、見ている人を本質的なことに引き込もうとしている。人間どうしのつながりである。彼は、日本社会の中で物質主義に囚われている部分をよく批判している。平田家を襲った危機で、そこにもうひとつの部分を付け加えてみせた。「兄さんは、史枝さんのへそくりはおれが稼いだ金だと言ったんだろう。おれが一生懸命働いているときに、昼寝なんかして良い身分だって、言い方したんだろう。（中略）じゃあ、兄さんはそうやって稼いだ月給で、史枝さんや子どもたちを食わせてやっていると思ってるのか」と、庄太は強情な兄に問いかける。さらに「そこがちがうんだ。そうじゃないよ」とたたみかける。「兄さんの考え方、兄さんと史枝さんの愛情の問題じゃないか」

弟にいらだちをあらわにしながらも、兄は動揺してしまう。彼は会社を早退し、車のキーを取りに帰宅する。茂田井に史枝を迎えに行くという。周造は、そのようすが「敵討ちに行くみたい」で、史枝を連れ戻すのは無理だろうと感じる。周造のほうの見立ては変わらないのだ。もう手遅れだ、と洋次も考える。しかし、幸之助のケースは絶望的なわけではなかった。彼は、史枝を説得して、いっしょに連れて帰る。そして、ほかの家族の前で懺悔する。終わりよければすべてよし。家族の良識のおかげだ。たとえ、それが常に簡単なことではないとしても、洋次はオプチミストでいたいのだ。二人が帰ってくる一方で、憲子は庄太に子どもができたと伝える。

もともとの家族にさらにメンバーが加わりつつあるこの新しい家族の将来は明るい。だから、監督はポジティブな調子の締めくくりを選んだのだろう。日本はまだ、取り返しがつかないわけではないというわけだ。2017年に、いつものように2か月で撮影された『妻よ薔薇のように　家族はつらいよⅢ』は2018年5月末に公開された。前2作ほどには軽いトーンの作品ではなかったが、観客からは好評だった。なによりも、多くの人が描かれている状況に自分を重ねて見ていた。その一人は、鑑賞後にブログでこうまとめている。「だいたい『寅さん』を彷彿(ほうふつ)とさせるが、それほど深い内容ではないし、感情を揺さぶられることもない。でも、2時間、軽く笑って、ちょっとはしゃいで、笑顔で家に帰る。そういうのを心の中で感じられるのはいいことだ」

寅さんが帰ってくる

寅さんを引き合いに出すのは、的外れなことではない。実際、洋次は寅さんの物語がはじまって50年を記念することを構想していたのだ。9月6日、松竹が開いた記者会見で、彼は2019年の年末に寅さんが帰ってくることを表明した。その直前、『悪童　小説寅次郎の告白』(講談社、2018年)も書店に並んだ。この著書で監督は、それまで断片的にしか知られていなかった寅次郎の子ども時代について語っている。テキ屋独特の語り口を使って、はじめてさまざまなできごとを描いた。つまり、寅さんが柴又を飛び出し、20年も経ってから帰ってきた事情だ。公共放送のNHKの提案で、2019年秋にこれがテレビドラマ化された。人々はまた寅さん映画を待ち望むようになった。

松竹にとって、寅さんシリーズは大黒柱だった。それがなければ会社は消えていたかもしれない。だから、大きなイベントで記念の年を盛り上げたかった。忙しそうな群衆の中に寅さんを置いたポスターによるキャンペーンを展開、寅さんを直接は知らない世代にもアピールした。しかし、洋次が作品の正式発表の席で説明したように、このテキ屋の人気は、日本では衰えていなかった。彼は2011年の東日本大震災の被災者のこんな言葉を紹介した。「元気を出すために、家族みんなで寅さんを見たい」「大笑いして、そして泣きたい」。彼は「寅さんが日本人の心に根を下ろしていることがよくわかったのです」と話した。だから、渥美清だけが演じられたこの人物にもう一度命を吹き込みたいと思った。

作品をどのように仕立てるか、彼はまだ明かさない。寅さんの甥で、大人になった満男が物語の進行役で、過去の作品からの抜粋を支えにしながら組み立てるということだけをほのめかした。脚本では、朝原雄三をパートナーに起用した。洋次が脚本を書いている『釣りバカ日誌』シリーズではいくつかの監督を担当している。周知のように、洋次は1960年代のはじめに巨匠、橋本忍の薫陶を受けて以来、脚本を重視している。その橋本が7月19日に100歳で亡くなったこともあって、この『七人の侍』(1951年)の脚本家からたたき込まれた数々の教えをあらためて思い出した。『キネマ旬報』誌(第1791号、2018年10月)でのインタビューで、野村芳太郎についた後に師事した故人を称え、脚本の書き方や映画人としてのふるまい方について教わったことをふり返っている。兵庫県の市川出身の橋本は会社員勤めの後、東京に出て脚本家となった。職人気質で、名声獲得への誘惑には屈しなかった。「橋本さんは真顔でこんなことを言ったものです。『洋ちゃん、マスコミというのは、一人の作家に光を当てて持ち上げるけれど、その次は手のひらを返して悪口を言い出すものなんだよ。だから褒められても、決して得意になってはいけない。君もいつかたくさん賞を獲る日が来ると思うけれど、自分の実力は、世間の評判の7割だと思いなさい。絶対世間の評価を鵜呑みにして思い上がってはいけない』」。この師匠の言葉を、賞をもらうたびに思い出すのだと回想している。

だから、彼は、数々の成功を収め、めざましいキャリアを築いた今も謙虚であるし、批評とは距離を保とうとするのだろう。「私は作品の批評を読むのが好きではありません。批評についてはよくない話もたくさん聞きましたから」。彼は批評について尋ねられるとしばしばそう答えている。そして、橋本からのアドバイスに触れている。彼は橋本の100歳の誕生日に会ったが、それが最後だった。脚本書きについても、洋次は「日本の脚本家として押しも押されもせぬ第一人者だった橋本さん」が教えてくれたことを忘れていない。「『いい素材と悪い素材がある。いい素材を脚本にするのは楽だが、僕たちの仕事は常にいい素材にあたるとは限らない。タチのよくない筋立ての素材を、あらゆる技術を使い、時として相手をだましてでも強引に切りぬけて完成させる。それがプロの仕事なんじゃないか』。この言葉はとてもよく覚えています。その日以後、僕は『寅さん』48作を書き、他の作品も含めて、何回も、もうダメだと思ったか分からない。時には精神状態がおかしくなって、夜中にタクシーを拾って（執筆している）宿から家に帰ることもあったけれど、そんなときにはいつも橋本さんの言葉を思い出して『これでダメにしたんじゃ俺はプロじゃない』と切り抜けてきました」

橋本との仕事はそれほど多くはなかった。だが、その出会いは、脚本家としての仕事との向き合い方という点で決定的だった。「一番は脚本の構成です。橋本さんは、書き出す前に、何週間もかけてコンストラクション、ハコ書きと呼ばれるものを作る」。洋次はこの教訓をけっして忘れなかった。寅さんの50周年の製作に取りかかろうとすると、物語の構成は一段と重要性をともなう。たくさんの回顧によって成り立たせることになるからだ。彼は満男（吉岡秀隆）と、かつての恋人である泉（後藤久美子）の再会を物語の骨格にすることに決めた。今、寅さんの甥っ子は妻を亡くし思春期の娘を育てている父親だ。彼は若いころの恋人をけっして忘れていない。彼女も結婚した。だが、もう何年も前から外国で暮らしている。二人は東京の書店で偶然に再会する。小説家となった満男のサイン会がそこであったのだ。泉は、国連の難民高等弁務官事務所（ＵＮＨＣＲ）で働いている。資金を集めるため日本の首都に立ち寄った。その機会に、老人ホームに暮らす父親を訪ねようと滞在を延ばしていた。20年ぶりで再会したとき、新進作家のほうは自分の抱える悩みの答えを過去と伯父さんの思い出の中に捜しているところだった。

『朝日新聞』（２０１９年8月6日付）の記事で、監督は作品について問われて、さらに「いま、できあがった作品を見ると不思議な映画になりました。それぞれの俳優の50年分のドキュメンタリーを見ているようなのです。そこに全然年をとらない寅、幻想的な寅が現れる。いままでたくさん映画を作ってきましたが、こんな不思議な思いは初めてです」と語っている。『男はつらいよ』シリーズ全作品の４Ｋ復元を活用して、たくさんの抜粋場面を選び、寅さんの人となりを描いていく。満男はそこから伯父さんの人生哲学を思い出す。

もっと若い人たちのために

洋次は、この50本目の寅さん映画『男はつらいよ　お帰り　寅さん』（２０１９年）を重視していた。

日本の第七芸術（映画）の中のキーパーソンであるこの人物へのオマージュという意味だけではない。この作品を通して、すでに寅さんを知っている人たちだけではなく、彼を知らなかった人たちにも語りかけたいと思っていた。つまり、寅さんと同時代を生きてきたわけではない世代だ。だから、作品は多くの回顧場面で構成されているが、２０２０年の日本社会にしっかり足場を置いている。そこで描かれている柴又の界隈は、第1作が撮影されたときから大きく変わっている。満男の父、博（前田吟）が勤めていた印刷会社の跡にマンションが建っている。くるまやはカフェに変わっていて、米粉でつくって串に刺した甘い団子はもう売っていない。おいちゃんとおばちゃんが亡くなった後、さくら（倍賞千恵子）が店を継いだ。過去をふり返ろうとしているのではない。完全になくなってしまったように見える人間関係を手がかりに現在に向き合おうとしている。上述の『朝日新聞』の記事では「若い人に映画を通じてどんなメッセージを伝えたいですか」と問われてこう答えている。「寅のようにはみ出した人間、人口統計にも入るか入らないか分からないような人間を容認すること、考え方も行動も自由でめちゃくちゃで、はた迷惑な人間も排除してはいけないということです」と答えている。「（寅さんは）悲しい顔をしている人を見かけると、『何か困ったことがあるのかい』と尋ねる。誰とでもすぐ友だちになれる、誰とでも会話を交わすということがいまの人はできなくなってきた。映画館で隣に座った人がうるさかったら『静かにして下さい』と直接言えばいいんだけど、支配人のところに言って告げる。何かあると警察に訴える。ネットに書き込む。そんな社会になっているようです」と嘆いてもいる。

監督は日本人に問うているのだ。思い返しておきたいのだが、作品公開までの数か月間、ポスターによるキャンペーンが繰り広げられた。寅さんが、人々に幸福について問いかけているポスターだ。その問いに人々、とくにいちばん若い人たちは寅さんのようには自然に答えることができないのではないか、と洋次は見ていた。だから、ねらいは、人々に忘れていたことを思い出させる注射を射つようなことだった。作品が上映されると、寅さんを知っている人たちは、それまでの作品のときとほとんど同じ反応を見せた。そして知らなかった人たちは、今日の日本で広がっているのとはまったく異なった人生哲学、人生のあり方を発見することになった。しかし、それは今の時代でも、少しでも他者に心を開けば可能な考え方でもあった。シリーズの以前の作品でしたように、監督は同時代が抱えるいくつかの問題を取り上げている。難民問題や高齢化問題だ。日本人は国際社会にとっての重大な問題に距離をとる傾向がある。監督はそのことを意識して、まず難民というデリケートな問題に視線を向ける。この問題で、日本はしばしば資金的な支援だけに終始し、実際に難民を受け入れようとしないことを強調して示す。この作品が公開されたころ、法務省は、２０１９年に難民認定されたのは、申請者1万３７５人のうち44人だったと発表している。苦境にあえぐ人たちの広大な海。そこから救済したのは一滴だけ。監督は、ＵＮＨＣＲ日本事務所のインタビューに対して、第二次大戦後の自らの経験を紹介して、難民というテーマを選んだ理由を説明している。「難民の写真を見て僕が連想するのは、『さあこれから家を出よう』というときにどんな思いをするのかということ。たくさん家財道具があるわけじゃなくても、家族で集まって何を持っていくか話し合う。担げる分しか持っていけないから。その経験は僕も引揚げのときにしてるんです。中学生の僕は大事にしていた落語全集を持っていこうとして、親父に叱られましてね。重い本など持っていくな、まずは食糧が大切、その次に大事なものをリュックに背負えるだけ選ばなくてはいけない。（中略）3月のある日、荷物を担いで家族で家を出ました。家の中に本がたくさん残っていて、あの本どうなっちゃうんだろう。とても悲しかった。そういう、難民っぽい経験はあるもんですから、他人ごとじゃないんだ、といつも自分に言い聞かせながら、難民の報道を見たり読んだりしています」と話している。

作品の中で、泉と彼女の上司が開く会見の模様は、東京の都心の銀座の光景と対照的だ。銀座を行き交う人々は、とくに憂いもなさそうである。しかし、上司は泉に尋ねる。「みんな、幸せなのかしら」。泉は「どうでしょう」と答える。洋次にはちょっと考えるところがあった。「このシリーズが始まったのは1969年。あの頃日本人は、今よりかなり幸せだったんじゃないかと思いますよ。この国は元気だった」と言う。そのころ「みな日本の子どもはいい目をしてたんじゃないでしょうか。おなかがすいてるからいいわけじゃないですよ。だけど、なんか本物を求めてる目。おもちゃとかが欲しいんじゃなくてね」。日本企業の幹部がUNHCR宛ての小切手を差し出す。このシーンは、まさに日本がどのように変わっていったかを示している。巨額の小切手が良心の代わりだ。泉のように自分自身でかかわる日本人もいる。しかし、それはまれ

国連

今日、日本は「平和の推進者」として重要な役割を演じている（ときに目立たないが）。いずれにせよ日本は長い間、国連予算の分担率が世界2位だった。2018年には中国に追い越されて現在は3位である。まだそれほど多くはないが、若い日本人の間で世界平和を維持する場でキャリアを積むことに積極的な新しい世代が育っている。自衛隊の平和維持活動は、非戦闘地域に限られているものの、いくつかのミッションを遂行した。今後日本が財政的な貢献を通して影響力を持ちつづけるのが困難になった場合、どうやって国連でもっと重要な役割を担っていけるのか考えねばならない。方法は少なくとも二つある。ひとつは、もっとたくさんの日本人を国連機関で、あるいは国連機関とともに働くように送り出すこと。そうすれば国連の活動において日本の存在感を高めることができるだろう。もうひとつは、国際社会が直面する課題に働きかけようとしている国連とその加盟国に革新的なアプローチを提案することで支援の手をさしのべることだ。

第50作『男はつらいよ お帰り 寅さん』ポスター（©2019松竹株式会社）

なことだ。監督はそのことを言おうとしているようだ。

寅さんをよみがえらせることで、彼は同時代人たちに、他者のことを考えるのがどれほど大事か、思い出させようとしている。「寅さんっていうのは、自分のことより他人のことの方が気にかかる。悪くいうとおせっかい、よく言うと親切。自分のことそっちのけで、『心配事を解決してやろう』っていう気持ちになって、心配事をうまく解決できて、その人が『寅さんどうもありがとう』って言うと、寅にとってはその一言が最高の幸せだという。そういう男ですよね、寅さんというのはね。誰かに喜んでもらうことが、寅における幸せっていうのかなあ」と語る。この第50作で、寅さんが助けなければならないのは甥っ子である。ただ、満男と泉の再会の後、物語の進展に沿ってこれまでの作品のさまざまな抜粋シーンを見ていると、監督が語りかけている相手は、観客すべてだということがわかる。それをたしかめたければ、上映の後、観客の中のだれかと話してみるだけで十分だ。ほとんどの人が、寅さんの人間的なところを強調し、いつも他者のために骨を折ろうとする人物に心を動かされたと言う。監督は、それは今一段と重要性を増していると、訴えたいようである。日本でかなりの人が社会の高齢化のために孤独と向き合うことになっているからだ。さくらと博の夫婦は、歳をとって自分たちに合わせて改築した柴又のくるまやの店裏で暮らしている。それに対して泉の父親（橋爪功）は首都から離れた老人ホームに一人でいる。そのコントラストは洋次が同時代人たちに送る明確なメッセージとなっている。いつものように、彼はそれを重苦しいトーンで描いてはいない。軽さとユーモアを優先している。それでも、日本社会の高齢化が二つの速度で進んでいることがはっきりとわかる。満男とユリ（桜田ひより）の父子とさくら・博夫婦の結びつきは強い。他方、泉は、あわただしく父親のもとに立ち寄ったが、会うのはこれで最後になりそうだ、とほのめかす。彼はおそらく一人で死ぬことになる。別れた妻（夏木マリ）との関係もまだ難しいままなのだ。

日本では、老衰が死因の第3位となっているだけに、このテーマは重要だ。厚労省のデータによると、２０１８年に老衰で亡くなったのは10万９６０６人。ガンの37万３５４７人、心臓疾患の20万８２０１人の次で、死因の８％に当たる。だから高齢者に対しては特別な注意が必要になっている。監督自身、『男はつらいよ　お帰り寅さん』（２０１９年）の封切り時は88歳になっていた。当然、このテーマには強い関心を寄せている。第32回東京国際映画祭のオープニングでこの作品の上映を発表した後、10月3日の外国特派員クラブでの記者会見で、「困ったな……自分の歳のことを考えると怖くてね」と認めている。それでもこう付け加えた。「アメリカではクリント・イーストウッド監督がいて頑張っているので、僕もいっしょに頑張ろうと思う」。引き合いに出したイーストウッドはひとつ年上だ。「ポルトガルのマノエル・ド・オリヴェイラ監督、日本の新藤兼人監督は１００歳を超えても撮っていました。まだまだ希望を持っていいと思う」。たくさんのディテールを通して、彼はこのテーマが今や日本社会の中心にあることを思い起こさせる。

賛同を求めて

この作品でも、高齢カップルの関係について、とくにさくらと夫の博を通して、掘り下げつづけているのは興味深い。これは『家族はつらいよ』ではじめたことだ。博もときどき妻にエラそうにするが、平田家の周造よりもずっと協力的だ。洋次は日本人に大事な基本を思い出させようとしている。そのことに思いを馳せてほしいと愚直に呼びかけている印象を受ける。教え諭そうとするかのようなほかの監督とは逆に、笑いと軽やかさで、人々の賛同を得ようとする。

「寅さんを作りながら、優れた俳優たちから、笑いについて、たくさんのことを教えられました。森川信さんが『ばかだねえ』と言うだけで観客が大笑いする。単純に考えると、このせりふはおかしくもなんともないのに、森川さんが言うと噴き出してしまう。（中略）よく分からなくても素晴らしい芸術作品というのはあるかもしれない。でも、観客が笑わないけれども素晴らしい喜劇というのはない」と、『読売新聞』（２００６年12月26日付）で語っている。渥美清が実際には出演していない寅さん映画のこの新作でも、そのねらいは外していない。

60代の男性は『朝日新聞』（２０２０年４月４日付）の声の欄でこう語っている。「不覚にも上映開始から最後まで止めどなく涙が流れた。昨年末、最新作『男はつらいよ　お帰り寅さん』を見たときのことだ。シリーズが映画館で上映されていたころは『あんな喜劇、何が面白いのだろう』と思っていた。ところが40代後半のことである。たまたま深夜、テレビで放送していた第1作をボーッと見ていた。当時、仕事やプライベートで次々とつらいことが起こり、心身に変調をきたしていた。その一話を見終わると何となく気持ちが楽になり、鏡を見ると仏頂面が少し笑顔に変わっていた」

この人の感想は、寅さんが観客に及ぼしつづけた影響を物語っている。だとすれば、第51作もできるのではと想像してしまう。しかし、監督は、これ以上続けようとは思わなかったようだ。そもそも、満男と泉が別れる場面に成田空港を選んでいる。以前のように鉄道の駅ではない。かつての枠組みに立ち戻る気がないのは明らかである。渥美清がいなくなっただけではなく、シリーズのほとんどの脇役俳優も歳をとり、演技にかつてと同じエネルギーを注ぐのが難しくなっていた。倍賞千恵子も前田吟もあけみ役の美保純も、それに源公役の佐藤蛾次郎もちゃんと登場している。しかし、２０１９年の演技は、作品中に出てくる過去の作品の抜粋との比較には堪えない。それでも、人々の反応はよかった。多くの日本人にとって、年末になると寅さんと出会うという伝統とふたたびつながる機会になったというだけではない。演じていた俳優にきちんと別れを告げる機会にもなったからでもある。彼が突然亡くなった１９９６年にはかなわなかったことだ。ある意味で、作品の最終場面はそう解釈できる。泉を空港で見送り帰宅した満男は担当の編集者（池脇千鶴）に新作のテーマを決めたと伝える。彼の机の上に、テキ屋の仕事についての本が置いてある。一方、彼は自分の伯父さんについて書きはじめている。伯父さんは画面の背景に現れた後、消えていく。本の登場人物になることで、寅さんは居場所を変えた。彼は永遠の居場所を得たのだ。洋次はそう言いたかったように見える。

松竹がうまく仕掛けたことで、寅さんの物語の第50作の公開は大きなできごととなり、あらゆるところで取り上げられた。数え切れないほどの雑誌が戻ってきた彼を表紙にした。新聞も多くの記事で、彼と日本社会での彼の重要性について書き、テレビも特別番組やシリーズ作品の再放送であふれた。２０１９年は突出した寅さんの年になったようだった。それによって、かなり若い世代でも多くの人が彼とはじめて出会い、作品の主題歌にあるように「男は顔で笑って、腹で泣く」ものだということを知った。この主題歌は、シリーズのほかの作品ではずっと渥美清が歌っていた。観客は最初の出だしを聴いただけで、すっとなじみの世界に入り込むことができた。だが、この作品で監督は、星野哲郎作詞、山本直純作曲のこの有名な主題歌を渥美に代わってサザンオールスターズのリーダーである桑田佳祐に歌うよう求めた。「寅さんの新作を、彼（桑田）のすばらしい声ではじめることはできないだろうか、冒頭のタイトルクレジットにも登場して、独特の雰囲気を添えてもらうことはできないだろうかと考えました。彼は快諾してくれました。私は彼が寅さんのファンであることを知っていました。私は、渥美清とはちがう、彼の歌い方にとても魅力を感じていました」と、監督は説明する。今は亡き俳優の声とはまったく異なった声だ。しかし、それは言葉に力をもたらし、歌詞の再発見、いや、むしろ新しい発見につながったとも言える。実際、「男というものつらいもの／顔で笑って／腹で泣く／腹で泣く」という一節はもとの歌詞に入っているけれど、それまでの作品では渥美清が歌ったことはなかった。しかし、ここはシリーズの精神をみごとに表している部分だ。この第50作で歌わせると決めたのはとても象徴的である。それによって、作品はシリーズの過去の作品とはちがう特別な位置を占めることになった。

この作品は監督にとって、日本社会が進むべき別の道を復活させる最後の試みだと見ることもできるだろう。この社会には今や「体制に異を唱えた人物を否定しようという社会心理が働いているように思えるのです」と嘆くのは小泉信一。江戸時代末期に将軍家にさからい、貧しい人たちを支えた任侠の男、国定忠治に大きな関心を向けてきたジャーナリストだ。彼は「寅さんが侠客に憧れていたように、彼は日本人にとってヒーローでした」とも指摘する。しかし、何年も前から蔓延している大勢順応主義によって社会全体が政治的な無関心におちいっている。それを小泉も洋次と同じように危険なほどだと考えている。洋次も、日本人がみんなで声を上げることがほとんどなくなっていると認めざるをえない。社会的にも政治的にも、そうすべき機会は少なくないにもかかわらず、である。彼は月刊誌『ＳＷＩＴＣＨ』（２０１５年12月）で、尼僧の瀬戸内寂聴と対談し、その中で若者たちによるＳＥＡＬＤｓ（Students Emergency Action for Liberal Democracy）運動の登場に希望を感じていると打ち明けている。当時、その若者たちは安倍政権の政策に対して異議申し立ての声を上げていた。

　それから4年。彼もその運動の挫折を否定できない。あたかも、彼の世代が１９６０年代に経験したトラウマが、今もなお克服されていないかのようである。『ＳＷＩＴＣＨ』の対談でも「あの頃の若者たちは学生と労働者の力でこの国の政治を変えることはできるんだとリアリティを持って信じていたように思います。それは破れてしまって、その敗北感が後の時代にもずっと後を引きました」と認めていた。だから、彼は彼のできるところで、闘いへの備えを怠らない。作品の中に、人々が考えるための手がかりを込めるのだ。それは、コメディ作品であっても変わらない。ロシアの日本映画専門家のアナシタジア・フェドローヴァは、２０１９年10月24日から12月28日までモスクワのトレチャコフ美術館で開催された山田作品の最初の回顧展のパンフレットで、いみじくもこう指摘している。「彼はけっして、映画をイデオロギー闘争の武器にしようとはしなかった」。しかし、作品の主要部分の根底には物質主義批判があり、だからこそほかの日本映画よりもソ連で上演される機会が多かったのだとも記している。とはいえ、21本の作品が上映され、ロシアの人々がようやく回顧展の名に値するイベントに接することができたのは、２０１９年になってからである。『男はつらいよ　お帰り　寅さん』（２０１９年）はその中の1本で、上映は日本での公開初日の翌日だった。

2020 第7部

2021年（写真提供：朝日新聞社）

映画バンザイ!

90歳を迎えた著名な監督は、カメラの後ろに立つキャリア60周年を祝った。監督にとっては観客と第七芸術の後継者たちに、疑問だらけの日本社会についてどう考えているかを伝える機会となった。

洋次の頭はすでに次の映画に向かっていた。新作の公開は2020年12月に予定されていた。原田マハの小説『キネマの神様』(文藝春秋、2008年)の映画化である。大事な企画だった。松竹映画100周年を記念する長編映画だ。監督が会社の記念作品を撮影するのははじめてではない。たとえば、大船撮影所50周年記念作品『キネマの天地』(1986年)も手がけた。今回の企画に乗り出してすでに18か月が過ぎていた。すべてのはじまりは2018年春にさかのぼる。原田マハが芸術雑誌『芸術新潮』に掲載される対談の相手に洋次を誘ったのだ。この月刊誌は、作品のほとんどが絵画を題材にしているこの女流作家を特集することにしたのだ。二人は柴又で会う。原田マハは『男はつらいよ』シリーズの大ファンだったので驚くことはない。父に連れられて寅さんの第1作を見に行ったのは7歳のときで、部屋にポスターも飾っていた。原田の小説はその後、山田洋次の脚本をもとに書き直され、2021年3月に『キネマの神様 ディレクターズ・カット』(文藝春秋、2021年)のタイトルで出版された。序文で、原田はためらうことなく「山田監督は、私にとってはまさしくキネマの神様のような存在である」と書いている。

「山田監督は興味深そうに私の話に耳を傾けてくださった。おおらかで人情深い自身の作品そのもののような監督の人柄に触れ、感激した私は、最後の最後に、長らく胸に秘めていた夢を打ち明けようと決心した。実は私、映画をテーマにした小説を書きました。〈キネマの神様〉といいます。もしや映画化にご興味をお持ちなんてことは……。すると監督は微笑んでこう応えた。――もう読ませてもらいました。それでね、アイデアがあるんです。もし僕があの小説を撮るなら、こんなエンディングにしたいんだ。……そして、映画化のアイデアを語り始めたのだ」と原田は続ける。「夢じゃないかと思った。夢ならさっさと醒めやがれ、とほっぺたをつねりかけた」。洋次にしてみれば、この小説には取り出したいと思う要素がたくさん入っていた。それは松竹で経験してきたままの第七芸術へのオマージュとなるだけでなく、長い年月の間、自分の映画を見つづけてくれた人々に敬意を示す機会になるのだ。２０１９年のはじめ、寅さんシリーズ50周年を祝う作品を完成させた後、箱根の温泉地で1回目の会合が開かれた。映画をつくるうえで、小説のどの部分を取り出すのかを具体的に話し合った。参加したのは原田マハと洋次のほか、『男はつらいよ　お帰り　寅さん』（２０１９年）のシナリオの共同執筆者だった朝原雄三、そして二人のプロデューサー、阿部雅人と房俊介である。松竹首脳部から企画にかかわるように命じられた二人の肩には撮影所の将来がかかっていた。房は監督と親子のような関係にあった。出会いは寅さんの第48作（『寅次郎紅の花』１９９７年）の撮影にさかのぼる。房が12歳のころ、奄美大島にあった両親が経営するホテルに撮影チームが泊まりに来た。渥美清が亡くなった後、洋次とスタッフの何人かは毎年1回、奄美を訪れるのが習わしとなった。「それが20数年続いているのですが、私はそこに集まる山田組の人たち、不思議なおじさんたちに憧れるようになりました」と房は『キネマ旬報』誌（第１８６７号、２０２１年６月）で前野裕一記者に語っている。そして２００９年についに一歩踏み出した。「そのとき私は東京で仕事をしていたのですが、その仕事を辞めてもう奄美に帰ろうかなと思っていたときで、最後に一本でいいから山田監督の映画につかせていただきたい、という思いがこみ上げ（中略）働かせてほしいというお手紙を監督に送ったんです。そうこうしているうちに監督の奥さまが亡くなられて、いろいろな手伝いをしているうちに監督のご自宅に住み込みで働くことになり、それが２０１４年ぐらいまでの約５年間続きました」。長い間監督と接しているうちに徐々に仕事をおぼえ、ついに山田組の一員となった。そして２０１８年に『キネマの神様』（２０２１年）のプロデューサーに任命された。

友情の物語

房俊介にも、２０１２年に松竹に入社した阿部雅人にも、大きな挑戦だった。監督にとって、会社にとって、非常に大事な映画で結果を出さねばならないのだ。「相当なプレッシャーでした。松竹大船撮影所50周年の記念映画『キネマの天地』（86）は錚々たるオールスターキャストでしたが、それに負けないようにがんばらなきゃいけないという気負いが、すごくありましたね」と阿部は言う。たしかに、洋次はこの作品を遺言書のような映画とみなしていた。なかに個人的な要素も滑り込ませて、自分の映画観を総括するつもりだった。脚本を書いているとき、友人の大林宣彦監督が『海辺の映画館――キネマの玉手箱』（２０１９年）を完成させた。タイトルからもわかるように、作品は大林の映画にまつわる思い出、経験、考えなどが詰め込まれた玉手箱のような長編映画だ。ガンと闘病中だったにもかかわらず、大林宣彦は洋次が深く感動するような作品を生み出すエネルギーを奮い起こした。映画は戦争と核兵器に強く反対する作品となっている。また、監督の出身地である尾道市とつながっている。ここで撮影をしたことがあり、ふるさととの関係に取りつかれている洋次としては、いっそう心を打たれた。『大林宣彦メモリーズ』（キネマ旬報社、2021年）と題した著作に寄せた一文で、洋次は『海辺の映画館』を撮影中の大林を訪ねて尾道まで行ったことを明かしている。健康を心配してのお見舞いではあったが、働く姿を見たかったのだ。「僕には大林さんが作るものが非常に不思議で、どうしたらこんな映画が作れるのだろうかと思っていた」と書いている。大林監督の大胆さに驚かされるのだ。それは1980年代のはじめにローマを訪れた際にフェデリコ・フェリーニの仕事ぶりを見て、同じように驚いたことを思い出させた。フェリーニは『そして船は行く』（1983年）を製作中だった。「そのとき思い出したのが、40年ぐらい前かな、ローマに行ったときにチネチッタでフェデリコ・フェリーニが新作を撮っていると聞いて、見学させてもらったときのこと。映画は『そして船は行く』でした。船の甲板が細かいディテールまで造り込んであって、大勢のエキストラが動いて、監督が芝居をつけている。案内をしてくれる撮影所の宣伝課長みたいな人に、『今度の映画はどんな映画ですか』と尋ねたら、『私たちにマエストロの映画を説明できるわけがありません』って(笑)。大林さんの映画もそうだね。スタッフに聞いてもおそらく『マエストロの作る映画は説明しようがないです』と言うしかないんじゃないかな。でも完成してみると、ああこんな映画だったのかと納得する。そのへんがすごいところですよ。アブストラクトな絵を描いているようなもので、ディテールはよく分からないけども、できあがったものを見るとその画面の中から一つの世界が立ち上がっていく。大林さんの映画はそういう映画で、特に晩年はそれが色濃く出ていたと思う」と洋次は続けて言う。『海辺の映画館』の監督は、「唯一のひと」だった。

二人の監督は２０１９年末、ともに栄誉に輝く。東京国際映画祭が二人にオマージュを捧げたのだ。首都で毎年開かれる映画祭のオープニングで『男はつらいよ　お帰り寅さん』（２０１９年）が上映された。『海辺の映画館』（２０１９年）はJapan Now（今の日本）部門で世界初公開がなされ、大林宣彦はそのキャリア全体を表彰された。二人が象徴的に結ばれたことは、洋次にとって大きな意味を持った。もう何年も前から、さまざまな背景を持つ監督たちの交流を活性化したいと望んでいたからだ。「かつての日本映画界には、松竹、東宝、大映、日活、東映、それぞれの撮影所に監督が所属していて、その監督同士が監督協会を通して交流して、いい意味でのサロンを持っていた。俳優やプロデューサーを含めて、映画人たちの交流があったんだけど、映画界が貧しくなるにつれて、そういうつながりが消えてしまって、今はみんながバラバラに仕事をしている。せっかくいい仕事をしても、他の人と共有できない。それはよくないし寂しい。なんとか機会をつかまえて、映画界のクリエーターたちが仲良くなる場を作りたいね、と。大林さんは大賛成してくれて『一緒にやりましょう』と。そんなことで彼との交流が深まっていったんです」と語り、自分の経験をほかの人たちに継承していきたいという望みを表明した。

ある意味、洋次の新作『キネマの神様』（２０２１年）はこうした流れの中にある。特別に愛着をおぼえた作品なのだ。念入りに仕上げをし、調整が必要な変更は撮影の前夜までチームと取り組んだ。

近しい人たちは、監督にある種の緊張がみなぎっていると感じた。彼のキャリアの中で特別な位置を占める作品になるという新たな証しだ。緊張の理由の大部分は、原作が洋次のものではなかったので、満足いくように再構成する方法を見つけ出さねばならなかったことだ。「映画好き、ギャンブル好き、女好きという不良老人のゴウにすごく興味を持っていました。この人物がうまく描ければ、物語は後からついてくるだろうと」と房俊介は言う。一方、原田マハは『キネマの神様　ディレクターズ・カット』の出版に合わせて自身のホームページで公開したインタビューの中でこう話している。「私が書いた『キネマの神様』は、映画を受け止める映画愛好家としての目線から映画を追いかけた物語ですが、映画『キネマの神様』では、映画をクリエイトするひとたちの姿が描かれています。映画の作り手側に迫ったことで、原作よりも『映画』の部分を凝縮されていて、ゼロからこれを書けと言われても私には絶対に書けない『山田洋次監督にしか描けない世界』がありました。脚本を読ませていただいたことで、ある物語をご自身の映画に作り変えていくプロセスがわかって、山田マジックの一端を垣間見た気がしましたね」

ゴウとテラシンは映画撮影所でいっしょに仕事をはじめた友人で、二人の人物を通して小説が持つ映画ファンの視点を残しながらも、映画製作の面を主に取り上げようと洋次は考えた。監督たちと一人の女優の姿を描くことで、自分にたくさんのことを経験させてくれた第七芸術に敬意を表するのを目的とした。そのために過去と現在を描く物語に仕立て、中心人物はゴウ、テラシン、淑子。三人の関係は、上映される映画と、映画を製作する側をつなげるものだった。最初、ゴウは松竹の助監督で、テラシンは映写技師だった。テラシンの仕事は撮影が終わった製作チームにラッシュを映写することだった。淑子は母が経営する近くの食堂で働いている。撮影所のスタッフは、手が空いたとき、たいていその食堂で過ごしていた。そこに出入りしていたのは当時のスター女優の桂園子や注目されていた出水宏監督だ。ゴウは出水監督のもとで働きはじめる。ゴウは『キネマの神様』というタイトルをつけた自分の映画を製作したいという野心を持っていた。だが撮影中に事故に遭い、完成させることができなかった。50年後のゴウは借金まみれで、ギャンブルにおぼれていた。

ゴウは東京西部の郊外に暮らしている。妻の淑子、娘の歩、孫の勇太と同居しているが、ゴウは周囲の人たちにまったくおかまいなしにふるまうため、家族内の関係はぎくしゃくしている。淑子はテアトル銀幕という小さな映画館で働いている。館主のテラシンは苦しい経営を強いられている。テラシンも淑子が好きだったが、淑子は結局ゴウと結婚したのだ。淑子は偶然この映画館でアルバイトを見つけたのだ。映画ファンのゴウも、娘に悪態をつかれるのに嫌気がさすと、ここに逃げ込んでいた。古い映画を見ては若かったころの思い出にひたり、製作にかかわっていた過去に戻るのだ。あのころ、不可能なものはなにもなかった。テラシンは孫の勇太に『キネマの神様』の脚本を渡す。そのおかげでゴウは遅ればせながら認められ、悔いを残さずにこの世を去ることになる。

過去に飛びこむ

このようにして、洋次は原田マハの原作小説のエッセンスを残すと同時に、自分が大事に思っていた要素を数多く組み込むのに必要な条件をつくりあげた。ゴウを元助監督にするという考えは原作になかった。そうすることで洋次が駆け出しのときに経験した映画の世界を取り上げることができた。その後、その世界はずいぶん変わってしまった。原田は自分の作品にいくつか根本的な変更が加えられたにもかかわらず、『ディレクターズ・カット』を読んでいただいてから映画を観ていただけたら、実は原作も映画もノベライズも、根底に流れるものは変わっていないと納得していただけると」と心の奥では考えている。「きっと山田監督は、映画で重要なことは共感と共有だと思っていらっしゃって、私が小説で目指しているものと同じなんです」と付け加え、映画の製作中、監督と互いに影響しあったと認める。いつものように、洋次にはいっしょに仕事をしたいと考えている俳優がいた。主演の老いたゴウの役はコメディアンの志村けんと決めていた。２０２１年春に放送されたＮＨＫの番組で、「コメディアンだなというふうに思ったのね」と語っている。渥美清に通じるものがあった。若いゴウの役には菅田将暉を起用した。まだ28歳だが、菅田はすでに立派なキャリアを積んでいた。岸善幸監督の『あゝ、荒野』（２０１７年）でボクサーになった元非行少年役の演技が話題となり、その年のほとんどの主演男優賞を獲得している。洋次もまた菅田は映画に対する深いこだわりを表現できる俳優だと思った。ある意味、菅田は監督が１９５０年代にキャリアをはじめたときに抱いていた気持ちを演じるのだ。だから菅田の中に自分の分身のような部分を見いだす必要があった。友人テラシンの役には野田洋次郎を選んだ。ロックグループＲＡＤＷＩＭＰＳのリーダーで、俳優としての経験はまだ少なかった。しかし洋次はこの若者の感性に感銘をおぼえていた。映画の前半で想定していた夢を見るような人物にぴったりだった。老テラシン役は、直近の映画にずっと参加してきた小林稔侍に任せた。たまたま、この俳優は大林宣彦の『海辺の映画館』（２０１９年）でも映写技師を演じていた。洋次の指揮下で演じることに慣れているので、人間味あふれるこの人物の中に溶け込むのになんの苦労もないはずだった。テラシンとゴウは淑子をめぐって恋敵になったが、友情が壊れることはなかった。映画の前半の淑子役には永野芽郁を配した。彼女なら、撮影がはじまるまで聞いたこともなかったような世界に身を投じるだけの才能がある、と洋次は思っていた。2020年の淑子役を選ぶのに、洋次は経験を重んじた。そこであのすばらしい宮本信子に声をかけた。50年前、『男はつらいよ』第6作（『純情篇』1971年）に出演している。その後、宮本は伊丹十三と結婚し、夫の映画の数々に出演している。ゴウに対して変わることのない愛情を持ち、繊細であると同時に決然とした女性を演じるだけの特性を、宮本はすべて備え持っていた。ゴウが夢をあきらめたというのに、淑子は信じつづけていた。洋次が彼女を起用したのは、もう一人のすばらしい女優、寺島しのぶと共演させたいという思いもあったからだ。寺島の強い個性は歩の役にぴったりだった。ゴウと淑子の一人娘は毅然とした性格で、その年齢になっても両親のもとで息子の勇太といっしょに暮らしている。勇太は人付き合いが苦手で、それが歩の悩みの種だ。勇太役には前田旺志郎が起用された。前田の演技力は是枝裕和作品、とりわけ『奇跡』（2011年）で評価されていた。ほかの登場人物としては、松竹で活動する出水宏と桂園子がいる。監督はそれぞれにリリー・フランキーと北川景子を招聘した。リリー・フランキーという俳優は粋であると同時に厳格で、数年来、観客を楽しませてきた。当時のスター女優を演じるのに、北川の美貌は欠かせなかったが、それだけでなく、すでに往年の大女優を演じるだけの経験を積んでいて、洋次にはありがたかったのだ。

なくてはならないのが志村けんだった。洋次は志村を念頭に脚本を執筆した。国内で人気の高いこのコメディアンは少しためらったあと、老いたゴウの役を引き受けた。「面白いことを言える役者はいろいろいます。理屈抜きに面白いコメディアンやギャグをとばす芸人などもいます。彼らは人を笑わすのが大好きなんです。そういう人を私の映画の主人公にしたかった」と、洋次は志村けんを選んだ理由を説明している。2月はじめ、脚本の読み合わせに呼ばれた志村は洋次を安心させた。酒飲みでギャンブル好き、借金まみれで妻と娘に苦労をかけっぱなしだが、心の底には大きな感受性を持つこの人物を演じるのに志村けんはうってつけだった。洋次がつくりあげた人物像は、寅さんや『おとうと』（2010年）の鉄郎（笑福亭鶴瓶）を彷彿とさせる。だから気骨のある性格の持ち主を見つけなければならなかった。この点、志村けんにはすべての特性が備わっていた。とはいえ、映画の経験が少ないことは心配の種ではあった。降旗康男監督の『鉄道員（ぽっぽや）』（1999年）に出演した後、志村はもう映画には出ないと決めていた。だからこの作品に出演するよう説得するのに数か月間働きかけねばならなかった。松竹は2020年1月末に企画を発表し、撮影開始は3月1日に設定した。すべてが決まったかのように思えた。2月28日、慣例にならって、撮影の大半が行われる予定の東宝スタジオに神主と映画の技術陣が集まった。「映画の神々」を呼び集め、すべてが無事に運ぶように祈る神事が執り行われた。だが当日、その場は緊張に包まれていた。数日前から、世界中の国々同様、日本でもコロナ・ウイルスが検出されていた。ウイルスについてはまだ大したことがわかっていなかった。2月3日に横浜港に寄港し検疫を受けた大型客船、ダイヤモンド・プリンセス号がこの新しい疫病のシンボルとなった。撮影所の神事は前代未聞のルールにのっとって行われた。マスク着用とアルコール液での手洗いが義務づけられ、人と人との接触は制限された。数日前から洋次はいらついていた。広がりつつある感染症とは関係なく、シナリオにどうも満足できないのだ。神事の後に自分の考えをスタッフと共有したいと思っていた。予定どおりに撮影がはじまるように、セットの最終準備は進んでいた。

志村けんの死

監督が神経質になっていたのは、比較的新しい要素を抱え込んだ製作だったからでもある。プロデューサーたちのデビュー作品だったうえに、俳優たちの多くが山田組のメンバーではなかった。これまでの作品では登場人物のほとんどが、一度はいっしょに仕事をした仲だった。新しい人と働くのは「刺激的」と思う一方で、少し不安も感じていた。松竹映画１００周年を記念する作品に出演する俳優たちにしても、同じだった。それに、この作品は新しい世代に自分の映画業界での経験を伝える手段でもあった。洋次は細部にいたるまで注意を傾け、たくさんの参照を組み込もうとしていた。くりかえしになるが、こうしたことから、どれだけこの作品を重視し、撮影がはじまる前から気を揉んでいたか、よくわかった。クランクインする数日前に洋次と話してみると、この映画を通して自分の映画への愛情を表明し、自分のビジョンを次の世代に残したいと思っていることが伝わってきた。洋次は若い俳優たち、とりわけ菅田将暉と、多くの時間を過ごした。自分の経験を話したのだ。「山田さんが、意図的かどうかはわからないですけど、撮影所時代の話を本番直前までしてくださってたんです。わかんないですけど、僕からするとそこが一番大きいですね。いざ『菅田さんお願いします』と

『キネマの神様』新聞広告（©2021「キネマの神様」製作委員会）

言われて、僕は気持ちのまま入っていく。山田さんを感じさせるものになるのは、確かに必然のような気もします」と『キネマ旬報』誌（第１８７３号、２０２１年８月）のインタビューで明かしている。洋次は物事をなりゆきに任せるタイプではない。だから当然自分の監督としての人生をこの作品を通して証言し、映画への愛着を示したかった。わずかな時間だったがセットの中で監督とともにいると、この映画を自分の遺言とまで言わないまでも、映画が情熱のたまものだった時代の証言として見ることができる作品に仕上げようとの強い思いが伝わってきた。監督の興奮は十分理解できる。しかし撮影が実際にはじまろうとしたとき、冷水が浴びせられた。

運命は洋次の第89作目の製作にはげしく襲いかかった。撮影開始から数日後、志村けんが肺炎で入院したことがわかった。3月23日、容体悪化の原因がコロナだとの検査結果が出た。この知らせは大きな衝撃だった。製作サイドは、志村が力を回復して参加できるようになるまで、撮影を延期することを決めた。3月26日、チーム全員がセットの前で集合写真を撮り、この状況を乗り越えるための応援として、志村に送った。スタッフ全員が口元に笑みを浮かべ、右腕を顔の前に斜めに構える志村の有名なポーズをとり、支援を表明した。だがその日、所属事務所が容体悪化にともない、出演を辞退すると発表した。3日後、志村は死亡し、国中にショックが走った。志村けんは新型コロナ・ウイルスで死亡した最初の有名人だ。その後、このウイルスは毒性が強く、死にいたらしめることが徐々にわかってきた。志村の出演辞退と死去に洋次は深く悲しんだ。「渥美清が卓越した喜劇役者であったのと同じように、志村けんのような喜劇役者は他にいないと思う」と打ち明けた。国内の感染状況は深刻になっていた。「緊急事態宣言がどこまで続くのか、いったいこの映画は完成するのかという不安をかかえながらの撮影でした」と付け加えた。映画の神々が、洋次に試練を与えようとしているようだった。だが、あきらめる気はなかった。製作サイドと話し合い、亡くなった志村に敬意を表する最善の方法は、映画を完成させることだとの結論に達した。政府の緊急事態宣言を受けて、セットでの撮影は中断を余儀なくされ、洋次は代役を探すことになった。

志村けんの代役にいちばん適しているのはどんな経歴を持つ、どんな人か、と長い話し合いが持たれた。その結果、洋次とプロデューサーたちは沢田研二で一致した。俳優としては志村けんとかなり異なるが、沢田に白羽の矢が立てられた理由はいくつかある。まず、二人は近しい仲だった。同じ事務所に属し、フジテレビの『ドリフ大爆笑』など複数のお笑い番組で共演していた。それに、沢田は1982年の寅さんシリーズ第30作（『男はつらいよ　花も嵐も寅次郎』）で監督と仕事をしたことがあった。当時、洋次は沢田に恋に不器用な青年役を演じさせ、新境地へと導いた。それまで沢田は長谷川和彦監督の『太陽を盗んだ男』（1979年）のような反逆的な若者を演じることが多かった。38年が過ぎて沢田研二はふたたび山田組に加わることを承諾し、監督もプロデューサーたちも胸をなでおろした。しかし心配事がすべて払拭されたわけではなかった。感染状況によって活動は麻痺し、撮影がすぐに再開できるかどうかは不透明だった。撮影監督の近森眞史は『映画撮影』誌（第228号、2021年）で次のように説明している。「何回かの話し合いの場で、製作することに対してこれほど悩む山田さんの姿をみるのは初めてのことであった。クランクイン直前に奥様を亡くした時も東日本大地震の発生で撮影の延期を決断した時も大変悩んでいたが、今回は新型コロナウイルス感染症後の世界という全く予測できない問題に悩んでいたように見受けられる。撮影するならばどういう変更を加えていけば良いのか？　否、撮影などしていて良いのか？　撮影現場が止まるという恐怖、そして撮り切らないといけないという今まで以上に存在する重責」に悩まされていた。

映画への愛

映画業界全体が不確かな状況におちいり、とくに映画館は休館になったり、ほぼだれも来なくなったりした。それでも洋次は企画をあきらめるつもりはなく、作品の中でも第七芸術存続に不可欠な映画館にもオマージュを捧げた。２０２０年春、舩橋淳や、諏訪敦彦を含む複数の監督たちが集結して「Save the Cinema（セーブ・ザ・シネマ）」という運動を立ちあげた。映画業界のさまざまな関係者、とりわけ小規模映画館（ミニシアター）が危機にさらされていることを知らしめるのを目的とした。「ミニシアターがなければ、ここに集まった大半の監督は、カンヌやほかの映画祭で作品が上映された監督も含めて、作品を発表できなくなる。ミニシアターがなくなってしまえば、１９５０年代、日本映画市場に六大映画製作会社しかなかった時代に逆戻りだ。いや、状況はもっと厳しくなるだろう。昔の映画会社は若手の才能を支援していたが、同じことは現在は行われていない」と、映画評論家のマーク・シリングは断言する。『毎日新聞』（２０２１年８月26日付）のインタビューで、洋次はコロナが映画業界にもたらす影響に心を痛めていることを吐露した。「ドイツやイギリスが、あるいはイタリアや韓国の政府が、コロナによる文化的損失についての支援をどんな形で、どれくらいの金額で行っているかを、ジャーナリズムでぜひ、調べてみてほしいと思います。多分、日本とは大きく差があるでしょうね」。こうした発言は、舩橋淳が『ズーム・ジャポン（ZOOM JAPON）』誌（第１０３号、２０２０年９月）のコラムで記したことに呼応している。「フランスや韓国とちがって、独立プロダクションを含めた多くの文化活動は政府の保護を受けていません（中略）。私たちの『Save the Cinema（セーブ・ザ・シネマ）』キャンペーンを通して政府に要望を出そうとしたとき、大規模シネマコンプレックスからミニシアターを区別するための定義を見つける必要がありました。ミニシアターはコンプレックスでやらないような、たとえば特定の監督のための回顧上映会やフェスティバルを開催するということを示さねばならなかった。こうした活動は博物館や美術館の活動に似ているかもしれません。必ずしも金儲けにはなりません」。ここからも、洋次がどうしても映画を完成したかった理由がわかる。

１９９５年と２０１１年の大震災直後に撮影した長編映画でもそうだったが、今回の新作映画にコロナ禍を入れないわけにはいかなかった。しかも、作品の存在そのものが直接の影響を受けたのだ。撮影が中断されていた間、どんな方法で組み込むのかを考えた。作品の中にずっと居座らせるのではなく、かといってなにもなかったかのようにするでもなく、観客があのことだと気づいて、この特別であまりに先行きが予測不能だった時期とのつながりを記憶にとどめられるようにするのだ。映画の公開はまず２０２１年春に延期され、その後、さらに同年8月6日に延期された。朝原雄三とシナリオを書き直した。5月16日に主役は沢田研二に変更されたことが正式に発表され、それを受けて新キャストに合わせた修正をし、さらに現代の部分にはコロナ禍という現実をしっかり根付かせた。「コロナを入れなければこの映画を撮る意味がない」と洋次は強調する。志村けんが死亡したことでたしかに製作に苦しんだとはいえ、映画全体がコロナに毒されるのも嫌だった。そこで物語は２０１９年秋からはじまることにした。ちょうどラグビー・ワールドカップが日本で開催され、日本チームが大活躍したときだ。コロナが現れる前に物語がはじまれば、出演者はマスクをせずにスクリーンに登場できる。ウイルスの存在は映画の最後の部分でダイヤモンド・プリンセス号を通して触れるのだ。あのとき、日本中がまるで生中継のように伝えられる刻一刻と進展する事態を見守ったのだ。この場面から登場人物はマスクをつけ、テラシン（小林稔侍）の映画館では「社会的距離」が問題になる。またしても、洋次は作品が完全に現実から切り離されないように、実情に対応するすばらしい能力を持っていることを示した。実際、当時の政治家たちよりもみごとな反応を見せた。彼らの関心事は、世界的な危機の重大性やそれがもたらす結果などではなく、なんとかオリンピックを開催することだけだった。

コロナが映画そのものに及ぼした影響を考えれば、ほかに方法はあっただろうか。緊急事態宣言が解除されても不確実な状況は残り、撮影するための条件はきびしくなった。6月16日、技術チームと俳優たちが東宝スタジオの第9ステージに集まった。現代部分のシーンを撮るためだ。洋次はコロナを忘れたかった。しかし監督のそんな気持ちを踏みにじるように、コロナ・ウイルスは自らの存在を誇示した。「スタッフはもちろん、俳優もマスクを着けているので、表情が分からない。そんなのリハーサルとは言えません。監督がスタッフや俳優に、自分の思いを伝えるというのは、言葉だけではなく、身ぶり手ぶり、目の色から察する、というようなことなんです。パソコンやデータで伝えられるものではない。大きな共感の場が撮影の現場なんです。一日の仕事が終わればスタッフルームや居酒屋で酒を飲みながら笑い話を含めて語り合うことが大事。今回はそれが一切禁止です」と監督は『毎日新聞』とのインタビューで証言している。物語が現代で展開する部分に出演する俳優陣の年齢、そしてもちろん洋次の年齢も考慮し、製作スタッフは厳格な感染予防措置を徹底した。もっとも早く仕事を再開したチームのひとつだったので、洋次の肩には一段と重いプレッシャーがかかっていた。抗原検査やPCR検査を定期的に実施することが決まった。セットの入口には検問が置かれた。入所者は強制的に検温を受けた。手を洗い、特別なマットの上で靴の裏を拭かねばならなかった。人がたくさん集中するのを避けるために、チームは順番に入るようにした。セットは定期的に換気された。こうした措置は撮影の負担になったが、監督は受け入れた。彼にとっていちばん受け入れがたかったのは、俳優がマスクを装着することだった。本番のときだけ、外すことに決まった。それでも、俳優への要求はいつもと変わらずきびしかった。「『テストを少なく』は無理でしたが（笑）」と朝原雄三は笑いながら、『キネマ旬報』誌（第1871号、2021年8月）に語っている。同誌の同じ号で、こうした問題を担当したプロデューサーの阿部雅人はチーム全体に負担を課したことを認めている。しかし、全員がそれを支持してくれたと言う。「それは毎年顔を合わせている山田組だからこその強さなのかなと思っていました」と説明する。そして山田洋次という監督と、その映画観のまわりに集う山田組の団結について語っている。

映画館への賛歌

洋次はこの映画からコロナ禍を除外するつもりはなかった。一方で、観客と第七芸術との間にふたたびつながりを結ぶためにこの作品を生かしたいと思った。年月とともに、このつながりは弱くなってしまっていた。新しい娯楽が登場したこと、さらに放送媒体が刷新されたことで映画業界は弱体化した。生き延びる手段のひとつが、テレビシリーズやマンガ、アニメの映画化になってしまっていた。

また、洋次は映画の魔術を生み出すのは作品からわき起こる感動だと考えている。この作品では、ゴウという人物を通してその感動をうまく表現できる。彼はその人生の時期によって、映画を製作する側にいたり、鑑賞する側にいたりしたのだから。そしてこの感動は、洋次を作品の製作に向かわせる感動と密接につながっている。どんな作品に対しても、洋次はそういう感動を抱いてきた。「映画というのは感じるものなんだよ、心で。頭で考えて見るもんじゃあないんだよ」と孫の勇太（前田旺志郎）が映画雑誌『キネマの友』を愛読していることに気づいたゴウ（沢田研二）はそう言い聞かせる。『キネマの友』は架空の雑誌で、表紙は『キネマ旬報』誌に似せている。この台詞は洋次の作品や映画へのアプローチを明らかにするものだ。だからその意味を洋次に尋ねてみたら、次のような説明を得た。「私が映画をつくりはじめたころ、自滅してしまう知識人がたくさんいた。映画を自分の頭で考え、感じることを拒む人たちもいました。私のほうは、そんな時代から生き延びてきました」。作品の中では、登場人物が映画に感動する場面が数多く描かれている。たとえば若い淑子（永野芽郁）が松竹にあるテラシン（野田洋次郎）の映写室から映画を見て感激する場面。あるいは老いたゴウがかつて助監督を務めた映画を見る場面。洋次が映画は感動を生み出すことが重要だと主張するのは今回がはじめてではない。四半世紀も前、『虹をつかむ男』（1996年）ですでに表明していた。それはとりわけ次のシーンである。勝男（西田敏行）に、営業時間を守って、きちんと時間どおり上映を終了するようにしつこく言っていた役人が、木下恵介の『野菊の如き君なりき』（1955年）を見て感動のあまり涙を流し、勝男が要請どおり上映を中止しようとすると、そのまま続けてほしいと頼む

『キネマの神様』(©2021「キネマの神様」製作委員会)

のだ。

これは映画館そのものとも大いに関係している。『キネマの神様』(2021年)ではこのことを強調するつもりだった。すでに不安定な状況に置かれていたところにコロナ禍に見舞われ、洋次はその将来がとても心配なのだ。テラシンが経営する映画館は大きな困難に直面する。国内のほかの映画館は、過去数年間ですでに難しい事態に直面していて、コロナ禍の後はさらにきびしくなるだろう。だが洋次はテラシンには同じ運命をたどらせない。脚本を書いていたころ、雰囲気をつかむために複数のミニシアターを訪れている。目的は、テラシンのテアトル銀幕のモデルとなる映画館を見つけることと、自分自身の思い出にひたることだった。お気に入りの神楽坂にあるギンレイホールからインスピレーションを得た。美術の西村貴志が説明するように、最終的には埼玉県川越市のスカラ座が作品のモデルとなった。「120席ぐらいで、我々のイメージとちょうど合ったので、客席はそこをお借りして、セットはそこをベースにしてつくっていきました。映画館全体のイメージは、テラシンの性格が反映されるように古くてもしっかりと手入れが行き届いているようにしました」と言う。映画を愛するテラシンは、観客が上映されている作品と一体になれるような、宝石箱のような映画館をつくりたかったのだ。また洋次は映画館というのは観客が自分の心情を躊躇なくさらけ出せる場だったことを思い出させたかった。現在の映画館が人間味のないものになったことを残念に思っている。とくに大型シネマコンプレックスはそうだ。「昔の映画館てそういうものだったんだな。経営者は、自分の好きな映画を上映してね、お客は面白かった時は『良かったぞ』、つまんない時は『つまんねえぞー』と文句言う。そういう場所だったんだけど、今は全く無機的になってしまった。モギリに感謝したり文句を言ったりする人はいなくなった。映画館だけじゃない。日常生活のいろんなところでそういうことが起きている」と、『シナリオ』（2021年10月）で評論家、戸田学とのインタビューで語っている。作品で、人と人の交流を取り上げてきた洋次としては、こうした傾向は悲しくなるし、心配にもなる。さらに館内でソーシャル・ディスタンスが求められるようになったことで、非人間的な側面が強まったようだ。映画の終盤で、退院したゴウが映画館に戻るシーンで、洋次はこの点を強調する。ゴウは距離をとるために空けておく席に囲まれ、居心地悪そうにしている。そんな館内が映し出される。

小津安二郎と清水宏へのオマージュ

これまでやってきたように、洋次は状況にうまく対応した。作品の質をそこなうことはなかったし、映画を称える作品にしたいという望みも貫けた。90歳の誕生日と、監督60周年を祝う機会に、映画の魔術を観客に伝えたいと思った。数々の映像のディテールやシーンを通して、作品の中で複数の才能にオマージュを捧げている。彼らがいなければ、洋次はおそらくこの職業に就いていなかっただろう。参照した二人の監督には偽名をつけたが——小津は小田、清水は出水——、だれの目にも明らかだ。とくに小津については、まちがえようもない。映画の最後のシーンは、小津が『東京物語』(1953年)の重要なシーンを撮影したのとほぼ同じように、ていねいにつくられている。それに小田監督が製作する映画のタイトルが『東京の物語』なのだ。洋次が本名ではなく仮名を使ったのは、この作品の過去の部と現代の部で年齢のズレがないようにするためである。自分の作品の人物たちが2020年代に70歳代であるためには、1960年代の中ごろにキャリアをはじめる必要があった。ところが小津安二郎は1963年12月に亡くなっているし、清水宏は第二次世界大戦末に松竹を去っている。小津への参照は明白だが、清水に対してはややあいまいさが残る。だが撮影監督の近森眞史は、『映画撮影』誌に著した文章の中で、出水をはっきり『有りがたうさん』(1936年)の清水監督に結びつけている。洋次は『息子』(1991年)と『東京家族』(2013年)ですでに小津安二郎に賛辞を送っている。だから『キネマの神様』(2021年)でふたたび登場しても驚きはない。なぜなら、小津は松竹の中心的な存在であり、緻密で厳格な演出方法を確立したことで知られるからだ。作品の中の台詞で、『晩春』(1949年)の監督がどれだけきびしかったかを垣間見せている。テラシン、ゴウ、淑子、桂園子が集まっているシーンで、園子が小田監督の次回作で主役になることが明らかになるところだ。園子は「でもたいへんなのよ、小田先生のとこは」と言う。テラシンが、きびしいからなあ、と言うと、こう続ける。「言われたとおりにしなくちゃいけないの。前のときもそうよ。お紅茶を2回半かきまぜて、スプーンを置いて飲みなさいって言われて。私が緊張して一生懸命お芝居すると、『園子ちゃん、今、2回しかまわさなかっただろう。僕は2回半と言いました』。こうだもんねえ」。洋次は大船撮影所の大先輩といっしょに仕事をしたことはないが、お気に入りの俳優だった笠智衆の思い出話をおぼえていた。「私は小津先生のいう通り、人形のように動いてました。例えば、杯を手に取って口に含む、次に三つ数えてセリフをいう、というふうにね」

清水宏を取り上げようと思った理由はそれほどはっきりしない。前述のとおり、清水監督は20年ほど松竹で仕事をした後、1945年に退社した。だから洋次はその仕事ぶりを見る機会がなかった。映画に時代の整合性を守るという縛りから解放され、小津と同世代だった清水を選んだ。同じ1903年生まれで、小津から3年後の1966年に死亡している。また、おそらくこの監督の作品の中に自分がずっとやりたかったことに呼応する部分を見たのだろう。とりわけ、いろんな地方のロケに出向いたことだ。洋次のように、清水は俳優の素の姿を引き出すことにこだわり、ひとつひとつの場面の撮影に時間をかけた。評論家の岸松雄は同じようにそのことを思い返している。「そんなこんなで、清水宏は撮り直しやエヌ・ジーを平気で出す。小説家が書きかけの原稿用紙を破いてすてると同じように、演出者のエヌ・ジーと見るべきものだ、という」。『キネマの神様』では、清水をモデルにした出水（リリー・フランキー）は次の台詞で自分の考えを伝えている。「お前たち役者は、気持ちを考えたり、いい芝居をしようなんて思ってるから、うそっぽちの演技しかできないんだ。子どもを見てみろよ。気持ちなんか考えて芝居してるか。いい芝居をして月給上げてもらおうなんて、考えてないだろう」。俳優は作り物でない自分自身でいてほしいと願っていることを明らかにし、さらに子ども、という、もうひとつの清水映画の特徴的な要素に言及している。清水宏には『子供の四季』（1939年）や『みかへりの塔』（1941年）など子どもを題材にした映画がある。まだ疑う人がいたとしても、ここで清水監督への参照であることが確認される。最後に、清水が洋次の89本目の映画に登場するのは理にかなっていた。というのも、清水が1922年、小津が1923年に松竹に入社して以来、二人は友情で結ばれていた。「会社では、偉大なライバルどうしだとだれからも認められていた」と、国立映画アーカイブの学芸員、岡田秀則は記している。[*1]

松竹の黄金時代を描くに際して、洋次はその歴史の中でけっして素通りできない人物を取り上げずにはいられなかった。それに、自分と清水宏の間にはもうひとつ共通点があった。それは会社への財政的な貢献である。岡田によると、清水はサイレント時代にいくつかの「堂々たるメロドラマ」でもって会社の黄金期に貢献し、洋次は『男はつらいよ』シリーズで会社を倒産の危機から救った。また、洋次自身が社内で体験したことが作品の中でほのめかされていないか、探すことができる。『キネマの神様』（2021年）の過去の部分に当たる1960年代半ばに撮られた洋次の写真をよく見ると、若いゴウと外観がそっくりであることに気づく。性格はそれほど似ていないが。評論家の石坂昌三は初めて洋次に会ったときのことを書いている。[*2] 洋次はまだ野村芳太郎の助手で、映画のはじめのゴウと同じ立場だった。「ボクが大船撮影所へ通い始めたころ。野村芳太郎監督の組で、薄汚れたハンチングにジャンバーのあまり冴えない感じの助監督を見かけた。ディレクター・システムの松竹だけに、大船の助監督は、巨匠・名匠の卵といった才気走った、言動の目立つ人が多かった。だが、野村組のその童顔の助監督は、寝不足なのか、顔色がよくなく、大きな声を出すこともなく、あまり動かなかった。全く地味な存在なので、いるか、いないのかも、気をつけないとわからないくらいだった」。ゴウはもっと情熱的で、出水の助手として現場ではもっと積極的だ。同じように童顔だが、洋次とはちがい、目立つようにして早く一人前の監督に引き上げてもらおうと一生懸命だった。作品の時代背景は、会社を揺さぶり、自身の昇進も遅れさせることになったヌーベルバーグ席巻の少し後だ。脚本にはこの部分は入れられなかった。その代わり、ゴウが『キネマの神様』の製作を任される場面には、自分の思い出をつぎこんだ。洋次は『二階の他人』（1961年）ではじめて演出の責任を負ったときの恐怖を語っている。ゴウを演じた菅田将暉は、監督が経験した恐怖をみごとに再現し、セットの裏で泣き出すほどだ。ゴウが監督を務めた映画の撮影監督には、自分のときと同じ森田（俊保）という姓をつけた。本気で自分の過去と結びつけたかったことがよくわかる。ゴウは撮影監督と争ったあげくセットで転落事故に遭い、製作は中止になった。一方で洋次はキャリアを続け、成功したのだ。

＊1　Maison de la culture du Japon àParis, *Hiroshi Shimizu, l'enfant sauvage du cinema*（清水宏、日本映画の野生児）, 2021, p 4.

＊2　石坂昌三『巨匠たちの伝説――映画記者現場日記』三一書房、1988年、28ページ。

チャップリンと彼以外

個人的なタッチを加えたのは菅田将暉がみごとに演じ切った主役だけではない。いつものように、数多くのディテールの中に見ることができる。2021年8月末の『毎日新聞』のインタビューで語っているように、小津安二郎がやっていたことに無関心ではない。「小津さんの映画は画面の隅から隅まで、彼の美の感覚で埋められている、ということ。例えば、戦死した次男の嫁の原節子さんの住むアパートの部屋は、化粧台があって、その上にはクリームがのっている。壁にかけられたカーディガンや、タンスの上の写真や裁縫箱など、そのすべてを小津さんが選んで、自分の手で配置したそうです」と説明する。洋次自身も、数々の舞台装置を充実させるのに気をつかい、自分の映画の好みを伝えた。何度か映し出される実際の作品のポスターはチャーリー・チャップリンのものばかりだというのは興味深い。松竹の映写室や若いテラシン（野田洋次郎）のアパートで、観客はカメラが映し出す『街の灯』（1931年）、『独裁者』（1940年）、『ライムライト』（1952年）、『サーカス』（1928年）などのポスターに気づくのだ。洋次はやや遅く、大学生になったころにチャップリンを知った。彼にとっての偉人たちの中でも特別な存在だ。『チャップリンのすべて――淀川長治の証言』（毎日ムック、毎日新聞社、1998年、134ページ）に収められた友人で映画評論家の淀川長治との対談で、洋次はこう打ち明けている。「あれを見たのが僕は大学生の頃でした。それで、なんだかものが言えないくらい、きょうは一日、何も言いたくないなあというぐらい素晴らしくてね」。イギリス生まれのチャップリンに、すでに何度もオマージュを捧げている。映画の神様を描くこの長編映画の中でもチャップリンが占める地位は、洋次が彼を第七芸術において必要不可欠な座標軸とみなしていることを示している。そのためにも実物を見せる必要があった。スクリーンに映し出される映画に関連したほかの小道具は、たとえ実在した作品と結びついていても、すべてフィクションである。例外はひとつだけで、五所平之助の『わが愛』（１９６０年）の台本が映写室の壁に画鋲で止めてある。なかでも面白いのは、あるフランス映画のポスター（洋次のフランス好きがまたのぞく）で、それは明らかにジャック・ドゥミ監督の『Les Parapluies de Cherbourg（シェルブールの雨傘）』（１９６４年）がもとになっている。しかし、そのポスターのタイトルは「Les Parapluies de sur mer」で、実物のポスターを部分的に真似ているが、タイトルのフランス語はなんとも珍妙だ。ただ、ドゥミ監督の映画の日本語タイトル『シェルブールの雨傘』と、『キネマの神様』のためにつくられた『シュルメールの雨傘』は、日本語の発音ではよく似ている。もちろん、とるに足らないディテールだが、監督が映画へのこだわりを表明するのにどこまでやれるかを表している。

この作品の中でもっとも重要な参照は、老いたゴウ（沢田研二）が映画の画面と行き交う二つのシーンだ。スクリーンの外と中につながりをつくることを可能にする手法である。若い観客たちは、ウディ・アレンの『カイロの紫のバラ』（１９８５年）でミア・ファローがスクリーンに入ってジェフ・ダニエルズに出会う場面を思い出すだろう。だが映画ファン、とりわけ洋次は、バスター・キートンが監督・主演をした『キートンの探偵学入門』（１９２４年）を思い出す。主役は、上映されている映画の中に入っていろんな滑稽な状況を体験するのだ。父親に連れられて喜劇を見に行っていた子ども時代の思い出そのもので、洋次はこれを自分の映画に取り入れたかった。ゴウがいちばん幸せだった助監督時代に戻るためには、ちょうどいい瞬間を用意する必要があった。その1回目はゴウがテラシンの映画館で出水宏監督、桂園子（北川景子）主演の映画を見ているときだ。女優の顔が大写しになり、次第に左目がアップになると瞳に撮影中のチームが映っている。VFXを監修した山崎貴のおかげで、洋次は主役を輝かしい過去に連れ戻すことができた。映画と現実との間に2回目の往来は終盤に起き、やはり桂園子がからんでいる。今度は小田の『東京の物語』に出演した園子がスクリーンから劇場に出てくる。ゴウの隣に座り、その後ゴウをスクリーンの中へと最後の旅に連れて行くのだ。二つのシーンを映画史から引用した監督は、それを超えて、映画というものは、現実と虚構の間につながりを結ぶことができなければ、うまくいかないということを言いたいのだ。1960年代後半から寅さんシリーズとともに育んできた「シネ間」をあらためて提示したのだ。これらのシーンを成功させるためには、『男はつらいよ　お帰り　寅さん』（2019年）のときのように、デジタルで撮影する必要があった。「その時点ではまだフィルム撮影の可能性を探っていたのだが、スクリーンから出てきてまた戻っていくというシチュエーションがあり、また映写スクリーンをテストで撮影してみると感度面にしても色温度の面からしてもデジタルでの撮影の優位性が明らかであった」と撮影監督の近森眞史は言う。1回目の、桂園子の瞳が反射してみせる画像を介して老いたゴウが過去に戻るシーンでそれははっきりしている。物語をゴウの昔の生活へとつなげることを可能にした。2回目の女優がスクリーンから出てきてゴウの横に座るシーンはさらに巧妙にできている。参照している『東京物語』（1953年）と結びつけながら、洋次は現代の人々に呼びかけ、この傑作が撮影された時代より幸せになっているかと問いかけるのだ。

洋次にとって答えは明白だ。過去の生活のほうがよかった。今の社会では日常生活の中で人間が徐々に消えてしまっているが、以前は人と人との交流がもっと盛んだった。進歩や発展という概念が原因だと洋次は考える。そのせいでますます非人間的な社会ができあがってきたのだ。映画の中で、ずっとこの問題は取り上げられていて、過去との比較でちがいがわかる。物質面では、２０２０年の日本人ははるかに豊かになっている。若いテラシンが住む質素な部屋を見れば、経済的な変化を推し量ることができる。ゴウの家族は裕福というわけではないが一軒家を持ち、酒飲みでギャンブル好きになったかつての助監督は、自分の行動がもたらす結果をそれほど心配しているわけではなさそうだ。彼が唯一反発するのは、娘の歩が妻の淑子（宮本信子）との離婚をちらつかせて脅したときだ。孫の勇太（前田旺志郎）から博打のなにが面白いのか聞かれたとき、こう答えている。「面白いとか面白くないとか、そういうことじゃない。つまり、逃げてるんだな、おれは」。言い換えれば、夢のない今の世の中に立ち向かいたくないのだ。テラシン（小林稔侍）が経営する映画館は競馬よりはるかに満足できる逃げ場所だ。その競馬のせいで、家族はヤミ金融から嫌がらせを受けている。妻にとっても、わずかなアルバイト料で清掃などをしている映画館は避難場所となっていた。ここでゴウはかつて働いていたスタジオの雰囲気を感じていた。それを再現するために、洋次は数多くの思い出を引っ張り出した。当時、社会情勢がなかなか安定しなかったことは何度もスクリーンに映し出される労働組合の立て看板などからわかる。その要求は、労働環境の改善、賃上げ、「封建主義」の糾弾、などが中心だ。監督にすれば、当時の人々はいつでも闘う用意があった。一方で２０２０年の日本では、政治的に行動することはなくなってしまっている。60年前、日米安保条約改定のような案件のために何百万人もがデモに参加した。２０１１年に福島第一原子力発電所の事故が起きたとき、反原発運動をノーベル文学賞の大江健三郎などが呼びかけたのに対して、東京ではわずか6万人しか集まらなかった。

再結集への呼びかけ

洋次は人々がみんなで立ち上がらなくなったのを苦々しく思っていたが、もはや熱を帯びることがほとんどなくなった同時代人たちの無感動、無関心を前にしてさらに嘆かないではいられなかったのだろう。駅から出てくるマスクをした群衆のカットは、彼の思いを示している。作品の冒頭に描かれた一回だけ人々が熱狂するシーンもそうだ。日本チームがアイルランド戦に勝利し、歩と同僚がテレビに釘付けになっている場面だ。スポーツの試合くらいでしか心を動かさない。人々が衆愚化していることを強調する方法だ。そのシーンと際立ってちがうのは、ゴウの若いころを見せる部分だ。当時人々は自分たちの想像力から飛び出したあらゆる企画に、もっと熱狂した。ゴウが、テラシンや淑子、園子の前で撮りたい作品のことを話す場面でそれがわかる。このときの菅田将暉の演技は完璧だ。彼が、新しい作品をつくりたくてうずうずしていることが伝わる。そして、ここからにじみ出る感情にほかの人も強く共鳴する。当時の人気女優、園子が、『キネマの神様』というタイトルがつけられたその作品に、すぐに出演したいと申し出るほどだ。映画は人々に望みを抱かせ、その炎をかき立てる最高の手段として登場している。ゴウは結局、その作品を製作することができなかった。だが、脚本にはまだ力が宿っている。それを洋次は、作品中で現代を描いている部分で持ち出す。すべてが失われたわけではないことを言うために使う。このとき話を前に進めるきっかけをもたらすのは、ゴウの孫の勇太だ。彼はテラシンを通じてその脚本を手に入れる。そして、それをよみがえらせようと考える。ゴウを説得し、書き直して脚本コンクールに応募させる。最優秀作品の賞金は１００万円だ。ゴウが50年前に人々の心をとらえたように、その脚本は、内向きで冷めた性格だったこの若者にも情熱を抱かせた。それはまた、ゴウが現実から逃避しつづける姿勢をやめるきっかけにもなった。かつて映画のセットの中で仕事をしていたときのわくわくする気持ちも取り戻した。そこには、洋次の映画への愛の告白を見ることができる。映画は彼にとって生きる糧なのだ。ゴウと勇太が書き直した脚本が受賞するのは「木戸賞」である。この賞について少し触れておいたほうがいいだろう。作品では「木戸賞」となっているが、１９７４年12月1日に、松竹の城戸四郎・元社長は「映画の日」と同時に「城戸賞」も設けた。目的は、新しい才能を見つけ出すことと創作活動の促進である。城戸は「日本映画の将来の発展にとって、脚本はきわめて重要だ」という考えを持ち、常に洋次を支えつづけた人でもある。彼は大船調のヒューマニズムにあふれた作品を懸命に守りつづけた。米国の映画評論家、マーク・シリングが著書『城戸四郎　映画の将軍』[*3]でこう指摘している。「彼は自分の確信を、渋谷実や将来性のある社内の監督たちに個人的に伝えていた。大船調のカギは共感と感動にあるのだと。観客の頭にも心にもその二つを感じさせない作品はなんであれ、失敗するしかない」

『キネマの神様』（２０２１年）は、明らかにこの流れを汲む作品だ。もっとも心を打つ授賞式の場

＊3　Schilling, Mark, *Shiro Kido: Cinema Shogun*, Kindle Edition, 2012.

『キネマの神様』（©2021「キネマの神様」製作委員会）

面で、それがはっきりわかる。ゴウは入院して式に出られなくなった。彼の代わりに娘の歩が出席して、彼が用意していた文章を読み上げる。「母さん、淑子、僕の淑子ちゃん、ありがとう、おまえのおかげだよ。なにもかも。今日までどうやら生きてこられたこともおまえのおかげだ。ありがとう。ほんとうにありがとう。そして、かわいい娘の歩、どうか許しておくれ。このどうしようもない、ダメな父さんを許しておくれ」。彼女は、こみ上げる思いに喉を詰まらせながら読む。観客がこの男に共感する瞬間でもある。酒飲みで博打に狂い、困ったふるまいをしてきたこの男に、である。洋次が脚本家としてのみごとな手腕を見せたこの場面は、城戸に間接的に捧げたオマージュだ。この種のディテールを山田洋次の新作を見に来た人の多くは、見逃すかもしれないが、自分が心地よい時間を過ごせるだろうということはわかっている。洋次が描く物語はとてもうまく構成されていて、お互いに心を惹かれ合う登場人物たちの運命に焦点を合わせているからだ。物語を紡いでいく一本の赤い糸は、若き日の淑子とゴウとテラシンのラブ・ストーリーだ。

淑子は、撮影所の入口近くにある食堂「ふな喜」で働いていた。撮影所のスタッフは、そこに食べたり呑んだりしにやってくる。洋次がモデルにしたのは「松尾食堂」だ。松竹が撮影所を大船に移した1936年に開店し、1973年に営業を終えている。それを再現するために、彼は自分自身とオーナーの妹の記憶に頼った。彼女は食堂の中の写真をまだ持っていた。撮影所の幹部が通った「ミカサ」や小津安二郎が好んだ料理屋「月ヶ瀬」とともに、「松尾食堂」は松竹で仕事をしている人たちの日常の大切な場所のひとつになっていた。

監督や俳優たちが疲れを癒やして、また活力を取り戻すための交流の場だったからだ。洋次は、そこを当時の姿になるべく近い形で再現しようとした。ただ、名前は「ふな喜」と変えた。そして、淑子とゴウの恋が生まれる場所にした。けれども、最初に淑子に惚れたのはテラシンのほうだった。ゴウは応援したが、この内気な若者は彼女に言い寄れない。むしろ、彼女はゴウを好きになる。彼が撮ろうとしている作品『キネマの神様』について細かいところまで熱い思いを込めて語る姿に惹かれたのだ。ゴウが撮影に挫折しても、離れていかない。酒とギャンブルにおぼれても、常に彼に寄り添いつづける。けっして見捨てなかった。娘の言うことを聞いて、彼をアル中とギャンブルづけの日々から抜け出させようとする。けれども淑子は、彼にとっての唯一の希望は映画だとわかっている。歳をとった今も彼女を愛しているテラシンと協力して、ゴウの中に残っている小さな炎を絶やさないように気づかっている。

この作品で、恋愛と友情は両立する。洋次はこの作品に自分の魂を注ぎ、たくさんの個人的な思い出を込めている。いちばんおかしいのは、彼の自著『映画館がはねて』（講談社、1984年）が映る場面だ。キネマ銀幕にやって来た観客の女性（片桐はいり）が手にしている。この女優によると、事前に決まっていた演出ではないと言う。洋次から、席に座って「映画館で上映前に観客がよくしているように」本を出して読むように、と指示があった。彼女はその日、その本を持っていた。洋次からサインをもらおうと思っていたからだ。「現場はにわかに『この本の表紙出して大丈夫？　とバタバタ、実際の商品を画面に出すことってないんですが、結果としては問題なし」と、『キネマ旬報』誌（第1873号、2021年8月）で話している。山田洋次の89作目の作品に、偶発的に一瞬だけ映ったディテールが、もうひとつ魂を付け加えたことになる。

「今、〝ポリコレ〟という名の政治が平然と映画にも入って来て、結局いつかの『戦意高揚映画』と何ら変わらない配慮がなされて、映画やドラマが産み落とされている。映画『キネマの神様』に描かれる、自由で無邪気で真剣で、だからどこか滑稽な映画の一時代を、今の映画に関わる多くの若手スタッフに感じて欲しい」。『シナリオ』誌（2021年9月）に掲載されている脚本家、佐野宜志のこの言葉が示しているのは、われわれの映画監督が、90歳を過ぎてもなお、数々の障害が待ち受ける道を照らす光であるということだ。映画監督でありつづけたこの間、彼はけっして魔法のランプをかざすことをやめなかった。われわれの最良の部分を表に出すためだ。彼の作品を見るとき、だれでも自分の姿をそこに見いだし、どんな困難に出会っても、前に進みつづける力を自分の中から汲み出せると感じる。60年以上も前から、洋次は、限られた者たちだけが入れる映画の神様のサークルに、自分が属していることを証明してきたのだ。

映画だけでなく国全体に大きな打撃をもたらしたコロナ禍は収束し、ページはめくられた。まだまだ元気な洋次はさまざまな活動から手を引く気はなかった。日本人の間にますます諦観がただようようになったと感じる分、どんどん積極的に活動を繰り広げていった。

バック・トゥ・ザ・フューチャー

ワクチン接種の本格的な政策の実施よりも東京オリンピック開催に全力を傾けた日本政府は、緊急事態宣言を発令した。それによって『キネマの神様』（2021年）の製作は混乱をきわめた。それでも、作品を公開にこぎつけることができ、ようやく洋次は満足した。観客と批評家の一部からも好評を博した。新しい空気のそよぎを感じとってもらえたのだ。長いキャリアの中で、とても深刻なテーマを取り上げたときでも、洋次は作品を鑑賞する人々に幸せを届けたいという気持ちに背を向けたことはない。89作目の製作には多くの紆余曲折があったものの、監督はある種の冷静さを保っていた。物事がうまくいかないとき、ユーモアが最良の薬だと確信しているからだ。「人は苦しいときに『笑う』ことでどれほど救われるか。苦しい、つらいときにこそ『笑い』が必要だということを僕が知ったのは敗戦後の中学3年、日本中が飢餓状態で食べることに必死だったころでした」と、終戦直後の自分の暮らしをふり返って言う。『週刊朝日』（2021年8月20・27日）のコラムで小泉信一記者から、なぜあのような言い方ができたのかと聞かれ、こう答えている。「未来に暗雲が垂れ込めた時代だからこそ喜劇です。心から笑って『ああ、人生は捨てたものじゃないんだ。頑張って生きていこう』という思いを抱いて、観客が劇場をあとにするような映画を作りたい。それは昔からの僕の夢です」。洋次は今、消滅しつつある監督の部類に属しているような気がしている。最新作では何度もチャーリー・チャップリンに言及しているが、この数年前、淀川長治との対談でこう発言していたことを思い出しておきたい。「ずいぶん昔ですけど、誰かが新聞に書いていた。論説みたいなところだったかな、『世界で最も名前を知られている芸術家は誰だろうといった時に、それはたぶんピカソとチャップリンだろう』と。『あらゆる人達が、世界中の人達が知っている』。僕、それを読んで、とても誇らしい気持ちがしたことがあります。つまり、映画人だと、その一人は。僕もその映画人の端につながるんだから」

フランスの目覚め

チャップリンと山田のちがいは、後者に比べて前者は広く全世界的に高い認知度を誇ることだ。洋次は中国圏だけでなく、南アジアでも知られるようにはなった。スリランカのテレビ局ITNでは寅さんシリーズが放送されている。しかし、すでに述べたように、洋次の作品に観衆が関心を向けるロシアをのぞけば、西洋各国ではほとんど知られていない。だが変化は訪れている。映画の発明者、リュミエール兄弟が生まれたフランスにおいて、いくつかのできごとから洋次の作品への展望に変化が見られるようになった。まず、はじめて山田洋次の評伝、つまり拙著のフランス語版『Le Japon vu par Yamada Yoji（山田洋次が見てきた日本）』[*4] が出版された。数年かけて書いたこの750ページにものぼる著作では洋次のキャリアのすべてを網羅し、彼の人生と社会に対するその鋭い観察力を描き、監督の作品の新しい見方を提示した。当初は春に出版する予定だったが秋まで延期となった。フランスで日本文化を紹介する公的機関であるパリ日本文化会館（MCJP）でシリーズ『男はつらいよ』の回顧上映会が開催されることが決まり、その開幕に合わせるためだった。2021年11月20日、

フランスで2021年に出版された原著（写真提供：著者）

「Un an avec Tora-san（寅さんとの一年）」と題する企画の第一回上映会が開かれた。シリーズ第1作と第5作を見ようと200人以上の観客が集まった。そこで私も講演し、寅さんが単なる喜劇ではなく、現代日本を映す鏡であるという解説をした。パリ日本文化会館のスタッフの中には企画の成功は限定的だろうと思う人もいた。つまるところ「寅さんに興味を持ち、そのユーモアを理解できるのは日本人だけだ」と考えたからで、それは長い間、松竹が考えてきたことでもある。山田の評伝を著し、その作品を敬愛する者として、私はそんなことはない、と説得に努めた。講演のほか、パリ日本文化会館の1階で、シリーズの見どころを解説する多くの資料を展示した。これがフランス人観客の関心をひきつけるのに役立ち、テキ屋の寅さんの物語は熱狂的に受け入れられたのだ。それまで、パリ日本文化会館で開催された映画に関連するさまざまな回顧展は、限られた数の観客（平均40〜50人）しか動員できず、その大半が在仏の日本人だった。小津、黒澤、成瀬などの映画も、寅さんのときほどの熱狂を引き起こさなかった。

開幕の第1回上映会以降も、パリ日本文化館の講堂はいつもいっぱいになった。普段はあまり来場者が集まらない週日の午後でもそうだった。平均180〜200人の観客が集まり、その70％がフランス人だった。毎回、山田映画の上映は大成功を収めたので予定の1年を超えて企画は継続されることになった。「日本の人気映画のモニュメント」としてパリ日本文化会館の正面に飾られた寅さんの巨大ポートレートは2022年から2024年春まで取り外されなかった。「アンコール」上映会が

＊4　Leblanc, Claude, *Le Japon vu par Yamada Yôji*, Editions Ilyfunet, 2021.

催され、寅さんを知るために、そして笑うためにどんどんやってくる観客を満足させた。洋次にしてみれば、事実上の初公開のようなこの回顧上映会は、そんな現実に目を向けようとしなかった多くの人々に一矢報いる機会になった。「それは日本人に限らず普遍的です。だからフランス映画を見た時に感じる喜びにも、『人間ってそうなんだ』と思わせてくれる喜びがあります。そして芝居のうまい下手といった技術的なことではなく、『俺はこういう人間なんだ』と役者も自分で確認して演じてくれているからこそ、そう感じることができると思います」と、パリ日本文化会館の鈴木仁館長と『エコノミスト』誌上で行った対談（2022年8月16日）で語っている。鈴木はこの上映会がフランス人に受け入れられるかどうか不安だったが、成功を収めたことで日本文化の別のイメージを伝えることができた。こうした公的な施設で紹介されるのは従来の日本文化の一面を理解する手がかりを提供したのだ。監督は、はからずも当局が紹介にあまり積極的ではなかった日本文化が中心になりがちだ。日本文化の担い手たちは、「ほかとはちがう」、ある意味で「手の届かない」国をつくりあげ、そのイメージを保持するために「伝統」や「現代性」を擁護することに慣れてしまっている。「庶民の日本」はめったに紹介されないのだ。文化を差別化せず、フランスのあらゆる側面を促進させようと紹介するフランスのやり方とは大きく異なる。洋次はフランスのアプローチを支持する。「確かにその通りなんですね。僕たちが、フランス映画を見て美しいと感じたり、ゲラゲラと笑ったりするのと同じように、フランス人も日本の映画を見て、笑ったり泣いたりすると考える方が自然ですね」と言う。洋次に関係する別のイベントでフランス人が見せた反応は、彼の言葉の裏づけとなる。パリ日本文化会館で寅さんとの一年が開幕した数日後、ナントで三大陸映画祭が開幕した。毎年開催される映画祭だが２０２０年はコロナのため開かれなかった。そしてこの年は松竹映画１００年の回顧上映会が企画されたのだ。上映された27本の作品のうち３本が洋次のものだった。『家族』（１９７０年）、『幸福の黄色いハンカチ』（１９７７年）そして『息子』（１９９１年）、私はこれらの長編映画を紹介するために招かれた。そこで観客の反応に驚かされることになる。『家族』の上映が終わると、数人の観客がカフェでのんびりとホットココアを飲んでいた私のところまで来て、「ありがとう」と礼を言ったのだ。もちろんこうした反応を「半分空のコップ」という視点で見ることができる。つまり、彼らは多数をあまり代表していない観客だとみなすのだ。だが私は「半分入ったコップ」と見る傾向の人間だ。彼らは、今まで見せてもらえなかった日本映画の重要な一面が差し出されるのを、まさに待っていた観客なのだ。『幸福の黄色いハンカチ』が上映された後の観客の顔をこの目で見て、感激のコメントをこの耳で聞いたので、私は自信を持って言うことができる。結局、この映画に感動した思いを持ち続けている日本の観客と大きなちがいはないのだ。２０２１年12月、『朝日新聞』は読者に対して、45年前に創設された日本アカデミー賞の全受賞作品の中でもっとも象徴的な作品はなにかと尋ねた。高倉健、桃井かおり、武田鉄矢、倍賞千恵子が出演したこの映画がダントツで1位に選ばれた。『千と千尋の神隠し』（２００２年）、『おくりびと』（２００８年）が続いた。アメリカのオスカーに並ぶ賞をめざして設けられた日本アカデミー賞を、山田がはじめて受賞したのがこの『幸福の黄色いハンカチ』だった。今なお色あせることはなく、洋次が日本の映画界に、そしてなによりも大衆の心に刻んだ大きな足跡である。「大島渚は革新的な学生やインテリの間に多くのファンを持っていましたが、私の映画はふつうの人、工員、主婦に向けられたものです。料理に例えるなら、大島のファンは洗練された料理を楽しむ人たちでした。私の映画を見る人たちはお腹を満たすために食べていた。もっと基本となる実のある食べ物、おにぎりやみそ汁が必要な人たちです。この意味で私の作品、とくに寅さんシリーズは、人の頭ではなく、心に語りかけているのです」と、『ズーム・ジャポン（ZOOM JAPON）』誌（第116号、2021年12月）のインタビューで洋次は語っている。監督がいちばん感動したのはこの総括が国外でも真実である、と明らかになったことだ。「例えば小津安二郎監督の世界は日本人にしか理解できないと、長い間日本人は思っていましたが、実はフランスでも高く評価されていて、今や世界映画史のトップクラスの作品になっている。僕たち日本人は自分たちの感性に自信がないというか、妙なコンプレックスを持っていたのかもしれません」と言う。ここでの小津への言及は興味深い。すでに見てきたように、洋次はここ20年の間に製作した複数の作品の中で、大船の大先輩へのオマージュを捧げてきた。小津の映画史への貢献がどれほど大きいか、間接的に主張しているのだ。長年カメラの後ろに立ってきた経験と深い知識によって、洋次はある種の権威を持つようになった。その結果、若い世代の映画人の中に、洋次に指南を求める人が出てきたのだ。

他者の視線

映画プロデューサーで作家の川村元気はそんな一人だ。自作の小説『百花』（文藝春秋、2017年）を映画に翻案しようと決め、シナリオを書き上げると迷うことなく洋次のもとへ相談に行った。主役には洋次が『キネマの神様』に起用した菅田将暉が選ばれたほか、映画の会話や演出に真に山田流の影響が感じられる。息子とアルツハイマー認知症を発症した母親の関係という、重いテーマではあるが、川村は山田先輩の根源にある心構えにならって、希望の光が差し込むようにした。是枝裕和のような監督とは逆の方向を行く。洋次はそうした監督たちの映画を暗すぎると批判する。「最近の日本映画は、見る人を重く暗くさせるものばかりだ」。「見て、生きているのが嫌になっちゃう映画はつくらないほうがいい」と言う。しかし、興味深いことに『百花』の撮影現場に是枝が足を運んだことを記しておこう。洋次が89作目の後に書いた新作の撮影も見に来ている。洋次は、今の日本映画、とりわけ国際映画祭で輝いている監督たちは、日本社会についてただ批判的なだけの作品ばかり製作していると見ているのかもしれない。それは正しい見方だ。そうした作品は、なぜ社会が矛盾を抱えているのか、本質に迫る問いを立てないので、表面的なもので終わってしまう。生きるために戦い、歴史を変えた人々に関心を持たず、現代の社会環境を切り開いた人々を評価していないのだ。結局のところ、欧米の批評家を安心させるような映画なのだ。こうした映画は彼らにとってなじみのある状況を反映するものだからだ。役者や舞台セットなどがもたらす異国情緒が認知されるだけなのだ。洋次の批判を裏づけるように、『海街ｄｉａｒｙ』（２０１５年）はそういう意味での「国際化」からはもっとも遠い是枝作品で、欧米の批評家からはほかの作品ほどには評価されなかった。だがこの作品は彼の長編映画の中でかなり山田流の視点を持ったものだ。90歳を過ぎた山田監督は映画の「ゴッドファーザー」のようにふるまうつもりはなかった。観客に語りかけるときと同じように、その土地の感性に合った、世界規模の画一化を映すだけではない映画をつくらねばならない、ということに注意を促しているのだ。是枝が『万引き家族』（２０１８年）でカンヌ国際映画祭のパルムドールを獲得してはじめて日本人は本気で彼の作品に関心を持つようになった。これは驚くべきことだ。常に他者（外国人）から向けられる視線を気にしている日本人は、こんな立派な賞を受け、国際的に認知されると、それに同調しなければと考えてしまう。こうした順応主義に洋次はずっと仕事の中で対抗してきた。ますます都市化が進み、徐々に根っこから切り離されてしまった日本は、都合のいいエキゾティシズムを人為的に維持してきた。そうすることでロラン・バルト以降、日本はちがう国だとみなして満足する人々をひきつけてきた。「バルトにおいて、東洋とは、ものごとをひっくり返し、中心をずらしてしまうものを指す。それは根本的に異質な世界で、コミュニケーションを図れる可能性が一切なく、そこから何かを得ることはできても共有することは考えられない——いわばさまざまな道具が詰まった箱。すべてを突き放して客体化する道具、もう一人の分身なのだ。東洋に対する興味は、男、ブルジョワ、教養の欲望を反映しているという意味において、基本的にエキゾティシズムである。その欲望はどこかほかの場所であればうごめいて、自由に欲しいものをくみ取ることができる。だが、そこに溶け込むことはできない」と、いみじくもミカエル・リュケンが記している。[*5] 海外でもてはやされている日本人監督たちの作品はこうした考えに与するもので、こんなカリカチュア的な見方にひたっている海外の批評家からなぜ高評価を得るのかがわかるというものだ。洋次は常に日本をすべての人のもとに届けようと努力してきた。パリ日本文化会館を訪れた観客が寅さんを熱狂的に受け入れたこと、『家族』や『息子』を見た観客たちが見せた反応などは、なんらかの「日本的なもの」をつくりあげようとする試みから一線を画し、人間関係を強く感じ取らせる方法には普遍性が存在することを証明している。

洋次の作品を見る視点が変わったことは、パリの人々に限ったことではない。もともと彼らのほとんどははじめて見たのだが。2022年7月、ガンを患う坂本龍一は雑誌『新潮』に闘病日記の連載を始めた。その初回で、いくつかの歌についての考察をした後、洋次の人気シリーズに少し触れている。「病気でもしなければこんな曲を良いとは思わなかったかもしれないし、歌詞の内容に耳を傾けられるようになったのは歳のせいもあるかもしれません。だから、演歌だってまだきちんと聴いていないだけで、今なら若い頃とはまた違った受け止め方をできる可能性もあると思います。寅さんだってそうですね。『男はつらいよ』シリーズの新作が毎年のように作られていた80〜90年代、ぼくたちの世代はそんな映画には目もくれずに『ハイテク』だの『ポストモダン』だのと言いながら、東京の街で遊び回っていた。だけど、その頃の寅さんも、昭和という輝かしい時代が既にもう取り返しのつかない段階まで来てしまったという、郷愁のテーマを扱っていたわけですね。そのノスタルジックな感覚は、より敷衍して言うなら、変わりゆく地球全体の環境問題を考えることとも繋がります。だから自分が年を取った今ではもう、『男はつらいよ』のタイトルバックに江戸川が映るのを見るだけで、号泣してしまいます」。これは、国民の意識に決定的に刻まれた山田作品の深い印を、もっとも感動的に承認した証言のひとつだと思う。この少し前の4月から、監督は『朝日新聞』紙上で「夢をつくる」という連載を月に1回執筆するようになった。そこで自分の人生や監督としての仕事について書いている。講義を行ったり、理論的な著作を執筆したりする是枝や黒沢清とちがって、洋次は読者と

＊5　Lucken, Michael, *Japon, l'archipel du sens*（日本、感覚の列島）, Perrin, 2016, p. 61.

直につながり、映画への驚くべき取り組みの原動力をすべて理解してもらうための手がかりを謙虚に打ち明けている。「情けないことに、白髪頭の僕がいまだに試験前に勉強してなくて落第しそうになる夢を見ます。学生時代、授業をさぼって卒業も危うかったからでしょう。目が覚めてげんなりしている。『夢みたい』というと、人はたいてい素敵な夢を連想しますが、実は悲しい夢、いやな夢だってある。いや、そっちの方が多くはないのだろうか。素敵な夢なんて、人はめったに見ないのではないか」と、4月23日に掲載された第1回の冒頭に記している。

育ての母としての下町

アクセルから足を上げて休んでもよかったのに、洋次はまた仕事を再開し、新作に取りかかった。『キネマの神様』で映画人としての思い出にのめり込んだ後、今度は、心に引っかかっているテーマに戻った。母親と息子の関係である。それは彼にとってある意味で失ったものでもあった。満州から引き揚げた後、両親が離婚してしまったからだ。「これまで映画で何度も母と子の姿を描きつづけてきました。それにはどこか、僕自身の体験が影響しているのかもしれません」と、自分でも認めている。彼は、母親の寛子が晩年に話したことを忘れない。「洋次、私は、けっして後悔してないからね」。ふり返ってみると、洋次が、母が主要な登場人物となる4作を撮ったのは、彼女が２０００年12月に亡くなった後のことだ。『母べえ』（２００８年）、『小さいおうち』（２０１４年）、『母と暮せば』（２０１５年）、『こんにちは、母さん』（２０２３年）の4作である。また、これらの作品はほかの作品とは異なる点もある。いずれも、山田洋次自身のアイデアではなくほかの人による原作から翻案されているという点だ。自分の母親とつながるさまざまな性格を4作の主人公それぞれに与えるという点で、より自由にできると感じたからだろう。このうち3作の舞台が戦時中であることも偶然ではない。それは監督の子ども時代、つまり母親のすぐそばで暮らしていた時代でもあるのだ。19世紀フランスの文豪、エミール・ゾラはあるとき、母親を称えてこう書いている。「母さん、私の中に、あなたからいただいたのではないものなどあるでしょうか」。心のうちで、山田洋次も同じ思いを抱いているのではないだろうか。実際、彼は母親から多くを受け継ぎ、それが彼の寛容で他者に開かれた精神となっている。なかでも『母べえ』と『母と暮せば』の間につくった『小さいおうち』で、松たか子が演じた一家の母親が、少なくとも容姿や態度という点で自身の母親にもっとも近いのではないか。監督はしばしば、母親は世の中の規則にしばられることなく、戦時中も生き生きと暮らしていたと回想し、「外国人のような解放された華やいだ雰囲気を持っている人だった」と語っている。この母親のふるまい方は、監督の作品でもかなり決定的な意味を持った。彼自身、日本を外から見るオブザーバーのようにふるまう。彼の母親は満州で生まれ、1947年まで暮らした。それは、彼が常に日本社会に注いでいる批判的なまなざしと無縁ではない。

『こんにちは、母さん』は、彼が2001年に見た永井愛の演劇作品が原作となっている。映画は、吉永小百合演じる元気のいい女性、福江を描いていく。彼女は夫を亡くしてからずっと一人で暮らしている。そこへ、息子の昭夫（大泉洋）がやってくる。仕事でストレスをためているうえ、妻とは離婚寸前で、娘とも折り合いが悪いこの息子は、母親のようすが変わったことに気づく。彼女は恋をし

『こんにちは、母さん』(©2023「こんにちは、母さん」製作委員会)

ているのだ。ここには明らかに監督自身の母親の影が見える。別の男性について行って新しい人生をはじめると決意し、人生をがらりと変える運命をたどった人だった。洋次がこの作品で強調したかったのは、どんなことであっても両親の選択に、子どもたちは適応せざるをえないということだ。こうした状況は、今の社会では1940年代末よりももっと頻繁に起きるだけに、このメッセージはそれだけ重要になっている。ただ、洋次が「歳をとってもゼロから新しい生活へと羽ばたこうとする母のバイタリティーに驚いたものです」と話すのを聞けば、この作品にどれほど自分自身の人生が込められているか、窺い知ることができる。

この作品は彼の90作目であり、撮影をはじめたとき92歳だったことを考えれば、前作と同様にこの作品も、一種の映画による遺書としてつくられたのではないかと考えてしまう。そこに後の世代へのメッセージを残したかったのではないだろうか。そもそも演出ノートでもこう説明しているのだ。「隅田川沿いの下町、古びた家並みの向こうに、スカイツリーが高々とそびえる『向島』にカメラを据えて、この江戸以来の古い町に暮らす人びとや、ここを故郷として行き来する老若男女たちの人生を、生きる喜びや悲しみを、スクリーンにナイフで刻みつけるように克明に写し取り、描き出したい」。舞台の選択はやはりねらいがあってのことなのだ。ちょうど60年前に彼が最初の長編『下町の太陽』（1963年）を撮ったのもこの場所だ。思い出してほしい。これはそもそも若き日の倍賞千恵子と映画の主題歌を売り出すための派手な作品になることが想定されていた。ところが、ほとんど非人間的な場所となった都心と、人々の間にまだ強いつながりが残る下町との対比を描く作品となった。洋次はそれを忘れてはいない。彼の言葉もそれを語っているのだ。東京スカイツリーに象徴される近代的な都市の部分が、下町の界隈にまで広がるにつれ、まだ残っている人間性も消えつつある、と。寅さんシリーズやほかの作品で、柴又はその下町の典型例として大きな存在感を示していた。だから、その社会の均衡を壊しかねない地域の開発にもどうにかこうにか抵抗することができた。しかしこの聖域も、もはや変容から逃れられなくなっている。柴又界隈は2018年に文化庁から重要文化的景観のひとつとして選定された。参道や寺社、旧家など一帯の131ヘクタールが対象となっている。しかし今、都道の拡幅計画という難題を突きつけられている。またコロナ禍の影響も深刻で、いくつかの店は撤退を余儀なくされた。帝釈天の裏にあったウナギやコイの料理店「川甚」も2021年1月に創業230年の歴史を閉じた。柴又はそれでも住民や自治体ができるかぎり現在の状態を残そうと力を入れて取り組んでいるが、この点、向島はきわめて危うい。その意味で、「僕たちの国の『逝きし世の面影』がうっすらとただよっていた、というようなつもりの映画が『こんにちは、母さん』です」と洋次も認める。だから、そのねらいに合わせて、セットをスタジオに再現した。「戦後の建物とはいえ丁寧につくられた日本建築という考えでスタジオに建てたセットは、日本の大工や建具職人の良心がうかがえるような丁寧な作りになるよう、そこに小百合さんが大事に暮らしてきた歴史が見えるよう、美術監督の西村貴志君には苦労してもらいました。障子の桟が海をデザインしたものにするために特別に職人にオーダーしたほどです」

視線の先に東京の新しいタワーを置きながら、時代遅れとも見えるものを示したいと願う。それがなにを意味するか。こうした新しい建築物が登場し庶民が暮らす下町にとって代わっていく様は、洋次には、人間関係の断絶に見えていることを理解しなければならない。彼のねらいを支え、それでも明るい見通しを示すために、福江の孫である舞（永野芽郁）は大きなマンションよりも祖母といっしょに暮らすほうを選ぶ。「入り口に鍵はなく、近所の人たちが勝手に上がって、お茶を飲んだりせんべいをかじったりしている。そんな地域の暮らしを日本人は長い間上手に続けてきたはずです」。彼は、とくに『下町の太陽』以降の作品製作では一貫して、共同体を維持することの重要性にこだわりつづけた。共同体があったからこそ、日本の近代史でもっとも困難な時期にさえ、人々の暮らしの本質的な部分が守られてきたと考えるからだ。「思えば、江戸期から明治、大正にかけて、この国の政治は軍国主義に突き進んで行くのだけど、民衆は日々つましい暮らしの中で豊かな知恵を出し合い、冠婚葬祭から困ったときに助け合う互助システムを工夫し、職人たちは良心を大切にして質素ながらも今よりはるかに洗練された気持ちのいい暮らし方をしてきたのではないでしょうか」と、『朝日新聞』への寄稿で指摘している。監督は、足袋店のセットを物語の中心舞台にすることで、まさにこの時代に取り残されているような面を強調しようとした。そうすることで、こうした場所こそがほんとうは人々の連帯を守っていくために決定的なのだと示している。ホームレス支援のためにできたグループが活動を準備するのもそこだ。ホームレスたちは東京の都心では見かけない。隅田川沿いで暮らしている。川沿いの一方に、うわべは輝くばかりの立派なマンションやオフィスビルで営まれる無味乾燥な日々。しかし、その中でも人間的なドラマが繰り広げられている。他方に悲惨な暮らしを物語るホームレスたち。社会からはじき出され、段ボールをあのブルーシートで覆ったその場しのぎの小屋に身をひそめている。そして、そんな人たちを支援しようと乗り出す男や女がいる。田中泯が演じたイノさんは『こんにちは、母さん』で不可欠な存在だ。この人物は、30年前に撮影された『学校』の登場人物だったもう一人のイノさんと、はるかな時間を隔てて響き合う。イノさんは洋次が対比して見せた二つの東京の境界線で生きているのだ。過去と現在をつなげてみせるのも彼だ。1945年3月10日の東京大空襲と、日本政府がその被害を小さく見せようとしてきたその後。政府は元兵士とその家族には惜しみなく補償をしたが、空襲から生きのびた人たちのことは忘れてしまった。犠牲者の名簿作成に力を結集しようとはしなかった。生き残った人たちの多くが何十年にもわたってみんなで、この空襲を記憶するための慰霊碑の建設を求めても、政府は聞き入れなかった。この悲劇の記憶が消えないのは、ただただ地域住民が努力しているからなのだ。イノさんが悲劇の瞬間を思い出すシーンはとりわけ強い印象を与える。首都でおよそ10万人もの犠牲者を出した、このできごとが現代史の中でどれほど重大な意味を持つものだったのか思い知らせ、今の東京がたいへんな苦難の上に再建されているという現代人が忘れがちな史実を明らかにしてみせている。「下町を語る場合に大空襲を避けてはいけないから。その前には関東大震災もあり、下町は本当につらい歴史を持っているんだ」。洋次は『東京新聞』(2023年9月7日付)でのインタビューで語っている。すみだ郷土文化資料館が所蔵している絵を使って構成されていて違和感を与えるかもしれない部分だが、それでもあえて入れたのは、こうした考えからだ。

絶望するしかないのか?

作品は9月1日に公開された。関東大震災の記念日である。この震災は下町にも大きな被害をもたらした。彼は当然、そのことに触れている。白髭神社のカットだ。田中泯が1923年の震災後に再建された入口の前を通る。背後には東京スカイツリーが見える。案内板には「大正十三年一月建立」とある。そこでまた、イノさんが過去と現在がつながっていることをはっきり示す役割を果たす。しかし、彼の体は衰えている。そのあぶなっかしい健康状態が、その場所が危ういことを象徴している。ある意味で、洋次は、歴史への最後の案内人の一人であることを静かに自任している。自らの過去を知らないまま、未来を切り拓くことはできないという原理を意識しているのだ。ここに、幸せということについての彼のこだわりを見て取ることもできる。作品の中で、個人的な次元でも社会としての次元でも、幸せについて追求している。直文(寺尾聰)に恋をしたおかげで、福江は孤独や悲しみに沈み込まないで暮らしている。けれども、この恋物語は実ることなく終わる。牧師の直文が北海道に移り住むことを決意したからだ。最後に自分の気持ちを伝えようとして、福江は彼にいっしょについて行こうかと言う。けれども最後は、寅さんシリーズでのリリー（浅丘ルリ子）のようにふるまう。「冗談ですよ」と言ってしまうのだ。洋次は結局のところ、幸せを追求し切れない同時代人たちに対する深いペシミズムを表明している。それは社会に対しても同様だ。「この国はおかしくなっている」と、彼は言う。「つまり、日本人はやがて幸せになるとぜんぜん思えない。むしろ不安ばかりある。たとえば収入の格差の問題、老人の介護の問題、医療問題、学校教育の問題、いろんなことがとてもこの国はうまくいっていない。いろんな数字で出てきている。平均収入、最低賃金、女性の立場を表す数字とか、幸福度。いろんな数字が、日本は世界の先進国で最下位レベルなんだよね。どうしてそれで平気なんだ、ということ。物価が安くなって外国人が来てわいわい買い物している。これはとてもみじめな状況だと思うね」

『下町の太陽』はある意味で、最初の警告だった。その60年後、監督は、その警告を聞いてもらえなかったことを、苦々しい思いで確認している。日本の社会がなんとかその姿を保てているのは、頑張って課題に取り組む人がいるからだ。２０２４年の元旦に能登半島を襲った深刻な地震でも、人々がお互いに助け合う仕組みが、農村共同体にはまだしっかり残っていたから、国が救助支援の体制を整えるまでの間、最悪の事態を避けることができた。この作品から浮かび上がるただひとつのポジティブなメッセージはそれだ。ただ作品では、社会の土台である連帯の価値を忘れ果てたらしい国の弱点を、容赦なくすべて明るみに出している。『シネ・フロント』誌（第４０３号、２０２３年秋）に収録されている詩人のアーサー・ビナードとの対談で、洋次はこう嘆いている。「日本の若者は、突然、大変な状況に陥ったときに身を処する処方が、とても今はわかんなくなっている。みんな、弱くなってるんじゃないかな。これからどんなことが起こるかわからないけれど、もし、ほんとうに戦争が始まろうとするときに、命がけでそれを防ぐというかな。世界中の若者が一斉に立ち上がって戦争をやめさせる。そういう行動力とエネルギーを、今の私たちはもっていないだろうということが、とても恐ろしいですね」。さらに「国際的な緊張感の中で日本はますます米国の傘の下に入って、米国と一緒に戦う方向に行きつつあることについての不安もある。さらに、世界中が戦争に向かってどんどん緊張感を増している。もっと日本人は考えるべきですね。何でこんなふうに悪くなるんだ世界は、と。何でこんなことになっていくんだろうという思いを重ねながら、ぼくはこの映画を作ったつもりなんだ」と指摘。そして、悲観的にならざるをえない見立てをしながらも、人々の問題意識を目覚めさせるための取り組みを続けると語っている。

これこそ彼の映画作品の力である。それがあるから、日本人は彼の言葉に耳を傾けようとしつづける。それがほかの若い監督たちと異なる点でもある。迷走する社会や、国が抱える課題に向き合うより、戦争の備えを急ぐような政府を批判することは、もっと若い監督たちにもできる。しかし、洋次は過去についての知識をもとに主張を組み立てる。彼は、ある意味でまるで政治家のように行動する。高齢にもかかわらず、作品の封切り前には宣伝ツアーでいくつかの町を訪れ人々と会う。とくに宮崎県の日向市にはよく足を運ぶ。彼にとっては、首都ではおそらく消え失せた抵抗の精神を体現している町だ。映画館がないこの町で１０００人の観客を前に上映会を開いた。その後、彼はイベントを組織した「山田会」代表の和田康之に「日向は、奇跡だ」と心の内を明かしている。つまり、彼の映画が描いてきた共同体の躍動が、そこに見いだせたということだ。だが、ひとつ問題がある。大きな問題だ。日本でとりわけ懸念されている人口動態上の危機である。人口減少と高齢化で活力を奪われ、こうした共同体は消滅しつつあるのだ。作品の中では、この問題を直接取り上げているわけではない。しかし、舞という登場人物を通して、共同体の再活性化の可能性について疑問をただよわせている。この舞は、作品の最後で若い男性といっしょに隅田川の花火を眺めている。この長編映画で描かれる恋愛関係の当事者は、高齢者ばかりだったが、最後に示されるこの二人からは、新しい世代が登場するかもしれない。

この90作目の作品に込めようとするメッセージについて、洋次にはためらいがあるように見える。そのこと自体が、日本が直面する複雑な状況の証しである。ほかの作品でよく見られるように、個人は、困難から抜け出すために自分たちの力を信じ、政府に期待するべきではないことを示そうとしている。作品に登場する国家の代表は、北山雅康が演じる警察官だけだ。その彼が、ホームレス支援のグループに入っている。まるで、行政組織にいても責任をまっとうできないかのようである。そして実際にそのとおりであることは、２０２４年1月の能登半島の悲劇的なできごとが物語っている。福江は、参加した市民活動で大学教授から牧師に転身した直文との関係を深めることができた。洋次は、この人物について、山田組の元メンバーから想を得たと、『シネ・フロント』誌で話している。元メンバーは福島県の山奥の小さな集落で牧師になったのだという。それにしても、この作品で彼がキリスト教を登場させているのは興味深い。彼の長い作品リストの中で、人物のだれかがキリスト教の信徒だったり、教会が映っていたり、キリスト教の宗教儀式の場面が登場する作品は枚挙にいとまがない。日本全国でキリスト教の信者数は１０５万人（全人口の０・83％）ほどだが、監督の作品では目立っている。彼が、この信仰に関心を持っていることを示している。自身の信仰についてはっきり述べたことはないが、日本では、キリスト教徒たちが道徳的精神的な面で社会にかかわる度合いは、ほかのどの宗教より深いということを示しているように見える。「うんと田舎の小さな教会の牧師になりたいと、信者七、八人しかないのかな、そういうところで牧師をしてます。貧しい暮らしをしてますけどね。その人を見てると、こんな生き方してる人がいるんだなと思ってね」と、元同僚について触れながら『シネ・フロント』誌で語っている。そして、作品の登場人物である直文もまた同じことをする。「知床の近く別海という海沿いの町なんですが、そこの教会の牧師が重い病気になってお勤めが無理になったので、教団の方から私に向こうの教会へ移るように言われました」と、彼は福江に伝え、向島を離れる決意を説明する。個人的な利益に反してでも、ある共同体によいことのために犠牲となる一人の人間（キリストのように?・）。こうした姿勢への共感から、この作品やほかの作品でキリスト教にまつわることがらに大事な場所を与えているのかもしれない。

まなざしを変えさせる

1990年代に入ったころから、洋次は松竹の巨匠監督たちが製作した映画を参照するようになった。そういった純粋に映画作品という点から見て、『こんにちは、母さん』はその延長線上に位置する。いくつかのカット、とくにカメラが外から店舗の奥をとらえるところなどは畳の位置から撮影された小津の作品を思い出させる。そのうえ、洋次はいつものように自分自身のこれまでの作品への目配せも楽しんでいる。こうしたディテールは彼の作品の大きな魅力だ。時間をかけてじっくりと作品を何度も見て小さな発見ができると、ファンはほんとうにうれしい。たとえば、直文が勤める教会の前にある電柱。そこにテアトル銀幕の広告がある。『キネマの神様』（2021年）でテラシンが経営している映画館の名前だ。いささか重いテーマを語っているときでも、洋次はコミカルなカットを挿入せずにはいられない。それは若いころ夢中になっていた滑稽な映画とのつながりを示す場面なのだ。『男はつらいよ　お帰り　寅さん』（2019年）や『キネマの神様』でやってみせたように、緊張感が高まったシーンの後、ふと気がゆるむようなおかしなカットを入れる。まるで、気分の浮き沈みは私たちの人生の一部なのだから、あまり気にしてはいけないとでも言うかのようだ。観客は、彼が作品の中につくりあげた世界で迷いを感じない。彼がとても手際よく物語を紡ぐ、と感じる。洋次は、映画を扱う自分のやり方を職人や農民に例えている。「豆腐屋さんは毎朝早く起きて、前の晩に水に浸しておいた大豆をミキサーにかける。豆腐屋が豆腐を作るように、農民が野菜を作るように、ぼくは映画を作ってきた。それが仕事だから」と、『東京新聞』で語っている。

作品は封切りされると同時に、好評をもって迎えられた。最初の2週間は興行収入でトップを走った。作品への反応がなくて、砂漠に向かって説教をしている気分になることもよくあるのだが、このときは励まされるばかりだった。彼には観客からの支持も必要なのだ。というのも彼だって年齢ゆえの問題から逃れられない。彼自身の健康に問題はなくとも、まわりで、友人たちが相次いで世を去れば、気力にも打撃となる。俳優の佐藤蛾次郎が2022年の12月に亡くなった。『男はつらいよ』全50作のうち49作に出演し、シリーズを支えた柱の一人だった。映画の家族の一人が亡くなるつらいできごとだった。登場場面は多くなかったが、長い間、寅さんの分身のような存在だった。「握りずしについているワサビみたいな男。いなくてもいいかもしれないけれど、いないと困る」。ジャーナリストの小泉信一によると、佐藤は亡くなる少し前に自分でそう語っていたという。監督も「(寅を演じた)渥美清さんが仁王様、その足に踏んづけられている天邪鬼が佐藤蛾次郎さん。このコンビなくして、寅さんシリーズは成り立たなかった」と述べ、この脇役が不可欠だったと指摘している。佐藤は、洋次が『吹けば飛ぶよな男だが』(1968年)で、脇役として押し出した俳優なのだ。しかし、彼にもっとも大きな不安をもたらしたのは、大江健三郎のような日本の思想界での重要な人物が亡くなっていったことだ。1994年にノーベル文学賞を受賞したこの作家が2023年3月3日に死去したとき、洋次は「物事を考える上で、正しい指針を与えてくれる人がいなくなってしまった不安と悲しみに包まれています」と語っている。さらに「大江さんを失うことが、現在のような混沌としたこの国の、さらに世界の状況にとって大きな損失だということを考えます」とも付け加えている。つまり、洋次は日本社会の良心という役割を担うことができた世代の最後の一人となったということだ。その役割を自ら口にすることはなくとも、彼自身は大きな責任を感じている。おそらく、それは彼にとってストレスだろう。しかし、驚くべきことに、92歳といえども時事問題や文明の問題について語りはじめると、その言葉も身ぶりも20年前と変わらない。年齢不詳の知識人になるのだ。その主張は切れ味鋭く、言葉は緻密だ。衰退の兆候はまったくない。

洋次は仕事に打ち込むことで活力を得ているようで、そのおかげで気持ちが落ち込むことはない。昨今の状況を見れば、働くのをやめたくなってもおかしくないのに。たとえば漫画家のかわぐちかいじは作品を通して、どんどん複雑になっていく現代とどう向き合うのかと日本人に問いつづけている。それと同じように、監督もストレスを払いのけ、作品の製作に集中する。その射程を見定めるために何年もかけて調査をする。そう考えると、彼への内外の評価についての疑問に突き当たる。よく言われるように、比較しただけではなにも証明したことにならないのかもしれない。しかし、『こんにちは、母さん』とヴィム・ヴェンダース監督の日独合作の映画『PERFECT DAYS』への批評を検討してみると興味深い。後者はカンヌ国際映画祭で紹介され、役所広司が主演男優賞を受賞した。前者は観客から好評だった。ほかの山田作品と同じように、人間的なところや扱っているテーマの深さなどが高く評価された。だから、2024年3月8日に発表された第47回日本アカデミー賞では11部門で優秀賞を受賞した。しかし、今回は大きな成果はなかった。審査員たちは怪物映画『ゴジラ−1.0』（2023年）に軍配を上げた。最優秀作品賞、最優秀監督賞、最優秀主演男優賞を競った『PERFECT DAYS』は、このうち二つ（監督賞、主演男優賞）を獲得した。すでに言われていた評価が確定した。たしかにヴェンダース監督の映画は美しい。しかし、そのほかには大して見るべきところがない。主人公の男は、いつも機嫌がよく、きちんと生活を送っている。しかし、そこには現実がない。社会性がない。完璧な音楽、美しい映像、清潔なトイレ、そして役所広司演じる主役の規則正しい日々でつくられたこの作品では、どんな問題も提起されていない。日本が外国に売り込もうとしている除菌されたイメージを想起してしまう。銘記しておきたい。ヴィム・ヴェンダースのこの作品のアイデアは、東京都が彼に求めたことから生まれた。公衆トイレの宣伝をしてほしいという求めだ！「なんだか嘘くさい、うんとお金のある自主映画という印象でした」と洋次も評している。同じテーマ、同じセットで撮るのなら、むしろケン・ローチに監督してほしかったのではないだろうか。この反発はよくわかる。洋次と同じように、ヴェンダースも一部を隅田川の河畔で撮っている。東京スカイツリーを背景に置き、洋次と同様ホームレスの役に田中泯を起用しているのだ。

これはつまり、よく考えられた深い省察に対する表面的なものの勝利を認めるということだ。またしても、大勢順応主義が私たちの社会をむしばんでいることが証明されたのだ。この社会は混乱する現実と格闘するよりも、「きれいな」ものばかりに目を向けようとする。がっかりする状況だ。それに対して、洋次が痛烈な一撃をくらわすような映画で挑発するのではなく、細やかなタッチで反応を引き起こそうとしているのが、いささかもどかしい。日本人たちはもう力を尽くそうとはしなくなっている。表面を取り繕い、とげとげしい現実を見えなくすることで、人は敗北主義に流されていく。洋次が2002年に俳優として起用した田中泯の演技さえも、ここでは期待どおりではない。彼自身、6月13日のカンヌでの記者会見で「映画、テレビドラマをつくる側が国民をバカにしている」と言い切っている。映画祭で紹介された作品に向けた言葉ではない。しかし、ある意味で、近年の映画の現実を表している。それは、2006年の山田洋次とアーサー・ビナードの対談[*6]とも共鳴し合う。その対談で米国の詩人はハリウッド映画について失望を表明している。「プロパガンダだけの映画になっている。みんなの恐怖を煽るためには、宇宙から何かが飛んでくるとか、台風が来るとか、人々の心を操作するものを作っているように思えてなりません。だからこそ、僭越ですが、山田監督には人間を描いた本物の映画作りを期待しています」と言う。これに、監督は「ぼくもそうしなきゃいけないなと思いますね。つまり、二軒の蕎麦屋さんがあって、これこれ、こういう理屈で、こっちの店の蕎麦のほうがうまいよと言ったって、向こうの蕎麦で満足している人にはわからないんですよ。実際に食べてもらえばいい。食べてみると、ああ、こっちのほうがうまいやとわかる。ただ、今、怖いのは、食べてみてもどっちがおいしいのかわからなくなっている、観客の味覚が駄目になってきているんじゃないか」と答えている。明るい見通しの現状認識ではない。しかしだからといって、奥に闘魂を秘めているわれらが監督を止めることはできまい。彼はけっしてあきらめてはいけないことを心得ている。たくさんの映画作品を見ながら、彼は、後に続く力を持った監督が登場してほしいという希望を持ちつづけている。それが日本でないとすれば、中国かもしれない。あの国の映画文化の豊かさは、まだ十分に知られていない。グー・シャオガン監督の『春江水暖』（２０１９年）に強く印象づけられた洋次は、こう語っている。「こんなすばらしい映画があるのかと、僕はびっくりしました。軽やかで温かくて気持ちがよい。褒めすぎかもしれませんが、モーツァルトの音楽を聴いているかのよう。どんな監督が、どのようなプロセスでつくったのか気になりました」。観客が夢中で見ながら、自分の生活を問い直す。そんな人間的な作品をつくれる監督は、どこかほかのところにいる。洋次はそう言いたいのかもしれない。新しい作品を構想しながらも、洋次は自分のアイデアと観客を喜ばせたいという願いを演劇の演出に注いだ。２０２３年秋、『文七元結物語』を歌舞伎座で演出した。これには『キネマの神様』で起用した寺島しのぶも出演した。帝国劇場などとちがい、伝統を誇る歌舞伎座では舞台に女優を登場させることはあまりない。さらに、数年前からはじめた小津安二郎作品の舞台

＊6　『山田洋次の原風景——時代とともに』紀伊國屋書店、２００６年、16ページ。

への翻案も続けている。最初の上映から2023年で70周年となった、不朽の名作『東京物語』の演出を手がけ、2024年1月に三越劇場で上演された。

山田は常に映画の世界で冒険を追求する構えだ。高齢だがやめるつもりはない。頭が働くかぎり、体が動くかぎり、内なる炎を掲げたいのだ。

あとがき——夢は終わらない

山田洋次はまもなく94歳になるが、かつてないほど自分が担う役割の重さを意識している。けっして自分の考え方を押しつけることはなかったが、作品を通じて同時代人たちに、受け身になりすぎないようにと呼びかけてきた。対立する状況に引きずられるままにならないことが、どれほど大切か。戦争の時代を生きたからよくわかっているのだ。国際情勢が緊張し、政府は日本国民の注意を外の問題に向けようとする。それは危険な未来につながりかねない。だから、監督は命のあるかぎり挑戦を続けようとしている。そして、人々に夢を見ることの喜びを伝えられる作品を提供しつづけようとしている。

1995年に出版された『人は大切なことも忘れてしまうから――松竹大船撮影所物語』（山田太一ほか編著、マガジンハウス、47ページ）の中で、批評家の渡辺浩（ゆたか）のインタビューに、監督はこう答えている。「夢、難しいね、そいつがいちばん難しい。夢なんかすっかり無い時代だからさ。……僕は、様々な偉大な先輩達から、たくさんのことを受け継いでいるはずなんだよね、斎藤寅次郎、島津保次郎、清水宏、小津安二郎、木下恵介、渋谷実、野村芳太郎、数えたらきりがないくらいの人達からさ。そして、それは僕だけでなく、同時期に仕事をしてきた人達、衣裳部さんから、小道具さん、ロケマネまで、皆あの松竹大船撮影所で一緒に生活をしながら、映画の作り方や、スタッフとの付き合い方なんかを学んでいるわけ、自分で意識するしないにかかわらずね。もちろん他の映画会社の人達も、それぞれの撮影所で、それぞれの先輩からそういうことは受け継いでいるはずだよね。ところが、そのことを僕達の後の世代に伝えるということが、今の日本の映画界はとっても出来にくい。主には撮影所システムの崩壊という要因でね。偉大な先輩達の遺産を次の世代に残していくためのシステムを、日本の映画界全体が、責任をもって作り上げる必要があるんだけど、それには僕の同世代の人達がね、どのように運動を展開していくかにかかっている気がするわけ」。彼にすれば、制作技術、そしてなによりもその精神の継承こそ、日本映画が生き残るための土台なのだ。このことについて同じインタビューで、彼は中小企業の現状と並べて語っている。これは『男はつらいよ』シリーズで何度も取り上げたことでもある。「実はそれは日本の映画界だけではなくて、日本のすべての文化について言えることのような気がしてしょうがないの。先日NHKのドキュメンタリーを見てさ、僕はとても感動したんだよね。もう六十、七十歳の大阪の零細企業の社長さんの現在を描いた番組だけど、その人達

山田洋次監督と著者。2020年（写真提供：著者）

の工場が、今本当に危機に瀕しているの。今だにNC旋盤もいれないで、手動式の旋盤で、一個何十銭なんて仕事をやっている状態なんだよね。（中略）零細企業の人達も含めたエネルギーによって、日本の工業力は栄えてきたんだから、大企業の指導者達は、そういう零細工場の社長達をパートナーとして、仲間として守っていく姿勢が必要だと思うんだよ。でないと、日本の産業を作り上げた元の力が消えてしまうことになるわけだからさ。さらに突っ込んで言えば、農業に行き着くんじゃないかな。畑を作り、稲を育てるという、地味で、ねばり強い仕事のエネルギーが、日本の産業を育てた根っ子にあるわけで、僕も農家で育った人達と一緒に仕事しているんだからさ。皆がお互いをパートナーとして考える意識を持たないと、そのうちにこの国は滅びるなって気がするね」とも語っている。

　日本が政治的、社会的、経済的危機に向かいつつあるときの発言である。その危機から日本はいまだに立ち直れていない。だから、四半世紀を経た今も、この言葉は心に強く響く。人生のたそがれ時にあっても、洋次は腕を下ろそうとはしない。『キネマの神様』（２０２１年）の封切りの数日前、彼は私に手紙を送ってくれた。そこには、彼の哲学が要約されている。

「ぼくが大学を卒業して松竹撮影所の助監督になったのは１９５４年。この年に封切られた日本映画は『二十四の瞳』木下恵介監督、『七人の侍』黒澤明監督、『雨月物語』溝口健二監督、等々、その数年前に封切られた、『東京物語』小津安二郎監督や『羅生門』黒澤明監督、といった名作を含めて日本映画の名声が世界の映画界を驚かせていた時だった。

今日の韓国映画の勢いを見ていると、あの当時の日本映画はこんな風だったのかと思う。そんな時代に撮影所という映画作りの現場で金銭的な収入を得ながら映画を学べたぼくは幸運だった、と思うと同時に、ここから先の、つまり未来の日本映画が心配でならない。優れた若者が映画界を志望しなくなったし、そのような若者を教育するシステムがこの国にはほとんどないといっていい。ぼくは残り少ない人生を映画人の教育に捧げたいと思うけど、そのシステムがこの国にはほとんどない。

かつて黒澤明監督がアカデミー賞特別賞の授賞式で『僕は映画というものがまだよく分からない』と語って、それがどういう意味なのかと話題になったことがあるけど、ぼくには今その意味が少し分かる。ぼくの場合は、分からない、ではなくて少し分かってきたような気がする、である。

つまり、映画というのはあらゆるジャンルの大勢のスタッフと複雑な機械やコンピューターシステムによって作られるのだが、作品の質を決めるのは結局はたった一人の監督の感性、彼の内なる微妙な心の動き、そして彼の思想と人間的品性なのだ、ということだ」

本書を執筆した主要な目的は、日本映画を語るときに避けて通れない監督なのに欧米各国であまり知られていないこの映画人に光を当てることだった。山田洋次の全作品が日本の国外で広く上映されるのを切に望んで、本書の締めくくりとする。パリの寅さん回顧上映会の成功は、観客がそれを待ち望んでいることを示している。

夢は続く。終わらない。

山田洋次先生に感謝と敬意を込めて
リールにて、２０２４年３月
クロード・ルブラン

訳者あとがき——寅さんとはだれだったのか

本書は、「Claude Leblanc, *Le Japon vu par Yamada Yôji*, les Editions Ilyfunet, 2021」の本文とコラムのほぼ全訳である。山田監督やその作品についての認識の広がりが日仏で異なるうえ、原著出版（２０２１年11月）後に山田監督の最新作『こんにちは、母さん』（２０２３年）が公開された。こうした点を考慮し、著者の判断で本文に修正を施した。また、最新作についての情報や考察などを日本語版向けに書き下ろした章「バック・トゥ・ザ・フューチャー」と日本の読者に宛てた序文も訳出した。原著では、本文のあとに作品紹介欄が続いている。監督の89作について、それぞれ2ページを割いて、ポスター写真、あらすじや配役を記録している。フランスの映画ファンに向けた監督作品へのていねいな手引きの部分だが、日本ではすでに知られている部分も多いため本書では簡略化した。

翻訳作業は、博人と朗子が各章をほぼ交互に担当して第一稿をつくり、それを交互にチェックするという方法で進めた。

記述には詳細な文献への言及があり、仏語、英語、日本語の新聞や雑誌の記事、書籍からの引用も多い。それらの翻訳にあたっては、もともと日本語である資料は原文を用いるようにした。また邦画作品からの引用は、私たち翻訳者が実際に鑑賞して日本語の台詞を書き取るようにした。

疑問点があった場合は、著者と随時メールでやりとりしながら進めた。

＊　＊　＊

「あのね、寅さんは日本人にしかわからないとか、その心情はとても日本的だとか思ってるのは、日本人だけだからね」

数年前、著者であるクロード・ルブラン氏にそう諭された。彼は国際報道専門紙『クーリエ・アンテルナシオナル』の編集長なども務めたベテラン・ジャーナリストで、専門は東アジア。とりわけ日本について知識も取材経験も豊富だ。日本語も堪能で日本の新聞も毎日読んでいる。さらに『ズーム・ジャポン（ZOOM JAPON）』という日本の情報を発信する無料月刊誌も出しつづけている。

私たちにとっては古い友人の一人でもある。知り合ったのは、30年近く前に博人が新聞の特派員としてパリに赴任したときだ。週に一度、和食店で彼の好物トンカツを食べながら議論する仲になった。お互いに記事に書こうとしている相手の国の事情について疑問や意見をぶつけ合った。

ただ彼の日本への関心は、時事問題の領域をはるかに超えていた。とりわけ深く入り込んでいる分野のひとつが映画だった。フランスで日本映画の上映活動にまで取り組んでいた。

ある日、彼がトンカツを食べながら、とくにフランスで紹介に力を入れたいのは山田洋次監督の作品だと言ったとき、不覚にも「『男はつらいよ』を？」と、一瞬とまどいの反応を見せた。それが彼のいらだちを誘った。自分たちは気に入っていても、外国人にはわかるまいという根拠のない思い込み。

フランスでは黒澤明や小津安二郎はビッグネームだし、近年の日本映画への関心も高い。それは知っていた。しかし、寅さんがフランスでも歓迎されるかどうか、想像したことがなかった。

実際、フランスで山田作品はあまり知られていなかった。だが、それは仏映画関係者の無理解や偏見によるところが大きい、というのが彼の見立てだ。この点は、本書の「まえがき」で彼自身が述べているところである。

日本人による日本人のためだけの日本の映画……。日本にもフランスにもよどむ山田作品への偏見を打ち砕き、普遍的な価値を明らかにしなければ。本書にはその思いがこもっている。刷り上がって送ってくれた一冊には手書きで「心血を注いだ」とあった。

もちろん、この本のターゲットはフランスの映画ファンたちだ。まだ十分に知られていない山田監督の「発見」に導くことにあった。しかし、その射程は日本人にも及ぶ。私たち自身、彼が送ってくれた原著を一読して、最初にしたのは、オンラインで山田監督の作品を鑑賞できるサイトに登録することだった。そして、「寅さん」シリーズなどを次々と見直しはじめた。まだ翻訳を担当することなど考えていなかったが、山田作品への興味をそそられたのだ。

私たちは映画のマニアや専門家ではない。ただ、面白そうな作品だと聞くと映画館に出かけたり、テレビでの放映作品を鑑賞したりしていた。『男はつらいよ』もすべてではないが、おりに触れ楽しんでいた。しかし、本書を読んで、どうしてもまた見たくなってしまった。そして、見直してみると、当時の日本社会について発見がたくさんあった。それだけではない。そのころの自分をふり返る手がかりにもなった。自分はなにを見ていて、なにを見ていなかったのか。それは、タイトルからも窺えるように、監督の半生と作品を通して描き出されているのが、ひとつの日本現代史になっているからだろう。

フランス人を山田監督の「発見」に誘うために書かれたこの本には、日本人を自分が生きてきた社会と時代の「再発見」へと向かわせる力もある、と感じた。だから、著者から翻訳を打診されたときは、ほとんどためらわなかった。

＊　＊　＊

本書は、激動の幕末から明治維新にかけて試練に直面した山田家の記述からはじまる。そして、その一家に生まれ、「満州」で育ち、引揚げ者として日本を知ることになる洋次の半生と作品をたどりながら、それぞれの時代の日本を読み解いていく。

もっとも知られた作品『男はつらいよ』シリーズは、日本が高度経済成長へと離陸し先進国を自認しはじめたころから、バブル経済に熱狂し、それが崩壊に向かったころまで続いた。その間、多くの日本人は、毎年2回、お盆と正月に新作が公開されるたびに、スクリーンの寅さんに会いに映画館に出かけた。

おなじみのカバンを手に日本のあちこち（一度はウィーンを訪れたが）にふらっと姿を見せる寅さん。気前はいいがカネはない。消費の熱に浮かれていた当時の空気とは無縁である。ところが、時代とまったく相容れないような寅さんに、経済大国として得意の絶頂にあったはずの日本の私たちは惹かれつづけた。

いったい、「寅さん」とはだれだったのか。

本書で著者は、このシリーズについて雑誌インタビューで語った倍賞千恵子の言葉を紹介している。「ある意味では、長い長い一本の記録映画を撮ってきたのかも知れない」。そして「まったくそのとおりで、観客はさまざまな作品の中で、登場人物たちが自分らと同じように人生の浮き沈みを経験しながら変わっていくのを見てきた。そしてまるで意識していなかった国の姿を知ることにもなったのだ」（第3部「ずっと好調」）と指摘する。

マンネリズムという批判を受けることもある『男はつらいよ』が、毎回どれほど、時代の変わり目を先取りしながら日本を描いてきたか、著者は細部にまで目配りして明らかにしている。女性の自立や長時間労働、日米問題、孤独死など、そのときどきの重要な問題が各作品のテーマとなっているだけではない。カラーテレビやパン食の普及など、日本人の暮らしの風景の変化が映像の中に細かくちりばめられていることも的確に指摘している。そのリアルな舞台設定があってこそ、人々は登場人物に自分を重ねることができた。

その意味で、たしかに各作品は時代を描くドキュメンタリーでもあった。

そのリアルな風景の中で、ただ一人その現実から完全に浮いた人物が主役として登場する。「時代がその上を滑り通り過ぎていくような寅さん」である。著者は「過去からの訪問者さながらに、彼は今の時代の人々の中で、いささか迷子のようである」と表現している。「第31作で、登場人物の一人が寅さんについて、『時代遅れよ』と言う。つまり、過ぎた時代に属しているというわけだ。そのときの日本と、時代遅れの寅さんという二つの時空間の表現によって示された、この対比の構図がなければシリーズは観客たちの支持を得ることはなかっただろう」（第2部「目の奥の日本」）。

その時代を緻密に「記録映画」のように描きながら、そこに虚構の人物「寅さん」を置く。風体も価値観もまったくそぐわないはずなのに、なぜかほかの登場人物たちは彼に心をゆるし、生きるつらさ、愛の悲しみ、親子の悩みを打ち明けていく。実際にはありえないような展開。だが、観客は受け入れ、物語の中に誘い込まれる。

社会と時代の「現実」に寅さんという「虚構」が入り込む。「二つの時空間の表現によって示された、この対比の構図」から「真実」が浮かび上がる。「同時代を生きる人々が、自分たちを取り巻く世界の破廉恥な言動から逃れる必要がある」。山田監督にはそれがよくわかっていたのだ、と著者は言う。

それは、本書のキーワードのひとつ「ふるさと」の分析にもつながる。満州育ちの監督は、いわばふるさとを持たないデラシネ。その彼が、失われたふるさとを求めて描く柴又あるいは地方の町々は、実在なのか幻想なのか。

「現代の都市化による大量の根無し草的人間の出現は、日本社会全体をある種の郷愁の思いに駆り立てているように思われる」という仏地理学者・思想家のオーギュスタン・ベルクの言葉を引用し、山田作品はそこを突いていると見る。「商店街でカメラをまわして、そこに並ぶ店の映像を流した。それは当然ながら観客に記憶や幻覚を呼びさました。日本人と寅さんシリーズについて話すと、最初の反応はたいてい『懐かしい』」（第2部「伝説のはじまり」）である。

たしかに「懐かしい」。しかし、自分はなにを懐かしんでいるのだろう。多くの日本人は『男はつらいよ』に大笑いして日々の憂いを「忘れよう」としたのではなく、むしろ、見失ったなにかを「思い出そう」としていた。

著者は「観客に自分の姿を見るための鏡を提供したいという思いが（監督には）あった」と指摘し、そのねらいは『男はつらいよ』などの喜劇だけでなくシリアスな作品群にも読み取れるという。たとえば『家族』（1970年）は、経済成長に突き進む日本社会が置き去りにしつつある貧しさや家族のきずなについて観客をふり返らせようとする。『幸福（しあわせ）の黄色いハンカチ』（1977年）が、広い北海道でのロードムービーとして描かれるのも、人々に自分をふり返る時間を見つけ出してもらうためだった。

だから山田監督の手法は、ほかの多くの監督と異なると言う。「告発」する者としてのスタイルを採らない。「むしろもっと微妙なアプローチで迫り、変化する社会について、どうして変えたいのかと人々に動機を問いかけた」

本を読み進むにつれて、山田作品に惹かれる理由が次第に浮かび上がってくる。私たちがそこで出会うのが「答え」ではなく「問い」だからだ。

急速な都市化、狂ったようなバブル経済とその崩壊、さらには加速する高齢化。暴走と迷走を重ねる時代に流されるまま、疑問を感じることさえしなくなっていく人々に、寅さんは最後まで「問う」ことをやめなかった。

いま、幸せかい？

仏北部の街、リールにある著者の自宅には映写室がある。スクリーンを前に映画館用のシートが4脚。肘掛けには飲み物のカップが置ける。真っ暗になったその部屋で上映がはじまると、映画館に座った気分だ。山田作品はDVDですべてそろえていて、いつでもどの作品でもそこで鑑賞できる。

執筆にあたっては、90作品をそれぞれ数回ずつ見直したと言う。参照しているデータは膨大だ。入手が難しい日本の資料さえ手元に集めていて、仏語表記になっている文献の原文を教えてもらうこともしばしばだった。取材も入念をきわめ、山田監督本人を含む関係者にインタビューを重ねている。

さらに日本の鉄道ファンでもある彼はほとんどの路線に乗っている。それは寅さんの放浪の追体験にもなっている。

原文の仏語はジャーナリストの文章らしく明解で読みやすいが、ずしりとした読後感をおぼえるのは、その知見と取材が下地になっているからだろう。

その甲斐あって、フランスではねらいを達成しつつあるように見える。著者自身も貢献したパリ日本文化会館での『男はつらいよ』シリーズの連続上映イベント「寅さんとの一年」は予想を超える反響を呼んだ。これは、本書の第7部「バック・トゥ・ザ・フューチャー」でも紹介されているとおりだ。

有力紙『ルモンド』も本書を「フランスで知られていなかった映画監督の内容豊富な紹介」と評価した。本を読んだ人からは、山田監督だけでなく現代日本も「発見」できたという感想が寄せられた

*　　*　　*

そうだ。なかには、読後に寅さんシリーズの全作品をＤＶＤでそろえた人もいたと言う。コロナ禍で人々があまり遠くに外出できなくなっていたとき、彼は隣人たちを自宅の「映画館」に招いて寅さんシリーズを一本見せた。隣人たちはその後も毎週やってくるようになり、結局、ほとんどの作品を鑑賞したと言う。

たしかに「寅さんは日本人にしかわからないとか、その心情はとても日本的だとか思っているのは、日本人だけ」だったようである。

著者はコロナ禍が下火になると、待ちかねたように訪日をくりかえしている。そのたびに長野県安曇野市の拙宅に足を運んでくれた。また、私たち自身も、渡仏した際に彼の自宅を訪問した。いずれのときも、私たちは倦むことなく山田作品について著者と語り合い、この本に込められた思いを共有することに努めた。

＊　　＊　　＊

文化交流はお互いの文化を紹介し合うことだけを意味するわけではない。お互いがお互いの文化をどう見ているか。それを知ることにも意味がある。文化交流は、他者理解にとどまらず、自分自身の相対化と理解にまで及ぶべきだと思う。だとすれば、この本はその最良の例のひとつになるのではないだろうか。

この点に深く共感し、本書のような大部の本の翻訳出版を決めた大月書店に、著者ともども心から敬意を表したい。とりわけ、編集を担当した森幸子さんと元大月書店の木村亮さん（現地平社）のお二人には心からの感謝を捧げたい。お二人の支えがなければ、この翻訳が実現することはなかっただろう。

また、著者の取材だけでなく、翻訳にあたっても、山田監督自身と松竹株式会社からも資料の提供などで多大なご協力、ご支援をいただいた。深く感謝したい。

さらに日本語版の作成にあたり、映画評論家の吉村英夫氏には映画についての用語やデータの確認で助けていただいた。大量の原稿を細かくチェックする労には、頭がさがるばかりだ。

最後に、この翻訳の出版に日仏文化交流としての意義を認めた笹川日仏財団から助成金をいただくことができた。出版実現に向けて欠かせない大きな支援となった。著者とともに深く感謝したい。

大野博人、大野朗子

2024年8月

JASRAC 出 2406443-401

協力　松竹株式会社

装幀・本文デザイン　宮川和夫

山田洋次が見てきた日本

2024年 9 月13日　第 1 刷発行
2025年 2 月20日　第 2 刷発行

定価はカバーに表示してあります

著　者　クロード・ルブラン
訳　者　大野博人
　　　　大野朗子
発行者　中川進

〒113-0033　東京都文京区本郷 2-27-16

発行所　株式会社　大月書店

印刷　太平印刷社
製本　ブロケード

電話（代表）03-3813-4651　FAX 03-3813-4656　振替 00130-7-16387
https://www.otsukishoten.co.jp/

ISBN978-4-272-61247-5　C3074　Printed in Japan

◎著者

クロード・ルブラン（Claude Leblanc）

１９６４年生まれ。ジャーナリスト。仏語による日本情報誌『ズーム・ジャポン（Zoom Japon）』創刊編集長。週刊紙『クーリエ・アンテルナシオナル（Courrier international）』『ジュヌ・アフリック（Jeune Afrique）』でも編集長を務めた。現在、日刊紙『ロピニオン（L'Opinion）』でアジア担当の論説記者。著書は、『車窓から見た日本』2巻（Editions Ilyfunet）、日本の伝説的な漫画誌を描いた『ガロ革命　１９４５年から２００２年』（Editions IMHO）、ラファラン元仏首相との共著『中国　大いなる逆説』（Ed. Michel Lafon）など多数。現在は、漫画家、石ノ森章太郎の評伝を執筆中。日本食、とくにトンカツについても造詣が深い。

◎訳者

大野博人（おおの・ひろひと）

１９５５年生まれ。元・朝日新聞記者。ジャカルタ、パリ、ロンドンの特派員、外報部長、論説主幹などを務めた。コラム「日曜に想う」も担当。著書に、新聞連載をまとめた『民主主義って本当に最良のルールなのか、世界をまわって考えた』（共著、東洋経済新報社）、仏歴史家エマニュエル・トッドのインタビュー集『グローバリズム以後』（共著、朝日新書）など。２０２０年に退社後は長野県安曇野市に移住。

大野朗子（おおの・さえこ）

１９５４年生まれ。通訳、翻訳者。訳書にイヴォンヌ・ヴェルディエ『女のフィジオロジー』（新評論）、ジョルジュ・ミノワ『老いの歴史』（共訳、筑摩書房）、マルジャン・サトラピ『刺繍　イラン女性が語る恋愛と結婚』、マルタン・パージュ『僕はどうやってバカになったか』（青土社）、シャンサ、リシャール・コラス『午前4時、東京で会いますか？』、シャンサ『天安門』（いずれもポプラ社）など。安曇野市在住。

山田洋次監督映画一覧(1961-2023)

〔1〕二階の他人
1961年12月15日公開/ 56分
出演:小坂一也、葵京子、平尾昌晃、瞳麗子
原作:多岐川恭
脚色:野村芳太郎、山田洋次
撮影:森田俊保
音楽:池田正義
配給:松竹
©1961松竹株式会社

〔2〕下町の太陽
1963年4月18日公開/ 86分
出演:倍賞千恵子、勝呂誉、早川保、
田中晋二
脚本:山田洋次、不破三雄、熊谷勲
撮影:堂脇博
音楽:池田正義
配給:松竹
©1963松竹株式会社

〔3〕馬鹿まるだし
1964年1月15日公開/ 87分
出演:ハナ肇、三井弘次、渥美清、
桑野みゆき、長門勇、藤山寛美
原作:藤原審爾
脚本:加藤泰、山田洋次
撮影:高羽哲夫
音楽:山本直純
配給:松竹
©1964松竹株式会社

〔4〕いいかげん馬鹿
1964年4月29日公開/ 86分
出演:ハナ肇、犬塚弘、松村達雄、岩下志麻、
石井均、殿山泰司
脚本:山田洋次、熊谷勲、大嶺俊順
撮影:高羽哲夫
音楽:池田正義
配給:松竹
©1964松竹株式会社

〔5〕馬鹿が戦車【タンク】でやって来る
1964年12月20日公開/ 93分
出演:ハナ肇、谷啓、小沢昭一、岩下志麻、
犬塚弘、戦車87号
原案:團伊玖磨
脚本:山田洋次
撮影:高羽哲夫
音楽:團伊玖磨
配給:松竹
©1964松竹株式会社

〔6〕霧の旗
1965年5月28日公開/ 111分
出演:倍賞千恵子、露口茂、滝沢修、
新珠三千代、清村耕次、川津祐介
原作:松本清張
脚本:橋本忍
撮影:高羽哲夫
音楽:林光
配給:松竹
©1965松竹株式会社

〔7〕運が良けりゃ
1966年3月19日公開/ 91分
出演:ハナ肇、倍賞千恵子、犬塚弘、
藤田まこと、桜井センリ、渥美清
脚本:山内久、山田洋次
撮影:高羽哲夫
音楽:山本直純
配給:松竹
©1966松竹株式会社

〔8〕なつかしい風来坊
1966年11月12日公開/ 90分
出演:ハナ肇、倍賞千恵子、有島一郎、
中北千枝子、久里千春
脚本:山田洋次、森﨑東
撮影:高羽哲夫
音楽:木下忠司
配給:松竹
©1966松竹株式会社

〔9〕九ちゃんのでっかい夢
1967年1月2日公開/ 89分
出演:坂本九、倍賞千恵子、竹脇無我、
谷幹一、佐山俊二、渡辺篤
原作:三木洋
脚本:山田洋次
撮影:高羽哲夫
音楽:山本直純
配給:松竹

©1967松竹株式会社

〔10〕愛の讃歌
1967年4月29日公開／ 94分
出演：中山仁、倍賞千恵子、伴淳三郎、
有島一郎、千秋実、太宰久雄
原作：マルセル・パニョル
脚本：山田洋次、森崎東
撮影：高羽哲夫
音楽：山本直純
配給：松竹
©1967松竹株式会社

〔11〕喜劇 一発勝負
1967年8月5日公開／ 90分
出演：ハナ肇、倍賞千恵子、谷啓、犬塚弘、
桜井センリ、加東大介
脚本：山田洋次、宮崎晃
撮影：高羽哲夫
音楽：山本直純
配給：松竹
©1967松竹株式会社

〔12〕ハナ肇の一発大冒険
1968年1月3日公開／ 89分
出演：ハナ肇、倍賞千恵子、入川保則、
犬塚弘、桜井センリ、中村晃子
脚本：山田洋次、宮崎晃
撮影：高羽哲夫
音楽：坂田晃一
配給：松竹
©1968松竹株式会社

〔13〕吹けば飛ぶよな男だが
1968年6月15日公開／ 89分
出演:なべおさみ、緑魔子、犬塚弘、小沢昭一、
ミヤコ蝶々、有島一郎
脚本：森崎東、山田洋次
撮影：高羽哲夫
音楽：山本直純
配給：松竹
©1968松竹株式会社

〔14〕喜劇 一発大必勝
1969年3月15日公開／ 92分
出演：ハナ肇、倍賞千恵子、谷啓、犬塚弘、
志摩ゆき、武智豊子
原作：藤原審爾
脚本：森崎東、山田洋次
撮影：高羽哲夫
音楽：佐藤勝
配給：松竹
©1969松竹株式会社

〔15〕男はつらいよ（第1作）
1969年8月27日公開／ 91分
出演：渥美清、倍賞千恵子、光本幸子、
森川信、志村喬、笠智衆
原作：山田洋次
脚本：森崎東、山田洋次
撮影：高羽哲夫
音楽：山本直純
配給：松竹
©1969松竹株式会社

〔16〕続 男はつらいよ（第2作）
1969年11月15日公開／ 93分
出演：渥美清、倍賞千恵子、佐藤オリエ、
山崎努、ミヤコ蝶々、森川信
原作：山田洋次
脚本：山田洋次、小林俊一、宮崎晃
撮影：高羽哲夫
音楽：山本直純
配給：松竹
©1969松竹株式会社

〔17〕男はつらいよ 望郷篇（第5作）
1970年8月26日公開／ 88分
出演：渥美清、倍賞千恵子、森川信、
三崎千恵子、笠智衆、長山藍子
原作：山田洋次
脚本：山田洋次、宮崎晃
撮影：高羽哲夫
音楽：山本直純
配給：松竹
©1970松竹株式会社

〔18〕家族
1970年10月24日公開／ 106分
出演：倍賞千恵子、井川比佐志、笠智衆、
前田吟、木下剛志、塚本信夫
原作：山田洋次
脚本：山田洋次、宮崎晃
撮影：高羽哲夫
音楽：佐藤勝
配給：松竹

©1970松竹株式会社

〔19〕男はつらいよ 純情篇(第6作)
1971年1月15日公開／ 90分
出演：渥美清、倍賞千恵子、若尾文子、三崎千恵子、前田吟、森川信
原作：山田洋次
脚本：山田洋次、宮崎晃
撮影：高羽哲夫
音楽：山本直純
配給：松竹
©1971松竹株式会社

〔20〕男はつらいよ 奮闘篇(第7作)
1971年4月28日公開／ 92分
出演：渥美清、倍賞千恵子、榊原るみ、森川信、三崎千恵子、前田吟
原作：山田洋次
脚本：山田洋次、朝間義隆
撮影：高羽哲夫
音楽：山本直純
配給：松竹
©1971松竹株式会社

〔21〕男はつらいよ 寅次郎恋歌(第8作)
1971年12月29日公開／ 114分
出演：渥美清、池内淳子、倍賞千恵子、森川信、前田吟、三崎千恵子
原作：山田洋次
脚本：山田洋次、朝間義隆
撮影：高羽哲夫
音楽：山本直純
配給：松竹
©1971松竹株式会社

〔22〕男はつらいよ 柴又慕情(第9作)
1972年8月5日公開／ 108分
出演：渥美清、松村達雄、前田吟、三崎千恵子、倍賞千恵子、吉永小百合
原作：山田洋次
脚本：山田洋次、朝間義隆
撮影：高羽哲夫
音楽：山本直純
配給：松竹
©1972松竹株式会社

〔23〕故郷
1972年10月28日公開／ 96分
出演：井川比佐志、渥美清、倍賞千恵子、前田吟、田島令子、笠智衆
原作：山田洋次
脚本：山田洋次、宮崎晃
撮影：高羽哲夫
音楽：佐藤勝
配給：松竹
©1972松竹株式会社

〔24〕男はつらいよ 寅次郎夢枕(第10作)
1972年12月29日公開／ 98分
出演：渥美清、八千草薫、倍賞千恵子、三崎千恵子、松村達雄、米倉斉加年
原作：山田洋次
脚本：山田洋次、朝間義隆
撮影：高羽哲夫
音楽：山本直純
配給：松竹
©1972松竹株式会社

〔25〕男はつらいよ 寅次郎忘れな草(第11作)
1973年8月4日公開／ 99分
出演：渥美清、倍賞千恵子、浅丘ルリ子、松村達雄
原作：山田洋次
脚本：山田洋次、宮崎晃、朝間義隆
撮影：高羽哲夫
音楽：山本直純
配給：松竹
©1973松竹株式会社

〔26〕男はつらいよ 私の寅さん(第12作)
1973年12月26日公開／ 107分
出演：渥美清、前田武彦、岸恵子、倍賞千恵子
原作：山田洋次
脚本：山田洋次、朝間義隆
撮影：高羽哲夫
音楽：山本直純
配給：松竹
©1973松竹株式会社

〔27〕男はつらいよ 寅次郎恋やつれ(第13作)
1974年8月3日公開／ 104分
出演：渥美清、倍賞千恵子、吉永小百合、

松村達雄
原作：山田洋次
脚本：山田洋次、朝間義隆
撮影：高羽哲夫
音楽：山本直純
配給：松竹

〔28〕男はつらいよ 寅次郎子守唄（第14作）
1974年12月28日公開／ 104分
出演：渥美清、倍賞千恵子、十朱幸代、下條正巳
原作：山田洋次
脚本：山田洋次、朝間義隆
撮影：高羽哲夫
音楽：山本直純
配給：松竹

〔29〕男はつらいよ 寅次郎相合い傘（第15作）
1975年8月2日公開／ 91分
出演：渥美清、倍賞千恵子、浅丘ルリ子、船越英二
原作：山田洋次
脚本：山田洋次、朝間義隆
撮影：高羽哲夫
音楽：山本直純
配給：松竹

〔30〕同胞（はらから）
1975年10月25日公開／ 127分
出演：倍賞千恵子、寺尾聡、下條アトム、井川比佐志
原作：山田洋次
脚本：山田洋次、朝間義隆
撮影：高羽哲夫
音楽：岡田京子
配給：松竹

〔31〕男はつらいよ 葛飾立志篇（第16作）
1975年12月27日公開／ 97分
出演：渥美清、樫山文枝、桜田淳子、小林桂樹
原作：山田洋次
脚本：山田洋次、朝間義隆
撮影：高羽哲夫
音楽：山本直純
配給：松竹

〔32〕男はつらいよ 寅次郎夕焼け小焼け（第17作）
1976年7月24日公開／ 109分
出演：渥美清、太地喜和子、倍賞千恵子、宇野重吉
原作：山田洋次
脚本：山田洋次、朝間義隆
撮影：高羽哲夫
音楽：山本直純
配給：松竹

〔33〕男はつらいよ 寅次郎純情詩集（第18作）
1976年12月25日公開／ 104分
出演：渥美清、檀ふみ、倍賞千恵子、京マチ子
原作：山田洋次
脚本：山田洋次、朝間義隆
撮影：高羽哲夫
音楽：山本直純
配給：松竹

〔34〕男はつらいよ 寅次郎と殿様（第19作）
1977年8月6日公開／ 99分
出演：渥美清、嵐寛寿郎、下條正巳、真野響子
原作：山田洋次
脚本：山田洋次、朝間義隆
撮影：高羽哲夫
音楽：山本直純
配給：松竹

〔35〕幸福（しあわせ）の黄色いハンカチ
1977年10月1日公開／ 108分
出演：高倉健、倍賞千恵子、武田鉄矢、桃井かおり
原作：ピート・ハミル

脚本：山田洋次、朝間義隆
撮影：高羽哲夫
音楽：佐藤勝
配給：松竹
©1977松竹株式会社

〔36〕男はつらいよ 寅次郎頑張れ!（第20作）
1977年12月29日公開／ 95分
出演：渥美清、大竹しのぶ、藤村志保、中村雅俊
原作：山田洋次
脚本：山田洋次、朝間義隆
撮影：高羽哲夫
音楽：山本直純
配給：松竹
©1977松竹株式会社

〔37〕男はつらいよ 寅次郎わが道をゆく（第21作）
1978年8月5日公開／ 103分
出演：渥美清、武田鉄矢、木の実ナナ、倍賞千恵子
原作：山田洋次
脚本：山田洋次、朝間義隆
撮影：高羽哲夫
音楽：山本直純
配給：松竹
©1978松竹株式会社

〔38〕男はつらいよ 噂の寅次郎（第22作）
1978年12月27日公開／ 105分
出演：渥美清、大原麗子、室田日出男、泉ピン子
原作：山田洋次
脚本：山田洋次、朝間義隆
撮影：高羽哲夫
音楽：山本直純
配給：松竹
©1978松竹株式会社

〔39〕男はつらいよ 翔んでる寅次郎（第23作）
1979年8月4日公開／ 107分
出演：渥美清、倍賞千恵子、桃井かおり、布施明
原作：山田洋次
脚本：山田洋次、朝間義隆
撮影：高羽哲夫
音楽：山本直純
配給：松竹
©1979松竹株式会社

〔40〕男はつらいよ 寅次郎春の夢（第24作）
1979年12月28日公開／ 104分
出演:渥美清、ハーブ・エデルマン、香川京子、林寛子
原作：山田洋次
脚本：山田洋次、レナード・シュレーダー、朝間義隆、栗山富夫
撮影：高羽哲夫
音楽：山本直純
配給：松竹
©1979松竹株式会社

〔41〕遙かなる山の呼び声
1980年3月15日公開／ 124分
出演：高倉健、倍賞千恵子、鈴木瑞穂、ハナ肇
脚本：山田洋次、朝間義隆
撮影：高羽哲夫
音楽：佐藤勝
配給：松竹
©1980松竹株式会社

〔42〕男はつらいよ 寅次郎ハイビスカスの花（第25作）
1980年8月2日公開／ 104分
出演：渥美清、浅丘ルリ子、倍賞千恵子、前田吟
原作：山田洋次
脚本：山田洋次、朝間義隆
撮影：高羽哲夫
音楽：山本直純
配給：松竹
©1980松竹株式会社

〔43〕男はつらいよ 寅次郎かもめ歌（第26作）
1980年12月27日公開／ 100分
主演：渥美清、伊藤蘭、米倉斉加年、倍賞千恵子
原作：山田洋次
脚本：山田洋次、朝間義隆

撮影：高羽哲夫
音楽：山本直純
配給：松竹

〔44〕男はつらいよ 浪花の恋の寅次郎（第27作）
1981年8月8日公開／104分
出演；渥美清、松坂慶子、芦屋雁之助、倍賞千恵子
原作：山田洋次
脚本：山田洋次、朝間義隆
撮影：高羽哲夫
音楽：山本直純
配給：松竹

〔45〕男はつらいよ 寅次郎紙風船（第28作）
1981年12月29日公開／101分
出演：渥美清、音無美紀子、岸本加世子、倍賞千恵子
原作：山田洋次
脚本：山田洋次、朝間義隆
撮影：高羽哲夫
音楽：山本直純
配給：松竹

〔46〕男はつらいよ 寅次郎あじさいの恋（第29作）
1982年8月7日公開／110分
出演：渥美清、倍賞千恵子、いしだあゆみ、下條正巳
原作：山田洋次
脚本：山田洋次、朝間義隆
撮影：高羽哲夫
音楽：山本直純
配給：松竹

〔47〕男はつらいよ 花も嵐も寅次郎（第30作）
1982年12月28日公開／106分
出演：渥美清、倍賞千恵子、田中裕子、沢田研二
原作：山田洋次
脚本：山田洋次、朝間義隆
撮影：高羽哲夫
音楽：山本直純
配給：松竹

〔48〕男はつらいよ 旅と女と寅次郎（第31作）
1983年8月6日公開／101分
出演：渥美清、都はるみ、倍賞千恵子、下條正巳
原作：山田洋次
脚本：山田洋次、朝間義隆
撮影：高羽哲夫
音楽：山本直純
配給：松竹

〔49〕男はつらいよ 口笛を吹く寅次郎（第32作）
1983年12月28日公開／105分
出演：渥美清、倍賞千恵子、竹下景子、中井貴一
原作：山田洋次
脚本：山田洋次、朝間義隆
撮影：高羽哲夫
音楽：山本直純
配給：松竹

〔50〕男はつらいよ 夜霧にむせぶ寅次郎（第33作）
1984年8月4日公開／102分
出演：渥美清、倍賞千恵子、中原理恵、渡瀬恒彦
原作：山田洋次
脚本：山田洋次、朝間義隆
撮影：高羽哲夫
音楽：山本直純
配給：松竹

〔51〕男はつらいよ 寅次郎真実一路（第34作）
1984年12月28日公開／107分
出演：渥美清、倍賞千恵子、大原麗子、米倉斉加年
原作：山田洋次
脚本：山田洋次、朝間義隆

撮影：高羽哲夫
音楽：山本直純
配給：松竹
©1984松竹株式会社

〔52〕男はつらいよ 寅次郎恋愛塾（第35作）
1985年8月3日公開／ 108分
出演：渥美清、倍賞千恵子、樋口可南子、平田満
原作：山田洋次
脚本：山田洋次、朝間義隆
撮影：高羽哲夫
音楽：山本直純
配給：松竹
©1985竹株式会社

〔53〕男はつらいよ 柴又より愛をこめて（第36作）
1985年12月28日公開／ 106分
出演：渥美清、倍賞千恵子、栗原小巻、美保純
原作：山田洋次
脚本：山田洋次、朝間義隆
撮影：高羽哲夫
音楽：山本直純
配給：松竹
©1985松竹株式会社

〔54〕キネマの天地
1986年8月2日公開／ 135分
出演：中井貴一、有森也実、渥美清、すまけい
脚本：井上ひさし、山田太一、朝間義隆、山田洋次
撮影：高羽哲夫
音楽：山本直純
配給：松竹
©1986松竹株式会社

〔55〕男はつらいよ 幸福（しあわせ）の青い鳥（第37作）
1986年12月20日公開／ 102分
出演：渥美清、倍賞千恵子、志穂美悦子、長渕剛
原作：山田洋次
脚本：山田洋次、朝間義隆
撮影：高羽哲夫
音楽：山本直純
配給：松竹
©1986松竹株式会社

〔56〕男はつらいよ 知床慕情（第38作）
1987年8月15日公開／ 107分
出演：渥美清、倍賞千恵子、竹下景子、三船敏郎、淡路恵子
原作：山田洋次
脚本：山田洋次、朝間義隆
撮影：高羽哲夫
音楽：山本直純
配給：松竹
©1987松竹株式会社

〔57〕男はつらいよ 寅次郎物語（第39作）
1987年12月26日公開／ 102分
出演：渥美清、倍賞千恵子、秋吉久美子、五月みどり
原作：山田洋次
脚本：山田洋次、朝間義隆
撮影：高羽哲夫
音楽：山本直純
配給：松竹
©1987松竹株式会社

〔58〕ダウンタウンヒーローズ
1988年8月6日公開／ 120分
出演：薬師丸ひろ子、三代目中村橋之助、柳葉敏郎、尾美としのり
原作：早坂暁
脚本：山田洋次、朝間義隆
撮影：高羽哲夫
音楽：松村禎三
配給：松竹
©1988松竹株式会社

〔59〕男はつらいよ 寅次郎サラダ記念日（第40作）
1988年12月24日公開／ 100分
出演：渥美清、倍賞千恵子、三田佳子、三田寛子
原作：山田洋次、俵万智『サラダ記念日』より
脚本：山田洋次、朝間義隆
撮影：高羽哲夫
音楽：山本直純
配給：松竹

〔60〕男はつらいよ 寅次郎心の旅路（第41作）
1989年8月5日公開／ 109分
出演：渥美清、倍賞千恵子、竹下景子、淡路恵子
原作：山田洋次
脚本：山田洋次、朝間義隆
撮影：高羽哲夫
音楽：山本直純
配給：松竹
©1989松竹株式会社

〔61〕男はつらいよ ぼくの伯父さん（第42作）
1989年12月27日公開／ 108分
出演：渥美清、倍賞千恵子、後藤久美子、吉岡秀隆、檀ふみ
原作：山田洋次
脚本：山田洋次、朝間義隆
撮影：高羽哲夫
音楽：山本直純
配給：松竹
©1989松竹株式会社

〔62〕男はつらいよ 寅次郎の休日（第43作）
1990年12月22日公開／ 106分
出演：渥美清、倍賞千恵子、夏木マリ、後藤久美子、吉岡秀隆
原作：山田洋次
脚本：山田洋次、朝間義隆
撮影：高羽哲夫
音楽：山本直純
配給：松竹
©1990松竹株式会社

〔63〕息子
1991年10月12日公開／ 121分
出演：三國連太郎、永瀬正敏、和久井映見、原田美枝子
原作：椎名誠
脚本：山田洋次、朝間義隆
撮影：高羽哲夫
音楽：松村禎三
配給：松竹
©1991松竹株式会社

〔64〕男はつらいよ 寅次郎の告白（第44作）
1991年12月23日公開／ 104分
出演：渥美清、倍賞千恵子、吉田日出子、後藤久美子、吉岡秀隆
原作：山田洋次
脚本：山田洋次、朝間義隆
撮影：高羽哲夫、花田三史
音楽：山本直純
配給：松竹
©1991松竹株式会社

〔65〕男はつらいよ 寅次郎の青春（第45作）
1992年12月26日公開／ 101分
出演：渥美清、倍賞千恵子、風吹ジュン、永瀬正敏、後藤久美子、吉岡秀隆
原作：山田洋次
脚本：山田洋次、朝間義隆
撮影：高羽哲夫、花田三史
音楽：山本直純
配給：松竹
©1992松竹株式会社

〔66〕学校
1993年11月6日公開／ 128分
出演：西田敏行、竹下景子、萩原聖人、中江有里、裕木奈江、田中邦衛
脚本：山田洋次、朝間義隆
撮影：高羽哲夫、長沼六男
音楽：冨田勲
配給：松竹
©1993松竹株式会社／日本テレビ放送網株式会社／住友商事株式会社

〔67〕男はつらいよ 寅次郎の縁談（第46作）
1993年12月25日公開／ 106分
出演：渥美清、松坂慶子、倍賞千恵子、吉岡秀隆
原作：山田洋次
脚本：山田洋次、朝間義隆
撮影：高羽哲夫／池谷秀行
音楽：山本直純
配給：松竹
©1993松竹株式会社

〔68〕男はつらいよ 拝啓車寅次郎様（第47作）
1994年12月23日公開／101分
出演：渥美清、倍賞千恵子、かたせ梨乃、牧瀬里穂、吉岡秀隆
原作：山田洋次
脚本：山田洋次、朝間義隆
撮影：高羽哲夫／池谷秀行
音楽：山本直純／山本純ノ介
配給：松竹
©1994松竹株式会社

〔69〕男はつらいよ 寅次郎紅の花（第48作）
1995年12月23日公開／110分
出演：渥美清、浅丘ルリ子、倍賞千恵子、吉岡秀隆
原作：山田洋次
脚本：山田洋次、朝間義隆
撮影：高羽哲夫／長沼六男
音楽：山本直純／山本純ノ介
配給：松竹
©1995松竹株式会社

〔70〕学校Ⅱ
1996年10月19日公開／122分
出演：西田敏行、いしだあゆみ、永瀬正敏、吉岡秀隆
脚本：山田洋次、朝間義隆
撮影：長沼六男
音楽：冨田勲
配給：松竹
©1996松竹株式会社／日本テレビ放送網株式会社／住友商事株式会社

〔71〕虹をつかむ男
1996年12月28日公開／120分
出演：西田敏行、吉岡秀隆、田中裕子、田中邦衛、倍賞千恵子、前田吟
原作：山田洋次
脚本：山田洋次、朝間義隆
撮影：長沼六男
音楽：山本直純
配給：松竹
©1996松竹株式会社

〔72〕男はつらいよ 寅次郎ハイビスカスの恋 特別篇（第49作）
1997年11月22日公開／106分
出演：渥美清、倍賞千恵子、浅丘ルリ子、吉岡秀隆
原作：山田洋次
脚本：山田洋次、朝間義隆
撮影：高羽哲夫／長沼六男
音楽：山本直純
配給：松竹
©1997松竹株式会社

〔73〕虹をつかむ男 南国奮斗篇
1997年12月27日公開／112分
出演：西田敏行、松坂慶子、小泉今日子、吉岡秀隆
原作：山田洋次
脚本：山田洋次、朝間義隆
撮影：長沼六男
音楽：山本直純
配給：松竹
©1997松竹株式会社／TBS

〔74〕学校Ⅲ
1998年10月17日公開／133分
出演：大竹しのぶ、小林稔侍、黒田勇樹、田中邦衛
原作：山田洋次、鶴島緋沙子
脚本：山田洋次、朝間義隆
撮影：長沼六男
音楽：冨田勲
配給：松竹
©1998松竹株式会社／日本テレビ放送網株式会社／住友商事株式会社／株式会社角川書店／読売新聞社

〔75〕15才 学校Ⅳ
2000年11月11日公開／120分
出演：金井勇太、麻美れい、赤井英和、丹波哲郎
原案：松本創
脚本：山田洋次、朝間義隆、平松恵美子
撮影：長沼六男
音楽：冨田勲
配給：松竹
©2000松竹株式会社／日本テレビ放送網株式会社／住友商事株式会社／株式会社角川書店／株式会社博報堂

〔76〕たそがれ清兵衛
2002年11月2日公開／ 129分
出演：真田広之、宮沢りえ、田中泯、
丹波哲郎
原作：藤沢周平
脚本：山田洋次、朝間義隆
撮影：長沼六男
音楽：冨田勲
配給：松竹
©2002松竹／日本テレビ／住友商事／
博報堂／日販／衛星劇場

〔77〕隠し剣 鬼の爪
2004年10月30日公開／ 131分
出演：永瀬正敏、松たか子、吉岡秀隆、
小澤征悦
原作：藤沢周平
脚本：山田洋次、朝間義隆
撮影：長沼六男
音楽：冨田勲
配給：松竹
©2004松竹／日本テレビ／住友商事／
博報堂 DYメディアパートナーズ／日販／
衛星劇場

〔78〕武士の一分
2006年12月1日公開／ 121分
出演：木村拓哉、檀れい、笹野高史、
十代目坂東三津五郎
原作：藤沢周平
脚本：山田洋次、平松恵美子、
山本一郎
撮影：長沼六男
音楽：冨田勲
配給：松竹
©2006「武士の一分」製作委員会

〔79〕母べえ
2008年1月26日公開／ 133分
出演：吉永小百合、浅野忠信、檀れい、
志田未来、佐藤未来、十代目坂東三津五郎、
笑福亭鶴瓶
原作：野上照代
脚本：山田洋次、平松恵美子
撮影：長沼六男
音楽：冨田勲
配給：松竹
©2007「母べえ」製作委員会

〔80〕おとうと
2010年1月30日公開／ 126分
出演：吉永小百合、笑福亭鶴瓶、蒼井優、
加瀬亮
脚本：山田洋次、平松恵美子
撮影：近森眞史
音楽：冨田勲
配給：松竹
©2010「おとうと」製作委員会

〔81〕京都太秦物語
2010年5月22日公開／ 90分
出演：海老瀬はな、USA（EXILE）、田中壮太
郎、西田麻衣
原案：山田洋次
監督：山田洋次、阿部勉
脚本：山田洋次、佐々江智明
撮影：近森眞史
音楽：富貴晴美
配給：松竹
©2010松竹

〔82〕東京家族
2013年1月19日公開／ 146分
出演：橋爪功、吉行和子、西村雅彦、
夏川結衣
脚本：山田洋次、平松恵美子
撮影：近森眞史
音楽：久石譲
配給：松竹
©2013「東京家族」製作委員会

〔83〕小さいおうち
2014年1月25日公開／ 136分
出演：松たか子、黒木華、片岡孝太郎、
吉岡秀隆、妻夫木聡、倍賞千恵子
原作：中島京子
脚本：山田洋次、平松恵美子
撮影：近森眞史
音楽：久石譲
配給：松竹
©2014「小さいおうち」製作委員会

〔84〕母と暮せば
2015年12月12日公開／130分
出演：吉永小百合、二宮和也、黒木華、浅野忠信、加藤健一、広岡由里子、本田望結、小林稔侍、辻萬長、橋爪功
脚本：山田洋次、平松恵美子
撮影：近森眞史
音楽：坂本龍一
配給：松竹
©2015「母と暮せば」製作委員会

〔85〕家族はつらいよ
2016年3月12日公開／108分
出演：橋爪功、吉行和子、西村雅彦、夏川結衣、中嶋朋子、林家正蔵、妻夫木聡、蒼井優、岡本富士太、広岡由里子、近藤公園、北山雅康、徳永ゆうき、関時男、小林稔侍、風吹ジュン、中村鷹之資、丸山歩夢、笹野高史、木場勝己、笑福亭鶴瓶
脚本：山田洋次、平松恵美子
撮影：近森眞史
音楽：久石譲
配給：松竹
©2016「家族はつらいよ」製作委員会

〔86〕家族はつらいよ2
2017年5月27日公開／113分
出演：橋爪功、吉行和子、西村雅彦、夏川結衣、中嶋朋子、林家正蔵、妻夫木聡、蒼井優、藤山扇治郎、オクダサトシ、有薗芳記、広岡由里子、近藤公園、北山雅康、徳永ゆうき、小林稔侍、風吹ジュン、中村鷹之資、丸山歩夢、劇団ひとり、笑福亭鶴瓶
原作：山田洋次
脚本：山田洋次、平松恵美子
撮影：近森眞史
音楽：久石譲
配給：松竹
©2017「家族はつらいよ2」製作委員会

〔87〕妻よ薔薇のように
家族はつらいよⅢ
2018年5月25日公開／123分
出演：橋爪功、吉行和子、西村まさ彦、夏川結衣、中嶋朋子、林家正蔵、妻夫木聡、蒼井優、藤山扇治郎、広岡由里子、北山雅康、大沼柚希、小林颯、小川絵莉、徳永ゆうき、小林稔侍、風吹ジュン、木場勝己、立川志らく、笹野高史、笑福亭鶴瓶
原作：山田洋次
脚本：山田洋次、平松恵美子
撮影：近森眞史
音楽：久石譲
配給：松竹
©2018「妻よ薔薇のように 家族はつらいよⅢ」製作委員会

〔88〕男はつらいよ お帰り 寅さん（第50作）
2019年12月27日公開／115分
出演：渥美清、倍賞千恵子、吉岡秀隆、後藤久美子、前田吟、池脇千鶴、夏木マリ、浅丘ルリ子、美保純、佐藤蛾次郎、桜田ひより、北山雅康、カンニング竹山、濱田マリ、出川哲朗、松野太紀、林家たま平、立川志らく、小林稔侍、笹野高史、橋爪功
原作：山田洋次
脚本：山田洋次、朝原雄三
撮影：近森眞史
音楽：山本直純、山本純ノ介
配給：松竹
©2019松竹株式会社

〔89〕キネマの神様
2021年8月6日公開／125分
出演：沢田研二、菅田将暉、永野芽郁、野田洋次郎、リリー・フランキー、前田旺志郎、志尊淳、松尾貴史、広岡由里子、北山雅康、原田泰造、片桐はいり、迫田孝也、近藤公園、豊原江理佳、渋谷天笑、渋川清彦、松野太紀、曾我廼家寛太郎、北川景子、寺島しのぶ、小林稔侍、宮本信子
原作：原田マハ『キネマの神様』（文春文庫）
脚本：山田洋次、朝原雄三
撮影：近森眞史
音楽：岩代太郎
配給：松竹
©2021「キネマの神様」製作委員会

〔90〕こんにちは、母さん
2023年9月11日公開／110分
出演：吉永小百合、大泉洋、永野芽郁、YOU、枝元萌、加藤ローサ、田口浩正、北山雅康、松野太紀、広岡由里子、シルクロード（フィッシャーズ）、明生（立浪部屋）、名塚佳織、神戸浩、

宮藤官九郎、田中泯、寺尾聰
原作：永井愛
脚本：山田洋次、朝原雄三
撮影：近森眞史
音楽：千住明
配給：松竹

参考文献

【英語文献】

Anderson Joseph L. and Richie, Donald, *The Japanese film, Art and Industry*, Princeton University Press, Princeton, 1982.

Befu, Harumi, *Hegemony of homogeneity*, Trans Pacific Press, Melbourne, 2001.

Bock, Audie, *Japanese Film Directors*, Kodansha International, New York, 1978.

Chan, Yan Chuen, *Neorealism and the Chinese ideology in Yamada Yoji's family films*, Hong Kong University, Hong Kong, 2014.

DeVos, George and Wagatsuma, Hiroshi, *Japan's Invisible Race, Caste in Culture and Personality*, University of California Press, Berkeley, 1966.

Elleman, Bruce A. and Kotkin, Stepehn, *Manchurian Railways and the Opening of China*, Routledge, Londres, 2010.

Forbis, Willaim H., *Japan Today, People, Places, Power*, Harper & Row, New York, 1975.

Fujiki, Hideaki and Phillips, Alastair, *The Japanese Cinema Book*, BFI, Londres, 2020.

Galbraith, Patrick W. and Karlin, Jason G., *Idols and Celebrity in Japanese Media Culture*, Palgrave MacMillan, New York, 2012.

Govaers, Hiroko, *Japan: History through Cinema*, Japan Film Library Council, Tôkyô, 1975.

Greenfeld, Liah, *Nationalism: Five Roads to Modernity*, Harvard University Press, Cambridge, 1992.

Ito, Takeo, *Life Along the South Manchurian Railway*, Routledge, Londres, 1988.

Iwao, Sumiko, *The Japanese Woman : Tradition Image & Changing Reality*, Harvard University Press, Cambridge, 1993.

Lewinsky, Marianne and Delpeut, Peter, *Kido Shiro, Producer of Directors*, Nederlands Filmmuseum, 1994.

Maruyama, *Paul K., Escape from Manchuria*, URLink Print and Media, Cheyenne, 2021.

Mason, Michele M., *Dominant Narratives of Colonial Hokkaido and Imperial Japan*, Palgrave MacMillan, , New York, 2012.

Myers, Ramon H., *The Japanese Colonial Empire, 1895-1945*, Princeton University Press, Princeton, 1984.

Normes, Abé Mark, *Ogawa Shinsuke and Postwar Japanese Documentary*, The University of Minnesota Press, Minneapolis, 2007.

Richie, Donald, *The Inland Sea*, Stone Bridge Press, Berkeley, 1971.

*Sato, Tadao, *Currents in Japanese Cinema*, Kodansha International, New York, 1982.

Schilling, Mark, S*hiro Kido: Cinema Shogun*, 2012.

Sikov, Ed, *On Sunset Boulevard: The Life and Times of Billy Wilder*, University Press of Mississippi, Jackson, 2017.

Uchino, Esther, *Hidden Master: A Tribute to Yoji Yamada*, The 1st HK Japanese Film Festival, Hong Kong, 2005.

Yamamuro, Shin'ichi, *Manchuria under Japanese Dominion*, University of Pennsylvania Press, Philadelphia, 2006.（山室信一『キメラ——満洲国の肖像』）

Young, Louise, *Japan's Total Empire: Manchuria and the Culture of Wartime Imperialism*, University of California Press, Berkeley, 1998.

Zahlten, Alexander, *The End of Japanese Cinema, Industrial Genres, National Times & Media Ecologies*, Duke University Press, 2017.

Los Angeles Times; Variety

【中国語文献】

山田洋次，我是怎样拍电影的，北京联合出版公司，2015.（山田洋次『映画をつくる』）

鄭樹森，舒明，日本電影十大，Cosmos Books，2005.

China daily; Esquire

【フランス語文献】
de Baecque, Antoine, *Le Cinéma est mort, vive le cinéma! L'histoire-caméra II*, Gallimard, Paris, 2021.
Barral, Etienne, *123456789 Japonais!*, Editions Ilyfunet, Paris, 1991.
Bazin, André, *Qu'est-ce que le cinéma?*, Cerf, Paris, 1985.
Berque, Augustin, *Du Geste à la cité, formes urbaines et lien social au Japon*, Gallimard, Paris, 1993.
Berque, Augustin, *La Rizière et la banquise*, POF, Paris, 1980.
Berque, Augustin avec Maurice Sauzet, *Le Sens de l'espace au Japon*, Editions Arguments, Paris, 2004.
Berque, Ausgustin, *Vivre l'espace au Japon*, PUF, Paris, 1982.
Cinéma d'aujourd'hui, *Le Cinéma japonais au présent 1959-1979*, Hiver 1979-80.
Collectif, *Hiroshi Shimizu, l'enfant sauvage du cinéma*, Maison de la culture du Japon à Paris, Paris, 2021.
Desnos, Robert, *Cinéma*, Gallimard, Paris, 1966.
Frodon, Jean-Michel, *La Projection nationale, cinéma et nation*, Odile Jacob, Paris, 1998.
Fukuzawa, Yukichi, *Plaidoyer pour la modernité*, CNRS Editions, Paris, 2008.（『福澤諭吉全集』序文）
Gatto, Robin, *Hideo Gosha, cinéaste sans maître*, LettMotif, La Madeleine, 2014.
Govaers, Hiroko, *Le Cinéma japonais de ses origines à nos jours*, La Cinémathèque française, Paris, 1984-1985.
Giuglaris, Marcel, *Visa pour le Japon*, Gallimard, Paris, 1958.
Guillain, Robert, *Le Peuple japonais et la guerre, choses vues 1939-1946*, Julliard, Paris, 1947.
Hadouchi, Olivier, *Kinji Fukasaku: Un cinéaste critique dans le chaos du XXe siècle*, L'Harmattan, Paris, 2009.
Jolivet, Muriel, *Chroniques d'un Japon ordinaire, à la découverte de la société japonaise*, Elytis, Bordeaux, 2019.
Jolivet, Muriel, *Japon, la crise des modèles*, Editions Philippe Picquier, Arles, 2010.
König, Regula, et Lewinsky, Marianne, *Keisuke Kinoshita*, Editions du Festival international du film, Locarno, 1986.
Kôtoku, Shûsui, *L'Impérialisme, le spectre du XXe siècle*, CNRS Editions, Paris, 2008.（幸徳秋水『帝国主義』）
Leblanc, Claude, *Le Japon vu du train*, Editions Ilyfunet, Paris, 2014.
Leblanc, Claude, *Le Japoscope*, Editions Ilyfunet, Paris, 1993-2003.
L'Hénoret, André, *Le Clou qui dépasse, récit d'un prêtre-ouvrier au Japon*, La Découverte, Paris, 1997.
Lucken, Michael, *Les Japonais et la guerre 1937-1952*, Fayard, Paris, 2013.
Matsumoto, Seichô, *Le Point zéro*, Atelier Akatombo, Paris, 2018.（松本清張『ゼロの焦点』）
Matsumoto, Seichô, *Le Vase de sable*, Editions Philippe Picquier, Arles, 1987.（松本清張『砂の器』）
Mauger, Léna et Rémael, Stéphane, *Les Evaporés du Japon*, Les Arènes, Paris, 2014.
Morris, Ivan, *La Noblesse de l'échec, héros tragiques de l'histoire du Japon*, Gallimard, Paris, 1980.
Murakami, Haruki, *Profession romancier*, Belfond, Paris, 2019.（村上春樹『職業としての小説家』）
Ozu Yasujirô, *Carnets 1933-1963*, Carlotta, Paris, 2020.（『全日記小津安二郎』）
Pagnol, Marcel, *Notes sur le rire*, Editions de Fallois, Paris, 2016.
Philippe, Claude-Jean, *Le Roman du cinéma, tome 1 1928-1938*, Fayard, Paris, 1984.
Philippe, Claude-Jean, *Le Roman du cinéma, tome 2 1938-1945*, Fayard, Paris, 1986.
Pons, Philippe et Souyri, Pierre-François, *L'Esprit de plaisir, une histoire de la sexualité et de l'érotisme au Japon (17e-20e siècle),* Payot, Paris, 2020.

Pons, Philippe, *Misère et crime au Japon, du XVIIe siècle à nos jours,* Gallimard, Paris, 1999.
Richie, Donald, *Le Cinéma japonais*, Editions du Rocher, Paris, 2005.
Roubineau, Jean-Manuel, *Diogène*, PUF, Paris, 2020.
Sabouret, Jean-François, *L'Empire du concours, lycéens et enseignants au Japon*, Autrement, Paris, 1985.
Sato Tadao, *Le Cinéma japonais, tome 1 & tome 2*, Centre Georges Pompidou, Paris, 1997.
Schaal, Sandra (sous la direction de), *Modan, la ville, le corps et le genre dans le Japon de l'entre-deux-guerres*, Editions Phillipe Picquier, Arles, 2021.
Sereni, Constance et Souyri, Pierre-François, *Kamikazes*, Flammarion, Paris, 2015.
Souyri, Pierre-François, *Les Guerriers de la rizière, la grande épopée des samouraïs*, Flammarion, Paris, 2017.
Tanaka, Kakuei, *Le Pari japonais, construire un nouveau Japon*, Presses de la cité, Paris, 1973.（田中角栄『日本列島改造論』）
Tessier, Max, *Le Cinéma japonais*, Nathan, Paris, 1997.
Vogel, Ezra, *Le Japon médaille d'or: leçons pour l'Amérique et l'Europe*, Gallimard, Paris, 1983.
Watsuji, Tetsurô, *Fûdo le milieu humain*, CNRS Editions, Paris, 2011.（和辻哲郎『風土――人間的考察』）
Yoshida, Kiju, *Ozu ou l'anti-cinéma*, Institut Lumière, Actes Sud, Arte Editions, Arles, 1998.（吉田喜重『小津安二郎の反映画』）

Cinémonde; Ciné-mondial; Pour Vous; Zoom Japon

【日本語文献】

秋尾沙戸子『ワシントンハイツ』新潮社、2009年。

厚香苗『テキヤ稼業のフォークロア』青弓社、2012年。

天野博之『満鉄特急「あじあ」の誕生』原書房、2012年。

荒川好夫『国鉄上野駅24時間記』グラフィック社、2020年。

荒木博之『日本語から日本人を考える』朝日新聞社、1980年。

荒木博之『日本人の行動様式』講談社、1973年。

安藤紘平・岡室美奈子・是枝裕和・谷昌親・土田環・長谷正人・元村直樹編『映画の言葉を聞く』フィルムアート社、2018年。

五十嵐敬司『寅さんの旅』日本経済新聞社、1993年。

五十嵐泰正『上野新論』せりか書房、2019年。

石坂昌三『巨匠たちの伝説』三一書房、1988年。

井上ひさし監修『寅さん大全』筑摩書房、1993年。

井上ひさし・こまつ座『井上ひさしの大連』小学館、2002年。

今村昌平ほか編『講座日本映画3』岩波書店、1986年。

岩崎昶『映画の前説』合同出版、1981年。

岩本憲児編『映画と「大東亜共栄圏」』森話社、2004年。

臼井幸彦『映画の中で出逢う「駅」』集英社新書、2006年。

江上照彦『満鉄王国』サンケイ出版、1980年。

NHK 放送世論調査所編『日本人とアメリカ人』日本放送出版協会、1982年。

岡村直樹『寅さんの「日本」を歩く』天夢人、2019年。

岡村直樹・藤井勝彦／川本三郎監修『知識ゼロからの寅さん入門』幻冬舎、2019年。

長部日出雄『邦画の昭和史』新潮新書、2007年。

「男はつらいよ寅さんDVDマガジン」編集グループ編『「男はつらいよ」寅さんロケ地ガイド』講談社、2013年。

掛尾良夫『キネマ旬報物語』
愛育出版、2019年。
加藤明／石井一弘写真『原宿物語』
草思社、1986年。
加藤聖文『満鉄全史』
講談社学術文庫、2019年。
加藤泰編／山田洋次訳『世界の映画作家14』
キネマ旬報社、1972年。
川村元気『仕事。』集英社、2014年。
川本三郎『「男はつらいよ」を旅する』
新潮選書、2017年。
菊地史彦『「幸せ」の戦後史』
トランスビュー、2013年。
岸惠子『岸惠子自伝』岩波書店、2021年。
岸松雄『映画評論家岸松雄の仕事』
ワイズ出版、2015年。
北園忠治『香具師はつらいよ』
葦書房、1990年。
城戸四郎『日本映画伝』
文芸春秋新社、1956年。
城戸四郎著／山田洋次編『わが映画論』
松竹、1978年。
キネマ旬報編集部編『大林宣彦メモリーズ』
キネマ旬報社、2021年。
切通理作『山田洋次の〈世界〉』
ちくま新書、2004年。
黒川鍾信『神楽坂ホン書き旅館』
NHK 出版、2002年。
桑原甲子雄『満州昭和十五年 桑原甲子雄写真集』晶文社、1974年。
群馬県教職員組合『文化労働』10号、
1973年。
剣持武彦『「間」の日本文化』
講談社現代新書、1978年。
小泉信一『朝日新聞版　寅さんの伝言』
講談社、2013年。
小林淳／三船プロダクション監修『三船敏郎の映画史』アルファベータブックス、2019年。
小林久三『日本映画を創った男 城戸四郎伝』
新人物往来社、1999年。
斉藤守彦『映画館の入場料金は、なぜ1800円なのか?』ダイヤモンド社、2009年。
斎藤茂男『聖家族——おおハッピーライフ!』
晩声社、1976年。
佐田智子『季節の思想人　interviews』
平凡社、2001年。
佐藤忠男『みんなの寅さん』
朝日新聞社、1988年。
佐藤忠男『日本映画史　全4巻』
岩波書店、1995年。
佐藤忠男『日本映画の巨匠たち3』
学陽書房、1997年。
佐藤忠男『映画の中の東京』
平凡社、2002年。
佐藤忠男・岸川真編著『「映画評論」の時代』
カタログハウス、2003年。
佐藤利明『みんなの寅さんfrom 1969』
アルファベータブックス、2019年。
嶋田豊『山田洋次の映画』
シネ・フロント社、1993年。
松竹株式会社『松竹九十年史』
松竹、1985年。
松竹株式会社『寅さん その世界——スチール写真で綴る「男はつらいよ」25年の歩み』
廣済堂出版、1995年。
松竹株式会社『男はつらいよ——フーテンの寅さん25年の足跡』廣済堂出版、1995年。
松竹株式会社編『松竹百十年史』
松竹、2006年。
鈴木聡司『映画「ハワイ・マレー沖海戦」をめぐる人々』文芸社、2020年。
高井研一郎作画／山田洋次原作／林律雄脚色『男はつらいよ(コミック寅さん)』
学習研究社、1991年。
竹原弘『寅さんの社会学』
ミネルヴァ書房、1999年。
田中純一郎『日本映画発達史　全5巻』
中央公論社、1980年。
田中俊之『男がつらいよ』
KADOKAWA、2015年。
田中秀雄『映画に見る東アジアの近代』
芙蓉書房出版、2002年。
田中真澄ほか編『清水宏』
フィルムアート社、2000年。
「旅と鉄道」編集部編『寅さんの列車旅』
天夢人、2018年。
「旅と鉄道」編集部編『寅さんの列車旅2』
天夢人、2020年。
塚瀬進『満洲の日本人』
吉川弘文館、2004年。

都築政昭『『男はつらいよ』50年をたどる。』
ポプラ社、2019年。
都築政昭『寅さんの風景』
近代文芸社、1997年。
鄭銀淑『中国東北部の「昭和」を歩く』
東洋経済新報社、2011年。
中原弓彦『日本の喜劇人』晶文社、1972年。
名越康文『『男はつらいよ』の幸福論』
日経 BP 社、2016年。
新田匡央『山田洋次』
ダイヤモンド社、2010年。
野村芳太郎／小林淳・ワイズ出版編集部編
／野村芳樹監修『映画の匠野村芳太郎』
ワイズ出版、2020年。
倍賞千恵子『倍賞千恵子の現場』
PHP 新書、2017年。
倍賞千恵子『お兄ちゃん』
廣済堂出版、1997年。
蓮實重彦『帰ってきた映画狂人』
河出書房新社、2001年。
筈見恒夫『写真映画百年史　全5巻』
鱒書房、1954－1956年。
花田武史『タコ社長ブルース』
晩聲社、1998年。
濱口惠俊・金児曉嗣編著『寅さんと日本人』
知泉書館、2005年。
原田勝正『満鉄』岩波新書、1981年。
原田マハ『キネマの神様　ディレクターズ・カット』
文藝春秋、2021年。
原田泰『テラスで読む戦後トピック経済史』
日本経済新聞社、1992年。
藤井仁子編『森﨑東党宣言!』
インスクリプト、2013年。
古川隆久『戦時下の日本映画』
吉川弘文館、2003年。
報知新聞特別取材班編『ドキュメント・男はつらいよ』一光社、1987年。
堀切直人『渥美清』晶文社、2007年。
牧久『昭和解体』講談社、2017年。
升本喜年『松竹映画の栄光と崩壊』
平凡社、1988年。
松島利行『風雲映画城　上下巻』
講談社、1992年。
壬生篤『昭和の東京地図歩き』
廣済堂出版、2013年。
南正時『「寅さん」が愛した汽車旅』
講談社 + α新書、2008年。
南滿洲鐵道株式會社總裁室弘報課編『南滿洲鐵道株式會社三十年略史』
南滿洲鐵道株式會社、1937年。
村瀬敏郎『シネマのカルテ』
かまくら春秋社、1992年。
森英介『風天――渥美清のうた』
大空出版、2008年。
山口淑子・藤原作弥『李香蘭 私の半生』
新潮社、1987年。
山田太一編『生きるかなしみ』
ちくま文庫、1995年。
山田太一ほか編著『人は大切なことも忘れてしまうから 松竹大船撮影所物語』
マガジンハウス、1995年。
山田洋次『男はつらいよ　全4巻』
立風書房、1973－1976年。
山田洋次『映画をつくる』
大月書店、1978年。
山田洋次『山田洋次作品集　全8巻』
立風書房、1979－1980年。
山田洋次『寅さんの教育論』
岩波ブックレット、1982年。
山田洋次『映画館（こや）がはねて』
講談社、1984年。
山田洋次『男はつらいよ　全5巻』
ちくま文庫、1997年。
山田洋次『寅さんと日本の民衆』
旬報社、1998年。
山田洋次『人生はつらいか――対話山田洋次1』
旬報社、1999年。
山田洋次『映画は面白いか――対話山田洋次2』旬報社、1999年。
山田洋次監修『寅さんへのラブレター』
ソフトガレージ、1999年。
山田洋次『悪童（わるがき）――小説寅次郎の告白』
講談社、2019年。
山田洋次ほか『日本人と人間関係』
一光社、1979年。
山田洋次・朝間義隆『シナリオをつくる』
筑摩書房、1994年。
山田洋次・田中孝彦『寅さんの人間論』
岩波ブックレット、1990年。
山田洋次・田中孝彦『寅さんの学校論』

岩波ブックレット、1993年。
山田洋次・冨田美香編著『山田洋次映画を創る』新日本出版社、2011年。
山田洋次・三上満『めんどうくさいもの・人間』労働旬報社、1991年。
山根貞男編『日本映画作品大事典』
三省堂、2021年。
山本晋也・渡辺俊雄『寅さん、あなたが愛される理由』講談社、2012年。
山本若菜『松竹大船撮影所前松尾食堂』
中央公論社、1986年。
横尾忠則『創造 & 老年』
SBクリエイティブ、2018年。
吉岡範明『渥美清 役者もつらいよ』
双葉社、1977年。
吉村英夫『『男はつらいよ』魅力大全』
講談社、1992年。
吉村英夫『松竹大船映画』
創土社、2000年。
吉村英夫『山田洋次×藤沢周平』
大月書店、2004年。
吉村英夫『放浪と日本人』
有楽出版社、2005年。
吉村英夫『「男はつらいよ」の世界　完全版』
集英社文庫、2005年。
吉村英夫『山田洋次を観る』
リベルタ出版、2010年。
吉村英夫『山田洋次と寅さんの世界』
大月書店、2012年。
淀川長治ほか『チャップリンのすべて』
毎日新聞社、1998年。
米田彰男『寅さんとイエス』
筑摩選書、2012年。
読売新聞社世論調査部編『日本の世論』
弘文堂、2002年。
四方田犬彦『日本映画史110年』
集英社新書、2014年。
笠智衆『俳優になろうか』
日本経済新聞社、1987年。
笠智衆ほか『あるがままに』
世界文化社、1992年。
渡邉大輔・相澤真一・森直人編著『総中流の始まり』青弓社、2019年。
『男はつらいよ大全 下』
中央公論新社、2002年。
『キネマ旬報ベスト・テン85回全史 1924→2011』キネマ旬報社、2012年。
『戦後キネマ旬報ベスト・テン全史　1946〜2002』キネマ旬報社、2003年。
『津軽の近代化と鉄道』『津軽学』8号、
津軽に学ぶ会、2013年。
『日本映画監督全集』
キネマ旬報社、1976年。
『ニュー JRスタート記念号〔さよなら国鉄〕』『Number』別冊、文藝春秋、1987年。
『満鉄とは何だったのか』別冊『環』12号、
藤原書店、2006年。
『山田洋次監督が選んだ日本映画の名作100本 家族編50本』
キネマ旬報社、2011年。
『山田洋次・作品クロニクル』ぴあ、2005年。
『山田洋次の原風景』
紀伊國屋書店、2006年。
『山田洋次の本』『スターランドデラックス』8号、
徳間書店、1978年。
『用心棒（小学館 DVD & book 黒澤明 memorial 10 第1巻）』
小学館、2010年。

『アサヒグラフ』、『朝日新聞』、『映画芸術』、『映画研究』（日本映画学会学会誌）、『映画撮影』、『おとなぴあ』、『隔週刊男はつらいよ 寅さんDVDマガジン』（講談社）、『隔週刊山田洋次・名作映画DVDマガジン』（講談社）、『家庭画報』、『河北新報』、『月刊Asahi』、『季刊リュミエール』、『キネマ旬報』、『神戸新聞』、『サライ』、『産経新聞』、『四国新聞』、『シナリオ』、『シネ・フロント』、『シネマスクエア』、『週刊シネママガジン』、『週刊日録20世紀』（講談社）、『週刊日本の100人』（ディアゴスティーニ・ジャパン）、『週刊藤沢周平の世界』（朝日新聞出版）、『週刊ポスト』、『昭和40年男』、『SWITCH』、『正論』、『世界』、『ダ・ヴィンチ』、『旅』、『旅と鉄道』、『東京人』、『東京新聞』、『寅さんファンクラブ』（会報）、『新潟日報』、『日経ビジネス』、『日本経済新聞』、『Pen』、『報知新聞』、『毎日新聞』、『宮崎日日新聞』、『読売新聞』、『琉球新報』、『旅行読売』